Walter Kardinal Kasper

Katholische Kirche

Walter Kardinal Kasper

# Katholische Kirche

## Wesen – Wirklichkeit – Sendung

HERDER

FREIBURG · BASEL · WIEN

*Meinen beiden Schwestern Hildegard und Inge*
*und meinem Schwager Roman*


www.herder.de
Umschlaggestaltung: Finken & Bumiller, Stuttgart
Satz: SatzWeise, Föhren
Herstellung: fgb · freiburger graphische betriebe
www.fgb.de
Gedruckt auf umweltfreundlichem, chlorfrei gebleichtem Papier
Printed in Germany
ISBN 978-3-451-30499-6

# Inhalt

# Vorwort

Das vorliegende Buch *Katholische Kirche. Wesen – Wirklichkeit – Sendung* hat eine lange Geschichte. Ich wollte dieses Buch nach den beiden Monographien *Jesus der Christus* und *Der Gott Jesu Christi* gegen Ende meiner akademischen Lehrtätigkeit schreiben. Seither sind mehr als 20 Jahre vergangen. In dieser Zeit ist die damals geplante Veröffentlichung aufgrund von pastoralen, universalkirchlichen und ökumenischen Erfahrungen gewachsen und gereift, manche Perspektiven haben sich, wie es anders nicht sein kann, verändert und erweitert, vieles ist auch konkreter geworden. Die Grundanliegen ›Wissenschaftlichkeit, Kirchlichkeit und kritisch-konstruktive Zeitgenossenschaft‹ sind dieselben geblieben. Mangels der im akademischen Bereich üblichen Hilfen mag mir bei der Abfassung manches entgangen sein. Dennoch hoffe ich, dass das Buch, das wissenschaftliche Beschäftigung und pastorale sowie ökumenische Erfahrung verbinden will, in der gegenwärtigen kirchlichen Krise und darüber hinaus theologische Orientierung geben und neu Freude an der Kirche und in der Kirche wecken kann.

Viele Wegbegleiter und Freunde innerhalb und außerhalb der katholischen Kirche, denen ich zu Dank verpflichtet bin, wären zu nennen. Besonderen Dank schulde ich den Mitarbeitern des meinen Namen tragenden Instituts in Vallendar und seinem Leiter Professor Dr. George Augustin wie Herrn Dipl.-Theol. Stefan Ley, der mich bei der Schlussredaktion tatkräftig unterstützt hat. Im Verlag Herder habe ich Herrn Dr. Bruno Steimer für die gute verlegerische Betreuung zu danken.

Widmen möchte dieses Buch meinen beiden Schwestern und meinem Schwager, die meinen Weg am längsten begleitet haben und bei denen ich nach vielfältigen Beanspruchungen und vielen Reisen in den meist kurz bemessenen Ferienwochen immer ein gutes Zuhause gefunden habe.

Rom, in der Osterwoche 2011 *Kardinal Walter Kasper*

# I. Mein Weg in und mit der Kirche

## 1. *Kirche – schwarz, aber schön*

Es mag überraschend erscheinen, die Darstellung von Wesen, Wirklichkeit und Sendung der katholischen Kirche mit der Beschreibung meines eigenen Weges in der Kirche zu beginnen. Ich habe mir lange überlegt, ob ich das tun soll. Doch am Ende gewann die Überzeugung die Oberhand, dass ich nicht über die Kirche als eine Wirklichkeit schreiben möchte, die mit mir nichts zu tun hat und für die ich lediglich ein akademisches Interesse habe. Ich möchte über die Kirche schreiben, in der ich nun schon über ein dreiviertel Jahrhundert lebe und in der ich mich zu Hause fühle, die ich trotz mancher ihrer Schwächen und manchen Enttäuschungen liebe, für die ich mich in meinem Leben eingesetzt habe.

Ich bin ich mir selbstverständlich bewusst, dass die Ekklesiologie wie die Theologie überhaupt nicht aus subjektiven Erfahrungen, die notwendigerweise immer perspektivisch bleiben, sondern aus ›objektiven‹ Quellen schöpft. Sie entspringt nicht persönlichen guten oder schlechten Kirchenerfahrungen, sondern der gemeinsamen Erfahrung der Kirche in Vergangenheit und Gegenwart. Deshalb muss die Ekklesiologie von den objektiven Quellen ausgehen: von der Heiligen Schrift, den Zeugnissen der Liturgie und der Kirchenväter, den großen Theologen der Vergangenheit, den Dokumenten des Lehramts, dem Zeugnis der Heiligen und der ganzen gelebten und erlittenen Geschichte der Kirche in der Vergangenheit wie der Gegenwart. Diese Tradition ist keine tote, sondern eine lebendige, auch heute von vielen Millionen von Gläubigen gelebte Tradition. Will man deshalb das Thema Kirche nicht nur historisch oder soziologisch beschreibend behandeln, dann muss man Rechenschaft geben vom eigenen Glauben und Leben in und mit der Kirche. Die Ekklesiologie ist damit immer auch persönliches Zeugnis. Sie hat dann einen konkreten Zeitindex und ist unausweichlich mitgeprägt von persönlicher Kirchenerfahrung.

Meine persönliche Kirchenerfahrung hat eine lange Geschichte.[1] Sie umfasst in meiner Jugend- und Studentenzeit wie in den ersten Priesterjahren die Erfahrung des kirchlichen Lebens im Dritten Reich, während des Zweiten Weltkriegs und vor dem Zweiten Vatikanischen Konzil. Sie ist geprägt von der bewegten und bewegenden Zeit des Konzils und der Nachkonzilszeit. Zu ihr gehört die lange Zeit als theologischer Lehrer im Inland wie im Ausland, die zehn Jahre als Bischof einer großen Diözese und als Vorsitzender der Kommission Weltkirche der Deutschen Bischofskonferenz mit der Verantwortung für die kirchlichen Werke (Misereor, Adveniat, Caritas internationalis, Renovabis). Dazu kommen elf Jahre universalkirchlicher Erfahrung in Rom in der Verantwortung für die Einheit aller Christen mit vielfältigen Kontakten zu allen nichtkatholischen Kirchen und Kirchengemeinschaften, schließlich die Erfahrungen aus dem Dialog mit dem Judentum – eine für einen Deutschen besonders herausfordernde Aufgabe.

Diese vielfältige Tätigkeit war in allen Stadien mit konkreter seelsorglicher Arbeit verbunden, in den Gemeinden wie in Kliniken, als Bischof bei unzähligen Gemeindebesuchen, mit pastoralen Erfahrungen bei den Aufenthalten an in- und ausländischen Universitäten, bei zahlreichen Reisen zu den Ortskirchen der anderen Kontinente, wo ich vielen Armuts- und Elendssituationen begegnet bin, dann bei Besuchen bei den katholischen wie nichtkatholischen Kirchen und den kirchlichen Gemeinschaften in aller Welt. Auf diesen Reisen habe ich mich nie, wie manche meinen, als Kirchendiplomat gefühlt. Ich wollte sein, was ich von Anfang an werden wollte, nämlich Pfarrer. Mich hat immer das Wort von Yves Congar angesprochen: »Vaste monde, ma paroisse«, »Die weite Welt, meine Pfarrei«. Mein Leitspruch als Bischof war im Anschluss an *Eph 4,15* »Veritatem in caritate« – »Die Wahrheit in der Liebe tun«.

So durfte ich in all diesen Jahrzehnten die weltweite Kirche in ihrer ganzen Vielfalt, ihrem großen Reichtum und in ihrer Lebendigkeit wie mit ihren Problemen, dramatischen Umbrüchen, ihren Schwierigkeiten und auch ihren Krisen erfahren. In diesen Erfahrungen spiegelt sich in individueller Brechung etwas vom Weg und von der Wirklichkeit, von den geistlichen Aufbrüchen wie den Erschütterungen, den Freuden und den Mühsalen der Kirche im 20. und im beginnenden 21. Jahrhundert. In meiner persönlichen Geschichte spiegeln sich Aspekte der Kirchen- und Theologiegeschichte der letzten mehr als 50 Jahre.

Vor allem in den letzten Jahren habe ich bei allen positiven, erfreulichen und bereichernden Erfahrungen auch die Krisen miterlebt, welche die Kirche bei uns in Deutschland und in Westeuropa erschüttern und die viele Christen verunsichern und beunruhigen. Ich habe nicht an der Kirche, sondern mit der Kirche gelitten. Da sind die schlimmen

Skandale, von denen in den letzten Jahren viel die Rede war und die man nicht genug verurteilen kann, dann die zurückgehenden Zahlen der aktiven Kirchenglieder, besonders bei den Jugendlichen, und die dramatische Situation des Nachwuchsmangels an geistlichen Berufen. Vor allem bedrängt mich und macht mir der innere Seelenzustand in der Kirche bei uns zu schaffen: der Mangel an Vision und Begeisterung, die innere Kündigung und die zunehmende Distanz, das teilweise fast schon De-facto-Schisma zwischen der hierarchischen Sicht ›oben‹ und Teilen der Kirche ›unten‹, die lautlose Auswanderung vieler, dazu die Gehässigkeit, mit der ›Rechte‹ und ›Linke‹ aufeinander losgehen und bei dieser Insider-Selbstbeschäftigung gar nicht merken, dass die wirklichen Probleme und Herausforderungen ganz anderswo liegen. Kein Wunder, dass viele enttäuscht sind und sich abwenden.

So bewegt mich die Frage: Wie kann es mit der Kirche weitergehen? Rezepte habe ich keine, und die Rezepte, die ich kenne, scheinen mir meist allzu kurzatmig zu sein. Doch wenn man als Christ davon überzeugt ist, dass die Kirche mehr ist als eine rein menschliche Einrichtung und dass sie vom Geist Gottes geführt und immer wieder erneuert wird, dann wird man die Krisen, von denen die Kirche gegenwärtig geschüttelt wird, als Geburtswehen nicht einer neuen Kirche, wohl aber einer neuen und erneuerten geschichtlichen Gestalt der einen Kirche aller Zeiten verstehen.

In dieser schwierigen und in vieler Hinsicht unübersichtlich gewordenen Situation möchte ich aus dem reichen Schatz der Tradition wie aus der Kenntnis vieler kirchlichen Situationen etwas Orientierung zu geben versuchen. Damit erfülle ich mir einen alten Wunsch. Gegen Ende meiner akademischen Zeit beabsichtigte ich, nach den beiden Büchern *Jesus der Christus* und *Der Gott Jesu Christi* ein Buch über *Die Kirche Jesu Christi* zu schreiben. Die Berufung ins Bischofsamt und nach Rom machte die Realisierung unmöglich. So bin ich über viele Einzelartikel und einen Rohentwurf nicht hinausgekommen.[2] Ich konnte in den letzten mehr als 20 Jahren jedoch ›praktische Ekklesiologie‹ machen, die meinen Horizont erweitert hat und die vieles konkreter werden ließ. Die Grundanliegen sind dieselben geblieben.

Geblieben ist vor allem die Liebe zur Kirche. Damit meine ich nicht irgendeine Kirche, sondern die konkrete katholische Kirche, in der für mich die Kirche Jesu Christi bleibend konkret da ist und die sich doch auf dem Weg der Reinigung und der Heiligung erneuern muss, um als katholische Kirche, als Kirche Jesu Christi und als Kirche für die Menschen deutlicher wahrgenommen zu werden. Sie ist, wie schon die Kirchenväter immer wieder sagten, »schwarz, aber schön« *(Hld 1,5)*. Sie ist trotz aller Runzeln und Makeln *(Eph 5,27)* schön. Von dieser Schönheit möchte ich in diesem Buch etwas zum Ausdruck bringen und zeigen, wie die Kirche die eine und selbe Kirche Jesu Christi bleiben kann und doch nicht alt aussehen muss, sondern neu und jung sein und künftigen Generationen das vermitteln kann, was sie am meisten brauchen: Hoffnung aus dem Glauben.

## *2. Vorbereitung durch die vorkonziliaren Erneuerungsbewegungen*

In meiner Kindheit und Jugend, in meiner Studienzeit und in den ersten Priesterjahren habe ich in der Familie, im Seminar und in der Pfarrei erfahren, was man heute oft die vorkonziliare Volkskirche nennt. Die damalige, in vieler Hinsicht nicht einfache Situation während der Nazizeit, dem Zweiten Weltkrieg und der unmittelbaren Nachkriegszeit ist von der heutigen so verschieden, dass man vor allem bei jüngeren Menschen nur schwer Verständnis wecken kann für das, was und wie es damals war.

Kirche und regelmäßiger Kirchgang sowie das tägliche gemeinsame Gebet in der Familie gehörten wie selbstverständlich zum Leben. Dabei waren meine damaligen Kirchenerfahrungen keineswegs, wie manche vielleicht meinen, Erfahrungen der Beengung, der Unfreiheit oder gar unerleuchteter Finsternis. Im Gegenteil, ich erlebte die Kirche als Heimat. Es war trotz allen äußeren Einschränkungen eine lebendige, im Volk verwurzelte Kirche, in der ich mich im Rhythmus des Kirchenjahres zu Hause fühlte. Die Distanzierung vom Nationalsozialismus aufgrund der Erziehung im Elternhaus und der Einstellung des weit größeren Teils des katholischen Milieus hat die Identifizierung mit der Kirche zusätzlich gestärkt. Ich war stolz, zur Kirche zu gehören und stolz auf den Bischof unserer Diözese, Johannes Baptista Sproll († 1949), der den Nazis von Anfang an mutig die Stirn geboten hat und wegen seiner mutigen Reden als einziger deutscher Bischof ins

Exil verbannt wurde. So ist der Gedanke, Priester zu werden, schon seit den Kinderjahren langsam in mir herangereift.

Nach dem Zweiten Weltkrieg kam im Bund Neudeutschland die Erfahrung der Spätphase der bündischen Jugendbewegung hinzu. Sie hat nach dem mit dem Ersten Weltkrieg zu Ende gegangenen bürgerlichen Zeitalter zwischen den beiden Weltkriegen einen kirchlichen und kulturellen Neuaufbruch eingeleitet. In der liturgischen Bewegung und in der Bibelbewegung wie in den Anfängen der ökumenischen Bewegung hat sich vieles von dem vorbereitet, was später durch das Konzil gesamtkirchlich zum Durchbruch kam. Romano Guardinis bekanntes Wort: »Die Kirche erwacht in den Seelen«[3] charakterisiert diesen Aufbruch und mit ihm die kirchliche Grundstimmung einer ganzen Generation. Ein Jahrhundert der Kirche und ein neuer kirchlicher Frühling waren angesagt. Das Leitmotiv des Bundes Neudeutschland, »Neue Lebensgestaltung in Christus«, wurde damals und ist bis heute wegweisend für mich.

Schriften von Romano Guardini, besonders *Vom Geist der Liturgie* (1918), *Von heiligen Zeichen* (1922) und *Der Herr* (1937), hatten für mich schon früh eine prägende Wirkung. Während der Gymnasialzeit begeisterten mich die *Hymnen an die Kirche* von Gertrud von Le Fort (1924). Ihre Erzählungen verschlang ich als Gymnasiast ebenso wie die von Werner Bergengruen, Reinhold Schneider, Edzard Schaper und anderen, die damals als Vertreter einer ›christlichen Dichtung‹ galten. Ein besonderes Erlebnis war die erste Papstaudienz unmittelbar nach dem Abitur im Frühjahr 1952. Wir waren etwa 20 Jugendliche des Bundes Neudeutschland, die von Papst Pius XII. in Privataudienz empfangen wurden – einem Papst, der in Deutschland und weltweit in höchstem Ansehen stand.

Selbstverständlich empfinde ich im Rückblick auf diese Zeit auch den großen Abstand zwischen der damaligen und der gegenwärtigen Zeit. Die bündische Jugendbewegung zwischen den beiden Weltkriegen suchte nach dem Zusammenbruch des bürgerlichen Zeitalters im Ersten Weltkrieg nach einer neuen, christlich geprägten Kultur- und Lebensgestaltung. Nach dem Zweiten Weltkrieg begeisterte uns die Europaidee der europäischen Gründerväter, die in Anbetracht der damals in einen West- und einen Ostblock zweigeteilten Welt nur eine abendländische Idee sein konnte. Diese Welt ist mit der Emanzipationsbewegung der sogenannten Studentenrevolution von 1968 und vollends nach dem Zusammenbruch des Ostblocks 1989 untergegangen und hat inzwischen in eine europäische Kulturkrise wie in eine Kirchenkrise mit ganz neuen Herausforderungen hineingeführt, wovon noch ausführlich die Rede sein wird.[4]

Dazwischen lagen für unsere Generation der Aufbruch des Zweiten Vatikanischen Konzils (1962–1965) und die nachkonziliaren Reformen. Aufgrund der Vorbereitung durch die kirchlichen Erneuerungsbewegungen habe ich das Konzil keineswegs als einen Bruch erfahren, sondern als Schritt auf dem Weg begrüßt, auf dem wir innerlich längst unterwegs waren, ja unbewusst gewartet hatten. Das Konzil war, auch wenn seine Ankündigung am 25. Januar 1959 durch Papst Johannes XXIII. überraschend kam, keineswegs vom Himmel gefallen. Es war durch die Erneuerungsbewegungen zwischen den beiden Weltkriegen theologisch und geistlich im Herzen und im Denken vieler längst vorbereitet und bewusst oder auch unbewusst ersehnt worden. Die Tübinger Studienjahre taten ein Übriges.

## *3. Theologische Prägung während des Studiums*

Die theologische Vorbereitung für die künftigen Aufgaben erhielt ich durch das Theologiestudium, das ich mit Ausnahme eines Freisemesters in München in Tübingen absolvierte (1952–1956). Nach der Priesterweihe (1957) und einem Jahr als Vikar in Stuttgart konnte ich die Kenntnis der Theologie als Repetent am Tübinger Theologenkonvikt Wilhelmstift (1958–1961) und dann als Assistent an der dortigen Katholisch-Theologischen Fakultät (1961–1964) vertiefen.

### Tübinger Schule

Viele mögen argwöhnen, dass das Theologiestudium ausgerechnet in Tübingen für die kirchliche Gesinnung nichts Gutes bewirkt haben könne. Manchmal ist es fast Mode geworden, Wladimir Solowjew zu zitieren, nach dem der Antichrist Ehrendoktor der Tübinger theologischen Fakultät sein werde.[5] Doch wer nur das von Tübingen weiß, der hat das Tübingen Hölderlins, Schellings, Hegels, Mörikes und Uhlands nie kennen gelernt. Nach dem Zweiten Weltkrieg lehrten dort Romano Guardini und Eduard Spranger. Die damalige katholische Tübinger Theologie war weder eine versteinerte Neuscholastik, noch vom Geist eines seichten Liberalismus angekränkelt. Sie war geprägt von dem von den Kirchenvätern inspirierten Geist der katholischen Tübinger Schule des 19. Jahrhunderts, wie ihn besonders Johann Sebastian Drey († 1853), Johann Adam Möhler († 1838) und der Systematiker Johannes Evangelist von Kuhn († 1887) verkörperten. Diese Theologen waren im 19. Jahrhundert wesentlich beteiligt am kirchlichen Neuaufbruch nach Aufklärung und Säkularisation und sie wirkten weiter bei Theologen, welche das Zweite Vatikanische Konzil entscheidend mitgeprägt haben.[6]

Es waren drei Prinzipien, welche die katholische Tübinger Schule des 19. Jahrhunderts leiteten: Kirchlichkeit, Wissenschaftlichkeit und Zeitgenossenschaft.[7] In diesem Geist brachte mir mein Lehrer Josef Rupert Geiselmann († 1970) das Kirchenverständnis von Johann Sebastian Drey und Johann Adam Möhler und Möhlers Entwicklung ausgehend von der katholischen Aufklärung hin zu einem pneumatologischen und schließlich zu einem christologischen Verständnis der Kirche nahe. Der Fundamentaltheologe Heinrich Fries († 1998) sowie im Münchner Freisemester der dortige Fundamentaltheologe Gottlieb Söhngen († 1971) führten uns ein in das Denken von John Henry Newman, ebenfalls einer der großen Vordenker des 20. Jahrhunderts. Newmans Glaubenslehre half mir zu einem personalen Verständnis des Glaubens, seine *Apologia pro vita sua* und seine Lehre von der Entwicklung der Glaubenslehre vertieften und konkretisierten das geschichtliche Verständnis der Kirche und ihrer Dogmen, wie wir es von den Tübingern kennen gelernt hatten.

Beide, Möhler wie Newman, werden mit Recht als Wegbereiter der Ekklesiologie des 20. Jahrhunderts bezeichnet, die durch das Zweite Vatikanische Konzil gesamtkirchliche Anerkennung fand. Außerdem las ich als Student mit Begeisterung das Buch von Karl Adam († 1966), eines jüngeren Vertreters der Tübinger Schule, *Das Wesen des Katholizismus* (1924), das in vielen Auflagen und Übersetzungen erschienen ist und das eine ganze Generation von Pfarrern und Laien geprägt und begeistert hat. Dagegen ist mir die Bedeutung eines anderen, nicht nur für Italien wichtigen Wegbereiters, Antonio Rosmini († 1855), erst später deutlich geworden.[8]

Das Wesen der Liturgie und der Eucharistie, Mitte und Höhepunkt des kirchlichen Lebens, wurde mir während meiner Studienzeit durch die schon erwähnten Schriften von Romano Guardini *Vom Geist der Liturgie* (1918) und *Von Heiligen Zeichen* (1922) und vor allem durch Josef Andreas Jungmanns *Missarum Solemnia* (1949) erschlossen. Dieses Standardwerk der Liturgiegeschichte eröffnete mir ein tieferes Verständnis und einen historischen Zugang zum eucharistischen Mysterium und einen Sinn für die liturgischen Reformen, die auf das Zweite Vatikanische Konzil folgten. Sie wollten die lateinische liturgische Tradition ja nicht abschaffen oder gar zerstören, sondern ihre wesentlichen Grundstrukturen transparenter machen und so dem Volk Gottes einen besseren Zugang zur Liturgie der Eucharistie erschließen. Dass es dann auch zu bedauerlichen Verflachungen kam, kann man nicht dem Konzil selbst und nicht den genannten Vordenkern der Reformen anlasten.[9]

So war mir seit meinen Tübinger Studienjahren eine lebendige geschichtliche wie eine christologische und pneumatologische Sicht der Kirche vertraut. Die Kirche war mir nie nur eine Institution, sondern der vom Heiligen Geist lebendig erhaltene und immer wieder erneuerte Leib Christi. Diesem ekklesiologischen Denken der Tübinger Schule, besonders von Johann Adam Möhler, weiß ich mich seither verpflichtet.[10]

In meiner Dissertation über *Die Lehre von der Tradition in der Römischen Schule* (1962) konnte ich zeigen, dass es zwischen Tübingen und Rom schon im 19. Jahrhundert nicht nur Konflikte gab, sondern auch eine positive Ausstrahlung Möhlers auf die damalige römische Theologie (Perrone, Passaglia, Schrader, Franzelin). Darüber hinaus hatte Möhlers Sicht der Kirche einen erstaunlichen Einfluss auf John Henry Newman in England und, wie ich erst später entdeckte, in Russland auf Aleksij Chomjakow und Wladimir Solowjew, die auf die orthodoxe Theologie des 20. Jahrhunderts wiederum keinen geringen Einfluss hatten. Über die Römische Schule kam ich außerdem zu deren bedeutendstem Vertreter, zu Matthias Josef Scheeben und zu seinem Werk *Mysterien des Christentums*, das damals als eine Art Geheimtipp für diejenigen gehandelt wurde, welche eine anspruchsvollere theologische Kost suchten.

Die frühe Prägung durch die Tübinger Schule war der Grund, weshalb mir das ursprüngliche Thema meiner Habilitationsarbeit, die Anfänge einer eigenständigen Ekklesiologie bei spätmittelalterlichen Autoren wie Jakob von Viterbo, Johannes von Ragusa und Johannes von Torquemada, wenig zusagte. In der Auseinandersetzung mit dem spätmittelalterlichen Konziliarismus entwickelten sie eine Lehre von der Kirche, welche mehr eine Hierarchologie als eine Ekklesiologie war. Darum habe ich dieses Thema nach einem ausführlichen Gespräch mit Yves Congar in Straßburg aufgegeben.

## Schelling und Thomas von Aquin

Als Habilitationsthema wählte ich Philosophie und Theologie der Geschichte in der späten Philosophie Schellings.[11] Immer wieder werde ich gefragt: Warum ausgerechnet dieses Thema, das weitab der bekannten theologischen Wege zu liegen scheint? Mir schien dieses Thema durch die vom deutschen Idealismus beeinflusste Tübinger Theologie nahe gelegt zu sein. Sowohl Johann Sebastian Drey wie Franz Anton Staudenmaier († 1856), der der zweiten Generation der Tübinger Schule angehörte, setzten sich mit Schelling auseinander; wache katholische Geister seiner Zeit wie Franz Baader († 1841) und Josef Görres († 1848) wurden von ihm angeregt. In der Nachkriegszeit setzten sich damals so verschiedene Denker wie Karl Jaspers, Martin Heidegger, Jürgen Habermas und Paul Tillich mit dem späten Schelling auseinander. Auch der spätere Bischof Klaus Hemmerle († 1994), der aus der Schule von Bernhard Welte († 1983) in Freiburg kam, befasste sich in seiner Habilitationsschrift mit Schellings Spätphilosophie. Außerdem ist das große Werk von Xavier Tilliette zu nennen, den ich zufällig in Tübingen kennen lernte. Anregend auf mich wirkte der damals in Tübingen lehrende Philosoph Walter Schulz († 2000) und seine Schellinginterpretation: Schellings Spätphilosophie als Vollendung und Krise des Idealismus.[12]

Die Begegnung mit Schelling verschaffte mir Zugang zur neuzeitlichen Philosophie, zu Kant, Fichte und Hegel und zur unmittelbar nachidealistischen Epoche, vor allem zu Kierkegaard, Marx und Nietzsche. Auf Grund dieser Studien konnte ich nie, wie bei vielen Theologen noch heute üblich, die Neuzeit als eine reine Abfallgeschichte in einen bodenlosen Subjektivismus verstehen. Die Neuzeit ist vielfältiger, als es in solchen schablonenhaften Charakterisierungen zum Ausdruck kommt. Zur Neuzeit gehören auch Renaissance und Barock, neben Descartes und Kant stehen Pascal, Hamann und Herder, neben der Aufklärung der Pietismus und die Romantik, neben dem Idealismus der Materialismus und der Positivismus, neben dem Liberalismus konservative wie restaurative Strömungen. Von einer durchgängigen Enthellenisierung kann keine Rede sein. Platon und der Neuplatonismus sind sowohl in der Renaissance wie im Idealismus geradezu zuhauf präsent.

Schelling ist besonders interessant. In seiner frühen Naturphilosophie hat er die naturhaften Voraussetzungen der Freiheit herausgestellt und in seiner Spätphilosophie die Grenzen neuzeitlicher Freiheitsphilosophie bedacht. So laufen von Schelling Linien zum nachidealistischen Denken, das bei Kierkegaard die Theologie des 20. Jahrhunderts nachdrücklich beeinflusst hat und durch Marx wie durch Nietzsche eine teilweise böse Wirkungsgeschichte hatte. Das alles half mir später, eine kritisch-konstruktive Position zu finden in der Auseinandersetzung mit neomarxistischen Strömungen und dem gegenwärtigen post- beziehungsweise spätmodernen Denken.

Vor der Beschäftigung mit der neuzeitlichen Philosophie stand schon während der Zeit als Student eine Preisarbeit über die *Quaestiones disputatae de veritate* des Thomas von Aquin. Durch sie wurde ich früh mit der wohl bedeutendsten Gestalt der hochmittelalterlichen Scholastik vertraut. Später sollte Thomas von Aquin für mein theologisches Denken, auch für die Ekklesiologie zunehmend wichtig werden.[13] Das Gespräch mit der metaphysischen Tradition und deren positive Wertschätzung, das mir schon in der Auseinandersetzung mit Schelling wichtig war, brachte ich in meiner Tübinger Abschiedsvorlesung von 1989 über die Unerlässlichkeit der Metaphysik für die Sache der Theologie nochmals zum Ausdruck.[14] Ohne Kenntnis der großen philosophischen Tradition geht der Theologie der große und lange Atem aus.

### Karl Rahner – Henri de Lubac – Yves Congar – Hans Küng

Weitere Einflüsse kamen hinzu. Karl Rahner († 1984) lernte ich persönlich kennen, als er, der damals schon weltberühmte Theologe, uns Theologiestudenten im Wilhelmstift in Tübingen die Jahresexerzitien hielt. Ich erinnere mich noch, wie ich den ersten Band von Karl Rahners *Schriften zur Theologie* (1954) kaufte. Ich war von dem Aufsatz über *Die Frage der Dogmenentwicklung* so fasziniert, dass ich noch auf der Straße zu lesen anfing. Vieles von dem, was ich als junger Student suchte, war in diesem Beitrag tiefer durchdacht und klar formuliert. So lernte ich bei ihm, das bleibend Gültige kirchlicher Lehre von kontingent geschichtlich Gewordenem zu unterscheiden und zugleich, das bleibend Gültige für heutiges Verständnis neu zu erschließen und so in der Tradition selbst Perspektiven für die Zukunft zu erkennen. Auch wenn mir sein letztlich auf Kant und Fichte zurückgehender transzendentaler Ansatz aufgrund meines geschichtlich orientierten Denkens fremd blieb, so verdanke ich ihm, wie wohl alle Theologen meiner Generation, doch sehr viel. Er hat uns Mut gemacht zum eigenen Denken.

Dazu kam die Lektüre französischer Theologen der damals fälschlicherweise sogenannten ›Nouvelle Théologie‹. Im Grunde war sie keine neue Theologie, sondern die Erneuerung der alten patristischen und hochmittelalterlichen Theologie. Vor allem Henri de Lubac († 1991) und Yves Congar († 1995) verdanke ich entscheidende Anregungen für das Kirchenverständnis. Ich lernte nicht nur von deren stupender historischer Kenntnis der patristischen, mittelalterlichen wie der modernen Ekklesiologie, sondern auch eine vertiefte Liebe zur Kirche und ihrem Geheimnis.

Als Hans Küng 1960 unmittelbar vor Beginn des Konzils nach Tübingen kam, beeindruckten uns seine als frisch empfundene, in manchem unkonventionelle ekklesiologische Sichtweise und seine Reformideen. Als sein Assistent entwickelte sich eine gute persönliche Zusammenarbeit. Doch die Art, wie er seine Reformideen sozusagen im Alleingang und zunehmend im Konflikt mit Papst und Bischöfen durchzusetzen suchte, machte mich bald zurückhaltend. Ein Übriges – um das Gleichgewicht zu wahren – tat die Tatsache, dass ich gleichzeitig bei Hans Küng und bei Leo Scheffczyk († 2005) Assistent war. Leo Scheffczyk war ein zutiefst kirchlich gesinnter Theologe und von einer Lauterkeit, wie man sie selten findet. In den nachkonziliaren Umbrüchen wurde er zu einem Fels, an dem sich viele rieben, der aber auch vielen Halt gab. Zu meiner Freude wurden wir beide am Fest der Cathedra Petri 2001 an demselben Tag ins Kardinalskollegium aufgenommen.

## Lebendige Tradition

So wurde für mich die aus dem Geist der katholischen Tübinger Schule bei den Kirchenvätern verwurzelte geschichtliche Sicht der Kirche und ihrer Tradition maßgebend. Johann Sebastian Drey hat von der »Überlieferung des Glaubens zu beständiger Gegenwart« gesprochen. Mein Lehrer Josef Rupert Geiselmann fasste diesen Grundgedanken in seinem Buch mit dem bezeichnenden Titel *Lebendiger Glaube aus geheiligter Überlieferung* (1942) zusammen. Die pastoraltheologischen Konsequenzen dieses Denkens wurden uns durch den Pastoraltheologen Franz Xaver Arnold († 1969) erschlossen. Er bezeichnete es als die Grundaufgabe der Pastoral, die Kirche lebendig in die Zukunft hinein aufzubauen.[15] Damit klang an, was später die Päpste Paul VI., Johannes Paul II. und neuerdings Benedikt XVI. programmatisch als neue Evangelisierung bezeichneten. Dieser pastorale Aspekt ist für mich in der Zeit als Bischof (1989–1999) grundlegend geworden.

Aufgrund dieser Grundeinstellung waren die Begriffe ›konservativ‹ und ›progressiv‹, zwei Schlagworte während und nach dem Konzil, für mich nie eine sinnvolle Alternative, und ich habe mich stets geweigert, mich auf eines der beiden Lager festlegen zu lassen. Das hatte zur Folge, dass mir gelegentlich Misstrauen von beiden Seiten entgegenschlug. Doch schon die alten Tübinger verstanden sich als Selbstdenker. So suchte auch ich mit dem eigenen Kopf, gelegentlich mit dem schwäbischen Dickkopf, zu denken und ging meinen eigenen Weg. Es war und ist meine Überzeugung, dass jede Theologie in dem Sinn konservativ zu sein hat, dass sie die apostolische Überlieferung, so wie sie durch die Geschichte hindurch in der Kirche weitergegeben wurde, zu bewahren und lebendig zu entfalten hat. Bewahren kann man die Überlieferung freilich nicht dadurch, dass man sie in steinerne Formeln meißelt, einfach wiederholt und neu einschärft, sondern nur dadurch, dass man den überlieferten Glauben lebendig weitergibt, ihn in neue Fragestellungen hinein übersetzt und ihn auf Zukunft hin weitertradiert. Eine differenzierte Kenntnis der neuzeitlichen Philosophie kann für eine konstruktive und zugleich kritische Auseinandersetzung mit der Moderne eine Hilfe sein und vor unfruchtbaren, schablonenhaften, antimodernistischen Thesen bewahren.

Mit alldem hatte ich alles andere als einen liberalen Schulsack mitbekommen, auch wenn man mir das Mäntelchen eines Liberalen später manchmal umzuhängen versuchte. Ich selbst sah mich im Geist der katholischen Tübinger Schule und ihres lebendigen Traditionsverständnisses immer in der Mitte der katholischen Theologie beheimatet.

## *4. Bleibende Bedeutung des Zweiten Vatikanischen Konzils*

### Aufbruch und Erneuerung

Die Erfahrung des Zweiten Vatikanischen Konzils (1962–1965) wurde für mich zu einer prägenden Kirchenerfahrung und zu einem bleibenden festen Bezugspunkt. Als Papst Johannes XXIII. am 25. Januar 1959 das Konzil ankündigte, war das Überraschung pur. Es folgte eine atemberaubende, spannende und interessante Zeit, wie sie sich heutige junge Theologen gar nicht mehr vorstellen können. Wir erfuhren, wie die alte ehrwürdige Kirche neues jugendliches Leben zeigte, wie sie Türen und Fenster aufstieß und sich in innerkirchlichen Dialog sowie in Dialog mit anderen Kirchen, anderen Religionen und mit der modernen Kultur begab. Es war eine Kirche im Aufbruch, welche ihre Tradition nicht abstieß und nicht verleugnete, sondern ihr treu blieb, die aber Verkrustungen aufbrach und so die Tradition neu, lebendig und für den Weg in die Zukunft fruchtbar zu machen suchte. Ich bin nach wie vor überzeugt, dass die insgesamt 16 gewichtigen Dokumente des Konzils der Kompass sind für den Weg der Kirche im 21. Jahrhundert.[16]

Schon oft wurde das Zweite Vatikanische Konzil als Konzil der Kirche über die Kirche bezeichnet. Die Kirche, die seit 2000 Jahren auf den Straßen der Geschichte unterwegs war, wurde sich bei diesem Konzil ihres Wesens, aus dem sie schon bisher lebte und wirkte, tiefer bewusst. Papst Johannes XXIII. sagte bereits in seiner Eröffnungsrede am 11. Oktober 1962, es gehe diesem Konzil darum, die heilige Hinterlassenschaft der christlichen Lehre ohne Abstriche oder Verfälschungen zu bewahren und in einer wirksamen Weise zu lehren. Papst Paul VI. sagte dasselbe bei der feierlichen Verkündigung der Kirchenkonstitution *Lumen gentium* am 21. November 1964 zusammen mit dem Ökumenismusdekret *Unitatis redintegratio*. Er sagte: »Diese Promulgation verändert in Wirklichkeit nichts an der traditionellen Lehre der Kirche. Was Christus wollte, wollen auch wir. Was war, das bleibt. Was die Kirche durch die Jahrhunderte lehrte, das lehren gleichermaßen auch wir. Nur was einfach gelebt wurde, ist nun ausgesprochen, was unsicher war, ist geklärt, was bedacht, diskutiert und teilweise kontrovers war, erlangt nun eine klare Formulierung.«[17]

Man kann im Sinn der Hermeneutik von Hans-Georg Gadamer auch sagen: Alles, was bisher wahr war und als wahr geglaubt wurde, ist selbstverständlich auch in Zukunft wahr und verbindlich. Aber es wird in ein neues Licht und in einen umfassenderen Horizont gerückt; es kommt so neu zum Leuchten und wird in gewissem Sinn auch neu einleuchtend.[18] Der neue Horizont, in dem das Konzil die Tradition aufnahm, kam bereits in der Eröffnungsrede von Papst Johannes XXIII. zum Ausdruck, in der er die Zielsetzung des Konzils als pastorales Ziel bestimmte. Dieses pastorale Selbstverständnis drückt den besonderen Geist dieses Konzils aus. Das damit Gemeinte ist freilich schwierig und nicht leicht zu fassen. Die Frage ist nämlich: Was bedeutet ›pastoral‹ und wie verhält sich dieses pastorale Anliegen zu den doktrinalen Aussagen, die das Konzil zweifelsohne auch intendiert und gemacht hat? Einen Gegensatz zwischen beidem zu konstruieren, wie es manchmal geschieht, ist verfehlt. Denn es kann keine Pastoral ohne doktrinale Grundlagen geben, wie umgekehrt die Lehre keine tote Formel ist, die man wie eine Monstranz vor sich herträgt, sondern pastoral ins Leben und in die Verkündigung übersetzt werden muss.[19]

Die Faszination und der Enthusiasmus des Konzils sind in der Zwischenzeit verflogen. Eine Zeit der nüchternen Bestandsaufnahme, teilweise auch kritischer Betrachtung der Konzils- und vor allem des Nachkonzilsgeschehens ist angebrochen. Es ist eine neue Generation herangewachsen, für die das Konzil ein weit zurückliegendes Geschehen ist und einer anderen Zeit angehört, zu der sie noch nicht einmal geboren waren und zu der sie keinen persönlichen Bezug haben, so wie es für meine Generation der Fall ist. Ihnen muss man das damals Geschehene und Gesagte erst mühsam erklären und sie dafür erwärmen. Dazu bedarf es einer soliden Konzilshermeneutik.

## Prinzipien der Konzilshermeneutik

Zweifellos darf man aus dem Konzil keinen Mythos machen, in den jeder seine eigenen Wunschvorstellungen hineininterpretiert. Man muss die Texte des Konzils vielmehr nach den allgemeingültigen Regeln der theologischen Hermeneutik sorgfältig interpretieren. Dabei darf man den sogenannten wirklichen oder vermeintlichen Geist des Konzils nicht vom Buchstaben des Konzils lösen. Es gilt, den Geist des Konzils aus der Geschichte und den Texten des Konzils zu erheben.

Die Texte des Konzils muss man von ihrer Geschichte und von der oft kontroversen Diskussion während des Konzils her verstehen. Dann muss man jede Einzelformulierung aus dem Ganzen aller konziliaren Texte interpretieren und dabei die innere Hierarchie der verschiedenen Konzilsdokumente (Konstitutionen, Dekrete, Erklärungen) beachten. Nicht zuletzt gilt es, die Konzilstexte von den Quellen her zu interpretieren, denen das Konzils selbst verpflichtet war und aus denen es reichlich schöpfte. Das Konzil verstand sich als Erbe der Tradition und andererseits als deren authentischer Interpret für eine im raschen und tiefgreifenden Wandel begriffene neue Situation. Für eine angemessene Konzilshermeneutik ist es schließlich wichtig, die Rezeption zu beachten, welche die Aussagen des Konzils in der Lehre und im Leben der Kirche nach dem Konzil gefunden haben. Richtig verstanden ist die Rezeption keine mechanische Übernahme, sondern ein lebendiger, vom Heiligen Geist geleiteter ekklesialer Prozess, der in der Lehre wie im ganzen Leben der Kirche geschieht.[20]

In der Nachkonzilszeit hat sich die Erfahrung der gesamten Konziliengeschichte bestätigt. Nach dem Streit um die Definition kommt jeweils der Streit um die Rezeption. Schon früher waren Nachkonzilszeiten oft schwierige und kontrovers verlaufende Zeiten. Man denke etwa an die turbulente Zeit nach dem ersten ökumenischen Konzil von Nizäa (325) oder dem vierten ökumenischen Konzil in Chalcedon (451). Schon während des Zweiten Vatikanischen Konzils zeichneten sich zwei Fraktionen ab, die man bald als ›Konservative‹ und als ›Progressive‹ bezeichnete. Dabei hatten beide Begriffe zunächst eine andere Bedeutung, als sie sie nach dem Konzil annahmen. Denn die damals als die Progressiven Bezeichneten waren in Wahrheit die Konservativen, welche die große und ältere Tradition der Heiligen Schrift und der Kirchenväter neu zur Geltung brachten, während die damals Konservativen einseitig auf die nachtridentinische Tradition der letzten Jahrhunderte fixiert waren. Um den berechtigten Anliegen beider Seiten gerecht zu werden und um, wie es guter konziliarer Tradition entspricht, einen möglichst breiten Konsens zu erreichen, waren in vielen Fällen Kompromissformulierungen notwendig – auch dies ist für jeden, der die Konziliengeschichte kennt, kein neues Phänomen.[21]

Oft werden Auseinandersetzungen, die während des Konzils stattfanden, im Streit um die Auslegung des Konzils mit anderen Mitteln fortgesetzt. Dabei gibt es ›progressive‹ Deutungen, welche das Konzil für ›neomodernistische‹ Positionen in Anspruch nehmen, die sich das Konzil aufgrund seiner Verwurzelung in der Tradition bewusst nicht zu eigen gemacht hat, wie traditionalistische Positionen, die das Konzil teilweise ganz oder in Teilen in Frage stellen oder es im Sinn von vorkonziliaren Positionen des 18. und 19. Jahrhunderts interpretieren, welche das Konzil gerade überwinden wollte.[22]

Inzwischen hat Papst Benedikt XVI., selbst einer der maßgebenden Theologen auf dem Konzil, einen wichtigen Anstoß zur Konzilshermeneutik gegeben. Er stellt der Hermeneutik des Bruchs eine Hermeneutik der Kontinuität und der Reform gegenüber. Er plädiert dafür, das Konzil im Zusammenhang der ganzen Tradition und als ein Glied in der langen Kette der Tradition zu interpretieren.[23] In der Tat kann man das Vaticanum II nicht als einen Bruch und nicht als Anfang einer neuen Kirche verstehen. Das würde seinem Selbstverständnis und seiner bewussten und gewollten Verwurzelung in der Tradition widersprechen. Doch nun stellt sich die Frage: Was ist unter Kontinuität und was ist unter Reform zu verstehen?

Dass man Kontinuität im Sinn des Konzils nicht als bloße Wiederholung oder rein logisch oder organisch verstandene Explikation früherer Aussagen und dass man die Hermeneutik der Reform nicht als simple, praktische Anwendung verstehen darf, zeigt sich an der Art und Weise, wie das Konzil selbst die Tradition, in der es stand, begriffen hat. Besonders deutlich wird dies in der Art, wie das Konzil das alte, durch Vorgängerkonzilien festgeschriebene Axiom ›Extra ecclesiam nulla salus‹[24] überraschend neu interpretiert hat.[25] Auch vom *Syllabus* (1864) mit seiner Verwerfung moderner Ideen einschließlich der Religionsfreiheit führt eine geradlinige logische oder organische Entwicklung zu den Konzilsdokumenten *Gaudium et spes* und *Dignitatis humanae* (1965), welche eben diese Ideen in kritisch-konstruktiver

Weise aufnahmen. Dasselbe gilt von der Enzyklika *Mortalium animos* (1928) mit ihrer Zurückweisung der ökumenischen Bewegung im Verhältnis zum Ökumenismusdekret *Unitatis redintegratio* (1964), das eben diese ökumenische Bewegung als Impuls des Heiligen Geistes bezeichnet. Sicher kann man in allen diesen Fällen nicht von einem Bruch sprechen, wohl aber muss man von einer schöpferischen Kontinuität in der Erneuerung reden.

Will man die Kontinuität in der Erneuerung verstehen, dann muss die Hermeneutik des Zweiten Vatikanischen Konzils vom Entwicklungsgedanken der großen Lehrer der Tübinger Schule und von der Entwicklungslehre John Henry Newmans ausgehen. Sie geht davon aus, dass die Kirche in allen Jahrhunderten und auf allen Konzilien dieselbe ist. Aber es handelt sich um eine lebendige Tradition, was nicht heißt: eine beliebige Tradition. John Henry Newman konnte in seinem berühmten *Essay on the Development of Christian Doctrine* (1845) anhand vieler konkreter Beispiele aus der älteren kirchlichen Tradition zeigen, dass es auch in der Vergangenheit bei aller Kontinuität der Prinzipien komplizierte und komplexe Entwicklungen gegeben hat und dass Kontinuität sowohl neue Definitionen wie deren schöpferische Rezeption und unterschiedliche Inkulturation einschließt.[26] Es gilt darum, die bleibend verbindliche und doch stets immer wieder junge Traditio (groß geschrieben) zu unterscheiden von den vielen traditiones (klein geschrieben), welche die eine Traditio in einer zeitbedingten Weise ausdrücken, sie aber auch verdunkeln und verstellen können (man denke etwa an antijudaistische, leibfeindliche und frauenfeindliche Traditionen).[27] In diesem Sinn hat das Konzil mehrfach zeitbedingte traditiones aufgebrochen, um die eine, bleibende, verbindliche Traditio wieder zum Leuchten zu bringen.

Reform bedeutet demnach nicht nur Rückführung auf den Ursprung oder auf eine frühere als authentisch angesehene Traditionsgestalt, sondern Erneuerung, damit das Alte, Ursprüngliche und bleibend Gültige nicht alt aussieht, sondern in seiner Neuheit neu zur Geltung und neu zum Leuchten kommt. Papst Johannes XXIII. hat dieses Anliegen mit dem bekannten, schwer zu übersetzenden, oft missbrauchten Wort ›aggiornamento‹ angedeutet. Es meint nicht Anpassung an das Heute, sondern das Überlieferte im Heute in seiner Neuheit gegenwärtig machen. Solche ›Erneuerung‹ ist etwas anderes als Neuerung. In dem Wort Erneuerung kommt vielmehr das biblische

Verständnis von ›neu‹ im Sinn von gnadenhaft unableitbarer, unverbrauchter und immer wieder neu überraschender eschatologischer Neuheit zur Geltung.[28] Das Evangelium ist nie einfach das Altbekannte, sondern das ewige Neue. Man sollte darum die Hermeneutik der Reform als eine Hermeneutik der Erneuerung verstehen und von einer Hermeneutik der Erneuerung sprechen.

Die Erneuerung ist nicht unser Werk, sie ist das Werk des Heiligen Geistes, der an alles erinnert *(Joh 14,26)* und zugleich in die ganze Wahrheit einführt *(Joh 16,13)*. Seine Erinnerung bedeutet nicht einfach Wiederholung, sondern Vergegenwärtigung des ein für alle Mal ergangenen Evangeliums. Nach Irenäus von Lyon ist es das Werk des Heiligen Geistes, die Überlieferung stets jung und taufrisch zu erhalten.[29] Eine solche pneumatologische Hermeneutik der Erneuerung entspricht der Intention des Papstes Johannes XXIII., der bei der Einberufung des Konzils die Erwartung von einem erneuerten Pfingsten aussprach.[30]

## Nachkonziliare Wirkungsgeschichte

Die Nachkonzilszeit hat viele, vom weit überwiegenden Teil der Gläubigen begrüßte liturgische, pastorale und kanonistische Reformen gebracht und in der Pastoral wie in der Theologie eine biblisch wie patristisch orientierte geistliche Erneuerungen eingeleitet. Zu einem erneuerten Pfingsten und zu dem erhofften geistlichen Frühling ist es nach dem Konzil dennoch nicht gekommen. Es gab nicht nur Auseinandersetzungen um die Konzilsinterpretation,[31] in mancher Hinsicht ist es auch zu einem dramatischen Niedergang des religiösen Lebens, vor allem der geistlichen Berufungen und zu einer Verflachung des Glaubens gekommen. Die erhoffte neue missionarische Ausstrahlung ist ausgeblieben. Statt neuer Freude an der Kirche haben Kirchenkritik und Kirchenverdruss zugenommen.

So gibt es Licht und Schatten in der nachkonziliaren Epoche. In dieser differenzierten und nüchternen Weise hat es die außerordentliche Bischofssynode gesehen, die 1985 aus Anlass des 20. Jahrestags des Konzilsendes stattfand.[32] Die Synode hat damit dem nachkonziliaren Enthusiasmus einen Dämpfer versetzt und zugleich Kassandrarufe und Katastrophenstimmungen abgewiesen.

Die Ursachen dieser zwiespältigen Entwicklung sind vielfältig. Monokausale Erklärungen greifen zu kurz, erst recht einseitige Urteile und Verurteilungen. Sicher kann man nicht sagen, dass alles, was nach dem Konzil gekommen ist, auch wegen des Konzils gekommen ist. Man kann jedoch umgekehrt argumentieren und sagen, dass das Konzil für die unmittelbar nach dem Konzil einsetzende neue Welle der Säkularisierung eine Art Auffanglinie abgesteckt und Argumentationshilfen bereitgestellt hat, die es ermöglichten, den neuen Herausforderungen zu begegnen. Doch auch dies ist nur teilweise gelungen. Insgesamt war die Theologie und erst recht die kirchliche Öffentlichkeit auf die Öffnung zur Neuzeit, wie sie besonders in der Pastoralkonstitution *Gaudium et spes* und in der Erklärung zur Religionsfreiheit *Dignitatis humanae* zum Ausdruck kam, zu wenig vorbereitet. Nachdem die Neuscholastik und deren philosophisches Grundgerüst mehr oder weniger sang- und klanglos untergegangen waren, zog an deren Stelle oft ein philosophisch meist wenig durchdachtes geschichtliches beziehungsweise heilsgeschichtliches Denken in die Theologie ein. Das führte zu einem biblizistischen und historischen Positivismus, bei dem für die Dimension des Glaubens wenig Raum blieb.

Durch diese Entwicklungen wurden viele Impulse des Konzils erstickt oder missbräuchlich im Sinn eines ›aufgeklärten‹ und liberalen Kirchenverständnisses instrumentalisiert. Auf der anderen Seite kam es zu unerquicklichen Konflikten mit Kräften, die möglichst vor das Konzil zurückgehen wollten. Diese innerkirchlichen Auseinandersetzungen und Grabenkämpfe konnten von den großen Herausforderungen und von den wahren Problemen, vor denen wir heute stehen, nur ablenken.

Das Konzil wollte keine neue ›aufgeklärte‹ Kirche, es wollte eine aus dem Geist des Evangeliums geistlich erneuerte Kirche auf dem Weg der persönlichen Heiligung wie der Reform. Das Konzil hat die überlieferte Lehre der Kirche in keinem Punkt verlassen, es hat sie aber in einen pastoralen Horizont, das heißt, wie noch zu zeigen sein wird, in einen trinitarischen Verstehenshorizont gestellt, es hat den Weg gewiesen von einer in sich geschlossenen und verschlossenen Identität hin zu einer offenen, relational und dialogal verstandenen Identität der Kirche.[33]

Damit war das Konzil nicht nur der Abschluss einer Entwicklung, sondern auch Ausgangspunkt für neue Entwicklungen und für neue geistliche Aufbrüche, die es neben vielen Abbrüchen und Zusammenbrüchen gottlob ebenfalls gibt. Sie haben den konziliaren Impuls auf eine unerwartete und ungeplante, aber hoffnungsvolle Weise aufgegriffen und suchen ihn weiterzuführen.[34] Sie zeigen damit, dass die Kirche jung und lebendig geblieben ist. Die Rezeptionsgeschichte des Konzils ist darum noch lange nicht zu Ende. Das Zukunftspotenzial des Konzils ist noch längst nicht ausgeschöpft.

## 5. *Nachkonziliare Auseinandersetzungen*

Auf das Konzil folgte eine ausgesprochen schwierige Periode. So fand ich mich als junger Professor der Dogmatik in der Zeit gegen Ende des Konzils und in der Zeit danach mit den oft stürmischen nachkonziliaren Auseinandersetzungen konfrontiert, zuerst in Münster in Westfalen (1964–1970), später im heimischen Tübingen (1970–1989).

### Münsteraner Zeit

Die Münsteraner Zeit war für mich in verschiedener Hinsicht eine große Zeit. Ich lernte in der Katholisch-Theologischen Fakultät den damaligen Professor Joseph Ratzinger kennen. Er hatte entscheidenden Anteil an der Erarbeitung der konziliaren Ekklesiologie und veröffentlichte maßgebende, noch immer lesenswerte Konzilskommentare. Durch viel beachtete Veröffentlichungen hat er Wesentliches zur Klärung und zum tieferen Verständnis der konziliaren Ekklesiologie beigetragen.[35] Ebenfalls lernte ich in Münster Johann Baptist Metz kennen, der in diesen Jahren seinen ursprünglich an Karl Rahner orientierten anthropologischen Ansatz zur politischen Theologie weiterentwickelte und damit die Theologie der Befreiung mit anregte. Nach Joseph Ratzingers Weggang von Münster nach Tübingen kam Karl Rahner mit seinem damaligen Assistenten Karl Lehmann von München nach Münster. Rahner war einer der großen Vordenker vor, während und nach dem Konzil, zeigte sich aber immer mehr unzufrieden mit der nach seiner Meinung zu retrospektiven und zu langsamen nachkonziliaren Entwicklung.

In dieser unmittelbaren nachkonziliaren Zeit prallten unterschiedlichste Positionen aufeinander. Die Progressiven waren jetzt nicht mehr die Konservativen, welche die größere und weitere katholische Tradition gegenüber jüngeren Verengungen zur Geltung brachten, sondern diejenigen, welchen es oft im direkten Rückgriff auf das Neue Testament beziehungsweise auf bestimmte historisch-kritische Interpretationen des Neuen Testaments in Auseinandersetzung mit der modernen Welt und der heutigen Philosophie um eine neue Gestalt der Kirche und um ein neues Verständnis ihrer Lehre ging. Es konnte nicht ausbleiben, dass die weitgehende Emanzipation von der Tradition oft zu Orientierungslosigkeit führte. Eine nochmalige Reflexion auf das Wesen der Tradition, auf die Dogmenentwicklung und ihre Kriterien sowie auf die Methoden der Dogmatik wie eine ernsthafte Auseinandersetzung mit der neuzeitlichen Freiheitsgeschichte war in dieser Situation nötig.[36]

## Pastorale Fragen

Beim Versuch einer Neuorientierung stellten sich zunächst pastorale Fragen: Wie den Glauben in eine heute verständliche Sprache übersetzen und wie ihn heute leben? Sie brachen unmittelbar nach dem Konzil im niederländischen Pastoralkonzil (1966–1970) und im *Holländischen Katechismus*[37] auf und führten zu kontroversen Diskussionen. Damals veröffentlichte ich die *Einführung in den Glauben* (1972),[38] die ich zuvor in Münster und in Tübingen für Hörer aller Fakultäten vorgetragen hatte und die danach in vielen Auflagen und Sprachen erschien und von vielen dankbar als Orientierungshilfe aufgenommen wurde. Dieselben Vorlesungen hielt ich kurz darauf vor Missionaren und Missionsschwestern in Taiwan, von denen viele zuvor in maoistischen Gefängnissen Unsägliches für ihren Glauben erlitten hatten. Für mich waren diese Vorlesungen ein Härtetest. Die dankbare Zustimmung der Hörer zeigte mir jedoch, dass es sich um mehr als um eine bürgerlich angepasste Theologie handelt.

Nach der Krise aufgrund der heftigen Reaktionen auf die Enzyklika *Humanae vitae, Über die rechte Ordnung der Weitergabe des mensch-*

*lichen Lebens* (1968) kam es in Deutschland zur Würzburger Synode (1971–1975), in meiner Heimatdiözese zehn Jahre später zur Rottenburger Diözesansynode (1985–1986) unter meinem unmittelbaren Vorgänger, dem volkstümlichen und beliebten Bischof Georg Moser († 1988). Beide Synoden waren Synoden im ursprünglichen Sinn des griechischen Wortes ›Synode‹: Weggemeinschaft des Volkes Gottes, also Ausdruck einer Kirche, die gemeinsam unterwegs ist und sich als Weg- und Hoffnungsgemeinschaft versteht. Der letztere Aspekt kam vor allem in dem von Johann Baptist Metz inspirierten Beschluss *Unsere Hoffnung. Ein Bekenntnis zum Glauben in dieser Zeit* zum Ausdruck.[39]

Aus dem Abstand wird man heute manchen der damals verfassten Texte differenzierter sehen. Die Kirche ist nicht auf dem damaligen Diskussionsstand stehen geblieben. Der damals beschrittene Weg wurde weitergegangen, wichtige klärende und vertiefende Aspekte sind hinzugekommen. Trotzdem kann man beiden Synoden das ehrliche Ringen um verantwortliche pastorale Lösungen in diesen stürmischen Jahren nicht absprechen. Sie haben mit dazu beigetragen, dass die Kirche in Deutschland bei allen Spannungen nicht auseinander gebrochen, sondern zusammengeblieben ist.

Es zeigte sich aber, dass weitere Überlegungen notwendig waren. Denn das Wort ›pastoral‹, das in der Pastoralkonstitution *Gaudium et spes* und dann durch das niederländische Pastoralkonzil Karriere gemacht hat, war oft zu einem Schlagwort verkommen. Manche dachten, pastoral zu handeln meine, sich dabei über ›Doktrinelles‹ hinwegsetzen zu können. Das war nicht das Verständnis des Konzils. Um dieser Wahrheitsvergessenheit zu entgehen, suchte ich nach einer theologisch reflektierten Lösung, die ich mit Hilfe des Prinzips der Epikie beziehungsweise des ostkirchlichen Prinzips der Ökonomie zu finden meinte, das heißt einer zugleich sach- wie person- und situationsgerechten Übersetzung der Lehre in die Praxis.

Nach Thomas hebt die Epikie die Gerechtigkeit nicht auf, sie ist vielmehr die höhere Gerechtigkeit.[40] Sie stellt die Grundsätze nicht zur Disposition, macht aber ernst mit der Einmaligkeit jeder einzelnen Person und jeder einzelnen Situation. Die einzelne Person und die konkrete Situation kann nie nur als ein ›Fall‹ unter einem allgemeinen Gesetz und ohne Rücksicht auf die konkrete Lebenssituation betrachtet und behandelt werden.[41] Pastorale Einstellung ist darum pastorale Klugheit, welche, der Logik und der Tugend der Klugheit entsprechend, ein allgemein gültiges Gesetz nach den Regeln der praktischen Vernunft person- und situationsgerecht auf eine konkrete Situation anwendet.[42] Das ist keine Situationsethik, welche die Situation zum Schlüssel der Wahrheitserkenntnis macht, sondern eine seelsorgerliche Haltung, welche, außer bei in sich schlechten und darum in keinem Fall erlaubten Handlungen, angesichts der objektiven Komplexität zu einer gewissenhaften Abwägung kommt.[43] Wenn es dafür eines Beispiels bedarf, dann ist es kein geringeres als das des Alfons von Liguori († 1787), der als Patron und Leuchte der Moraltheologie vor allem ein großer Seelsorger und erfahrener Beichtvater war.[44]

Wenn statt solcher pastoraler Klugheit ein rein pragmatisches Verhalten oder umgekehrt ein wirklichkeitsfernes, letztlich gnadenloses und liebloses Prinzipiendenken vorherrscht, dann kann es zu einem vertikalen Schisma kommen zwischen Prinzipien, welche ›oben‹ festgehalten und eingeschärft werden, und der Praxis ›unten‹, die oft wild und ungeordnet ihre eigenen Wege geht. Wer die gegenwärtige Situation der Kirche realistisch betrachtet, kann die Gefahr einer solchen Entwicklung nicht übersehen; sie ist in vielen Bereichen der Moral und der Pastoral inzwischen Wirklichkeit geworden. Zur Glaubwürdigkeit der Kirche trägt eine solche Entwicklung nicht bei, und für die Einheit der Kirche ist sie höchst gefährlich.

## Die 68er-Bewegung und die Theologie der Befreiung

Die bisher genannten Auseinandersetzungen bildeten nur das Vorspiel zu viel grundsätzlicheren Auseinandersetzungen, die im Zusammenhang der die ganze westliche Welt ergreifenden 68er-Bewegung ausgelöst wurden. Diese Bewegung wurde von unterschiedlichen Antrieben geleitet. Was man gemeinhin als Studentenrevolte bezeichnet, war im Grunde eine Art Kulturrevolution, die einen weit über den studentisch-akademischen Bereich hinausreichenden gesellschaftlichen Mentalitäts- und Wertewandel bewirkte. Sie war die Wasserscheide zwischen der unmittelbaren, nun zu Unrecht als reaktionär verschrienen Nachkriegszeit und einer neuen geschichtlichen Phase, die von einem neuen Schub der Aufklärung, Säkularisierung und Emanzipation von überlieferten allgemein-menschlichen und von christlichen Werten und Verhaltensweisen bestimmt war. Dabei vermischten sich ein extrem individualistisch emanzipiertes, antiautoritäres Freiheitsverständnis mit einer meist vulgär vorgetragenen neomarxistischen Ideologie von Vergesellschaftung, Fundamentaldemokratisierung und Politisierung aller Lebensbereiche, auch der Kirche.

In vielen Studentengemeinden kam es zu wilden Experimenten und zu inzwischen kaum mehr vorstellbaren Exzessen. Gegenüber einer ideologischen, soziologischen Reduktion und politischen Funktionalisierung der Kirche sowie der meist recht platt verstandenen Demokratisierung der Kirche war Widerspruch dringend notwendig. Gottlob ist die Entwicklung darüber inzwischen hinweggegangen. Dagegen haben die politische Theologie, wie sie Johannes Baptist Metz formulierte,[45] die Theologie der Befreiung und die Feministische Theologie als eigener Zweig der Theologie der Befreiung bleibende Spuren in der Theologie und in der Kirche hinterlassen.

Keiner dieser Richtungen konnte ich mich anschließen. Die philosophischen und theologischen Grundlagen waren mir zu schillernd und das neuzeitliche Freiheitsproblem nicht wirklich durchdacht. Doch bei aller berechtigten Kritik an manchen Formen der Theologie der Befreiung sollte man deren legitime Anliegen nicht vergessen.[46] Sie haben die öffentliche Relevanz des Glaubens herausgestellt und das kirchliche Bewusstsein für oft himmelschreiendes Unrecht und strukturelle Gewalt sensibilisiert. Die vorrangige Option für die Armen ist seit der lateinamerikanischen Bischofsversammlung in Medellín (1968) inzwischen kirchlicher Standard geworden. So empfand ich gegenüber Gustavo Gutiérrez, der als erster von der Theologie der Befreiung sprach, stets große Achtung.[47] Dagegen blieben mir radikalere Vertreter der Theologie der Befreiung in ihrem Verhältnis zur marxistischen Gesellschaftsanalyse und zum Klassenkampf fremd. Die oft als prophetisch bezeichnete Gesellschaftskritik drohte bisweilen ideologischen Charakter anzunehmen. So wurde die kritisch-konstruktive Auseinandersetzung mit dem modernen emanzipatorischen Freiheitsverständnis für mich in der Christologie (1974) zentral.[48]

## Auseinandersetzungen um Professor Hans Küng

Diese weltweiten Auseinandersetzungen wurden in Tübingen überlagert durch die schon bald nach dem Konzil einsetzenden Auseinandersetzungen zwischen der römischen Glaubenskongregation und Professor Hans Küng. Mit ihm habe ich über viele Jahre gut, kollegial und freundschaftlich zusammengearbeitet. Nach der Veröffentlichung seines Buches *Unfehlbar. Eine Anfrage* (1970)[49] kam es nach langen Verhandlungen und manchem Hin und Her unmittelbar vor Weihnachten 1979 zur Veröffentlichung der Entscheidung der Glaubenskongregation[50] und danach zum Entzug der Missio canonica. Eine Welle der Empörung entlud sich an der Universität und in der Öffentlichkeit weit darüber hinaus.[51] Ich sah die Krise heraufziehen und wusste um meinen eigenen Standpunkt. Im Verständnis der Kirche als communio und des ›Sentire ecclesiam‹ hatten wir uns auseinandergelebt. Trotzdem ist die Auseinandersetzung mit einem Kollegen, mit dem man jahrelang freundschaftlich zusammengearbeitet hatte, menschlich nicht leicht. Kirchliche und kollegiale Solidarität geraten da in einen nur schwer auflösbaren Konflikt und erfordern herbe Entscheidungen.

So waren die turbulenten Wochen vor und nach Weihnachten 1979 für mich die schwersten Wochen meiner gesamten akademischen Zeit. Sie halfen mir, die eigene Position zu klären und zu schärfen.[52] Denn in der Frage der bleibenden Verbindlichkeit der kirchlichen Lehre standen grundsätzliche Fragen einer Metakritik neuzeitlicher Kritik, der theologischen Hermeneutik und des Kirchenverständnisses zur Diskussion. Es galt daher, ähnlich wie es im 19. Jahrhundert bereits John Henry Newman getan hatte, das dogmatische Prinzip dem liberalen Prinzip entgegenzustellen.[53]

## Konsolidierung

In dieser Situation half mir die Begegnung mit Hans Urs von Balthasar und seinen Schriften weiter. Er hatte viel zu dem theologischen Aufbruch vor dem Konzil beigetragen. Seine *Apokalypse der deutschen Seele* (1937–1939), sein berühmtes Buch über *Karl Barth* (1951), seine *Schleifung der Bastionen* (1952) und viele andere Schriften waren mir längst bekannt. Sie zeigten einen universalen Geist, der in katholischer Weite alte Verengungen aufbrach und neue Wege wies. In der neuen schwierigen nachkonziliaren Situation ging es ihm nach der Schleifung der alten Bastionen nicht darum, wie manche fälschlicherweise meinten, neue Bastionen zu errichten. Er ließ es zwar nicht an scharfer Kritik an manchen theologischen Torheiten (und solchen, die er dafür hielt) fehlen, aber in seiner großen theologischen Trilogie (*Herrlichkeit – Theodramatik – Theologik*, 1961–1987) gelang es ihm, nach all den die kirchliche Landschaft verunstaltenden Auseinandersetzungen in genialer Weise den Kosmos des Katholischen in seinem inneren Reichtum wie in seiner inneren Schönheit neu sichtbar zu machen und eine Vision des im ursprünglichen Sinn des Wortes verstandenen Katholischen zu entfalten. Er tat dies mit einer stupenden Kenntnis der Tradition, der modernen Theologie und auch der Dichtung und Philosophie. Darauf ließ sich neu aufbauen.[54]

Meinen eigenen Beitrag zur Konsolidierung suchte ich vor allem durch zwei größere Veröffentlichungen zu leisten, die sich nicht mit der kirchlichen ›Tagespolitik‹, sondern mit den Grundlagen des Glaubens, dem Glauben an Jesus Christus und an den dreifaltigen Gott, befassten: *Jesus der Christus* (1974) und *Der Gott Jesu Christi* (1982). Beide Schriften erschienen in vielen Auflagen und Übersetzungen und dienen vielerorts als Textbücher im theologischen Unterricht. Der Christusglaube und der Gottesglaube sind die einzig mögliche Grundlage, auf der sich kirchliche Erneuerung und eine erneuerte katholische Ekklesiologie aufbauen lassen. Ohne sie hängt alles andere in der Luft und gerät alles ins Wanken. Einen Beitrag für breitere Kreise suchte ich zu leisten als Hauptverantwortlicher für den von der Deutschen Bischofskonferenz herausgegebenen *Katholischen Erwachsenenkatechismus* (1985), in dem ich im Anschluss an das Glaubensbekenntnis der Kirche eine Gesamtdarstellung des Glaubens der Kirche versuchte.

## *6. Durchbruch zu einem eigenen ekklesiologischen Ansatz*

### Außerordentliche Bischofssynode 1985

In den Auseinandersetzungen der 70er Jahre brauchte ich Zeit, um auf der Grundlage der Tübinger Tradition den eigenen Weg genauer zu bestimmen und meinen eigenen ekklesiologischen Ansatz systematisch zu entfalten. Zunächst entwickelte ich in Analogie zu der in *Jesus der Christus* entfalteten Pneuma-Christologie eine Ekklesiologie in pneumatologischer Perspektive.[55] Das Bekenntnis zur »einen heiligen Kirche« steht ja im Glaubensbekenntnis im Zusammenhang des Bekenntnisses zum Heiligen Geist; deshalb darf die Ekklesiologie nicht als eine reine Institutionenlehre entwickelt werden, sie muss vielmehr im Zusammenhang der Pneumatologie und der ganzen Vielfalt der Charismen in den Kirche behandelt werden.

Auch das Zweite Vatikanische Konzil hat die pneumatologische und charismatische Dimension der Kirche deutlich herausgestellt.[56] So versuchte ich, angeregt von den damaligen Tübinger Kollegen Hans Küng, Ernst Käsemann und Jürgen Moltmann, die paulinische Charismenlehre fruchtbar zu machen und in diesem Zusammenhang auch das kirchliche Amt einzuordnen.[57] Dieser Versuch stand im Zusammenhang des hoffnungsvollen charismatischen Aufbruchs und der neuen geistlichen Bewegungen, welche in den 70er und in den 80er Jahren entstanden und dem kirchlichen Leben unerwartet neue Jugendlichkeit und Frische gaben.[58]

Der eigentliche Durchbruch gelang, als mich Papst Johannes Paul II. zum theologischen Sekretär der außerordentlichen Bischofssynode berief, die 1985, 20 Jahre nach dem Ende des Zweiten Vatikanischen Konzils, eine Bestandsaufnahme der Entwicklung seit dem Konzil vornehmen sollte.[59] Beim vorbereitenden Studium der Konzilsdokumente kam ich zu dem Ergebnis, die communio-Ekklesiologie sei das Grundanliegen und das Grundmotiv der konziliaren Ekklesiologie.[60] Diesen Gesichtspunkt konnte ich zusammen mit dem Relator der Synode, Kardinal Godfried Daneels von Mecheln, in die Synode einbringen; er ist seither grundlegend für mich geworden.

## Communio als Leitidee

Die communio-Ekklesiologie war schon lange vor dem Konzil vorbereitet und wurde in den Konzilstexten an mehreren Stellen angedeutet.[61] Auf den ersten Blick steht sie aber in den Konzilstexten nicht im Vordergrund. Im Vordergrund stehen dort die Beschreibung der Kirche als Mysterium sowie die Bilder Volk Gottes, Leib Christi, Tempel des Heiligen Geistes und andere. In der unmittelbaren Nachkonzilszeit spielte dann zunächst die Metapher vom Volk Gottes eine entscheidende Rolle. Vorübergehend verdrängte sie die vom Leib-Christi-Motiv bestimmte Ekklesiologie, die seit der Enzyklika von Papst Pius XII. *Mystici corporis* (1943) maßgebend geworden war. Es lässt sich aber zeigen, dass die communio-Ekklesiologie im Hintergrund aller genannten biblischen Bilder zur Beschreibung des Wesens der Kirche steht.[62] Insofern ist es berechtigt, communio als ekklesiologische Leitidee des Konzils zu bezeichnen.[63] Im Anschluss an die Theologie der Kirchenväter begründet sie das Konzil in der innertrinitarischen communio von Vater, Sohn und Heiligem Geist. Die Kirche ist als communio Abbild und gleichsam Ikone der Trinität.[64]

Die Idee von der Kirche als communio ist seit der Synode für mich maßgebend geworden.[65] In der Begegnung mit der orthodoxen Theologie konnte ich diesen Ansatz später zu einer eucharistischen Ekklesiologie weiterentwickeln. Die eucharistische Ekklesiologie sagt: Wo Eucharistie gefeiert wird, da ist Kirche. In der Feier der Eucharistie wird die als communio verstandene Kirche konkret Wirklichkeit; letztlich lebt die Kirche aus der Eucharistie. Da in jeder Eucharistiefeier der eine Herr gegenwärtig ist, sind wir in jeder Eucharistiefeier mit allen Eucharistie feiernden Gemeinden verbunden. Deshalb sehe ich keinen prinzipiellen Gegensatz, sondern ein komplementäres Verhältnis zwischen der in der Ostkirche meist vertretenen, von der Ortskirche ausgehenden eucharistischen Ekklesiologie und der in der westlichen Tradition meist bevorzugten, von der Taufe ausgehenden universalen Ekklesiologie.

In der Zwischenzeit ist die communio-Ekklesiologie in der katholischen[66] wie in der orthodoxen[67] und teilweise auch in der evangelischen[68] Theologie weitgehend Gemeingut geworden. Die Glaubenskongregation hat wichtige Anliegen in dem Brief *Communionis notio* (1992) aufgegriffen. Die breite Rezeption darf freilich nicht darüber hinwegtäuschen, dass sich hinter ein und demselben Begriff ›communio‹ höchst unterschiedliche Vorstellungen und Konzepte verbergen, die eng mit den ungelösten ökumenischen Differenzen in der Ekklesiologie zusammenhängen.

## Eine neue communiale und relationale Denkform

Gelegentlich betrachtet man communio als ein neues Paradigma nicht nur für die Ekklesiologie, sondern als eine Art neuer ›Weltformel‹.[69] Das macht Sinn, wenn man Jesu Leben und Hingabe für die Vielen, das heißt für alle *(Mk 10, 45 par.)*, als Proexistenz versteht und wenn man darin die Offenbarung Gottes als sich selbst verschenkende Liebe *(1 Joh 4, 8.16)* sieht. Liebe zur Welt und zu uns kann Gott nur sein, weil er Liebe in sich ist in der innertrinitarischen communio von Vater, Sohn und Heiligem Geist. Wenn Gott so Liebe und communio ist, dann sind Liebe und communio der Sinn aller Wirklichkeit. Dann hat das theologische Verständnis der trinitarischen Personen als subsistente Relationen, wenn man zu Ende denkt, weitreichende Konsequenzen für das Wirklichkeitsverständnis allgemein. Denn dann ist nicht mehr die in sich stehende Substanz der antiken Philosophie oder die neuzeitliche Subjektivität Ausgangspunkt und Bezugspunkt des Denkens; vielmehr ist dann die Relation die alles bestimmende Letztwirklichkeit.[70]

Ein solches relationales Denken bedeutet für die Kirche, dass sie ihre Identität nicht als in sich verschlossene Identität, sondern in der Kommunikation ad intra und ad extra als offene und dialogale Identität hat. Ein solches dialogales Selbstverständnis kommt in den Dokumenten des Konzils an vielen Stellen und in unterschiedlichen Kontexten zum Ausdruck; es muss daher als grundlegend für das konziliare Kirchenverständnis betrachtet werden.[71] In ihm drückt sich die bereits erwähnte Horizonterweiterung des Zweiten Vatikanischen Konzils konkret aus. Sie bedeutet keine Veränderung bisheriger Lehren, sondern einen neuen, erweiterten Horizont, sozusagen ein neues Licht und ein neuer Gesamtzusammenhang, in dem diese verstanden werden. Die neue Sichtweise darf deshalb nicht mit theologischem Relativismus verwechselt werden. Sie sagt nicht, dass alles relativ ist, sondern dass alles relational ist.[72] Dieses nicht neue, sondern erneuerte kirchliche Selbstverständnis steht somit im Zusammenhang einer umfassenden Gesamtschau der Wirklichkeit.

Entsprechend will die communio-Ekklesiologie keine wirklichkeits- und weltferne abstrakte Theorie oder gar eine Art ekklesiologische Ideologie sein. Sie muss im Leben der Kirche konkret werden und dort zu einem vertieften Wesensverständnis der Kirche und insbesondere der Liturgie wie zu einer erneuerten kommunikativ-dialogischen Gestalt der Kirche führen. Unter diesem Gesichtspunkt sind viele Schritte kirchlicher Erneuerung notwendig.[73] Denn die Kirche leidet gegenwärtig an einem inneren und äußeren Kommunikationsdefizit. Der Aufbau einer kommunikativen Kultur, eines dialogalen Stils und kommunikativer, insbesondere synodaler Strukturen stellt ein dringendes Desiderat dar.[74] Die communio-Ekklesiologie muss daher theologisch vertieft und dann auch praktisch zur Grundlage der Kommunikation innerhalb der Kirche wie zwischen der Kirche und den anderen Kirchen, mit den nichtchristlichen Religionen und der modernen und postmodernen Kultur werden.

## *7. Pastorale und ökumenische Horizonterweiterung*

### Pastorale Erfahrungen als Bischof

Als ich nach 25 Jahren akademischer Tätigkeit zum Bischof einer großen Diözese berufen wurde, begann für mich mit dem Abschied von der akademischen Welt, die ich liebte, und mit dem Weg in die kirchliche Verantwortung ein neuer Lebensabschnitt. Die Bischofsweihe mit ihren bedeutungsschweren Symbolen werde ich nie vergessen. Man wird in Pflicht genommen für eine Botschaft, die uns vorgegeben und verpflichtend aufgegeben ist, und hineingenommen in die weltweite Gemeinschaft der Bischöfe, denen diese Botschaft zusammen mit dem Papst in besonderer Weise anvertraut ist.

Die Diözese Rottenburg-Stuttgart ist mit ihren etwa 1000 Gemeinden überaus vielfältig; es finden sich dort städtisch-industrielle wie ländliche Regionen, mehrheitlich katholische und mehrheitlich evangelische Gegenden. Es war eine Ortskirche mitten im raschen gesellschaftlichen Wandel und in tiefen pastoralen Umbrüchen. Ich suchte, wenn es irgendwie ging, jeden Sonntag und an vielen Werktagen die Gemeinden zu besuchen, suchte das regelmäßige Gespräch mit den Priestern, die Begegnung mit Laien und Ordenschristen, kirchlichen Verbänden und neueren Bewegungen, mit Menschen in Führungspositionen und mit Menschen am Rand der Gesellschaft: Gastarbeiter, Behinderte, Wohnsitzlose, Drogenabhängige, Strafgefangene. Das war Kirche als Volk Gottes konkret, und hier musste sich die communio-Ekklesiologie konkret dem Test der Erfahrung stellen.

Die Konzilshermeneutik wurde schon damals mehrfach zu einem Problem. Mehrfach kam es zu einem Ringen und zu Auseinandersetzungen um die rechte Auslegung des Konzils und seiner communio-Ekklesiologie. Immer wieder galt es, in der Gemeindepastoral legitimes und fehlgeleitetes communio-Verständnis zu unterscheiden. Die Auseinandersetzung betraf die unverzichtbare Bedeutung des priesterlichen Dienstes in der Gemeinde und für die Gemeinde, die Stellung der nachkonziliaren Räte, die kooperative Pastoral, die Laienpredigt bei der Eucharistie, die Stellung der Pastoral- und Gemeindereferenten/-innen. Bei allen diesen Fragen stand die communio-Ekklesiologie auf dem Prüfstand.

Zu den pastoralen Erfahrungen gehörten außerdem die Erkenntnis der Würde, der relativen Eigenbedeutung und der je spezifischen Probleme einer Ortskirche und die damit gegebene Eigenverantwortung des Ortsbischofs in der universalen Kirche. Die Notwendigkeit einer neuen Ausbalancierung der Gewichte zwischen der Universal- und der Ortskirche drängte sich auf. Was zunächst ein pastorales Anliegen war, führte dann, ohne dass ich dies beabsichtigt hatte, zu einer Kontroverse mit dem damaligen Kardinal Joseph Ratzinger.[75]

## Internationale Blickerweiterung

Die Erfahrungen in der eigenen Diözese wurden ergänzt durch unvergessliche Erfahrungen bei vielen Pastoralbesuchen bei den jungen Kirchen in der sogenannten Dritten Welt, oder wie heute viele lieber sagen: in der Zwei-Drittel-Welt. Zu den jungen Kirchen hatte mein mittelbarer Vorgänger, Bischof Carl Joseph Leiprecht († 1981), schon während des Konzils intensive Kontakte geknüpft. Diese Kontakte und Hilfen für ärmere Kirchen waren seither ein Markenzeichen der Diözese. So wurde ich innerhalb der Bischofskonferenz mit diesen Beziehungen beauftragt. Auf vielen Reisen habe ich die jungen Kirchen in Afrika, Asien und Lateinamerika, ihre Vitalität wie ihre Probleme kennen gelernt und bin vielen Armuts- und Elendssituationen begegnet.

Von jeder dieser Reisen kam ich persönlich als ein anderer zurück, bewegt und aufgewühlt von dem, was ich vor Ort als Elend und Unrecht sah, aber auch ein wenig stolz auch auf meine Kirche, in der so viele tapfere Frauen und Männer mit ganzer Kraft sich für die Ärmsten der Armen einsetzen und ein warmes Licht der Hoffnung auch in dunkelsten Situationen anzünden. Durch diese Reisen erweiterte sich meine Sicht der Kirche. Es festigte sich in mir das Bewusstsein, dass Deutschland und Westeuropa nicht die Welt, ja nur ein kleiner Teil der Welt sind und dass die katholische Kirche vielfältiger und auch lebendiger ist, als es bei uns im alten Europa oft scheinen mag. Nicht nur wir haben ihnen zu geben, auch sie haben uns vieles an Glaubensfreude zu geben.

In alldem zeigte es sich, dass die Kirche im ›alten Europa‹ mit seiner großartigen und reichen christlichen Tradition vor tiefen Umbrüchen und vor einem Gestaltwandel steht, dessen konkrete Umrisse sich damals aber erst andeuteten. Die Notwendigkeit einer neuen Evangelisierung unseres Kontinents wurde mir zu einem zentralen Anliegen.[76] Inzwischen ist die Verschiebung des Christentums von Nord nach Süd noch deutlicher geworden. Besonders in der Ökumene haben die kritischen Anfragen des Südens an den Norden zugenommen. Es herrscht Südwind in der Kirche.

Den zehn Jahren als Diözesanbischof folgten von 1999 bis 2010 elf Jahre universalkirchlicher Erfahrung als Mitarbeiter des Papstes und Verantwortlicher in der römischen Kurie für den ökumenischen Dialog und für die religiösen Beziehungen zum Judentum. Ich sträubte mich zuerst, eine solche Aufgabe in der römischen Kurie, für die ich wenig vorbereitet war, zu übernehmen. Ein Kurialer wollte ich nie werden und bin ich auch nicht geworden. Die ortskirchliche Erfahrung erwies sich jedoch als eine Hilfe für die Gespräche mit den Bischöfen aus aller Welt. Sie wurde erweitert durch die zahllosen Besuche bei den anderen Kirchen und kirchlichen Gemeinschaften auf allen Kontinenten. Dabei bestätigte sich mir der Eindruck, den ich bereits zuvor hatte, dass die ortskirchlichen Probleme und Erfahrungen in Rom viel zu wenig präsent sind. Es gibt Mitarbeiter in der Kurie, die nie wirklich eine Pfarrei oder eine Diözese von innen gesehen haben.

Die neue Aufgabe bedeutete für mich eine, im ursprünglichen Sinn des Wortes verstandene, katholische Blickerweiterung. In Rom kann man jeden Tag Weltkirche in ihrer ganzen Vielfalt und in ihrem ganzen Reichtum hautnah erfahren. Diese Horizonterweiterung möchte ich zu Hause vielen wünschen. Denn die Kirche in Deutschland ist zu sehr mit sich selbst beschäftigt und auch zu sehr mit sich selbst zufrieden. Der universalkirchliche Aspekt wird oft mehr als Last und Einengung denn als Bereicherung wahrgenommen. Damit droht sie provinziell zu werden. Etwas mehr Blicke über den eigenen Tellerrand könnten ihr nur gut tun. Mancher antirömische Affekt würde sich dann von selbst auflösen.

## Ökumenische Horizonterweiterung

Über den eigenen Tellerrand hinausschauen und neue Erfahrungen sammeln durfte ich vor allem in der Begegnung mit den anderen Kirchen. Die Begegnung mit den Kirchen der Reformation war mir, da ich aus dem Land des Ursprungs der Reformation kam und an zwei Universitäten mit jeweils einer katholischen und einer evangelischen Fakultät wirkte, vertraut. Schon vorher war ich an internationalen ökumenischen Dialogen (Glaube und Kirchenverfassung und lutherisch-katholischer Dialog) beteiligt.[77]

Ziemlich neu war mir die Welt der Ostkirchen, sowohl die der orientalisch-orthodoxen Kirchen (Kopten, Syrer, Armenier, Äthiopier, Malankaren) wie die der byzantinischen und der slawischen orthodoxen Kirchen. Ihre reiche spirituelle, theologische und liturgische Tradition begann mich bald zu faszinieren. Auch die Welt der evangelischen Christenheit zeigte sich mir jetzt neu in ihrer ganzen Buntheit und Vielfalt: Anglikaner, Lutheraner und Reformierte, dazu die vielfältige Welt der Freikirchen und die rasch wachsenden neueren Pfingstkirchen und charismatischen Gemeinschaften, welche seit dem Beginn des 20. Jahrhunderts die ökumenische Landkarte tiefgreifend verändert und sie unübersichtlicher gemacht haben.

Ich erfuhr die große Vielfalt und den Reichtum der Christenheit und machte die tröstliche Erfahrung, dass der Geist Gottes auch außerhalb der Grenzen der katholischen Kirche wirkt. Aber ich erfuhr auch die tragische Zerrissenheit der Christenheit in Hunderte von Kirchen und Gemeinschaften, welche sie hindert, in unserer von vielen Konflikten bedrohten und bei aller Globalisierung innerlich zerrissenen Welt den Auftrag, den Christus uns auf den Weg gegeben hat, überzeugend zu verwirklichen und mit einer Stimme Zeugnis zu geben von dem einen Gott und dem einen Mittler, Jesus Christus. Wir haben den ungeteilten nahtlosen Leibrock Christi *(Joh 19,23)* in Stücke zerteilt. Die Kirche, die der Leib Christi ist, blutet aus vielen tiefen Wunden.

Darum kann man nur dankbar sein für das Geschenk des Heiligen Geistes, dass er in der ökumenischen Bewegung des 20. Jahrhunderts in allen Kirchen Reue über diese, dem Willen Jesu Christi widersprechende Situation und eine tiefe Sehnsucht nach Einheit aller Christen erweckt und die ökumenische Bewegung angestoßen hat. Der ökumenische Dialog war amtlich durch das Zweite Vatikanische Konzil mit dem Dekret *Unitatis redintegratio* eröffnet worden. Papst Johannes Paul II. hatte ihm durch die Enzyklika *Ut unum sint* (1995), der ersten ökumenischen Enzyklika eines Papstes, wesentliche Anstöße gegeben und die ökumenische Öffnung als irreversibel bezeichnet. Meine Vorgänger, Kardinal Augustin Bea († 1968), Kardinal Jan Willebrands († 2006) und Kardinal Edward I. Cassidy hatten auf diesen Grundlagen viele Kontakte geknüpft, Vertrauen aufgebaut und in den Dialogen gegenseitiges Verständnis und Annäherungen erreicht. Darauf ließ sich auf- und weiterbauen.

Manche meinen, durch Ökumene werde man weniger katholisch. Das Gegenteil ist der Fall. In der Begegnung mit den anderen Christen wird man bereichert, aber man entdeckt auch den eigenen Reichtum und die Schönheit der katholischen Kirche neu. Man kann etwa erfahren, dass das Petrusamt ein großes Geschenk des Herrn an seine Kirche ist, das ihr einen inneren Zusammenhalt gibt, den andere Kirchen so nicht haben und schmerzlich vermissen. Man entdeckt, dass das Petrusamt als Dienst an der Einheit noch bisher längst nicht voll ausgeschöpfte Potentiale für die größere ökumenische Einheit der Kirche besitzt.

So erfährt man, dass der ökumenische Dialog keine Einbahnstraße ist, sondern ein gegenseitiges Geben und Nehmen. Maßgebend wurde für mich die Definition Papst Johannes Pauls II., der sagte, der ökumenische Dialog sei nicht nur ein Austausch von Ideen, sondern von Gaben.[78] Dabei ist die Ökumene nicht etwa ein katholisches Verlustgeschäft; sie ist ein katholischer Wachstumsprozess. Sie bereichert die in der katholischen Kirche schon gegebene Einheit. Sie macht uns nicht weniger katholisch, sondern im konkreten Sinn katholischer. Katholisch und ökumenisch sind kein Gegensatz, sondern zwei Seiten ein und derselben Medaille. Darum bin ich heute mehr als je zuvor überzeugt: Die Ökumene ist eine Baustelle der Kirche der Zukunft.

Alles zusammengenommen war das eine schöne, aber keine leichte, sondern bei manchen durchzustehenden Konflikten eine Zeit schwieriger und harter Arbeit. An dem Tag, an dem ich am 1. Juli 2010 aus dem Amt schied, hieß es im Canticum des kirchlichen Morgengebets: »Er, der Israel zerstreut hat, wird es auch sammeln und hüten wie ein Hirt seine Herde« *(Jer 31,10)*. Wenn das keine Mut machende Verheißung ist!

## Dialog mit den orientalischen Kirchen

Der Dialog mit den orientalischen Kirchen wird in seiner Bedeutung bei uns oft unterschätzt. Damit wird nicht nur die Tatsache übersehen, dass diese Kirchen inzwischen unter uns präsent sind und dass eine Integration von Ost- und Westeuropa ohne sie gar nicht zu denken ist. Übersehen wird vor allem ihre reiche Tradition, von der wir ›Westler‹ vieles lernen können. Sie stehen uns unter den nichtkatholischen Kirchen dogmatisch am nächsten. Papst Benedikt XVI. hat von einer fast vollen Einheit gesprochen. Die ersten Kontakte haben bereits während des Zweiten Vatikanischen Konzils begonnen. Am vorletzten Tag konnten die Exkommunikationen von 1054, die oft als Beginn des Schismas angesehen werden, unter großem, lang anhaltendem Applaus des Konzils aus dem Gedächtnis der Kirche getilgt werden,[79] was als ein prophetischer Akt bezeichnet zu werden verdient.

Es gibt freilich noch viel ältere Schismen, mit den Assyrern bereits im 5. Jahrhundert nach dem Konzil von Ephesus (431) und mit den Kopten, Syrern, Armeniern und anderen nach dem Konzil von Chalcedon (451). Zu den bei uns leider wenig bekannten Fortschritten des ökumenischen Dialogs gehören die Vereinbarungen mit den orientalisch-orthodoxen Kirchen über die Christologie, mit der eine über 1500 Jahre dauernde Kontroverse beendet werden konnte.[80]

Als ich das Amt im Einheitsrat antrat, war der Dialog mit den orientalisch-orthodoxen Kirchen jedoch zum Erliegen gekommen und musste erst wieder mühsam aufgebaut werden. Das war angesichts der großen kulturellen Unterschiede nicht leicht. So grenzte es für mich fast an ein Wunder, dass nach fünf Jahren ein gemeinsames Dokument möglich war, in dem wir feststellen konnten, dass wir trotz 1500 Jahren Trennung in allen wesentlichen Fragen des Wesens, der Struktur und der Sendung der Kirche – der Primat Roms ausgenommen – dieselbe apostolische Tradition bewahrt haben.

Mit den orthodoxen Kirchen begann der theologische Dialog 1980. Es galt zunächst, sich der großen Gemeinsamkeiten in der Eucharistie- und Sakramentenlehre, im Verständnis des Bischofs- und Priesteramtes zu versichern. Doch dann kam es über der heiklen Frage des Status der mit Rom in voller Gemeinschaft stehenden orientalischen Kirchen in dem sehr emotional geführten Dialog in Emmitsburg/Baltimore (2000) zu einer schweren Krise, die zu einer De-facto-Unterbrechung von fünf Jahren führte. Dazu kam, dass die Errichtung von vier Diözesen auf dem Gebiet der russischen Föderation im Jahr 2002 zu erheblicher Verstimmung mit dem Moskauer Patriarchat führte. Nur auf dem Weg über viele schwierige, diskrete Gespräche konnte der Dialog wieder in Gang gebracht werden. So war es möglich, dass bei den Trauerfeierlichkeiten zum Tod Papst Johannes Pauls II. und bei der feierlichen Amtseinführung Papst Benedikts XVI. im April 2005 alle orientalisch-orthodoxen und alle orthodoxen Kirchen mit hohen Delegationen vertreten waren, ein kirchengeschichtlich einmaliger Vorgang, der bei allen bestehenden Unterschieden eine neue ökumenische Situation deutlich macht. Die Kirchen sind noch immer getrennt, aber sie sind zusammengerückt.

Der wieder aufgenommene theologische Dialog brachte mit dem Dokument von Ravenna (2007) einen Durchbruch, der es erlaubte, nun den Dialog über die zentrale Kontroversfrage, den Primat des Bischofs von Rom, aufzunehmen. Dieser Dialog wird uns wohl über längere Zeit begleiten und keinesfalls einfach zu führen sein. Manche orthodoxen Kirchen beziehungsweise Gruppen von orthodoxen Christen tun sich noch schwer, weil es die theologischen Klärungen, die uns das Zweite Vatikanische Konzil gebracht hat, auf gesamtorthodoxer Seite bisher nicht gibt. Trotzdem herrscht inzwischen bei allen Begegnungen ein entspanntes, freundschaftliches Klima. Eine gute Zusammenarbeit in vielen politischen, ökologischen und pastoralen Fragen ist in Gang gekommen. Wir verstehen uns als eine Kirche in, wenngleich nicht voller, kirchlicher Gemeinschaft.

## Dialog mit den reformatorischen Kirchen

Der Dialog mit den reformatorischen Kirchen nahm gleich im ersten Jahr meiner Tätigkeit in Rom einen hoffnungsvollen Auftakt. Am 31. November 1999 konnte in Augsburg die *Gemeinsame Erklärung über die Rechtfertigungslehre* unterzeichnet werden. Sie stellte in der zentralen Kontroversfrage des 16. Jahrhunderts mit den Lutheranern Übereinstimmung in Grundfragen fest. Papst Johannes Paul II. bezeichnete die Einigung von Augsburg als einen Meilenstein in der ökumenischen Annäherung. 2006 trat in Seoul/Südkorea auch der Weltrat der Methodistischen Kirchen dieser Erklärung bei.

Doch danach wurde es zunächst ausgesprochen schwierig. Am 30. Juni 2000 veröffentlichte die Glaubenskongregation eine *Erklärung zum Begriff der ›Schwesterkirchen‹* und kurz darauf am 6. August 2000 die Erklärung *Dominus Jesus* über die *Einzigkeit Jesu Christi und der Kirche und die universale Bedeutung des Heils.* Viele evangelische Christen verstanden die letztgenannte Erklärung als Aufkündigung des ökumenischen Dialogs; die Bekräftigung von *Dominus Jesus* sieben Jahre später am 29. Juni 2007 mit dem Dokument *Antworten auf Fragen bezüglich einiger Aspekte der Lehre über die Kirche* schien sie in dieser Auffassung zu bestätigen.

In der Sache war *Dominus Jesus* eine Absage an den weitverbreiteten Relativismus, vor allem an religionspluralistische Thesen, aber nicht an den ökumenischen Dialog. Die Betonung der Einzigkeit und der universalen Heilsbedeutung Jesu Christi entsprach ja ganz dem ›solus Christus‹ der reformatorischen Position. *Dominus Jesus* hätte deshalb ein gemeinsames ökumenisches Wort werden können. Im vierten Kapitel wandte es sich aber auch gegen den ekklesiologischen Relativismus und sprach von der Einzigkeit der Kirche, die in der katholischen Kirche subsistiert. Das war und ist die traditionelle katholische Position und darum keine ökumenische Gesprächsaufkündigung. Die orthodoxen Kirchen vertreten dieselbe Position nicht weniger deutlich für sich. Jeder, der seinen Katechismus gelernt hat, musste wissen, dass Katholiken und Protestanten ein verschiedenes Verständnis von ihrem Kirchesein haben und dass sie, wenn sie von Kirche sprechen, nicht ganz dasselbe meinen.[81] Das Problem war darum nicht der Inhalt der Erklärung, sondern die Schärfe mancher negativ abgrenzenden Formulierungen, die von vielen evangelischen

Christen als herabsetzend und beleidigend empfunden wurden. Die harte Antwort von evangelischer Seite war freilich ebenfalls alles andere als ökumenisch freundlich formuliert.[82]

Damit war der Dialog emotional belastet und schwierig geworden. Er wurde zudem dadurch erschwert, dass die meisten evangelischen Kirchen in der Frage der Frauenordination und dann teilweise in ethischen Fragen zu Positionen kamen, die sich von der traditionell gemeinsamen Position entfernten. Dadurch wurden neue Gräben zwischen uns und unseren Gesprächspartnern und oft auch innerhalb von deren Kirchen aufgerissen. Am schmerzlichsten war der Rückschlag in den anglikanisch-katholischen Gesprächen (ARCIC), auf die noch bei der Konferenz in Mississuaga (Toronto, Kanada) (2000) große Hoffnungen gesetzt worden waren. Immerhin zeigte das gemeinsame Dokument *Growing Together in Unity and Mission* (2006), was erreicht wurde und was an praktischer Zusammenarbeit vielerorts schon heute möglich ist. Auf europäischer Ebene konnte 2001 die *Charta Oecumenica* als gemeinsames Dokument der Konferenz Europäischer Kirchen (KEK) und des Rats der Europäischen Bischofskonferenzen (CCEE) unterzeichnet werden.

Dass man nicht von einem ökumenischen Winter sprechen kann, machte schließlich eine Veröffentlichung deutlich, die ich am Ende meiner Amtszeit in Zusammenarbeit mit meinen Mitarbeitern vorlegen konnte. Sie trägt den Titel *Harvesting the Fruits*[83] und versucht, die Ernte der bilateralen internationalen Dialoge von 40 Jahren mit Anglikanern, Lutheranern, Reformierten und Methodisten einzufahren. Diese Veröffentlichung konnte zeigen, dass in den letzten 40 Jahren wesentlich mehr erreicht wurde, als man sich zuvor erträumen konnte. Gleichzeitig versucht diese Veröffentlichung, die offenen, die Kirchen noch immer trennenden Fragen klar herauszuarbeiten. Von unseren Partnern wurde sie dankbar aufgenommen. Damit war eine Arbeitsgrundlage für weitere Gespräche gelegt.

### Dialog mit den Freikirchen

Neben dem Dialog mit den historischen evangelischen Kirchen ist in den letzten Jahren der Dialog mit den Freikirchen (Methodisten, Baptisten, Mennoniten, Disciples of Christ, Brüdergemeinschaften u.a.)

und mit den aus den Erweckungsbewegungen hervorgegangenen evangelikalen Bewegungen und Gemeinschaften wichtig geworden. Bei uns in Deutschland sind das nur kleine Gemeinschaften; auf Weltebene handelt es sich jeweils um viele Millionen Christen. Wenn es um die biblischen Grundwahrheiten des Glaubens, vor allem das Bekenntnis zu Jesus Christus als Sohn Gottes und die Heilsbedeutung von Kreuz und Auferstehung sowie um die ethischen Fragen geht, stehen sie uns in vielem nahe. Die Freikirchen haben zudem viele Probleme, mit denen heute auch die traditionellen Kirchen ringen, vorweggenommen, vor allem was die Unabhängigkeit vom Staat, den Minderheitsstatus, die Laienverantwortung und das missionarische Bewusstsein angeht.[84] Wir sollten in der Begegnung darum keine Berührungsängste haben.

Seit dem Anfang des 20. Jahrhunderts hat sich die ökumenische Landkarte durch das Aufkommen und das exponentiell rasche Wachstum evangelikaler und charismatischer Gemeinschaften, von Pfingstkirchen und von ähnlichen, teilweise auch sektenhaften Gruppen tiefgreifend geändert. Sobald man mit Bischöfen der südlichen Hemisphäre ins Gespräch kommt, stehen ökumenisch nicht die traditionellen protestantischen Kirchen, sondern die Pfingstkirchen im Vordergrund. Der Einheitsrat hat die Herausforderung aufgegriffen und dazu Symposien in Afrika, Asien und Lateinamerika für Bischöfe und Theologen organisiert, an denen ich selber stets teilgenommen und referiert habe. Die Schwerpunktverlagerung auf die südliche Hemisphäre, oft als Global South bezeichnet, wird damit auch ökumenisch deutlich.

Was wurde erreicht? Schwer zu sagen. Offensichtlich liegt die volle sichtbare Einheit im Glauben menschlich gesehen wohl weiter in der Ferne, als wir nach dem Aufbruch des Konzils dachten. Doch es ist nicht unsere Sache, Termin und Ort zu bestimmen. Dennoch, was erreicht wurde ist nicht nichts und nicht wenig. Sicher nicht die Einheit der Kirche, wohl aber das, was man als ein Zusammengehörigkeitsgefühl der einen weltweiten Christenheit bezeichnen könnte. Es ist auf der Grundlage der gemeinsamen Taufe und des gemeinsamen ›Seins ins Christus‹ ein Netz von menschlichen und christlichen Beziehungen entstanden, das, so darf man hoffen, fundamentalistischen Querschüssen und törichten Profilneurosen, an denen es nicht fehlt, widerstehen kann und Bestand haben wird.

Es wurde mir gegen Ende meiner Amtszeit aber auch immer deutlicher, dass die Ökumene in ihrer bisherigen Gestalt an eine Grenze angelangt ist und dass neue Orientierungen und neue Impulse notwendig sind. Die inneren Differenzierungen und Fragmentierungen in vielen Kirchen, die neu aufgebrochenen Unterschiede in ekklesiologischen und vor allem in ethischen Fragen und das Aufkommen und die Zunahme neuer kirchlicher Gemeinschaften haben die Landschaft und das ökumenische Klima verändert. Vor allem verlangt die Wiederherstellung der vollen Kirchengemeinschaft der Kirche, dass wir uns ökumenisch einig werden, was Kirche ist und was folglich Einheit der Kirche meint. Dies sollte das leitende Thema der nächsten Phase des Dialogs sein; sie wird wohl eher schwieriger als einfacher werden. Das vorliegende Buch möchte für diesen Dialog auf seine Weise einen Beitrag leisten.

## Religiöser Dialog mit dem Judentum

Der religiöse Dialog mit dem Judentum ist nach einer schwierigen und komplexen Geschichte der Beziehungen durch die Erklärung des Zweiten Vatikanischen Konzils *Nostra aetate* möglich geworden. Dieses als historisch zu bezeichnende Dokument verurteilte alle Formen des Antisemitismus und stellte die gemeinsamen Wurzeln von Judentum und Christentum heraus. Papst Paul VI. hat dann 1974 die Kommission für die religiösen Beziehungen zum Judentum geschaffen und sie mit dem Einheitsrat verbunden.[85] Als Deutscher hatte ich wegen der Belastungen aus der jüngeren deutschen Geschichte zunächst Bedenken, diese Aufgabe zu übernehmen. Die jüdischen Partner ließen mich dies nie merken; das zeigte, dass inzwischen vieles, wenn auch beileibe nicht alles, aus der belasteten jüdisch-christlichen Geschichte aufgearbeitet werden konnte.

Der Dialog war nicht leicht, oft sogar krisengeschüttelt und ist dennoch insgesamt fruchtbar verlaufen. Neben den Fragen der Vergangenheit, vor allem der Schoah,[86] war er immer wieder überschattet von schwierigen Situationen. Das war vor allem der Fall bei der Neuformulierung der Karfreitagsfürbitte (2008) und bei der darauf folgenden Diskussion um das für Juden höchst sensible Problem der Judenmission[87] sowie bei der Aufhebung der Exkommunikation für die vier Bischöfe der Priesterbruderschaft Pius X., darunter eines notorischen Holocaustleugners (2009). Es brauchte jeweils von beiden Seiten viel Geduld, Einfühlungsvermögen und guten Willen. Besonders die in der Zwischenzeit aufgebauten vertrauensvollen persönlichen Beziehungen waren eine große Hilfe, um entstandene Irritationen zu überwinden. So konnte es trotz allen Schwierigkeiten gelingen, die Konzilserklärung *Nostra aetate* mit Leben zu erfüllen. Aus Partnern sind in vielen Fällen Freunde geworden.

Neben den internationalen Dialogen im Rahmen des International Catholic-Jewish Liaison Comittees (internationale Zusammenkünfte in New York, Buenos Aires, Kapstadt, Budapest) konnte seit 2002 ein eigener Dialog mit dem Oberrabbinat Israels begonnen werden. Insgesamt sind uns, da die jüdische Religion für uns nicht etwas ›Äußerliches‹ ist, sondern in gewisser Weise zum ›Innersten‹ unserer Religion gehört,[88] durch die Begegnung mit dem Judentum grundlegende Aspekte unseres eigenen Kircheseins neu erschlossen worden. Die Bibelforschung und die Erforschung der Frühgeschichte der Kirche haben davon profitiert und die Jesusforschung ist dadurch in eine neue Phase eingetreten. In manchen politischen, sozialen und kulturellen Bereichen ist es auf der Basis der gemeinsamen Zehn Gebote zu einer guten Zusammenarbeit gekommen. So hat das Konzil mit dem jüdisch-christlichen Dialog ein neues Blatt der jüdisch-christlichen Beziehungen und der Kirchengeschichte aufgeschlagen. Dabei nach meinen Kräften und Möglichkeiten mitwirken zu können, bedeutete für mich bei allen Spannungen und Konflikten eine tiefe Befriedigung.

## *8. Gegenwärtige Krisen und Herausforderungen*

### Die gegenwärtige innere Krise

Die letzten Jahre waren überschattet von der Erfahrung einer inneren Krise der Kirche, besonders bei uns in Europa. Ich gehörte nie zu den Unheilspropheten, die meinen, es komme alles immerzu nur schlimmer, und die Kirche stehe schon fast am Rand des Untergangs. Ich habe es immer als meine Aufgabe verstanden, die christliche Botschaft als Botschaft von der Hoffnung zu verkünden. Denn die Kirche steht auf unerschütterlichem Felsenfundament, sodass nach der Verheißung des Herrn die Mächte des Todes und des Bösen sie nicht überwältigen können. Aber solche Hoffnung ist zu unterscheiden von billigem Optimismus, der die harte und oft unschöne Wirklichkeit nicht wahrhaben und den Problemen und Herausforderungen nicht ins Auge schauen will. So leide ich nicht an der Kirche, sondern mit der Kirche, deren Krise vor allem in Europa in den letzten Jahren deutlicher geworden ist.

Mit Krise meine ich nicht die Tatsache, dass die Kirche auch heute in manchen Teilen der Welt verfolgt, unterdrückt und behindert wird. Ich meine auch nicht den gewachsenen aggressiven neuen Atheismus, das Ressentiment und die Kritik, die von außen kommen. Das alles ist schlimm, aber es ist der Kirche durch Jesus Christus vorausgesagt, es ist der Kirche in dieser Welt sozusagen eingestiftet. Die Kirche ist aus solchen Auseinandersetzungen noch immer gestärkt hervorgegangen. Sie soll sich dadurch nicht bange machen lassen.

Die innere Krise der Kirche in der westlichen Welt zeigt sich in dem schon länger andauernden Trend des zahlenmäßigen Rückgangs der Gottesdienstbesucher, bei uns in Deutschland seit dem Zweiten Weltkrieg um mehr als zwei Drittel, der Taufen, des Bußsakraments, der Eheschließungen und Beerdigungen, was dann notwendig zu dem dramatischen Rückgang der geistlichen Berufungen und zu dem immer spürbarer werdenden Priestermangel geführt hat. Die Zahlen sind freilich nur die äußere Seite eines Glaubensschwundes beziehungsweise eines Auswahlchristentums mit nur partieller Identifikation. Schwer wiegt die Schwächung der Familie als Ort der Glaubensweitergabe und der Glaubenspraxis. Die beschämenden Missbrauchsfälle, die viel Vertrauen zunichte gemacht haben und deren Offenkundigwerden sich in den letzten Monaten wie ein Mehltau auf das kirchliche Leben gelegt hat, haben vollends gezeigt, dass die Welt (im johanneischen Sinn) tief in die Kirche eingedrungen ist und sich in ihr eingenistet hat.

Diese Krise ist weit mehr als eine Krise der Institution, die man durch die bekannten institutionellen Reformvorschläge beheben kann. Zwar ist es offensichtlich, dass es in der Kirche Strukturdefizite gibt. Dennoch ist diese Diagnose und die ihr entsprechende Rezeptur insgesamt zu kurz gedacht. Viele evangelische Kirchen, die keinen Papst und keine zentrale Kurie haben, die in Sachen synodaler Mitbestimmung, Frauenordination, Zölibat und Wiederverheiratung Geschiedener allen entsprechenden Reformforderungen weit entgegengekommen sind, sind dennoch der Lösung des Problems, wie sie in der heutigen Zeit den christlichen Glauben überzeugend leben und bezeugen können, nicht wirklich näher gekommen. Sie haben ähnliche und zum Teil noch schwerere Probleme als die katholische Kirche.

Die Probleme erfordern radikalere Antworten als die, welche meist als radikal bezeichnet werden, in Wirklichkeit aber eher bürgerlich-liberale Anpassungen sind. Wenn wir wirklich bei den Wurzeln (radix) ansetzen, kann die Antwort auf die Krise nur lauten: Neue Begeisterung für Gott und sein Reich, das heißt: Neue Evangelisierung und damit verbunden geistliche Erneuerung, die weiter und tiefer reicht als äußere Reformen.[89] Institutionelle Reformen ohne innere Erneuerung sind seelenlos und am Ende wert- und folgenlos; sie allein führen nur zu einer orientierungslosen Geschäftigkeit. Umgekehrt ist die Erneuerung des Glaubens und der Liturgie ohne reformerische Konsequenzen lebens- und wirklichkeitsfremd. Beides gehört zusammen. Es geht bei der neuen Evangelisierung um Umkehr und geistliche Erneuerung wie um notwendige Reformen.[90] Ohne Mut zu Erneuerung und Reform können wir die enormen Herausforderungen nicht zum Guten wenden und die Krise nicht zum Kairos machen.

## Das Ende der konstantinischen Epoche

Um die gegenwärtige Krise zu erfassen, darf man sich nicht mit einer Momentaufnahme begnügen. Da die Kirche »Freude und Hoffnung, Trauer und Angst der Menschen von heute«[91] teilt, muss man die Kirchenkrise im Zusammenhang der Krisen und der raschen und tiefgreifenden Transformationsprozesse in der gegenwärtigen Welt sehen. Sie wurden bereits durch das Zweite Vatikanische Konzil eindringlich beschrieben.[92] Diese Prozesse haben sich seit dem Konzil in dramatischer Weise beschleunigt. So erleben wir in Europa eine Kultur- und Zivilisationskrise, welche die christlichen Wurzeln Europas und grundlegende christliche Werte in Frage stellt und oft intolerant und militant bekämpft. Sogar das Ur- und Grundsymbol des Christentums, das Kreuz, will man aus dem öffentlichen Raum verbannen. Man muss mit Blindheit geschlagen sein, wenn man nicht sieht, dass schwierige Zeiten auf die Kirche zukommen.

Man muss diese Situation im größeren historischen Zusammenhang sehen. Das lange dauernde konstantinische Zeitalter (4.–18. Jahrhundert) und seine Nachwirkung im bürgerlichen Zeitalter mit der milieugestützten Volkskirche sind mit dem Ersten und vollends dem Zweiten Weltkrieg zu Ende gegangen. Zu Ende gegangen ist damit die ›christentümliche‹ Epoche Europas. Das Ende der konstantinischen Epoche bedeutet das Ende des Corpus christianum und der Epoche, in der das Christentum in Europa die weit überwiegende Mehrheitsgesellschaft war, sich auf die politischen Macht als weltlichen Arm stützen und das gesellschaftliche Leben weitgehend bestimmen konnte.

Es war ein Ende mit Schrecken. Denn das 20. Jahrhundert hat in Europa zwei menschenverachtende totalitäre Systeme hervorgebracht und zwei Weltkriege erlebt, welche die Welt grundlegend verändert und Europa buchstäblich umgepflügt haben. Auschwitz und die Gulags haben auf erschreckende Weise das Scheitern der modernen Ideologien und Utopien vor Augen geführt. So ist es zu Resignation und Verzweiflung der Vernunft gekommen. Das hat zur sogenannten Postmoderne geführt, eine Bezeichnung, die ebenso vage wie die damit bezeichnete Situation unübersichtlich ist.[93] Sie zeichnet sich dadurch aus, dass alle großen Ideen und Ideale nicht nur des Christentums, sondern auch der neuzeitlichen Aufklärung in Frage gestellt werden. Die Folge ist der Nihilismus, den Nietzsche als Charakterisierung des gegenwärtigen Zeitalters vorhergesagt hat. Er hat den Tod Gottes verkündet[94] und den Nihilismus als Verfall aller bisher gültigen höchsten Ideale definiert. Er ist Unglauben an die metaphysische Welt und der Glaube, dass es keine Wahrheit gibt.[95]

## Ein säkulares Zeitalter?

Statt die enorme Herausforderung, die in dieser Situation für die Kirche liegt, anzunehmen, sind viele eher mutlos geworden. Es gibt das Entsetzen der Fortschrittlichen darüber, dass die progressiven weltoffenen Formeln, die nach dem Konzil aufkamen, wohlfeil geworden sind und bei Außenstehenden auf wenig Gegenliebe stoßen, und es gibt den fast als verzweifelt zu bezeichnenden Versuch derer auf der anderen Seite des Spektrums, wo man die Situation ebenfalls mit Entsetzen wahrnimmt, und in Reaktion darauf den Versuch unternimmt, die alten Gewissheiten wieder herzustellen und zur alten Praxis zurückzukehren. Doch wenn die Fragen und die Zweifel einmal aufgebrochen sind, kann man nicht in die alte selbstverständliche Gewissheit zurückkehren, und man kann eine solche Rückkehr schon gar nicht einfach anordnen. Resignation einerseits und Restauration andererseits, beide ziehen sich in eine Art Wagenburg zurück, versuchen von ihren Gewissheiten zu retten, was zu retten ist und geben sich gegenseitig die Schuld an der Situation. Das ist, wenn man auf die wirklichen Probleme schaut, vor denen wir stehen, eine fast schon als pathologisch zu bezeichnende Situation, die nur die innere Krise in der gegenwärtigen Kirche zeigt, aber die die wahren Herausforderungen verkennt.

Es hilft nichts, wir müssen die in der westlichen Welt (von der islamischen, buddhistischen, konfuzianischen u.a. Kultur müsste eigens die Rede sein) neu entstandene Situation annehmen. Schon in der Nazizeit und während des Zweiten Weltkriegs haben zwei mutige Zeugen, die beide für den Glauben ihr Leben gegeben haben, Alfred Delp und Dietrich Bonhoeffer, darauf hingewiesen, dass wir in ein säkulares Zeitalter eingetreten sind, das sich grundlegend unterscheidet von dem, in dem die Religion einmal das ganze private wie öffentliche Leben durchdrang und so selbstverständlich war, dass eine atheistische Position fast undenkbar erschien.[96]

Heute ist die religiös-transzendente Orientierung nicht mehr selbstverständlich, sie ist eine Option neben anderen und nicht die einfachste.[97] Unsere Welt ist wie entzaubert.[98] Sie ist sachlich nüchtern, oft auch banal geworden, auch wenn etwas Melancholie und Nostalgie, Interesse am Esoterischen schon dabei sein kann. Ein ›Megatrend Religion‹ lässt sich daraus schwerlich ableiten.[99] Eher ist es die Kunst, welche für viele die Religion ersetzt und einen Spalt offenhält in eine das Empirische überschreitende Realität. Oft aber ist an die Stelle, wo einmal Transzendenz auf eine andere, geheimnisvolle, wunderbare göttliche Welt verwies, das große Gähnen getreten, und wo einmal Götter waren, greift die Angst vor immer wieder neuen Gespenstern um sich.[100]

Was in unseren westlichen Gesellschaften heute mehr oder weniger vorherrscht ist die Option eines vermeintlich sich selbst genügenden Humanismus. Ihm haftet oft eine gewisse Melancholie und Nostalgie an, das Gefühl des Fehlens von etwas, das nicht mehr da ist, vielleicht auch eine gewisse Traurigkeit und Freudlosigkeit, aber er bezeichnet die Weise, wie heute sehr viele Menschen leben. Sie suchen die Erfüllung ihres Lebens nicht im Bezug zu einer transzendenten Wirklichkeit, sondern in vielfältiger und sehr oft durchaus ehrbarer Weise immanent. Man kann nicht sagen, dass sie alle oberflächlich dahinleben, dass sie unredlich oder gar unmoralisch sind, im Gegenteil, es sind viele redliche und verantwortungsbewusste Menschen darunter, die wir alle kennen, mit denen wir jeden Tag zusammenleben und mit denen wir in allen Lebensbereichen zu tun haben.

Es gibt freilich auch andere, weit radikalere, im Grunde aber fast steinzeitliche Optionen: Eine intolerante fundamentalistische, oft militante, ideologisch fehlgeleitete Religiosität, wie wir sie nicht nur im Islamismus finden, und ein ebenfalls intoleranter, neuer fundamentalistischer und aggressiver ideologischer Atheismus, bei dem die viel gepriesene aufgeklärte Toleranz selbst intolerant geworden ist und deshalb jeden Wahrheitsanspruch diffamiert und bekämpft. Beide Einstellungen gehen seitenverkehrt von der inzwischen überholten Säkularisierungstheorie aus, wonach die Modernisierungsprozesse notwendig Säkularisierungsprozesse zur Folge haben, sodass sie entweder wegen der Gefahr der Säkularisierung die Modernisierung bekämpfen oder, um die Modernisierung zu befördern, die Religion, konkret das Christentum, militant zurückdrängen und das Kreuz, in dessen Zeichen Europa einmal groß geworden ist, aus dem öffentlichen Raum verbannen. Wie immer berühren sich die Extreme.

In dieser Situation sind viele in der Kirche mutlos und ratlos geworden. Dabei hätte die Kirche heute allen Grund zur Zuversicht. Denn die Kirche hält, wie Jürgen Habermas, der gar nicht aus der christlichen Tradition kommt, gezeigt hat, in der entstandenen geistigen Leere mit ihrer Reich-Gottes-Botschaft eine Sinnressource bereit, die wir heute mehr als alles andere dringend benötigen. Es gilt nur, angesichts der enormen Herausforderungen, vor denen unsere Welt heute steht, sie rational zu entschlüsseln und fruchtbar zu machen.[101] Schon zuvor hatte Theodor W. Adorno geschrieben: »Philosophie, wie sie im Angesicht der Verzweiflung einzig noch zu verantworten ist, wäre der Versuch, alle Dinge so zu betrachten, wie sie vom Standpunkt der Erlösung sich darstellten. Erkenntnis hat kein Licht, als das von der Erlösung her auf die Welt scheint: alles andere erschöpft sich in der Nachkonstruktion und bleibt ein Stück Technik.«[102]

Das sind Stimmen von qualifizierten Beobachtern und Analytikern der Situation, die von außen kommen. Sie verweisen uns auf das Potenzial, das wir selbst besitzen, sogar auf die Mitte unserer ureigensten Botschaft, die Botschaft von Gott und seinem Reich. Dazu kommen qualifizierte Stimmen aus den eigenen Reihen. Ich möchte nur auf den französischen Philosophen Jean-Luc Marion verweisen. Eines seiner Bücher trägt den bezeichnenden Titel *Le croire pour le voir. Réflexions sur la rationalité de la révélation et l'irrationalité de quelques croyants (Glauben um zu sehen. Reflexionen über die Rationalität der Offenbarung und den Irrationalismus einiger Gläubigen).* Er sieht die Zukunft des Katholizismus nicht in Strukturfragen, sondern in der neuen Aktualität der Gottesfrage.[103]

Das zeigt nochmals: Die Säkularisierung ist kein Naturgesetz und kein unentrinnbares Schicksal, dem wir uns einfach zu unterwerfen haben. Auseinandersetzung ist möglich und nicht aussichtslos. Doch dabei stehen nicht primär Kirchenfragen auf der Tagesordnung, sondern die Gottesfrage und die Kirchenfrage im Licht der Gottesfrage.[104]

Es führt in dieser Situation nicht weiter, nostalgisch in die Vergangenheit zurückzuschauen und zu meinen, man könne alte Größe wieder herstellen. Ebenso wenig dürfen wir Utopien nachlaufen, die meinen, wir könnten im dritten Jahrtausend eine neue Kirche bauen. Weder der nostalgische Traum von der Vergangenheit noch der utopische helfen weiter. Eine sich selbst recht verstehende konservative Einstellung meint nicht, verzweifelt eine vergangene Situationen restaurativ wieder herstellen zu können, sondern das in der Tradition Bewährte, bleibend Wertvolle und bleibend Gültige argumentativ kritisch-konstruktiv in die neue Situation einzubringen und neu in die veränderte Wirklichkeit zu übersetzen.

### Kirche als qualitative und kreative Minderheit

Man wird gegen dieses Programm einwenden, dass der Kirche dazu die Mittel fehlen. In der Tat, die Zeit der Volkskirche alten Stils ist mit dem Ende der konstantinischen Ära endgültig vorbei. Die Christen in

Europa müssen sich, wenn nicht alles täuscht, schon jetzt und noch mehr in Zukunft auf eine Diaspora- und Minderheitssituation in einer kulturell und religiös pluralistischen Gesellschaft einstellen. Sie müssen sich außerdem darauf einrichten, dass das Christentum weltweit nicht mehr europäisch dominiert sein wird, sondern in einem neuen konkreten Sinn Weltkirche geworden ist.

Das ist kein Grund zum Kulturpessimismus, wie ihn Oswald Spengler in seinem Werk *Untergang des Abendlandes* (1918–1922) ausgerufen hat. Der Historiker Arnold J. Toynbee hat in seinem Opus magnum *Study of History* (1934–1961) gegen Spengler die Theorie aufgestellt, dass Kulturen in Krisen überleben, wenn sie die neuen Herausforderungen kreativ aufgreifen. Dabei kommt es nicht auf Mehrheiten, sondern auf kreative Minderheiten an, die Identität besitzen, die sich auf neue Herausforderungen einlassen und Lösungen finden, denen dann andere folgen können. Diese These, nach der kreative Minderheiten Relevanz und Ausstrahlung haben können, wird durch die Geschichte bestätigt. Man denke nur an die Bedeutung des Judentums für die moderne westliche Kultur. Wir sollten deshalb nicht über abnehmende Zahlen lamentieren. Nicht die Quantität, sondern die Qualität und damit die Identität entscheiden.[105]

Selbstverständlich geht es nicht darum, den Rückzug auf einen sogenannten heiligen Rest zu einem Ziel der Pastoral zu erklären, sondern darum zu helfen, wenn dies so Gottes Willen ist, diese Entwicklung anzunehmen und daraus neue missionarische Kraft zu schöpfen. Die Kirche kann Identität und damit ihre Kraft nicht anders finden, als dass sie auf dem ein für alle Mal gelegten apostolischen Fundament aufbaut und dieses angesichts der neuen Herausforderungen fruchtbar macht. Nur wenn sie tiefe Wurzeln hat, kann sie den Stürmen, denen sie ausgesetzt ist, standhalten. Sie muss Kirche in der Welt von heute und morgen sein, aber sie darf nicht Kirche von dieser Welt und nach den Maßstäben dieser Welt sein wollen. Sie ist die Kirche Jesu Christi und damit auch Kirche unter dem Kreuz, das Durchgang zu Ostern ist. So dürfen wir mit Zuversicht davon ausgehen, dass sich heute unter mancherlei Geburtswehen eine neue Gestalt der in allen Jahrhunderten einen und selben Kirche herausbildet.

## Was dieses Buch will

In diesem Sinn möchte ich in diesem Buch Grundzüge der katholischen Ekklesiologie darstellen und über Wesen, Wirklichkeit und Sendung der Kirche in dieser Zeit nachdenken. Dieses Buch will keine neue, sondern die im Sinn des Zweiten Vatikanischen Konzils erneuerte katholische Ekklesiologie darstellen. Dabei will es die Kirchenfrage im Licht der Gottesfrage und der Reich-Gottes-Botschaft darlegen, um auf diese Weise die Kirche sowohl biblisch wie existentiell zu verorten. Relevanz für den Einzelnen wie für unsere Gesellschaft kann die Kirche jedoch nur dann haben, wenn sie Identität besitzt und weiß, wer sie selber ist. Die Bedeutung der Kirche für uns gründet in ihrem Sein als Kirche Jesu Christi. Vom Grund der Kirche in Jesus Christus her will dieses Buch ein Beitrag sein zur Erneuerung der Kirche. Mehr als in anderen Teilen der Welt bedarf die Kirche im ›alten Europa‹ eines neuen Schwungs, einer Vision und konkreter Zukunftsperspektiven. Diese können nicht aus kurzatmigem Aktionismus kommen, sondern nur aus einer Besinnung auf die Grundlagen erwachsen. Nur so kann auf dem Weg der Reinigung und Erneuerung die Krise zum Kairos und ein erneuertes Pfingsten Wirklichkeit werden.

# II. Grundzüge katholischer Ekklesiologie

# 1. Fundamentaltheologische Vorüberlegung

## *1.1 Hinführung*

### Kirche – ein vieldeutiges Wort

In meiner Kindheit und Jugend gehörten die Pfarrei und die Kirche zur normalen Lebenswelt, in der wir aufgewachsen sind und in der wir uns auch zu Hause fühlten. Für viele, wenn nicht für die meisten Jugendlichen, ist das heute längst nicht mehr der Fall. Martin Luther konnte noch sagen, jedes Kind von sieben Jahren könne sagen, was die Kirche ist.[1] Das würde er heute kaum mehr zu sagen wagen. Denn für sehr viele Zeitgenossen ist die Kirche zu einer fremden Welt geworden, die sie vielleicht noch wegen ihrer sozialen Dienstleistung schätzen, der sie aber persönlich nur punktuell oder über die Vermittlung der Medien begegnen. Für nicht wenige ist Kirche gar fast schon zu einem negativ besetzten Unwort geworden.

Bevor wir über die Kirche, ihr Selbstverständnis, ihre Sendung und ihre Ämter sprechen, müssen wir uns darum erst um ein Vorverständnis dessen bemühen, wovon wir sprechen und was wir meinen, wenn wir von Kirche sprechen. Das ist umso mehr notwendig, als das Wort Kirche ein vieldeutiges Wort ist, unter dem recht Unterschiedliches verstanden werden kann.

Unter Kirche kann man das Gebäude verstehen, das der Versammlung zum Gottesdienst und der gottesdienstlichen Feier dient, dem bei alten und gelungenen neuen Kirchen auch ein hoher Kunst- und Kulturwert zukommt, die Kirche für viele aber auch als eine museale Größe der Vergangenheit erscheinen lässt. Spricht man von der gegenwärtigen Kirche, so bezeichnet man als Kirche oft ein Sozialgebilde, häufig kritisch als Amtskirche apostrophiert, mit bestimmten Institutionen, verschiedenen Organen und Ämtern. Dem steht der Slogan

›Wir sind Kirche‹ gegenüber. Unter diesem Slogan wird Kirche nicht als Institution, sondern als institutionskritische Gemeinschaft mit partizipatorischen Strukturen verstanden. Das Moment der Gemeinschaft ist in anderer Weise auch im theologischen Verständnis von Kirche präsent; in dem allen historischen Konfessionskirchen gemeinsamen Glaubensbekenntnis bekennen wir die Kirche als communio sanctorum, das heißt als Gemeinschaft am Heiligen (sancta) und so auch als Gemeinschaft der Heiligen (sancti) beziehungsweise der Gläubigen. Kirche wird hier als Glaubens- und Gottesdienstgemeinschaft verstanden, die dann auch zur Dienstgemeinschaft wird.

Doch damit sind noch nicht alle unterschiedlichen Bedeutungen von Kirche erfasst. Unter der Gemeinschaft der Gläubigen kann man nämlich sowohl die am jeweiligen Ort gegenwärtige Ortskirche wie die weltweite Kirche in und aus vielen Völkern und Kulturen verstehen. Schließlich bezeichnen sich seit der Konfessionsbildung im Gefolge der Reformation des 16. Jahrhunderts die katholische, orthodoxe, anglikanische, lutherische, reformierte Kirche und die freikirchlichen Kirchen jeweils in unterschiedlicher und voneinander abgrenzender Weise als Kirche; empirisch begegnet uns die Kirche in einer verwirrenden Vielzahl von Konfessionskirchen. In der ökumenischen Bewegung des 20. Jahrhunderts ist dann die Suche nach der Einheit der Christen in der einen Kirche dringlich geworden.

Das alles wird mit dem einen und selben Wort Kirche bezeichnet. Kein Wunder, dass es hinsichtlich der Kirche nicht nur unterschiedlichste Meinungen und Einstellungen, sondern auch vielfältige Missverständnisse, mancherlei Verwirrung und auch Unverständnis gibt. Fragen wir also: Kirche, was ist das?

## Vorverständnis von Kirche

Wollen wir wissen, was Kirche ist, dann dürfen wir die Wirklichkeit der Kirche nicht von außen beschreiben. Fairerweise müssen wir die Kirche zunächst einmal selbst sagen lassen, was und wer sie ist und dann von dem Selbstverständnis, das die Kirche beziehungsweise die Kirchen von sich selbst haben, ausgehen. Dabei können wir von einem bei allen Unterschieden gemeinsamen Grundverständnis ausgehen, in dem alle historischen Kirchen übereinkommen. Denn katholische wie orthodoxe, evangelische wie weitgehend auch freikirchliche Christen bekennen sich im apostolischen Glaubensbekenntnis gemeinsam zur Kirche als communio sanctorum, als Gemeinschaft der Heiligen oder auch der Gläubigen, die am Heiligen teilhaben. Durch den in diesem gemeinsamen Bekenntnis zum Ausdruck kommenden Glauben an Jesus Christus und durch die eine Taufe gehören sie zur Kirche. Das deutsche Wort Kirche (wie englisch church) leitet sich ja von dem griechischen Wort κυριακός ab und meint die dem Herrn (κύριος) Jesus Christus gehörige und ihm anhängende Gemeinschaft.[2] Diese fundamentale Gemeinsamkeit ist größer als alles, was die Christen sonst trennt. Deshalb wissen sich heute die Glieder aller Kirchen bewusster als früher als Brüder und Schwestern in dem einen gemeinsamen Herrn Jesus Christus.

Diese fundamentale Gemeinsamkeit im einen Glauben an Jesus Christus und in der einen Taufe unterscheidet die Christen von allen anderen, die nicht Christen sind, seien sie Anhänger anderer Religionen, denen wir mit Respekt begegnen, seien sie religiös agnostisch, skeptisch, gleichgültig oder auch antireligiös eingestellt, wobei Christen jede ehrliche Überzeugung, auch wenn sie diese nicht teilen, achten sollen. In der heutigen pluralistisch und weithin säkular gewordenen Welt leben wir als Christen sehr oft in der Diaspora, in der das Christsein und die praktizierende Zugehörigkeit zur Kirche keine Selbstverständlichkeit mehr sind und in der wir doch tolerant und respektvoll zusammenleben sollen.

Diese neue Diasporasituation hat neben anderem mit dazu beigetragen, dass die Christen der verschiedenen Konfessionen einander näher gekommen und zusammengerückt sind. Umso mehr erfahren wir und leiden wir aber auch darunter, dass beim Thema Kirche Unterschiede zwischen den Kirchen aufbrechen, die zu Trennungen führen, die oft durch die Familien und durch die Bekannten- und Freundeskreise hindurchgehen. Diese Unterschiede sind durch die ökumenische Annäherung abgemildert, aber keineswegs aufgehoben worden. In einer immer stärker global vernetzten Welt, in der nicht nur die verschiedenen Konfessionen, sondern oft genug auch die Anhänger verschiedener Religionen Haus an Haus und oft in demselben Haus und in derselben Familie miteinander leben, stellt sich in der immer mehr zu einer großen Schicksalsgemeinschaft gewordenen einen Welt unabweisbar die Frage nach der einen Kirche. Die Ekklesiologie als Lehre von der Kirche ist darum keine rein akademische Frage, sie betrifft in der einen oder anderen Weise das Leben jedes Christen.

## Grundproblem der Ekklesiologie

Aufgrund der beschriebenen Situation sind die Unterschiede zwischen den Konfessionen heute vielen nicht mehr verständlich. Wenn man sich bemüht, diese Unterschiede zu verstehen, dann zeigen sie sich in den unterschiedlichen Antworten, welche die verschiedenen Konfessionskirchen auf die Frage nach dem gegenseitigen Verhältnis der verschiedenen Bedeutungen von Kirche, die wir aufgezählt haben, geben. Die Frage ist insbesondere, wie die als communio sanctorum verstandene Kirche, die wir im Glauben bekennen, sich zur Kirche als Sozialgebilde verhält. Ist die Kirche eine reine Glaubenswirklichkeit oder steht sie in einem inneren Zusammenhang mit der Kirche, die wir als Institution wahrnehmen? Lässt sie sich überhaupt institutionell fassen und umschreiben?

Zwar ist die Kirche in allen Konfessionen nie eine rein übersinnliche Wirklichkeit, sondern durch die Verkündigung und die Sakramente hörbar und sichtbar und damit auch immer mit sozialen Strukturen verbunden. Es gibt keine rein charismatische Kirche, keine reine Liebeskirche, die nicht wenigstens ein Minimum an institutionellen Elementen aufweist und die bis zu einem gewissen Grad auch rechtlich verfasst ist. Die unterschiedlich beantwortete Frage ist aber, welche Bedeutung dieser institutionellen Verfasstheit zukommt. Muss man sich mit ihr identifizieren, in ihr praktizieren oder kann man sich von der verfassten Kirche privat oder auch öffentlich distanzieren und dennoch der Glaubensgemeinschaft Kirche angehören?

Diese Frage wird von den verschiedenen Konfessionskirchen unterschiedlich beantwortet. Auch für eine nicht unbeträchtliche Zahl katholischer Christen hat sich der Zusammenhang von institutionell verfasster Kirche und persönlichem Glauben gelockert und teilweise auch aufgelöst. Ihr Glaube ist in vielen Fällen noch gemeindebezogen, aber nur noch schwach kirchenverankert, wenn nicht gar ausgesprochen kirchenkritisch. Oft versteht er sich auch in einer meist vagen Weise als überkonfessionell ökumenisch.

In dieser Situation kommt der Ekklesiologie innerkatholisch wie ökumenisch eine eminent pastorale Bedeutung zu. Sie muss fragen: Wie hat Jesus Christus die Kirche gewollt? Hat er überhaupt eine Kirche gewollt? Wie verstand sich die Urkirche, was sagt das Neue Testament über die Kirche, was die großen Glaubenszeugen der Vergangenheit? Darauf wird einzugehen sein. An dieser Stelle muss ein vorläufiger anthropologischer Hinweis genügen. Zumal in einer tiefgreifend säkularisierten Welt lässt sich ein rein innerlicher, wenngleich vielleicht persönlich tief verwurzelter Glaube schwerlich durchhalten. Der persönliche Glaube ist auf soziale Abstützung in einer Gemeinschaft von Glaubenden angewiesen. Vollends kann der Glaube in unserer hoch institutionalisierten und medial vernetzten Welt nur dann gesellschaftlich und öffentlich wirksam werden, wenn er auch institutionell in verbindlicher Weise bezeugt wird. Wieder wird deutlich: Es geht nicht nur um abstrakte Theorie, sondern um die Frage, wie die Kirche heute und morgen mit ihrer Botschaft wirksam präsent sein kann in der Welt. Das Verständnis der Kirche, wie es die katholische und orthodoxe Theologie vertritt, kann hier ansetzen; es interpretiert die sichtbare, institutionell fassbare Gestalt der Kirche als Zeichen und Werkzeug dessen, was die Kirche in ihrer geistlichen Wirklichkeit zutiefst ist.

Da jedoch die Frage nach der institutionellen Gestalt der Kirche konfessionell unterschiedlich beantwortet wird, wird auch die Frage unterschiedlich beantwortet, wie sich die eine als Glaubenswirklichkeit verstandene Kirche zu den vielen Konfessionskirchen verhält. Sind die unterschiedlichen Konfessionskirchen unterschiedliche geschichtliche Gestalten und gewissermaßen Teile der einen Kirche Jesu Christi oder kann eine Kirche beanspruchen, die wahre Kirche zu sein? Einen solchen Wahrheitsanspruch stellt nicht nur die katholische Kirche; in der einen oder anderen Weise muss jede Kirche einen Wahrheitsanspruch stellen. Würde sie das nicht mehr tun, würde sie im ursprünglichen Sinn des Wortes gleich-gültig und würde sich damit selbst aufgeben.

Die Frage ist deshalb nicht nur: Was ist die Kirche?, sondern ebenso: Wo ist die wahre Kirche, an der man sich orientieren kann und wie verhält sie sich zu den anderen Gemeinschaften, die ebenfalls beanspruchen, Kirche zu sein? Auch auf diese Frage werden von den unterschiedlichen Konfessionskirchen wiederum unterschiedliche und kontroverse Antworten gegeben. Die Ekklesiologie ist darum bei allem, was die Konfessionen verbindet, ein problemgeladenes und ein hoch konfliktträchtiges Feld der Theologie.[3]

Die Unterschiede und Kontroversen konnten in dieser Einleitung nur vorläufig und gleichsam holzschnittartig angedeutet werden; sie können erst im Folgenden differenzierter und detaillierter dargelegt werden. Diese Unterschiede sind für die jeweilige katholische, orthodoxe, evangelische oder freikirchliche Ekklesiologie grundlegend und nicht nur sekundäres Beiwerk. Deshalb kann es keine konfessionsneutrale ökumenische Ekklesiologie geben. Es kann nur eine katholische, orthodoxe, evangelische oder freikirchliche Ekklesiologie geben, die dann ihrerseits ökumenisch mit anderen Ekklesiologien im Gespräch und Austausch sein soll und heute auch sein muss. Im so verstandenen ökumenischen Sinn geht es im Folgenden nicht um irgendeine Ekklesiologie, sondern ganz bewusst um katholische Ekklesiologie.

## *1.2 Methodische Vorüberlegungen*

### Methode der Ekklesiologie – Ekklesiologie als Glaubenswissenschaft

Die unterschiedlichen Bedeutungen und die unterschiedlichen Dimensionen des Wortes Kirche führen dazu, dass man das Thema Kirche in unterschiedlicher Weise, mit unterschiedlichen Methoden und mit unterschiedlichen Zielsetzungen behandeln kann. Man kann die Kirche als eine menschliche Einrichtung betrachten und entsprechend historisch, kulturwissenschaftlich, soziologisch und politologisch von ihr reden und ihr ›System‹ und ihre Funktionsweisen soziologisch untersuchen.[4] Man kann dann darüber diskutieren, was die Kirche in der Vergangenheit für menschliche Bildung, Kunst, Kultur und Wissenschaft geleistet hat und bis heute leistet, was sie zur Lösung von sozialen Problemen, für die Hilfe für Kinder, Kranke, Alte und Behinderte, zur Entwicklungshilfe und für den Frieden in der Welt wie zur Lebensbewältigung und Sinnfindung Einzelner auch heute beiträgt. Man kann aber auch gleichsam mit dem Müllwagen durch die Kirchengeschichte fahren und dabei manchen Unrat an menschlichen Schwächen, Machtwillen, Intrigen, Versagen, Dummheit und Bosheit einsammeln, den es, wie man ehrlich einräumen muss, auch gegeben hat und gibt. Das alles sind Fragestellungen, denen man als Theologe gebührende Beachtung schenken soll; aber Theologie sind sie nicht.[5]

Die Theologie geht von dem der gesamten Christenheit gemeinsamen Glaubensbekenntnis aus: »Credo (in) ecclesiam«, beziehungsweise »credimus (in) ecclesiam.« »Ich glaube (an) die Kirche«, beziehungsweise »wir glauben (an) die Kirche«.[6] Damit ist die Kirche für die Theologie ein Gegenstand des Glaubens und die Theologie eine Glaubenswissenschaft. Das wiederum kann in einem doppelten Sinn verstanden werden. Das Glaubensbekenntnis sagt einerseits »Credo (in) ecclesiam« und spricht damit vom Subjekt des Glaubens in der Einzahl. Es formuliert aber auch »credimus (in) ecclesiam« und spricht damit vom Glauben im Plural, in der Wir-Form.

Die in der Einzahl ausgedrückte Formulierung ›ich glaube‹ war ursprünglich ein Taufbekenntnis, in dem der Täufling seinen persönlichen Glauben zu bezeugen hatte, aufgrund dessen er getauft und in die Kirche aufgenommen wurde. Das Bekenntnis in der Wir-Form ist dagegen ein liturgisches Bekenntnis der versammelten Gottesdienstgemeinde. Es bringt zum Ausdruck, dass der Glaube kein reiner Ich-Glaube, sondern immer auch ein Wir-Glaube ist. Der persönliche Glaube des Einzelnen bedeutet, einzustimmen in den gemeinsamen Glauben der Kirche aller Zeiten und aller Räume, synchron und diachron. Er ist Teilnahme an dem einen Glauben und der Gemeinschaft im einen Glauben. Man glaubt zwar als je Einzelner, man ist im Glauben jedoch nie allein, sondern getragen von und verbunden mit dem Glauben der Kirche aller Zeiten. Thomas von Aquin konnte sagen: »Das Glaubensbekenntnis wird im Symbolum von der ganzen Kirche, die im Glauben eins ist, wie von einer Person vorgelegt.«[7]

Die Ekklesiologie ist damit in einem doppelten Sinn Glaubenswissenschaft: Sie setzt die persönliche Glaubensüberzeugung voraus und sie schöpft aus dem Glauben der Kirche. Maßgebend sind nicht private gute oder schlechte Erfahrungen mit der Kirche oder persönliche fromme oder auch unfromme Überzeugungen, die der einzelne Theologe zum Thema Kirche haben mag. Maßgebend ist das der gesamten Kirche gemeinsame Bekenntnis zur einen, heiligen, katholischen und apostolischen Kirche. Die theologisch verstandene Ekklesiologie als Lehre von der Kirche ist darum keine von außen entworfene Theorie über die Kirche. Sie ist als kirchliche Theologie eine Reflexion der Kirche über sich selbst und über ihre Sendung in der Welt.

### Ekklesiologie als Selbstreflexion der Kirche

Die Definition der Ekklesiologie als Reflexion der Kirche über sich selbst und ihre Sendung wirft nicht erst heute ernste ideologiekritische Fragen auf. Kann die Theologie, so kann man fragen, nur beschreibend und wiederholend wiedergeben, was sie als Lehre der Kirche über sich selbst vorfindet oder ist sie gar eine Ideologie, der es nur darum geht, die vorgegebene kirchliche Position, oder wie man heute oft sagt: das herrschende System, nachträglich zu rechtfertigen? Zweifellos gibt es solche Formen von Ekklesiologie, die diesem ideologiekritischen Einwand Nahrung geben. Man muss ihn deshalb ernst nehmen, auch wenn er eine sich selbst recht verstehende Ekklesiologie nicht trifft.

Denn der ideologiekritische Einwand geht von einem falschen Verständnis des Glaubens aus. Der recht verstandene Glaube ist kein irrationaler Akt, er ist kein reines Gefühl, er entspringt auch nicht einer rein dezisionistischen Entscheidung des Willens und er ist schließlich kein bloßes Fürwahrhalten von Glaubenssätzen. Das Zweite Vatikanische Konzil gibt uns auf der Grundlage der kirchlichen Tradition ein ganz anderes und viel umfassenderes Glaubensverständnis: »Im Glauben überantwortet sich der Mensch Gott als Ganzer in Freiheit, indem er sich dem offenbarenden Gott mit Verstand und Willen voll unterwirft«[8]. Der Glaube ist also ein personaler Akt der Hingabe des Menschen mit seiner ganzen Seele, mit seinem Verstand und mit seinem Willen (vgl. *Mk 12,29–33 par.*). Er ist damit als gesamtpersonaler Akt auch ein Akt des Verstandes und will als solcher vor dem Denken verantwortet werden.

Der Glaubende muss daher sich selbst und gegenüber den anderen rational Rechenschaft geben von seinem Glauben. Paulus spricht von einer λογικὴ λατρεία, einem obsequium rationale, das heißt einem vernunftgemäßen Gottesdienst *(Röm 12,1)*, und der 1. Petrusbrief fordert die Christen auf, jedermann Rechenschaft (ἀπολογία) zu geben von ihrer Hoffnung *(1 Petr 3,15)*. So ist recht verstandener Glaube immer eine fides quaerens intellectum, ein Glaube, der nach dem Verstehen fragt und der wissen will, was er glaubt und warum er glaubt.[9] Solche Rechenschaft ist zumal heute von jedem Christen gefordert. Wenn sie ausdrücklich und methodisch geschieht, kann man von der Theologie als einer Wissenschaft sprechen.

Um zu verstehen, in welcher Weise solche Rechenschaft hinsichtlich der Kirche möglich ist, ohne ideologisch zu werden, müssen wir eine kurze Zwischenreflexion über die grundlegende Struktur menschlichen Wissens und menschlicher Wissenschaft anstellen. In der wissenschaftstheoretischen und hermeneutischen Diskussion ist es längst klar geworden, dass es keine voraussetzungslose Wissenschaft geben kann. Wir gehen in allem unserem Erkennen immer von einem Vorverständnis aus.[10] Ohne ein solches würden wir uns für eine ›Sache‹ gar nicht interessieren. Nur weil wir sie bereits zu kennen meinen, sind wir interessiert, sie besser und tiefer zu verstehen. Dabei sind wir mehr als uns gewöhnlich bewusst ist von den Denkmustern und Denkgewohnheiten unserer jeweiligen Kultur und von unserer Sprache und ihren Kategorien konditioniert. Ein solches Vorverständnis wäre nur dann ein im negativen Sinn verstandenes dogmatisches Vorurteil, wenn es sich gegen Fragen und Probleme und gegen neue Erfahrungen und Einsichten abschließt und abschirmt und nicht mehr bereit ist, diese Erfahrungen mit Hilfe von allgemein anerkannten Regeln zu reflektieren und die Erkenntnis gegebenenfalls zu erweitern und zu vertiefen.

Solche wissenschaftliche Reflexion ist auch bezüglich der Kirche möglich. Sie ist nach katholischem Verständnis eine einzige, komplexe und zugleich konkrete Wirklichkeit, die aus einem menschlichen und einem göttlichen Element zusammenwächst.[11] Beide Seiten kann man in einer theologischen Betrachtungsweise nicht trennen. Man kann nicht eine Rechts- und eine Liebeskirche oder die Kirche als Institution und eine rein geistlich verstandene Kirche einander gegenüberstellen. Beide Seiten sind aber auch nicht einfach identisch; sie können nicht geschieden, müssen wohl aber unterschieden werden. Die nur dem Glauben zugängliche göttliche Seite nennt man vor allem seit dem Zweiten Vatikanischen Konzil das Mysterium, das heißt das Geheimnis der Kirche. Damit ist keine an den Himmel gemalte Idealkirche und keine Kirche gemeint, wie wir sie gerne haben möchten. Die Kirche als Mysterium begegnet uns in menschlicher Gestalt. Wenn wir daher von der Kirche als Volk Gottes, Leib Christi, Tempel des Heiligen

Geistes sprechen, so machen wir damit Glaubensaussagen nicht über irgendeine überirdische Kirche, sondern über die konkrete, sichtbare, irdische Kirche. Wir haben also die göttliche Dimension immer in einer sichtbaren menschlichen Gestalt. Wir tragen, wie Paulus sagt, unseren Schatz in irdenen Gefäßen *(2 Kor 4,7)*.

Da die jeweilige empirische Erscheinung der Kirche nicht einfachhin mit dem identisch ist, was die Kirche ihrem Wesen nach für den Glauben ist, ist kein Katholik gehalten, sich mit allem, was er konkret in der Kirche vorfindet und wie er es in der Kirche vorfindet, im Glauben zu identifizieren. Voll und ungeteilt identifizieren kann man sich nur mit Gott; ihn allein kann und soll man, wie Jesus es im Hauptgebot sagt, aus ganzem Herzen lieben und ihm mit allen Kräften anhängen *(Mk 12,30 par.)*. Jede andere Wirklichkeit, auch die der Kirche, muss man im Glauben in ihrer Relationalität zu Gott betrachten. Das war die großartige Einsicht des Thomas von Aquin. Er machte es zum grundlegenden Programm seiner Theologie, alles auf Gott zu beziehen und in seiner Ausrichtung auf Gott zu betrachten.[12] Die sichtbare Kirche ist für den Glaubenden also nur insofern Gegenstand der Identifikation, als sie geschichtlicher Ort, Zeichen und Werkzeug der Gegenwart Gottes in Jesus Christus ist.[13]

So steht der Theologe nicht ohne Maßstab der vorfindlichen Kirche gegenüber. Er nimmt den Maßstab aber nicht von außen, sondern aus dem Glauben selbst. Das bedeutet: Mit der Bestimmung der Ekklesiologie als Reflexion der Kirche über sich selbst soll die Kirche und ihr Selbstverständnis in ihrer Relation zu Gott, wie er sich im Evangelium von Jesus Christus offenbart hat, mit Hilfe von diesem ihrem Gegenstand entsprechenden Methoden reflektiert werden.

### Ekklesiologie als kirchliche Wissenschaft

In der Heiligen Schrift begegnet uns eine auf den ersten Blick unerwartete Bestätigung des soeben Gesagten. Denn das Evangelium ist im ursprünglichen Sinn des Wortes nicht einfachhin identisch mit den vier Evangelien im Neuen Testament. Die vier Evangelien sind nicht das Evangelium, sondern maßgebendes Zeugnis vom Evangelium, das als solches keine Schrift, sondern lebendig verkündete und im Glauben angenommene Botschaft des Heils Gottes in und durch Jesus Christus im Heiligen Geist ist.[14] Das Evangelium Jesu Christi ist keine tote papierene, sondern sich eine im Heiligen Geist lebendig ereignende und eine in der Kirche geglaubte und gelebte Wirklichkeit. Gehen wir stärker ins Detail, so können wir feststellen, dass die Rede vom Evangelium Jesu Christi in doppelter Weise verstanden werden kann: Es ist einerseits Botschaft von Jesus Christus (Genitivus objectivus) und es ist auf der anderen Seite Botschaft, in welcher Christus sich selbst im Heiligen Geist in der Verkündigung mitteilt und sich selbst erschließt (Genitivus subjectivus). Das Evangelium ist also Selbstmitteilung Jesu Christi im Heiligen Geist in und durch die Verkündigung und den Glauben der Kirche.

In diesem Sinn schreibt der Apostel Paulus an die Gemeinde von Korinth: »Unser Empfehlungsschreiben seid ihr; es ist eingeschrieben in unser Herz und alle Menschen können es lesen und verstehen. Unverkennbar seid ihr ein Brief Christi, ausgefertigt durch unseren Dienst, geschrieben nicht mit Tinte, sondern mit dem Geist des lebendigen Gottes, nicht auf Tafeln aus Stein, sondern – wie auf Tafeln – in Herzen von Fleisch« *(2 Kor 3,2f.)*. Ganz in diesem Sinn sagt auch Irenäus von Lyon gegen Ende des 2. Jahrhunderts: Ohne Papier und Tinte ist vielen Barbarenvölker die Tradition in ihr Herz geschrieben.[15]

Auf dieser Grundlage haben schon die frühen Kirchenväter, vor allem Irenäus von Lyon, Tertullian, Clemens von Alexandrien, Origenes und andere, in einer Situation, in der der Glaube im damaligen gnostischen Stimmengewirr undeutlich zu werden und in Spekulationen auszuarten drohte, die Glaubensregel (κανών τῆς πίστεως, regula fidei) aufgestellt, wonach das apostolische Kerygma in der Vermittlungsgestalt der Kirche maßgeblich ist.[16] Sie meinten damit nicht eine formale äußerliche Regel für den Glauben, sondern die Regel, die der in der Kirche verkündete und gelebte Glauben selbst ist. Dieser Ausgangspunkt beim verkündeten, geglaubten, in der Liturgie gefeierten und in der Kirche gelebten Evangelium war den Kirchenvätern, den hochscholastischen Theologen wie noch dem Trienter Konzil vertraut[17] und er war auch den Reformatoren und ihrem Verständnis der Kirche als creatura verbi geläufig.[18]

Erst die Bibelkritik der Aufklärung, konkret Hermann Samuel Reimarus († 1768), wollte einen Bruch zwischen der Verkündigung Jesu und der Kirche und ihrer Lehre feststellen.[19] Die Theologie wurde damit zur exegetischen und historischen Stubengelehrsamkeit, gewissermaßen zu einer Art Archäologie. Man meinte, den Glauben historisch aus der Schrift rekonstruieren zu müssen und verstrickte sich dabei in Hypothesen, die oft mehr von dem Geist ihrer Autoren als vom Geist der Bibel Kenntnis gaben.

Aus dieser vertrackten Situation haben auf evangelischer Seite Friedrich Schleiermacher († 1834),[20] auf katholischer Seite vor allem die katholischen Tübinger Theologen des 19. Jahrhunderts wieder herausgeführt. Grundlegend waren Johann Sebastian Drey mit seiner programmatischen Abhandlung *Vom Geist und Wesen des Katholizismus* (1819)[21] und mit seiner Schrift *Kurze Einleitung in das Studium der Theologie* (1819)[22], und dann besonders Johann Adam Möhler mit seiner Frühschrift *Die Einheit in der Kirche oder das Prinzip des Katholizismus* (1825)[23] und erneut in *Symbolik oder Darstellung der dogmatischen Gegensätze der Katholiken und Protestanten nach ihren öffentlichen Bekenntnisschriften* (1832)[24]. Für Möhler ist das Evangelium »das lebendig verkündete Evangelium vor und neben dem schriftlich gewordenen Evangelium«; es ist primär in die Herzen der Gläubigen eingeschrieben.[25] Die Kirche ist ihm »die objektiv gewordene christliche Religion, ihre lebendige Darstellung«[26].

Folgt man dieser Spur, dann kann es in der Ekklesiologie nicht darum gehen, sich aus der kaum mehr überschaubaren Fülle – um nicht zu sagen: aus dem Dschungel disparater exegetischer, historischer und soziologischer Einsichten ein Bild der Kirche mühsam zurechtzulegen. Es geht in der Ekklesiologie nicht darum, aus historischen Quellen, und seien sie so grundlegend wie die Bibel und die Zeugnisse der Tradition, das Wesen der Kirche künstlich zu rekonstruieren. Eine solche Rekonstruktion und eine so rekonstruierte Kirche wäre eine tote, künstlich zum Leben erweckte Wirklichkeit. Sie bliebe, auch wenn sie seriös durchgeführt würde, eine Hypothese und wäre deshalb eine unsichere und wackelige Grundlage für den Glauben. Wer aus der Bibel einen papierenen Papst macht, der sieht sich sofort mit den unterschiedlichsten und in ihrer Fülle kaum mehr überschaubaren Interpretationen der Bibel konfrontiert. Selbst wenn er aktuelle Konsense feststellen kann, gilt, dass die Füße derer, die eine solche Rekonstruktion hinaustragen, schon vor der Tür stehen (vgl. *Apg 5,9*).

Die Ekklesiologie geht aus vom gelebten und im Leben bezeugten und oft genug auch erlittenen Glauben der Kirche. Sie setzt mitten im Leben der Kirche an und sucht Glauben und Leben der Kirche zu reflektieren. Man kann für diesen Ausgangspunkt beim Glauben der Kirche auf das bekannte Wort des heiligen Augustinus verweisen: »Ich würde dem Evangelium nicht glauben, wenn mich nicht die Autorität der Kirche dazu bewegen würde.«[27]

## Dogmatischer Charakter der Ekklesiologie

An dieser Stelle trennen sich bei aller Gemeinsamkeit des Ausgangspunktes die Wege katholischer und orthodoxer Ekklesiologie einerseits vom Weg der evangelischen Theologie auf der anderen Seite. Luther wusste sich noch in Übereinstimmung nicht nur mit der Heiligen Schrift, sondern auch mit der alten Kirche; er wollte keine neue Kirche gründen. Doch schon 1520 bei der Disputation mit Kardinal Cajetan in Augsburg berief er sich auf seine Auslegung der Heiligen Schrift und auf seine persönliche Glaubensgewissheit. Kardinal Cajetan, ein scharfsinniger thomistischer Theologe, erkannte sofort die Tragweite dieser Argumentation und antwortete: »Das nenne ich eine neue Kirche bauen.«[28] In der Tat bedeutet Luthers Grundentscheidung, die nach der Augsburger Disputation immer deutlicher wurde, bei allen verbleibenden Gemeinsamkeiten einen Bruch mit der gesamten Tradition.[29]

Luther vertrat noch kein formales Schriftprinzip. Er wollte die Schrift von deren Mitte beziehungsweise Sache, nämlich von Jesus Christus her und auf ihn hin interpretieren. »Was Christum nicht lehret, das ist nicht apostolisch.«[30] Für die lutherische Orthodoxie dagegen galt die Heilige Schrift des Alten und des Neuen Testaments als Richter sowie Norm und Regel aller Glaubenserkenntnis, die anderen Symbola dagegen nicht als Richter wie die Heilige Schrift, sondern nur als Zeugnisse und Erklärungen.[31] In diesem Sinn wurden die altkirchlichen Bekenntnisse (das Apostolische Glaubensbekenntnis, das Nizäno-Konstantinopolitanische Glaubensbekenntnis und das sogenannte Athanasische Glaubensbekenntnis) als maßgebliche Auslegung der Heiligen Schrift in die Bekenntnisschriften aufgenommen. In der reformierten Tradition dagegen sprach man den Bekenntnissen eine nur relative Autorität zu.[32]

Durch die historische Kritik der Bibel wie der Kirchen- und Bekenntnisgeschichte in der Aufklärung geriet das Prinzip des ›Sola scriptura‹ und der sich selbst auslegenden Schrift in die Krise. Was als protestantisches Formalprinzip galt, wurde praktisch unbrauchbar.[33] So war dem Neuprotestantismus[34] nur noch ein undogmatisches Christentum möglich, wie es besonders Adolf von Harnack († 1930) in seinen berühmten Vorlesungen *Wesen des Christentums* (1900) in seiner Weise imponierend darstellte. Ein öffentlicher, allgemein verbindlicher, objektiv dogmatischer Anspruch war nicht mehr möglich; im Grund blieb damit nur der Weg von der Kirche zu unabhängigen freikirchlichen Gemeinschaften.[35]

In der Krise nach dem Ende des Ersten Weltkriegs suchte die lutherische Theologie in der ersten Hälfte des 20. Jahrhunderts einen neuen Ansatz. Ausgehend von der Idee der Kirche als Geschöpf des Wortes Gottes (creatura verbi) kam es zu einer Lutherrenaissance, die auch ökumenisch von großer Bedeutung war.[36] Der eigentliche Durchbruch ging jedoch von Karl Barth († 1968) aus, der der reformierten Tradition entstammte. Im Vorwort zu seiner Auslegung des Römerbriefs (1918) leitete er wie mit einem Paukenschlag die Theologie des 20. Jahrhunderts ein: »Paulus hat als Sohn seiner Zeit zu seinen Zeitgenossen geredet. Aber viel wichtiger als diese Wahrheit ist die andere, dass er als Prophet und Apostel des Gottesreiches zu allen Menschen aller Zeiten redet.«[37]

Damit war ein neuer, grundsätzlicher theologischer Wandel eingeleitet. Die Kirche wird als Geschöpf des lebendig verkündeten, schöpferischen und sich selbst durchsetzenden Wortes Gottes verstanden. Die große Mehrheit evangelischer Theologen vertritt darum heute im ökumenischen Gespräch nicht mehr das formale Schriftprinzip im Sinn der protestantischen Orthodoxie oder der liberalen Theologie.[38] Der epochale theologiegeschichtliche Wandel fand seinen deutlichsten Ausdruck darin, dass es Karl Barth in bewusster Abgrenzung vom Neuprotestantismus unternahm, eine vielbändige *Kirchliche Dogmatik*, theologiegeschichtlich ein wahres Opus magnum, zu veröffentlichen und damit Ekklesiologie als Selbstreflexion der Kirche wieder zu ermöglichen.

Aber auch für Barth ist das Dogma nicht die von der Theologie als verbindlich vorausgesetzte Lehre der Kirche. Dogma ist vielmehr das Ergebnis der Reflexion der Theologie auf die Verkündigung der Kirche hinsichtlich ihrer Übereinstimmung mit der Offenbarung.[39] Das Dogma ist damit nicht die Voraussetzung, sondern der gesuchte rechte

Inhalt dogmatischer Rede.[40] »Die Dogmatik ruft die lehrende Kirche auf zu neuem Hören des Wortes Gottes der in der Schrift bezeugten Offenbarung.«[41]

So muss man bei aller Anerkennung der imponierenden Leistung von Karl Barths Dogmatik feststellen, dass er damit das durch die historisch-kritische Methode gestellte Problem der Schriftauslegung nicht gelöst hat. Die Probleme der Schriftauslegung wurden darum schon bald, vor allem in der Auseinandersetzung zwischen Karl Barth und Rudolf Bultmann († 1976) und dessen Versuch einer Entmythologisierung und existentialen Auslegung der Schrift, wieder virulent.[42] Sie zeigen sich heute in einem großen Pluralismus von Schriftauslegungen und Hypothesen unterschiedlichster Art, in dem schließlich auch der Kanon der Schrift selbst problematisiert wurde.[43]

Der ursprünglich auf Barth und Bultmann rekurrierende Erik Peterson († 1960) hat schon früh darauf aufmerksam gemacht, dass das Christentum nicht dialektisch, sondern aufgrund der Menschwerdung Gottes in Jesus Christus wesentlich dogmatisch ist. Das hat nach ihm nichts mit menschlicher Lust am Dogmatisieren zu tun. Im Gegenteil, das Dogma sagt allem menschlichen Dogmatisieren den Kampf an. Durch die Menschwerdung ist Gott ein für alle Mal konkret und bestimmt geworden; er ist uns gleichsam auf den Leib gerückt. »Eine Theologie, die nicht wesentlich vom Dogma bestimmt ist, ist vielmehr darum Phantasterei, weil in ihr die Offenbarung in Christus nicht konkret zum Ausdruck kommt.«[44]

Diese Diskussion um die Bedeutung des Schriftprinzips hatte unmittelbar vor und während des Zweiten Vatikanischen Konzils auch noch ein katholisches Nachspiel. Josef Rupert Geiselmann hat im Zusammenhang seiner Beschäftigung mit dem Traditionsverständnis von Johann Sebastian Drey und Johann Adam Möhler in den 1950er Jahren das Traditionsverständnis des Trienter Konzils untersucht und dabei herausgefunden, dass die kontroverstheologische Lehre, wonach die göttliche Offenbarung teils (partim) in der Heiligen Schrift und teils (partim) in mündlichen Überlieferungen bezeugt wird, so vom Konzil gar nicht definiert wurde. Das Konzil hat mit der Formel, die Offenbarung sei in den Heiligen Schriften »und« (et) in den nichtschriftlichen Traditionen enthalten,[45] das genaue Verhältnis von Schrift und Tradition vielmehr offen gelassen.[46] Nach Geiselmann enthält die Schrift und die Tradition jeweils die ganze Offenbarung, und in diesem Sinn ergänzen und interpretieren sich beide gegenseitig. Dabei ist die Tradition für Geiselmann die Selbstüberlieferung des erhöhten Herrn im Heiligen Geist zu beständiger Gegenwart.[47] Das zeigt, dass ihm eine materielle Suffizienz der Heiligen Schrift im Sinn der lutherischen Orthodoxie und eine daraus abgeleitete Allein- und Letztzuständigkeit der historischen Exegese von seinem von Drey und Möhler her geprägten Traditionsverständnis völlig fern lag.[48]

In der öffentlichen Diskussion hat sich die These Geiselmanns jedoch schnell im Sinn der inhaltlichen Suffizienz der Schrift verselbständigt. Versteht man die inhaltliche Suffizienz im Sinn der in der Interpretation der Überlieferung verstandenen Schrift, dann entspricht diese These durchaus der katholischen Tradition. So verstanden findet sie sich auch bei Thomas von Aquin[49] und in sehr differenzierter Weise auch bei einigen römischen Theologen des 19. Jahrhunderts, etwa bei dem hoch angesehenen Johannes Baptist Franzelin († 1886).[50] Irrig wird sie aber, wenn sie zu der Meinung führt, die von der Tradition emanzipierte historisch-kritische Exegese sei die letzte Instanz in der Theologie. Gegen diese auch Geiselmanns Meinung widersprechende These hat Joseph Ratzinger zu Recht schon früh Widerspruch angemeldet.[51] Das Vaticanum II selbst hat nach langen und bis zum Schluss kontroversen Debatten die Frage der materiellen Suffizienz der Schrift offen gelassen, aber mit Nachdruck den engen Zusammenhang zwischen Tradition, Schrift und kirchlicher Lehre herausgestellt.[52]

Ausgangspunkt und Grundlage der Theologie ist nach katholischem Verständnis die Heilige Schrift im Zusammenhang und das heißt in der lebendigen Auslegung der kirchlichen Tradition und der kirchlichen Lehre. Für dieses Verständnis des dogmatischen Charakters der Theologie kann man sich auf die Bibel selbst berufen. Denn es ist eines der wichtigen Ergebnisse der historisch-kritischen Exegese, dass es im Neuen Testament von Anfang an feste Bekenntnisaussagen gab, die älter sind als die ältesten Schriften des Neuen Testaments. Auf ihnen baut Paulus an entscheidender Stelle, nämlich bei der Darlegung der Botschaft von der Auferstehung und der Bedeutung der Eucharistie, seine Argumentation auf *(1 Kor 11, 23–25; 15, 3–5)*.[53] Zwar ist der Begriff Dogma und dogmatische Theologie relativ jungen Datums, die damit gemeinte ›Sache‹ ist jedoch in der Schrift selbst und in der theologischen Tradition durch Begriffe wie Lehre, Glaubensartikel und anderes präsent.[54]

Der theologische Sachgrund des dogmatischen Ansatzes besteht in der Überzeugung, dass Gott sich in Jesus Christus in geschichtlicher Gestalt ein für alle Mal offenbart hat und Jesus Christus als der erhöhte Kyrios im Heiligen Geist bleibend in der Kirche präsent ist, um sie an alles zu erinnern, was er gesagt und getan hat und sie in alle Wahrheit einzuführen *(Joh 14,26; 15,26; 16,13)*. Die katholische Theologie geht darum nicht von einem toten, mühsam rekonstruierten Bild der Kirche aus, sondern von der Auslegung des Zeugnisses der Schrift in Bekenntnis, Liturgie und im ganzen Leben der Kirche. In diesem Sinn hält sie daher am dogmatischen Charakter der Theologie und der Ekklesiologie fest.

Sie stellt sich damit gegen den heute vorherrschenden Trend, der das Festhalten an einem Standpunkt, gar an einem dogmatischen Standpunkt, als fundamentalistische Starrheit und als Unwillen, sich in den Strom der modernen beziehungsweise postmodernen Welt hineinzustellen, geringschätzt und meint, wie in einem großen Kaufhaus alles nach dem eigenen Geschmack auswählen zu können. Doch wer so denkt und handelt, widerspricht dem Ein-für-alle-Mal der Offenbarung in Jesus Christus und seiner bleibenden Gegenwart in der Kirche. Er sollte sich an den Schluss der Bergpredigt erinnern. Denn er baut das Haus seines Lebens statt auf Fels auf den Flugsand der Zeit und ihre rasch wechselnden Moden und darf sich nicht wundern, dass, wenn der Sturm kommt und tobt, am Ende nur ein großer Scherbenhaufen übrig bleibt (vgl. *Mt 7,24–27*).[55]

## Schrift und Überlieferung innerhalb der Selbstreflexion der Kirche

Das Festhalten am dogmatischen Charakter der Theologie stellt uns vor die Frage, welche Bedeutung unter diesen Voraussetzungen der Schrift wie den Traditionszeugnissen innerhalb der Selbstreflexion der Kirche zukommt. Als Antwort auf diese Frage muss von vorne herein gesagt werden: Sie sind nicht nur Arsenal von nachträglichen Beweisen. Die Heilige Schrift und die Zeugnisse der Überlieferung sind kein von außen an die Kirche und ihre Lehre herangetragener Maßstab, sie sind vielmehr selbst ein wesentlicher Teil des Zeugnisses der Kirche über sich selbst. Sie sind damit keine von außen kommenden Instanzen, die man nachträglich als Beweismittel oder auch als

Gegeninstanzen einsetzen kann. Sie sind maßgebende Zeugnisse des Glaubens der Kirche selbst und damit ein integrierender und konstitutiver Teil der Reflexion der Kirche über sich selbst.

Dabei spielt die Heilige Schrift eine besondere und einmalige Rolle. Die Bibel allein ist in und durch Menschenwort inspiriertes Gotteswort, was sie wiederum gegenüber den Zeugnissen der Tradition hervorhebt. Sie ist das Zeugnis des bleibend normativen apostolischen Anfangs und Ursprungs; Johann Adam Möhler spricht vom »Ursprung in der Fülle«. Die Schrift ist deshalb die Ur-Kunde des Glaubens, an der sich alle Verkündigung nähren und orientieren muss.[56] Vom Zeugnis der Schrift her sind in der Geschichte immer wieder Erneuerungsbewegungen ausgegangen. Das kann heute nicht anders sein.

Wir wissen heute aber besser als in der Vergangenheit, dass die Schriften des Neuen Testaments aus der vorhergehenden lebendigen Überlieferung hervorgegangen sind, dass sie für die Kirche geschrieben sind, in der Kirche gelesen und gesammelt und schließlich nach manchen Auseinandersetzungen von der Kirche zum Kanon zusammengefügt wurden. Bibel und Kirche gehören also schon vom Ursprung der Kirche wie der Bibel her zusammen. Deshalb hat man die Kanonfrage schon als die schleichende Krankheit evangelischer Theologie und evangelischer Kirche bezeichnet.[57]

Die Tatsache, dass der Kanon der Schrift in der Kirche und für die Kirche entstanden ist, bedeutet nicht, dass die Schrift ein Werk der Kirche ist. Mit der Kanonbildung hat die Kirche vielmehr die Schrift als ihr vorgegebenes Wort Gottes, als einen ihr vorgegebenen Kanon, das heißt Maßstab anerkannt. Dennoch kann dieser Kanon weder von der vorhergehenden noch von der nachfolgenden Überlieferung losgelöst betrachtet werden. Deshalb kann die Interpretation der Heiligen Schrift weder losgelöst werden von ihrer Entstehungs- noch von ihrer Verstehens- und Wirkungsgeschichte. Man kann nicht sozusagen einen Sprung über zwei, beim Alten Testament teilweise sogar über drei Jahrtausende hinweg machen und einen neutralen Zugang zur Bibel suchen. Theologisch ausgedrückt: Die Interpretation der Schrift kann nicht von der lebendigen Tradition abgekoppelt werden.

Mit dieser These stellt sich die Kirche nicht über die Heilige Schrift, die inspiriertes Wort Gottes ist. Die Kirche steht nicht über dem Evangelium, aber sie steht über der Auslegung des Evangeliums durch den

Einzelnen.[58] Die Heilige Schrift gehört keinem Einzelnen, auch nicht dem Berufsstand der Exegeten, sie gehört der Kirche insgesamt. In diesem Sinn finden wir bereits in der Schrift selbst die Mahnung, die Schrift nicht eigenmächtig auszulegen *(2 Petr 1,20)*.

Wenn wir das in der Heiligen Schrift bezeugte Evangelium im Zusammenhang der ganzen Überlieferungsgeschichte auslegen, bedeutet dies, das Evangelium im Kontext nicht einer toten, sondern einer lebendigen Tradition auslegen. Im Hören auf das Zeugnis der Schrift müssen wir jeweils mithören, was andere vor und neben uns gehört und verstanden haben, was die großen Zeugen des Glaubens gehört und gelehrt und vor allem, was sie gelebt und oft erlitten haben. Der römische Theologe Carlo Passaglia († 1887) hat das Verhältnis von Schrift und kirchlicher Tradition mit dem schönen Vergleich zum Ausdruck gebracht: »Die Schrift ist zwar Licht für die Menschen, aber die Kirche ist der Leuchter, der dieses Licht erst leuchten lässt für alle, die im Hause sind.«[59]

So ist das Bewusstsein, das die Kirche von sich selbst hat, neben der Heiligen Schrift in vielfältigen Zeugnissen der lebendigen Überlieferung greifbar. Das gilt besonders von der Liturgie, denn lex orandi ist auch lex credendi, das Gesetz des Betens ist auch das Gesetz des Glaubens,[60] wie umgekehrt der persönliche sowie der gemeinschaftliche Glaube sich immer im persönlichen und vor allem im gemeinsamen liturgischen Gebet niederschlagen wird.[61] Zeugnis der lebendigen Überlieferung sind die Zeugnisse der Kirchenväter, die als anerkannte Theologen und meist als Bischöfe von Ortskirchen wichtige Zeugen des kirchlichen Glaubens sind. Wichtig sind auch die großen anerkannten Theologen der Vergangenheit und das gelebte Zeugnis der Heiligen; zu beachten sind die Aussagen des kirchlichen Lehramts, der Glaubenssinn der Gläubigen (sensus fidelium)[62] sowie schließlich auch die Zeugnisse der christlichen Kunst. Diese reiche Tradition der Kirche ist nicht mit einem Archiv oder einem Museum zu vergleichen, sie ist vielmehr als lebendig sprudelnde Quelle (fons) zu begreifen.[63] Sie ist ein Niederschlag der Leben spendenden Gegenwart des Heiligen Geistes in der Kirche, »durch den die lebendige Stimme des Evangeliums in der Kirche und durch sie in der Welt widerhallt«[64].

## Dogmatik als offenes System

Die Aufgabe, die Zeugnisse der Heiligen Schrift im Zusammenhang der vielfältigen Zeugnisse der theologischen Tradition zu verstehen, stellt uns vor einen riesigen Berg von Zeugnissen der Schrift und der Überlieferung. Die Frage ist: Wie soll man dieses reiche Material aus Schrift, Tradition und gegenwärtiger Glaubenserfahrung verarbeiten und wie kann man die verschiedenen Zeugnisse in der rechten Weise einander zuordnen?

Die Theologie hat in ihrer Geschichte verschiedene Wege eingeschlagen. Die Neuscholastik ging aus von den Aussagen des kirchlichen Lehramtes als der nächsten Glaubensregel (regula fidei proxima) und ordnete ihr Schrift und Tradition als entferntere Glaubensregel (regula fidei remota) und als Beweismittel unter. Anders die Kirchenväter. Ihre Theologie ist geistliche Schriftauslegung.[65] Noch in der Scholastik war die Hauptaufgabe des Magisters der Theologie die Auslegung der Heiligen Schrift. Sacra doctrina war gleichbedeutend mit sacra pagina.[66] In systematischer Hinsicht verfassten die Theologen der Hochscholastik nicht Thesen, sondern quaestiones, bei denen sie vom Für und Wider (pro et contra) verschiedener Meinungen ausgingen, um dann ihre Antwort zu geben (respondeo dicendum) und abschließend die verschiedenen Einwände zu beantworten.

In der Neuzeit war über Jahrhunderte das bahnbrechende Werk *Loci theologici* des Melchior Cano († 1560) maßgebend. Aus dem Geist des Humanismus griff er die aristotelische Lehre von den Erkenntnisorten (τόποι, loci) auf, verstand sie aber nicht wie Melanchthon im inhaltlichen Sinn als Hauptartikel des Glaubens, sondern eher formal als Fundorte theologischer Argumente und im Anschluss an Thomas von Aquin als autoritative Instanzen theologischer Argumentation.[67] Diese vielfältigen Instanzen (loci theologici) bringt Melchior Cano nicht in ein geschlossenes hierarchisches System. Er vertrat vielmehr ein offenes System, in dem die verschiedenen Bezeugungsinstanzen ihr jeweils eigenes und spezifisches Gewicht haben und sich gegenseitig interpretieren. Auch die Aussagen des Lehramtes haben ihr eigenes Gewicht, das nicht durch andere loci außer Kraft gesetzt werden kann. Die verschiedenen Bezeugungsinstanzen können sich also nicht gegenseitig ersetzen oder verdrängen, sie können und müssen sich in einem offenen Prozess gegenseitig interpretieren.[68]

Zu dieser offenen Argumentationsform gehört auch zu hören, was der Geist heute den Gemeinden sagt (*Offb* 2,7.11.17.29 u. a.). Es gilt also, den ein für alle Mal überlieferten Glauben *(Jud 3)* im Heute und für das Heute auszulegen. Das bedeutet nicht, dass das Heute, die heutige Mentalität und alles, was man oft als ›Zeichen der Zeit‹ zu bezeichnen pflegt, eine theologische Instanz neben oder gar gegen den Glauben sein können, wohl aber, dass sie in dem Sinn Bezugspunkt sein müssen, dass die christliche Botschaft auf das jeweilige Heute hin und in konstruktiver Auseinandersetzung mit ihm ausgelegt werden muss.[69] So gibt es nicht nur Abweichungen und Häresien durch Vernachlässigung der Tradition und durch Anpassung an den Geist der Zeit. Es gibt auch Häresien durch engstirnige Verweigerung, Theologe im Hier und Heute zu sein und Theologie als lebendige Weitergabe der Tradition zu treiben und somit den jeweiligen kairós zu verschlafen. Wer für alle Zeiten reden will, redet am Ende für keine Zeit.

## Glaube, der nach dem Verstehen fragt – Spekulative Theologie

Auch nach dem bisher Gesagten steht noch immer der Einwand im Raum, die Ekklesiologie sei nur ein Gespräch der Kirche über sich selbst mit sich selbst, sie sei also eine rein kirchenimmanente Insidertheorie. Eine in sich selbst verschlossene und sich selbst abschließende Theologie wäre jedoch eine Zerrformen von Theologie und Ekklesiologie. Schon das Neue Testament ruft dazu auf, allen Menschen Rechenschaft (ἀπολογία) zu geben von der Hoffnung, die in uns ist *(1 Petr 3,15)*, und Paulus spricht von einem der Vernunft gemäßen Gottesdienst (λογικὴ λατρεία, *Röm 12,1)*. So müssen wir nochmals auf das schon bei den Kirchenvätern grundgelegte und für die hochscholastische Theologie maßgebende Axiom zurückkommen, wonach der Glaube nach dem Verstehen fragt (fides quaerens intellectum).

Dieses Axiom gilt selbstverständlich auch für die Ekklesiologie. Es verlangt, dass wir den inneren Logos des Kircheseins darlegen und dabei die der Kirche eigene Vernünftigkeit öffentlich vor dem Forum der Vernunft darlegen. Es gilt also, sich den Fragen und der Kritik der profanen Wissenschaften zu stellen und mit ihnen im Dialog zu bleiben. Doch wie ist das möglich, ohne den Charakter der Theologie als einer Glaubenswissenschaft preiszugeben?

Nach katholischem Verständnis gibt es drei Weisen, um den Glauben ins Verstehen zu erheben.[70]

In einem ersten Schritt kann man den Glauben in Analogie zur natürlichen Erkenntnis betrachten. Das bedeutet nicht, den Glauben rational zu beweisen oder abzuleiten. Würde man den Glauben rational zu beweisen versuchen, dann würde man den Glauben nicht verstehen, sondern ihn im Gegenteil als Glauben aufheben. Nach Thomas von Aquin ist die Theologie in derselben Lage wie die erste Philosophie; auch sie kann als Grundlagenwissenschaft nicht nochmals auf eine andere, vermeintlich übergeordnete Grundlage verweisen. Sie argumentiert deshalb, wie Thomas formuliert, gegen denjenigen, der ihre Prinzipien leugnet; sie versucht, die vorgebrachten Einwände zu widerlegen (solvere rationes).[71] Sie muss also versuchen, den Glauben als nicht unvernünftig, sondern als rational sinnvoll und rational anschlussfähig aufzuweisen.

In einem zweiten Schritt gilt es, die einzelnen Glaubenswahrheiten, also auch die Glaubensaussagen über die Kirche, in ihrem inneren Zusammenhang mit dem Ganzen des Glaubens darstellen und die innere Logik und Struktur des Glaubens sichtbar zu machen. Es gilt also, die einzelnen Glaubensaussagen nicht nur nebeneinander zu stellen, sondern sie als ein in sich sinnvolles Ganzes darzulegen und verständlich zu machen. Dabei muss die Hierarchie der Wahrheiten beachtet werden.[72] Das bedeutet, dass man alle einzelnen Lehren auf der Basis und im Licht der grundlegenden Lehre von Gott und Jesus Christus zu interpretieren hat.[73] So lässt sich auch die Ekklesiologie ausgehend von Gotteslehre, Christologie und Pneumatologie als ein in sich kohärentes und stimmiges Ganzes verstehen. Betrachtet man die ekklesiologischen Aussagen in ihrer Relativität, oder besser: Relationalität auf Gott hin und von Gott her, dann kann man auch eine falsche Verabsolutierung der Kirche abwehren. Die Ekklesiologie steht damit unter einem höheren Maßstab, von dem her sie kritisch wie konstruktiv interpretiert werden muss.

In einem dritten Schritt kann man den Glauben im Hinblick auf Sinn und Ziel des Menschen und der Welt betrachten und die Ekklesiologie in den universalen Hoffnungszusammenhang der Welt und des Menschen stellen. Das wiederum kann die Ekklesiologie in ihrer existentiellen Bedeutung zur Geltung bringen. Das war das Anliegen der von Augustinus inspirierten Theologie des Bonaventura. Für ihn ist die Theologie eine praktische Wissenschaft, die aus der Glaubenspraxis kommt und wieder zur Praxis zurückführt.[74] Sie ist mehr Weisheit (sapientia) als Wissenschaft (scientia). Denn die sapientia ist nicht ein theoretisches Vermögen, sondern ein erfahrungsmäßig gesättigtes »Schmecken« (sapere) der Wahrheit. Sie ist erfahrungsmäßige Erkenntnis (cognitio Dei experimentalis) und als solche geradezu ein Schmecken (gustus vel saporatio) Gottes.[75] Auch Meister Eckehart beschreibt die Weisheit als ein schmeckendes Wissen (sapida scientia).[76] Es ist darum kein Zufall, dass sich große Theologie bei Theologen findet, die wir als Heilige bezeichnen, das heißt bei Theologen, die von der ›Sache‹, von der sie gelehrt zu sprechen verstehen, auch persönlich ergriffen sind, sie gelebt haben und etwas erfahren haben. Solche Erfahrung ist im ursprünglichen Sinn des Wortes ›über-zeugend‹.

## Theologie als Einladung zum Glauben, nicht als Beweis des Glaubens

Der Glaube will verstanden werden, aber der Glaube soll dabei Glaube bleiben und nicht zu einer Vernunftwahrheit werden. Darum darf man die drei spekulativen methodischen Schritte ebenso wenig überfordern wie man die biblischen und historischen Argumente apologetisch überanstrengen darf. Wer zu viel beweist, beweist zu wenig. Man kann das Christentum als die wahre Religion und die katholische Kirche als die wahre Kirche nicht einfach beweisen. Denn zu jedem, auch zum besten Argument sind aus einer anderen Sichtweise Gegenargumente möglich. Das gilt von den exegetischen und historischen Fragen, die von den getrennten Kirchen und von den heutigen Exegeten und Historikern oft unterschiedlich beantwortet werden; das gilt ebenso von den spekulativen Überlegungen.

Das gilt schließlich auch, wenn man auf das konkrete Erscheinungsbild der Kirche schaut. Die Kirche kann zwar auf das eindrucksvolle Zeugnis der Märtyrer und der Heiligen sowie auf große kulturelle und soziale Leistungen verweisen, aber sie hat auch Sünder in ihrer Mitte, sie weist sündige Strukturen und in der Geschichte wie in der Gegenwart zuweilen leider auch handfeste Skandale auf. Die Kirche kann darum aus sich selbst gar nie so glaubwürdig und überzeugend sein, dass sie durch theologische Reflexion einfachhin jeden überzeugt. Einzelne Argumente werden immer anfechtbar sein und bleiben, wie es selbstverständlich auch die Gegenargumente sind. Die Theologie kann die Einwände und Schwierigkeiten im Sinn des thomistischen ›solvere rationes‹ aufzulösen versuchen, sie kann damit zum Glauben einladen; beweisen kann sie ihn nicht und sie soll das auch nicht versuchen.

Überzeugend werden die Argumente für den Glauben nur in der Zusammenschau vieler einzelner Argumente innerhalb eines übergreifenden Gesamtsinnhorizonts und im Licht einer Grundentscheidung. Das ist nicht nur in der Theologie so, das gilt grundsätzlich in jeder menschlichen Erkenntnis und Wissenschaft. Die theologische Tradition verweist auf *Psalm 36,10* »in deinem Licht schauen wir das Licht« und spricht vom Licht des Glaubens (lumen fidei), das unseren menschlichen Erkenntnishorizont gnadenhaft auflichtet und uns mit den ›Augen des Glaubens‹ die Wahrheit des Glaubens erkennen lässt.[77] Ähnlich spricht der Epheserbrief von den erleuchteten Augen des Herzens *(Eph 1,18)*. Das erinnert an das berühmte Wort von Blaise Pascal: »Das Herz hat seine Gründe, die die Vernunft nicht kennt«[78], wie an das viel zitierte Wort von Antoine de Saint-Exupéry: »Allein mit dem Herzen sieht man gut.«

Letztlich kann die Kirche nur dann überzeugend sein, wenn wir in der konkreten Kirche in ihrem Wort, in der Feier ihrer Liturgie, in ihrem ganzen Leben und in der Gestalt von einzelnen glaubwürdigen Christen dem lebendig gegenwärtigen Jesus Christus selbst begegnen, uns von ihm zur Nachfolge einladen lassen und uns für die Gemeinschaft der Gläubigen und den Dienst am Glauben entscheiden. Nicht die Kirche, Jesus Christus ist der Weg, die Wahrheit und das Leben *(Joh 14,6)*. Er ist der treue und zuverlässige Zeuge *(Offb 1,5; 3,14)*. Allein von ihm her und auf ihn hin kann die Kirche überzeugend sein.

### *1.3 Philosophische Vorüberlegungen*

#### Communio und Kommunikation

Das Prinzip, dass der Glaube nach dem Verstehen fragt, hat die Theologie schon sehr früh mit der Philosophie ins Gespräch gebracht. Denn ähnlich wie die Theologie fragt die Philosophie in ihrer traditionellen, von den Griechen, besonders von Platon und Aristoteles bestimmten

Form nicht nur wie die anderen Wissenschaften nach einzelnen Wissens- und Wirklichkeitsbereichen, sondern nach dem Ganzen der Wirklichkeit. Damit gerät sie unausweichlich ins Gespräch mit der Theologie, die von Gott als der alles umfassenden Wirklichkeit her ebenfalls Ordnung, Ziel und Sinn aller Wirklichkeit bedenkt.[79]

Die katholische Tübinger Schule war bei diesem Gespräch geprägt von der Stimmung und dem Denken der Romantik und des deutschen Idealismus. Das ist nicht mehr unsere heutige Welt. Bereits in der Spätphilosophie Schellings wurde sich das idealistische Systemdenken seiner Grenzen bewusst. Damit legte Schelling Grundlagen sowohl für Søren Kierkegaard († 1855), der die Theologie des 20. Jahrhunderts nachhaltig prägte, wie für Friedrich Nietzsche († 1900), dessen kritisches Hinterfragen des gesamten von den Griechen, besonders von Platon bestimmten europäischen philosophischen Denkens beim späten Martin Heidegger († 1976) wieder durchbrach und im gegenwärtigen postmodernen Denken allgegenwärtig ist.

Daneben gibt es einen zweiten, für uns wichtigen Strom neuzeitlichen Denkens, der sich schon bei Johann Georg Hamann, Johann Gottfried Herder, Wilhelm von Humboldt und Friedrich Heinrich Jacobi zeigte, der dann beim frühen Johann Gottlieb Fichte, Friedrich Wilhelm Joseph Schelling und Georg Wilhelm Friedrich Hegel und wieder bei Ludwig Feuerbach durchbrach, und den man heute die dialogische Philosophie nennt. Die jüngere dialogische Philosophie bei Martin Buber, Ferdinand Ebner, Franz Rosenzweig und anderen hat also ältere Wurzeln. Man kann sie in gewissem Sinn bis zu Sokrates und Platon zurückführen. Sie findet sich auch bei so unterschiedlichen Denkern wie Romano Guardini, Gabriel Marcel, Otto Friedrich Bollnow, Hans-Georg Gadamer, Jürgen Habermas, Paul Ricœur, Emmanuel Lévinas und anderen.[80] Alle diese Denker setzen nicht wie René Descartes, den man oft als Vater der neuzeitlichen Philosophie betrachtet, bei der Subjektivität des individuellen »cogito ergo sum« an. Subjektivität wird bei diesen Denkern in jeweils unterschiedlicher Weise als Intersubjektivität verstanden. Damit ist die dialogische, intersubjektive Kommunikation zu einem zentralen philosophischen Thema und zum Ausgangspunkt der Weltauslegung geworden.

Communio und Kommunikation sind also nicht allein theologische Begriffe, sondern fundamentale allgemein-menschliche Phänomene, die schon in der Philosophie der Antike wie in der gegenwärtigen philosophischen Reflexion eine wichtige Rolle spielen. Wollen wir deshalb tiefer verstehen, was Kirche als communio bedeutet, dann kann uns die Philosophie dabei helfen. Sie kann in einem ersten und noch vorläufigen Schritt des Nachdenkens die Wirklichkeit der communio dem Verstehen zugänglich machen.

Auch das Zweite Vatikanische Konzil und weite Strecken der gegenwärtigen katholischen Theologie waren und sind nachhaltig von der dialogischen Denkform bestimmt.[81] Johannes Paul II., der selbst dieser philosophischen Strömung verbunden war, hat die globale und existentielle Dimension des Dialoges herausgestellt. Der Dialog ist ihm »ein unerlässlicher Durchgang auf dem Weg zur Selbsterfüllung des Menschen, des Individuums wie auch der menschlichen Gemeinschaft.« »Er bezieht das menschliche Subjekt in seiner Ganzheit ein; jeder Dialog zwischen den Gemeinschaften nimmt die Subjektivität einer jeden von ihnen in besonderer Weise in Anspruch.« »Der Dialog ist nicht nur ein Gedankenaustausch. Er ist gewissermaßen ein ›Austausch von Gaben und Geschenken‹«[82].

Schon die antike Philosophie hat den Menschen als ein sprachbegabtes vernünftiges Wesen (ζῶον λογικόν) und von dieser Bestimmung ausgehend als ζῶον πολιτικόν, als Gemeinschaftswesen bestimmt.[83] Der Mensch ist als Einzelner gar nicht lebensfähig, sondern als Bedürfniswesen in vielfacher Hinsicht auf andere, auf das Zusammenleben und Zusammenwirken mit anderen angewiesen. Auf andere ist er besonders durch seine Sprachlichkeit verwiesen. So ist er nur in der Polis lebensfähig. Als in der Spätantike die Polis zerbrach, sagte die stoische Philosophie, der Mensch sei nur im Ganzen der Menschheit lebensfähig.[84]

Das dialogische Denken geht davon aus, dass der Mensch sich in der Welt unableitbar vorfindet. Das Staunen und die Verwunderung, dass etwas ist und dass ich bin, ist darum der Anfang und der Anstoß zum Denken.[85] Dabei findet sich der Mensch nicht monologisch als Einzelner vor, sondern in der unaufhebbaren Differenz und Pluralität des Menschseins, besonders als Mann und als Frau. Der Mensch ist wesentlich Begegnung und Dialog, nicht nur in einem verbalen, sondern in einem gesamtmenschlich globalen Sinn des Austauschs sowohl auf der materiellen wie auf der geistig-idealen Ebene. Bei dieser Kommunikation gibt es keinen absoluten Ausgangspunkt, wie etwa im ›cogito ergo sum‹ des Descartes. Vielmehr ist uns in der jeweiligen Sprache ein geschichtliches und kulturelles Kommunikationsmedium vorgegeben. In und durch die Symbolwelt der Sprache begegnen wir immer schon einer in einer ganz bestimmten Weise ausgelegten Welt.

Die uns geschichtlich vorgegebene Wirklichkeit und ihre Deutung sind kein Gefängnis und kein unausweichliches Verhängnis oder Schicksal; sie sind unserer Freiheit in Freiheit zur Verantwortung übergeben und aufgegeben. Der Mensch kann nicht nur die äußere Welt verändern, er kann auch sein Verständnis der Welt und des Lebens durch neue Einsichten ändern, erweitern und vertiefen. Die Kultur und die Sprache sind wandelbare Größen und haben sich in der Kulturgeschichte schon oft verändert. Sie verändern sich auch in der Gegenwart in geradezu rasanter, viele begeisternder, andere aber auch zutiefst ängstigender Weise. Der Mensch ist in der Geschichte dem Risiko seiner eigenen Freiheit, aber auch der Freiheit aller anderen ausgesetzt und geht damit immer einer offenen Zukunft entgegen. Er kann ihr je nach seiner letztlich religiösen Grundoption mit Angst oder mit Vertrauen und Hoffnung entgegengehen; er kann sie als Schicksal, als Fügung oder als Vorsehung deuten. So verschieden, ja gegensätzlich diese Deutungen auch sind, sie kommen darin überein, dass die intersubjektive Verflechtung, in der wir stehen, sowohl was ihre Herkunft wie ihre Zukunft angeht, in ein rational letztlich nicht auflösbares Geheimnis hinein weist. Unausweichlich stellt sich uns die Frage: Woher kommen wir und wohin gehen wir?

Die neuzeitliche Philosophie hat vielfältige Utopien eines künftigen idealen Staates oder einer idealen Gesellschaft entwickelt. Das geschah sowohl im Fortschrittsglauben, der auf den Fortschritt von Wissenschaft und Technik setzte (klassisch bei Auguste Comte) wie in der Utopie einer künftigen vollkommenen klassenlosen Gesellschaft, die durch revolutionäre Praxis entstehen soll (Karl Marx und noch Ernst Bloch). Beide Utopien sind gescheitert. Wir wissen heute um die innere Dialektik der Aufklärung und des Fortschritts (Max Horkheimer, Theodor W. Adorno) wie um die ökologischen, sozialen und politischen Risiken der modernen Kultur (Hans Jonas). So scheinen nach dem Zusammenbruch des Sozialismus die utopischen Energien erschöpft zu sein.[86] Es fehlt an großen gesellschaftlichen und menschheitlichen Leitperspektiven. Hoffnung ist Mangelware geworden.

Aber kein Mensch und auch keine Gesellschaft können ohne Hoffnung leben. Die Hoffnung stirbt, wie man sagt, zuletzt. So bleiben bei aller Ernüchterung und Skepsis, die sich gegenwärtig breit machen, die Frage und die Suche nach gelingender communio und gelingender Kommunikation. Immanuel Kant hatte recht, wenn er die Frage »Was darf ich hoffen?« als die Zusammenfassung aller theoretisch unabweisbaren Fragen bezeichnete, die der Mensch stellen muss und die dennoch theoretisch nicht beantwortbar ist.[87]

## Hoffnung auf vollkommene Kommunikation

Hoffnung auf gelingende Kommunikation gibt es im gesellschaftlichen Makrokontext wie im persönlichen und privaten Mikrokontext. Unsere Gegenwart ist einerseits geprägt durch immer globaler werdende wirtschaftliche und technische Kommunikationsprozesse und weltweite mediale Vernetzung. Doch diese Globalisierung führt keineswegs notwendig zu größerer Einheit und zum allgemeinen Frieden in der Welt. Sie kann auch zu schweren Zusammenstößen und weltweiten Konflikten führen (Samuel Phillips Huntington). Was auf der globalen Ebene gilt, zeigt sich auch auf der individuellen Ebene. Für jeden Menschen ist bei der Suche nach persönlicher Lebenserfüllung der Lebenstraum durch persönliches Glück in glückender Gemeinschaft in Partnerschaft, Familie und unter Freunden zu finden. Aber das Zerbrechen vieler Ehen und Gemeinschaften und die Vereinsamung vieler Menschen sind eine Signatur unserer Zeit. Das zeigt: Vom Gelingen oder Misslingen von Gemeinschaft und Kommunikation hängen sowohl das glückliche Leben des Einzelnen wie der Friede in der Welt und das Überleben der Menschheit ab.

Die Philosophie der Kommunikation (Jürgen Habermas, Karl-Otto Apel u. a.) stellt die Frage gelingender Kommunikation ins Zentrum ihrer Überlegungen. Sie zeigt, dass wir bei jeder zwischenmenschlichen Kommunikation jeweils einen Vorgriff machen auf eine ideale Kommunikationssituation; sie sagt aber auch, dass diese innergeschichtlich nicht erreichbar ist.[88] Damit stellt sich die Frage: Handelt es sich bei diesem Vorgriff um ein bloßes Postulat, um eine zwar notwendige aber uneinlösbare utopische Wunschvorstellung, die uns immerzu nur narrt? Dann ist die Hoffnung entweder das übelste aller Übel, das aus der Büchse der Pandora entflohen ist (Friedrich Nietzsche), oder man muss sagen, dass der um die Vergeblichkeit wissende Sisyphus ein glücklicher Mensch ist (Albert Camus). Aber ist Sisyphus wirklich glücklich? Ist die Einsicht in die Vergeblichkeit das letzte Wort? Bleiben also am Ende nur weise gewordene Resignation oder gar die Verzweiflung?

Meist belässt es die Philosophie dabei, diesen Vorgriff als eine Art regulative Idee oder Apriori in einen grenzenlosen Horizont hinein zu bezeichnen, ohne dessen ontologischen Status näher zu klären. Oft belässt sie es auch bei einem agnostischen Standpunkt. Man wird einer solchen agnostischen Haltung, wenn sie tapfer durchgehalten wird, den Respekt nicht versagen. Die Frage ist dennoch: Können wir als Menschen die Hoffnung, scheinbar weise geworden, resignativ einfach zur Seite legen und die Antwort auf sich beruhen lassen? Bäumen wir uns nicht vielmehr innerlich auf gegen eine Welt und ein Leben, das zu einem großen Fragezeichen wird? Gibt es nicht auch die andere Möglichkeit, dass wir partielle Sinn- und Glückserfahrungen, die es wohl, wenngleich in sehr unterschiedlicher Weise und sehr unterschiedlicher Intensität, in jedem Leben gibt, als Zeichen und Verheißung eines endgültigen Sinns verstehen?[89]

So ist es vernünftig, angesichts des Versagens der modernen Utopien die Hoffnungsbotschaft der Bibel und ihre Verheißung der Erfüllung der Menschheitssehnsucht nach einer vollkommenen Kommunikationsgemeinschaft in Gerechtigkeit, Freiheit und Frieden nochmals neu zu bedenken, ihren rationalen Kern zu entschlüsseln und sie als Impuls in den heutigen Diskurs einzubringen. Jürgen Habermas hat das im Anschluss und in Weiterführung von Kant neuerdings versucht.[90] Wir sollten zumindest versuchen, die Welt und das Leben, wie Adorno es andeutet, im Licht der Erlösung zu betrachten.[91]

## Vorverständnis als Einladung zur Entscheidung

Der Aufweis der jeder Kommunikation immanenten Vorgriff- und Hoffnungsstruktur kann ein Vorverständnis für das vermitteln, was wir meinen, wenn wir theologisch von communio sprechen. Das bedeutet nicht, dass wir das theologische Verständnis von communio philosophisch ableiten und beweisen könnten. Den Glauben als denknotwendig zu beweisen hieße ja, ihn als Glauben aufzuheben und abzuschaffen. Das Verhältnis von Philosophie und Theologie ist kein simples Frage-Antwort-Verhältnis, in dem die Philosophie die Fragen stellt und die Theologie die Antworten parat hat. Die theologisch verstandene communio ist nicht einfach die Antwort auf die Frage des Menschen und die Erfüllung der im Menschen angelegten Hoffnung auf geglückte universale Kommunikation und Gemeinschaft. Wir können lediglich zeigen, dass das nur im Glauben erfassbare Verständnis der communio rational anschlussfähig und in sich sinnvoll ist. Auch die, die nicht glauben, glauben in Wirklichkeit und auf ihre Weise ebenfalls etwas; auch sie gehen von nicht beweisbaren säkularen Glaubensvoraussetzungen aus. Die rationalen Argumente sind daher kein Beweis, aber eine Einladung, die Botschaft des Glaubens nochmals neu zu bedenken. Sie können die Entscheidung zum Glauben nicht ersetzen und niemandem die Entscheidung abnehmen. Sie können aber die Entscheidung des Glaubens als eine rational verantwortbare Entscheidung aufweisen.

Dass die theologisch verstandene communio die aus sich selbst unerfüllbare Hoffnung und das aus sich unerfüllbare Suchen und Sehnen nach Gemeinschaft und Kommunikation in einer alles natürliche Hoffen überbietenden, qualitativ neuen Weise zur Erfüllung bringt, ist eine Option des Glaubens, für die es gute Argumente gibt, für die es aber, wenn der Glaube ein personaler, freier, menschlicher Akt sein und bleiben soll, zwingende Beweise nicht geben kann. Überzeugend werden die vielen Einzelargumente erst in der Zusammenschau im Licht des Glaubens und mit den Augen des Glaubens.

Der Glaube ist nicht einfach eine fertige Antwort auf die Frage des Menschen. Er ist vielmehr eine Einladung, nicht der Skepsis und der Verzweiflung, sondern der Hoffnung Recht zu geben und sein Leben auf Hoffnung hin zu riskieren. Blaise Pascal hat diesen Gedanken in einem berühmten Fragment seiner *Pensées* in Form einer Wette zum Ausdruck gebracht: Wenn wir mit Glauben gewinnen, gewinnen wir alles, wenn wir damit verlieren, verlieren wir nichts. Also lohnt es sich, die Wette einzugehen.[92]

Die zum Menschsein gehörige Hoffnungsstruktur gilt in anderer Weise auch für den Glauben. Für den Glauben ist die geglückte, vollendete communio keine schon gegenwärtige Größe, sondern ein eschatologisches Hoffnungsgut. Wir sind auf Hoffnung hin erlöst. Die Hoffnung aber richtet sich auf das, was man nicht sieht *(Röm 8,24)*. So ist dem Glauben analog der Vernunft ebenfalls eine antizipatorische Vorgriffstruktur eigen.[93] Es kann deshalb nicht darum gehen, die irdische Kirche als die Erfüllung der Hoffnung der Menschheit aufzuweisen. Das wäre angesichts ihrer Schwächen ohnedies wenig glaubwürdig und kaum überzeugend. Die irdische Kirche versteht sich nicht als das vollendete Reich Gottes. Sie will dafür nur Zeichen und Werkzeug, Vorschein und realgeschichtliche, oft genug paradox wirkende Antizipation sein. Aber sie weiß sich im Dienst der Hoffnung und will Menschen zur Hoffnung ermutigen. Sich für die Kirche zu entscheiden bedeutet die Bereitschaft, im Dienst an der Hoffnung aller sich dieser Hoffnungsgemeinschaft anzuschließen und sich selbst in den Dienst der Hoffnung zu stellen.[94]

Wir müssen die Ekklesiologie darum hineinstellen in den universalen heilsgeschichtlichen, eschatologischen Hoffnungshorizont der Bibel und der kirchlichen Tradition. Nur in diesem Gesamtzusammenhang kann man die Kirche verstehen und einordnen. Damit geht es in der Ekklesiologie um das Programm aller Theologie, nämlich Rechenschaft zu geben von der Hoffnung, die in uns ist *(1 Petr 3,15)*.

# 2. Universal- und heilsgeschichtlicher Horizont

## *2.1 Mysterium der communio*

### Kurzer Blick auf die Geschichte der Ekklesiologie

Die Darstellung der katholischen Lehre von der Kirche, wie sie amtlich zuletzt durch das Zweite Vatikanische Konzil geschehen ist, lässt sich in ihrer Bedeutung nur erfassen, wenn wir zuvor wenigstens einen kurzen Blick auf die Geschichte der Ekklesiologie werfen. Dazu sind in diesem Zusammenhang nur einige knappe Hinweise möglich.[1]

Grundlegend für die gesamte weitere Entwicklung sind die reichen ekklesiologischen Aussagen im Neuen Testament, auf die wir noch oft zurückkommen werden. Sosehr im Neuen Testament alles Grundlegende schon angelegt ist, finden wir aber in den verschiedenen Schriften beziehungsweise Schriftengruppen des Neuen Testaments keine systematische Ekklesiologie, sondern eine Vielfalt ekklesiologischer Ansätze.[2] In der unmittelbar nachneutestamentlichen Zeit sind schon bei Ignatius von Antiochien († um 115) und dann vollends bei Irenäus von Lyon († 202) alle wesentlichen Elemente der späteren katholischen Ekklesiologie, besonders die apostolische Sukzession im Bischofsamt gegeben. Einen systematischen Traktat über die Kirche finden wir jedoch auch bei den Kirchenvätern nicht.

Die Kirchenväter sprechen in der Sprache der Bibel von der Kirche als Mysterium, Leib und Braut Christi, als Tempel des Heiligen Geistes, als communio. Sie vergleichen die Kirche mit dem Mond, der sein Licht nicht aus sich, sondern von der Sonne erhält, mit einem Schiff auf dem Meer der Welt, mit einem Weinstock und anderem.[3] Ambrosius von Mailand († 397) fasst alles in einem einzigen Satz zusammen und beschreibt die Kirche als Braut Christi, Mutter der Gläubigen, als Leib Christi und als Gottesvolk.[4] Maßgebend für die westliche Ekklesiologie wurde vor allem Augustinus († 430). Da die meisten Kirchenväter Bischöfe waren, hatten sie sich auch mit der konkreten Ordnung der Kirche zu befassen; sie mussten sich mit Spaltungen und Häresien auseinandersetzen. Nachdem die Kirche nach der konstantinischen Wende zur Massenkirche geworden war, kämpften sie gegen Veräußerlichung und Verweltlichung in der Kirche.

Die konstantinische Wende, in der das Christentum 313 durch Kaiser Konstantin zunächst zur erlaubten Religion und 380 durch Kaiser Theodosius zur Staatsreligion erklärt wurde, bedeutete einen tiefen Einschnitt. Nach wie vor wurde die Kirche theologisch als Mysterium beschrieben; in ihrer äußeren Selbstdarstellung nahm sie aber bald beamtenähnliche und imperiale, im Mittelalter feudale Züge an. Das führte fast unausweichlich zu weltlichen Verstrickungen. Die Gregorianische Reform und der Investiturstreit des 11. Jahrhunderts waren ein Kampf um Unabhängigkeit und Freiheit der Kirche; er musste aber auch mit weltlichen Mitteln geführt werden und machte die Kirche in ihrer äußeren Erscheinung zu einer Art Papstmonarchie. Die Theologen des frühen und des hohen Mittelalters hatten freilich aufgrund der Schrift und der Vätertradition auch Tieferes über die Kirche zu sagen. Doch auch die Scholastik kannte noch keinen eigenen theologischen Traktat über die Kirche. Die theologischen Aussagen über die Kirche finden sich bei den großen Theologen des Mittelalters verstreut in der Christologie, in der Gnaden- und in der Sakramentenlehre. Dazu hin muss man bei den großen Meistern der mittelalterlichen Theologie deren Schriftkommentare studieren, denn die Magister der Theologie betrachteten die Schriftauslegung als ihre eigentliche Aufgabe. Nicht vergessen darf man außerdem die Schriftkommentare, die Predigten und die mehr erbaulichen Schriften großer Heiligengestalten, vor allem des Bernhard von Clairvaux († 1153).

Es kam im Mittelalter zu zwei schwerwiegenden Verschiebungen im Verständnis der Kirche. Zur ersten kam es im Gefolge des zweiten Abendmahlstreits im 11. Jahrhundert in der Auseinandersetzung mit Berengar von Tours († 1088) um die Realpräsenz in der Eucharistie. In dieser Auseinandersetzung wurde der bis dahin für Eucharistie geläufige Begriff ›mystischer Leib Christi‹ in einem spiritualistischen Sinn missverständlich; er wurde nun frei für die Anwendung auf die Kirche. Da nun aber der innere Zusammenhang zwischen Eucharistie und Kirche aus dem Blick kam, trat an die Stelle des patristischen sakramental-eucharistischen Verständnisses der Kirche ein mehr korporatives Verständnis von Leib Christi. Trotzdem blieb bei großen Theologen der Hochscholastik wie Thomas von Aquin († 1274) die altkirchliche Idee von der Eucharistie als Sakrament der Einheit der Kirche lebendig.[5] Dagegen setzte sich eine zweite folgenreiche Entwicklung allgemein durch. Besonders durch den Einfluss der Sentenzen des Petrus Lombardus († 1160) kam es zu einer Trennung von Ordo, der sakramental vermittelten Weihevollmacht einerseits und der Jurisdiktion andererseits. Die sakramentale Idee der Kirche und des kirchlichen Amtes wurde dadurch verdunkelt. Das hatte vor allem für das Verständnis und die konkrete Gestalt und Ausübung des Bischofsamtes und für die Entwicklung der Lehre vom Jurisdiktionsprimat des Papstes weitreichende Folgen.[6] So führten sowohl die kirchenpolitischen wie die theologischen Entwicklungen vor allem im späten Mittelalter zu einer deutlicheren Herausstellung der institutionell hierarchischen Seite der Kirche.

Unter diesem Vorzeichen kam es in den Auseinandersetzungen mit dem spätmittelalterlichen Konziliarismus und mit einer spiritualistischen Sicht der Kirche bei John Wyclif († 1384) und Jan Hus († 1415) zur Ausbildung eines eigenen Traktats der Ekklesiologie. Die ersten ekklesiologischen Darstellungen bei Jakob von Viterbo († 1308), Johannes Quidort von Paris († 1306), Johannes von Ragusa († 1443) und Thomas de Torquemada († 1498) waren mehr eine Hierarchologie als eine Ekklesiologie. Dem standen bei Marsilius von Padua († 1342/1343) und Wilhelm von Ockham († 1347) eine papstkritische Tendenz und auf die Kirche angewandte Theorien der Volkssouveränität gegenüber.

Das Fehlen eines ausgewogenen Kirchentraktats, die Verengungen einerseits wie die theologischen Unklarheiten andererseits wurden in den Auseinandersetzungen der Reformationszeit zum Verhängnis.[7] In Artikel VII des *Augsburger Bekenntnisses* von 1530 gab Melanchthon erstmals eine knappe theologische Definition der Kirche, wonach es zur Einheit der Kirche genügt (satis est), dass das Evangelium rein gelehrt und die Sakramente evangeliumsgemäß verwaltet werden.[8] Diese Formulierung hat Melanchthon in seine *Loci communes* (Ausgabe von 1535) und in der Sache Calvin in die späteren Ausgaben seiner *Institutio christianae religionis* (1559) aufgenommen.[9] Dieses Bekenntnis gilt seither als die Magna Charta des reformatorischen Kirchenverständnisses. Die Reformatoren wollten damit keine neue Kirche begründen, sondern eine Reform der Kirche und der gesamten Christenheit einleiten. Deshalb versuchten sie im *Augsburger Bekenntnis* ihren Glauben in möglichster Übereinstimmung mit der Tradition und Lehre der ›alten‹ Kirche zu formulieren. Dass es nach dem Scheitern dieses Verständigungsversuchs dennoch zur Ausbildung einer eigenen Konfession gekommen ist, ist nicht Ausdruck des Gelingens, sondern des Scheiterns ihres ursprünglichen Anliegens.[10]

Die Interpretation von Artikel VII des Augsburger Bekenntnisses ist auch innerreformatorisch umstritten. Die Frage ist, ob diese Formel als umfassende Definition der Kirche verstanden werden kann und ob es mit dem ›satis est‹ wirklich satis est.[11] Das Problem ergibt sich daraus, dass in dieser Formel zumindest ausdrücklich nichts über das kirchliche Amt und seinen Dienst bei der Verkündigung und bei der Verwaltung der Sakramente gesagt wird. Das geschieht an verschiedenen anderen Stellen,[12] deren Auslegung aber besonders heute kontrovers ist. Die Frage betrifft das Verhältnis von allgemeinem Priestertum und Amt,[13] das Verständnis der Ordination[14] und das Bischofsamt.[15] Aus Luthers Berufung auf seine eigene Schriftauslegung und seine subjektive Glaubensgewissheit[16] ergab und ergibt sich die Grundfrage: Wer kann verbindlich entscheiden und kann überhaupt jemand verbindlich entschieden, wo das Evangelium recht verkündet und die Sakramente evangeliumsgemäß verwaltet werden?

Die Fragen bündelten sich in der reformatorischen These von der verborgenen Kirche.[17] Dem stellte die katholische Kontroverstheologie eine Konzeption der Kirche entgegen, die auf die sichtbare Seite der Kirche abhob. Charakteristisch ist vor allem das viel zitierte Wort von Robert Bellarmin († 1621) in seinen *Disputationes de controversiis christianae fidei adversus hujus temporis haereticos*, die Kirche sei ebenso sichtbar wie die Gemeinschaft des römischen Volkes oder das Königreich Frankreich oder die Republik Venedig.[18] Dazu kam, dass die reformatorische Polemik gegen das Papsttum gleichsam als Antithese dazu führte, dass das Papsttum nunmehr in der katholischen Theologie in einer bisher so nicht gekannten Weise zu einem Identitätsmerkmal des Katholischen wurde.[19] Die Kirche wurde nun weitgehend als Papstkirche verstanden und wahrgenommen. Gleichzeitig ging der Kontakt mit der reichen ekklesiologischen Tradition der Ostkirchen praktisch verloren. Die Kirche wurde zur Konfessionskirche, und die neuzeitliche Ekklesiologie war von diesem Pluralismus und der gegenseitigen Polemik und Apologetik von Konfessionskirchen bestimmt.

Man darf die Dinge freilich nicht vereinfachen. Auch wenn der Nachdruck und die Wirkung in der neuzeitlichen Theologie auf dem sichtbaren institutionellen Aspekt der Kirche lag, so wussten die großen Kontroverstheologen, neben Robert Bellarmin etwa Thomas Stapleton († 1598), sehr wohl um die tiefere christologische und pneumatologische Dimension der Kirche als Leib Christi. Die Kontroverstheologie spiegelt nicht das ganze Leben der Kirche der Zeit. Diese geistliche Dimension der Kirche war vor allem in der von Kardinal Pierre de Bérulle († 1629) ausgehenden École française (Vinzenz von Paul, Jean Eudes, Louis-Marie Grignon de Montfort u. a.) präsent, die auf die neuzeitliche Spiritualität einen großen Einfluss hatte. Außerdem muss man das Lebenszeugnis wie die schriftlich hinterlassenen Zeugnisse großer mystisch begabter wie pastoral einflussreicher neuzeitlicher Heiligengestalten (Johannes vom Kreuz, Teresa von Ávila, Karl Borromäus, Franz von Sales, Philipp Neri u. a.) heranziehen, um der nachtridentinischen Epoche gerecht zu werden.

Zu einer Verflachung des Kirchenverständnisses kam es erst in der von der Aufklärung beeinflussten katholischen Theologie. Sie verstand die Kirche oft als eine moralische Anstalt zur Förderung der menschlichen Glückseligkeit und des gesellschaftlichen Wohlstands. Die Kirche wurde mit naturrechtlichen und rechtsphilosophischen Kategorien als eine Gesellschaft von Ungleichen (societas inaequalium) und als eine societas perfecta verstanden, das heißt eine Gesellschaft, welche alle Mittel zur Erreichung ihres Zweckes in sich selber besitzt und die daher unabhängig ist vom Staat. Diese institutionelle Sichtweise erwies sich als hilfreich in der Auseinandersetzung mit dem neuzeitlichen Staatsabsolutismus und Liberalismus, wo es galt, die Unabhängigkeit und Freiheit der Kirche zu verteidigen, aber so berechtigt dieses Anliegen auch war, die naturrechtlichen und rechtsphilosophischen Kategorien führten zu einer entsakralisierten, einseitig soziologischen Sicht der Kirche.

Nach den napoleonischen Kriegen kam es durch den Wiener Kongress (1814–1815) zu einem Umbruch, der nach der konstantinischen Wende und der Gregorianischen Reform der wohl bedeutendste geschichtliche Einschnitt war und der zu einer ekklesiologischen Wende führte. Das Ende der alten Reichskirche und der Verlust politischer

Macht erwiesen sich auf die Dauer als Gewinn für die moralische und geistliche Autorität der Kirche. Die veränderte politische Situation machte eine neue Besinnung auf das Wesen der Kirche und den vom Staat unabhängigen eigenen Ort der Kirche notwendig.

Theologisch kam die Wende von der durch Romantik und Idealismus inspirierten Erneuerung zu Beginn des 19. Jahrhunderts. Zu nennen sind auf katholischer Seite besonders Johann Michael Sailer († 1832), der Gründer der Tübinger Schule, Johann Sebastian Drey († 1853) und deren bekanntester Vertreter Johann Adam Möhler († 1838). Möhlers zunächst pneumatologische und dann christologische Ekklesiologie übte einen Einfluss aus auf die römische Schule (Perrone, Passaglia, Franzelin, Scheeben), sie beeinflusste französische wie russische Denker (Chomjakow, Solowjew); John Henry Newman († 1890) kannte und schätzte Möhler. Er fand durch das Studium der Kirchenväter den Weg zur katholischen Kirche und gilt zusammen mit Möhler als ein wichtiger Vorläufer der Erneuerungsbewegungen des 20. Jahrhunderts.[20]

Unter den Tübingern brachten besonders Johann Sebastian Drey, Johann Baptist Hirscher († 1865) und Franz Anton Staudenmaier († 1856) den Zusammenhang zwischen Reich Gottes und Kirche zur Geltung. Angeregt wurden sie dabei von dem Föderaltheologen Johannes Coccejus († 1669) und dem Kirchenvater des württembergischen Pietismus Johann Albrecht Bengel († 1752) sowie durch den von der katholischen Aufklärung bestimmten Marian Dobmayer († 1805) und dem von Johann Michael Sailer beeinflussten Friedrich Brenner († 1848).[21] Zwar war ihre Reich-Gottes-Vorstellung noch weitgehend idealistisch spekulativ und weniger im heutigen Sinn biblisch geprägt, aber ihre Einordnung der Kirche in den großen und umfassenden Rahmen der Idee des Reiches Gottes und der ganzen Heilsgeschichte kann doch ein wichtiger Anstoß sein für eine heutige erneuerte Ekklesiologie. In der neueren Theologie hat vor allem Wolfhart Pannenberg den Reich-Gottes-Gedanken aufgegriffen und für die Ekklesiologie in einem universalgeschichtlichen Horizont fruchtbar gemacht.[22]

Nach dem Ende des bürgerlichen Zeitalters kam es nach dem Ersten Weltkrieg im 20. Jahrhundert in allen großen Kirchen zur ekklesiologischen Neubesinnung. Auf orthodoxer Seite ist nach einer mehr scholastischen Periode besonders bei orthodoxen Exiltheologen eine Neubesinnung auf die patristische Ekklesiologie zu verzeichnen.[23]

Auf evangelischer Seite kam es in der dialektischen Theologie vor allem von Karl Barth[24] sowie durch die Erneuerung der Theologie Martin Luthers[25] zur Abwendung vom Neuprotestantismus. Auf katholischer Seite sind sehr viele Namen aus den biblischen, liturgischen und patristischen Erneuerungsbewegungen zwischen den beiden Weltkriegen zu nennen: Romano Guardini, Hugo und Karl Rahner, Hans Urs von Balthasar, Karl Adam, Erich Przywara, Robert Grosche, Carl Feckes, Dominikus Koster im deutschsprachigen Raum, im französischsprachigen Raum Marie Dominique Chenu, Henri de Lubac, Jean Daniélou, Yves Congar sowie Charles Journet, Gustave Thils und andere, in den USA Gustave Weigel, Avery Dulles und andere.

Man suchte nun die mittelalterlichen und kontroverstheologischen Verengungen zu überwinden und verstand die Kirche als mystischen Leib Christi. Diese Sicht wurde von Pius XII. in den Enzykliken *Mystici corporis* (1943) und *Mediator Dei* (1947) aufgegriffen und dann vom Zweiten Vatikanischen Konzil in der Konstitution über die Kirche *Lumen gentium* rezipiert, weitergeführt und vertieft. Während das Erste Vatikanische Konzil wegen des vorzeitigen Abbruchs nur Primat und Unfehlbarkeit des Papstes abschließend behandeln konnte, gibt nun die Kirchenkonstitution des Zweiten Vatikanischen Konzils die erste zusammenhängende lehramtliche Darstellung von der Kirche. Sie wurde zum Ausgangspunkt und zur Grundlage eines teilweise kontrovers verlaufenen und noch nicht abgeschlossenen Rezeptionsprozesses.[26]

Die erneuerte Ekklesiologie schuf neue Grundlagen für den ökumenischen Dialog mit den Kirchen des Ostens wie auch mit den reformatorischen Kirchen und kirchlichen Gemeinschaften.[27] Viele konfessionelle Verengungen konnten aufgebrochen und die größere Gemeinsamkeit zwischen den getrennten Kirchen herausgestellt werden. Doch die grundlegenden Unterschiede in der Ekklesiologie harren noch weitgehend der Aufarbeitung. Neuerdings ist wieder ein neues Insistieren auf der eigenen Identität und dem eigenen Profil festzustellen. Auf evangelischer Seite ist nach einer Periode großer Namen (Gerhard Ebeling, Jürgen Moltmann, Eberhard Jüngel, Wolfhart Pannenberg u.a.) eine Rückwendung zu einer eher konfessionellen Ekklesiologie (Wolfgang Huber, Wilfried Härle, Eilert Herms u.a.) wie zum Neuprotestantismus (Friedrich Wilhelm Graf u.a.) festzustellen. Auf katholischer Seite ist in Weiterführung der Ansätze von Hans

Urs von Balthasar, Joseph Ratzinger und anderer eine Rückbesinnung auf das Katholische im Gange. Recht verstandene Profilierung im Sinn der eigenen Identitätsfindung kann auf längere Sicht einem ökumenischen Dialog über die Kirche auch zu Gute kommen.

Durch die unterschiedlichen und teilweise gegenläufigen Tendenzen ist die Situation unübersichtlich geworden. Eine nochmalige Besinnung auf die katholische Tübinger Schule, besonders auf Johann Adam Möhler, und deren Übertragung in die gewandelten heutigen Problemstellungen scheint mir in dieser Situation für die katholische Theologie hilfreich zu sein. Vor allem müssen wir in der gegenwärtigen, weithin säkularisierten Situation Idee und Wirklichkeit der Kirche in den umfassenden Horizont des Gottesgedankens und des Reiches Gottes hineinstellen. Nur so können wir der Botschaft Jesu gerecht werden und zugleich die Bedeutung der Kirche im Ganzen der Wirklichkeit und angesichts der existentiellen Fragen des Menschen aufzeigen.

## Systematischer Ort der Ekklesiologie

Aus dem geschichtlichen Überblick ergibt sich, dass die Ekklesiologie ein vergleichsweise junger theologischer Traktat ist. Über seinen systematischen Ort und seinen Aufbau besteht noch immer kein voller Konsens. Es konnte nicht Aufgabe des Konzils sein, diese eher innertheologische Frage zu klären; die Antwort muss auf der Grundlage der Lehre des Konzils von der Theologie gegeben werden.

Das der ganzen Christenheit gemeinsame Credo gibt uns einen wichtigen Hinweis für diese Diskussion.[28] Im Credo hat die Lehre von der Kirche ihren Platz im dritten Artikel, also nach dem ersten Artikel, der von Gott, dem Schöpfer des Himmels und der Erde spricht, und nach dem zweiten Artikel, in dem von Jesus Christus als Gottes eingeborenem Sohn, seinem Kreuz, seiner Auferstehung und seiner Wiederkunft die Rede ist. Im dritten Artikel spricht das Credo vom Heiligen Geist als Herrn und Lebensspender, der Angeld des künftigen ewigen Lebens ist. So weitet der erste Artikel den Blick auf das Ganze der Schöpfung, der zweite spricht von der universalen Heilsbedeutung Jesu Christi, und auch der dritte Artikel, der vom Heiligen Geist sagt, dass er schon durch die Propheten gesprochen hat, verweist auf die ganze Geschichte Gottes mit den Menschen. Die Kirche wird so in den Zusammenhang der gesamten Heils-, ja der ganzen Menschheitsgeschichte eingeordnet, welche als Ganze auf die eschatologische Erfüllung ausgerichtet ist. Sie ist ein Hoffnungszeichen, das vorausweist auf den neuen Himmel und die neue Erde. In diesem Gesamtzusammenhang muss die Ekklesiologie behandelt werden. Durch die Einordnung in die Pneumatologie wird außerdem deutlich, dass die Kirche mehr ist als eine Organisation und Institution; sie ist eine Gestalt des Wirkens des Geistes Gottes in der Geschichte.

So gehört die Kirche in den umfassenden Zusammenhang der existentiellen Grundfragen des Menschen und der Menschheit, der Frage nach Gott, der Frage nach Ursprung und Ziel der Geschichte und der Frage nach dem Heil des Menschen. Die Antwort auf diese Fragen ist nicht die Kirche als Heilsanstalt, sondern Gottes Geist, der sich der Kirche als Mittel und Werkzeug bedient, um das Heilswerk in Jesus Christus in der Geschichte wirksam gegenwärtig zu machen. Sie muss darum im Horizont der menschlichen und menschheitlichen Hoffnung begriffen werden.[29]

Damit befinden wir uns auf der Spur des Grundanliegens der Theologie des Thomas von Aquin. Nach ihm handelt die Theologie vor allem von Gott und vom Menschen in seinem Bezug zu Gott.[30] Das Formalobjekt, unter dem alle Glaubenswahrheiten zu betrachten sind, ist darum Gott als die erste Wahrheit.[31] Der Glaubensakt zielt nicht auf die Glaubensaussage als solche, sondern auf die darin ausgesagte ›Sache‹.[32] Thomas zitiert die in der Scholastik verbreitete Definition des Glaubensartikels bei Isidor von Sevilla als eine Erfassung der Wahrheit, die zugleich über sich auf die gemeinte ›Sache‹ zielt.[33] Da für Christen aber Jesus Christus die endgültige Offenbarung Gottes ist, kommt Bonaventura zu der zusammenfassenden Bestimmung des Gegenstands der Theologie: Gott ist nach ihm das subjectum radicale, Christus das subjectum integrale und das zeichenhaft-sakramentale Verständnis der Welt das subjectum universale der Theologie.[34]

Auf der Spur dieser theologischen Tradition bewegt sich die Kirchenkonstitution des Zweiten Vatikanischen Konzils.[35] Das Konzil beginnt die Kirchenkonstitution *Lumen gentium* mit der Aussage: Christus ist das Licht der Völker. Darum ist es der dringende Wunsch des Konzils, dass allen Menschen die Herrlichkeit Gottes auf dem Antlitz der Kirche widerstrahlt.[36]

Das ist ein überraschender Einstieg, der im Vergleich mit den traditionellen Lehrbüchern der Ekklesiologie ungewöhnlich ist. Denn damit macht das Konzil deutlich, dass die Kirche nicht um ihrer selbst willen da ist, sie ist um Gottes und der Menschen und um des Heils und der Hoffnung des Menschen willen da. Die Ekklesiologie muss darum im Horizont der Gottesfrage und der Heilsfrage behandelt werden. Irenäus von Lyon hat beides zusammengebracht und formuliert: »Die Ehre Gottes ist der lebendige Mensch.«[37] Die Kirche ist nicht selbst das Licht der Völker. Das Licht der Völker ist Jesus Christus, der auf seinem menschlichen Antlitz das Bild des lebendigen Gottes widerstrahlt. Die Kirche ist nach einem alten Bild der Kirchenväter nur wie der Mond, der kein eigenes Licht hat, sondern nur das von der Sonne geborgte Licht widerstrahlen kann.[38] Mit dem Wort vom ›Licht der Völker‹ wird der theologische und christologische Ansatz ins Universale hinein geöffnet. Jesus Christus wird als Zugang zum Heil für alle Völker gesehen. Damit ist das Kirchenverständnis des Konzils sowohl christologisch eindeutig und doch universal offen. Es schließt sowohl ein verwaschenes und unverbindliches wie ein fundamentalistisch verengtes Verständnis der Kirche aus. Die Kirche ist konkret und universal zugleich.

## Vorüberlegungen zum theologischen Verständnis von Geheimnis

So bemerkenswert der Ansatz der Kirchenkonstitution ist, so schwer ist er heutigem Denken zugänglich. Viele Zeitgenossen sehen in der Kirche alles andere als den Spiegel, in dem das Antlitz des gütigen Vatergottes erscheint. Viele sehen in der Kirche geradezu ein Hindernis und einen Stolperstein für den Glauben an Gott. Das Problem fängt bereits damit an, dass das Wort ›Geheimnis‹, mit dem die Kirchenkonstitution einsetzt, für viele Heutige nicht leicht zu verstehen ist; es ist für sie nicht nur missverständlich, sondern auch verdächtig. Denn eine geheime Sache ist nach durchschnittlichem heutigen Verständnis etwas, das besser nicht ans Licht kommen soll, etwas, das nicht transparent ist und es auch nicht werden soll. So etwas scheint uns zu Recht verdächtig. In diesem Sinn spricht man etwa von einem Geheimdokument, Geheimprotokoll, Geheimarchiv, Geheimdienst. Für andere legt der

Begriff Geheimnis nahe, es handle sich um eine rätselhafte, fremdartige, esoterische oder gar obskure Wirklichkeit.

Die traditionelle Theologie ist an diesem Missverständnis nicht unschuldig. Denn sie hat Wahrheiten als Geheimnisse deklariert, welche der natürlichen, allen Menschen zugänglichen Vernunft unzugänglich und allein dem Glauben zugänglich sind. Dieses Verständnis des Geheimnisses legt das Missverständnis nahe, dass es sich bei der Kirche um etwas handelt, das neben oder über dem natürlichen, der Vernunft zugänglichen Bereich liegt, um etwas, das bestenfalls am Rand und im Grenzbereich des Lebens, aber jenseits der dem menschlichen Denken gesetzten Grenzen liegt, also doch wohl eine irrationale Sache. Kirche als Geheimnis zu bestimmen bedeutet darum für viele, die Kirche als eine dem Menschen unzugängliche fremde Welt oder gar als eine obskure Welt zu bestimmen, die jenseits des normalen Lebens liegt und die damit von vorne herein im ursprünglichen Sinn des Wortes ›out‹ ist.

Das Wort Geheimnis wird oft auch im Sinn eines persönlichen, intimen Herzensgeheimnisses verstanden, das heißt als ein Geheimnis, das mir von einem anderen anvertraut wurde, das mich aber zum Stillschweigen verpflichtet und das weiterzusagen oder gar öffentlich zu machen einen schweren Vertrauensbruch darstellen würde. In diesem Sinn gibt es das ärztliche Geheimnis, das seelsorgerliche Geheimnis und das Beichtgeheimnis. Solche Geheimnisse gehören dem Privatbereich an und sie werden als solche zu Recht vom bürgerlichen wie vom kirchlichen Recht geschützt. Denn ohne Schutz des Privat- und Intimbereichs wird das menschliche Zusammenleben indiskret und unerträglich.

Nun gehören Religion und Glaube sicher in den Bereich der persönlichen Entscheidung, die den Einzelnen zutiefst in seinem Herzen berührt. Dennoch kann man die Kirche nicht als persönliches Herzensgeheimnis bezeichnen. Sie ist eine öffentliche Größe und hat ihre Botschaft öffentlich für alle Welt zu verkünden. Man soll die Botschaft des Evangeliums geradezu von den Dächern rufen *(Mt 10,27; Lk 12,3)* und rational von ihr Rechenschaft geben *(1 Petr 3,15)*.[39] Man kann die Kirche also nicht als persönliches Geheimnis verstehen und sie auf den Intim- und Privatbereich, bestenfalls auf die Sakristei beschränken. Das liefe auf eine Säkularisierung des öffentlichen Lebens hinaus, wie sie von den Kirchengegnern gewollt ist, gegen die sich die Kirche selbst aber immer vehement zur Wehr gesetzt und der sie immer ihren universalen und öffentlichen Anspruch entgegengestellt hat.

Wenn wir uns dem Geheimnis der Kirche nähern wollen, müssen wir uns also zuerst um ein adäquates Verständnis von Geheimnis bemühen und zeigen, dass das Geheimnis nicht etwas ist, das jenseits und außerhalb des normalen Lebens liegt, sondern mitten im Leben gegenwärtig ist.[40] Dabei kann man in einem ersten, noch vorläufigen Schritt zeigen, dass das Leben und vieles im Leben kontingent ist und nicht nach vorhersehbaren und einsehbaren Regeln verläuft. Dazu gehören unvorhersehbare Schicksalsschläge wie positive Erfahrungen der zwischenmenschlichen Zuneigung, der Liebe, des Erbarmens. Sie kann man nicht planen und nicht machen. So bleibt in jedem Leben ein Rest an irreduzibler Kontingenz. Sie ist nicht nur ein dunkler Rand des Lebens, mit ihr entscheidet sich vielmehr Glück und Unglück des Lebens. Auch der Volksmund weiß, dass niemand seines eigenen Glückes Schmied ist. Das Glück des Lebens ist immer auch ein Geschenk, für das man dankbar sein muss. Doch dankbar wem?

Soll man also die Religion als Kontingenzbewältigung[41] und den Glauben sozusagen als letzten Trost im Unglück oder als Verfeierlichung von besonderen glücklichen Höhepunkten des persönlichen wie des gemeinschaftlichen Lebens verstehen? Dagegen hat sich Dietrich Bonhoeffer in seinen Briefen aus der Haft mit Recht entschieden gewehrt. Gott ist kein Lückenbüßer, den man als Deus ex machina dort einführt, wo wir mit unserem Latein am Ende sind. Er will nicht an den Grenzen unseres Lebens, sondern mitten in unserem Leben gegenwärtig sein.[42] Religion und Glaube lassen sich nicht auf Trost reduzieren und sie dienen auch nicht nur dazu, bestimmten Lebenssituationen eine besondere Weihe zu geben. Alle Religionen, insbesondere das Christentum, stellen einen universalen Anspruch und wollen das Leben und die Wirklichkeit insgesamt deuten und gestalten.

Eine tiefere philosophische Betrachtung der Natur, der Geschichte und vor allem des Menschseins kann zeigen, dass alle, die Natur, die Geschichte wie das Menschsein in eine Dimension hinein weisen und sich in eine Dimension hinein übersteigen, wo sich unabweisbar Fragen nach dem Woher und Wohin, nach Sinn und Unsinn von Natur, Geschichte und menschlichem Leben auftun. Das sind Fragen, die nicht einen kategorialen, empirisch und rational zu erfassenden Ausschnitt, sondern das Ganze der Wirklichkeit berühren. So können wir rational das ›Dass‹ des Geheimnisses von Natur, Mensch und Geschichte erkennen, aber sein ›Was‹ bleibt dem rationalen Zugriff letztlich entzogen.[43]

Die Theologie hat in den Gottesbeweisen, die mit Thomas von Aquin besser als Wege zu Gott bezeichnet werden, dieses Geheimnis als das identifiziert, was alle Gott nennen.[44] Heute würden wir nicht mehr wagen zu sagen, dass alle das, was sich mitten im Leben und in der Frage nach dem Sinn der Welt und des Lebens als Geheimnis auftut, Gott nennen. Es gab schon in der alten Welt und es gibt erst recht in der Neuzeit auch die skeptische Antwort, welche die Frage nach dem letzten Geheimnis des Daseins offen lassen zu müssen meint. Es gibt die atheistische Antwort, die bewusst ausschließt, das Geheimnis des Lebens als Geheimnis Gottes zu bezeichnen, die stattdessen von Natur, Materie, Evolution, Weltgeist und anderem spricht. Schließlich gibt es heute die erneut aktuell gewordene nihilistische Antwort, die glaubt, dass es zwar Wahrheiten, aber keine alles umfassende Wahrheit und damit keine umfassende Antwort auf die Sinnfrage und keine metaphysische Welt gibt. Unser postmodernes Denken ist dadurch gekennzeichnet, dass es an der Möglichkeit der Vernunft zweifelt und auch verzweifelt und keine Antwort auf die letzten Sinnfragen des Menschen mehr geben zu können meint. Sind wir also dazu verurteilt, zu leben und unser Leben zu meistern ›etsi Deus non daretur‹?

In dieser Situation hat für die Theologie die Stunde der negativen Theologie geschlagen.[45] Sie ist überzeugt, von Gott nur sagen zu können, was er nicht ist, aber nicht, was er ist. Sie macht darum von Gott nur negative, aber keine positiven Aussagen. Solche negative Aussagen sind: Gott ist unsichtbar, ungegenständlich, unendlich, zeitlos.[46] Diese negative Theologie findet sich in Ansätzen bereits bei Platon und dann im Neuplatonismus. Sie ist auch bei den Kirchenvätern sehr ausgeprägt und sie findet sich wieder bei den großen Meistern der scholastischen Theologie, etwa bei Thomas von Aquin, dann wieder bei Mystikern wie Meister Eckehart, bei Nikolaus von Kues in seiner *Docta ignorantia* und in der Spätphase des deutschen Idealismus beim späten Schelling. Schelling seinerseits ist einflussreich geworden für Kierkegaard und damit für einen großen Teil evangelischer Theologie des 20. Jahrhunderts. Er hat außerdem vieles von dem vorweggenommen, was wir bei Nietzsche und seinen postmodernen Nachfahren finden.[47]

Doch die Religionen haben sich mit rein negativen Antworten nie zufrieden gegeben. Sie haben immer nach Signalen, Zeichen, Symbolen und in diesem Sinn nach Offenbarungen gesucht, in denen sich das unsagbar bleibende Geheimnis eröffnet und erschließt. Offenbarung in diesem noch allgemeinen Sinn meint eine indirekte Erfahrung, in der sich ›in, mit und unter‹ weltlichen Erfahrungen etwas Göttliches zur Erscheinung bringt. Solche Theophanien können sich in Naturerfahrungen, die Verwunderung oder Ängste auslösen (Gewitter, Blitz, Sturm, Sonne, Sternkonstellationen u. a.), in zwischenmenschlichen Erfahrungen wie in der Faszination zwischen Mann und Frau oder in geschichtlichen Ereignissen (Sieg oder Niederlage, Stadt- oder Staatsgründungen u. a.) ereignen. Immer handelt es sich um Erschließungssituationen, in denen sich in einer einzelnen Erfahrung ein umfassender Horizont und ein Licht auftun, in dem das Ganze der Wirklichkeit neu gedeutet werden kann.[48] Religionen haben damit einen narrativen Charakter. Sie erzählen und erinnern jeweils eine Geschichte, in der sich ein umfassender Sinn erschließt.

Offenbarung in diesem noch allgemeinreligiösen Sinn ist kein kategorialer, sondern ein transzendentaler, das heißt überkategorialer Begriff, in dem sich das Ganze der Wirklichkeit heilsam oder auch unheilsam und bedrohlich kundgibt. Offenbarung ist kein Gegebenes, sondern ein Sich-Gebendes, kein Faktum, sondern ein Geschehen. Der in diesem, noch allgemeinen Sinn verstandene religiöse Glaube lässt sich auf diese Offenbarungs- beziehungsweise Epiphaniegeschichte ein. Er meint nicht das Für-wahr-Halten einzelner kategorialer Wahrheiten, sondern ein Sich-Einlassen auf die sich zeigende Wirklichkeit. Er ist weder ein bloßer Akt des Verstandes oder des Willens, noch ein bloßes irrationales Gefühl, sondern eine gesamtmenschliche Fundamentaloption bezüglich des Gesamtsinns des Daseins und der Wirklichkeit, die in den großen Weltreligionen dann nachträglich theologisch reflektiert und systematisiert wird.

Die biblische Offenbarung schließt solche Offenbarungen außerhalb der jüdisch-christlichen Heilsgeschichte nicht grundsätzlich aus. Die Bibel berichtet an verschiedenen Stellen von ›heiligen Heiden‹, die Zeugen des lebendigen Gottes sind: Abel, Henoch, Melchisedek, Ijob und andere. Die Kirche begegnet nichtchristlichen Religionen mit Achtung und sieht in ihnen einen Strahl jener Wahrheit, die alle Menschen erleuchtet *(Joh 1,9)*.[49] Sie weiß freilich auch, dass das Bild Gottes in den Religionen vieldeutig ist und dass es neben großartigen Einsichten oft auch die Fratze des Dämonischen zeigt. Sie ist überzeugt, dass Gott, der sich schon im Alten Testament durch geschichtliche Worte und Taten offenbart hat, sich in Jesus Christus endgültig, voll und unüberbietbar offenbart hat *(Hebr 1,1)* und dass er auf dem menschlichen Antlitz Jesu sein göttliches Antlitz endgültig gezeigt *(2 Kor 3,18; Kol 1,15; Hebr 1,3)* und sich als guter und zugleich allmächtiger Vater offenbart hat. Wer ihn sieht, der sieht den Vater *(Joh 14,9)*.

Damit ist auch die christlich verstandene Offenbarung nicht nach dem Modell der Information und Instruktion zu denken; sie vermittelt kein zusätzliches Geheimwissen. Sie ist am Modell der Kommunikation orientiert und dies nicht im Sinn der Mitteilung von einzelnen Geheimnissen, sondern vielmehr in dem Sinn, dass Gott sich selbst erschließt und mitteilt.[50] Die Offenbarung ist also Selbstoffenbarung und Selbstmitteilung Gottes.[51] Sie hebt das Geheimnis Gottes nicht auf. Sie ist letztlich die Offenbarung des Geheimnisses Gottes, nämlich die Offenbarung seines uns Menschen unergründlichen Erbarmens und seiner innerweltlich völlig unableitbaren, sich selbst mitteilenden und sich selbst schenkenden Liebe *(1 Joh 4,8.16)*. Wenn Gott als das alles umfassende Geheimnis der Wirklichkeit sich selbst als Liebe offenbart, dann ist Liebe als der letzte Sinn und Grund aller Wirklichkeit offenbar geworden.[52]

Während in der Philosophie die Dimension des Geheimnisses sich von der Welt, der Geschichte und vom Menschen her, wenn man so will von unten her, auftut und dabei letztlich als negative Theologie scheitert, kehrt sich dieses Verhältnis in der biblischen Offenbarung um. Es vollzieht sich eine Kehre des Denkens.[53] Nicht der Mensch ist das auf das Geheimnis hin offene Wesen. Im Gegenteil, er ist sündig in sich verschlossen und hält die Wahrheit nieder *(Röm 1,18)* und macht sich oft ein Bild von Gott nach seinem Bild und Gleichnis *(Röm 1,22ff.)*. So ist es Gott selbst, der sein Geheimnis offenbart, und er tut es, indem er die menschliche Weisheit als Torheit entlarvt und sich in der paradoxen Gestalt des Gekreuzigten offenbart *(1 Kor 1,20–31)*.

So können wir sagen: In Jesus Christus wird das unbestimmt offene Geheimnis des Menschen, der Welt und der Geschichte konkret bestimmt.[54] Das im christlichen und theologischen Sinn verstandene Geheimnis ist darum kein vages und unbestimmtes, ins Leere und letztlich ins Unsagbare hinein weisendes Geheimnis, das man am Ende nur schweigend verehren kann. Im christlichen Sinn geht es um ein geschichtlich bestimmtes und sich geschichtlich konkret gebendes Geheimnis, das in Jesus Christus geschichtlich-konkret Mensch geworden ist. In ihm geht der universale Sinn aller Wirklichkeit auf; er ist das universale concretum.[55] Das christlich verstandene Geheimnis hat, da es sich in menschlicher Endlichkeit, Geschichtlichkeit und Niedrigkeit zeigt, einen inkarnatorischen und einen kenotischen Sinn. Es gehört zum Paradox des Christlichen, dass in Jesus Christus der unfassliche, unbegreifliche, unsichtbare Gott fassbar, greifbar und sichtbar geworden ist.[56]

Die Selbstoffenbarung Gottes hebt das Geheimnis nicht auf, sie steigert und intensiviert es. Sie ist mit dem Bilderverbot verbunden wie mit dem Gebot, den Namen Gottes nicht eitel zu nennen *(Ex 20,4.7; Dtn 5,8.11)*. Gott offenbart sich als der verborgene Gott *(Jes 45,15)*, der im unzugänglichen Licht wohnt *(1 Tim 1,17)*. Damit ist die Offenbarung gerade nicht Selbstprojektion und Objektivation des Geheimnisses, das sich im Menschen auftut. Sie behauptet umgekehrt, dass sich der Mensch diese Antwort nicht selber geben kann und dass er diese Antwort nicht selber ist. Die Offenbarung des definitiven Geheimnisses Gottes ist auch die definitive Antwort auf das Geheimnis des Menschen und der Welt. Nur wer Gott kennt, kennt auch den Menschen (Romano Guardini).

Alle diese grundsätzlichen Überlegungen können hier nur angedeutet werden. Sie sind aber von Bedeutung, wenn es darum geht, die Aussage vom Geheimnis der Kirche richtig zu verstehen. Der Begriff Geheimnis ist, wenn er auf die Kirche angewandt wird, kein kategorialer, sondern ein transzendentaler Begriff. Mit ihm soll nicht gesagt werden, dass an und in der Kirche ›etwas‹ Geheimnisvolles ist, sondern dass in ihr das alles umfassende, alles durchdringende und in allem gegenwärtige Geheimnis, das wir als Christen Gott nennen und das in Jesus Christus konkret offenbar geworden ist, widerstrahlt und widerspiegelt. Doch so wie der Mond kein eigenes Licht hat, sondern nur das Licht der Sonne widerstrahlen kann, so ist es auch mit der Kirche. Die Kirche ist Zeichen und Werkzeug des in Jesus Christus offenbaren Geheimnisses Gottes.

Man kann in der Theologie von der Kirche demnach auf eine zweifache Weise fehlgehen. Man kann fehlen, indem man zu wenig sagt und sie auf eine ethische, soziologische oder kulturelle Bedeutung reduziert (per defectum). Man kann aber auch dadurch fehlgehen, dass man von der Kirche zu viel sagt (per excessum), sei es, dass man von ihr und ihrem Geheimnis allzu genau Bescheid zu wissen glaubt, oder indem man ihre Niedrigkeitsgestalt übergeht und sie ideologisch überhöht. Wenn wir vom Geheimnis der Kirche sprechen, geht es nicht um irgendeine ferne, wünschbare und ideale Kirche, es geht vielmehr um ›diese‹ konkrete Kirche, von der es zu zeigen gilt, dass und wie in ihr das Antlitz Gottes widerstrahlt und wie es einladend und überzeugend widerstrahlen soll. Doch wie soll das gehen?

### Der biblische Sinn von Geheimnis

Wenn das Zweite Vatikanische Konzil von der Kirche als Geheimnis spricht, dann tut es dies nicht auf dem allgemeinen religionsphilosophischen Hintergrund, von dem bisher hauptsächlich die Rede war. Es greift vielmehr das biblische Verständnis von Geheimnis (μυστήριον) auf, das Gott selbst offenbart.

Dieses biblische Verständnis von Geheimnis stammt aus dem damaligen apokalyptischen Judentum.[57] Es ist beim Propheten Daniel grundgelegt. Die Zeit Daniels und die Zeit danach war eine schwere Zeit; sie war voller Rätsel. Das Volk fühlte sich von seinen Führern verlassen. Sie sympathisierten und kooperierten oft mit den heidnischen Besatzern. Weit und breit war kein Prophet, der ein entscheidendes Wort sagen und die Richtung weisen konnte. Gott schien sein Volk verlassen zu haben und fern zu sein. So richtete sich der Blick der Apokalyptiker auf das Geheimnis von Gottes verborgenem Heilsplan und dessen geschichtlicher Verwirklichung. Als Antwort auf die bange Frage, was Gott mit seinem Volk vorhat, spricht Daniel von einem kommenden eschatologischen Reich, das nach dem Untergang der vorhergehenden Weltreiche durch Gottes souveräne Tat kommen wird und das in Ewigkeit Bestand haben wird *(Dan 2,28f.44.47)*.

So kommt im apokalyptischen Geheimnisbegriff des Propheten Daniel nochmals die ganze eschatologische Hoffnung Israels, vor allem die Hoffnung der kleinen Leute in Israel, zum Ausdruck. Es ist die Hoffnung auf eine neue Welt des Rechts, der Gerechtigkeit und des Friedens. Im apokalyptischen Geheimnisbegriff ist aber auch das Bewusstsein lebendig, dass wir Menschen zwar je nach unseren Möglichkeiten Gutes tun und bewirken können, dass wir aber die grundsätzliche Wende nicht von uns aus und nicht mit Gewalt herbeiführen können. Die Wende ist allein durch Gott möglich; auf ihn müssen wir daher alles Vertrauen setzen.

Jesus greift in seiner Reich-Gottes-Botschaft den apokalyptischen Sinn vom Geheimnis und damit die Hoffnung, die sich darin ausdrückt, auf. Er beansprucht, dass mit seinem Kommen und mit seinem Auftreten die Vision des Daniel in Erfüllung geht *(Mk 4,11 par.)*. »Das Geheimnis des Reiches Gottes, das den Jüngern offenbart ist, ist also Jesus selbst als der Messias.«[58] Er bleibt von ›denen draußen‹, die nicht zu seinen Jüngern gehören, unerkannt, aber denen, die Augen haben für den Anbruch der mit ihm gekommenen messianischen Endzeit, gibt er sich zu erkennen *(Mt 13,16)*.

Auch Paulus nimmt den apokalyptischen Sprachgebrauch von Geheimnis und die darin zu Wort kommende apokalyptische Hoffnung auf *(Röm 16,25; 1 Kor 2,7)*. Ausführlich entfaltet er sein Verständnis in den Gefangenschaftsbriefen *(Eph 1,9f.; 3,9f.; 6,19; Kol 1,26f.; 4,3)*. Er bezeichnet mit Geheimnis den ewigen, den bisherigen Zeiten verborgenen Heilsratschluss und das ewige Heilsgeheimnis Gottes, das nun in der Fülle der Zeit mit Jesus Christus, konkret im Kreuz Jesu Christi offenbar wurde. Durch seine Kenosis bis in den Tod am Kreuz wird der Gekreuzigte zum Kyrios der Welt, vor dem alle im Himmel und auf Erden die Knie beugen *(Phil 2,6–11)*.[59] Das Kreuz wird so zur Offenbarung und zum Ereignis des universalen und endgültigen Sinnhorizonts aller Wirklichkeit. Als solches wird es durch die Verkündigung des Apostels und durch die Kirche in der Welt verkündet. So ist das Geheimnis bei Paulus nicht eine gnostische Geheimlehre und keine Lehre, wie sie die Weisen dieser Welt verkünden. Es ist die Botschaft von Jesus Christus als dem Gekreuzigten *(1 Kor 1,23; 2,2)*. Er ist das Geheimnis der verborgenen Weisheit Gottes *(2,7)*.

In *Kol 1,27* wird das Geheimnis mit der Formel umschrieben: »Christus ist unter euch, er ist die Hoffnung auf Herrlichkeit.« An dieser universal-kosmischen Sicht hält der Apostel in und trotz allen gegenwärtigen Leiden fest *(Eph 3,13; Kol 1,24f.)*. Durch seinen apostolischen Dienst soll das Heilsgeheimnis Gottes nun auch den Völkern verkündet werden, auch sie sollen daran Anteil haben. So zielt die Verkündigung des Geheimnisses darauf, die schon vor Erschaffung der Welt in Gottes Heilsplan vorherbestimmte Fülle der Zeiten heraufzuführen. Das geschieht durch die Zusammenfassung und Behauptung (ἀνακεφαλαίωσις) des Alls in Christus *(Eph 1,10)*. Die Kirche ist der von Jesus Christus schon erfüllte Raum, durch den er nun das All erfüllen will *(Eph 1,22f.)*.[60]

Das Zweite Vatikanischen Konzil bewegt sich, wenn es in der Kirchenkonstitution *Lumen gentium* »De Ecclesiae Mysterio«, »Vom Geheimnis der Kirche« handelt, auf der Linie dieses biblischen Verständnisses von Mysterium als dem ewigen, in der Zeit durch Jesus Christus und im Heiligen Geist offenbar gewordenen Heilsratschluss Gottes. Es geht aus vom Vater, der nach seinem ewigen Ratschluss die Menschen zur Teilhabe an dem göttlichen Leben berufen hat, der durch den Sohn die gefallene Welt erlöst und »das Reich der Himmel auf Erden begründet hat und der im Heiligen Geist die Kirche immer fort heiligt und leitet«[61].

Damit setzt das Konzil mit einer großartigen weiträumigen, universalgeschichtlichen Sicht ein und es ordnet die Kirche in diese universale und kosmische Perspektive ein. Es greift die Erwartungen und Hoffnungen nicht nur Israels, sondern der gesamten Menschheit auf, will Jesus Christus als Licht der Völker verkünden und das Zeugnis der Kirche von Jesus Christus als Antwort auf die Fragen und Hoffnungen der Menschen darlegen. Diese Antwort ist freilich keine leichte Antwort. Mit ihr verweist die Kirche auf das Kreuz, das dem gesunden Menschenverstand ein Skandal ist und das deshalb Widerspruch provoziert.

Diesem Widerspruch und Skandal darf die Kirche nicht ausweichen. Die beiden Balken des Kreuzes kreuzen sich und lassen sich nicht zu einer Synthese führen. Man muss das Kreuz in seiner ganzen Paradoxalität und denkerischen Anstößigkeit stehen lassen und darf daraus nicht, wie Hegel das getan hat, einen spekulativen Karfreitag machen, indem man es als notwendigen Prozess der Selbstentfremdung Gottes deutet oder es im modernen Sinn als Tod Gottes und so als Rechtfertigung eines vermeintlichen christlichen Atheismus versteht.[62]

Aber gerade in seiner Paradoxalität ist das Kreuz das »id quo maius cogitari nequit« (das, worüber hinaus nichts Größeres gedacht werden kann), nämlich das Äußerste der unergründlichen Liebe Gottes, die um unserer willen noch in das Gegenteil ihrer selbst, in den schändlichen Tod am Kreuz eingeht, um dadurch als Gott zu verkünden, der mit uns und bei uns ist noch im Dunkel des Leidens und in der Nacht des Todes. Indem der unsterbliche Gott ins Sterben einging, konnte er den Tod töten und durch die Auferstehung das Leben und die Hoffnung für das Leben neu begründen.[63] »Durch seinen Tod hat er unseren Tod vernichtet und durch seine Auferstehung das Leben neu geschaffen«, heißt es in der Osterpräfation. So ist im Kreuz das von Daniel angekündigte Reich des Lebens in paradoxer Weise angebrochen. Das Kreuz ist die Erfüllung und die Summe des Geheimnisses Gottes und seines ewigen Heilsplans für uns Menschen und für die Welt.

Diese paradoxe Erfüllung der Verheißung des Daniel kommt beim Verhör Jesu durch Pilatus dramatisch zum Ausdruck. Einen größeren Kontrast kann man sich nicht denken. Jesus steht als machtloser Angeklagter vor dem mächtigen Vertreter des letzten großen Weltreiches und antwortet auf dessen Frage nach seinem Königtum »Ja, ich bin ein König.« Aber er fügt gleich hinzu: »mein Königtum ist nicht von dieser Welt.« Sein Königtum ist das Reich der Wahrheit, denn dazu ist er »gekommen, um für die Wahrheit Zeugnis zu geben.« Dafür hat der Machtmensch Pilatus nur Spott übrig: »Was ist schon Wahrheit?« *(Joh 18,33–38)*. Schließlich wird der Spott auf die Spitze getrieben: Jesus wird mit purpurrotem Mantel und der Dornenkrone auf dem Haupt der johlenden Menge vorgestellt: »Das ist euer König.« In dieser Situation zieht die Menge den Machthaber dieser Welt, den Kaiser, ihrem König vor und fordert: »Ans Kreuz mit ihm!« *(Joh 19)*. Er aber stirbt am Kreuz mit dem Wort, das die Vollendung seines Heilswerkes und den eschatologischen Sieg des Lebens ausdrückt: »Es ist vollbracht!« *(Joh 19,30)*.

Das im Kreuz endgültig offenbare Mysterium Gottes und der Welt kann man nicht schöner ausdrücken, als es in dem Kreuzeshymnus des Venantius Fortunatus aus dem 6. Jahrhundert *Vexilla regis prodeunt* geschieht: »Des Königs Fahne tritt hervor, das Kreuz steigt aus der Nacht hervor, an dem das Leben für uns starb und Leben durch den Tod erwarb.« »Das Kreuz ist des Erlösers Thron, vom Kreuz herab herrscht Gottes Sohn.« »O Kreuz, durch das uns Hoffnung sprießt, in deinem Sieg sei uns gegrüßt!«

## Kirche im Licht des Geheimnisses der Trinität

Denkt man das biblische Verständnis vom Geheimnis Gottes zu Ende, dann muss man mit dem Zweiten Vatikanischen Konzil noch einen Schritt über das bisher Gesagte hinausgehen. Man muss dann die biblische Botschaft vom Geheimnis Gottes, das in Jesus Christus aufstrahlt und in der Kirche widerstrahlt, trinitarisch denken und die Kirche als Abbild der Trinität verstehen. In diesem Sinn zitiert das Konzil Cyprian von Karthago: »So erscheint die ganze Kirche als das von der Einheit des Vaters und des Sohnes und des Heiligen Geistes geeinte Volk.«[64] Ähnlich heißt es im Dekret über den Ökumenismus *Unitatis redintegratio:* »Höchstes Vorbild und Urbild dieses Geheimnisses ist die Einheit des einen Gottes, des Vaters und des Sohnes im Heiligen Geist in der Dreiheit der Personen«[65]. Diese trinitarische Auslegung des Geheimnisses Gottes und von Gott her der Kirche ist vor allem in der orthodoxen Theologie von grundlegender Bedeutung;[66] sie ist auch in der nachkonziliaren katholischen Theologie maßgebend geworden.[67]

Für den durchschnittlichen heutigen Hörer und Leser klingen solche Aussagen zwar schön und erhaben, aber sie sind für ihn nur schwer zugänglich. Denn die Trinitätslehre gleicht vielen einem Buch mit sieben Siegeln. Natürlich ist die Trinitätslehre keine höhere Mathematik, die erklären will, dass eins zugleich drei und drei zugleich eins ist. Sie will auch den biblischen Monotheismus, die Lehre von dem einen und einzigen Gott, nicht in Frage stellen und in eine Art von Polytheismus zurückfallen, wie es der Islam dem Christentum zum Vorwurf macht. Das Trinitätsbekenntnis will sagen, dass der eine und einzige Gott von Ewigkeit her kein einsamer Gott ist, sondern ewige Selbstmitteilung in der Liebe. Zu Ende gedacht ist die Trinitätslehre die pünktliche Auslegung des Satzes, mit dem der 1. Johannesbrief die ganze Botschaft des Neuen Testaments zusammenfasst: »Gott ist Liebe« *(1 Joh 4, 8.16).*[68] Nur weil Gott in sich selbst liebende Mittelung ist, kann er sich in der Geschichte als Selbstmitteilung offenbaren. Das Trinitätsbekenntnis will das Bekenntnis zu dem einen und einzigen Gott also nicht aufheben, sondern näher bestimmen. Es versteht sich als christliche Näherbestimmung des Monotheismus und so als konkreter Monotheismus.[69]

So ist das Verständnis der Kirche als Abbild der trinitarischen communio (κοινωνία) kein bibelferner Platonismus. Diese Rede kann sich vielmehr auf das Neue Testament stützen. Der 1. Johannesbrief sagt, dass wir Gemeinschaft (κοινωνία) haben mit dem Vater und dem Sohn und dass dies die vollkommene Freude ist *(1 Joh 1,3f.)*. Damit nimmt dieser Brief andere biblische Aussagen auf, in denen er von einem Sein Gottes in uns und von unserem Sein in ihm, vom Bleiben in Gott und vom Bleiben Gottes oder vom Wohnen des Vaters und des Sohnes in uns *(Joh 14,23)* die Rede ist. Wichtig ist, dass der 1. Johannesbrief nicht in der Ich-Form, sondern in der Wir-Form schreibt. Es geht ihm nicht um unser individuelles und persönliches Verhältnis zu Gott, sondern um das Wir der Gemeinde beziehungsweise der Kirche.[70] Denselben Gedanken kann man in dem johanneischen Gleichnis vom Weinstock und den Reben *(Joh 15)* finden. Alle diese Aussagen gehen weit über die stoische Popularphilosophie hinaus, die etwa in *Apg 17,28* anklingt. Sie haben auch nichts mit einer rein enthusiastischen Frömmigkeit zu tun. Sie wollen eine reale Seins- und Lebensgemeinschaft zum Ausdruck bringen.[71]

So kann man die Kirche als vergegenwärtigende Ikone der Trinität verstehen. In ihrer communio spiegelt sich die innertrinitarische communio nicht nur, in ihr wird sie vergegenwärtigt, sie wird in ihrem ganzen Leben, besonders in der Eucharistie, davon durchdrungen, sodass wir am trinitarischen Leben teilnehmen.

Am ausdrücklichsten ist der 2. Petrusbrief, der von unserer Anteilhabe an der göttlichen Natur *(2 Petr 1,4)* spricht. Man hat diese Aussage schon oft als eine Hellenisierung der biblischen Botschaft bezeichnen und abtun wollen. Inzwischen wissen wir aber, dass sich entsprechende Parallelen auch im jüdischen Raum finden.[72] Vor allem für die östliche Theologie ist die Rede von der Vergöttlichung (θέωσις) wichtig geworden. Diese Aussagen sind aber auch in die westliche Liturgie eingegangen. Am deutlichsten findet sie sich in der römischen Liturgie (heute außerordentlicher Ritus) bei der Mischung von Wein und Wasser: »Lass uns durch das Geheimnis dieses Wassers und Weines teilnehmen an der Gottheit dessen, der sich herabgelassen hat, unsere Menschennatur anzunehmen.« Im nachkonziliaren Missale ist dieser Gedanke erhalten geblieben; er findet sich in der dritten Präfation für die Weihnachtszeit, in der zweiten Präfation für Christi Himmelfahrt sowie in verschiedenen Gabengebeten der Weihnachts- und der Osterzeit (erste und zweite Messe an Weihnachten, Mittwoch in der zweiten Osterwoche u.a.). Der Gedanke von unserer Teilhabe an der göttlichen Natur ist, so können wir zusammenfassen sagen, nicht eine abstrakte theologische Aussage geblieben, er ist eingegangen in den Gebetsschatz der Kirche.

Das sind keine abstrakten und folgenlosen Aussagen. Denn wenn Gott, die alles umfassende, alles begründende und zugleich alles übersteigende Wirklichkeit, Liebe ist, dann hat diese Aussage Folgen für das Verständnis der Wirklichkeit insgesamt. Sie sagt dann: Liebe ist der letzte Sinn aller Wirklichkeit. Das bedeutet eine Revolution im Denken. Denn Liebe als Sinn des Seins bestimmen heißt, dass nicht die in sich stehende Substanz die Letztwirklichkeit ist, wie es die antike und die ihr folgende scholastische Metaphysik dachte. Sie bedeutet ebenso, dass auch nicht das Subjekt beziehungsweise die Subjektivität des Menschen der Ausgangspunkt und das Fundament aller Gewissheit ist, wie Descartes und die ihm folgende Neuzeit meinte. Letztwirklichkeit ist vielmehr die Relation.[73] Denn in der Trinitätslehre werden die trinitarischen Personen als subsistente Relationen gedacht. Die Kirche nach dem Ur- und Vorbild der Trinität denken heißt darum, sie als relationale und communiale Wirklichkeit denken. Sie lebt nicht aus sich selbst, sondern aus der sich selbst mitteilenden Liebe des dreieinen Gottes, und sie lebt nicht für sich, sondern in der Kommunikation der Liebe nach innen und nach außen.

Erik Peterson hat gezeigt, dass die Trinitätslehre die Überwindung eines starren Monotheismus und damit das Ende der antiken politischen Theologie bedeutet, für die gilt: Ein Gott – ein Kaiser – ein Reich.[74] Dieses imperiale Einheitsverständnis, in welchem der eine Kaiser, der das eine Reich regiert, den einen Gott repräsentiert, ist mit der Trinitätslehre zu Ende gegangen. Einheit besagt nun nicht mehr Uniformität, sondern Einheit in der Vielheit und Vielheit in der Einheit. Die Kirche als Ikone der Trinität verstehen stellt damit ein Leitbild ihrer Einheit in der Vielheit und der Vielheit in der Einheit auf.

Man muss diese Aussage richtig verstehen. Sie bedeutet nicht, dass die an Stelle des imperialen und patriarchalen Einheits- und Autoritätsverständnis nun die im Sinn der Aufklärung verstandene demokratische Brüderlichkeit getreten ist. Dieses Missverständnis wird gelegentlich erweckt, wenn man mit der Rede von der Kirche nach dem Bild der Trinität einen Pluralismus von Kirchen und an die Stelle der imperialen oder patriarchalen Verständnisses der Einheit ein rein bruderschaftliches Verständnis setzen will. Hinter einer solchen Ausdeutung steht ein Trinitätsverständnis, das auf einen Tritheismus (Dreigötterlehre) hinausläuft.

Die kirchliche Trinitätslehre schließt einen solchen Tritheismus kategorisch aus. Sie geht nicht von der Dreiheit der göttlichen Personen aus, die sich zur Einheit zusammen-schließen; sie geht aus vom Vater als Ursprung und Quelle (ἀρχὴ καὶ πηγή) der trinitarischen Einheit. Der Vater ist Ursprung und Quelle des Sohnes und mit dem Sohn zusammen des Heiligen Geistes, nicht in der Weise, dass der Sohn dadurch zu einer dem Vater untergeordneten göttlichen Person und der Geist zu einem Diener des Vaters und des Sohnes wird (Subordinatianismus). Der Vater ist Ursprung und Quelle in der Weise, dass er die gleichwesentliche Würde des Sohnes und des Heiligen Geistes begründet. So besteht eine innertrinitarische Ordnung (τάξις), die gleichwohl keine Unterordnung ist. Ähnlich soll es in der Kirche väterliche Autorität geben (vgl. *1 Kor 4,15*), die nicht Herrschaft ist, sondern Brüderlichkeit begründet. In der monastischen Spiritualität ist dieses Ideal der väterlichen Autorität oft herausgestellt worden.[75] Der Mönchsvater Benedikt hat in den Abtkapiteln seiner Regel das Wesen solcher väterlicher Autorität eindrucksvoll beschrieben. Er hat damit ein Modell kirchlicher Autorität aufgestellt, das väterliche Autorität mit der Brüderlichkeit aller verbindet, ja wahre Brüderlichkeit in gegenseitiger Wertschätzung und Hochachtung erst möglich macht.[76] Denn anders als die aufklärerische brüderliche Gleichheitsidee setzt väterliche Autorität die Einheit und Gleichheit nicht als etwas gegebenes voraus. Sie weiß um den natürlichen Egoismus, den Selbstdurchsetzungswillen und den Bruderkonflikt. Sie meint auch nicht, dass man Einheit im brüderlichen Dialog immer wieder neu finden und herstellen kann. Die väterliche Autorität ist als Ausgangspunkt und Quelle der Einheit vorgegeben. Sie stiftet und fördert eine Einheit von Gleichen, und sie tut dies, indem sie an dem einen Vater, der im Himmel ist, Maß nimmt, der die gleiche Würde aller begründet *(Mt 23,9)*.

Die Aussage von der Kirche als Abbild des Geheimnisses der Trinität ist also alles andere als pure Spekulation, mit der, wie Immanuel Kant meinte, praktisch nichts zu machen ist.[77] Sie enthält Verstehens-, Verhaltens- und Handlungspotenziale, die es verdienen, in der Kirche erst noch voll erkannt und ausgeschöpft zu werden, um dem trinitarischen mysterium communionis, das die Kirche ist, voll zu entsprechen.

## Kirche als universales Sakrament des Heils

Das griechische Wort für Geheimnis (μυστήριον) wurde in der nachbiblischen Kirchensprache seit Tertullian mit sacramentum übersetzt.[78] So konnten einige Kirchenväter, etwa Cyprian von Karthago,[79] die Kirche als Sakrament bezeichnen. Dieser Begriff wurde jedoch erst im 19. Jahrhundert bei Johann Adam Möhler, Johannes Heinrich Oswald und Matthias Joseph Scheeben wieder aufgegriffen. Auf dem Zweiten Vatikanischen Konzil konnte sich diese Bezeichnung nur gegen mancherlei Einwände durchsetzen.[80] In der Theologie dagegen wurde diese Redeweise ziemlich allgemein rezipiert. Sie blieb aber dem durchschnittlichen katholischen Kirchenverständnis ziemlich fremd und ist theologische Gelehrtensprache geblieben. Auch als solche bedarf sie eingehender, nicht ganz einfacher Erläuterung.[81]

Auch das Zweite Vatikanische Konzil ging mit der Beschreibung der Kirche als Sakrament recht umsichtig vor. Es sagt, die Kirche sei »in Christus gleichsam das Sakrament, das heißt Zeichen und Werkzeug für die innigste Vereinigung mit Gott wie für die Einheit der ganzen Menschheit«[82]. Diese vorsichtige Definition setzt das Konzil an anderen Stellen voraus und bezeichnet dort die Kirche ohne weitere Präzisierungen als universales Heilssakrament.[83]

Die vorsichtige Weise, mit der das Konzil die Kircher als Sakrament bezeichnet, enthält gleich mehrere Einschränkungen, welche man bei der Interpretation dieser Aussage genau zu beachten hat. Das Konzil sagt, die Kirche sei »in Christus gleichsam« (»veluti«) Sakrament. Dieses »gleichsam« deutet an, dass die Kirche kein achtes Sakrament neben den sieben Sakramenten ist. Wichtiger ist eine zweite Eingrenzung. Das Konzil sagt, die Kirche sei »in Christus gleichsam Sakrament«. Damit sagt es, dass die Kirche keine unabhängige sakramentale Bedeutung neben Christus, sondern nur »in Christus« hat. Denn Jesus Christus ist der eine Mittler zwischen Gott und den Menschen *(1 Tim 2,5)*. Ursakrament des Heils im eigentlichen Sinn ist auch nach Augustinus nur Jesus Christus selbst.[84] Nach den Kirchenvätern ist das ganze Geheimnis der Kirche aus der Seite des am Kreuz entschlafenen Christus hervorgegangen.[85] Das Ursakrament ist und bleibt also Jesus Christus selbst. Deshalb hat man die in der Theologie teilweise üblich gewordene Formel, die Kirche sei Ursakrament, fallen gelassen. Stattdessen spricht man lieber von der Kirche als Grund- oder Wurzelsakrament. Als Grund- und Wurzelsakrament ist sie sozusagen das Sakrament in den anderen Sakramenten. Sie ist gleichsam die eine Hand, mit der Gott durch sieben Sakramente nach uns greift und uns an sich zieht.

Das alles ist wichtig, um mancher Kritik, welche die Aussage von der Sakramentalität der Kirche in der evangelischen Theologie gefunden hat, in der rechten Weise begegnen zu können.[86] Man kann auch noch auf eine andere Aussage des Konzils hinweisen, in der es von einer »nicht unbedeutenden Analogie« zwischen der gottmenschlichen Konstitution Christi und der Kirche als einer »einzigen komplexen Wirklichkeit, die aus menschlichem und göttlichem Element zusammenwächst«[87] spricht. Auch damit soll die Differenz deutlich gemacht werden, die bei allem inneren Zusammenhang zwischen Christus und Kirche besteht.

Die richtig verstandene sakramentale Grundstruktur der Kirche ist in der gesamten sakramentalen Ordnung des Heils begründet. Gott offenbart sich und wirkt das Heil durch geschichtliche Worte und durch Taten, zusammenfassend und endgültig durch die Menschwerdung seines Sohnes in Jesus Christus. Er ist wahrer Gott und wahrer Mensch; in ihm ist der unsichtbare Gott sichtbar geworden. So wird nochmals bei aller inneren Zusammengehörigkeit die Unterscheidung zwischen Christus und der Kirche gewahrt und die Kirche nur in einer analog anzuwendenden Logik als göttlich-menschliches Geheimnis verstanden.[88] Thomas von Aquin bezeichnet die Menschheit Christi als das mit seiner Gottheit verbundene Instrument der Erlösung. Was an Jesus Christus sichtbar war, ist nun übergegangen in die Sakramente.[89] Die Sakramente sind aber nach Thomas nicht in Christus mit der Gottheit geeinte, sondern von ihr unterschiedene Instrumente der Erlösung.[90] Sie und damit auch die gleichsam als Sakrament verstandene Kirche sind nicht die ›Sache‹ selbst, sie sind nur Zeichen und Werkzeug. Nach Thomas ist die Kirche Werkzeug, indem sie Zeichen ist.[91] In heutiger theologischer Sprache ausgedrückt: Sie ist Realsymbol, welches das, was es bezeichnet, auch enthält und mitteilt.[92]

So wird die Kirche mit der Aussage, sie sei gleichsam Sakrament, eben nicht vergöttlicht, sondern im Grunde in einem richtig zu verstehenden Sinn relativiert. Sie begründet keinen kirchlichen Triumphalismus, im Gegenteil, sie sucht ihn zu überwinden. Denn als gleichsam sakramentales Zeichen verweist die Kirche auf Jesus Christus und sein Kreuz. Die nach dem Bild Christi gestaltete Kirche ist Kirche unter dem Kreuz und im Schatten des Kreuzes. Sie schreitet, wie das Konzil Augustinus zitierend sagt, »zwischen den Verfolgungen der Welt und den Tröstungen Gottes auf ihrem Pilgerweg dahin«. Sie umfasst in ihrem eigenen Schoß auch Sünder und bedarf darum stets der Buße und der Reinigung.[93] Auf der anderen Seite weist die irdische Kirche, die noch »die Gestalt dieser Welt, die vergeht« trägt, als eschatologisches Zeichen des Heils auf die erst künftige Einheit der Menschheit voraus.[94] Sie steht zwischen dem ›Schon‹ und dem ›Noch-nicht‹. Vor allem in der Liturgie ist die eschatologische himmlische Wirklichkeit in antizipatorischer Weise schon gegenwärtig, aber gerade die Eucharistie ist zugleich Wegzehrung für die Kirche, die in der Geschichte unterwegs ist und ihrem eschatologischen Ziel erst entgegengeht.[95]

In dieser doppelten Ausrichtung ist die Kirche als Zeichen und Werkzeug der Einheit mit Gott zugleich Zeichen und Werkzeug der Einheit unter den Menschen und damit als Sakrament der Welt. Das eine darf nicht vom anderen getrennt werden. Denn erst durch die Einheit mit Gott und in Gott ist die Einheit und Brüderlichkeit unter den Menschen möglich. Ohne Frieden mit Gott ist kein Friede in der Welt möglich. Man darf darum die Heilssakramentalität der Kirche nicht politisch instrumentalisieren. Zweifellos soll sich die Kirche nach Kräften innerweltlich für Frieden und Versöhnung einsetzen. Sakrament der Versöhnung und des Friedens in der Welt und Sakrament der Welt kann sie nur sein als Sakrament der Versöhnung mit Gott durch und in Jesus Christus.[96]

So stellt die Sicht der Kirche als Sakrament die Kirche in einen großen heilsgeschichtlichen Zusammenhang. Wie bei den Sakramenten[97] kann man auch bei der Kirche drei Dimensionen unterscheiden: Die Dimension des äußeren Zeichens, das heißt die sozial-institutionelle Dimension (signum seu sacramentum tantum), die Zwischendimension der schon realisierten, aber unter Zeichen verborgenen Wirklichkeit der Kirche in der Gemeinschaft mit Gott und in der Gemeinschaft des Glaubens, der Hoffnung und der Liebe (res et sacramentum) und schließlich die vollendete eschatologische Wirklichkeit des universalen Reiches Gottes, der die Kirche entgegengeht und die in ihr im Mysterium bereits gegenwärtig ist (res sacramenti).[98]

Das Verständnis der Kirche als Sakrament bringt damit einen großen Reichtum theologischen Nachdenkens über die Kirche zum Ausdruck. Es geht durch diese Aussage ein großer und weiter heils- und universalgeschichtlicher Atem. Trotzdem muss man sagen: Dieser Reichtum ist unter vielen fachtheologischen Eingrenzungen, Erläuterungen und Abgrenzungen verschüttet, welche die Vermittlung der Rede von der Kirche als Sakrament für das Verständnis der Gläubigen schwierig machen. Deshalb wird diese Rede wohl auch in Zukunft im Wesentlichen theologische Gelehrtensprache bleiben. Zum Glück findet sich in der theologischen Tradition noch eine andere Sprechweise, welche das damit Gemeinte in einer wesentlich ansprechenderen Weise zum Ausdruck bringt. Ihr müssen wir uns nun abschließend zuwenden.

### Kirche als Kunstwerk – die Schönheit der Kirche

Um den großen Atem, der in dem Verständnis der Kirche ›gleichsam als Sakrament‹ zum Ausdruck kommt, besser zu verstehen, lohnt es sich, nochmals bei den Theologen des 19. Jahrhunderts in die Schule zu gehen. Sie haben das, was wir mühsam mit Hilfe des Begriffs Sakrament ausdrücken, in wesentlich ansprechenderen ästhetischen Kategorien zum Ausdruck gebracht, indem sie von der Kirche als Kunstwerk und von der Schönheit der Kirche gesprochen haben. Neu war die Rede von der Schönheit der Kirche nicht. Sie findet sich bereits in der theologischen Tradition.[99] Doch nach all der rationalen Kritik und Verflachung in der Aufklärung, nach den Demütigungen der Kirche durch die Französische Revolution und durch die Säkularisation wurde die Entdeckung und die Rede von der Schönheit der Kirche begeistert aufgegriffen.

Den Anfang machte das damals Epoche machende Werk von François René Chateaubriand, *Génie du Christianisme, ou Beautés de la Religion chrétienne* (Geist des Christentums oder Schönheiten der christlichen Religion). Es ist 1802 erschienen und wurde sehr schnell ins Deutsche übersetzt. Es wollte kulturästhetische Rechtfertigung des Katholizismus sein und wurde damals begeistert aufgenommen. Damit leitete Chateaubriand nach der Aufklärung und nach der Französischen Revolution eine katholische Renaissance ein. Die Idee lag damals offensichtlich irgendwie in der Luft. Eine Reihe von romantischen Schriftstellern wie Wilhelm Schlegel griffen den Gedanken sofort auf. Im gleichen Jahr, in dem Chateaubriands Werk erschien, veröffentlichte Schelling seine Philosophie der Kunst (1802), in der er die Kirche als ein Kunstwerk bezeichnete, in dem die Vermittlung und die Versöhnung des Göttlichen und Menschlichen realsymbolisch zur Darstellung kommt.[100]

Johann Michael Sailer, der große Inspirator einer katholischen Erneuerung in Deutschland, griff die Idee ebenfalls auf und bezeichnete die Kirche als das höchste Kunstwerk.[101] Der von ihm beeinflusste Johann Sebastian Drey führte die Idee in seiner Programmschrift *Vom Geist und Wesen des Katholizismus* (1819) breit aus,[102] ebenso Johann Adam Möhler in der *Symbolik* (1832).[103] Im 20. Jahrhundert musste man dann freilich bis zu Hans Urs von Balthasar und seiner mehrbändigen theologischen Ästhetik *Herrlichkeit* warten, bis ästhetische Kategorien erneut und nun in einer historisch wie systematisch umfassenden Weise für ein tieferes Verstehen der Kirche zur Anwendung kamen.[104]

Es wäre verkehrt, in der Rede von der Schönheit der Kirche einen bloßen Ästhetizismus zu vermuten. Es geht auch nicht darum, die Kirche irgendwie schönreden zu wollen. Die Kirche ästhetisch als Kunstwerk zu betrachten ist viel tiefer und zentraler begründet. Sie verweist auf die Schönheit, welche die Kirche eigen ist, indem sie transparent ist auf ›das‹ Kunstwerk, biblisch: auf ›das‹ Bild Gottes in Jesus Christus *(2 Kor 4, 4; Kol 1, 15;* vgl. *Hebr 1, 3)*. Es ist eine paradoxe Schönheit, denn an ihm, dem gemarterten und gekreuzigten, war weder Gestalt noch Schönheit *(Jes 53, 2)*. Und dennoch hat die Gestalt Jesu Christi bis heute nicht nur für Christen, sondern auch für sehr viele Menschen, die sich nicht als Christen bezeichnen, etwas Anziehendes und Faszinierendes.

Transparent auf Jesus Christus hin wird die Kirche vor allem im Medium der Liturgie und in der Welt ihrer Symbole und Riten. Wo die Liturgie vielleicht ganz schlicht oder aber in ihrer Hochform gefeiert wird, da strahlt sie etwas aus von der Erhabenheit, der Schönheit und der Herrlichkeit (δόξα) Gottes. Da wird in ihr in einer sonst oft bleiernen und Wolken verhangenen Wirklichkeit gleichsam ein Spalt aufgetan in die andere himmlische Welt und ihre Herrlichkeit. Man kann in diesem Zusammenhang etwa an den französischen Dichter Paul Claudel († 1955) denken, der als 18-jähriger und bis dahin Nichtgläubiger an Weihnachten während eines Vespergottesdienstes die Kathedrale Notre Dame in Paris betrat, dabei ein religiöses Erweckungserlebnis hatte und unmittelbar darauf gläubiger Katholik wurde.

Die Schönheit der Kirche prägt sich ebenfalls aus in denen, die Christus nachfolgen und ihm durch die Taufe sakramental und dann ihrem Leben gleich gestaltet sind *(Röm 6,3–6; 8,29)* sind und in ihrem Leben etwas vom Licht und der Herrlichkeit (δόξα) Christi widerstrahlen *(2 Kor 4,4)*. Wir nennen sie die Heiligen. Sie zeigt sich schließlich, was vor allem Möhler herausgestellt hat, in der inneren Ordnung der Kirche und in dem Zusammenspiel in der Einheit in der Vielfalt der vielfältigen Charismen, Dienste und Ämter. So ist die Kirche mit allen ihren menschlichen Schwächen und in all den Bedrängnissen, die in dieser Welt zu ihr gehören, ein realer Vorschein der eschatologischen Herrlichkeit, in der im Ende Gott alles in allem sein wird *(1 Kor 15,28)*.

Das bekannte Kirchenlied *Ein Haus voll Glorie schauet* klingt für uns heute in vielem allzu triumphalistisch; richtig aber bleibt, was es in einer späteren Strophe sagt: »Die Kirche ist erbauet auf Jesus Christ allein. Wenn sie auf ihn nur schauet, wird sie in Frieden sein.« »Sein wandernd Volk auf Erden will leiten der Herr in dieser Zeit; er hält am Ziel der Zeiten dort ihm sein Haus bereit«[105]. In diesem Sinn ist die Kirche sacramentum futuri und ein Hoffnungszeichen für die Welt.

## *2.2 Reich Gottes und Kirche*

### Gottes Heilsplan – Sammlung und Friede unter den Völkern

Die Hoffnung auf Gerechtigkeit und Frieden durchzieht die ganze Menschheitsgeschichte; sie ist eine Ursehnsucht der Menschheit, die auch im Alten wie im Neuen Testament ein Echo findet. Dort ist die universale menschliche Hoffnung, wie gleich auf der ersten Seite des ersten Buchs der Bibel deutlich wird, im biblischen Monotheismus selbst begründet. Nach dem ersten Buch der Bibel, der Genesis, schafft Gott Adam, das heißt: den Menschen, und er schafft ihn unabhängig von seiner Zugehörigkeit zu einem bestimmten Volk, Stamm oder Geschlecht nach seinem Bild und Gleichnis *(Gen 1,28)*. Damit sind alle Menschen unabhängig von ihrer Rasse, Hautfarbe, Kultur, Sprache Nation, ihrem Geschlecht und ihrer Religion in gleicher Weise Kinder des einen Vaters im Himmel. Alle bilden die eine Menschheitsfamilie, allen kommt die eine und gleiche menschliche Würde zu. Das war in der damaligen Welt ein revolutionärer Gedanke. Denn damit war die Vorstellung, wonach allein der König Abbild Gottes ist, gleichsam demokratisiert. Gleichzeitig wurde damit allen ethnischen und nationalistischen Verfeindungen der religiöse Boden entzogen.

Diesem Gesichtspunkt fügt die Bibel einen weiteren Gedanken hinzu: Gott schafft den Menschen als ein auf Gemeinschaft und Kommunikation angelegtes Wesen. Das kommt vor allem darin zum Ausdruck, dass beide Schöpfungsberichte sagen, dass Gott den Menschen als Mann und als Frau und als zwei Wesen, die sich entsprechen, geschaffen hat. Beiden hat er den Auftrag gegeben, die Erde zu bevölkern *(Gen 1,26f.; 2,18–25)*. Das kommunikative Wesen des Menschen kommt auch darin zum Ausdruck, dass sich der Mensch nach biblischem Verständnis durch die Sprache vom Vieh unterscheidet, das stumm ist *(Ps 49,21;* Vieh, hebr. behemah, meint wörtlich ›das Stumme‹). Der Mensch ist dagegen ein auf Kommunikation angelegtes sprachliches Wesen.

Die Kommunikation wurde durch die Sünde gestört. Sie hat Entfremdung, Trennung und Streit in die Welt gebracht. Das zeigt sich bereits im Verhältnis von Mann und Frau, die sich nach der Sünde in ihrer Nacktheit erkennen, sich voreinander schämen und einander fremd werden *(Gen 3,20)*. Die Geschichte der Entfremdung geht weiter im Brudermord von Kain an Abel *(Gen 4)*. Am deutlichsten kommt die Entfremdung in der Geschichte vom Turmbau zu Babel zum Ausdruck. Nach dieser Erzählung verwirrt Gott den der Hybris verfallenen Völkern die Sprache, sodass sie die Sprache der jeweils anderen nicht mehr verstehen *(Gen 11,6–9)*. Bei Origenes heißt es: »Ubi peccata, ibi multitudo.« »Wo Sünden sind, da ist Vielheit, da sind Spaltungen, da sind Irrlehren, da sind Streitigkeiten.«[106]

Doch Gott hat in seiner Treue den Menschen nicht fallen lassen. Er hat ihn in dieser schwierigen und ausweglosen Situation nicht allein gelassen und ihn nicht dem Verderben der babylonischen Verwirrung anheim gegeben. Mit Abraham hat er einen neuen Anfang gemacht. Abraham wird zwar als Einzelner berufen und aus allen anderen herausgerufen, aber er wird berufen, um ein Segen zu sein für alle Völker *(Gen 12,2f.; 18,18; 22,17f.)*. So zielt die mit Abraham beginnende Heilsgeschichte von allem Anfang an über die unmittelbare Nachkommenschaft Abrahams und über das Volk Israel hinaus auf die gesamte Menschheit. In diesem Sinn haben die Propheten die eschatologische Sammlung aller Völker und einen universalen Frieden (schalom, *Jes 2,2–5; 49,9–13; 60; Mi 4,1–3; Ez 37,16–28* u.a.) verheißen.

Schon der Prophet Natan hat ein ewiges Königtum verheißen *(2 Sam 7)*. Die Psalmen (*Ps 2,7f.; 47,9; 89; 110; 145,13* u.a.) und die Propheten (*Jes 32,1; 40,10; 52,7; Jer 23,5* u.a.) sprechen von der messianischen Hoffnung, dass Gottes Königsein anbricht und mit ihm Gerechtigkeit und Frieden *(Ps 72; Jes 32,1)*, Sicherheit und Ruhe *(Ez 34)*. Dabei geht es um die Proklamation, dass Jahwe selbst König (melech) ist *(Ps 93,1; 96,10; 99,1)*.[107]

Der Prophet Daniel spricht dann erstmals vom Königreich Gottes (malkut). Es ist das letzte und endgültige der Weltreiche, das alle vorhergehenden Reiche ablöst *(Dan 2,36–44)*. Mit ihm ist die Geschichte in ihr letztes und endgültiges Stadium eingetreten. Daniel verbindet diese Vorstellung mit der Erwartung des Menschensohns, der auf den Wolken des Himmels kommt, dem Herrschaft, Würde und Königtum gegeben wird; sein Reich wird ein ewiges Reich sein *(Dan 7,13f.27)*. Der Menschensohn repräsentiert das Gottesvolk der Heiligen der Endzeit.

Das Buch Daniel macht den Anfang der frühjüdischen apokalyptischen Schriften. Sie gehen von einem dualistischen Weltbild aus; sie sehen die Heillosigkeit der gegenwärtigen Situation und wissen, dass das Heil nicht das Ergebnis innerweltlicher Entwicklungen oder Pläne sein kann, sondern allein Gottes Tat. Sie erwarten ein bald bevorstehendes Eingreifen Gottes, das der gegenwärtigen Weltzeit ein Ende bereitet und das Reich Gottes herbeiführt.

### Die Reich-Gottes-Botschaft Jesu

Jesu Auftreten und sein Wirken lassen sich nur im Zusammenhang dieser universalen eschatologischen Verheißung verstehen. Seine zentrale Botschaft ist das Kommen des Reiches Gottes. Markus fasst sie in einem Summarium zusammen: »Die Zeit ist erfüllt, das Reich Gottes ist nahe. Kehrt um und glaubt an das Evangelium« *(Mk 1,14f. par.)*.[108]

Mit dieser Botschaft greift Jesus die Hoffnung des Alten Testaments auf. Mit seiner Botschaft vom kommenden Reich Gottes leitet er die eschatologische Sammlung des Gottesvolkes ein; er sammelt die zerstreuten Schafe Israels *(Mt 9,36; 12,30; 14,27; Joh 10,11–16; 11,52)*. Er ist der gute Hirt, der den Verlorenen nachgeht und sie in die Gemeinschaft mit Gott und mit den anderen zurückholt *(Lk 15; 19,10)*. Er sieht voraus, dass viele von Osten und Westen kommen, um mit Abraham, Isaak und Jakob im Himmelreich zu Tisch zu sitzen *(Mt 8,11)*. Am Ende werden die Engel ausgesandt, um die Auserwählten von allen vier Windrichtungen zusammenzuführen *(Mk 13,27)*. Das vierte Evangelium hat das Bild vom guten Hirten nochmals in großartiger Weise durchgeführt *(Joh 10,1–39)* und von der Sammlung der versprengten Kinder Gottes gesprochen *(11,51f.)*.[109]

Jesus greift mit der Rede vom Reich Gottes apokalyptische Rede auf, ohne selbst ein Apokalyptiker zu sein. Apokalyptische Spekulationen weist er zurück *(Mt 24,36; Mk 13,32)*. Berechnen und an äußerlichen Phänomenen festmachen kann man das Kommen des Reiches Gottes nicht *(Lk 17,20f.*; vgl. *Apg 1,6f.)*. Das Wie, Wann und Wo seines Kommens ist Gottes ureigenste Sache. Niemand weiß es, auch nicht der Sohn *(Mt 24,36)*.

So ist eine eschatologische Botschaft im Verhältnis zur Apokalyptik ein Novum. Das Novum besteht darin, dass er das Kommen des Reiches Gottes mit seinem Kommen identifiziert. In ihm und durch ihn ist Gott selbst im Kommen. Er ist der bei Daniel vorhergesagte Menschensohn als der Repräsentant des eschatologischen Gottesvolkes. Seine Reich-Gottes-Botschaft ist unlösbar mit seinem Bewusstsein und Anspruch verbunden, wonach er als der Sohn in einem einmaligen innigen Verhältnis zu Gott als seinem Vater (abba) steht *(Mt 11,27; Mk 14,36)*. Origenes hat es auf den Begriff gebracht und Jesus als das Reich Gottes in Person (αὐτοβασιλεία) bezeichnet.[110]

Das Reich Gottes kommt, indem er es verkündigt; sein Wort ist performative Ansage, die wirkt, was sie sagt. Es kommt durch seine Verkündigung, und es kommt durch seine Taten *(Mk 1,23–26; Lk 4,33–35; 11,20; 17,21)*, es wird schließlich Ereignis in seinem Verhalten gegenüber den Sündern und Verlorenen. Jesus ist ja gekommen, um Sünder zu berufen, nicht Gerechte *(Mk 2,17)*. Ähnlich preist er die Armen, die Trauernden, die Gewaltlosen, die Hungernden, die Friedensstifter und die um der Gerechtigkeit willen Verfolgten selig *(Mt 5,3–11; Lk 6,20–26)*. Er spricht das Reich Gottes in besonderer und privilegierter Weise den Armen, Gefangenen, Kranken, Unterdrückten *(Lk 4,18f.)*, den Kindern und den Kleinen *(Mt 10,14 par.)* zu. Es wird schon jetzt vorweg gefeiert werden in den Mählern, die Jesus auch mit den Sündern, die sich bekehren, feiert (*Mk 2,19* u.a.). So kommt das Reich Gottes ganz anders, als die Menschen es erwarten. Darum gilt: »Selig, wer an mir keinen Anstoß nimmt« *(Mt 11,6; Lk 7,23)*.

Das Kommen des Reiches Gottes verlangt von den Hörern Umkehr und Glauben. Gemeint ist eine völlige Neuorientierung des Lebens *(Mk 1,15)*, die einer Neugeburt gleichkommt *(Joh 3,3)*. Wir sollen nicht uns, unsere Interessen und unseren Willen zum Maß aller Dinge machen, sondern Gott und ihn über alles andere lieben, und wir sollen den Nächsten zum Maß unseres Verhaltens machen *(Mk 12,29–31 par)*. Solchem Berge versetzenden Glauben ist alles möglich; in ihm nehmen wir an Gottes Allmöglichkeit (Allmacht) teil *(Mk 9,23; Mt 17,20)*. Herbeiführen können wir es jedoch nicht. Wir können nur beten: »Dein Reich komme!« *(Mt 6,10; Lk 11,2)*.

Die Reich-Gottes-Gleichnisse geben uns eine gewisse Ahnung vom Wie des Kommens des Reiches Gottes. Sie sprechen von der wachsenden Saat, vom Senfkorn, das zu einem großen Baum wird und vom Sauerteig, der einen ganzen Trog Mehl durchsäuert *(Mt 13 par.)*. Das sind paradoxe Bilder. Sie sagen: Das Reich Gottes ist in unscheinbaren kleinen Anfängen und in verborgener Weise schon gegenwärtig, es muss noch wachsen und reifen bis zur Ernte am Ende der Zeit. Das Reich Gottes ist also eine dynamische Größe. Wie ein bisschen Sauerteig durchsäuert und transformiert es das Ganze der Wirklichkeit.

## Hat Jesus eine Kirche gewollt?

Von einer Kirchengründung ist in der Botschaft und im Auftreten Jesu nirgends ausdrücklich die Rede. Dennoch war der Ursprung der Kirche bei Jesus für die gesamte Tradition selbstverständlich. Die Frage einer Kirchengründung durch Jesus wurde erst seit der Aufklärung zum Problem. Den Anfang machte der evangelische Theologe, Philologe, Orientalist und Philosoph Hermann Samuel Reimarus († 1769). Gotthold Ephraim Lessing († 1781) veröffentlichte nach dessen Tod die *Fragmente eines Ungenannten* und erregte damit eine heftige Kontroverse. Reimarus stellte nämlich einen radikalen Bruch fest zwischen der Verkündigung Jesu von einem messianischen irdischen Reich und der Verkündigung der Apostel vom Himmelreich. Nach ihm war Jesu Botschaft mit seinem Tod am Kreuz gescheitert. Die Auferstehungsbotschaft war ein Betrug der Apostel, mit dem es erst zur Kirche und ihrer metaphysischen Botschaft kommen konnte. Die Kirche war also eine Verlegenheitslösung und ein Missverständnis der Reich-Gottes-Botschaft Jesu. Damit war wie mit einem gewaltigen Paukenschlag die neuzeitliche Leben-Jesu-Forschung eröffnet.[111]

Auf den Fortgang der Leben-Jesu-Forschung kann hier nicht eingegangen werden. Sie endete in der liberalen protestantischen Theologie (Albrecht Ritschl, Adolf von Harnack u. a.). Harnack († 1930) hielt exakt im Jahr 1900 in Berlin eine öffentliche Vorlesung über das *Wesen des Christentums*, in der er sein Verständnis vom Reich Gottes bei Jesus als eines sittlichen Ideals darlegte: »Alles Dramatische im äußeren weltgeschichtlichen Sinn ist hier verschwunden, versunken ist auch die ganze äußerliche Zukunftshoffnung.« Es geht nur »um Gott und die Seele, und die Seele und ihren Gott.«[112] Die katholische Kirche, die Sakramente und die Idee der Vergöttlichung des Menschen sind eine Hellenisierung des Christentums. Es fehlt jeder Zusammenhang mit dem Evangelium; sie sind eine totale Verkehrung.[113] Das Dogma ist für Harnack »ein Werk des griechischen Geistes auf dem Boden des Evangeliums«[114].

Eine neue Situation entstand, als die eschatologische Schule (Johannes Weiß und Albert Schweitzer) neu den un- und überweltlichen apokalyptischen Charakter der Reich-Gottes-Botschaft Jesu herausstellte und damit die liberale Position in ihren Grundfesten erschütterte. Alfred Loisy († 1940) spottete: Jesus verkündete das Reich Gottes und gekommen ist die Kirche.[115] Erik Peterson († 1960) stellte dem zu Recht polemisch entgegen: Gekommen ist der Humanismus.[116] Denn was für Albert Schweitzer († 1965) blieb, war die Ehrfurcht vor dem Leben, was ihm zu Recht hohen persönlichen Respekt eintrug, womit er aber die eschatologische Botschaft Jesu als unwiederbringliche Vergangenheit ansah.

Mit der Neuentdeckung der Eschatologie war das Problem der Ent-eschatologisierung und damit das Problem der Entstehung der Kirche neu gestellt. Die Frage war nun: Wie konnte es von der apokalyptisch-charismatischen Predigt Jesu zu einer sakramental-institutionell verfassten Kirche kommen? Bruch oder Kontinuität?

Rudolf Bultmann unterschied zwischen dem Auftreten und der Botschaft Jesu und dem nachösterlichen Kerygma; für Bultmann gehörte Jesus in die Vorgeschichte des Kerygmas. Seine existentiale Auslegung des NT war am historischen Jesus nicht interessiert; ihm ging es um das je aktuelle Kerygma und den Christus des Glaubens.[117] In der Nach-Bultmann-Theologie wurde der bei Bultmann latente Doketismus zum Problem. Eine Reihe von Bultmann-Schülern warf deshalb die Frage nach dem historischen Jesus neu auf und zeigte die in der Verkündigung und im Auftreten des irdischen Jesus deutliche implizite Christologie auf.[118] Ähnlich gelang es einer Reihe anderer Forscher (Karl Ludwig Schmidt, Joachim Jeremias, Werner Georg Kümmel, Anton Vögtle, Rudolf Schnackenburg, Franz Mussner, Wolfgang Trilling u. a.) bei Jesus eine Art implizite Ekklesiologie herauszuarbeiten.[119]

## Die jesuanischen und christologischen Grundlagen der Kirche

Jesus wollte durch seine Verkündigung und durch seine Wundertaten das Volk Gottes sammeln. Wie ein Hirt wollte er die versprengten Schafe Israels sammeln *(Mt 9,36)*. Die Aussendung seiner Jünger *(Mk 3,13–19; 6,6–13 par.)* richtet sich nur auf die verlorenen Schafe des Hauses Israel *(Mt 10,6)*. Jesus wollte keine Sondergemeinde neben Israel gründen; darum finden wir bei ihm kein ausdrückliches Stiftungswort für die Kirche.[120]

Die Berufung der Zwölf, die erst nach Ostern als Apostel bezeichnet wurden, gehört in diesen Zusammenhang der eschatologischen Sammlung und Wiederherstellung des Gottesvolkes. Die Zwölfzahl hatte eine symbolische Bedeutung; die Zwölf sollten Repräsentanten des eschatologischen Zwölf-Stämme-Volkes sein. Der Bericht von ihrer Wahl und Sendung zeigt aber auch das Neue, das hier geschieht. Ihre Wahl ist ein souveräner schöpferischer Akt Jesu. Es heißt: »Er rief, die er erwählt hatte«, »er machte sie (das heißt, er schuf sie) zu den Zwölfen«. Bedeutsam ist, dass der Text fortfährt: er erwählte sie, »damit sie mit ihm seien und er sie sende«. Die Sammlung konzentriert sich um Jesus; er ist die neue Mitte des zu sammelnden Gottesvolkes. Die Gemeinschaft mit ihm ist die Grundlage und Ausgangspunkt der Sendung.[121]

Der als Skandal empfundene Anspruch Jesu, der in seiner Interpretation des mosaischen Gesetzes, in seinem Umgang mit dem Sabbatgebot, seinen Mählern mit Sündern und in seiner Sündenvergebung zum Ausdruck kam, führten zum Bruch. Nach der anfänglichen Begeisterung der Massen kam es zu einer Scheidung der Geister. Vor allem die Führer des Volkes waren ihm schon bald feindlich gesinnt. Das Kreuz warf schon früh seine Schatten voraus. Jesus deutete seine Sendung im Sinn des stellvertretenden Leidens des vierten Gottesknechtsliedes bei Jesaja *(Jes 53; Mk 10,45 par.)*. Er tritt nun ein »für die Vielen«, ja er tritt an ihre Stelle; an seinem Todesschicksal entscheidet sich das Heil der Vielen. Wer sein Jünger sein will, muss ihm in diesem stellvertretenden Dienst nachfolgen und sein Kreuz auf sich nehmen, um das Leben zu finden *(Mk 8,34f. par.)*. Eine neue Jüngergemeinde zeichnet sich ab.

Überraschenderweise findet Jesus aber Glauben bei einzelnen Heiden. Beispiele sind die Begegnung mit der syrophönizischen Frau und mit dem Hauptmann von Kafarnaum *(Mk 7,24–30; Mt 8,5–13)*. Jesus greift dabei auf die Verheißung des Herbeiströmens der Völker und droht seinen jüdischen Hörern: »Viele werden von Osten und Westen kommen und mit Abraham, Isaak und Jakob zu Tische sitzen; die aber, für die das Reich bestimmt war, werden hinausgeworfen in die äußerste Finsternis; dort werden sie heulen und mit den Zähnen knirschen« *(Mt 8,11f.)*. Eine ähnliche Szene findet sich im Johannesevangelium. In der Begegnung Jesu mit den Griechen erkennt das vierte Evangelium den Anbruch der eschatologischen Stunde (ὥρα, *Joh 12,20–23*). Damit deutet sich schon während des irdischen Lebens Jesu die anbrechende Erfüllung der Verheißung der universalen eschatologischen Sammlung an.

Dieser universale Anspruch kommt besonders in der Sondertradition bei Lukas zum Ausdruck, der neben der Wahl und Sendung der Zwölf noch von der Aussendung der 70 beziehungsweise 72 Jünger spricht *(Lk 10,1–16)*. Auch diese Zahl hat eine symbolische Bedeutung; sie drückt im Alten Testament die dann im Judentum geläufige Theorie aus, dass es 70 beziehungsweise 72 Weltvölker gibt *(Gen 10; Ex 1,5; Dtn 32,8)*. Lukas will also den universal-menschheitlichen Anspruch Jesu und seine Sendung zu allen Völkern zum Ausdruck bringen.[122] Lukas nimmt damit vorweg, was sich beim irdischen Jesus andeutet, aber erst nach Ostern voll Wirklichkeit wurde.

Der entscheidende Schritt, der zur Konstitution der Kirche führte, geschieht beim Letzten Abendmahl, das Jesu mit seinen Jüngern vor seinem Leiden und Sterben hält. Die Berichte bei Matthäus, Markus, Lukas und Paulus geben viele überlieferungsgeschichtliche Fragen auf, auf die hier nicht im Einzelnen eingegangen werden kann.[123] Ein Wort Jesu ist aber unbestritten. Jesus spricht davon, dass er von der Frucht des Weinstocks nicht mehr trinken werde, bis zu dem Tag, an dem er von neuem davon trinken werde im Reich Gottes *(Mk 14,25 par.)*. Damit fasst Jesus nochmals die Mitte seiner Botschaft, das Kommen des Reiches Gottes, zusammen. Er schaut aber im Angesicht seines bevorstehenden Todes über seinen Tod hinaus. Er sieht seinen Tod nicht als Scheitern seiner eschatologischen Botschaft, sondern als den endgültigen Anbruch des Kommens des eschatologischen Reiches Gottes. Das letzte Mahl Jesu ist damit Vorgriff und Antizipation des eschatologischen Mahles im Reiche Gottes. Die bedeutungsschweren alttestamentlichen Zitate, welche mit den Worten über das Brot und den Kelch gesprochen werden (*Ex 12* neues Passah, *Ex 24* Blut des Bundes; *Jer 31* neuer Bund, *Jes 53* Jesus als Gottesknecht), zeigen in unterschiedlicher Weise, dass mit Jesu Tod die prophetischen Verheißungen in Erfüllung gehen und dass sein Tod als stellvertretende Lebenshingabe »für die Vielen« zu verstehen ist.

Das letzte Mahl Jesu war kein in einem juristischen Sinn des Wortes kirchenstiftender Akt. Es ist weit mehr. Es legt die Grundlage für das, was nach Ostern von Anfang an die Mitte der Kirche war und ist; in diesem umfassenden Sinn ist es ein kirchengründender Akt. Es ist bei den Exegeten zwar umstritten, ob Jesus die Worte »Tut dies zu meinem Gedächtnis« *(Lk 22,19; 1 Kor 11,24f.)* selbst so gesprochen hat. Es kann jedoch kein Zweifel daran bestehen, dass die Urkirche von Anfang an das Gedächtnis von Jesu Tod unter eschatologischem Jubel (ἀγαλλίασις) feierte *(Apg 2,46)* und dabei mit dem Ruf Maranatha (*1 Kor 16,22;* Didache 10,6) sehnsüchtig auf das endgültige eschatologische Kommen vorausblickte. So war das letzte Mahl Jesu die Grundlage dessen, was die Sinn gebende Mitte der nachösterlichen Kirche wurde: die vergegenwärtigende Feier von Tod und Auferstehung und die antizipierende Vorfeier des endgültigen Reiches Gottes.

Diese Entwicklung wird verständlich, wenn man erkennt, dass für die Jünger die Auferweckung Jesu von den Toten das entscheidende eschatologische Ereignis war. Die Auferweckung der Toten wurde in der zeitgenössischen Apokalyptik für das Eschaton am Ende der Zeit erwartet. Wenn nun gesagt wurde, Jesus sei von den Toten auferweckt worden, so war dies die Vorwegereignung des Eschaton mitten in der Weltzeit.[124] Damit wird das apokalyptische Schema grundlegend korrigiert.[125] Durch die Auferweckung hat Gott seine Treue zu Jesus und seiner Botschaft erwiesen. So lag es in der Logik der Geschichte des Kommens des Reiches Gottes, dass der Auferstandene nach Ostern seine zerstreuten Jünger wieder sammelte und sie zu allen Völkern aussandte. Damit war die eschatologische Sammlungsbewegung unter allen Völkern definitiv eingeleitet *(Mt 28,19; Mk 16,15; Lk 24,47; Apg 1,8)*.

Nach der Apostelgeschichte ist mit der Geistausgießung die Prophezeiung des Propheten Joel, dass Gott am Ende seinen Geist über alles Fleisch ausgießen werde, in Erfüllung gegangen *(Joel 3,1–5; Apg 2,17–22)*. Beim Turmbau zu Babel ist der Versuch, die Einheit der Völker aus eigener Macht und Kraft herzustellen, misslungen. Nun hat durch Gottes Geist die babylonische Sprachenverwirrung ein Ende. An Pfingsten hören und verstehen alle die Botschaft der Apostel, welche die Großtaten Gottes verkünden, in ihrer Sprache. Neue Kommunikation und neues Verstehen über alle ethnischen und kulturellen Grenzen hinweg ist nun möglich *(Apg 2,6.12)*. Die eschatologische Sammlung des Gottesvolkes aus allen Völkern hatte damit endgültig begonnen. Zugleich erinnert das Pfingstfest an den Bundesschluss am Sinai und den Erlass der Zehn Gebote und der Thora. Somit liegt dem Pfingstereignis der Gedanke des neuen Bundes zu Grunde, der nicht mehr auf steinerne Tafeln, sondern durch den Heiligen Geist in die Herzen geschrieben ist *(2 Kor 3,3)*. So tritt mit dem Pfingstereignis die Kirche erstmals öffentlich in ihrer weltweiten, im damaligen Sinn ökumenischen Universalität ins Dasein.[126]

Nimmt man wahr, dass mit Tod und Auferweckung Jesu wie durch die Geistsendung das Eschaton bereits angebrochen ist und wir durch die Taufe auf Jesus Christus eine neue Schöpfung sind *(Gal 6,15)*, dann versteht man, dass die sogenannte Parusieverzögerung für die Urgemeinde kein nennenswertes Problem geworden ist. Jesus selbst hatte sich ja als das Reich Gottes in Person verstanden, und nun ist es durch die Auferstehung und die Geistausgießung angebrochen. Die Wende und der rettende Sieg haben bereits stattgefunden *(Offb 12,10f.)* sodass nun gilt: »Das Alte ist vergangen, Neues ist geworden *(2 Kor 5,17)*. Darum ist es verkehrt, die sogenannte Parusieverzögerung zum Generalschlüssel aller exegetischen Probleme zu machen, wie es seit Johannes Weiß, Albert Schweitzer und Alfred Loisy immer wieder geschehen ist.[127] Der eigentliche Grund der Kirche ist der auferstandene und im Geist gegenwärtige Jesus selbst. Letztlich ist die Kirche mit dem durch die Taufe begründeten Sein in Jesus Christus (*1 Kor 12,13; Gal 3,27f.*); durch die Teilhabe am eucharistischen Leib Christi ist sie, wie es dann Paulus ausdrücklich sagte, der Leib Christi (*1 Kor 10,16f.*).[128]

So ist die nachösterliche Kirche nicht als eine Art Verlegenheitslösung entstanden. Sie muss vielmehr aus der Gesamtdynamik des mit Jesus kommenden und mit der Auferstehung endgültig angebrochenen Reiches Gottes verstanden werden. In diesem Sinn ist sie implizit in Verkündigung und Auftreten Jesu grundgelegt. Sie ist im Prozess der mit Jesus in ihre endgültige Phase eingetretenen Geschichte Gottes mit seinem Volk ins Leben getreten. Deshalb macht es wenig Sinn, darüber zu streiten, ob der irdische Jesus, das Kreuz Jesu, Ostern oder Pfingsten der Ursprung der Kirche sei. Die Kirche ist aus der Gesamtdynamik des Kommens des Reiches Gottes hervorgegangen und an Pfingsten erstmals öffentlich in Erscheinung getreten. So ergibt sich die Ekklesiologie aus der Dynamik der sich anbahnenden Eschatologie.

Zusammenfassend kann man mit dem Zweiten Vatikanischen Konzil von einem stufenweisen Werden der Kirche im Zug der eschatologischen Sammlung sprechen[129] und sagen: Die Kirche ist das im Mysterium schon gegenwärtige Reich Gottes.[130] Aber sie trägt noch die Gestalt dieser Welt.[131] Sie ist noch nicht das vollendete Reich Gottes. Die Kirche ist eine Zwischenwirklichkeit; sie ist Zeichen und Instrument des kommenden Reiches. Die Mission unter den Völkern ist Kundgabe, Epiphanie und Erfüllung des Heilsplans Gottes für die Welt und ihre Geschichte.[132]

## Was meint ekklesia – Kirche?

Fragen wir nun: Was meinen wir, wenn wir von Kirche sprechen? Um diese Frage zu beantworten, können wir von dem Begriff ausgehen, der im Neuen Testament zur wichtigsten Selbstbezeichnung der Kirche wurde: ἐκκλησία.[133] Der Begriff ekklesia dient als Übersetzung des hebräischen Wortes qahal. Damit wird das am Sinai versammelte Bundesvolk bezeichnet (*Dtn 4,10; 31,30* u.a.). Solche Versammlungen fanden immer wieder statt *(Jos 24,1–28)*, später nach der Erbauung des Tempels bei den großen Jahresfesten. Die neutestamentliche ekklesia ist in dieser Sicht die Erneuerung und Erfüllung der alttestamentlichen Bundesversammlung.

Meist wird das Verständnis von ekklesia aus diesem alttestamentlichen Gebrauch abgeleitet. Die direkte Herleitung aus dem Alten Testament muss aber nach neueren Forschungen differenziert werden. Denn ekklesia war in der hellenistisch-römischen Kaiserzeit auch ein weit verbreiteter politischer Begriff. Er hatte in dieser Spätzeit nicht mehr die Bedeutung der Volksversammlung aus der Glanzzeit der athenischen Demokratie. In der Kaiserzeit war die ekklesia amtlich strukturiert. Die Volksversammlung musste von der zuständigen Autorität ordnungsgemäß einberufen werden und sie wurde durch Beamte geleitet. Sie hatte kein Beschluss-, sondern nur ein Akklamationsrecht und hatte zudem kultische Funktionen. Damit gehört der Begriff ekklesia im Unterschied zu privat- und vereinsrechtlichen Zusammenschlüssen wie etwa die Mysterienvereine dem öffentlichen Rechtsbereich an.[134]

Die hellenistisch geprägte Bedeutung von ekklesia liegt im Neuen Testament an einer Reihe von Stellen zu Grunde. Wichtig ist vor allem der Bericht vom ›Apostelkonzil‹ in *Apg 15*. Dort tritt die ekklesia ähnlich wie die pagane unter Leitung der Apostel zusammen und beschließt mit ihnen ein für die Zukunft der jungen Kirche grundlegendes Dekret: »Der Heilige Geist und wir haben beschlossen« *(Apg 15,28)*. Auch an den beiden einzigen Stellen, an denen bei den Synoptikern der Begriff ekklesia vorkommt, ist von rechtlich bindenden Vorgängen, nämlich von »Binden und Lösen« die Rede *(Mt 16,18; 18,17f.*; vgl. auch *1 Kor 5f.)*. Damit ist die Vollmacht gemeint, Lehrentscheidungen zu treffen und aus der Gemeinde auszuschließen (bannen) und den Bann wieder zu lösen.[135]

Um zu verstehen, wie dieser hellenistische Sprachgebrauch auch in der frühen Kirche eine Rolle spielen konnte, muss man wissen, dass Jerusalem zur Zeit Herodes des Großen († 4 v. Chr.) eine ausgesprochen hellenistisch geprägte Metropole war. Entsprechend spielten auch in der frühen Kirche die hellenistischen Judenchristen im Stephanuskreis *(Apg 6,1)* eine wichtige Rolle. Bezeichnenderweise kam auch die Gruppenbezeichnung ›Christen‹ erstmals im hellenistischen Antiochien auf *(Apg 11,26)*.[136]

Man wird den Begriff ekklesia also nicht allein und nicht direkt vom alttestamentlichen Hintergrund her deuten dürfen, sondern, was die öffentliche und amtliche Gestalt angeht, auch aus dem Zusammenhang des damaligen hellenistischen Sprachgebrauchs verstehen müssen. So geht aus dem biblischen Sprachgebrauch klar hervor, dass die neutestamentliche ekklesia nie eine rein charismatische oder eine Art demokratische Größe war, sondern von Anfang an rechtlich strukturiert war.[137] Sie war nicht ein Zusammenschluss von Gläubigen zur Pflege und Förderung ihrer privaten Frömmigkeit; sie war eine öffentlich-rechtliche Größe.

Das Novum der neutestamentlichen ekklesia gegenüber der politischen ekklesia war, dass sich die neutestamentliche ekklesia nicht politisch verstand. Sie wurde nicht durch politische Bürgerschaft begründet, sondern durch das Herausgerufensein (ἐκ–κλησία) aus allen Völkern und durch ein neues, in der Taufe begründetes Einssein in Jesus Christus. So kommt der hauptsächliche Unterschied in der Bezeichnung als ekklesia Gottes (ἐκκλησία τοῦ Θεοῦ, *1 Kor 1,1; 15,9; 2 Kor 1,1; Gal 1,1,13* u.a.) und noch deutlicher als ekklesia Gottes in Jesus Christus *(1 Thess 1,1; 2,12; 2 Thess 1,1; Gal 1,22)* zum Ausdruck. Auch Jesus spricht nach *Mt 16,18* von ›meiner‹ ekklesia. Damit kommt wieder der alttestamentliche Hintergrund zur Geltung; die Kirche ist das von Gott erwählte und zusammengerufene Volk, das Gottes Großtaten zu verkünden hat *(1 Petr 2,9)*. Das Volk Gottes des Neuen Bundes ist Volk Gottes aber nur in Christus und als Leib Christi.[138]

Durch dieses Novum wurden alle natürlichen und politischen Zugehörigkeiten und Unterscheidungen, welche für die politische ekklesia maßgebend waren, relativiert. Es galt nun nicht mehr Jude und Grieche, Sklave und Freier, Mann und Frau; alle sind ›einer‹ in Christus *(Gal 3,28; Kol 3,11)*. Neu gegenüber der damaligen Umwelt war, dass zur neutestamentlichen ekklesia nicht nur Männer, sondern auch Frauen und Kinder gehörten. Das Novum gegenüber der alttestamentlichen qahal war, dass die neutestamentliche ekklesia durch die Entscheidung des Apostelkonzils *(Apg 15)* eine Kirche aus Juden und Heiden war *(Eph 2,11–22)*, welche in dieser Welt als Fremdlingschaft (παροικία) und in der Diaspora (διασπορά) lebt *(1 Petr 1,1; 2,11;* vgl. *Hebr 11,13)*.

Die neutestamentliche ekklesia ist darum nicht mehr an eine örtliche politische ekklesia gebunden. Sie ist überall, wo Christen in Jesus

Christus versammelt sind. Sie ist in jeder örtlichen ekklesia gegenwärtig. Da es aber der eine Herr Jesus Christus ist, der in jeder Orts-ekklesia gegenwärtig ist, ist die Orts-ekklesia nicht nur ein Teil, eine Provinz oder ein Ausschnitt der einen ekklesia in Christus; in ihr ist vielmehr die eine ekklesia gegenwärtig. Die Ortskirche repräsentiert die Kirche und die Kirche ist in der Ortskirche anwesend. Paulus drückt das sehr präzise aus, indem er von der Kirche spricht, die in Korinth anwesend ist (τῇ ἐκκλησίᾳ τοῦ Θεοῦ τῇ οὔσῃ ἐν Κορίνθῳ, *1 Kor 1, 2; 2 Kor 1, 1*). So kann das Neue Testament mit ekklesia sowohl die jeweilige Kirche am Ort wie die weltweite Kirche bezeichnen. Da es jeweils der eine Herr ist, der in allen Kirchen gegenwärtig ist, ist die weltweite Kirche nicht die Summe oder Zusammenfassung der Einzelkirchen. Es ist immer die eine Kirche, die an vielen Orten gegenwärtig ist.[139]

Das christologische Novum sowohl gegenüber dem Alten Testament wie erst recht gegenüber der damaligen hellenistischen politischen Ordnung wirft das Problem auf: Wie ist die neutestamentliche ekklesia in der Einheit und Vielheit der ekklesiai organisiert? Ist sie überhaupt organisiert? Ist sie eine Institution oder jeweiliges Ereignis?

### Die Kirche – Institution und/oder Ereignis?

Alle aus dem Lateinischen abgeleiteten Sprachen haben an dem aus dem Griechischen entnommenen Lehnwort ecclesia festgehalten: französisch église, italienisch chiesa, spanisch iglesia, portugiesisch igreja. Die germanischen Sprachen gingen von dem griechischen κυριακόν, die dem Herrn (kyrios) gehörige Versammlung, aus und sagen deutsch Kirche, englisch church, niederländisch kerk, schwedisch kyrka. Ähnlich die slawischen Sprachen: altslawisch crk'vy, russisch cerkev, ukrainisch cerkva, polnisch cerkiew, was nach der meist vertretenen Meinung ebenfalls vom griechischen kyriakón abzuleiten ist.

Von dieser gemeinsamen Tradition ist erst Luther abgewichen. Er sprach vom »blinden, undeutlichen Wort Kirche«[140]. In seiner Bibelübersetzung findet sich das Wort Kirche an keiner Stelle. Er gebraucht an seiner Stelle immer das Wort Gemeinde. Im Großen Katechismus übersetzt er das Wort Kirche ausdrücklich mit »eine christliche Gemeine oder Sammlung oder aufs allerbeste und klärste, eine heilige Christenheit«[141]. In den Schmalkadischen Artikeln: »die heiligen Gläubigen und die Schäflein, die ihres Hirten Stimme hören«[142]; ähnlich steht es im Kleinen Katechismus.[143]

Die Übersetzung von ekklesia mit Gemeinde entspricht der Grundtendenz Luthers, sich von der damaligen institutionellen Kirche abzusetzen. Sie stellt aber gegenüber dem biblischen und die gesamte Tradition bestimmenden Sprachgebrauch eine nicht unerhebliche Bedeutungsverschiebung dar, welche erhebliche theologische Folgewirkungen hatte. Denn nun wurde die ›Gemeinde‹ zum »zentralen Haftpunkt der reformatorischen Grunderkenntnisse und Denkstrukturen.«[144] Mit dieser Terminologie wollte sich später die liberale Theologie von dem frühkatholischen Verständnis der Kirche als einer rechtlich-sakramentalen Heilsanstalt und von der, wie man meinte, damit gegebenen Verrechtlichung des ursprünglichen biblischen Verständnisses von ekklesia absetzen und die Kirche als geistliche Größe und als geistliches Ereignis bei der Verkündigung des Wortes und der Spendung der Sakramente verstehen.[145] Kirche wurde dadurch oft geradezu zu einem Negativbegriff.

Emil Brunner sprach vom Missverständnis der Kirche.[146] Denn die im Heiligen Geist begründete Gemeinde Jesu hat nach ihm nichts vom Charakter einer Institution an sich und kann nicht mit irgendeiner der historisch gewordenen institutionellen Kirche identifiziert werden. Karl Barth hat zu Recht gesagt, dass Brunners Aussage selbst ein Missverständnis ist. Er hat vor einem kirchlichen Doketismus gewarnt, der sich eine Vorstellung von Kirche zurecht macht, die nur als Wunschvorstellung existiert. Für ihn ist die Kirche »Jesu Christi eigene irdisch-geschichtliche Existenzform«. Er beschreibt sie als bruderschaftliche Christokratie.[147] Doch nach ihm verläuft das Handeln Gottes vertikal, es berührt unsere Welt sozusagen punktuell, etwa so wie eine Tangente einen Kreis, aber es durchdringt sie nicht von innen her. Auch bei ihm ist die Kirche Ereignis, aber nicht Institution.

Das Verhältnis von Gehalt und Gestalt der Kirche war schon öfters Gegenstand des Gesprächs mit der reformatorischen Ekklesiologie.[148] Inzwischen wird die theologische Bestimmung der Kirche als Ereignis auch von protestantischer Seite kritisiert.[149] Denn zur ekklesia gehörte von allem Anfang an eine rechtliche Gestalt. Nach dem Neuen Testament baut der erhöhte Herr vom Himmel her seine Kirche auf und er tut das, indem er Apostel, Propheten, Evangelisten und Hirten einsetzt *(Eph 4,8–10)*. Er ist es, der alles zusammenfügt und zusammenhält

*(Eph 2,21; 4,16)*. Die Kirche nimmt also ihr Kirchesein nicht selbst in die Regie, sie wird vom erhöhten Herrn vom Himmel her auferbaut; sie lebt von ihm her und aus seinem Geist. Die so von Christus her erbaute Kirche ist jedoch nicht nur Ereignis, sie ist ein Bau. Sie hat eine Struktur, in dem die Apostel, Propheten, Evangelisten und Hirten einen festen Platz und eine feste Aufgabe haben. Sie sind wie Paulus selbst Gottes Mitarbeiter *(1 Kor 3,9)*.

Kategorien wie Hellenisierung und Verrechtlichung reichen nicht aus, um dem theologischen Problem gerecht zu werden. Der neutestamentliche Sprachgebrauch zeigt vielmehr, dass zur ekklesia nicht nur entsprechend dem profanen antiken Sprachgebrauch, sondern auch entsprechend ihrem Selbstverständnis eine rechtliche Ordnung gehört. Die irdische Kirche lebt auch in ihren Institutionen vom erhöhten Herrn her und aus seinem Geist. Institution und Ereignis, Gestalt und Gehalt der Kirche lassen sich unterscheiden, aber nicht scheiden. Die Kirche ist als Institution immer zugleich mehr als Institution; sie ist als Institution eschatologisches geistliches Ereignis und als eschatologisches Ereignis zugleich Institution.

Wenn es sich um Institutionen handelt, sind die Probleme nie rein theoretischer Art; die jeweiligen theoretischen Positionen haben vielmehr konkrete institutionelle Auswirkungen. So haben sich die reformatorischen Kirchen aufgrund ihres Selbstverständnisses zunächst auf der Gemeindeebene, aber dann schon bald und aus politischen Notwendigkeiten territorial auf der Ebene von Landeskirchen (Deutschland) oder auf nationaler Ebene (etwa Schweden und England) organisiert. Das universalkirchliche Bewusstsein ging dabei zunächst weithin verloren. Im Pietismus und in den neueren, rasch wachsenden pfingstlerischen Gemeinschaften blieb das gemeindliche Element bestimmend. In den historischen protestantischen Kirchen wird inzwischen die Gefahr des Partikularismus und Nationalismus gesehen. So kam es im 19. und 20. Jahrhundert zu konfessionellen Kirchenbünden (Lutherischer Weltbund, Reformierter Weltbund; Anglikanische Gemeinschaft; Evangelische Allianz u.a.).[150] Sie verstehen sich jedoch nicht als Kirchen, sondern als Bund beziehungsweise Allianz von Kirchen; erst neuerdings gibt es Tendenzen, das Verständnis als Bund weiterzuentwickeln zu einem Verständnis als communio im theologischen Sinn. Aber bisher ist auch die auf der Grundlage der Leuenberger Konkordie zusammengeschlossene Gemeinschaft Evangelischer Kirchen

Europas (GEKE) nicht Kirche.[151] Auch die Evangelischen Kirche Deutschlands (EKD) definiert sich nicht als Kirche, sondern als Gemeinschaft von Gliedkirchen und Teil der einen Kirche Jesu Christi.[152]

In der Leuenberger Konkordie (1973), die aus dem Konsens lutherischer, reformierter und anderer reformatorischer Traditionen hervorgegangen ist, blieb das zugrunde liegende Kirchenverständnis zunächst unterbestimmt. Erst in dem Dokument *Die Kirche Jesu Christi* (1994) wurde es präzisiert. Nach diesem Selbstverständnis ist entsprechend *CA VII* und der Fragen 54–55 des Heidelberger Katechismus für die Kirchengemeinschaft die Grundübereinstimmung im Verständnis des Evangeliums und dessen Bezeugung durch Wort und Sakrament grundlegend. Die jeweilige Gestalt der Kirche dagegen lässt unterschiedliche Ausgestaltungen der Kirchenordnung, sowohl episkopal-synodale wie synodal-presbyterale Ordnungen zu. Die Leuenberger Kirchengemeinschaft kennt bisher keine gemeinsame synodale oder gar episkopale Struktur. In ihr können alle Konfessionskirchen, welche die genannten Kennzeichen aufwiesen, als Teil der einen, heiligen, katholischen und apostolischen Kirche anerkannt werden.

Nach diesem Kirchenverständnis ist die eine geglaubte Kirche (Singular) in unterschiedlich geprägten Kirchen (Plural) gegenwärtig. Die eine Kirche (Singular) selbst hat jedoch keinen eindeutigen sichtbaren Ort und keine feste Gestalt, sie steht als verborgene Kirche gleichsam frei flottierend über den Kirchen (im Plural) und wird dort, »wo und wann es Gott gefällt«, in Wort und Sakrament Ereignis. Gehalt und Gestalt der Kirche fallen auseinander. Der Unterschied dieses ereignishaften protestantischen Kirchenverständnisses zum sakramentalen Verständnis der katholischen und der orthodoxen Kirche, bei dem Gehalt und Gestalt zusammengehören, liegt auf der Hand. Dem katholischen Betrachter bleibt beim protestantischen Kirchentyp unwillkürlich ein Gerüchlein von ekklesiologischem Doketismus in der Nase stecken.

Die Probleme bündeln sich in der Frage des Petrusamtes. Die dabei sich ergebenden Fragen stellen freilich kein isoliertes Teilproblem dar, sondern sind Ausdruck einer verschiedenen Grundkonzeption von Kirche. Darauf wird zurückzukommen sein.[153] In diesem Zusammenhang sollte zunächst nur aufgezeigt werden, dass das katholische Grundverständnis von ekklesia/Kirche keine enteschatologisierende Hellenisierung und keine Verrechtlichung des Christentums darstellt.

Es hat aufgrund einer christologisch verwandelten Eschatologie das hellenistische Verständnis der ekklesia in sich aufgenommen und dieses dabei zugleich von innen her umgestaltet. So ist das neutestamentliche und das altkirchliche Verständnis der ekklesia ein Novum, das von der christologischen Mitte des Evangeliums her Gestalt angenommen hat. Das bedeutet, dass man Gehalt und Gestalt der Kirche zwar unterscheiden kann, aber man kann sie so wenig trennen wie den irdischen Jesus und den erhöhten Christus oder wie die Menschheit und Gottheit Jesu Christi. Die Kirche hat ihren Gehalt in konkreter Gestalt. Wenn man will, kann man sagen, dass dies das Wesen des katholischen Kirchenverständnisses ist.

### Irdische und himmlische Kirche

Das katholische Kirchenverständnis steht im großen Zusammenhang der Sammlung aller Völker und der Zusammenfassung des Alls *(Eph 1,10)*, wo Gott am Ende alles in allem sein wird *(1 Kor 15,28)*. Damit führt die neutestamentliche Konzeption der ekklesia noch zu einem weiteren eschatologischen, leider oft übersehenen Aspekt.[154]

Der Ort der antiken ekklesia ist die Polis; von der neutestamentlichen ekklesia gilt: »Unsere Stadt (πολίτευμα) ist im Himmel« *(Phil 3,20)*. Diese Aussage steht im Neuen Testament nicht isoliert da. Paulus spricht an einer anderen Stelle von einem ewigen Haus im Himmel *(2 Kor 5,1)*. In *Gal 4,26* spricht er vom himmlischen Jerusalem als unserer Mutter. Im Epheserbrief ist von den Heiden die Rede, die zuerst ausgeschlossen waren vom Bürgerrecht (πολιτεία) Israels *(Eph 2,12)*, Mitbürger (συμπολῖται) der Heiligen (d.i. der Engel) und Hausgenossen Gottes, aufgebaut auf dem Grund der Apostel und Propheten, wobei Christus der Eckstein ist *(Eph 2,19f.)*. Entsprechend spricht er von unserem Platz im Himmel *(Eph 2,6)* und von der Hoffnung, die im Himmel für uns bereitliegt *(Kol 1,3)*. Die ekklesia ist damit nicht nur die irdische, auf Erden versammelte Kirche. Sie ist als irdische Kirche immer zugleich himmlische Kirche.

So reicht die Kirche über die irdische versammelte ekklesia hinaus. Zu ihr gehören auch die Engel und die Heiligen. Sie ist der Herrschaftsraum des über Himmel und Erde und über alle Mächte und Gewalten erhöhten Kyrios. In ihrer Liturgie nimmt die irdische Kirche schon jetzt teil an der himmlischen Liturgie; sie hat schon jetzt Anteil am neuen Äon. Aber sie steht unter eschatologischem Vorbehalt; sie ist weder mit der himmlischen Stadt noch mit dem Reich Gottes identisch. Sie lebt noch in der Fremdlingschaft (παροικία, *1 Petr 1,17;* vgl. *1,1; 2,11*). Diese wird erst zu Ende sein, wenn das Reich Gottes endgültig offenbar wird und Gott alles in allem sein wird *(1 Kor 15,28)*.

Am klarsten ist der eschatologische Bezug im Hebräerbrief.[155] Dort ist davon die Rede, dass wir Gäste auf Erden sind und dass Gott uns eine himmlische Heimat und Stadt vorbereitet hat *(Hebr 11,13–16;* vgl. *13,14)*. Doch wir nehmen schon jetzt zusammen mit allen Engeln und allen schon vollendeten Gerechten an der himmlischen Liturgie teil. »Ihr seid zum Berg Zion hinzugetreten, zur Stadt (πόλις) des lebendigen Gottes, dem himmlischen Jerusalem, zu Tausenden von Engeln, zu einer festlichen Versammlung (ἐκκλησία) und zur Gemeinschaft der Erstgeborenen aller, zu den Geistern der schon vollendeten Gerechten, zum Mittler eines neuen Bundes, Jesus, und zum Blut der Besprengung, das mächtiger ruft als das Blut Abels« *(Hebr 12,22–24)*. Damit ist bereits vorbereitet, was die Offenbarung des Johannes an vielen Stellen und in großartigen Bildern ausführt. Dort ist an vielen Stellen von der Stadt des neuen Jerusalem die Rede, das vom Himmel herabsteigt und auf deren zwölf Grundsteinen die Namen der zwölf Apostel stehen *(Offb 3,12; 17,18; 21,2.10.14–23; 21,14; 22,14.19)*.

Die Kirchenväter haben dem Gedanken von der Kirche als Antizipation des universalen eschatologischen Reiches Gottes als Reich des Völker und Kulturen umspannenden Friedens an vielen Stellen Ausdruck gegeben. Bereits in der Didache heißt es: »Es werde versammelt deine ekklesia von den Grenzen der Erde in deine Basileia« (Didache 9, 4). »Gedenke, Herr, deiner Kirche, dass du sie bewahrst vor allem Bösen und sie vollendest in deiner Liebe; und führe sie zusammen von den vier Winden in dein Reich, das du ihr bereitet hast (Didache 10, 5; vgl. 1 Clemens 29, 1–3). Nach Irenäus von Lyon sammelt die Kirche die ganze Menschheit mit ihren Gütern unter dem einen Haupt Christus in der Einheit seines Geistes.[156] Durch den Pfingstgeist sind alle Völker zu einem Chor geworden, um nach Beseitigung aller Misstöne im harmonischen Zusammenklang aller Sprachen als Erstlingsgabe Gott den Lobgesang darzubringen.[157] Im gleichen Sinn sagt Clemens von Alexandrien: »Jedes Volk psalmiert je in seinem Heimatland dem Schöpfer.«[158]

Die Kirche ist, aus allen Völkern versammelt, eine congregatio populorum.[159] Alle bilden im Heiligen Geist eine Gemeinschaft, sodass der, der in Rom lebt, weiß, dass die Inder seine Glieder sein.[160] Nach Hilarius werden wir die Gottesstadt, das heilige Jerusalem sein, »denn Jerusalem ist als eine Stadt erbaut, deren gesamte Teile sich zur Einheit sammeln«[161]. Schließlich lässt Augustinus die Kirche sprechen: »Meine Sprache ist griechisch, ist syrisch, ist hebräisch, ist die Sache aller Völker, denn in der Einheit gehöre ich allen Völkern«[162]. In der Kirche bereitet sich aus allen Völkern und aus allen Sprachen im einen Glauben ein einziges Reich des Friedens vor.[163]

### Kirche als eschatologisches Zeichen

Das Verhältnis von irdischer und himmlischer Kirche führt uns nochmals zu der Frage zurück, welche zu Beginn des 20. Jahrhunderts mit der Neuentdeckung der Eschatologie zum großen Problem wurde: das Verhältnis von Reich Gottes und Kirche, Eschatologie und Geschichte.

Das Neue Testament gibt uns noch keine einheitliche Antwort auf diese Frage. Markus und Matthäus gehen davon aus, dass die Zwischenzeit zwischen dem Kommen Jesu und dem Kommen des Reiches Gottes nur eine kurze Zeitspanne sein werde *(Mk 9,1; Mt 10,23)*. Auch Paulus rechnete anfangs mit dem Kommen des Herrn noch zu seinen Lebzeiten *(1 Thess 4,15; 3,13; 5,23; Phil 3,11; 4,4)*. Die Offenbarung des Johannes rechnet ebenfalls mit dem baldigen Kommen *(Offb 1,1.3; 22,7.12.20)*. »Die Zeit ist kurz« *(1 Kor 7,29)*. Andere Schriften des Neuen Testaments sprechen dagegen bereits von einem längeren Ausbleiben *(Mt 25,5.19; Lk 12,35–46)* und reflektieren, was man die Parusieverzögerung nannte. In den synoptischen Endzeitreden *(Mk 13 par.)* werden aus dem Hereinbrechen des Eschatons bereits die Eschata, die letzten Dinge erst am Ende der Weltzeit. Vor allem in den lukanischen Schriften wird aus der ursprünglich kurzen Zeit bis zur Parusie die geschichtlich sich hinziehende Zeit der Kirche.[164] Bei Johannes stehen die präsentischen eschatologischen Aussagen im Vordergrund *(Joh 3,18f.; 5,25; 11,25f.)*, während die futurischen mehr am Rande stehen *(Joh 5,28f.; 11,24)*. Gelegentlich scheint es über das Ausbleiben der Parusie zur Beunruhigung gekommen zu sein *(2 Thess 2,1–8)*; es sind Spötter aufgetreten, die fragen: »Wo bleibt denn seine verheißene Ankunft?« *(2 Petr 3,3;* vgl. *8–13).* Doch zu einer grundsätzlichen Beunruhigung oder gar einer Krise darüber ist es in neutestamentlicher Zeit nicht gekommen.

Dass es nicht zur Krise kam, liegt in der Natur der Sache neutestamentlicher Eschatologie selbst. Denn die Botschaft vom Reich Gottes wird bei Jesus und im Neuen Testament zwar in apokalyptischer Sprache verkündet, doch diese wird von der Christologie her neu gedeutet. Das Reich Gottes ist eine Person, Jesus Christus selbst. In ihm ist das Reich Gottes schon erschienen. Die eschatologische Botschaft Jesu und die des Neuen Testaments ist damit ein Novum. Das Eschaton hat sich in der Auferweckung und Erhöhung Jesu schon ereignet. Als der auferstandene und erhöhte Herr ist Jesus in der Verkündigung, in den Sakramenten, besonders der Eucharistie in der Kirche bleibend gegenwärtig und schenkt uns durch den Geist schon jetzt Anteil an dem neuen Leben. So gibt es im Grunde keine Parusieverzögerung, und das Ausbleiben der apokalyptischen Naherwartung konnte nicht zu einer Krise führen.

Das Reich Gottes, das schon angebrochen ist, ist Gerechtigkeit, Friede und Freude im Heiligen Geist *(Röm 14,17).* Entscheidend ist darum, dass wir in dieser alten Welt als neue Menschen leben *(Röm 6,4; Eph 4,24; Kol 3,10).* Wir sollen den alten Sauerteig wegschaffen und ein neuer Teig werden *(1 Kor 5,7).* Solche eschatologische Existenz bleibt Existenz unter den normalen Verhältnissen dieser Welt und schließt doch eine gewisse Fremdheit gegenüber ›dieser Welt‹ ein; wir sollen sie gebrauchen, als gebrauchten wir sie nicht *(1 Kor 7,29–31).* Wir sollen sie aber auch wie ein Sauerteig zu durchdringen suchen. Wir sollen helfend und heilend in der Welt wirken und so etwas von der Gerechtigkeit, dem Frieden und der Freude des kommenden Reiches Gottes schon hier und heute aufscheinen lassen.[165] Nach Johannes leben wir in der Welt, aber sind dennoch nicht von dieser Welt *(Joh 17).* Deshalb hasst uns die Welt, so wie sie Jesus gehasst hat. Konflikte und Verfolgungen gehören zur christlichen Existenz in dieser Welt; sie sind der Kirche gleichsam eingestiftet *(Joh 15,20).* Diesen Konfliktcharakter stellt vor allem die Offenbarung des Johannes im Blick auf die beginnende Christenverfolgung in den großen Bildern vom Konflikt zwischen dem himmlischen Jerusalem und der Hure Babylon eindringlich vor Augen. Dieser Konflikt zieht sich in wechselnden Gestalten durch die ganze Geschichte der Kirche hindurch. Christen haben in dieser

Welt keine bleibende Stätte; sie bleiben Fremdlinge und Pilger *(Hebr 11,14–16)*. Ihre Heimat ist im Himmel *(Phil 3,20)*.

Das eschatologische Verständnis des Reiches Gottes und seiner paradoxen Gegenwart in der Kirche ist nicht nur für den einzelnen Christen von grundlegender Bedeutung, sondern auch für das Verständnis der Kirche und ihres Orts in der Geschichte. Die Frage nach dem Ort der Kirche in der Geschichte hat schon sehr unterschiedliche Antworten erfahren und auch schon zu schweren politischen Konflikten geführt. Darüber sind schon ganze Bibliotheken von Büchern geschrieben worden; in diesem Zusammenhang sind nur einige wenige Andeutungen möglich.[166]

Auf der einen Seite gab es immer wieder mystische Deutungen des Reiches Gottes. Nach Meister Eckehart († 1327/1328) und Johannes Tauler († 1361) ruht das Reich Gottes im innersten, verborgensten und tiefsten Grund der Seele. Ähnliche Deutungen finden sich heute in existentiellen Auslegungen der eschatologischen Existenz. Danach ist jeder Augenblick eschatologisch; der Sinn der Geschichte liegt je in der Gegenwart.[167] Auf der anderen Seite gab es immer wieder die Gefahr, das Reich Gottes mit weltlichen Reichen zu identifizieren. Das geschah etwa bei Eusebius von Caesarea († 339/340), der das Reich Gottes im christlich gewordenen Römischen Reich verwirklicht sah. Im Mittelalter drohte die Gefahr, das Reich Gottes entweder weltlich mit dem Imperium oder klerikalistisch mit der Kleruskirche zu identifizieren.[168] Gegen die Versuchung solcher Verweltlichung des Christentums war das Mönchtum der alten Kirche eine Art Gegen- und Protestbewegung.[169] Im Mittelalter gab es apostolische Bewegungen, welche die mächtig gewordene Kirche kritisierten und zur ursprünglichen apostolischen Kirche und ihrer Armut und Einfachheit zurückkehren wollten. Franz von Assisi und die Bettelorden griffen dieses Anliegen in einer kirchlichen Weise auf.[170]

Die Frage lautet: Wie zwischen Szylla und Charybdis hindurch kommen? Die eindrucksvollste, bis heute geschichtlich wirkmächtige Konzeption hat Augustinus mit seiner Lehre von den zwei Reichen, der civitas Dei und der civitas terrena, vorgelegt. Augustinus Sicht der Kirche ist vielschichtig und hat schon recht unterschiedliche Interpretationen erfahren. Die Grundlinien sind jedoch klar. Augustinus muss sich gegen den Vorwurf verteidigen, das Christentum habe durch den Sturz der alten Götter den Sturz des römischen Friedensreiches ausgelöst. Augustinus bestreitet rundweg, dass das Römische Reich wirklich ›das‹ Reich des Friedens war und ist.[171] Er setzt die civitas Dei und die civitas terrena nicht mit Staat und Kirche gleich. Civitas Dei und civitas terrena sind für ihn nicht zwei äußere Reiche, sondern zwei Formen der Liebe: Selbstliebe und Gottesliebe.[172] Beide liegen seit Anfang der Welt miteinander im Streit.

Die Kirche ist nach Augustinus eine Zwischenwirklichkeit, welche an beiden Reichen Anteil hat; sie ist in dieser Zwischenzeit eine societas permixta.[173] Sie antizipiert das Ende, aber erst am Ende wird das vollkommene Reich Gottes offenbar werden.[174] Sie geht in dieser Zwischenzeit zwischen den Tröstungen Gottes und den Verfolgungen der Welt ihren Weg.[175] Erst am Ende wird »der wahre Friede herrschen, wo niemand mehr, sei es durch andere, sei es durch sich selbst, belästigt wird«. »Dann werden wir stille sein und schauen, schauen und lieben, lieben und leben. Das ist's, was dereinst sein wird, an jenem Ende ohne Ende«[176]. Mit dieser Konzeption hat Augustinus die politische Theologie der Antike überwunden.[177] Er hat die Idee des Friedens vom politischen Frieden in der pax Romana gelöst. Er hat aber auch eine Verkirchlichung des Reiches Gottes ausgeschlossen. Das Reich Gottes wirkt zwar in der Kirche schon in die Geschichte herein, aber es bleibt eine transzendent-eschatologische Wirklichkeit, die allein in der ewigen Schau Gottes zur Vollendung kommt.

Augustinus schrieb sein Werk *De civitate Dei* am Ausgang der Antike und im angesichts des Zusammenbruchs des Römischen Reiches. Ein sich christlich verstehendes Heiliges Römisches Reich, wie es sich aus dem Zusammenbruch des Römischen Reiches im frühen und hohen Mittelalter ergab, war in seiner Situation in keiner Weise vorstellbar und vorhersehbar. Daher kann die politische Deutung, welche ihm in dieser neuen Situation zuteil wurde, nicht ihm selbst zugeschrieben werden. Umso interessanter ist es, die Geschichtskonzeption kennen zu lernen, welche Thomas von Aquin auf dem Höhepunkt dieser neuen Situation im hohen Mittelalter entworfen hat.[178]

Thomas greift auf ein im Grunde archaisches Schema zurück, das im Platonismus grundlegend wurde, das im Schema von Ausgang (exitus) und von der Rückkehr (reditus) aller Wirklichkeit in den Ursprung denkt. Das Ende und die Vollendung ist die Rückkehr in den Ursprung. In dieses zyklische Denken fügt Thomas das oft als linear bezeichnete biblische Denken ein. Die Kreisbewegung geht sozusagen nicht leer aus;

sie ist nicht sinnlos. Vielmehr geht alle Wirklichkeit von Gott aus, um durch Jesus Christus als dem Wendepunkt (vertex), der Achse und der Mitte der Menschheitsgeschichte wieder zu Gott zurückzukehren. In Jesus Christus ist das entscheidend Neue geschehen. Er ist das absolute Ereignis und der Einheitspunkt, das universale concretum. Deshalb kann es keine neue heilsgeschichtliche Entwicklung über Jesus Christus hinaus geben. Mit Jesus Christus ist das endgültig Neue geschehen.

Die Kirche ist nach Thomas noch nicht das Reich Gottes. Sie ist vielmehr die Gemeinschaft derer, die den Weg zu dem transzendenten Reich Gottes gehen. Wie der irdische Jesus Christus durch seine Menschheit das Heil der Welt ein für alle Mal wirkte, so wirkt er jetzt als der erhöhte Herr in der Kirche durch den Glauben und die Sakramente.[179] So ist die Jetztzeit die Endzeit, aber sie ist es in der Weise der Eröffnung eines neuen Weges. Es ist der Weg der lex evangelica als dem neuen Gesetz. Dieses wird zwar durch sichtbare sakramentale Zeichen vermittelt und es wirkt sich auch in sichtbaren menschlichen Akten aus. Aber es ist kein äußeres Gesetz, sondern ein inneres Gesetz, das im Glauben durch den Heiligen Geist geschenkt wird.[180] Auf diesem Weg ist keine neue Heilszeit zu erwarten, auch keine neue Kirche, wohl aber die stete Erneuerung der Kirche aus dem Geist Christi. Als Joachim von Fiore († 1202) erwartete, dass sowohl die Zeit der Laien wie die Zeit der Kleruskirche von der Zeit der Mönchskirche abgelöst werde, bezeichnete Thomas von Aquin diese Spekulationen von einem dritten Reich mit einer bei ihm sonst nicht vorkommenden Schärfe als stultissimum.[181] Für Thomas war ein heilsgeschichtlicher Fortschritt über Jesus Christus hinaus nicht denkbar.[182]

Das entscheidend Neue bei Joachim von Fiore war, dass aus dem Reich Gottes als einer jenseitigen Größe eine zukünftige geschichtliche Größe wurde. So lag seine eigentliche Wirkungsgeschichte nicht in der Theologie, sondern in der Philosophie. Dort wurde die Vergeschichtlichung der Eschatologie zum Ausgangspunkt der neuzeitlichen Utopien (Rinaldo, Thomas More, Campanella bis hin zum späten Schelling und zu Ernst Bloch u. a.).[183] Die Social-Gospel-Bewegung, die neue politische Theologie und die Theologie der Befreiung versuchten an solchen utopischen Ideen anzuknüpfen.[184] Damit drohte aus der Botschaft vom kommenden Reich Gottes ein Programm der Weltgestaltung und Weltveränderung im Einsatz für Gerechtigkeit und Frieden zu werden.

Augustinus und Thomas von Aquin können uns selbstverständlich keine direkte Antwort geben auf die Herausforderungen, welche unsere heutige Situation stellt. Wir können von diesen beiden großen Gestalten der Theologie aber eines lernen: Die Konfliktlinie verläuft nicht zwischen der Kirche und der Welt (Gesellschaft, Kultur, Staat); sie verläuft oft genug mitten durch die Kirche hindurch. Oft hat die Kirche leider Gottes mehr Welt in sich, als ihr recht und lieb sein kann. Man sollte darum vorsichtig damit umgehen, wenn man die Kirche als Kontrastgesellschaft bezeichnet.[185] Die Kirche lebt zwischen den Zeiten und ist nicht selbst das Reich Gottes auf Erden; sie wird es auch nach der Erledigung aller als noch so dringend erachteten kirchlichen Reformen nie sein.

Die Kirche ist eschatologisches Zeichen. Damit widerspricht sie allen Tendenzen, welche meinen, die Welt aus eigener Kraft vollenden zu können. Auch sie selbst wird in dieser Welt immer die Unvollendete bleiben. Diese realistische Sicht befreit die Kirche von Überanstrengung, welche meint, die neue Welt bauen und schaffen zu können. Sie befreit sie vor arrogantem Hochmut wie vor Fanatismus; sie macht demütig und kann anerkennen, dass es nicht nur in ihr, sondern auch außerhalb ihrer institutionellen Grenzen Zeichen des kommenden und sich verwirklichenden Reiches Gottes gibt.[186]

Auf der anderen Seite ist das Reich Gottes in der Kirche im Geheimnis schon gegenwärtig.[187] Eschatologisches Zeichen mitten in der Welt kann sie nur sein, wenn sie ihre Identität und Unabhängigkeit wahrt und sich für innerweltliche politische, kulturelle, soziale und andere Zwecke nicht instrumentalisieren lässt. Stachel im Fleisch kann sie nur sein, wenn sie den Widerspruch, den sie gegenüber einer sich selbst genügenden und sich selbst vollenden wollenden Welt anmeldet, selbst lebt. Wahrung der Identität bedeutet nicht, dass sich die Kirche aus der Welt zurückziehen soll und darf. Die Kirche hat ihre Identität im Sein für Gott und für die Welt. Abgrenzung und Solidarität sind zwei Seiten einer Medaille.

Die Kirche soll Salz der Erde sein. Das kann sie nur, wenn das Salz nicht seine eigene Kraft verliert. Sie soll Stadt auf dem Berg und Licht der Welt sein. Das kann sie nur, wenn sie ihr Licht nicht unter den Scheffel stellt *(Mt 5,13–16)*. Wenn sie Salz und Licht sein will, muss sie, ohne ihr Anderssein aufzugeben, heilend und helfend, stimulierend und auch provozierend in der Welt präsent sein und die Welt als Sauerteig gleichsam von innen zu durchdringen suchen *(Mt 13,33)*. Sie kann ihr helfen, im Vorläufigen zu leben und doch die Hoffnung auf das endgültige Kommen des Reiches Gottes und seine Gerechtigkeit aufrecht zu erhalten. So kann sie einer in ihrem Aktionismus oft perspektivlos gewordenen Welt helfen, jenseits von enthusiastischer Aufgeregtheit und apokalyptischen Ängsten in innerer Gelassenheit das hier und heute Mögliche zu tun.[188] Sie wird angesichts des nicht abschaffbaren Leids und Leidens in der Welt trösten; sie wird aber auch Mut machen, zum Einsatz für Gerechtigkeit, Frieden und Freiheit inspirieren und motivieren. Das kann sie tun, weil sie in der Hoffnung gewiss ist, dass am Ende alles vergeht, aber die Liebe allein bleibt *(1 Kor 13,8.13)*. Allein die Werke der Liebe zählen im eschatologischen Gericht *(Mt 25,31–46)*; sie haben bleibend Bestand und sind in einer im Einzelnen nicht verrechenbaren Weise endgültig in den Bestand der Wirklichkeit eingestiftet. Auch mit dieser Botschaft ist die Kirche ein eschatologisches Zeichen der Hoffnung in der Welt.

### *2.3 Kirche als Haus der Weisheit und Tempel Gottes*

#### Die Kirche als Haus der Weisheit

Die eschatologische Ausrichtung der Kirche wäre letztlich ein schöner, aber auch ein leerer Traum, der nicht viel mehr wäre als bloßer Schaum, hätte er nicht ein Fundament in der Wirklichkeit selbst und hätte er nicht auch eine schöpfungsmäßige Grundlage. Eschatologie ohne Protologie wäre Utopie, die Kirche wäre dann ein ideologischer Zusatz, ein Aufbau und Überbau zur Wirklichkeit, der mit der Wirklichkeit und dem Leben nichts zu tun hätte. Doch so verhält es sich nach dem Zeugnis der Schrift nicht. Denn wie Jesus Christus selbst vor aller Schöpfung war *(Joh 1,1–3)*, wie er der Erstgeborene der ganzen Schöpfung ist, in dem und durch den alles geschaffen wurde *(Kol 1,15f.)*, und wie wir in ihm vor der Erschaffung der Welt erwählt wurden *(Eph 1,4)*, so ist nach den Kirchenvätern auch die Kirche bereits protologisch in der Schöpfung grundgelegt. Nach einigen Kirchenvätern ist sie schon vor aller Schöpfung.[189]

Das sind keine welt- und bibelfernen Spekulationen, sie nehmen vielmehr auf, was schon in der Weisheitstheologie des Alten Testaments grundgelegt ist. Die alttestamentliche Weisheit ist Lebens- und Erfahrungsweisheit; sie nimmt Lebenserfahrung auf, sie will die Lebenswirklichkeit ordnen und die Lebenspraxis an dieser Ordnung ausrichten. Letztlich ist nach den weisheitlichen Schriften des Alten Testaments die Weisheit das Ur- und Ordnungsprinzip der geschaffenen Welt.[190] Sie war schon vor aller Schöpfung und liegt aller Schöpfung zu Grunde *(Spr 8,22–31; Sir 24,3–12)*. Diese Weisheitslehre Israels steht in der Tradition des alten Orients, besonders Mesopotamiens und Ägyptens. Es ist aber das unterscheidende Bewusstsein Israels, dass die Weisheit nirgends in der Welt und nirgends unter den Völkern Wohnung gefunden hat. Nur im Gottesvolk Israel, auf dem Zion und im Gesetz hat sie Bleibe gefunden *(Sir 24,4–19)*. Darum war das Gesetz für den frommen Juden keine auferlegte schwere Last, sondern ein Geschenk, eine Freude, es war Licht und Leuchte auf dem Weg des Lebens (bes. *Ps 119*).

Das Neue Testament hat diesen Gedanken aufgegriffen und fortgeführt. Es erkennt in Jesus Christus den Ort, an dem die Weisheit Gottes in der Fülle der Zeit in der Welt erschienen ist und Platz genommen hat. In ihm, dem ewigen Logos, ist alles geschaffen; er ist in aller Wirklichkeit Licht und Leben *(Joh 1,3f.14)*. Der ewige Logos, in dem alles geschaffen wurde, ist das Licht, das jeden Menschen erleuchtet, der in diese Welt kommt. Aber die Menschen nahmen ihn nicht auf *(Joh 1,3–5.10f.)*; sie liebten die Finsternis mehr als das Licht *(Joh 3,10)*. Gott wollte aber, dass uns Menschen das Licht des Lebens nicht fehlt. So ist der Logos selbst Mensch geworden und hat unter uns gewohnt *(Joh 1,14)*. Er ist erschienen als das Licht der Welt *(Joh 8,12)*.

Paulus spitzt diesen Gedanken zu. Die Menschen halten die Wahrheit Gottes nieder, die seit Erschaffung der Welt mit der Vernunft wahrgenommen werden kann *(Röm 1,18–20)*. Das Gesetz Gottes ist auch den Heiden ins Herz geschrieben *(Röm 2,15)*; aber sie vertauschen die Wahrheit Gottes mit der Lüge *(Röm 1,25)*. So ist die Weisheit Gottes im Kreuz Jesu in paradoxer Gestalt erschienen; durch das Kreuz, das der Welt als Torheit gilt, hat Gott die Weisheit der Welt als Torheit erscheinen lassen *(1 Kor 1,24.30)*. Nun wird die Weisheit, welche die gesamte Schöpfung ordnet und ihr Sinn gibt und die der Welt verborgen in Jesus Christus erschienen ist, durch die Kirche verkündet *(1 Kor 2,6–9)*. Alle Welt soll durch die Kirche Kenntnis erhalten von der in Jesus Christus erschienenen »vielfältigen Weisheit Gottes« *(Eph*

*3, 10)*. Sie soll die in Jesus Christus erschienene Weisheit als die wahre Weisheit verkünden und sie als Gottes Weisheit der gegenüber Gott verschlossenen Weltweisheit entgegenstellen.

Die frühchristlichen Apologeten haben diesen Gedanken mit Hilfe von Begriffen der stoischen Logoslehre dargelegt. Nach ihrer Lehre durchwaltet der Logos alle Wirklichkeit; in aller Wirklichkeit finden sich Samenkörner und Fragmente des Logos (λόγοι σπερματικοί).[191] So konnten die Apologeten sagen: Der universale Logos, der alles durchwaltet, wohnt in jedem;[192] er ist in Sokrates wie in den Barbaren.[193] In seiner Fülle aber ist der Logos in Jesus Christus erschienen. So sind alle, welche nach dem Logos leben, eigentlich Christen.[194] Ähnliche Überlegungen finden sich bei Clemens von Alexandrien, der von einer göttlichen Pädagogik spricht.[195] Eusebius von Caesarea verfasste eine 15 Bücher umfassende Praeparatio evangelica. In der Neuzeit hat vor allem Nikolaus von Kues († 1464) in seinem Traktat *De pace fidei* solche Ideen wieder aufgegriffen.[196] Das Vaticanum II hat sich diese Theorie an vielen Stellen zu eigen gemacht.[197]

Man kann diesen Gedanken auch so ausdrücken: Die universale Weisheit Gottes ist in Jesus Christus konkret geworden. Er ist das concretum universale. Diese Konkretheit bedeutet schon für seine Zeitgenossen ein Ärgernis *(Mt 11, 5; Lk 7, 23)* und sie ist ein bleibendes Ärgernis geblieben. Wie soll denn, so kann man fragen, an diesem einen, der in einem Winkel der damaligen Welt gelebt hat, mein Heil und das Heil aller Welt hängen, an diesem einen und nicht an einem anderen, nicht an Buddha, nicht an Mohammed, nicht an einem der vielen, die als Heilbringer und Messias aufgetreten oder als solche ausgegeben worden sind und immer wieder auftreten oder dafür gehalten werden? Die Bibel hält dagegen: Gott ist nicht Mensch geworden – er ist dieser Mensch geworden.

Dieses Ärgernis überträgt sich auch auf die Kirche. Sie ist die Enthüllung der Weisheit Gottes sowie die Enthüllung der wahren Weisheit der Welt. Durch ihre Botschaft von Jesus Christus soll sie Licht in das Dunkel der Welt bringen *(Joh 1, 4.9; 8, 12)*. Cum grano salis: Die Boten des Evangeliums sind keine Dunkelmänner. Sie bringen in Auseinandersetzung mit der gottvergessenen Weltweisheit die wahre Aufklärung. Sie erschließen den tiefen und letzten Sinn der Wirklichkeit und des Lebens und sie geben damit Licht und Orientierung auf dem Weg des Lebens.

Durch das Licht, das jeden Menschen erleuchtet, wohnt das eine Gottesvolk in gewissem Sinn in allen Völkern. Jesus Christus ist gekommen, um es aus allen Völkern und Kulturen zu sammeln. Die Kirche entzieht »mit der Verwirklichung dieses Reiches Gottes nichts dem zeitlichen Wohl irgendeines Volkes. Vielmehr fördert und übernimmt es Anlagen, Fähigkeiten und Sitten der Völker, soweit sie gut sind. Bei dieser Übernahme reinigt, kräftigt und hebt es sie aber auch.«[198] Damit stellt das Konzil einen dreifachen Bezug heraus: Anerkennen und bewahren – reinigen – vollenden. Man kann auch in Anlehnung an Hegel von einer dreifachen Bedeutung des Begriffs Aufhebung sprechen: Aufheben im Sinn des Aufbewahrens – aufheben im Sinn von abschaffen – aufheben im Sinn von auf eine höhere Ebene heben. All dies ist die Aufgabe der Kirche bei der Verkündigung der Weisheit Gottes in Jesus Christus.

### Der öffentliche Auftrag der Kirche

Dieser dreifache Bezug hat Konsequenzen für das Verhältnis der Kirche zu der weltlichen Ordnung. Die Jünger Jesu sollen Licht der Welt und Stadt auf dem Berge sein *(Mt 5,14)*. Das bedeutet: Die Kirche ist kein weltflüchtiger Konventikel zur Pflege privater Frömmigkeit und Erbauung; sie kann sich auch nicht in die Sakristei zurückziehen. Sie soll auch im weltlichen und im öffentlichen Bereich das Licht und die Kraft des Evangeliums vermitteln.

Die Kirche hat damit einen Weltauftrag und einen öffentlichen Auftrag, jedoch keinen politischen Auftrag im Sinn konkreter politischer Gestaltung. Sie hat ihr Maß an der Gestalt und an der Botschaft Jesu Christi. Er lehnte es ab, Schiedsrichter in Erbstreitigkeiten zu sein *(Lk 12,14)* und mahnte, dem Kaiser zu geben, was des Kaisers ist, Gott aber, was Gottes ist *(Mk 12,17 par.)*. Jesus anerkennt damit die Autorität des Kaisers, aber er zeigt auch deren Grenze. Denn man muss Gott mehr gehorchen als den Menschen *(Apg 5,29)*.[199] Jesu Christi Reich ist nicht von dieser Welt *(Joh 18,36)*. So hat die Kirche kein Mandat in rein weltlichen Fragen. Sie soll alles ermutigen, was im Sinn des Evangeliums edel, recht, lauter, liebenswert und ansprechend ist *(Phil 4,8)*. Sie muss aber auch den Widerspruch wagen, wo die Wahrheit und Weisheit Gottes durch Utopien und Ideologien pervertiert wird und wo die weltliche Macht Gottes Ordnung unterdrückt, sie pervertiert und sich ihr widersetzt. Wo das geschieht, ist Widerspruch geboten.[200]

Die Auseinandersetzung um das rechte Verhältnis des weltlichen und des geistlichen Bereichs durchzieht die ganze Kirchengeschichte. Das konkrete Verhältnis beider Bereiche kann geschichtlich von vielfältigen theologischen, philosophischen, politischen und kulturellen Einflüssen und Strömungen bestimmt sein. Die Kirchen in Ost und West und dann die Kirchen der Reformation sind dabei oft unterschiedliche Wege gegangen. Nach dem Ende der alten reichskirchlichen Ordnung an der Wende vom 18. zum 19. Jahrhundert und nach der Erfahrung totalitärer Systeme im 20. Jahrhundert ist für alle Kirchen in Europa und der westlich orientierten Welt in freiheitlichen demokratischen Ordnungen eine neue Situation entstanden. Die katholische Kirche hat auf dem Zweiten Vatikanischen Konzil die Idee des katholischen Staates aufgegeben und das Prinzip der Religionsfreiheit wie die legitime Autonomie der weltlichen Sachbereiche (Kultur, Wissenschaft, Wirtschaft, Politik u. a.) anerkannt.[201] Sie fordert keine weltlichen Machtmittel und Privilegien, beansprucht aber das Recht, die weltlichen Bereiche im Licht ihrer Botschaft zu beurteilen und das Recht zur Kritik an allem, was der Ordnung Gottes und der Würde des Menschen widerspricht. In diesem Sinn will sie alles, was der Ordnung Gottes und dem Wohl des Menschen entspricht, fördern und so zum Gemeinwohl und zu einer gerechten und dauerhaften Friedensordnung beitragen.[202]

Es wäre freilich eine Illusion zu meinen, damit sei der Konflikt zwischen dem weltlichen und geistlichen Bereich zu Ende. Dieser Konflikt geht in anderer Form auch unter demokratischen Bedingungen weiter. In den westlichen Gesellschaften ist eine säkularisierte, von transzendenter Orientierung absehende Mentalität vorherrschend geworden; sie kann zuweilen intolerant werden gegen religiöse Positionen, die öffentlich vorgetragen werden und der herrschenden öffentlichen Meinung widersprechen. Die Auseinandersetzung betrifft jetzt meist nicht mehr die öffentliche Gewalt des Staates, sondern die öffentliche Meinung, welche in hohem Maß von den modernen Medien bestimmt wird. Sie sind in einer freien Gesellschaft ein wesentliches Element. Die säkulare Einstellung vieler Medien führt aber immer wieder zu öffentlichen Auseinandersetzungen und Konflikten, etwa wenn es um den Schutz des Lebens, die Ordnung von Ehe und Familie, die Erziehung, die soziale Gerechtigkeit, die internationale Friedensordnung und anderes geht. In solchen öffentlichen kontroversen Auseinandersetzungen ist es für die einzelnen Gläubigen von Bedeutung, in der Kirche als Haus der Weisheit Maßstäbe und Orientierung zu finden, die nicht am Interesse einzelner Gruppen, auch nicht am Eigeninteresse, sondern an der von Gott gegebenen Ordnung der Dinge ausgerichtet sind.

## Die Kirche als Tempel und Haus Gottes

Die Bibel kennt neben dem Bild von der Kirche als Haus der Weisheit noch ein anderes Bild, um die universale schöpfungsmäßige Grundlage der Kirche auszudrücken. Sie spricht von der Kirche als Tempel und Haus Gottes. Mit diesem Bild nimmt das Neue Testament ein altes, religionsgeschichtlich bedeutsames Motiv auf.[203] Der Tempel galt in der alten Welt als von der profanen Umwelt abgegrenzter und ausgegrenzter heiliger Bezirk (τέμενος) und als Wohnstätte der Gottheit, in vielen Religionen als symbolischer Mittelpunkt und Abbild des gesamten Kosmos.

Das Alte Testament kennt ähnliche Vorstellungen. Nach dem Bericht im Buch Exodus soll Mose Gott ein Heiligtum bauen nach einem Bauplan, den ihm Gott selbst auf dem Sinai gezeigt hat *(Ex 25,9.40)*. Als Salomo den Tempel einweihte, ist er sich bewusst: Gott wohnt nicht auf der Erde, selbst der Himmel und die Himmel der Himmel fassen ihn nicht, wie viel weniger ein Haus, das von Menschen gebaut ist *(1 Kön 8,27; 2 Chr 6,18)*. So betont Salomo in seinem Weihegebet immer wieder: Gottes Wohnung ist der Himmel; der Tempel aber ist der Ort, wo sein Name wohnt und der von seiner Herrlichkeit (kabod) erfüllt ist *(2 Chr 7,1.16;* vgl. *Sir 36,19)*. Eine ähnliche Vorstellung begegnet uns wieder in der Berufungsvision des Propheten Jesaja: Der Tempel ist erfüllt vom Saum des Gewandes des unnahbaren drei Mal heiligen Gottes *(Jes 6,1)*. In diesem Sinn ist auch für das Alte Testament der Tempel der Schnittpunkt zwischen der himmlischen und der irdischen Welt und der Nabel der Welt. Nach der Weisheitstheologie hat sich die Weisheit ein Haus gebaut *(Spr 9,1;* vgl. *14,1; 24,3)*. Nach späteren jüdischen Vorstellungen wurde der Tempel nach kosmischen Maßen und als Mittelpunkt des Kosmos errichtet.

In den Psalmen finden wir eine ausgesprochene Tempelfrömmigkeit. Der Fromme kommt zum Tempel, um Gottes Angesicht zu schauen *(Ps 42,2–4;* vgl. *5,8; 27,4)*, ja, sein Herz verzehrt sich in Sehnsucht nach dem Tempel des Herrn *(Ps 84,3)*. Umso härter ist die prophetische Kritik in der Tempelrede des Jeremias an einem falschen und trügerischen Vertrauen auf den Tempel, der mit Unrecht, Unterdrückung, Blutvergießen und Götzendienst gepaart ist *(Jer 7,1–15)*. Vollends erfüllte es fromme Juden mit Entsetzen, als der Tempel, der ein heiliger Ort ist, von Heiden geschändet und entweiht wurde *(Ps 79,1; 1 Makk 3f.; 2 Makk 1f.; Apg 21,27–30)*.

Das alles muss man wissen, wenn man verstehen will, was es bedeutet, wenn das Neue Testament die Kirche als Tempel und Haus Gottes bezeichnet *(1 Kor 3,16f.; 6,19; 2 Kor 6,16; Eph 1,19–22)*. Jesus selbst wirkt und lehrt im Tempel, und die urchristliche Gemeinde nahm selbstverständlich am Tempelgottesdienst teil *(Apg 5,42)*. Es zeigt sich aber schon bei Jesus selbst eine Distanz und etwas Neues. Die Tempelreinigung Jesu bedeutet mehr als eine moralische Entrüstung darüber, dass aus dem Tempel eine Markthalle geworden ist. Sie ist eine prophetische Zeichenhandlung und steht in prophetischer Tradition. Jesus geht es um die Heiligkeit Gottes und des Tempels, der ein Haus des Gebets und dies für alle Völker sein soll *(Mk 11,15–19 par.; Joh 2,13–22)*. Wie schon die Propheten relativiert und kritisiert Jesus den rein äußeren Tempelkult. »Gott ist Geist und alle, die ihn anbeten, müssen ihn in Geist und Wahrheit anbeten« *(Joh 4,21–24)*. So spricht Jesus wie die frühjüdischen Apokalypsen vom Abriss und der Neuerrichtung des Tempels; er meint damit aber, und das ist die christologische Neuheit, den Tempel seines Leibes *(Joh 2,21;* vgl. *Mk 14,58; 15,29 par.)*. In dieser christologischen Interpretation des Tempels begegnet uns das Novum des Neuen Testaments. Jesus selbst ist der Tempel Gottes in Person. Er ist der Ort, an dem Gott endgültig und ganz Wohnung genommen hat, an dem Gottes Herrlichkeit endgültig erschienen ist *(Joh 1,14)*. In ihm wollte Gott in seiner ganzen Fülle wohnen *(Kol 1,19)*.

In Christus ist auch die Gemeinde Haus Gottes. Schon das Alte Testament spricht oft vom Haus Israel und sagt, dass Jahwe unter seinem Volk wohnt und mit ihm wandert *(Lev 26,11f.; Ez 37,26f.)*. Im Neuen Testament kommt es zu einer christologischen Relecture des Alten Testaments. Wo zwei oder drei im Namen Jesu versammelt sind, da ist er unter ihnen gegenwärtig *(Mt 18,20)*. So ist die Kirche in

Christus und im Heiligen Geist Tempel, ein Haus Gottes, nicht aus toten, sondern aus lebendigen Steinen und als ein geistliches Haus *(1 Petr 2,5)*. Dieser Tempel darf nicht entweiht werden. »Wer den Tempel Gottes verdirbt, den wird Gott verderben. Denn der Tempel Gottes ist heilig, und der seid ihr« *(1 Kor 3,17;* vgl. *Hebr 3,6; 1 Petr 4,17; 1 Tim 3,15)*. Der Tempel Gottes verträgt sich nicht mit dem Götzendienst *(2 Kor 6,16)* und ebenso wenig mit Unzucht *(1 Kor 6,18f.)*. Er ist ein heiliger Bezirk, ausgegrenzt aus der Welt. Wenn nicht, dann gilt ihm das Gericht, das beim Haus Gottes anfängt *(1 Petr 4,17)*.[204]

Haus und Tempel Gottes ist so im Neuen Testament nicht der steinerne Bau, sondern ein Bildwort für die lebendige Gemeinde. Zu diesem interpersonalen ekklesialen Verständnis der Kirche als Haus Gottes gehört auch, dass im Haus der Kirche alle Bürgerrecht haben sollen. In ihr gibt es keine Fremden; alle sind Hausgenossen *(Eph 2,19)*. Auch diese Aussage nimmt etwas auf vom damaligen Verständnis eines Hauses (οἶκος) als Haushalt, Großfamilie, Sippe, also ein familiäres und verwandtschaftliches Gefüge, das auch Bedienstete und Sklaven einschloss und in dem jeder seinen festen Platz hatte, Schutz und Anerkennung erfuhr. Ähnlich wird von der urchristlichen Jerusalemer Gemeinde gesagt, sie seien gleichsam ein Herz und eine Seele und hätten alles gemeinsam *(Apg 2,44)*. Die Kirche soll demnach ein für alle offenes Haus und gleichsam eine große Familie sein. Sie darf nicht zu einer bloßen Institution oder einer bürokratischen Organisation erstarren, sondern soll lebendige Interaktion und geschwisterliche communio sein.

Als solches offenes und familiäres Haus ist die Kirche noch nicht die endgültige Wirklichkeit. Sie weist vielmehr voraus auf den Tempel und die Liturgie des himmlischen Jerusalem *(Offb 7,15; 11,19; 15,5–8)*. Nach ewigem Plan erbaut ist die Kirche zugleich Vorausbild und Antizipation des eschatologischen himmlischen Jerusalem, das nicht von unten, sondern von oben, von Gott her kommt. Hier wird Gott endgültig unter seinem Volk wohnen. Einen Tempel wird es dort nicht mehr geben. Denn der Tempel des neuen Jerusalem ist Gott und das Lamm. Sie sind das Licht, das alle erleuchtet, und alle Völker werden in diesem Licht einhergehen. Alle Völker werden ihre Reichtümer einbringen. Aber nichts Unreines wird hineinkommen, keiner, der Gräuel verübt und lügt *(Offb 21,2–4.22–27)*.

In dieser Weise ist die Kirche in dieser Weltzeit Schnittstelle zwischen Zeit und Ewigkeit. Sie ist schon in dieser Zwischenzeit ein Haus, das sicheren Schutz bietet und das stabil nicht auf Sand, sondern auf festem felsigen Grund gebaut ist (vgl. *Mt 7, 24–27*). Sie ist Heilsraum in einer heillosen Welt und schon jetzt Ort der Erfahrung der Nähe Gottes.[205] In ihr lässt sich sicher wohnen und den Stürmen trotzen, ohne dass es in ihr eng wird, denn sie ist nach den Maßen der Ewigkeit und das heißt in universalen Dimensionen gebaut. Sie hat nicht eine Winkelexistenz am Rand der Welt. Auch wenn sie in unserem Kulturkreis zahlenmäßig kleiner werden sollte oder wenn sie sich als eine kleine armselige Gemeinde am Rand der großen Welt versammelt, ist sie keine marginale Wirklichkeit; sie hat auch unter solchen Umständen eine universale menschheitliche und kosmische Dimension.

## Aktuelle Bedeutung

Man kann das Bild von der Kirche als Haus missverstehen als Bollwerk, Burg und Festung gegenüber einer bösen Welt; man kann es als regressiven und restaurativen Traum von einer verloren Heimat verstehen; man kann es aber auch als Sehnsucht des modernen Menschen nach einem Raum der Geborgenheit, der Stille und des Zu-Hause-Seins in einer unruhigen, rasant sich verändernden, unbehausten und oft wirren Welt verstehen.[206] Wenn man die Hausmetapher in der zuletzt beschriebenen Weise versteht, dann steht sie nicht im Widerspruch zu der biblischen Weg- und Exodus-Metapher. Im Gegenteil, sie bedeutet Aufbruch aus der bloßen, rasch verfliegenden und schon morgen veralteten Aktualität zur ewigen Heimat und zu dem, was in allem Wandel der Zeit bleibt und gilt. In diesem Sinn kann auch für den modernen Menschen gelten: »Nur eines erbitte ich vom Herrn, danach verlangt mich: Im Haus des Herrn zu wohnen alle Tage meines Lebens, die Freundlichkeit des Herrn zu schauen und nachzusinnen in seinem Tempel« *(Ps 27, 4)*.

Mich hat der Gedanke von der Kirche als Haus der Weisheit schon früh fasziniert. Er war mir so wichtig, dass ich ihn meinem Bischofswappen zugrunde gelegt habe. Das Wappen stellt die Kirche als auf sieben Säulen ruhendes Haus dar, das sich die Weisheit gebaut hat *(Spr 9, 1)*. Darin kommt die Verkündigungsaufgabe des Bischofs zum Ausdruck. Er soll die Weisheit Gottes einer Welt bezeugen, welche diese vor allen Tagesaktualitäten und durch Überflutung mit Information zu vergessen droht und die damit in der Gefahr ist, die bleibend gültigen Maßstäbe aus dem Blick zu verlieren; er soll Kirche als Haus aufbauen, in dem alle wohnen und in dem alle ihre geistliche Heimat finden können, in der es keine Fremden gibt, wo vielmehr im einen Glauben alle dieselbe Sprache sprechen und so einander und die Welt neu verstehen können. Die Trauben im Wappen weisen auf den heiligen Martin, den Patron der Diözese Rottenburg-Stuttgart und Patron der Winzer, hin, tiefer betrachtet verweisen sie auf die Mitte der Kirche und auf die zentrale Aufgabe des bischöflichen Dienstes: die Feier der Eucharistie, die das Sakrament der Einheit ist. So enthält dieses Wappen in der Sprache der Heraldik eine ganze Ekklesiologie in nuce.

## *2.4 Kirche als congregatio fidelium und communio sanctorum*

Die Kirche ist die eschatologische Sammlungsbewegung Gottes, welche in Jesus Christus in ihr Ziel kommt. Die Kirche lebt aber noch zwischen den Zeiten. Sie ist Institution und Ereignis. Sie hat den tiefsten Sinn und das Ziel aller Wirklichkeit und des Menschen zu bezeugen und sie antizipiert bereits die kommende himmlische Herrlichkeit. Die Frage, die wir uns nun zu stellen haben, lautet: Wie soll dies geschehen?

Die Antwort aus der Schrift wie aus der Tradition lautet: Durch die Verkündigung des Wortes und durch die Feier der Sakramente, besonders der Eucharistie. Thomas von Aquin fasst beides in einer bei ihm immer wiederkehrenden Aussage zusammen, indem er sagt, die Kirche werde durch den Glauben und die Sakramente auferbaut.[207] Sie lebt, wiederum nach einer alten Tradition, vom Tisch des Wortes und vom Tisch der Sakramente, besonders der Eucharistie.[208] Daraus ergeben sich zwei grundlegende Wesensaussagen über die Kirche: Die Kirche ist congregatio fidelium und sie ist communio sanctorum, das heißt sacramentorum.

### Kirche als congregatio fidelium

Geht man vom Wortsinn des griechischen Wortes für Kirche (ἐκκλησία) aus, dann ist die Kirche die von Gott aus den Völkern herausgerufene (ἐκ–καλεῖν) eschatologische Vorhut. Der Gott des Alten und des Neuen Testaments ist ein Gott, der spricht. Das unterscheidet ihn fundamental von den Götzen, die stumm sind und nicht reden können (*Ps 115,4f.; 135,15–18; Jer 10,5* u.a.). Der Gott, den die Bibel bezeugt und an den Christen glauben, ist daher ein lebendiger Gott (*Dtn 5,26; Jos 3,10; Jer 10,10; Dan 6,26; Mt 16,16* u.a.). Er ist kein müßiger Gott (Deus otiosus), der irgendwo fern von der Welt und unberührt vom Geschehen in der Welt existiert, erst recht ist er kein toter Gott, wie ihn Friedrich Nietzsche und andere in der Moderne proklamieren zu können meinten. Er ist der lebendige Gott Abrahams, Isaaks und Jakobs, ein Gott der Lebenden und nicht der Toten *(Ex 3,6; Mk 12,26f.; Apg 3,13; 7,32)*. Er wendet sich den Menschen zu, spricht zu ihnen, spricht sich ihnen zu, teilt ihnen nicht nur etwas mit, sondern teilt sich ihnen selbst mit und ist so durch sein Wort mitten im Leben seines Volkes gegenwärtig *(Ex 3,14)*. Das Wort Gottes ist daher nicht nur Information, sondern vor allem personale Kommunikation, in der uns Gott aus überströmender Liebe wie Freunde anredet.[209]

Durch sein Wort ruft Gott sein Volk zusammen. So versteht sich schon Israel als qahal Jaweh, als Versammlung Gottes (vgl. *Dtn 23,2ff.; 1 Chr 28,8; Neh 13,1; Mi 2,5; Ps 74,2* u.a.). Das Neue Testament hat diese Bezeichnung als Selbstbezeichnung übernommen und sich als Kirche Gottes, das heißt als das von Gott berufene und zusammengerufene Volk verstanden.[210] Als die Versammelten das Wort des Petrus hörten, traf es sie mitten ins Herz. So ist die Kirche durch die Ausgießung des Geistes und durch die Predigt des Petrus am ersten Pfingsten entstanden *(Apg 1,37)*. Nach Paulus ist das Evangelium in der Gemeinde zur Wirkung gekommen *(1 Thess 1,5)*. Ja, Paulus kann geradezu sagen: »Ich habe euch durch das Evangelium gezeugt.« *(1 Kor 4,15)*. So wird die Kirche nach Paulus durch das Wort gleichsam geschaffen; sie ist creatura verbi.[211]

Daraus wurde in der Tradition die Bezeichnung der Kirche als Versammlung der Gläubigen (congregatio fidelium). Diese Bezeichnung gilt oft als spezifisch reformatorisch; sie findet sich indes wörtlich oder der Sache nach sehr oft auch in der katholischen Tradition.[212] Sie kann daher nicht als konfessionelles Unterscheidungsmerkmal dienen. Die Unterscheidung zwischen einer Kirche des Wortes und einer des Sakraments ist, wenn sie denn jemals gültig war, überholt. Congregatio fidelium kann als ökumenisch gemeinsame Selbstbezeichnung der Kirche gelten.

Man muss diese Bezeichnung freilich richtig verstehen. Congregatio fidelium bedeutet nicht, dass die Kirche der nachträgliche Zusammenschluss der einzelnen Gläubigen ist. Nicht einzelne Gläubige schließen sich zur Kirche zusammen, vielmehr ist es Gott, der die Kirche durch sein Wort als sein Volk zusammenruft und im einen Glauben zusammenschließt. Martin Luther hat es auf die prägnante Formel gebracht: »Gottes Wort kann nicht ohne Gottes Volk sein, und Gottes Volk kann nicht ohne Gottes Wort sein«[213].

Das Zweite Vatikanische Konzil hat dieses Wesen der Kirche in den Eingangsworten der Offenbarungskonstitution *Dei Verbum* auf die geniale Formel gebracht: »Verbum Dei religiose audiens et fideliter proclamans«, »Gottes Wort voll Ehrfurcht hörend und voll Zuversicht verkündend«.[214] Die Kirche existiert in dem Doppelgestus des Hörens und des Bezeugens des gehörten Wortes Gottes. Die Kirche kann und darf darum nicht ihre eigene Weisheit weitergeben, sie kann nur weitergeben, was sie selbst zuvor gehört hat. Nur als hörende Kirche kann sie auch lehrende Kirche sein. Dann aber kann sie das Gehörte nicht für sich behalten, sie muss es weitergeben. Durch die Bezeugung des Wortes Gottes soll sie Gottes Volk sammeln. So ist die Kirche ihrer Natur nach missionarisch;[215] Evangelisieren ist die wahre Identität der Kirche.[216]

## Kirche als communio sacramentorum

Der zweite Aspekt, Kirche als communio sacramentorum, ergibt sich aus dem ersten. Denn Gottes Wort ist nicht Schall und Rauch; es ist ein lebendiges Wort, welches das, was es sagt, auch bewirkt und schafft *(Hebr 4,12;* vgl. *Jes 55,10f.; Weish 18,15f.).* »Er sprach und es ward«, heißt es schon im Schöpfungsbericht *(Gen 1,3.9).* Bereits die Schöpfung ist verwirklichtes Wort Gottes und kündet von Gottes Größe. »Die Himmel rühmen die Herrlichkeit Gottes, vom Werk seiner Hände kündet das Firmament« *(Ps 19,2;* vgl. *50,6).* In der Geschichte des Heils verwirklicht sich das Wort Gottes in Groß- und Wundertaten Gottes (mirabilia Dei); zentral ist die Befreiung aus Ägypten »mit hoch erhobenem Arm« *(Ex 6,6; Dtn 6,22; 7,19).* Solche Zeichen und Wunder werden dann Gegenstand der Verkündigung und der bleibenden Erinnerung (*Ps 9,2; 26,7; 89,6; 111,4* u.a.). In der Fülle der Zeit ist das Wort Fleisch geworden und hat unter uns gewohnt *(Joh 1,14)*. Die Selbstmitteilung Gottes in Jesus Christus ist der nicht mehr überbietbare Höhepunkt und die Zusammenfassung der Selbstoffenbarung Gottes. Jesus Christus ist das Wort Gottes in Person. Er ist das verbum abbreviatum.[217] Auf ihn hin und von ihm her muss theologisch alle andere Offenbarung verstanden und ausgelegt werden.

Da das Wort Gottes wirksames, Wirklichkeit stiftendes und Wirklichkeit werdendes Wort Gottes ist, das in der Fülle der Zeit Fleisch geworden ist, kann es nicht beim gepredigten Wort Gottes bleiben; das verkündete Wort Gottes soll vielmehr in der Kirche in den Sakramenten sozusagen Fleisch werden und liturgisch gefeiert werden. So ist Jesus Christus in der Kirche gegenwärtig durch sein Wort und in Analogie zur Menschwerdung auch in sakramentalen Zeichen.[218] In diesem Sinn kann man sagen: Was an Jesus Christus sichtbar war, ist übergegangen in die Sakramente.[219] Sie sind Zeichen und Werkzeug der heilschaffenden Gegenwart Christi in der Kirche.

So begegnen wir in der Kirche von Anfang an der Taufe und der Feier der Eucharistie. Das wird schon bei der lukanischen Beschreibung der Jerusalemer Urgemeinde deutlich. Die durch die Predigt des Petrus gläubig Gewordenen lassen sich taufen und die ganze Gemeinde nimmt teil am Brechen des Brotes und an den Gebeten *(Apg 2,37–42)*. Von Paulus wird die Taufe als der Grund der Kirche verstanden. Durch sie werden wir in den Leib Christi aufgenommen *(1 Kor 12,13; Gal 3,28)*. Durch sie werden wir in Tod und Auferstehung Jesu gleich gestaltet *(Röm 6,6,3–11)*. So werden wir mit Christus nicht nur eins, sondern wir werden sogar einer (εἷς) in Christus: Juden und Griechen, Sklaven und Freie, Männer und Frauen *(Gal 3,26–29; Kol 3,11)*. Ähnliches gilt von der Eucharistie. Die neutestamentlichen Abendmahlberichte sind ja nicht nur historische Berichte; sie tragen bereits deutliche Spuren liturgischer Gestaltung, sind also auch liturgische Texte, welche von dem regen liturgischen Leben der frühen Kirche Zeugnis geben.[220] Nach Paulus werden wir durch die Teilhabe an dem einen eucharistischen Leib Christi zu dem einen Leib Christi, der die Kirche ist *(1 Kor 10,16f.)*. Durch die eucharistische communio wird also die communio ecclesialis begründet. Cyrill von Jerusalem[221] und Cyrill von Alexandrien[222] sagen, dass wir durch die Eucharistie ein Leib (σύσσωμοι) mit Christus werden.

Die Kirche wird also von Anfang an als gottesdienstliche Versammlung begriffen, welche ihre Lebensmitte im eucharistischen Gottesdienst hat. Das Verständnis der Kirche als Gottesdienstversammlung kommt auch darin zum Ausdruck, dass das Wort aus *Joel 3,5* »die den Herrn anrufen« im Neuen Testament zu einer festen Selbstbezeichnung der Kirche geworden ist *(Apg 2,39; Röm 10,12 f.; 1 Kor 1,2; 2 Tim 2,22; Hebr 11,16; 1 Petr 1,17; Jak 2,7)*.[223] Die Kirche wird also nicht nur als congregatio fidelium, sondern auch als communio sanctorum, das heißt als communio sacramentorum verstanden.

Die Formel ›communio sanctorum‹ ist sowohl was ihren Ursprung wie was ihre Bedeutung betrifft schon viel diskutiert worden.[224] Der ursprüngliche Sinn von κοινωνία/communio ist nicht Gemeinschaft zwischen den Christen, sondern gemeinsame Teilhabe der Christen (μέϑεξις/participatio) an Jesus Christus, am Heiligen Geist, am Evangelium und besonders an der Eucharistie. Der Anfang des 1. Johannesbriefs spricht von der Gemeinschaft, durch die wir teilhaben an der Gemeinschaft, die in Gott zwischen Vater und Sohn ist *(1 Joh 1,2 f.)*.[225] So meint communio sanctorum ursprünglich wohl nicht Gemeinschaft der Heiligen (sancti), das heißt der Glaubenden und Gemeinschaft mit den Heiligen des Himmels, sondern Gemeinschaft am Heiligen (sancta), das heißt gemeinsame Teilhabe an den Gütern des Heils: an Jesus Christus, am Heiligen Geist, am Evangelium und vor allem an der Eucharistie. Die communio an den sancta begründet dann die communio der sancti untereinander. Communio der Heiligen meint also entsprechend dem paulinischen Sprachgebrauch Gemeinschaft der Geheiligten.

Diese Einsicht hat Augustinus zu der bekannten Formel geführt, die Eucharistie sei »Zeichen der Liebe und Band der Einheit« (signum caritatis et vinculum unitatis).[226] Dieses Wort hat Geschichte gemacht; es wirkt nach in der gesamten Tradition[227] bis hin zum Zweiten Vatikanischen Konzil.[228] In der scholastischen Theologie des Mittelalters sind Bonaventura[229] und Thomas von Aquin[230] wichtige Zeugen dieser Tradition. Der Titel der letzten Enzyklika von Papst Johannes Paul II. *Ecclesia de Eucharistia*, »Kirche aus der Eucharistie« (2003), sowie das postsynodale Schreiben von Papst Benedikt XVI. *Sacramentum Caritatis* (2006)[231] machen darum zurecht deutlich, dass die Kirche nicht aus sich selbst, sondern aus der Eucharistie lebt. Auf ihrem Weg durch die Geschichte wird sie durch die Eucharistie genährt und gestärkt, durch die Eucharistie wächst sie und wird immer wieder neu aufgebaut.[232]

So bauen die Sakramente, besonders die beiden Hauptsakramente Taufe und Eucharistie, die Kirche als communio sacramentorum auf. Diese Tradition von der kirchenkonstitutiven Bedeutung des Altarsakraments findet sich auch beim frühen Luther.[233] So wird wie bei der Selbstbezeichnung der Kirche als congregatio fidelium auch bei der Selbstbezeichnung der Kirche als communio sanctorum eine grundlegende ökumenische ekklesiologische Gemeinsamkeit deutlich. Es lassen sich evangelische und katholische Kirche nicht als Kirche des Wortes und als Kirche des Sakraments einander gegenüberstellen. Nach heutigem Verständnis sind Wort und Sakrament für beide Traditionen konstitutiv.[234]

Wie die Formel von der Kirche als congregatio fidelium darf man auch die Formel von der communio sanctorum nicht im Sinn eines nachträglichen Zusammenschlusses der einzelnen Gläubigen verstehen. Ein solches individualistisches Verständnis wäre der Schrift wie der Vätertradition völlig fremd. Denn es ist die glaubende und den Glauben in den Sakramenten feiernde Kirche, welche die Gläubigen durch Wort und Sakrament in ihren Schoß aufnimmt. Das hat zu der Rede von der Kirche als Mutter geführt. Sie ist biblisch grundgelegt und bei den Kirchenvätern vielfach bezeugt. Paulus kann sagen, er habe gleichsam Geburtswehen für die Gläubigen als seinen Kindern erlitten; im gleichen Zusammenhang kann er ebenso das himmlische Jerusalem unsere Mutter nennen *(Gal 4,19.26)*.[235] Bekannt ist das Wort Cyprians: »Keiner kann Gott zum Vater haben, der nicht zuerst die Kirche zur Mutter hat«[236].

### Zusammengehörigkeit und eschatologische Dimension von Wort und Sakrament

Die beiden Selbstbezeichnungen der Kirche, congregatio fidelium und communio sacramentorum, stehen nicht isoliert nebeneinander; sie sind innerlich miteinander verbunden. Das Wort Gottes verdichtet und verwirklicht sich in den Sakramenten. Die im Namen des Vaters, des Sohnes und des Heiligen Geistes gespendete Taufe ist sacramentum fidei.[237] Ähnlich sagt Paulus von der Feier der Eucharistie: »Sooft ihr das tut, verkündet ihr den Tod des Herrn« *(1 Kor 11,26)*. Das Tun bei der eucharistischen Feier hat demnach Verkündigungscharakter. Augustinus bringt es auf die Formel: accedit verbum ad elementum et fit sacramentum – indem das Wort zum Element hinzukommt, wird das Sakrament. So ist das Sakrament für Augustinus sichtbares Wort (visibile verbum).[238]

Nach der scholastischen Theologie ist das Wort der Konsekration beziehungsweise das Spendewort die forma sacramenti, das heißt die Prägeform und die Seele des Sakraments.[239] Auch Martin Luther hat die Zusammengehörigkeit von Wort und Sakrament herausgestellt. Die Taufe ist ihm »Wasser in Gottes Wort und Gebot gefasst«, die Eucharistie »Brot und Wein in Gottes Wort gefasst und daran gebunden«[240].

Diese Zusammengehörigkeit von Wort und Sakrament zeigt sich auch liturgisch bei jeder sakramentalen Feier. Jede sakramentale Feier geschieht im Rahmen eines Wortgottesdienstes. Bei der Eucharistiefeier bilden Wort- und Sakramentsgottesdienst (im engeren Sinn) eine Einheit,[241] und auch beim im engeren Sinn sakramentalen Teil der Eucharistiefeier sind die Abendmahlsworte (verba testamenti) konstitutiv. Damit ist die eucharistische Feier in ihren beiden Teilen gefeiertes Wort Gottes. Auch aufgrund dieser innigen Einheit und gegenseitigen Durchdringung von Wort und Sakrament ist die Feier der Eucharistie der Höhepunkt kirchlichen Lebens.[242] Umgekehrt muss das Wort Gottes in und aus seinem liturgisch-sakramentalen Kontext verstanden werden. Denn in der liturgischen Feier und durch sie wird das Wort Gottes ausgelegt. Wie eine Kirche betet und liturgisch feiert, so glaubt sie. Das gebetete und liturgisch gefeierte Wort Gottes ist darum selbst wieder Maß des Glaubens; die lex orandi ist lex credendi.[243]

Aus dieser Zusammengehörigkeit von Wort und Sakrament ergibt sich, dass beide, Wort und Sakrament, eine ähnliche Struktur haben. Wie das verkündigte Wort Gottes, so haben auch die Sakramente eine anamnetische Dimension; sie sind Erinnerung (ἀνάμνησις, memoria) der Heilstaten Gottes in der Vergangenheit, besonders von Tod und Auferweckung Jesu. Als Anamnese sind sie zugleich symbolhaft reale Vergegenwärtigung des ein für alle Mal geschehenen Heilsgeschehens. Schließlich weisen die Sakramente über sich hinaus auf die eschatologische Erfüllung und sind als solche reale Antizipation der Eschata. So sind die Sakramente, insbesondere die Eucharistie, immer auch Vorfeiern der eschatologischen Vollendung. Thomas von Aquin hat ausdrücklich auf diese dreifache Dimension der Sakramente hingewiesen[244] und sie in der Magnifikat-Antiphon von Fronleichnam dichterisch ins Wort gefasst: »Gedächtnis seines Leidens, Fülle der Gnade, Unterpfand der künftigen Herrlichkeit.«

Durch die Feier der Eucharistie geschieht schon jetzt die eschatologische Sammlung des Volkes Gottes; durch sie werden wir in die große, Himmel und Erde umspannende Gemeinschaft der Heiligen eingereiht. Wir feiern Gottesdienst in einer großen Gemeinschaft, zu der auch die Heiligen des Himmels und die Engel gehören *(Hebr 12,22f.)*.[245] Das weist uns nochmals auf die eschatologische Dimension der Kirche und die in ihr anhebende Sammlung des eschatologischen Volkes Gottes hin. Jesus selbst blickte beim letzten Abendmahl auf das kommende Reich Gottes voraus *(Mk 14,25 par.)*. Paulus spricht von der Verkündigung des Todes des Herrn »bis er kommt« *(1 Kor 11,26)*. Die ersten Christen feierten die Eucharistie in eschatologischer Vorfreude *(Apg 2,46)*. Ihre eschatologische Erwartung drückt sich in dem Ruf aus: »Maranatha«, »Unser Herr kommt« (*1 Kor 16,22; Offb 22,20;* Didache 10,6). So wird die eschatologische Vollendung in der Eucharistie realsymbolisch antizipiert, sie wird vorweggefeiert und als Vorgeschmack des kommenden Reiches erfahren.

Vor allem die griechischen Kirchenväter Origenes, Cyrill von Jerusalem, Dionysius Areopagita und Maximus Confessor haben diese Aussagen der Schrift aufgegriffen und die Kirche und ihre Sakramente, von neuplatonischem Denken beeinflusst, mystagogisch als Abbild und Symbol des himmlischen Jerusalem verstanden.[246] Mit dieser eschatologischen Sicht der Kirche sollen die Unzulänglichkeiten einer Kirche, zu der in dieser Welt auch Sünder gehören, nicht verschleiert oder unterschlagen werden. Davon wird noch ausführlich die Rede sein.[247] In diesem Zusammenhang genügt es, grundsätzlich zu zeigen, dass sich in der Eucharistie gleichsam ein Spalt des Vorhangs in das kommende himmlische Jerusalem auftut. In ihr wird der bleierne Alltag unterbrochen und ein Stück Himmel auf Erden erfahrbar. Dazu dienen auch Gewänder, Musik und Kunst; sie sind, wenn sie in stilvoller Weise einbezogen werden, kein äußerer Pomp, sondern auf ihre Weise Ausdruck dafür, dass die liturgische Feier Vorzeichen und Vorschein der Herrlichkeit und Schönheit der eschatologischen verklärten Wirklichkeit ist.

## 2.5 *Außerhalb der Kirche kein Heil?*

### Massa damnata oder Allerlösung?

Die universalgeschichtliche, menschheitliche und kosmische Sicht der Kirche wirft zumal heute eine schwerwiegende Frage auf: Wie steht es dann mit dem Heil derer, die nicht zur sichtbaren Kirche gehören? Diese Frage war im Mittelalter nicht in der Weise aktuell, wie sie es seit der Neuzeit geworden ist. Damals konnte man davon ausgehen, dass die Botschaft des Evangeliums bis an die Grenzen der damals bekannten Welt vorgedrungen ist und jeder, der Christ sein wollte, es auch sein konnte. Seit Beginn der Neuzeit hat sich diese Situation radikal geändert; durch die Entdeckung anderer Kontinente hat sich der Blick über den europäischen Raum hinaus auf die alten Kulturen Amerikas, Asiens, Afrikas und Ozeaniens geweitet. Nun drängte sich die Frage auf: Wie steht es um das Heil der vielen Generationen vor und nach Jesus Christus, den vielen auch heute, denen das Evangelium nie verkündet worden ist und die folglich ohne eigene Schuld nie die Möglichkeit hatten, sich zur christlichen Heilsbotschaft zu bekennen?

Diese Frage stellt sich heute verstärkt im Kontext des Dialogs mit den anderen Religionen und Kulturen, für manche Christen auch im Verhältnis zu den nichtkatholischen Kirchen. Wie müssen und wie können wir heute das oft missverstandene Axiom ›extra ecclesiam nulla salus‹, ›außer der Kirche kein Heil‹ und die Rede von der allein selig machenden Kirche verstehen, ohne unduldsam, überheblich oder ganz schlicht borniert zu wirken?

Sehr oft verweist man auf die Aussage, dass Gott das Heil aller Menschen will *(1 Tim 2, 4)*. Aus dieser Aussage, dass Gott das Heil aller Menschen will, schließen manche, dass auch tatsächlich alle erlöst werden. Man bezeichnet diese All-Erlösungslehre im Anschluss an *Apg 3, 21* als Lehre von der Apokatastasis, das heißt von der Wiederherstellung aller Wirklichkeit. Diese Apokatastasislehre wurde schon oft Origenes († 254), einem der größten Theologen der frühen Kirche, zugeschrieben, sehr zu Unrecht.[248] Auf jeden Fall darf man nicht übersehen, dass sich im Alten wie im Neuen Testament neben den heilsuniversalen Aussagen auch viele und teilweise drastische Drohworte und Gerichtsaussagen finden, die von Verdammung und Hölle sprechen. Auch sie müssen ernst genommen werden. So gibt es einerseits die Lehre von der Apokatastasis und andererseits sozusagen als deren Gegenpol Augustinus späte Lehre von der doppelten Prädestination und von der massa damnata eines großen Teils der Menschheit. Doch wie ist diese Lehre mit der Gerechtigkeit und Barmherzigkeit Gottes und mit unserer menschlichen und christlichen Solidarität mit diesen Menschen vereinbar?

Die Frage ist deshalb: Was kann man, ohne das Wesentliche der Glaubensüberzeugung von der Heilsnotwendigkeit der Taufe und der Kirche aufzugeben und ohne entweder der Lehre von der Allerlösung oder Lehre von der massa damnata zu verfallen, zu der besonders drängenden neuen Frage des Heils der Nichtevangelisierten sagen?[249]

### Biblische Grundlage – theologiegeschichtliche Entwicklung

Als erstes muss man sagen, dass das Axiom ›extra ecclesiam nulla salus‹ zwar im Neuen Testament nicht vorkommt, aber dort in der Sache doch einen gewissen Anhalt hat. Es wird nämlich im Neuen Testament von Jesus Christus gesagt, dass der Mensch in keinem anderen Namen Heil finden kann und dass uns unter dem Himmel kein anderer Namen gegeben ist, durch den wir gerettet werden *(Apg 4,12)*. Jesus Christus ist der eine und einzige Mittler des Heils *(1 Tim 2,4–7)*; er ist der Weg, die Wahrheit und das Leben *(Joh 14,6)*. Im Nachtragskapitel des Markusevangeliums heißt es: »Wer glaubt und sich taufen lässt, wird gerettet; wer aber nicht glaubt, wird verdammt werden« *(Mk 16,16)*. Auch im vierten Evangelium sagt Jesus, wer nicht aus dem Wasser und dem Geist wiedergeboren ist, kann nicht in das Reich Gottes kommen *(Joh 3,3–5)*.

In der Theologie der Kirchenväter wurde die Arche, durch die Noach aus der Sintflut gerettet wurde, als Typus der Kirche verstanden, durch die wir wie durch eine rettende Arche aus der Sintflut der Welt gerettet werden.[250] Ausdrücklich findet sich das Axiom »extra ecclesiam nulla salus« erstmals in den Josua-Homelien bei Origenes[251] und bei Cyprian von Karthago.[252] In beiden Fällen geht es in diesem Satz jedoch nicht um eine allgemeine Theorie über die Nichtchristen oder um eine Mahnung, sich der Kirche anzuschließen, sondern um eine Warnung an die Adresse derjenigen, denen die Botschaft verkündet worden ist und die getauft sind und die nun in der Gefahr stehen, sich wieder vom Glauben und von der Einheit der Kirche zu trennen.

Verhängnisvoll wirkte sich freilich die Lehre des späteren Augustinus aus, der von einer doppelten Prädestination zum Heil oder zur Verwerfung sprach. In dieser Spur wurde das Axiom ›extra ecclesiam nulla salus‹ bei dem Augustinusschüler Fulgentius von Ruspe († 532) als eine Theorie über das Heil beziehungsweise das Nichtheil aller Nichtglaubenden und Nichtgetauften verstanden. In diesem Sinn wurde es auch vom Vierten Laterankonzil (1215) gebraucht.[253] Bonifatius VIII. bezog es in der Bulle *Unam sanctam* (1302) sogar auf alle, die sich nicht dem römischen Papst unterwerfen.[254] Schließlich stellte 1442 das Konzil von Florenz ausdrücklich fest, dass kein Heide, Ungläubiger oder von der Einheit Getrennter des ewigen Lebens teilhaftig werden kann, sondern dem ewigen Feuer verfällt. »Mag einer noch so viele Almosen geben, ja selbst sein Blut für den Namen Christi vergießen, so kann er doch nicht gerettet werden, wenn er nicht im Schoß und in der Einheit der katholischen Kirche bleibt«[255].

Ein solcher Satz lässt uns heute erschrecken. Sollen wir wirklich annehmen, dass die vielen Millionen gutwilliger Menschen, die nie vom Evangelium gehört haben, eine einzige massa damnata sind? Wie könnten wir eine solche Annahme mit dem christlichen Verständnis von der grenzenlosen Barmherzigkeit Gottes und wie mit der christlichen Solidarität mit allen Menschen vereinbaren? Einigermaßen verständlich wird der Satz des Konzils von Florenz nur, wenn man ihn auf dem Hintergrund des begrenzten antiken und mittelalterlichen Weltbilds liest, wo man davon ausging, dass das Evangelium tatsächlich alle erreicht hat, und wenn man den Kontext dieses Konzils beachtet. Damals ging es nicht um die Nichtchristen, sondern um Einigungsbemühungen innerhalb der gespaltenen Christenheit zwischen der lateinischen und der östlichen Kirche. Man darf diese Aussagen deshalb nicht von ihrem Kontext lösen und aus ihnen in unserem ganz anderen Kontext ein allgemeines Prinzip machen.

Die Kirche hat auf die veränderte neuzeitliche Situation schon bald reagiert. Sie stellte schon gegen Jansenius († 1638), der in seinem posthum erschienenen Werk *Augustinus* eine rigoristische ultraaugustinische Gnadenlehre vortrug, ausdrücklich klar, dass Jesus Christus für alle Menschen gestorben ist.[256] Später wurde der Satz des von Jansenius beeinflussten Pasquier Quesnel († 1719) verworfen, dass es außerhalb der Kirche keine Gnade gibt.[257] Zur Begründung für diese Kehrtwendung griff man auf eine ältere Tradition zurück, nämlich auf die bereits von dem berühmten Mailander Bischof und Kirchenvater Ambrosius († 397) entwickelte Lehre von der Begierdetaufe. Diese Lehre findet sich auch bei Thomas von Aquin,[258] sie wurde ebenfalls vom Trienter Konzils übernommen.[259] Sie wurde dann von dem bekanntesten aller Kontroverstheologen, von Robert Bellarmin († 1621) zu der Theorie von einer Mitgliedschaft in der Kirche dem Verlangen (desiderio) nach weiterentwickelt.[260] Papst Pius XII. hat diese Lehre in der Enzyklika *Mystici corporis* (1943) aufgegriffen und von Menschen gesprochen, die aufgrund eines unbewussten Verlangens und Votums (inscio desiderio ac voto) auf den mystischen Leib Christi hin geordnet sind.[261] Dass es dem Papst damit ernst war, geht daraus hervor, dass er 1949 gegen eine neuerliche rigoristische Auslegung des Satzes ›Extra ecclesiam nulla salus‹ die Lehre der Enzyklika verteidigte und die entgegenstehende rigoristische Auffassung ausdrücklich verwarf.[262]

## Die Lehre des Vaticanum II

Das Zweite Vatikanische Konzil hat die neuzeitliche Lehrentwicklung konsolidiert. Es stellte ausdrücklich fest: »Wer nämlich das Evangelium Christi und seine Kirche ohne Schuld nicht kennt, Gott aber aus ehrlichem Herzen sucht, seinen im Anruf des Gewissens erkannten Willen unter Einfluss der Gnade in der Tat zu erfüllen trachtet, kann das ewige Heil erlangen. Die göttliche Vorsehung verweigert auch denen das zum Heil Notwendige nicht, die ohne Schuld noch nicht zur ausdrücklichen Anerkennung Gottes gekommen sind, jedoch, nicht ohne die göttliche Gnade, ein rechtes Leben zu führen sich bemühen«[263].

Neu an der Lehre des Konzils ist, dass sie sich für die Lehre von der Heilsmöglichkeit der Nichtgetauften nicht mehr wie noch die Enzyklika *Mystici corporis* auf ein letztlich fiktives unbewusstes subjektives Verlangen und Sehnen beruft. Sie orientiert sich vielmehr am objektiven universalen Heilswillen Gottes *(1 Tim 2, 4)* und an der universalen Heilsgeschichte. In diesem Sinn kann man darauf verweisen, dass die Bibel fromme, sogenannte heilige Heiden wie Noach, Melchisedek, Henoch, Ijob kennt. Die Kirchenväter zogen diese Linie aus und schätzten das Gute und Wahre, das sich außerhalb der Kirche, als Vorbereitung auf die Frohbotschaft (praeparatio evangelii) findet.[264] Nach Athanasius sind alle Menschen durch die Menschwerdung des Logos ein Leib in Christus (σύσσωμοι).[265] Bei Augustinus findet sich das Wort von der ecclesia ab Abel, der Kirche, die seit dem gerechten Abel besteht.[266] Dieses Wort ist in die mittelalterliche Theologie eingegangen.[267] Bei Thomas von Aquin findet sich sogar die kühne These, Jesus Christus sei nicht nur das Haupt der Kirche, sondern das Haupt aller Menschen. Auch für Thomas besteht die Kirche aus Menschen seit Anfang der Welt bis zu deren Ende.[268] Deshalb kann er auch sagen, dass Gott nicht an die Sakramente gebunden ist.[269]

Das Zweite Vatikanische Konzil hat also keine neue Lehre geschaffen, sondern eine breite ältere Traditionslinie aufgegriffen. Es ging davon aus, dass alles auf Jesus Christus hin und in ihm erschaffen ist und dass in ihm alles versöhnt ist *(Kol 1,15–20;* vgl. *1 Kor 8,6; Joh 1,3–5; Hebr 1,3).* Er ist Schlüssel, Mittelpunkt und Ziel der ganzen Menschheitsgeschichte.[270] So hat das Konzil den Gedanken der frühen Apologeten von den verstreuten Samenkörnern der Wahrheit aufgegriffen[271] und gesagt, dass sich der Sohn Gottes bei seiner Menschwerdung gewissermaßen mit jedem Menschen vereinigt hat.[272] »Christus, der für alle starb und auferstand, schenkt dem Menschen Licht und Kraft durch seinen Geist, damit er seiner höchsten Berufung nachkommen kann«[273]. Papst Johannes Paul II. hat diesen Gedanken unter pneumatologischem Gesichtspunkt fortgeführt und gesagt, der Heilige Geist sei als der Geist Jesus Christi überall, auch in den anderen Kulturen am Werk; er bewege die Herzen der Menschen zum Wahren und Guten hin.[274]

Ob man bei der Wirksamkeit des Geistes Jesu Christi außerhalb der sichtbaren Grenzen der Kirche und bei Menschen, die Jesus Christus nicht ausdrücklich kennen, wie Karl Rahner das tut, von anonymen Christen sprechen soll, ist umstritten und hängt von der Interpretation dieser missverständlichen Bezeichnung ab, die in ihrer Rezeption tatsächlich Missverständnisse ausgelöst hat.[275] Um das Konzil richtig zu verstehen, muss man sehen, dass es nicht vom subjektiven Heilsverlangen ausgeht, sondern von der objektiven Heilsordnung, die in Jesus Christus ihre Erfüllung findet, aus dem, auf den hin und in dem alles Bestand hat und durch den alles versöhnt ist *(Kol 1,17.20).* Das Konzil hält damit an der universalen Heilsbedeutung Jesu Christi fest und versteht die anderen Religionen nicht als parallele oder alternative Heilswege. Auch das Heil der Heiden ist Heil durch und in Jesus Christus. Es lehrt auch keine Allerlösung. Gott will zwar das Heil aller, aber ob ein konkreter Mensch das Heil findet, entscheidet sich daran, ob er dem gnadenhaften Angebot Gottes, so wie er es in seiner Situation in seinem Gewissen vernimmt, tatsächlich folgt oder auch nicht folgt. So hat die Lehre des Konzils nichts mit einem Heilsrelativismus und einem religiösen Indifferentismus oder auch mit einer Allerlösung zu tun.[276]

Dennoch stellt uns die Lehre des Zweiten Vatikanischen Konzils über die Heilsmöglichkeit außerhalb der Kirche vor kein leichtes dogmenhermeneutisches Problem. Denn auf der Ebene des Wortlauts scheinen sich das Konzil von Florenz und das Zweite Vatikanische Konzil zu widersprechen. Eine Auflösung des Widerspruchs ist nur möglich, wenn man die älteren Aussagen im damaligen Kontext versteht und wenn sie zugleich im Kontext aller anderen Aussagen, die sich ebenfalls schon in der älteren Tradition finden, liest. Geschieht dies, dann setzt die Lehre des letzten Konzils das Axiom ›extra ecclesiam nulla salus‹ nicht schlechterdings außer Kraft; sie gibt ihm vielmehr eine christologisch und pneumatologisch begründete universalheilsgeschichtliche Interpretation. Sie tut das, indem sie im Rückgriff auf die patristische und auch scholastische Theologie Kirche als eine Wirklichkeit sieht, die »seit dem gerechten Abel« verborgen in der Welt gegenwärtig und wirksam ist, und indem sie die sichtbare Kirche als unter den Völkern aufgerichtetes eschatologisches Zeichen und als Werkzeug dieser universalen Heilsgeschichte versteht.

### Wozu noch Mission?

Man wird fragen: Wenn das Heil für alle möglich ist, warum dann noch Mission? Soll dann nicht jeder und jede auf seine Weise selig werden? Genügt es dann nicht, dass der Hindu ein besserer Hindu, der Buddhist ein besserer Buddhist und der Moslem ein besserer Moslem wird?

Das wäre ein schweres Missverständnis der universal-heilsgeschichtlichen Sicht der Kirche. Es geht an der Lehre des Zweiten Vatikanischen Konzils vorbei, das weder die Heilsnotwendigkeit der

Kirche noch den Auftrag zur Mission aufgegeben hat. Ganz im Gegenteil![277] Es geht aber auch an der Wirklichkeit der anderen Religionen vorbei, so wie die Bibel und die Tradition sie sehen. Sie sehen in den Religionen und Kulturen nicht nur Finsternis, sondern auch etwas von dem Licht leuchten, das Jesus Christus ist und das jeden Menschen erleuchtet, der in diese Welt kommt *(Joh 1,9)*. Sie sehen Lichter, aber nicht das Licht, das Jesus Christ ist. Die Propheten des Alten Testaments lassen keinen Zweifel daran, dass das, was sich dort an Wahrheit findet, sehr oft verdunkelt, mit Irrtum vermischt, inhuman verzerrt ist und dass an die Stelle von wahrem Gottesdienst oft Götzendienst getreten ist; Paulus spricht davon, dass die Heiden die Wahrheit, die in der Schöpfung aufleuchtet, niederhalten *(Röm 1,18;* vgl. *2,15)*.

Die missionarische Verkündigung soll deshalb alles anerkennen, was gut, wahr und edel ist; sie soll es aufgreifen und davon lernen, ihre eigene Botschaft tiefer zu verstehen.[278] Sie soll es aber auch prophetisch reinigen, und sie soll Menschen mit der Botschaft von Jesus Christus helfen, nicht mehr in Schatten und Bildern, sondern voll im Licht der Wahrheit zu leben und an der ganzen Fülle der Wahrheit teilzuhaben. Sie soll alle zu dem einen Volk Gottes sammeln und einladen, gemeinsam in das Lob des einen Gottes einzustimmen und selbst zu Zeugen der Wahrheit Gottes zu werden. So soll sie zur Verwirklichung des universalen Friedens (schalom) beitragen, den Gott für die eine Menschheit heraufführen will.

Die Kirche ist Zeichen der Hoffnung unter den Völkern. Die Hoffnung, welche sie bezeugt, ist jedoch keine utopische, das heißt keine ortlose Wirklichkeit. Die eschatologische Wirklichkeit ist in ihr schon im Anbruch und im Kommen. Das Reich Jesu Christi ist in der Kirche in geheimnisvoller Weise schon Gegenwart. Fragen wir also: Wie sollen wir das verstehen? Wie können wir das Wesen der Kirche deuten? Wie versteht sie sich selbst und was ist ihr Wesen?

# 3. Wesensbestimmung der Kirche

## *3.1 Kirche als Volk Gottes – Theozentrische und doxologische Grundstruktur*

### Die Bedeutung des Begriffs Volk Gottes

Die Kirche ist eine vielfältige Wirklichkeit. Sie hat viele Aspekte, die man nicht auf einen einzigen Begriff bringen und nicht leicht in einer Definition zusammenfassen kann. Das Neue Testament gebraucht darum keine abstrakten Begriffe, sondern Bilder, um das Wesen der Kirche auszusagen. Es gebraucht sogar vielfältige Bilder. Doch statt von Bildern wäre es besser, von Symbolen zu reden, denn das Symbol ist mehr als eine Metapher; es enthält gewissermaßen, was es sagt und bezeichnet. Das Zweite Vatikanische Konzil hat diese Bilder/Symbole aufgezählt: Volk Gottes, Schafstall, Pflanzung, Acker Gottes, Weinstock, Bauwerk, Familie Gottes, Tempel Gottes, Leib Christi und Braut Christi.[1] Es wäre eine müßige Frage, darüber zu streiten, welches dieser Bilder/Symbole die grundlegende Wesensbeschreibung der Kirche ist; keines kann das Mysterium der Kirche ganz zum Ausdruck bringen. So stehen diese Bilder/Symbole nicht im Gegensatz zueinander, sie sind auch nicht austauschbar und können sich nicht ersetzen. Sie ergänzen sich und interpretieren sich gegenseitig. Wir können im Folgenden nur die wichtigsten dieser Bilder behandeln, welche in besonderer Weise geschichtlich wirksam geworden sind.

In der nachkonziliaren Periode wurde der Begriff Volk Gottes besonders in den Vordergrund gestellt und oft als die konziliare Wesensbestimmung der Kirche dargestellt, ja als eine konziliare Neuerung und als einen Schritt über die Enzyklika *Mystici corporis* und die Leib-Christi-Ekklesiologie hinaus bezeichnet. Versuche, das Bild vom Volk Gottes dem der Kirche als Leib Christi vorzuziehen, gab es schon in der

Vorkonzilszeit.[2] Doch nach dem Konzil vermischte sich die Volk-Gottes-Ekklesiologie oft mit einer soziologisch-politischen oder einer einseitigen basis- und gemeindebezogenen Ekklesiologie. Gegen diese einseitige Herausstellung und vor allem gegen diese Umdeutung haben sich schon früh Hans Urs von Balthasar und dann vor allem Joseph Ratzinger gewandt und versucht, die Dinge wieder zurecht zu rücken.[3]

In der Tat kann keine Rede davon sein, dass das Konzil die Wesensbezeichnungen der Kirche als Volk Gottes einseitig herausgestellt und dabei die Bestimmungen der Kirche als Leib Christi und als Haus des Heiligen Geistes übergangen oder als nebensächlich eingestuft hätte. Wie noch zu zeigen sein wird, ist die Volk-Gottes-Ekklesiologie gar nicht ohne die Leib-Christi-Ekklesiologie zu verstehen. Die Beschreibung der Kirche als Volk Gottes war auch keineswegs eine Neuerung und sie hat ursprünglich nichts mit einer sozio-politischen Sicht der Kirche zu tun. Sie hat eine breite alte Tradition. In der Liturgie und in der mittelalterlichen Theologie sind die Bezeichnungen der Kirche als populus und als familia Dei bestens bezeugt und weit verbreitet.[4] Die Volk-Gottes-Ekklesiologie ist also weder eine Neuerung noch eine beiläufige Bezeichnung der Kirche. Sie ist zentral und steht auf dem festem Boden der kirchlichen Tradition.

### Heilsgeschichtliche Bedeutung

Eine soziologische und völkische Bestimmung des Begriffs Volk Gottes ist schon aufgrund einer schlichten sprachlichen Beobachtung nicht möglich. Die Bibel spricht von der Kirche nicht einfach als von einem Volk; sie spricht vom Volk Gottes. Die griechische Bibel benützt dafür nicht den soziologisch-völkischen Begriff δῆμος, der sich in der Rede von der Demokratie wiederfindet, sondern den heilsgeschichtlichen Begriff λαός im Sinn des von Gott auserwählten Volkes, das sich von allen anderen Völkern, genauer: von den Heidenvölkern (ἔθνοι), unterscheidet.

Der Begriff Volk Gottes muss daher biblisch heilsgeschichtlich bestimmt und die Kirche als das von Gott zusammengerufene Volk Gottes verstanden werden.[5] Diese Selbstbezeichnung geht bereits auf die Anfänge der Heilsgeschichte bei Abraham zurück. Abraham wird von Gott berufen: »Zieh weg aus deinem Land, und aus deinem Vaterhaus in das Land, das ich dir zeigen werde. Ich werde dich zu einem großen Volkes machen, dich segnen und deinen Namen groß machen. Ein Segen sollst du sein … Durch dich sollen alle Geschlechter der Erde Segen erlangen« *(Gen 12,1–3)*. Bereits an dieser Stelle wird deutlich, dass die Berufung Abrahams nicht auf seine Person, auch nicht auf seinen Stamm oder auf ein bestimmtes Volk ausgerichtet ist, sondern eine universale Bedeutung und Dynamik auf alle Völker hin hat (vgl. *Gen 18,18; 22,18; 26,4; 28,14*).

Bei der grundlegenden Selbstoffenbarung vor Mose am brennenden Dornbusch nimmt Gott auf die Väterverheißung an Abraham, Isaak und Jakob Bezug *(Ex 3,15)*. Als Mose ihn nach seinem Namen fragt, antwortet Gott mit »Ich-bin-der-ich-bin-da« *(Ex 3,14)*, das heißt: Ich bin der Gott, der da ist und der mit euch ist auf euren Wegen.[6] Dieser Name ist eine Verheißung und eine Zusage: »Ihr sollt mein Volk sein und ich will euer Gott sein« *(Ex 6,7;* vgl. *Lev 26,12; Jer 32,38; Ez 11,20; Ps 95,7)*. Entsprechend dieser Zusage versteht Israel sich als Volk Gottes (λαὸς τοῦ θεοῦ), das heißt als das von Gott erwählte und von allen anderen Völkern ausgesonderte Eigentumsvolk Gottes *(Ex 19,4–7; Dtn 4; 7,6–12; 32,8–15; Ps 135)*. Jahwe hütet es wie seinen Augenstern und wie der Adler, der sein Nest beschützt und über seinen Jungen schwebt *(Dtn 32,1)*.

Doch die Geschichte zwischen Gott und seinem Volk verläuft im Alten Testament dramatisch. Aufgrund der Untreue des Volkes geht die Beziehung zwischen Gott und seinem Volk immer wieder durch schwere Krisen und tiefe Brüche hindurch; Gottes Treue aber ist unverbrüchlich. Bewegend sind die Aussagen beim Propheten Hosea. Bei ihm scheint es endgültig aus zu sein mit dem Bund zwischen Gott und seinem Volk. Es heißt: »Nicht mein Volk«, nicht der »Ich-bin-da« *(Hos 1,9)*. Doch dann siegt Gottes Erbarmen über seinen Zorn *(Hos 2,1.25)*. Mit menschlichen Stricken und Ketten der Liebe hat Gott sein Volk an sich gezogen *(Hos 11,4)*. »Wie könnte ich dich preisgeben, Ephraim, wie dich aufgeben, Israel?« »Mein Herz wendet sich gegen mich, mein Mitleid lodert auf« *(Hos 11,8)*. So wird Israel nicht als Ganzes verworfen; es bleibt die Hoffnung, dass ein Rest umkehren wird *(Jes 10,21f.)*.

Aus dem Präsens wird nun bei den Propheten das Futurum der Verheißung: »Ihr werdet mein Volk sein« *(Jer 7,23; 24,7; 31,33; 32,36ff.; Ez 11,20; 14,11)*. Wie schon bei Abraham sprengt diese Verheißung den

Rahmen der rein völkischen Erwartung. Bereits in *Jes 11,10* wird vom Messias gesagt, dass die Völker auf ihn warten. Am deutlichsten wird die universale Ausweitung beim Propheten Sacharja: »Juble und freue dich, Tochter Zion, denn ich komme und wohne in deiner Mitte – Spruch des Herrn. An jenem Tag werden sich viele Völker dem Herrn anschließen, und ich werde in deiner Mitte wohnen« *(Sach 12,14f.)*. So ist die alttestamentliche Volk-Gottes-Botschaft die Geschichte der liebevollen Erwählung Gottes, seiner Barmherzigkeit, seiner Führung und seiner unverbrüchlichen Treue. Am Ende aber bleibt sie irgendwie offen für eine größere und umfassendere Erfüllung.

Das Neue Testament wendet die Bezeichnung ›Volk Gottes‹ in alttestamentlichen Zitaten auf die Kirche an (*Apg 15,14; 18,10; Röm 9,25f.; 2 Kor 6,16* u.a.). Dabei geschah die Übersetzung des alttestamentlichen Begriffs Volk Gottes meist nicht mit dem Begriff λαός, sondern mit dem Begriff ἐκκλησία beziehungsweise ἐκκλησία τοῦ θεοῦ (Kirche Gottes, *Apg 20,28; 1 Kor 1,2; 10,32; 11,22; 15,9; Gal 1,13; 1 Tim 3,5.15* u.a), Kirche Gottes in Jesus Christus *(1 Thess 2,14;* vgl. *2 Thess 1,1)*. Die wichtigste neutestamentliche Stelle, an der von λαός die Rede ist, findet sich in *Petr 2,9f.*: »Ihr seid ein auserwähltes Geschlecht, eine königliche Priesterschaft, ein heiliger Stamm, ein Volk, das sein besonderes Eigentumsvolk wurde, damit ihr die großen Taten dessen verkündet, der euch aus der Finsternis in sein wunderbares Licht gerufen hat. Einst wart ihr nicht sein Volk, jetzt seid ihr Gottes Volk, einst gab es für euch kein Erbarmen, jetzt aber habt ihr Erbarmen gefunden.«

Dieser für die Volk-Gottes-Ekklesiologie grundlegende Text kann nur aus dem Zusammenhang richtig verstanden werden. Er richtet sich an Heidenchristen und ist eine Taufermahnung. Darum geht er über das Alte Testament hinaus und setzt die Neuheit der christlichen Heilsgeschichte und die Erlösungstat Jesu Christi voraus. Durch sie wurden auch die Heiden, die sie sich taufen ließen, Volk Gottes. Indem der Text sagt, dass auch die gläubig gewordenen Heiden zum Volk Gottes gehören, nimmt er die dem Abraham gegebene universale Verheißung auf. Die Begründung gibt Paulus im Galaterbrief. Er verweist darauf, dass bei der Verheißung an Abraham nicht von Erben im Plural die Rede ist, sondern von dem einen Erben der Verheißung *(Gen 22,17)*, nämlich von Jesus Christus *(Gal 3,16)*. So ist für die Christen das Volk-Gottes-Sein christologisch begründet. Wir sind Volk Gottes in und durch Jesus Christus. Durch die Taufe in Jesus Christus *(1 Kor 12,13; Gal 3,26–29)* werden wir hinein genommen in Tod und Auferstehung Christi *(Röm 6,3–5)*.

Es kann also keine Rede davon sein, dass die Volk-Gottes-Ekklesiologie die Leib-Christi-Ekklesiologie ausschließt; sie setzt sie im Gegenteil voraus. Die Volk-Gottes-Ekklesiologie stellt die Leib-Christi-Ekklesiologie aber deutlicher in einen eschatologischen Zusammenhang. Denn jetzt stehen wir noch zwischen dem Kreuz und der vollen Anteilnahme an der Auferstehung. So ist auch das neutestamentliche Gottesvolk unterwegs auf den staubigen Straßen der Geschichte, dem ewigen Ziel, der ewigen Sabbatruhe entgegen *(Hebr 4)*. Das Volk Gottes hat hier keine bleibende Stadt, sondern sucht noch die künftige *(Hebr 13,14)*.

So bringt die Rede vom Volk Gottes den geschichtlichen Charakter der Kirche zum Ausdruck. Das ist das Besondere dieses Bildes im Unterschied zu anderen Bildern, welche alle entweder aus dem bäuerlichen und organologischen (Pflanzung, Weinstock, Leib) oder dem architektonischen Bereich (Haus, Tempel) entnommen sind. Der Volk-Gottes-Begriff dagegen bringt das geschichtliche Unterwegssein des Gottesvolkes und das Mit-uns- und Bei-uns-Sein Gottes auf diesem Weg zum Ausdruck.

Die mittelalterliche Theologie und noch der *Catechismus Romanus*[7] haben den biblischen Sprachgebrauch bewahrt und lebendig erhalten. In der neuzeitlichen Ekklesiologie ist dieser Begriff dann zurückgetreten. Dafür mögen antireformatorische Tendenzen eine Rolle gespielt haben. Denn Luther hat das »blinde undeutliche Wort Kirche« oft als Versammlung und versammelten Haufen bestimmt.[8] Das war für Luther zwar nicht die einzige Bestimmung der Kirche; er wusste durchaus um die tiefere Dimension der Kirche beziehungsweise der Gemeinde als Leib Christi. Aber die prononcierte Ablehnung des Wortes Kirche und deren Definition als Volk, Haufen und Versammlung ist auf katholischer Seite in negativer Weise wirksam geworden. Die Wiederentdeckung des Begriffs Volk Gottes durch das Zweite Vatikanische Konzil hat darum auch ökumenische Bedeutung.

## Zweites Vatikanisches Konzil

Das Zweite Vatikanische Konzil hat nach entsprechender theologischer Vorbereitung die antireformatorischen Verengungen aufgebrochen und den biblischen, altkirchlichen und liturgischen Begriff des Volkes Gottes wieder aufgegriffen.[9] Dabei haben unterschiedliche Motive eine Rolle gespielt. Mit diesem Begriff konnte das Konzil die Kirche in das Ganze der Heils-, ja der Menschheitsgeschichte einordnen und auch die Frage des Heils der Nichtchristen einer Lösung näher führen.[10] So ist es gelungen, die Kirche nicht allein von einem geschichtlich-punktuellen Gründungsakt her zu begründen, sondern sie aus dem Gesamtzusammenhang der Heilsgeschichte zu verstehen und dabei doch die Neuheit des neutestamentlichen Bundesvolkes zu wahren, das nicht auf fleischlicher Abstammung, sondern auf dem in Jesus Christus grundgelegten und durch den Geist Gottes ins Herz geschriebenen Bund gründet. Gegen heilsindividualistische Tendenzen konnte es deutlich machen, dass Gott die Menschen nicht einzeln, unabhängig von aller wechselseitigen Verbindung rettet, sondern sie als Gemeinschaft, nämlich als Volk Gottes beruft und heiligt.

Der Begriff Volk Gottes hat dem Konzil außerdem dazu gedient zu sagen, dass alle Getauften an der priesterlichen, prophetischen und königlichen Würde des Volkes Gottes Anteil haben.[11] Unter diesem Gesichtspunkt war es eine grundlegende Entscheidung des Konzils, entgegen dem ursprünglichen Entwurf der Kirchenkonstitution nicht mit der Beschreibung der hierarchischen Konstitution der Kirche zu beginnen, sondern das Kapitel über das Volk Gottes, das Hierarchie wie Laien umgreift und einschließt, voranzustellen. Schließlich mündet die Kirchenkonstitution ein in das Kapitel über den endzeitlichen Charakter der Kirche und ihre Einheit mit der himmlischen Kirche. Sie beschreibt mit diesem Begriff den geschichtlichen Charakter des Volkes Gottes, das unterwegs ist auf den staubigen Straßen der Geschichte und seiner ewigen Heimat entgegengeht.

## Die universale Bedeutung

Die Volk-Gottes-Ekklesiologie ist grundlegend für die Einordnung der Kirche ins Ganze der Menschheitsgeschichte. Sie hilft vor allem zur rechten Verhältnisbestimmung von Juden und Christen. Juden und Christen sind trotz des tiefen Unerschieds zwischen beiden zusammen das eine Volk Gottes. Denn »in Christus« zählen die Unterschiede zwischen Juden und Heiden nicht mehr *(1 Kor 12,13; Gal 3,26–29f.; Kol 3,11)*.[12] Die gläubig gewordenen Heiden sind in den Wurzelstock Israels eingepflanzt *(Röm 11,16–20)*. Darum wird die Kirche im Neuen Testament nie als das neue Volk Gottes bezeichnet. Vielmehr hält das Neue Testament daran fest, dass Gottes Treue für Israel unverbrüchlich ist *(Röm 11,2.9)*. Der Begriff ›neues Volk Gottes‹ findet sich nirgends im Neuen Testament; er findet sich erstmals im Barnabasbrief[13] und hat dort zu der sogenannten Substitutionstheorie geführt, nach der die Kirche an die Stelle des ungläubigen Israel getreten ist. Diese Theorie setzt bereits eine spätere Entwicklung voraus, die sich im Neuen Testament noch nicht findet; sie hat in der Folge zu dem meist recht unguten Verhältnis zwischen Juden und Christen geführt. Das Neue Testament selbst spricht von einem Volk Gottes aus Juden und gläubig gewordenen Heiden *(Eph 2,14)*. Dieses Volk-Gottes-Sein von Juden wie Heiden ist darin begründet, dass in Jesus Christus alle Verheißungen für Israel wie für die Heiden »Ja« geworden sind *(2 Kor 1,20)*.

Das Konzil greift sogar noch weiter aus. Es beginnt mit der Feststellung, dass zu aller Zeit und in jedem Volk Gottes Wohlgefallen auf jedem ruht, der ihn fürchtet und recht handelt (vgl. *Apg 10,35*). So gibt es neben der besonderen Heilsgeschichte, welche mit Abraham beginnt, eine allgemeine Heilsgeschichte. Augustinus bringt sie klassisch zum Ausdruck, indem er von der ecclesia ab Abel iusto spricht,[14] eine Aussage, welche das Vaticanum II ausdrücklich zitiert.[15]

Innerhalb der universalen Heilsgeschichte beschreibt das Konzil die Kirche als messianisches Volk Gottes. Die Kirche soll, obwohl selbst eine kleine Herde, die Hoffnung in der Welt hochhalten. »So ist denn dieses messianische Volk, obwohl es tatsächlich nicht alle Menschen umfasst und gar oft als kleine Herde erscheint, für das ganze Menschengeschlecht die unzerstörbare Keimzelle der Einheit, der Hoffnung und des Heils. Von Christus als Gemeinschaft des Lebens, der Liebe und der Wahrheit gestiftet, wird es von ihm auch als Werkzeug der Erlösung angenommen und als Licht der Welt und Salz der Erde in alle Welt gesandt.«[16]

Die Kirchenväter haben den geschichtlichen Charakter der Kirche als Volk Gottes durch den Vergleich der Kirche mit einem Schiff auf dem stürmischen Meer der Welt zum Ausdruck gebracht. Danach steuert die Kirche auf der rauen See dieser Welt dem eschatologischen Ziel entgegen.[17] Sie lebt zwischen den Zeiten, zwischen dem ›schon‹ und dem ›noch nicht‹. Sie hat an der irdischen Knechtsgestalt Jesu Christi Anteil. Sie ist pilgernde Kirche, unterwegs auf den staubigen Straßen der Geschichte und sie geht ihren Weg zwischen den Verfolgungen der Welt und den Tröstungen Gottes.[18] Die Kirche ist einerseits die heilige Kirche, die als himmlisches Jerusalem ›von oben‹ kommt *(Gal 4,26; Offb 21,2)*, und sie lebt doch noch ›im unten‹ der Geschichte und trägt ihren Schatz in irdenen Gefäßen *(2 Kor 4,7)*. Deshalb ist sie Kirche unter dem Kreuz, die stets neu auf Vergebung angewiesen ist. Auch und gerade so ist sie die Kirche Jesu Christi.

Leider ist die Volk-Gottes-Ekklesiologie nicht erst seit dem Konzil, sondern schon im Altertum missverstanden worden. Das war immer dann der Fall, wenn man ›Volk‹ nicht mehr theologisch im Sinn des Volkes Gottes, sondern soziologisch, politisch oder völkisch verstanden hat. Das geschah schon bei Eusebius von Caesarea († 339/340). Er wollte das Volk Gottes mit dem konstantinischen, römisch-byzantinischen Reich identifizieren. Eine solche Deutung ist von der Bibel her ebenso ausgeschlossen wie die völkische Bedeutung, die der Begriff bei den Slawophilen unter dem Einfluss der romantischen Volksgeist-Idee bei Alexei Chomjakow († 1860) fand. Danach verstand sich das russische Volk als Gott-Träger-Volk und als Hüter des rechten Glaubens.[19] Ausgeschlossen ist vollends der ideologische Gebrauch des Begriffs Volk Gottes, wie er im Nationalsozialismus gebraucht und mit dem angeblich besonders erwählten deutschen Volk gleichgesetzt wurde. Ausgeschlossen ist ebenfalls ein demokratisches Verständnis, welches den Begriff Volk nicht im Sinn des biblischen λαός, sondern im profanen Sinn von δῆμος verstehen und daraus das Programm einer wie immer gearteten Demokratisierung der Kirche ableiten will. Schließlich kann das Volkes Gottes nicht mit dem Volk im Sinn der kleinen Leute, der Armen und Unterdrückten gleichgesetzt werden, wie es in der Theologie der Befreiung teilweise geschehen ist. Fragen wir also nochmals nach dem genuin theologischen Verständnis.

## Theozentrischer und doxologischer Charakter

Entgegen dem soziologisch-politischen Missverständnis, welches das Volk Gottes durch eine gemeinsame Geschichte, Kultur oder andere sozio-politische Wurzeln konstituiert sieht, gilt es, den theozentrischen Charakter der Bezeichnung Volk Gottes herauszustellen. Denn anders als das politische Volk wird das Volk Gottes aus allen Völkern und aus allen Klassen von Gott berufen und zusammengeführt. Es kommt nicht zusammen, um zu entscheiden, was zu tun ist, sondern um zu hören und zu feiern, was Gott entschieden und getan hat. An der Stelle, an der das Neue Testament am ausführlichsten über die Kirche als Volk Gottes spricht, spricht es von ihr als einem heiligen priesterlichen Volk Gottes, das dazu bestimmt ist, »durch Jesus Christus geistige Opfer darzubringen, die Gott gefallen« und seine großen Taten zu verkünden *(1 Petr 2,5.9)*.

Das Spezifische der Volk-Gottes-Ekklesiologie ist darum deren theozentrische und doxologische Struktur. Die Kirche ist nicht irgendein Volk, sie ist Gottes Volk, das dazu bestimmt ist, die Großtaten Gottes zu verkünden und zu preisen. Mit solcher Doxologie soll sie etwas widerspiegeln von der Herrlichkeit (δόξα) Gottes und hat deshalb eine doxologische Struktur.[20]

Dieser doxologische Aspekt der Volk-Gottes-Theologie sollte uns frei machen von einem falschen Ekklesiozentrismus und von einer neuerlichen Fixiertheit auf die Gemeinde. Wir beschäftigen uns viel zu sehr mit uns selbst und bilden uns ein, dass die Menschen daran vor allem interessiert sind. Das ist eine große Selbsttäuschung. Die Menschen fragen, wenn sie religiös interessiert sind, nicht in erster Linie nach der Kirche, sie fragen nach Gott. Nach der Kirche fragen sie insofern, als in ihr etwas von der Wirklichkeit Gottes aufstrahlt und die Kirche ihnen dazu etwas zu sagen hat. Wir sollten uns das Kirchenlied zu Herzen nehmen: »Gott loben, das ist unser Amt«[21].

Thomas von Aquin hat den theozentrischen Charakter des Glaubensaktes nachdrücklich zur Geltung gebracht.[22] Nach ihm bezieht sich der Glaubensakt nicht auf den Glaubenssatz, sondern auf die in dem Satz bezeugte »Sache«[23]. Der Glaubensartikel ist nach der von ihm zitierten Definition des Isidor von Sevilla zwar eine wirkliche Erfassung der Wahrheit Gottes, aber er ist es doch so, dass er über sich hinaus auf diese Wahrheit selbst zielt.[24] Der Glaube ist letztlich Hoffnungswissen, das erst in der ewigen Anschauung Gottes zur Vollendung kommt.[25]

Die Einsicht in die theozentrische Struktur des kirchlichen Glaubens ist wichtig, um zu verstehen, was in der katholischen Ekklesiologie gemeint ist, wenn von der kirchlichen Vermittlung des Glaubens die Rede ist. Oft sieht man darin einen Gegensatz zur Gottunmittelbarkeit jedes Christen und macht daran eine scheinbare spezifische Differenz zur protestantischen Ekklesiologie fest.[26] Dabei unterläuft leicht ein Missverständnis. Denn nach katholischem, besonders thomistischem Verständnis zielt der Glaubensakt nicht auf die Kirche, sondern unmittelbar auf Gott. Die kirchliche Glaubensvermittlung hat lediglich einen dienenden Charakter; sie ist Hinführung zur Unmittelbarkeit zu Gott. Die Gottunmittelbarkeit des Christen ist nach katholischem Verständnis eine vermittelte Unmittelbarkeit.

Dieser Gedanke ist im Kontext neuzeitlicher Subjektivität von grundlegender Bedeutung. Kardinal John Henry Newman hat ihn in seinem Wahlspruch klassisch zum Ausdruck gebracht: »Cor ad cor loquitur«, »Das Herz spricht zum Herzen«. Nach Newman lässt die katholische Kirche nichts zwischen die Seele und ihren Schöpfer treten. Der Mensch steht seinem Gott von Angesicht zu Angesicht gegenüber, »solus cum solo«. Gott allein ist der Schöpfer und Erlöser; vor seinen erhabenen Augen gehen wir in den Tod, und sein Anblick ist unsere ewige Seligkeit.[27] Von daher leitet Newman sein Plädoyer für die Würde des Gewissens ab. Das Gewissen ist ihm »der ursprüngliche Statthalter Christi«. »Spräche der Papst gegen das Gewissen im wahren Sinne des Wortes, dann würde er Selbstmord begehen. Er würde sich den Boden unter den Füßen wegziehen.« Darauf folgt Newmans bekanntes Wort: »Wenn ich genötigt wäre, bei den Trinksprüchen nach dem Essen ein Hoch auf die Religion auszubringen … dann würde ich trinken – freilich auf den Papst, jedoch zuerst auf das Gewissen und dann erst auf den Papst.«[28]

Wir können es auch so formulieren: Jeder Christ steht unmittelbar zu Gott, aber er steht nie allein vor Gott. Sein persönlicher Glaube an Gott ist ermöglicht, getragen und unterstützt vom Wir des Glaubens, der synchron wie diachron alle Räume und alle Zeiten umfassenden Kirche als dem einen Volk Gottes. Unser persönlicher Glaube ist immer katholischer Glaube, der Anteil hat an dem einen gemeinsamen Glaubensweg der Kirche aller Zeiten und Räume. Wir sind als das eine

Volk Gottes eine Weggemeinschaft, die im Glauben und im Lob Gottes gemeinsam zum himmlischen Jerusalem unterwegs ist.

### *3.2 Kirche als Leib und Braut Christi – Christozentrik der Kirche*

#### Biblische Grundlagen

Bei der Behandlung der Kirche als Volk Gottes mussten wir feststellen: Allein in und durch Jesus Christus sind wir Volk Gottes. Dieser grundlegende Aspekt des Volk-Gottes-Seins soll nun mit der Beschreibung der Kirche als Leib Christi und als Braut Christi ausdrücklich zur Darstellung kommen.[29]

Um das Bild und die Wirklichkeit von der Kirche als Leib Christi zu verstehen, hat man schon auf die antike Staatslehre verwiesen. Sie sprach vom Staat als einem Leib aus vielen Gliedern, wobei das Gemeinwesen nur dann lebendig ist, wenn alle Glieder die ihnen zukommenden Aufgaben erfüllen und zusammenarbeiten.[30] Doch Paulus greift in seiner Rede von der Kirche als Leib Christi diese Metapher nur scheinbar auf. Er sagt nämlich in *1 Kor 12,12* nicht: So wie ein Leib viele Glieder hat, so ist es auch in der Kirche; er sagt vielmehr: So ist es auch mit Christus. Bei ihm steht nicht die hellenistische Vorstellung und ein Vergleich im Hintergrund, sondern die hebräische Vorstellung von der korporativen Persönlichkeit, einem gemeinschaftlichen Groß-Ich, das die einzelnen Subjekte einer Gemeinschaft diachron und synchron verbindet, ohne deren Individualität auszulöschen. Die Rede vom Leib Christi ist für Paulus deshalb kein Vergleich, sondern eine Realität.[31]

Für Paulus war weder die soziologisch-politische Metapher, noch der Vergleich mit einem biologischen Organismus mit vielen Gliedern entscheidend; Paulus denkt letztlich sakramententheologisch. Der Quellort der paulinischen Leib-Christi-Ekklesiologie findet sich in seinem Verständnis der Taufe und der Eucharistie. Für Paulus ist Jesus Christus der Nachkomme Abrahams *(Gal 3,16)*. Da wir durch den Glauben und die Taufe in Christus sind, sind wir Nachkommen Abrahams und damit Volk Gottes. Durch die Taufe bilden wir in dem einen Geist Jesu Christi den einen Leib Christi *(Röm 12,4f.; 1 Kor 12,12.27; Gal 3,28)*. Noch deutlicher ist *1 Kor 10,17*. Danach werden wir durch die

Teilnahme an dem einen eucharistischen Leib Christi zu dem einen ekklesialen Leib Christi. Wir, die Vielen, sind ein Leib in Christus. So ist für Paulus der Leib Christi eine sakramentale, genauer: eine sakramental vermittelte pneumatologische Realität.

Aus dieser sakramentalen Sicht folgen für Paulus sekundär auch ethische Konsequenzen. Da die Christen Glieder Christi sind, können sie nicht zugleich Glieder einer Dirne sein und ein Fleisch mit ihr werden *(1 Kor 6,15f.)*. Da alle Glieder des einen Leibes sind, müssen sie sich als Glieder eines Leibes verhalten, einträchtig füreinander sorgen und solidarisch miteinander sein *(Röm 12,4–8; 1 Kor 12,12–27)*. »Wenn ein Glied leidet, leiden alle Glieder mit, wenn ein Glied geehrt wird, freuen sich alle anderen mit ihm« *(1 Kor 12,26)*. »Einer trage des anderen Last, so werdet ihr das Gesetz Christi erfüllen« *(Gal 6,2)*.[32]

Während in den paulinischen Hauptbriefen beim Leib-Christi-Verständnis mehr die Einzelgemeinde im Blick ist, kommt in den Gefangenschaftsbriefen der universalkirchliche Aspekt deutlicher zum Ausdruck. Dabei geschieht eine deutliche Akzentverlagerung. Denn die Gefangenschaftsbriefe sprechen nicht einfach von der Kirche als Leib Christi, sondern von Christus als dem Haupt (κεφαλή) seines Leibes, der Kirche *(Eph 1,22f.; 5,23; Kol 1,18)*. So kommt Jesus Christus in allem der Primat zu *(Kol 1,18)*. Er ist der Kirche herrschaftlich übergeordnet und ihr in fürsorglicher Liebe zugetan. Er ist der Ursprung (ἀρχή), in ihm hat die Kirche ihren Ursprung, von ihm wird sie genährt. Damit scheinen wieder das Bild der korporativen Persönlichkeit und das sakramentale Verständnis durch.[33]

Was in den Gefangenschaftsbriefen vor allem zum Ausdruck kommt, ist die Überordnung Jesu Christi als Haupt über die Kirche. Man kann also die Kirche nicht mit Jesus Christus gleichzusetzen und die Kirche tout court als den fortlebenden Christus bezeichnen. Es kommt darauf an, was in einer solchen Aussage jeweils Subjekt und was Prädikatsobjekt ist: Nicht die Kirche ist Christus, sondern Christus ist in der Kirche als seinem Leib präsent; er lebt und wirkt in ihr. Die Kirche ist der von Christus erfüllte Raum, seine Fülle (πλήρωμα); durch sie und in ihr erfüllt Christus alles in allem *(Eph 1,22f.)*. Damit weitet sich die Leib-Christi-Ekklesiologie ins Universalkosmische. Durch die Kirche und in ihr bezieht Gott in Christus das All in sein Pleroma ein.[34]

In den johanneischen Schriften findet sich Aussagen, welche in der

Sache der paulinischen Leib-Christi-Vorstellung gleichkommen. Die Rede von der Neugeburt aus Wasser und Geist *(Joh 3,5)* wie die Aussage in der großen Brotrede, wonach Christus das Brot des Lebens ist, das er uns zu essen gibt, damit wir das Leben haben *(Joh 6,48–50)*, entsprechen beide dem sakramentalen Verständnis des Paulus. Am deutlichsten ist die Leib-Vorstellung des Paulus in der Rede vom Weinstock und den Reben. »Wer in mir bleibt und in wem ich bleibe, der bringt reiche Frucht; denn getrennt von mir könnt ihr nichts vollbringen« *(Joh 15,5)*. Schließlich berichtet der vierte Evangelist am Ende des Evangeliums, dass aus der durchstoßenen Seite des Herrn Blut und Wasser geflossen sind. Das bezeichnet in der Symbolsprache des vierten Evangeliums die beiden Sakramente Taufe und Eucharistie, welche die Kirche aufbauen *(Joh 19,34)*. Damit hat Jesus seine Verheißung wahr gemacht, dass aus seinem Innern Ströme von lebendigem Wasser fließen werden *(Joh 7,38)*.[35] So sagt auch Johannes: Die Kirche lebt ganz von Jesus Christus her, sie lebt aus ihm und in ihm; sie wird von ihm durch die beiden Sakramente der Taufe und der Eucharistie genährt und belebt; sie ist in ihm und er ist in ihr.

### Wechselvolle geschichtliche Entwicklung

Die sakramentale Sicht der Kirche als Leib Christi findet bei den Kirchenvätern ein großes Echo. Nach Origenes ist die Kirche im Augenblick des Todes Christi aus seinem Herzblut geboren worden.[36] Augustinus und andere Kirchenväter vergleichen die Entstehung der Kirche mit der Schöpfung der ersten Frau aus der Seite des schlafenden Adam. Sie sagen: Ähnlich ist aus der Seite des am Kreuz entschlafenden neuen Adam die Kirche hervorgegangen. So ist nach Augustinus die Schwäche Christi am Kreuz die Stärke der Kirche.[37]

Für Augustinus war die Idee von der Kirche als Leib Christi und besonders die Idee vom »totus Christus, caput et membra«[38] die Zentralidee seiner ganzen Theologie.[39] »Caput et corpus unus est Christus«[40]; »totus Christus et caput et corpus«[41]. »Christus enim totus cum membris suis est propter ecclesiam, quae est corpus eius, plenitudo eius.«[42] »Non ille unus et nos multi, sed et nos multi in illo uno unum.«[43] Beide, Haupt und Leib, sind una quaedam persona.[44] »Et nos ipse est«[45]; »et nos ipse sumus«[46]. Durch diese Einheit mit Christus ist das Leiden der Kirche auch Leiden Christi. »Seht Brüder, die Liebe eures Hauptes: Schon ist es im Himmel und leidet doch noch hier, solange die Kirche leidet; hier hungert Christus, hier dürstet Christus; ist er nackt, ist er ein Fremdling, ist er krank, liegt er im Kerker; denn er sagte, dass er alles leide, was sein Leib leidet«[47]. Augustinus kann das Verhältnis auch als ein gegenseitiges bestimmen: »In Christo loquitur ecclesia et in ecclesia loquitur Christus et corpus in capite et caput in corpore.«[48] Er weiß aber auch, dass das Verhältnis einseitig und nicht umkehrbar ist: »Sine illo nos nihil, in illo autem et ipse Christus et nos; simul omnes cum capite nostro Christo, sine capite nostro nihil valentes.«[49]

Diese mystische Sicht der Kirche ist bei Augustinus mysterienhaft in Taufe und Eucharistie begründet. Vor allem die Eucharistie steht bei ihm im Mittelpunkt des Lebens der Kirche.[50] Sie ist das Sakrament der Getauften. Sie ist das »sacramentum unitatis et vinculum caritatis«[51]. In ihr ist nicht nur der irdische Jesus gegenwärtig, sondern der »totus Christus, caput et membra«[52]. Damit setzt uns die Eucharistie nicht nur mit dem Haupt, sondern auch mit dem mystischen Leib in Beziehung. »Efficimini panis, quod est corpus Christi«[53]. »Ergo vos estis corpus Christi et membra. Mysterium vestrum in mensa dominica positum est: Mysterium vestrum accipitis ... Estote quod videtis at accipite quod estis«[54]. In diesem Sinn bringt Augustinus »unus panis, unus corpus multi sumus« *(1 Kor 10,17)* stets mit den Einsetzungsworten in Verbindung.[55]

Dieser für die Väter und insbesondere für Augustinus grundlegende sakramental-eucharistische Sinn der Vorstellung vom Leib Christi ging im Zug des zweiten Abendmahlstreits im 11. Jahrhundert weithin verloren. In der Auseinandersetzung mit dem Berengar von Tours zugeschriebenen symbolischen Verständnis der Eucharistie wurde die bisher übliche Bezeichnung der Eucharistie als mystischer (d.h. mysterienhafter, sakramentaler) Leib Christi missverständlich.[56] Um die reale Gegenwart Christi in der Eucharistie zu betonen, wurde es nun üblich, von der Eucharistie nicht mehr als dem mystischem, sondern als dem wahren Leib Christi zu sprechen. Die Bezeichnung ›mystischer Leib Christi‹ wurde damit frei für die Bezeichnung der Kirche. Mystisch wurde jetzt aber nicht mehr im sakramentalen Sinn von mysterium, sondern im Sinn einer innerlich-religiösen Realität verstanden. Die Folge war der Verlust der sakramental-mysterienhaften Dimension der Kirche. Sie wurde nun entsprechend der antiken Politologie weitgehend im körperschaftlich-institutionellen Sinn als Leib verstanden und mehr oder weniger mit der religiös-soziologisch-politischen Größe der mittelalterlichen Christenheit identifiziert.

Die Reformation griff zwar hinter die juristische Idee wieder auf Paulus zurück, verstand aber das Wort mystisch als sinnbildlichen Ausdruck für die innerliche Gnadengemeinschaft zwischen Christus und dem einzelnen Christen und als Bezeichnung für das verborgene Wesen der Kirche im Unterschied zu der durch Papst und Bischöfe repräsentierten rechtlich verfassten Gestalt der Kirche. Das wiederum hatte fatale Konsequenzen für das katholische Verständnis. Denn damit klang die Rede vom mystischen Leib Christi in katholischen Ohren als eine des Protestantismus verdächtige Aussage. Dieser Verdacht und dieses Missverständnis waren noch bei den Diskussionen des Ersten Vatikanischen Konzils bei einer Reihe von Konzilsvätern lebendig, weshalb sie die Vorstellung vom mystischen Leib Christi als vage und schwärmerisch bezeichneten.

Ganz verloren gegangen ist der Gedanke von der Kirche als sakramentale Größe freilich weder im Mittelalter noch in der Neuzeit. Thomas von Aquin greift ausführlich auf die augustinische Vorstellung vom signum unitatis und vinculum caritatis[57] zurück. Für ihn ist die reale Gegenwart Christi in der Eucharistie nur eine Zwischenwirklichkeit (res et sacramentum), die auf die eigentliche »Sache« (res) der Eucharistie hinweist, die Einheit der Kirche.[58] In der Neuzeit war die Leib-Christi-Vorstellung auch Kontroverstheologen wie Robert Bellarmin († 1621) und Thomas Stapleton († 1598) durchaus vertraut. Die auf Kardinal Pierre de Bérulle († 1629) zurückgehende Französische Schule entfaltete sie im Rahmen ihrer christozentrischen Spiritualität. In der Apologetik des 18. Jahrhunderts setzte sich jedoch eine soziologische Sicht der Kirche als societas perfecta durch.

Gegen diese soziologische Sicht der Kirche wandte sich mit Erfolg die katholische Tübinger Schule, besonders Johann Adam Möhler, dessen pneumatologisches und christologisches Verständnis in der *Einheit in der Kirche* (1825) und in der *Symbolik* (1832) auch auf die römische Schule (Perrone, Passaglia, Schrader, Franzelin, Scheeben) ausstrahlte.[59] Wichtig waren ebenfalls John Henry Newman († 1890) und Antonio Rosmini († 1855) mit seiner Reformschrift *Cinque Piaghe della Santa Chiesa* (1832–1833). Im 20. Jahrhundert wurde im Zuge der innerkirchlichen Erneuerungsbewegungen zwischen den beiden Weltkriegen die Wirklichkeit des Leibes Christi wieder entdeckt. Oft wurde sie im Sinn eines vitalen Organismusgedankens gedeutet; so vor allem von Karl Adam im *Wesen des Katholizismus* (1940); eine mehr personalistische Deutung hat dagegen Jacques Maritain vorgelegt.

Die Enzyklika von Papst Pius XII. *Mystici corporis* (1943) hat sich das Anliegen der kirchlichen Erneuerung zu eigen gemacht und der Bezeichnung der Kirche als Leib Christi lehramtlich wieder Geltung verschafft. Die Enzyklika wandte sich aber auch gegen die Gefahr von Missdeutungen, nicht nur gegen eine einseitige juridische Sicht der Kirche, sondern ebenso gegen ein organologisch-biologisches und ein mystisch-quietistisches Verständnis, welches die hierarchische Sicht außer Acht lässt. Das sakramentale Verständnis des Leibes Christi, wie es Henri de Lubac und Yves Congar herausgestellt hatten,[60] ist in die Enzyklika noch nicht eingegangen. Trotzdem war sie eine wichtige Vorbereitung für das Zweite Vatikanische Konzil.

### Das Zweite Vatikanische Konzil

Die Entwicklung vor und nach der Enzyklika *Mystici corporis* hat die Voraussetzung geschaffen für die Behandlung der Leib-Christi Ekklesiologie auf dem Zweiten Vatikanischen Konzil.[61] Das Konzil vermied aber an dieser Stelle nach längerer Diskussion den Ausdruck ›mystischer Leib Christi‹; dieser Terminus schien ihm missverständlich. Das Konzil legte gleich drei Mal Wert auf eine pneumatologische Begründung. Nach dem Konzil ist es der Geist Christi, der die vielen Glieder zu dem einen Leib zusammenfügt, sie mit Christus und untereinander eint. Es stellte außerdem wieder die sakramentale Begründung heraus und verwies dabei auf die Taufe und die Eucharistie, an anderer Stelle auch auf die übrigen Sakramente.[62]

Die nachkonziliare Ekklesiologie hat diese Ansätze in Richtung auf eine eucharistische Ekklesiologie und in Richtung auf eine Ekklesiologie der Ortskirche weiterentwickelt. Sie konnte sich dabei auf Henri de Lubac berufen und zugleich Anliegen der orthodoxen Kirchen aufgreifen. Denn nach der eucharistischen Ekklesiologie ist die Kirche überall dort, wo Eucharistie gefeiert wird. Da es aber immer der eine Herr und die eine Eucharistie ist, wird in jeder Eucharistiefeier nicht nur die jeweilige zur Eucharistie versammelte Einzelkirche, sondern die eine Kirche gegenwärtig. Jede Eucharistiefeier schließt die Gemeinschaft mit allen Eucharistie feiernden Einzelkirchen und mit der ganzen Kirche ein.[63] So drückt die Bezeichnung Leib Christi die synchrone wie die diachrone Einheit der Kirche aller Orten und Zeiten aus.

Schließlich betont das Konzil nachdrücklich, dass Jesus Christus selbst das Haupt des Leibes der Kirche ist. Es vermeidet deshalb die Rede von der Fortsetzung der Inkarnation in der Kirche und die Identifikation von Kirche als Leib Christi mit Christus selbst. Es sagt vielmehr, die Kirche, die eine komplexe Wirklichkeit ist, die aus einem göttlichen und menschlichen Element zusammenwächst, sei in »einer nicht unbedeutenden Analogie dem Mysterium des fleischgewordenen Wortes ähnlich«. »Wie nämlich die angenommene Natur dem göttlichen Wort als lebendiges, ihm unlöslich geeintes Heilsorgan dient, so dient das gesellschaftliche Gefüge der Kirche auf eine ganz ähnliche Weise dem Geist Christi, der es belebt, zum Wachsen seines Leibes«[64].

Nimmt man diese wichtigen Präzisierungen ernst, dann kann man nicht sagen, die Kirche sei der gegenwärtige und weiterwirkende Christus und die Fortsetzung der Inkarnation. Richtiger muss man sagen, Christus sei in der Kirche wirksam gegenwärtig. Man muss also darauf achten, dass Jesus Christus Subjekt der Aussage bleibt; man darf an Stelle des Subjekts Jesus Christus nicht das Subjekt Kirche setzen. ›In Christus‹ sind wir zugleich unter Christus. Deshalb rufen wir in der Liturgie Jesus Christus als unseren Herrn an und huldigen ihm: »Du allein bist der Heilige, du allein der Herr, du allein der Höchste: Jesus Christus« (Gloria). Das macht deutlich: Es gibt nicht nur ein evangelisches, es gibt auch ein katholisches ›solus Christus‹! Das katholische solus Christus schließt aber jeweils die Kirche ein und meint den totus Christus nach Haupt und Gliedern.

### Die Kirche als Braut und als Dirne

Eng mit der Rede von der Kirche als Leib Christi ist im Neuen Testament das Bild von der Kirche als Braut Christi verbunden. Beide Aussagen ergänzen sich und verhalten sich komplementär. Das Brautmotiv findet sich auch in der Kirchenkonstitution des Zweiten Vatikanischen

Konzils.[65] In der nachkonziliaren Theologie wurde es wichtig, um die weibliche Dimension der Kirche herauszustellen. Papst Johannes Paul II. selbst hat in dem apostolischen Schreiben *Mulieris dignitatem* (1988) dazu angehalten darüber nachzudenken, welches die Rolle der Frau in der Kirche ist und wie die frauliche Dimension in der Kirche mehr zur Geltung kommen kann.[66] Das ist zweifellos eine wichtige Frage. Aber es geht in der Brautsymbolik um weit mehr. Es geht um das Grundverständnis des Verhältnisses von Christus und Kirche, das weitreichende Konsequenzen hat für das Verständnis der Sakramente, besonders der Eucharistie, des Ordo und selbstverständlich des Sakraments der Ehe.[67] Letztlich geht es darum, die brautliche Liebe als die vom Geist Gottes gewirkte und durchwirkte Seele der Kirche und die Heiligkeit als die Zielbestimmung der Kirche herauszustellen.[68]

Um das Bild von der Kirche als Braut Christi zu verstehen, muss man bis in die Schöpfung zurückgehen. Nach dem Buch Genesis hat Gott den Menschen als Mann und Frau geschaffen, beide ebenbürtig nach seinem Bild und Gleichnis *(Gen 1,27)*. Adam bringt diese Gleichheit zum Ausdruck: »Das ist endlich Bein von meinem Bein und Fleisch von meinem Fleisch« *(Gen 1,23)*. Beide sind ebenbürtig und zugleich aufeinander hin erschaffen. Darum wird der Mann, um seiner Frau anzuhangen, Vater und Mutter verlassen und beide werden ein Fleisch *(Gen 1,24)*, was in der Sprache der Bibel heißt, dass sie gewissermaßen eine Person werden. So kommt im Verhältnis von Mann und Frau zugleich Gleichheit, Gegenseitigkeit (Reziprozität) und Einheit zum Ausdruck. Ähnlich verhält es sich, wenn wir das Verhältnis von Christus und der Kirche im Spiegel des Verhältnisses von Braut und Bräutigam betrachten. In diesem Bild drückt sich das Geheimnis der Liebe zwischen Christus und der Kirche als Gemeinschaft aus, welche eine Einheit in Unterschiedenheit ist. Insofern bringt das Bild von der Kirche als Braut komplementär zu dem des Leibes Christi deutlicher das bleibende Gegenüber von Christus und Kirche zum Ausdruck.

Schon das Alte Testament weiß, dass man das Brautmotiv nicht romantisieren darf. Es weiß um den durch die Sünde bedingten spannungsvollen Charakter des Verhältnisses von Mann und Frau, das durch Treue wie Untreue und wieder neue Vergebung gekennzeichnet ist. In diesem spannungsvollen und geradezu dramatischen Sinn spricht das Alte Testament auch von Israel als der von Jahwe erwählten Braut.[69] Die Zeit des Auszugs aus Ägypten und des Bundesschlusses am

Sinai gilt als die Brautzeit Israels *(Jer 2, 2)*. Beim Propheten Hosea zeigt sich dann aber die Dramatik dieses Verhältnisses. Israel, die reine Braut, ist zur Dirne geworden. Doch Gott hält in seinem unermesslichen Erbarmen seinen gerechten Zorn zurück und gibt sie nicht auf *(Hos 2, 16–24;* vgl. *Jes 54, 4–8)*. Auch bei Ezechiel findet sich diese dramatische Spannung *(Ez 16)*. Der Stammbaum Jesu bei Matthäus erwähnt Frauennamen wie Tamar, Rahab, Rut, Batseba, die Frau des Urija, und macht keinen Hehl daraus, dass Gott die Geschichte des Heils immer wieder selbst durch eheliche Untreue hindurch vorangebracht hat *(Mt 1, 1–17)*. So ist das Bild der Braut in der Bibel immer wieder mit dem Motiv der treulosen Dirne verwoben.

Erst von diesem alttestamentlichen Hintergrund her kann man ermessen, was es bedeutet, wenn Jesus sich als Bräutigam bezeichnet *(Mk 2, 19 f. par.;* vgl. *Joh 3, 29)*, wenn das Hochzeitsmotiv in den Reich-Gottes-Gleichnissen eine bedeutende Rolle spielt *(Mt 22, 2–14; Lk 12, 36)* und wenn das Kommen des Reiches Gottes im Bild des Kommens des Bräutigams zur Hochzeit beschrieben wird *(Mt 25, 1–13)*. Der Ernst dieser Gleichnisse kommt im Gleichnis von den klugen und törichten Jungfrauen, die auf den Bräutigam warten, zum Ausdruck. Es handelt sich um ein eschatologisches Gerichtsgleichnis, das uns mahnt, wachsam sein zu müssen, damit wir die Ankunft des Bräutigams nicht verpassen und nicht verschlafen, damit, wenn die Endkatastrophe überraschend über die unvorbereitete Menschheit kommt, wir so wie die klugen Jungfrauen bereit sind und Öl in den Lampen haben, um dem Bräutigam mit brennenden Lampen, das heißt mit Herzen, die von Liebe brennen, entgegen zu gehen *(Mt 25, 13)*. Schließlich ist es bedeutsam, dass Jesus nach dem vierten Evangelium seine öffentliche Wirksamkeit ausgerechnet mit einem Zeichen bei der Hochzeit von Kana beginnt (ἀρχὴ τῶν σημείων) und dass er mit dieser messianisch-prophetische Zeichenhandlung seine Herrlichkeit (δόξα) offenbart *(Joh 2, 1–12)*.[70]

Paulus steht in derselben Tradition, die im Übrigen auch den Rabbinen geläufig war. Er schreibt, er liebe die Kirche von Korinth mit der Eifersucht Gottes und habe sie »einem einzigen Mann verlobt, um euch als reine Jungfrau zu Christus zu führen« *(2 Kor 11, 2;* vgl. *Gal 4, 24–31)*. Er beschreibt das Verhältnis von Mann und Frau im Blick auf Christus und die Kirche und spricht von einem großen Geheimnis *(Eph 5, 32)*. Aber auch nach diesem Text ist die Kirche nicht einfach die reine und strahlende Jungfrau; er spricht vielmehr von den Makeln und Runzeln der Kirche. Aber Christus liebt die Kirche trotzdem und hat sich für sie hingegeben, um sie durch das Wasserbad der Taufe zu reinigen und heilig zu machen, damit sie so herrlich und makellos dasteht *(Eph 5,25–27)*.

In eindrucksvoller Weise sieht der Seher von Patmos die Kirche im Bild der Braut, die sich zur Hochzeit bereit und schön gemacht hat *(Offb 19,7f.)*. Der Seher sieht das himmlische Jerusalem wie eine Braut, die sich für ihren Mann geschmückt hat, hernieder steigen *(Offb 21,2.9)*. Und am Ende ruft sie ihrem Bräutigam erwartungs- und sehnsuchtsvoll Freude entgegen. »Der Geist und die Braut sagen: Komm!« *(Offb 22,17)*.

Vor allem die syrischen Kirchenväter preisen die Kirche ob ihrer Schönheit als geliebte Braut Christi.[71] Das biblische Brautmotiv findet sich sehr oft in der christlichen Frömmigkeitsgeschichte. Vor allem seit Bernhard von Clairvaux († 1153) wurde das Hohelied, das ursprünglich ein irdisches Liebeslied war, in symbolischer Auslegung in der Mystik wirksam.[72] Wir finden diese Tradition vor allem in der Frauen- und Brautmystik des hohen und späteren Mittelalters bei Mechthild von Magdeburg († 1299), Angela von Foligno († 1309) und anderen.[73] Die Liebe zwischen Christus und der Kirche wird hier verinnerlicht; die Mystikerin ist, wenn sie im innigen Zwiegespräch mit Christus als Bräutigam ist, sozusagen die Repräsentantin der anima ecclesiastica. Ähnliches ließe sich von Thérèse de Lisieux († 1897) sagen; sie hat wie alle die genannten Mystikerinnen keine Ekklesiologie geschrieben, sie hat die Kirche gelebt und dies am Ende bis hinein in das Drama der Erfahrung der Gottverlassenheit. Die Brautmystik blieb nicht auf den katholischen Bereich beschränkt. Auch Johann Sebastian Bach († 1750), der diese Mystik durch den lutherischen Theologen Johann Arndt († 1621) kannte, war davon zutiefst angetan. In der Vertonung des bekannten Liedes »Wie schön leucht uns der Morgenstern« von Philipp Nikolai († 1608) hat er dieser Mystik meisterlichen Ausdruck gegeben und sie zugleich der normalen Gemeindefrömmigkeit zugänglich gemacht.

Es wäre freilich falsch, in dem Bild von der Kirche als Braut nur die lieblich-innigen und harmonischen Züge zu sehen, die es zweifellos enthält. Ähnlich wie im Alten Testament und bei Paulus kommt an vielen anderen Stellen des Neuen Testaments die dunkle Seite und darin umso leuchtender die unerhörte Vergebungsbereitschaft Gottes zum Ausdruck. Das zeigt sich besonders in dem Verhältnis Jesu zu den Frauen. Jesus hat sich nicht gescheut, Dirnen zu begegnen und ihnen zu vergeben *(Lk 7,36–50; Joh 8,1–8,11)*. Für Markus und Matthäus gehören diese Begegnungen zum Evangelium. Im Anschluss an die Begegnung Jesu mit der Sünderin berichten sie das Wort Jesu: »Amen, ich sage euch: Überall auf der Welt, wo das Evangelium verkündet wird, wird man sich an sie erinnern und erzählen, was sie getan hat.« Ihr sind viele Sünden vergeben, weil sie viel geliebt hat *(Mk 14,9; Mt 26,13)*. Das Evangelium nimmt hier die Gestalt einer bußfertig innig liebenden Frau an, der viel vergeben wurde.[74]

Die Dramatik wird in der Offenbarung des Johannes nochmals gesteigert. Hier wird die Kirche als messianische Brautgemeinde der Endzeit der Hure Babylon gegenüber gestellt *(Offb 17,5;* vgl.*14,8; 16,19; 18,10)*. Das war auf das heidnische Rom gemünzt, von dem damals die Verfolgung der jungen Kirche ausging. Diese Gegenüberstellung wurde später jedoch nicht selten auch auf die Kirche Roms angewandt.[75] Martin Luther war nicht der erste, wohl aber derjenige, der in seiner Schrift über die *Babylonische Gefangenschaft der Kirche* das Bild von der Hure Babylon in bis heute geschichtlich wirksamer Weise auf die Kirche Roms angewandt hat.[76] Auch eine Mystikerin wie Hildegard von Bingen († 1179), die ihre Nonnen anleitete, sich beim Gottesdienst bräutlich zu schmücken, sieht in einer Vision die Kirche mit Schmutz bedeckt und mit zerrissenem Gewand; sie beklagt ihre Verwüstung durch Unzucht treibende und räuberische Priester, welche die im Blut des Menschensohnes zur makellosen Braut Erwählte in den Schmutz gezogen haben.[77] Weniger visionär, aber ebenso realistisch, wusste Thomas von Aquin, dass die Kirche erst am Ende der Zeit die ganz die Makellose sein wird.[78]

Fassen wir zusammen und fragen: Worum geht es in der Verhältnisbestimmung von Christus und der Kirche im Bild von Braut und Bräutigam? Sicher, und das kann man als erstes feststellen, geht es darum, die innige und herzliche Liebe Jesu zu seiner Kirche auszudrücken und die unverbrüchliche Treue, mit der er der Kirche zugetan ist. Diese Verhältnisbestimmung will ebenso herzlich antwortende bräutliche Liebe, die vor allem von großen heiligen Frauengestalten repräsentiert wird, als die Sinnbestimmung der Kirche erwecken. Diese Liebe ist das schlagende Herz der Kirche. Sie gilt von Christus her auch dann noch, wenn die Kirche in vieler Hinsicht untreu wird und geradezu als Dirne dasteht. Die Kirche darf aber wie die Sünderin im Evangelium wissen: Mögen noch so viele mich hämisch anklagen, Christus hat mich nicht aufgegeben und er wird mich niemals endgültig fallen lassen. Deshalb sollen auch wir die Kirche so lieben, wie Christus sie geliebt hat. Wir brauchen dabei die oftmals unschöne kirchliche Wirklichkeit nicht verdrängen und verklären. Wahre Liebe ist, auch wenn es um die Kirche geht, keine Schwärmerei; sie ist aber auch nicht selbstgerecht und hartherzig. Sie ist durch und durch realistisch und muss sich in Realismus in treuem Durchhalten und in immer wieder neuem Vergeben bewähren.

Ein zweiter Gesichtspunkt kommt hinzu: Das Brautmotiv diente schon im Alten Testament dazu, an die Tage der Vorzeit, der reinen Brautzeit zu erinnern und uns damit das Ideal vor Augen zu stellen, an dem wir uns wieder neu aus- und aufrichten sollen. Es soll uns die Notwendigkeit der Umkehr, der Reinigung und der Buße vor Augen stellen und uns anleiten, uns wachsam bereit zu halten und uns schön zu machen für den zur Hochzeit kommenden Bräutigam, um ihm, wenn er kommt, mit brennenden Lampen der Liebe entgegengehen zu können.

Schließlich handelt es sich bei dem Bild von der Kirche als Braut um ein eschatologisches Bild. Es soll uns sehnsüchtig hoffend auf die eschatologische Hochzeit Ausschau halten lassen. Zugleich dürfen wir das eschatologische Hochzeitsfest jedes Mal vorausfeiern, wenn wir die Eucharistie feiern. Die Eucharistie ist das Sakrament des Bräutigams und der Braut. Sie soll ein hochzeitliches, in inniger bräutlicher Liebe und Erwartung begangenes Fest sein.

## *3.3 Kirche als Tempel des Heiligen Geistes – Pneumatologische Dimension*

### Pneumatologische Dimension der Kirche

Jesus Christus hat nicht nur kurze Zeit auf Erden gelebt, die Kirche gegründet, ihre Ämter eingesetzt und gedacht, damit sei für die Kirche mehr als genug gesorgt.[79] Jesus Christus hat vielmehr als der erhöhte Herr den Heiligen Geist ausgegossen und ist in ihm bleibend in der Kirche und in der Welt präsent. Entsprechend findet sich im Credo das »credo (in) ecclesiam« im dritten Teil, der mit der Aussage beginnt: »credo in Spiritum sanctum«.[80] Damit steht die Ekklesiologie, so wie sie im Zusammenhang der Theologie und der Christologie steht, auch in engstem Zusammenhang mit der Pneumatologie. Die Lehre von der Kirche kann nur innerhalb der Lehre vom Heiligen Geist behandelt werden.[81]

Dies entspricht dem Zeugnis des Neuen Testaments. Denn nach dem Zeugnis der Apostelgeschichte ist die Kirche an Pfingsten erstmals als Geschöpf des Geistes öffentlich in Erscheinung getreten *(Apg 2,1–13)*. Er bewirkt, dass die ersten Christen ein Herz und eine Seele waren *(Apg 4,32)*. Er war es auch, der zur Mission drängte und der jungen Kirche immer wieder unerwartete und überraschende Wege wies und ihr Türen öffnete *(Apg 4,31; 6,5.10; 10,19; 11,12; 13,2; 14,27; 15,28)*. Der Heilige Geist erwies und erweist sich immer wieder neu als Protagonist der Mission.

Der Apostel Paulus bringt die bleibende Wirksamkeit des erhöhten Kyrios im Heiligen Geist auf die prägnante Formel: »Der Herr ist der Geist« *(2 Kor 3,17)*. Im Heiligen Geist geschieht der Prozess der Transformation der Welt in das Reich Gottes, das Gerechtigkeit, Friede und Freude im Heiligen Geist ist *(Röm 14,17)*. Sie beginnt in der Kirche und geschieht durch die Kirche. So beschreibt Paulus die Kirche als Bau, Haus und Tempel des Geistes *(1 Kor 3,16f.*; vgl. *2 Kor 6,16; Eph 2,21f.; 1 Petr 2,5)*. Der Geist ist es, der die Kirche eint und sie zusammenhält *(1 Kor 12,4–6.11; Röm 12,6–8; Eph 4,3f.)*. Alle Aussagen über die Kirche – Volk Gottes und Leib Christi – sind nur im Heiligen Geist möglich. Durch den Geist sind wir in Christus Erben Abrahams und so Volk Gottes *(Gal 3,14)*; durch ihn sind wir in Christus und damit der Leib Christi *(1 Kor 12,13; Eph 4,4)*. Schließlich ist die Kirche communio als Gemeinschaft des Heiligen Geistes (κοινωνία τοῦ ἁγίου πνεύματος, *2 Kor 13,13)*.

Nach dem Johannesevangelium soll der Geist als der Paraklet, das heißt der Fürsprecher, Advokat und Tröster die Kirche an alles erinnern, was Jesus gesagt und getan hat *(Joh 14,26)* und er soll sie immerzu dynamisch in alle Wahrheit einführen *(Joh 16,13)*. Er sorgt dafür, dass die Kirche ihrem Ursprung treu bleibt und so ihre Identität bewahrt und führt sie zugleich prophetisch immer tiefer ein in die ein für alle Mal offenbarte Wirklichkeit Jesu Christi.

Irenäus von Lyon hat den Zusammenhang von Geist und Kirche klassisch zum Ausdruck gebracht: »Wo die Kirche ist, da ist auch der Geist Gottes und wo der Geist Gottes ist, da ist die Kirche und alle Gnade; der Geist aber ist Wahrheit«[82]. Nach der dem Hippolyt zugeschriebenen Kirchenordnung gilt: »Festinet autem et ad ecclesiam, ubi floret spiritus«, »Man eile zur Kirche, wo der Geist blüht«[83]. Ähnliche Aussagen finden sich bei Chrysostomus.[84] Schließlich konnte Augustinus sagen: In dem Maße, in dem einer die Kirche Christi liebt, hat er den Heiligen Geist.[85] Er hat das Wort vom Heiligen Geist als Seele der Kirche geprägt.[86] Mit der Bezeichnung des Heiligen Geistes als Seele der Kirche soll gesagt werden, dass er es ist, der die Kirche auferbaut, sie erhält, belebt und beseelt, wachsen lässt, sie ordnet und leitet.

Für die patristische Exegese wurde vor allem das Wort wichtig, das Jesus anlässlich der Zeremonie des Wasserschöpfens beim Laubhüttenfest gesprochen hat: »Wenn jemand Durst hat, komme er zu mir und trinke! Wer an mich glaubt, (für den gilt) wie die Schrift sagt: Ströme von lebendigem Wasser werden aus seinem Inneren fließen« *(Joh 7,37f.)*.[87] Jesus selbst gibt die Deutung des Wassers; er meint damit den Geist, den alle empfangen, die an ihn glauben *(Joh 7,39)*. Damit nimmt dieses Wort die prophetische Verheißung auf, nach der in der Heilszeit die Wüste bewässert und der leibliche wie seelische Durst gestillt werden wird (*Jes 12,3; 43,20; 44,3; 55,1* u.a.). Jesus selbst bezeichnet sich als die wahre Quelle lebendigen Wassers (vgl. *Jes 4,10.14*). Er ist der Leben spendende Fels, aus dem Israel beim Zug durch die Wüste trinken konnte *(1 Kor 10,4)*. Man kann das Wort des Irenäus von Lyon zitieren: »Reiche Ströme ließ er quellen, den Heiligen Geist über die Erde auszusäen gemäß dem durch die Propheten gegebenen Versprechen, dass er am Ende der Tage den Geist ausgießen werde über das Antlitz der Erde.«[88]

## Geistvergessenheit des Westens?

Die biblischen und patristischen Zeugnisse über den Zusammenhang von Geist Gottes und Kirche sind überwältigend. Umso überraschender mag auf den ersten Blick der Vorwurf der Geistvergessenheit sein, der von Seiten der orthodoxen Theologie an die Adresse der lateinisch-westlichen Tradition oft erhoben wird. Dieser Vorwurf ist meist mit dem eines Christomonismus, das heißt einer ausschließlichen christologischen, von der Inkarnation her bestimmten Sicht der Kirche verbunden.[89] Die Kirche erscheint dann einseitig als Institution und verkrustete und verhärtete rechtliche Struktur. Auch von freikirchlicher und liberaler Seite kam der Vorwurf, die katholische Kirche identifiziere sich so sehr mit Jesus Christus, dass sie sich letztlich an seine Stelle setze und damit ideologisch, unbeweglich und kritikresistent geworden sei. Beide kritischen Einwände laufen darauf hinaus, dass die katholische Kirche eine einseitig institutionelle Sicht der Kirche vertrete, welche keinen Raum mehr lasse für die Freiheit und Dynamik des Geistes.

Die katholische Kirche sollte von dieser Kritik an einer einseitig christologisch bestimmten Ekklesiologie lernen, man muss sie aber auch differenzieren. Yves Congar ist dieser Kritik ausführlich nachgegangen. Er kam zu dem Ergebnis, dass die Kritik für manche Vertreter der nachtridentinischen Theologie tatsächlich zutrifft, aber nicht als allgemeingültige Zustandsbeschreibung katholischer Ekklesiologie gelten kann.[90] Es war vor allem Johann Adam Möhler, der in seinem Frühwerk *Die Einheit in der Kirche* (1825) ein starres, rein institutionelles Verständnis der Kirche aufgebrochen und eine ausgesprochen pneumatozentrische Ekklesiologie entwickelt hat. Noch in der christozentrischen Konzeption der Ekklesiologie des reifen Möhler in der *Symbolik* (1832) wird der Pneumatologie ein breiter Platz eingeräumt.[91] Leo XIII. hat in der Enzyklika *Divinum illud* (1897) und Pius XII. in der Enzyklika *Mystici corporis* (1943) ebenso wie das Zweite Vatikanische Konzil[92] die Formel des Augustinus vom Geist als der Seele der Kirche aufgegriffen.

Das Zweite Vatikanische Konzil hat dem Zeugnis von Schrift und Tradition an vielen Stellen breiten Raum gegeben und herausgestellt, dass die Kirche in allem, was sie tut, Sakrament, das heißt Werkzeug des Heiligen Geistes ist.[93] Die Verkündigung des Evangeliums wie die Feier der Sakramente geschehen im Heiligen Geist. Die Bedeutung des Heiligen Geistes für die Sakramente wurde vor allem durch die Neubelebung der Epiklese, das heißt die An- und Herabrufung des Heiligen Geistes bei der Feier der Eucharistie und der anderen Sakramente herausgestellt. So hat die Kirche insgesamt eine epikletische Struktur. Ihre Vollmacht ist kein selbstherrliches Verfügen über das Wort Gottes und die Gnade. Sie muss vielmehr immer wieder hören, was der

Geist den Gemeinden sagt (*Offb* 2,7.11.17.29 u.a.). Bei der Feier der Sakramente kann sie nur vollmächtig um das Kommen des Heiligen Geistes bitten. Die Kirche lebt aus dem beständigen Gebetsruf: »Veni, Sancte Spiritus!«

Nach dem Konzil hat Johannes Paul II. der Lehre vom Heiligen Geist eine eigene Enzyklika *Dominum et Vivificantem* (1986) gewidmet; in seinem Schreiben zur Vorbereitung des Heiligen Jahres 2000 *Tertio millennio adveniente* (1994) ist er nochmals ausführlich auf die pneumatologische Dimension der Kirche eingegangen.[94]

Die pneumatologische Dimension muss die Kirche davor bewahren, zu einer reinen, fast bürokratischen Institution und die Ekklesiologie davor, zu einer bloßen Hierarchologie zu werden. Paulus sagt, das Evangelium Christi sei nicht auf steinerne Tafeln gemeißelt, sondern uns durch den Geist des lebendigen Gottes in Herzen von Fleisch geschrieben *(2 Kor 3,3)*. Dieses Wort hat eine lange und bedeutende Wirkungsgeschichte entfaltet. Nach Irenäus von Lyon erhält der Geist das apostolische Erbe stets jung und frisch.[95] Er bewahrt davor, das Evangelium wie einen toten Besitz gleichsam bürokratisch zu verwalten. Thomas von Aquin konnte deshalb sagen, die lex evangelica sei kein äußerliches, sondern ein inneres Gesetz, nämlich die »gratia Spiritus Sancti, quae datur per fidem Christi«[96] und er fügt hinzu, die lex evangelica sei darum eine lex libertatis.[97]

Im Glaubensbekenntnis heißt es »Ich glaube an den Heiligen Geist, der Herr ist und Leben spendet« (»Dominum et vivificantem«). Der Geist ist also ein souverän herrscherlicher, Leben spendender Geist, der immer wieder für Überraschungen gut ist. Er rüttelt die Kirche immer wieder auf, erweckt charismatisch begabte Menschen, die helfen, das apostolische Erbe vor Verkrustungen zu bewahren und es wieder frisch und jung zu machen. Er stößt immer wieder Erneuerungsbewegungen an,[98] welche bewährte alte Formen erneuern und neue Formen der Frömmigkeit und des geistlichen Lebens erschließen und der Kirche in Zeiten der Krise neu einen Weg in die Zukunft eröffnen.

## Charismatische Dimension der Kirche

Die konziliare Erneuerung des Verständnisses der Kirche aus der Kraft und Dynamis des Heiligen Geistes als ein vom Geist Christi auferbauter und durchseelter Organismus hat zur Wiederentdeckung der charismatischen Dimension der Kirche geführt. Das Zweite Vatikanische Konzil hat an vielen Stellen von der Bedeutung der Charismen in der Kirche gesprochen.[99] Das ist auch deshalb bedeutsam, weil nach der traditionellen Lehre diese Charismen lediglich ein Phänomen der Zeit des Anfangs der Kirche waren.[100] Diese Auskunft wird problematisch, wenn man bedenkt, dass die neutestamentliche Charismenlehre im Zusammenhang der jesuanischen Wunderberichte wie der apostolischen Wundertaten zu lesen ist *(Mk 6,7; 16,17f.20; Apg 2,22.43; 4,30; 5,12* u. a.; *Hebr 2,4.)*. Die Charismen sind Zeichen des anbrechenden Reiches Gottes (*Lk 7,22; 11,20* u. a.) und gehören darum bleibend zur Kirche.

Die Wiederentdeckung der charismatischen Dimension ist nach dem Konzil zum Ausgangspunkt unterschiedlicher Erneuerungsbewegungen geworden[101] und hat in der Theologie zu ganz unterschiedlichen Konzeptionen geführt, die von einer Theologie der spirituellen Erneuerung der Kirche bis zu neuen Entwürfen für die Ordnung der Kirche und auch zur Kritik an der Institution Kirche und ihren sogenannten Herrschaftsstrukturen reichen.[102] Es wird deshalb darauf ankommen, zuerst einmal den schillernden Begriff Charisma zu klären.

In der Religionssoziologie wird Charisma seit Max Weber als außeralltägliche Qualität und Ausstrahlung einer Persönlichkeit verstanden. In diesem Sinn ist dann von charismatischer Autorität und Herrschaft die Rede.[103] Davon ist der biblische Sprachgebrauch zu unterscheiden. Er findet sich im Wesentlichen nur bei Paulus und auch in den paulinischen Schriften lassen sich verschiedene Akzentuierungen feststellen.[104] Auszugehen ist von dem Begriff Charis (χάρις), was ursprünglich Gunst, Huld meint und dann zum Ausdruck und Inbegriff der Erlösungsgnade wird. Das Charisma (χάρισμα) ist dann die Wirkung der Charis, nämlich die Gnadengabe Gottes beziehungsweise des Geistes Gottes. In diesem Sinn spricht Paulus von der Gnadengabe *(Röm 5,15f.)* und der Gabe des ewigen Lebens in Christus *(Röm 6,23)*. Man darf also, wenn von Charisma die Rede ist, nicht einseitig von außerordentlichen und spektakulären Geistgaben ausgehen. Ausgangspunkt muss das Pfingstgeschehen sein, nach dem der Geist als Erfüllung der prophetischen Verheißung über alle ausgegossen wurde *(Joel 3,1–5; Apg 2,17–21)*. So kann Paulus sagen, dass jeder sein Charisma hat, jeder so, wie es ihm der Geist verliehen hat *(1 Kor 7,7; 12,6; 1 Petr 4,10)*.

Nimmt man dieses Verständnis von Charisma ernst, dann kann man nicht mehr einfach vom Aufhören der charismatischen Dimension in der nachapostolischen Kirche sprechen. Der Geist gibt die Charismen, wie er will *(1 Kor 12,11)*; sie sind sozusagen kontextuell und entsprechen der jeweiligen geschichtlichen Situation und den jeweiligen Notwendigkeiten der Kirche. Die Charismen lebten in der Geschichte der Kirche vor allem in der Geschichte der Heiligen und in mystischen Phänomenen fort. Man kann an große charismatische Gestalten wie Bernhard von Clairvaux, Hildegard von Bingen, Katharina von Siena, Franz von Assisi und viele andere denken. Sie alle haben die Kirche ihrer Zeit aufgerüttelt und wirken bis heute nach.

Die allgemeine Gnadengabe wird also in sehr vielfältigen Gnadengaben wirksam. Paulus zählt sie im Römerbrief *(Röm 12,3–8)* und vor allem im 1. Korintherbrief *(1 Kor 12,4–30,* bes. *28f.)* auf. Dabei nennt Paulus nicht nur außerordentliche Gnadengaben wie Wunderheilungen und Zungenreden, sondern auch Gnadengaben, welche eine gewisse feste Stellung in der Gemeinde hatten wie Apostel, Propheten, Lehrer; er nennt außerdem unspektakuläre, in der Stille wirkende Gnadengaben wie Weisheit und Erkenntnis, Glaubenskraft, Helfen und Leiten, Trösten und Ermahnen. Alle Gnadengaben aber kommen von dem einen Geist, der sie zum Nutzen und zur Auferbauung aller schenkt *(1 Kor 12,8; 14,3.12; 1 Petr 4,10)*. Darum ist Paulus kein Freund eines charismatischen und enthusiastischen Durcheinanders. Vielmehr soll alles in Anstand und Ordnung erfolgen *(1 Kor 14,40)*. Von der prophetischen Rede sagt Paulus, sie müsse nach der Analogie des Glaubens (κατὰ τὴν ἀναλογίαν τῆς πίστεως, *Röm 12,6*) geschehen, was heißt: in Entsprechung zum Glauben der Gemeinde beziehungsweise der Kirche, also bei aller Vielfalt der Charismen in Einheit.[105]

Diese in den paulinischen Hauptbriefen vorherrschende Sicht wird in den Gefangenschaftsbriefen etwas modifiziert. Jetzt, da Jesus Christus als das Haupt der Kirche deutlicher hervortritt, treten die außerordentlichen Geistgaben merklich zurück zu Gunsten der Apostel, Propheten, Evangelisten, Hirten und Lehrer. Sie haben die Aufgabe, die Heiligen, das heißt die Christen, zu rüsten für die Erfüllung ihres Dienstes *(Eph 4,10–12)*. Damit zeichnet sich bereits im Neuen Testament eine Konsolidierung der kirchlichen Struktur ab. Sie wird in den Pastoralbriefen weitergeführt. Dort ist nur noch vom Charisma die Rede, das dem Timotheus durch Handauflegung vermittelt worden ist *(1 Tim 4,14; 2 Tim 1,6)*. Danach sind die Ämter der Kirche in besonderer Weise Geistgaben.

So kann es zwischen Amt und Charisma, wie die Geschichte großer Heiliger zeigt, immer wieder Spannungen geben; man denke etwa an Hildegard von Bingen († 1179), die sich weigerte, einer Anordnung des Erzbischofs von Mainz Folge zu leisten und die dafür für sich und ihr Kloster das Interdikt auf sich nahm, an Franz von Assisi, der sich lange Zeit gegen eine Ordensgründung wehrte, an Ignatius von Loyola († 1556), der zeitweise in die Fänge der Inquisition geriet, an Jeanne d'Arc, die Jungfrau von Orléans († 1431), welche wegen angeblicher Häresie zum Scheiterhaufen verurteilt wurde. Die Größe aller dieser Heiligengestalten besteht jedoch darin, dass sie nicht gegen das kirchliche Amt und die kirchliche Institution rebelliert haben. So sind gerade diese Zeugen des Charismas auch Zeugen dafür, dass man amtliche und charismatische Struktur der Kirche nicht gegeneinander ausspielen und nicht in grundsätzlichen Gegensatz zueinander bringen kann.

### Charisma und Institution – Kirche als Sakrament des Geistes

Wir müssen das Verhältnis von Charisma und Institution noch etwas genauer zu klären versuchen. Das ist möglich, wenn wir auf die die ganze Kirchengeschichte durchziehende Auseinandersetzung der Kirche mit schwärmerischen Bewegungen schauen. Sie nahmen oft ihren Ausgangspunkt bei der Kritik an institutionellen Verkrustungen und Erstarrungen wie an einer zu innerweltlich gewordenen Kirche, die es mit den Mächtigen und Reichen hielt. Heute mag man an Kritik an Formen einer vom Leben der Gemeinden abgehobenen Bürokratisierung der Kirche denken.

Wir begegnen solchen Bewegungen schon früh im Montanismus, in verschiedenen Untergrund- und Volksbewegungen des Mittelalters etwa bei den Waldensern, beim ›linken Flügel‹ der Reformation bei den Wiedertäufern (Thomas Münzer, Andreas Karlstadt u. a.). Am folgenreichsten war die Bewegung, welche im 12./13. Jahrhundert Joachim von Fiore ausgelöst hat. Der kalabrische Mönch sagte nach der Zeit des Vaters (Altes Testament) und des Sohnes (Zeit der hierarchischen Kirche) ein drittes Zeitalter des Heiligen Geistes, das heißt der Mönche voraus. Thomas von Aquin hat diese Theorie scharf zurückgewiesen, weil es nach der Fülle der Zeit in Jesus Christus keinen heilsgeschichtlichen Fortschritt mehr geben kann.[106] Die eigentliche Wirkungsgeschichte Joachims fand außerhalb der kirchlichen Tradition in den modernen innerweltlichen Utopien statt (Thomas More, Tommasco Campanella, Francis Bacon bis hin zu Schelling, Hegel, Marx).[107] Einen anderen Nachklang finden wir in manchen freikirchlichen Gemeinschaften (Quäker, radikale Pietisten u. a.).[108] In der Gegenwart kann man mächtig wachsende neupfingstlerische Bewegungen und Gemeinschaften nennen, welche nicht nur für die katholische, sondern auch für alle anderen traditionellen Kirchen eine Herausforderung sind.[109]

Entgegen den enthusiastischen Geistbewegungen muss man sagen, dass nach dem Neuen Testament der Heiligen Geist kein Schwarmgeist ist. Er ist der Geist Christi *(Röm 8, 9; Phil 1, 1)* beziehungsweise der Geist des Sohnes *(Gal 4, 6)*. Entsprechend wirkt er durch das hörbare Wort und die sichtbaren Sakramente; er setzt Ämter in der Kirche ein, die dem Wort und den Sakramenten dienend zugeordnet sind und Hirten der Gläubigen sind *(Apg 20, 28; 1 Kor 12, 28; Eph 4, 11; 1 Tim 4, 13; 2 Tim 1, 6)*. Die Beschreibungen der Kirche als Haus (οἶκος) und die Rede von der Auferbauung (οἰκοδομή) der Kirche (*1 Kor 3, 9; 14, 5; Eph 4, 12* u. a.) zeigen ebenfalls, dass die Kirche eine Struktur hat und ein Gefüge ist. So ist Paulus sichtlich bemüht, Ordnung in den enthusiastischen Überschwang der korinthischen Gemeinde zu bringen *(1 Kor 12; 14)*.

Ignatius von Antiochien bringt unmissverständlich die notwendige Unterordnung unter den Bischof und das Presbyterium sowie die Einheit mit dem Bischof zum Ausdruck.[110] Cyprian von Karthago definiert die Kirche geradezu als »das mit dem Bischof vereinte Volk, die mit ihrem Hirten verbundene Herde.[111] Ausführlich stellt Basilius Einheit und Vielfalt der Geistgaben und deren Ordnung durch den Heiligen Geist dar; auch die amtliche Ordnung der Kirche ist ein Werk des Heiligen Geistes.[112] So hat es nie eine reine Geistkirche oder Liebeskirche gegeben, wie es Rudolf Sohm fälschlicherweise dargestellt hat.[113] Der Geist wirkt vielmehr durch die Kirche, ihr Wort, ihre Sakramente und die Ämter der Kirche. Das ist auch gut lutherische Lehre. In seinen Invocabit-Predigten von 1522 hat sich Luther scharf gegen die Schwärmer gewandt. Nach Karl Barth ist die Kirche die irdisch-geschichtliche Existenzform des Geistes.[114]

In katholischer Terminologie kann man die Kirche als Sakrament, das heißt als Ort und Werkzeug des Geistes bezeichnen. Diese Bestimmung der Kirche als Sakrament des Heiligen Geistes schließt beide Extreme aus: Das Extrem des Schwärmertums, das die sakramentale und amtliche Vermittlung ausschließt wie das Extrem einer rein hierarchisch-institutionellen Sicht der Kirche, welche die Kirche mit dem kirchlichen Establishment identifiziert und dabei den bloßen Zeichen- und Dienstcharakter der Institution übersieht. Die Institution ist, scholastisch formuliert, Zeichen und Werkzeug (sacramentum tantum), das Amtscharisma ist in seinem dienenden Charakter sozusagen eine Zwischenwirklichkeit (res et sacramentum) für die eigentliche Sache und das Leben der Kirche (res sacramenti). Sie muss daher Raum und Freiheit lassen und sogar aktiv sorgen für das Leben der Kirche im geistgeleiteten Zusammenspiel der Geistgaben.

Die Communio-Struktur der Kirche kommt demnach in einem geordneten Zusammenspiel der unterschiedlichen Ämter und Charismen zur Geltung. Die Kirche ist ein Organismus vielfältiger Charismen, deren Einheit sich in einem sich gegenseitig ergänzenden und stützenden dynamischen Zusammenwirken verwirklicht. Sie alle haben ihre je spezifische Aufgabe, sie können sich nicht gegenseitig ersetzen, verdrängen oder ausschalten. Sie können ihren jeweiligen Dienst nur im Geist der communio und des aufeinander Hörens, im aufeinander Rücksichtnehmen, im sich gegenseitigen Ergänzen, Ertragen und Korrigieren wie im Zusammenwirken aller wahrnehmen. Die Kirche ist kein integralistisches oder gar totalitäres System; man wird sie vielmehr als ein offenes System bezeichnen können, das nicht von einem Punkt oder von einer Instanz aus geleitet oder gar manipuliert werden kann. In dieser Offenheit kann sich das unableitbar Neue des Geistes in den jeweiligen Situationen der Geschichte immer wieder neu zeigen.[115]

Johann Adam Möhler hat in dem Zusammenspiel der Charismen die Schönheit der Kirche gesehen. »Nichts Schöneres schwebt der Einbildungskraft des Katholiken vor, und nichts spricht seine Gefühle wohltuender an als die Vorstellung der harmonischen Ineinanderbewegung zahlreicher Geister welche zerstreut auf dem ganzen Erdboden, frei sich und ermächtigt, in jeglicher Abweichung nach der rechten und linken Seite hin einzugehen, dennoch und zwar mit Bewahrung ihrer verschiedenen Eigentümlichkeiten einen großen Bruderbund zur gegenseitigen Lebensförderung bilden, eine Idee darstellend, die in der Versöhnung der Menschen mit Gott, welche ebendeshalb auch unter sich versöhnt sind.« Die Kirche ist schön als die erscheinende und sich verkörpernde Wahrheit, die Christus ist.[116]

Dies ist eine idealisierende Beschreibung und das Ideal entspricht nicht immer der alltäglichen Wirklichkeit der Kirche. Dieses Ideal ist jedoch keine reine Wunschvorstellung, sondern in der tieferen pneumatologischen Wirklichkeit der Kirche angelegt und ihr damit normativ vorgegeben. In einer Ansprache an die geistlichen Bewegungen und Gemeinschaften bei der Pfingstvigil 1998 sagte Papst Johannes Paul II. »Der institutionelle und der charismatische Aspekt sind co-essentiell für die Konstitution der Kirche.« In seinem programmatischen Apostolischen Schreiben zu Beginn des dritten Jahrtausends *Novo millennio ineunte* (2001) sah er in ihnen einen Frühling des Geistes; er wiederholte die Warnungen: »Löscht den Geist nicht aus! Verachtet prophetisches Reden nicht! Prüft alles, behaltet das Gute *(1 Thess 5,19–21)*.[117]

Versucht man, das Zusammenspiel der Charismen, besonders zwischen Amt und Charisma, in der Kirche spekulativ tiefer zu erfassen, dann kann dies in Analogie zur innertrinitarischen Ordnung geschehen. Augustinus hat den Geist als die Liebe und als Gabe zwischen Vater und Sohn bezeichnet.[118] Er ist Gott als Selbstgabe, als überströmende Liebe, als Ekstasis und doch zugleich als Kenosis, weil er sich in der Liebe gleichsam zurücknimmt und den anderen Personen Raum gibt. Er ist Liebe, die eint und verbindet und die wie jede wahre Liebe doch nicht vereinnahmt, sondern freisetzt und freigibt. So sollen auch Ämter und Charismen als Geistgaben ganz sie selbst sein, indem sie sich hingeben und, gerade indem sie sich in Liebe verströmen, ihre eigene Freiheit und die der anderen wahren. In ihrem Zusammenspiel wird das relationale Wesen der Kirche erneut sichtbar.[119] Sie verwirklichen das Grundgesetz im Reiche Gottes, das Jesus so formuliert: »Wer sein Leben retten will, wird es verlieren; wer aber sein Leben um meinetwillen und um des Evangeliums willen verliert, wird es retten« *(Mk 8,35 par.)*.

## Universale Wirksamkeit des Geistes

Die pneumatologische Perspektive rückt die Ekklesiologie von einem neuen Gesichtspunkt aus nochmals in einen universalen Horizont. Denn der Geist ist als Spiritus creator derjenige, der allem, was lebt, Leben schenkt und der ähnlich wie die Weisheit alles durchdringt, alles durchwirkt und alles zusammenhält. »Sendest du deinen Geist, so werden sie alle erschaffen und du erneuerst das Antlitz der Erde« *(Ps 104,20;* vgl. *Ijob 34,14f.).* »Der Geist des Herrn erfüllt den Erdkreis, und er, der alles zusammenhält, kennt jeden Laut« *(Weish 1,7; 7,22–8,1).*

Wie in der Schöpfung, so wirkt der Geist auch in der Geschichte. Er hat gesprochen durch die Propheten; in der Fülle der Zeiten ruht er bleibend auf Jesus *(Mk 1,9–11; Lk 4,18).* Jesus ist geradezu Geschöpf des Geistes *(Mt 12,31f.; Lk 1,35),* sein ganzes Wirken geschieht in der Kraft des Geistes (*Mt 12,18; Lk 4,14; 18; 10,21* u.a.). Im Geist gibt er am Kreuz sein Leben hin *(Hebr 9,14),* in der Kraft des Geistes wird er von den Toten auferweckt *(Röm 1,3f.).* Vom Himmel her sendet er den Heiligen Geist. So erfüllt sich an Pfingsten die eschatologische Verheißung des Propheten Joel *(Joel 3,1–5),* dass am Ende der Zeit der Geist auf alle ausgegossen werden wird *(Apg 2,17–21).* So beginnt mit Pfingsten mit der Geschichte der Kirche der Prozess, in dem der Geist unter Seufzen und Geburtswehen alle Wirklichkeit auf die eschatologische Vollendung hinführt *(Röm 8,22–27).* Der Geist, der überall wirkt, ist vor allem dort wirksam gegenwärtig, wo sich Leben und die Frage nach der Fülle des Lebens regt; er hat eine universale menschheitliche und kosmische Dimension.

Das Zweite Vatikanische Konzil hat diese universale und kosmische Dimension der Wirksamkeit des Geistes, der schon vor Christus in der Welt wirksam war,[120] neu herausgestellt. Der Geist wirkt in den Herzen aller Menschen guten Willens und bietet ihnen die Möglichkeit der Gnade an.[121] Papst Johannes Paul II. hat in der Enzyklika *Redemptoris missio* (1990) diese universale Wirksamkeit des Geistes nochmals herausgestellt[122] und auf die Begegnung mit den anderen Kulturen und Religionen angewandt. »Die Gegenwart und das Handeln des Geistes berühren nicht nur einzelne Menschen, sondern auch die Gesellschaft und die Geschichte, die Völker, die Kulturen, die Religionen. Der Geist steht ebenso am Ursprung edler Ideale und guter Initiativen der Menschheit auf deren Wege: In wunderbarer Vorsehung lenkt er den Weg der Zeiten und erneuert das Gesicht der Erde«.[123] »Das Verhältnis der Kirche zu anderen Religionen ist bestimmt von einem doppelten Respekt: dem Respekt vor dem Menschen bei seiner Suche nach Antworten auf die tiefsten Fragen des Lebens und vom Respekt vor dem Handeln des Geistes im Menschen«.[124]

So weitet der Geist als Seele der Kirche den Blick über die sichtbaren Grenzen der Kirche hinaus. Er, der der Kirche ganz innerlich ist, weist sie zugleich über sich selbst hinaus, sodass die katholische Kirche nichts ablehnt von dem, was in den anderen Religionen wahr und heilig ist.[125] Sie kann auch wertschätzen, was der Geist in anderen Kirchen und kirchlichen Gemeinschaften wirkt.[126] So ist es der Geist, der die Kirche zum Dialog nach innen wie nach außen anleitet.[127]

## Unterscheidung der Geister

Die universale Wirksamkeit des Geistes in anderen Religionen und ihren Kulturen einerseits und die schwärmerischen Strömungen in der Kirche sowie das Eindringen von falschen Propheten in sie andererseits haben dazu geführt, dass schon im Neuen Testament und dann in der spirituellen Theologie seit den Kirchenvätern Kriterien zur Unterscheidung der Geister entwickelt wurden. Geschichtlich besonders wirksam geworden für das Mönchtum ist Johannes Cassian, in der Neuzeit Ignatius von Loyola.[128] Diese Kriterien erhalten heute neu Aktualität und Dringlichkeit aufgrund neuerer esoterischer Strömungen, charismatischer Bewegungen und vor allem im Blick auf die Begegnung mit anderen Religionen und Kulturen wie die Entwicklungen innerhalb unserer eigenen Kultur. So hat auch das Vaticanum II zur Deutung der »Zeichen der Zeit« im Licht des Evangeliums aufgefordert.[129]

Bei Paulus finden wir eine doppelte Mahnung: Er ermutigt zunächst zur Offenheit und zur Aufgeschlossenheit: »Löscht den Geist nicht aus! Verachtet prophetisches Reden nicht!« Er ermahnt aber gleich darauf ebenso zur Wachsamkeit: »Prüft alles, das Gute behaltet!« *(1 Thess 5,19–21)*. Auch der 1. Johannesbrief mahnt: »Traut nicht jedem Geist, sondern prüft die Geister, ob sie aus Gott sind, denn viele falsche Propheten sind in die Welt hinausgezogen *(1 Joh 4,1)*. Aus beiden Mahnungen zusammen ergibt sich eine Offenheit, die nicht zu einem alles vermischenden Synkretismus, zu Konturlosigkeit und zu Beliebigkeit führt.

Die Prüfung der Geister ist nach Paulus selbst ein Charisma *(1 Kor 12,10)*, denn allein im Geist lässt sich Geistliches beurteilen *(1 Kor 2,10–15)*. Der Geist schenkt dazu Einsicht, Erkenntnis und Weisheit *(Phil 1,9; Eph 1,17f.; Kol 1,9)*, die nicht mehr von jedem Windhauch hin und her getrieben wird, sondern zu einer erwachsenen Mündigkeit im Glauben führt *(Eph 4,14)*. Die theologische Tradition spricht in diesem Zusammenhang vom Glaubenssinn, der dem ganzen Gottesvolk durch den Geist zuteil geworden ist.[130] Er ist ein aus konkreter Erfahrung kommendes Gespür für den Glauben und ein vom Geist geschenktes Auge des Herzens *(Eph 1,18)*.[131]

Die erste Regel für die Unterscheidung der Geister ist christologischer Art: »Keiner, der aus dem Geist Gottes redet, sagt: Jesus sei verflucht! Und keiner kann sagen: Jesus ist der Herr, wenn er nicht aus dem Geist redet« *(1 Kor 12,3)*. Der Heilige Geist ist demnach kein schwärmerischer Allerweltsgeist; er ist der Geist Christi, der Geist des Herrn und des Sohnes. Das entscheidende Kriterium für die Unterscheidung der Geister besteht deshalb in der Frage, ob diese Geister sich zu Jesus Christus als dem Herrn bekennen und ob sie nach dem Maß Jesu Christi Bestand haben. Deshalb warnt Paulus so leidenschaftlich vor einem anderen Evangelium als dem Evangelium von Jesus Christus *(Gal 1,6–9; 5,10; 2 Kor 11,4)*. Der 1. Johannesbrief drückt sich mit seiner Warnung vor dem Geist des Antichrist *(1 Joh 2,18.22f.; 4,3;* vgl. *2 Joh 7)* nicht weniger deutlich aus: »Daran erkennt ihr den Geist Gottes: Jeder Geist, der bekennt, Jesus Christus sei im Fleisch gekommen, ist aus Gott. Und jeder Geist, der Jesus nicht bekennt, ist nicht aus Gott« *(1 Joh 4,2f.)*.

Die zweite Regel ist ekklesiologischer Art: Der Geist ist ein Geist der Einheit; er spaltet nicht, sondern fügt zusammen und ordnet ein in das Ganze der Charismen in der Kirche *(1 Kor 12,4–30; Röm 12,4–8)*. Deshalb mahnt der Apostel, dass keiner über das hinaus, was ihm zukommt, strebt, sondern jeder nach dem Maß des Glaubens, das Gott ihm zugeteilt hat. Die prophetische Rede soll gemäß der Analogie des Glaubens (κατὰ τὴν ἀναλογίαν τῆς πίστεως, *Röm 12,6*), das heißt in Entsprechung zum Glauben der Gemeinde beziehungsweise der Kirche geschehen. Sie soll der Auferbauung der Gemeinde dienen *(1 Kor*

*14,3.12; 1 Petr 4,10)*. Denn Gott ist kein Gott der Unordnung, sondern ein Gott des Friedens *(1 Kor 14,33)*. Paulus hält dem Schlagwort seiner korinthischen Gegner »Alles ist mir erlaubt« entgegen: »aber nicht alles nützt« *(1 Kor 6,12)*. Für Paulus ist die Freiheit sozial und ekklesial eingebunden. Dazu gehört auch, dass Prophezeiungen verständig ausgelegt werden sollen. Man soll nach Paulus nicht nur im Geist, sondern auch mit dem Verstand beten *(1 Kor 14,15)*. Die Kirchenväter sprechen im Anschluss an Eusebius an oft von einem ἐκκλησιαστικὸν φρόνημα,[132] einem sensus ecclesiasticus. Origenes spricht von der ›anima ecclesiastica‹,[133] Ignatius von Loyola vom ›sentire cum ecclesia‹,[134] Möhler vom ›kirchlichen Gemeinsinn‹.[135]

Die dritte Regel ist schließlich lebenspraktischer Art. Wichtiger als die außerordentlichen und auffälligen Charismen, wichtiger als das Sprechen in Sprachen, Wunderheilungen, enthusiastische Verzückungszustände, wichtiger als äußere Begeisterung und Trunkenheit ist für Paulus die Liebe. Ohne sie ist alles andere wertlos; sie ist der Höhenweg des Christseins. Hätte ich alle Geistgaben, »hätte aber die Liebe nicht, wäre ich nichts« *(1 Kor 13,2)*. Die Charismen sind deshalb daran zu messen, ob diejenigen, die sie beanspruchen, nach dem Geist und nicht nach dem Sündenfleisch leben *(Röm 8,5–15; Gal 5,16f.)*. Zum Leben nach dem Geist gehört der Geist des Gebets, in dem wir rufen können »Abba, Vater« *(Röm 8,15; Gal 4,6)*. Dazu gehören ebenso die Früchte des Geistes: »Liebe, Freude, Friede, Langmut, Freundlichkeit, Güte, Treue, Sanftmut und Selbstbeherrschung« *(Gal 5,22f.)*. Für Ignatius von Loyola war die Erfahrung von Trost oder Trostlosigkeit ein wichtiges Kriterium.[136] Denn das Trachten des Geistes ist Leben und Frieden *(Röm 8,6)*. Man darf darum den Geist nicht mit der eigenen Aufgeregtheit verwechseln; er erwirkt vielmehr innere Gelassenheit, innere Ruhe und inneren Frieden.

### *3.4 Maria – Urbild der Kirche*

Die Bilder/Symbole und Wesensbestimmungen der Kirche als Volk Gottes, Leib und Braut Christi und als Tempel des Heiligen Geistes bleiben bei aller Konkretheit der jeweiligen Bilder letztlich doch abstrakt. Der christliche Glaube zielt aber auf Konkretion. So werden diese Bilder andeutungsweise schon von der Heiligen Schrift und dann ausdrücklich von der Tradition der Kirche in ein konkretes und personales Bild gefasst, indem sie Maria als Urbild der Kirche vorstellen.[137] Auf diese Weise wird uns nochmals gezeigt, dass die Kirche kein bürokratischer Apparat, keine Organisation und keine bloße, von Männern dominierte Institution ist, sondern in einer Person, genauer: in einer Frau maßgebend und am deutlichsten zur Darstellung kommt.

Von der marianischen Dimension der Kirche zu sprechen kommt heutzutage nicht nur evangelischen Christen, sondern auch vielen Katholiken fremd vor und stößt auf Unverständnis und Ablehnung. Vielen erscheint diese Rede auch als wenig ökumenisch. Sie übersehen freilich: Maria kommt im Evangelium vor, Maria ist deshalb nicht nur katholisch, sie ist auch evangelisch. Das Evangelium von Jesus Christus ist ohne Maria, die Mutter des Herrn, gar ›nicht zu haben‹. Sie machte durch ihr Ja das Kommen des Erlösers erst möglich und unter dem Kreuz ist es wieder Maria, welche die Kirche repräsentiert. Sie verkörpert auf vollkommene Weise das Wesen der Kirche als Gemeinschaft des Glaubens. Darum wird sie vom Zweiten Vatikanischen Konzil als das Urbild (Typos) der Kirche bezeichnet.

### Die menschlich-irdische Gestalt Marias

Die jüngere Mariologie bemüht sich, die menschlich-irdische Gestalt Marias als die Gestalt der vollkommenen Jüngerin und unserer Schwester im Glauben herauszustellen. Sie hat Abstand genommen von einer in der Marienfrömmigkeit immer wieder festzustellenden Überhöhung der Gestalt Marias, die sie vom Leben und Glauben der Gläubigen mehr abrückte und entfernte, als dass sie es ihnen nahe brachte. Maria ist, wie es im Kirchenlied heißt, die Frau aus dem Volke; auch sie musste den Pilgerweg des Glaubens gehen.[138]

Die neuere Exegese ist noch einen Schritt weiter gegangen und hat die Verwurzelung der neutestamentlichen Texte über Maria in der alttestamentlichen Überlieferung herausgestellt. Bei der Verkündigung wird sie vom Engel als die beim Propheten Zefanja *(Zef 3,14–17)* genannte »Tochter Zion« und damit als Repräsentantin Israels angeredet *(Lk 1,28–31)*. Im Magnifikat *(Lk 1,46–55)* macht sich Maria das Danklied der alttestamentlichen Hanna, der Mutter Samuels, zu eigen

*(1 Sam 2,1–10)*; sie nimmt die Seligpreisungen der Bergpredigt *(Mt 5,3–11; Lk 6,20–26)* vorweg. Sie selbst gehört zu den anawin, zu den Kleinen, Demütigen und Armen Jahwes, die von Jesus seliggepriesen werden. So ist sie Repräsentantin des alttestamentlichen wie des neutestamentlichen Gottesvolkes. Als solche preist sie im Magnifikat Gott, der sich der Kleinen, Machtlosen und Demütigen annimmt und der auf die Niedrigkeit seiner Magd geschaut hat. Damit steht sie in der Tradition der großen alttestamentlichen Frauengestalten. Gleichzeitig ist sie die erste Jüngerin Jesu und als solche die Urzelle der Kirche. Maria muss deshalb aus der alt- und neutestamentlichen Volk-Gottes-Theologie verstanden werden, wie diese umgekehrt nicht ohne Maria verstanden werden kann.

## Mutter Gottes und Mutter der Kirche

Die heilsgeschichtliche Bedeutung Marias wird deutlich, wenn man auf den grundlegenden marianischen Titel der Gottesmutter schaut. Schon das Neue Testament sieht Maria nicht nur als die Mutter Jesu; sie wird bereits im Neuen Testament mit dem christologischen Hoheitstitel als Mutter unseres Herrn angeredet (κύριος, *Lk 1,43*). Er wird ihr schon bei seiner Empfängnis als Sohn des Höchsten angekündigt *(Lk 1,31f.35)*. Das Konzil von Ephesus (431) hat die Bezeichnung und Verehrung Marias als Gottesgebärerin (Θεοτόκος) endgültig bestätigt.[139] Bemerkenswert an diesem ersten und fundamentalen marianischen Glaubensbekenntnis ist, dass es im Zusammenhang der Auseinandersetzung mit Nestorius formuliert wurde. Damals ging es nicht um eine mariologische, sondern um eine christologische Streitfrage. Der Titel ›Gottesmutter‹ ist darum primär ein christologisches Bekenntnis zu Jesus Christus als dem wahren, Mensch gewordenen Sohn Gottes.

So wie Maria am Anfang der Evangelien des Matthäus und Lukas als Mutter Jesu und als Mutter des Herrn eine zentrale Rolle zugesprochen wird, so im Johannesevangelium am Ende. Vom Kreuz herab vertraut Jesus Maria dem Johannes an, dem Jünger, den er liebte und der das johanneische Ideal der Jüngerschaft repräsentiert, wie er ebenso den Johannes und damit alle seine Jünger Maria anvertraut: »Frau, siehe dein Sohn!« und zu Johannes gewandt: »Siehe deine Mutter!«

*(Joh 19,25–27)*. Man hat diese Stelle zu Recht schon als Jesu Testament für die Kirche bezeichnet.[140] Maria, die Mutter Jesu und Mutter Gottes wird damit zur Mutter des Volkes Gottes, die Mutter Christi zur Mutter aller, die zum Leib Christi, der die Kirche ist, gehören. Zugleich unterstreicht der Evangelist die eschatologische Bedeutung dieser Stellung, wenn er sagt, dass der Jünger Maria von dieser Stunde an (ὥρα) zu sich (wörtlich: in sein Eigenstes) nahm. Damit weist er auf den Anfang des öffentlichen Wirkens Jesu bei der Hochzeit zu Kana zurück, wo diese eschatologische Stunde, die mit Jesu Tod am Kreuz gekommen ist, noch nicht gekommen war *(Joh 2,4)*. Jetzt aber wird Maria eschatologisch endgültig ins Evangelium von Tod und Auferweckung Jesu hineingenommen.

Die Kirche als Jüngerschaft Jesu wird damit der mütterlichen Sorge Marias anvertraut, die das Wesen der Kirche aufs vollkommenste repräsentiert und die durch ihr bis unter das Kreuz durchgehaltenes Ja gleichsam Urzelle der Kirche ist. In diesem Sinn wird sie als Mutter der Kirche bezeichnet und angerufen.[141] Dass dies nicht nur ein frommer Spruch ist, haben unzählige Christen in allen Jahrhunderten erfahren, die sich ihrer mütterlichen Fürsprache anvertraut und ihre Hilfe erlangt haben. Das zeigt: Die Marienverehrung entspringt nicht irgendwelchen Spekulationen, sondern dem im Licht konkreter Glaubenserfahrung gelesenen und gedeuteten biblischen Zeugnis von Maria.

### Sola gratia – sola fide

Die Einwände gegen die Marienverehrung, die von vielen evangelischen Christen vorgetragen werden, sind bekannt. Man kann ihnen am besten dadurch antworten, dass man die Auslegung des Magnifikat liest, die uns Martin Luther selbst aus dem Jahr 1521 hinterlassen hat. Darin hat Luther gezeigt, dass Maria die beste Auslegung dessen ist, was als Mitte reformatorischer Lehre gilt, des sola gratia und des sola fide, alles allein aus Gnade, alles aufgrund des Glaubens.[142]

Maria tut nichts aus sich und ist nichts aus sich. Sie lässt sich ganz und allein auf Gottes Wort ein; sie ist Hörerin des Wortes Gottes *(Lk 1,38)*. Noch bevor sie Gottes ewiges Wort in ihrem Schoß empfängt, hat sie es schon in ihrem Herzen empfangen. Sie empfängt ihn, überschattet durch den Heiligen Geist und in der Kraft des Höchsten *(Lk*

*1,35)*. So wird sie entgegen allen menschlichen Möglichkeiten allein aufgrund des Wirkens des Geistes Gottes zur Mutter Jesu.

Maria ist, wie es vor allem die östliche Tradition sagt, die Ganzheilige (Παναγία), das heißt die vom Heiligen Geist ganz Begnadete. Die westliche Tradition drückt in der Sache dasselbe aus, wenn sie sagt, dass sie vom ersten Augenblick ihres Daseins an von aller Sünde bewahrt wurde.[143] Sie ist nichts aus sich, sondern alles aus Gnade. Sie hat durch Gottes Heiligen Geist dort, wo alle menschlichen Möglichkeiten zu Ende waren und die Welt sich in der Gottferne verloren hatte, der Welt den Heiland und Herrn (Lk 2,11) und damit das Licht der Welt und einen neuen Anfang geschenkt.

Beides, die Jungfrauschaft wie die Mutterschaft dürfen darum nicht nur biologisch verstanden werden. Sie schließen die leibliche Dimension ein, verstehen diese aber als Zeichen des wunderbaren, einen innerweltlich völlig unableitbaren neuen Anfang setzenden Gnadenwirkens Gottes.[144] So ist nicht die Jungfrauengeburt, sondern die Menschwerdung Gottes das eigentliche Wunder und das eigentliche Geheimnis. Die Jungfrauengeburt ist »das das Geheimnis der Menschwerdung des Sohnes begleitende und anzeigende, als Geheimnis gegenüber allen Anfängen anderer menschlicher Existenzen abgrenzende Zeichen.«[145]

Gott behandelt den Menschen freilich nie als ein totes Werkzeug; er instrumentalisiert uns nicht, sondern anerkennt uns in unserer geschöpflichen Würde als sein Bild und Gleichnis *(Gen 1,27)*. Seine Gnade befreit und befähigt uns zu unserer Freiheit. So hat Gott auch Maria weder am Anfang bei der Verkündigung noch am Ende unter dem Kreuz einfach passiv benutzt. Maria ließ sich vielmehr in freiem Gehorsam und Glauben als von Gott Erwählte und Begnadete in Dienst nehmen.[146]

Das Zweite Vatikanische Konzil vermeidet jede Form des Parallelismus von Christus und Maria. Nur weil und insofern Maria gnadenhaft befähigt ihr Ja zum Heilswerk Gottes durch Jesus Christus sprach und dieses Ja bis zum Ende durchgehalten hat, kann man sagen, dass sie an diesem Heilswerk mitwirkt. Sie verdunkelt damit in keiner Weise die alleinige Mittlerschaft Christi;[147] sie tut ihr keinen Abbruch und fügt ihr nichts hinzu.[148] Sie selbst ist ja, wenngleich vom ersten Augenblick ihres Daseins an, erlöst. Da Maria nicht an ihrer eigenen Erlösung mitgewirkt haben kann, sollte man das missverständliche Wort von der Miterlöserschaft Mariens vermeiden. Sie sagt ihr Ja in der Kraft der Erlösung, nur so wirkt sie teilnehmend an der Erlösung mit.

Das Zweite Vatikanische Konzil löst die Frage der Mitwirkung im Sinn des Verhältnisses von Erst- und Zweitursache. Nach dieser Lehre kann die Zweitursache nur wirken, insofern sie an der Erstursache teilhat und in deren Kraft wirkt. Was Maria tut, tut sie allein aufgrund des Glaubens, der ihr aus reiner Gnade geschenkt ist. Sie verdunkelt nicht die einzige Mittlerschaft Jesu Christi und tut seiner einzigartigen Stellung und Bedeutung keinen Abbruch. Im Gegenteil, Maria ist ganz Verweis auf Jesus Christus. Sie sagt uns: »Was er euch sagt, das tut« *(Joh 2,5)*. Johannes von Damaskus († vor 754), der letzte universal eingestellte Theologe der alten griechischen Kirche, weiß uns zu sagen: Die Verehrung, die man Maria erweist, bezieht sich auf ihren Sohn Jesus Christus selbst.[149]

## Maria als Typos der Kirche, neue Eva und Sitz der Weisheit

Zusammenfassend können wir sagen: Maria repräsentiert auf vollkommenste Weise das Gottesvolk des Alten wie des Neuen Testaments. Sie repräsentiert das Gottesvolk als die demütige Magd, die sich rückhaltlos auf den Ruf Gottes einlässt und sich ihm ganz zur Verfügung stellt. Sie ist ganz die gehorsame Hörerin des Wortes. Darum bezeichnet das Zweite Vatikanische Konzil Maria als »überragendes und völlig einzigartiges Glied der Kirche«. Sie ist uns als »Typus und klarstes Urbild im Glauben« gegeben.[150] Im Anschluss an den Kirchenvater Ambrosius konnte das Konzil Maria als Typus der Kirche bezeichnen.[151] Es hat damit zum Ausdruck gebracht, dass in Maria das Wesen der Kirche vorgebildet ist und am reinsten zum Ausdruck kommt.[152]

Zum Ausdruck kommt damit zugleich, dass nicht das apostolische Amt und die Hierarchie die vollkommenste Darstellung der Kirche ist, sondern Maria als Frau und als Trägerin eines einmaligen persönlichen Charismas. Eine deutlichere Relativierung der Hierarchie kann man sich eigentlich nicht denken wie diejenige, welche durch die katholische Mariologie geschieht. In Maria war die Kirche schon da, bevor die Apostel als Männer in ihr Amt berufen und eingeführt wurden.[153]

Wie die Kirche, so steht auch Maria in einer universalen heilsgeschichtlichen und menschheitsgeschichtlichen Perspektive. Das

Konzil greift die Tradition der Kirchenväter auf und stellt Maria und Eva einander gegenüber. Maria hat den unheilvollen Knoten, den Eva mit ihrem Ungehorsam geschnürt hat, durch ihren Gehorsam wieder gelöst und der Menschheit den Heiland geschenkt.[154] Dieses Ja hat sie stellvertretend für die gesamte Menschheit gesprochen.[155] Dass Gott sie von allem Anfang an von aller Sünde bewahrt hat, ist Zeichen dafür, dass Gottes ursprünglicher Heilsplan mit der Menschheit durch die Sünde nicht grundsätzlich vereitelt wurde und nicht ins Leere ging. So ist Maria Bild und Zeichen der unverbrüchlichen Treue Gottes zur Welt und zur Menschheit. Als die neue Eva ist sie die heil gebliebene Dimension der Welt und der Menschheitsgeschichte. In ihrer Aufnahme in die himmlische Herrlichkeit nach Leib und Seele[156] leuchtet sie dem Gottesvolk auf seinem Weg durch die Zeit voran. Sie ist eschatologisches Zeichen dafür, dass nach Gottes Plan alle Wirklichkeit, die materielle wie die geistige Wirklichkeit, am Ende in die Verklärung der Herrlichkeit Gottes eingehen soll. Die Verklärung ist das Ziel der Wege Gottes.

So leuchten in Maria der Glanz und die Schönheit der ursprünglichen wie der neuen Schöpfung auf.[157] Sie ist gleichsam der Morgenstern der neuen Schöpfung, der uns in der Nacht der Welt den neuen Morgen anzeigt und uns die ganze Schönheit der in Jesus Christus erschienenen Weisheit Gottes aufscheinen lässt. In ihr ist die Kirche als Haus der Weisheit auf vollkommenste Weise vorgebildet. Sie hat die Weisheit Gottes ganz in ihr Herz aufgenommen, sie hat sie in ihrem Schoß getragen und sie in der Person des göttlichen Kindes der Welt geschenkt. So rufen wir sie in der *Lauretanischen Litanei* zurecht als Sitz der Weisheit (Sedes sapientiae) an. In diesem Sinn bezieht die Liturgie Texte, welche von der vorweltlichen Weisheit sprechen *(Spr 8,22–36; Sir 24,3–22)*, auf Maria.

So findet die katholische Ekklesiologie in der Mariologie ihren urbildlichen Ausdruck. Darum drückt sich katholische Kirchenfrömmigkeit, ohne den Primat Jesu Christi damit auch nur im Geringsten anzutasten, immer auch in Marienfrömmigkeit aus. Wo diese schwach oder grundsätzlich verdächtig wird, da ist meist zuvor die Kirchenfrömmigkeit schwach geworden, wie umgekehrt mit der Liebe zur Kirche auch die Verehrung der Gottesmutter Maria einhergeht. Das wird heute bei den geistlichen Erneuerungsbewegungen erneut deutlich, für die häufig ein ausgesprochen marianischer Zug charakteristisch ist. Eine wirkliche Erneuerung der Kirche ist ohne erneuerte Mariologie und Marienverehrung nicht möglich. Maria kann daher auch heute Helferin und Urbild sein für eine Erneuerung des Lebens der Kirche in Glaube, Hoffnung und Liebe.

# 4. Wesensmerkmale der Kirche Jesu Christi

Das Glaubensbekenntnis der Kirche spricht nicht nur allgemein von der Kirche. Es sagt genauer, was es mit Kirche meint und konkretisiert deshalb sein Bekenntnis, indem es vier Wesenseigenschaften der Kirche nennt, an denen die Kirche konkret erkennbar wird. So bekennt das Glaubensbekenntnis von Nizäa und Konstantinopel: »Wir glauben die eine, heilige, katholische und apostolische Kirche«[1]. Im Grunde sind diese vier Wesenseigenschaften mit dem Wesen der Kirche identisch; sie bringen das Wesen der Kirche unter vier verschiedenen Aspekten konkret zum Ausdruck. Sie können darum nicht voneinander getrennt werden, sondern bilden ein Ganzes und schließen sich gegenseitig ein.

Die vier Wesenseigenschaften werden von allen traditionellen Kirchen festgehalten. Sie werden jedoch von den protestantischen Kirchen aufgrund ihres unterschiedlichen Kirchenverständnisses anders interpretiert, als es die katholische und die orthodoxen Kirchen tun. So werden bei den vier Wesenseigenschaften nochmals sowohl die großen Gemeinsamkeiten wie die spezifischen konfessionellen Unterschiede im Kirchenverständnis deutlich. Nach protestantischem Verständnis sind die vier Wesenseigenschaften als Wesenseigenschaften der verborgenen, nur im Glauben erfassbaren Kirche zu verstehen. Luther hat darum die vier Wesenseigenschaften durch sogenannte ›notae externae‹ der sichtbaren Kirche ergänzt: Vor allem die reine Predigt des Evangeliums und die evangeliumsgemäße Darreichung der Sakramente, ergänzend die kirchlichen Ämter, Gebet, Kreuz und Leiden.[2] Anders Calvin, der neben Verkündigung und Sakramentenspendung auch die Kirchenordnung nennt.[3]

In der Auseinandersetzung mit den Protestanten und dann mit den Aufklärern hat die apologetisch ausgerichtete nachtridentinische Theologie mit Hilfe der vier Wesenseigenschaften die katholische Kirche als die wahre Kirche aufzuweisen versucht. Sie hat dabei die Wesenseigenschaften (proprietates) als Kennzeichen (notae) der Kirche verstanden. Diesem apologetischen Versuch war wenig Erfolg beschieden. Weil die vier Wesenseigenschaften als sichere Kriterien nicht ausreichten, versuchte man, noch andere Kriterien einzuführen. Oft hat man die vier Wesenseigenschaften in dem der Romanitas zusammengefasst und damit das petrinische Prinzip als für die katholische Ekklesiologie wesentlich herausgestellt.[4] Außerdem wurde Wert auf das Zeugnis der Heiligen, das Zeugnis des persönlichen Lebens, die Liebe, den apostolischen Eifer und die Kraft, in Verfolgungen standzuhalten, gelegt. Dazu kam das Argument der inneren Kohärenz der katholischen Lehre wie die Treue und Beständigkeit der katholischen Kirche in der Bewahrung der apostolischen Hinterlassenschaft. Kardinal Victor Auguste Deschamps († 1883) versuchte, solche Vorschläge aufzugreifen und mit Hilfe der ›Methode der Vorsehung‹ die Kirche als moralisches Wunder herauszustellen. In diesem Sinn sprach das Erste Vatikanische Konzil von der Kirche als »signum levatum in nationibus«[5].

Diese Beweisführung war nicht immer frei von einem Triumphalismus, der die Schwächen und Fehler in der Kirche, auf welche die Gegner verwiesen, verschwiegen oder überspielt hat. Man hat oft auch nicht zur Kenntnis genommen, dass auch andere Kirchen und Kirchengemeinschaften auf eindrucksvolle Zeugen, ja Märtyrer verweisen können und von ihren andersartigen Prinzipien ausgehend ihre Lehre ebenfalls als in sich kohärent darzustellen vermögen. Eine strikte, über alle Zweifel erhabene Beweisführung war deshalb auch durch die Erweiterung der Kriterien nicht möglich.

Weiterführend ist dagegen die Sicht der Kirche als Zeichen und Werkzeug, wie sie das Zweite Vatikanische Konzil seiner Lehre von der Kirche zu Grunde gelegt hat. An diesem Zeichen- und Dienstcharakter der Kirche nehmen auch die genannten Wesenseigenschaften teil. In ihnen kommt das Wesen der Kirche nur zeichenhaft und geschichtlich vielfältig gebrochen zur Erscheinung. Sie verweisen auf das tiefere Wesen der Kirche und drücken es aus; sie verlangen aber auch stets neu nach glaubwürdiger und überzeugender praktischer Verwirklichung. Wirklich überzeugend werden sie, wie der christliche Glaube allgemein, nur für den, der sie im Licht einer globalen Sinnerfahrung und einer Grundentscheidung, theologisch: im Licht des

Glaubens (lumen fidei) zur Grundlage seiner persönlichen Glaubensentscheidung macht.[6]

## *4.1 Die eine Kirche Jesu Christi und die vielen Kirchen*

Das Bekenntnis »credo unam ecclesiam«, das im Credo an erster Stelle der vier Wesenseigenschaften der Kirche steht, setzte sich in den altkirchlichen Bekenntnissen erst allmählich allgemein durch,[7] bis es dann im nizäno-konstantinopolitanischen Bekenntnis an die erste Stelle rückte.[8] Das Bekenntnis zur einen Kirche kann Verschiedenes bedeuten. Es kann bedeuten, dass es nur die eine und einzige Kirche gibt und dass es nicht mehrere Kirchen geben kann. Einheit kann ebenso die innere Einheit, das heißt das Ungeteiltsein und damit die Identität der Kirche mit sich selbst und die Einmütigkeit in der Kirche bedeuten.

### Einheit als Einzigkeit der Kirche

Wenden wir uns zuerst der Einheit im erstgenannten Sinn der Einigkeit der Kirche zu.[9] Das biblische Bekenntnis zu dem einen und einzigen Kirche steht im Gesamtduktus der alt- und neutestamentlichen Heilsgeschichte. Es entspricht dem biblischen Bekenntnis zu dem einen, einzigen und völlig einzigartigen Gott *(Dtn 4,35; 6,4f.; Jes 45,6.18.21; Mk 12,29.32; 1 Kor 8,6; Gal 3,20)*, mit dem sich die Bibel vermutlich als Ergebnis eines längeren Prozesses vom Polytheismus der damaligen religiösen Umwelt abgrenzt. Es entspricht dem Bekenntnis zu dem einen Herrn, Mittler und Erlöser *(Apg 4,12; Eph 4,5; 1 Tim 2,5)*, in dem wir im einen Geist in den einen Leib Christi hinein getauft werden *(1 Kor 12,12f.; Gal 3,28)*. Nach dem vierten Evangelium will Jesus die zersprengten Schafe zusammenführen, damit eine Herde und ein Hirte sei *(Joh 10,16*; vgl. *11,52)*.

Die Einheit der Kirche resultiert damit nicht aus dem freien Zusammenschluss ihrer Glieder oder mehrerer Kirchen. Das Einheitsprinzip und der Urgrund der Einheit und Einzigkeit ist der eine Gott, der sein Volk versammelt und es in Jesus Christus im einen Heiligen Geist eint.[10] Letztlich ist die Kirche eins in der Einheit des Vaters, des Sohnes und des Heiligen Geistes.[11]

Die Einheit und Einzigkeit ergibt sich auch aus der Bezeichnung der Kirche als ekklesia. In den beiden einzigen Worten, in denen die Synoptiker von Kirche sprechen, ist immer von Kirche im Singular die Rede *(Mt 16,18; 18,17)*. Wenn Paulus auch von Kirchen im Plural redet, dann meint er damit, wie noch zu zeigen sein wird, Einzelkirchen, welche jeweils die eine Kirche Jesu Christi repräsentieren und sie gegenwärtig machen. Jede von ihnen ist nicht nur ein Teil, sondern die Kirche ganz, wenngleich als einzelne nicht die ganze Kirche.[12]

Aus der Tatsache, dass es innerhalb des Neuen Testaments eine Variabilität und eine Entwicklung der Gemeindeformen gab, lässt sich nicht ableiten, dass es mehre Kirchen geben kann. Es wäre ein Anachronismus, die heutige geschichtlich gewordene Situation getrennter und nebeneinander lebender Konfessionskirchen ins Neue Testament zurückzutragen.[13] Für Paulus wären ein solches Nebeneinander und ein Pluralismus von verschiedenen und unterschiedlichen Konfessionskirchen eine ganz und gar unerträgliche Vorstellung. Indem die Kirche im neutestamentlichen Kanon die verschiedenen neutestamentlichen Gemeindetypen in einem Kanon zusammengefasst hat, hat sie uns die klare Auslegungsnorm vorgegeben, den Kanon in seiner Ganzheit zu lesen und ernst zu nehmen und die verschiedenen Gemeindetypen nicht als einen widersprüchlichen Pluralismus, sondern als komplementäre communio-Einheit von Schwesterkirchen zu verstehen, welche alle die eine Kirche sind. Richtig an der These vom Pluralismus der Kirchenformen ist also nur, dass die Einheit keine starre Uniformität bedeutet, sondern als communio-Einheit verstanden werden muss.

In diesem Sinn können wir festhalten: Aus dem Gesamtduktus und nach der inneren Logik der Heilsgeschichte wie nach dem Willen Jesu kann es nicht viele Kirchen und keinen Pluralismus, wohl aber eine Pluralität von Kirchen in der einen und einzigen Kirche geben, in der viele Einzelkirchen durch den einen Herrn und im einen Geist in communio verbunden sind.

### Innere Einheit und Vielfalt der Kirche

Bereits aus der Begründung der Einheit als Einzigkeit ergibt sich die innere Einheit der Kirche. Jesus selbst hat noch am Abend vor seinem Leiden und Sterben gebetet, dass alle eins seien *(Joh 17,21)*. Von der

Jerusalemer Urgemeinde wird uns berichtet: »Sie hielten an der Lehre der Apostel fest und an der Gemeinschaft, am Brechen des Brotes und an den Gebeten« *(Apg 2,42)*. Sie waren »ein Herz und eine Seele« *(Apg 4,32)*. Paulus reagiert energisch gegen Spaltungen in der Kirche: »Ist denn Christus zerteilt?« *(1 Kor 1,13)*. Spaltungen sind für ihn eine eschatologische Prüfung.[14]

Diese innere Einheit darf nicht als eine rein äußere Einheit verstanden werden. Jesus Christus hat die Kirche ja nicht zur Einheit zusammenbefohlen. Er hat sie im einen Glauben und im einen Geist geeint und in dem einen Geist zu dem einen Leib aus vielen Gliedern gestaltet.[15] Die innere Einheit ist in dem einen Heiligen Geist durch die eine Taufe *(1 Kor 12,13)* und die Teilnahme an dem einen eucharistischen Brot *(1 Kor 10,17)* begründet. Paulus kann sogar sagen, wir seien in Christus Jesus »einer« *(Gal 3,28; Kol 3,11)*. Paulus mahnt immer wieder zu Einheit und Einmütigkeit in der Kirche. Für ihn gilt: »Ein Leib und ein Geist, wie euch durch eure Berufung auch eine gemeinsame Hoffnung gegeben ist; ein Herr, ein Glaube, eine Taufe, ein Gott und Vater aller« *(Eph 4,4f.)*.

Aus diesen Aussagen wird vor allem seit Robert Bellarmin eine dreifache Einheit abgeleitet: Die Einheit im einen Heiligen Geist durch die Einheit im einen Glauben (vinculum symbolicum), welche die Einheit in den Sakramenten (vinculum liturgicum) und die Einheit im gemeinschaftlichen Leben unter dem einen apostolisch begründeten Amt (vinculum sociale seu hierarchicum).[16] Das Zweite Vatikanische Konzil hat diese Lehre von der dreifachen Einheit übernommen.[17]

Diese innere Einheit bedeutet keine Uniformität. Schon rein denkerisch ist die Einheit keine Zahl, sondern das Maß der Zahlen und damit der Vielheit.[18] Wie das Reich Gottes, so ist analog auch die Kirche mit einem Baum zu vergleichen, in dessen verzweigten Ästen die Vögel des Himmels, das heißt alle Völker und Kulturen, Platz haben *(Mk 4,31)*. Es gibt in der Kirche seit dem ersten Pfingsten eine Vielfalt der Völker und Sprachen *(Apg 2,1–13)* und der Charismen, aber doch nur einen Geist *(Röm 12,4–8; 1 Kor 12; Eph 4,7–12)*. Jesus spricht von einer Einheit so, wie er und der Vater eins sind *(Joh 10,30; 17,11.21f.)*, also von einer Einheit des gegenseitigen Inneseins. Entsprechend wird in der Trinitätslehre die Einheit in Gott als Einheit des einen Gottes in drei Personen und als deren gegenseitiges Innesein gedacht. Diese relationale Einheit in der Liebe soll das Paradigma der

Einheit in der Kirche sein. Wie in dem einen Gott drei Personen subsistieren, so schließt auch die Einheit der Kirche Vielfalt nicht aus, sondern ein. Das Zweite Vatikanische Konzil hat darum von einer Einheit als communio nach dem Urbild der trinitarischen Einheit gesprochen.[19]

Die Kirchenväter haben diese Vielfalt nicht als Beeinträchtigung, sondern als Ausdruck wahrer Katholizität verstanden. Nach Irenäus von Lyon ist es die Mannigfaltigkeit der Sitten, welche »die Einmütigkeit im Glauben stärkt.«[20] In der Auseinandersetzung mit den Donatisten während seiner Zeit als Bischof von Hippo ist Augustinus das Thema der Einheit und die Sorge um die Wiederherstellung der Einheit geradezu zum Lebensthema geworden. Er hat die Einheit in der Vielfalt mit Hilfe des Bildes von der Taube, in der der Heiligen Geist bei der Taufe auf Jesus herabgekommen ist *(Mk 1,10 par.)*, breit ausgeführt: Während die Zungen bei der Herabkunft des Geistes an Pfingsten geteilt sind *(Apg 1,3)*, sind sie in der Taube geeint. »Dort teilen sich die Zungen, hier verbindet die Taube ... In der Taube ist Einheit, in den Zungen der Völker Gemeinsamkeit«[21]. Der eine Geist als Geist der Liebe wirkt in der Kirche eine Einheit in der Liebe und ein Band der Liebe (unitas caritatis, vinculum caritatis).[22]

Das Zweite Vatikanische Konzil hat die biblische Botschaft von der Einheit in der Vielfalt wie von der Vielfalt innerhalb der Einheit aufgegriffen und im Einzelnen ausgeführt. Die eine Kirche besteht in und aus vielen Einzelkirchen und der Bischof von Rom soll sichtbares Prinzip und Fundament sein für die Einheit der Vielfalt der Bischöfe.[23] Deshalb gibt es in der kirchlichen Gemeinschaft zu Recht Einzelkirchen, die sich eigener Überlieferungen erfreuen, unbeschadet des Primats des Stuhles Petri.[24] Auch das eine Evangelium ist uns ja in der Gestalt von vier Evangelien überliefert und die eine apostolische Hinterlassenschaft ist in Ost und West von Anfang an in verschiedenen Formen und auf verschiedene Weise übernommen worden.[25] Deshalb soll man in der Kirche um der Einheit willen keine Lasten über das Notwendige hinaus auferlegen *(Apg 15,28)*.

Die katholische Kirche betrachtet diese Einheit in legitimer Vielfalt der Kulturen, der Spiritualitäten, Theologien, Einzelkirchen, Orden, Vereinigungen und Gruppierungen als ihre Stärke. Sie trägt zu ihrer Glaubwürdigkeit bei und ist ein hohes Gut, das zu bewahren jedes Glied der Kirche mitwirken soll. Jedes Glied der Kirche ist darum aufgerufen, im Geist der communio als Teil eines größeren Ganzen zu leben und zu handeln (sese ut partem gerere), die Einheit des Geistes zu wahren *(Eph 4,3)* und die Wahrheit in der Liebe zu tun *(Eph 4,15)*.

## Einheit der Kirche – Einheit der Menschheit

Die Frage nach der Einheit ist eine Urfrage der Menschheit; sie wird in der antiken Philosophie von Heraklit und Parmenides bis Plotin gestellt.[26] So ist auch für Augustinus Einheit das Prinzip des Seins; nimmt man einem Ding seine Einheit, fällt es ins Nichts zurück. Des Volkes größter Feind ist darum die dissensio; concordia ist die Grundlage allen staatlichen Zusammenlebens. Friede ist eine kosmische Macht, welche das ganze Sein durchherrscht.[27] Auch für Thomas von Aquin gilt: ens et unum convertuntur (Sein und Einsein sind austauschbar).[28]

Die Einheit und Einzigkeit Gottes, der eine und einzige Erlöser und Mittler und damit auch die Einheit der Kirche ist eine für die Einheit der Menschheit folgenreiche Feststellung. Denn für die Bibel ist das Bekenntnis zu dem einen Gott, dem Schöpfer und Vater aller Menschen, die Grundlage für die Überzeugung von der einen Menschheit. Adam ist nach biblischer Vorstellung nicht einfach der erste Mensch. Adam ist ›der‹ Mensch; Adam, das sind wir alle. Die Menschheit bildet eine große Schicksalsgemeinschaft *(Apg 17,26; Röm 5,12.15–19)*. Dadurch, dass die Menschen sich von dem einen Gott entfremdet und sich in Sünde verstrickt haben, haben sie sich auch untereinander entfremdet und zerstritten. Durch den einen Erlöser und Mittler Jesus Christus will Gott die durch die Sünde von Gott und untereinander entfremdete Menschheit wieder zu der einen neuen Menschheit zusammenfassen *(Eph 1,10)*. Mit der Sammlung der versprengten Schafe Israels wollte Jesus einen Anfang machen, damit ein Hirte und eine Herde sei *(Joh 10,16)*.[29]

Die Kirchenväter haben den Zusammenhang von Monotheismus und Einheit der Kirche immer wieder herausgestellt.[30] Das Zweite Vatikanische Konzil hat darauf aufgebaut[31] und von der einen Menschheitsfamilie gesprochen.[32] Es hat damit allen ethnischen, kulturellen, nationalen und auch religiösen Verfeindungen und Diskriminierungen eine klare Absage erteilt und die Grundlage für gesamtmenschheitliche Solidarität gelegt.[33] Damit berühren wir eine Frage, welche im Kontext der Globalisierung und weltweiter Migration und Vernetzung ganz neu aktuell geworden ist. Das Zweite Vatikanische Konzil hat dieses Einswerden als ein Zeichen der Zeit bezeichnet.[34] Die Kirche soll besonders in dieser neuen Situation Zeichen und Werkzeug der einen Menschheit[35] und als messianisches Volk Gottes[36] die Keimzelle, wir könnten auch sagen: das Herz der einen neuen Menschheit sein.[37] Daraus lassen sich keine politische Theologie und kein horizontaler Säkularökumenismus ableiten.[38] Der Dienst der Einheit, den die Kirche der Menschheit leisten kann, ist theologisch begründet in ihrer Einheit mit Gott. Die Kirche hat der Menschheit diese ihre theologische Begründung der Einheit vor Augen zu stellen und sie hat sie konsequent selber vorzuleben. Nur als Sakrament der Einheit mit Gott ist sie auch Sakrament der Einheit der Menschheit.[39]

### Das Drama der Spaltungen

Von allem Anfang an gab es in der Kirche Auseinandersetzungen und auch Spaltungen. Das zeigen schon die Auseinandersetzungen zwischen Petrus und Paulus *(Gal 2,11–15)*, dann die von Paulus kritisierten Parteiungen und Spaltungen in der Gemeinde von Korinth *(1 Kor 1,10–14; 11,19)* wie die scharfen Warnungen und Abgrenzungen in den Johannesbriefen *(1 Joh 2,18–27; 2 Joh 7–11; 3 Joh 9f.)*. Solche Spaltungen sind nach Paulus kein Werk des Geistes, sondern des Fleisches *(Gal 5,20)*. Sie berühren das Fundament der Kirche und stehen im Gegensatz zur ihrem Wesen.[40] Sie sind nicht Ausdruck legitimer Vielfalt in der Einheit, sondern Abspaltungen von der Einheit in eine einander widersprechende Vielheit. Es gilt darum, zu unterscheiden zwischen legitimer komplementärer Vielfalt und einer die Einheit durch kontradiktorische Unterschiede auflösenden Vielheit, die im Widerspruch steht zum Willen Jesu Christi und ein Ärgernis darstellt. In der Symbolsprache der Kirchenväter ausgedrückt: Durch Spaltungen ist der eine nahtlose Leibrock Jesu zerteilt worden *(Joh 19,23f.)*.

Wenn nach Paulus die Spaltungen dazu dienen, die Treue und Zuverlässigkeit der Christen zu testen und der Apostel sagt, dass Spaltungen sein müssen *(1 Kor 11,19)*, dann ist das selbstverständlich nicht als Aufforderung zu Spaltungen oder Rechtfertigung von Spaltungen zu verstehen. Ganz im Gegenteil; das Müssen (δεῖ), von dem Paulus spricht, hat im Kontext der Bibel den tieferen Sinn einer heilsgeschichtlich-eschatologischen Notwendigkeit.[41] Es handelt sich um einen eschatologisch-dogmatischen Satz.[42] Die Spaltungen sind zwar Werk des Menschen, aber doch auch göttliche Verfügung. In ihnen geschieht eine Scheidung der Geister, durch welche die Treue der Christen offenbar werden soll. Sie sind eschatologische Prüfungen.

In den späteren Schriften des Neuen Testaments bildete sich dann der geschichtlich wirksam gewordene Häresiebegriff (im Unterschied zu Schisma und Apostasie) im Sinn der Irrlehre und einer abweichenden Lehrmeinung heraus *(2 Petr 2,1;* vgl. *Tit 3,10).*[43] Von Häresie kann man aber nur sprechen, wenn es sich um einen absichtlichen und hartnäckigen Widerspruch zur verbindlichen Lehre der Kirche handelt. So kann der Begriff Häresie seit dem Zweiten Vatikanischen Konzil nicht auf solche angewandt werden, welche in eine andere Kirche hineingeboren, in ihr getauft wurden und heimisch sind, sondern nur auf solche, die in der vollen Gemeinschaft mit der katholischen Kirche standen und diese aus freier und klarer Entscheidung aufgegeben haben. Der Begriff Häresie ist heute freilich angesichts des Bewusstseins der Geschichtlichkeit von Lehrformulierungen auch in diesem Kontext unscharf und nur schwer anwendbar geworden. Trotzdem kann die Kirche als Säule und Fundament der Wahrheit *(1 Tim 3,15)* nicht darauf verzichten, schwerwiegende Abweichungen von der Wahrheit des Evangeliums als solche zu brandmarken und hartnäckig Abweichende aus ihrer Gemeinschaft auszuschließen.

Der Urriss geschah zwischen Juden und Christen durch die Trennung von Kirche und Synagoge.[44] Dann folgt eine Vielzahl von innerchristlichen Spaltungen. Bei allen diesen Spaltungen spielten neben Glaubensfragen jeweils nicht-theologische (kulturelle, politische u. a.) Faktoren, oft auch ein bedauerlicher Mangel an gegenseitigem Verständnis und an Liebe eine Rolle. Viele der Spaltungen innerhalb der Christenheit haben sich, obwohl sie teilweise relativ lange dauerten und große Teile der Kirche umfassten, nicht erhalten, so etwa die Abspaltungen der Arianer und der Donatisten. Bis heute übrig geblieben sind vor allem drei große Kirchenspaltungen:

Zuerst die Abspaltung der assyrischen Kirche des Ostens nach dem Konzil von Ephesus (431) und der orientalisch-orthodoxen Kirchen (Kopten, Syrer, Armenier, Äthiopier, Malankaren) nach dem Konzil von Chalcedon (451). Dann die Abspaltung der orthodoxen Kirchen.

Sie wird meist mehr symbolisch als historisch mit der Exkommunikation von 1054 angesetzt, in Wirklichkeit war sie ein Prozess der gegenseitigen Entfremdung, die in erschreckender Weise 1204 bei der Eroberung und Zerstörung Konstantinopels während des vierten Kreuzzugs sichtbar wurde. Schließlich ist die Spaltung der westlichen Christenheit im Gefolge der Reformation des 16. Jahrhunderts zu nennen, die ihrerseits immer wieder zu neuen Spaltungen geführt hat. So gibt die Christenheit heute ein sehr buntes, ja ein verwirrendes und widersprüchliches Bild, das ihrer Glaubwürdigkeit und missionarischen Ausstrahlung schweren Schaden zufügt.[45]

Die östliche und die westliche Kirchenspaltung stellen zwei unterschiedliche Typen von Kirchenspaltungen dar, die nicht auf einer Ebene betrachtet werden können. Bei der östlichen Kirchenspaltung blieb die grundlegende sakramentale und episkopale Kirchenstruktur erhalten. Das bedeutet eine Verwundung auf beiden Seiten; aber im Grunde sind wir, wenngleich in verwundeter Weise, die eine Kirche. Anders ist es mit der westlichen Kirchenspaltung. Sie betrifft die Grundstruktur der Kirche selbst und ist darum tiefer gegangen. Aber auch sie ist nicht bis in die letzte Wurzel gegangen. Durch die eine Taufe ist eine tiefe, in Jesus Christus begründete Einheit geblieben.

Spaltungen als Widerspruch zum Wesen der Kirche sind eine ernste Sache und dürfen nicht leichthin hingenommen oder entschuldigt werden. Sie sind Ausdruck des eschatologischen Gerichts Gottes über die Kirche. Sie können darum nicht durch menschliche Diplomatie und Kompromisse oder Minimalkonsense sozusagen zusammengeflickt werden. Die ökumenische Bewegung des 20. Jahrhunderts, die eine Gegenbewegung zu der Geschichte der Spaltungen eingeleitet hat, war denn auch nicht einfach menschliches Werk, sondern Impuls des Heiligen Geistes.[46] Sie kann nicht anders, als den Weg des Gebets und der Buße zu gehen.[47] Auf diese Weise soll sie den Spaltungen das Gift entziehen, sodass aus starren, das Leben tötenden Widersprüchen fruchtbare Spannungen werden. Sie soll die Widersprüche überwinden, soll aber die Vielfalt der legitimen, einander ergänzenden und einander bereichernden Traditionen wahren.[48] Dieser Weg von der Vielheit zur Vielfalt ist nicht leicht, er ist vielmehr schmerzlich und schwierig. Die Einheit, zu der er führen soll, kann nach dem Abbild der trinitarischen Einheit keine Einheitskirche, sondern nur eine Einheit in der Vielfalt und eine Vielfalt in der Einheit sein.

## Katholisches und reformatorisches Verständnis von der Einheit der Kirche

Die Grundschwierigkeit des ökumenischen Wegs besteht darin, dass Katholiken und Protestanten von einem unterschiedlichen Verständnis der Einheit ausgehen. Nach katholischem Verständnis ist die Einheit letztlich im inkarnatorischen, das heißt göttlich-menschlichen sakramentalen Charakter der Kirche begründet. Sie schließt daher beides ein, die nur im Glauben erfassbare, unsichtbare, göttliche Dimension der Kirche und die Einheit im einen Geist Christi wie ihre sichtbare menschliche Dimension, die nach katholischem Verständnis in dieser Welt als Gesellschaft verfasst ist. Zur Sichtbarkeit der Kirche gehört außer der Einheit in der Verkündigung und in den Sakramenten die Gemeinschaft mit dem Nachfolger des Petrus und mit den Bischöfen in Gemeinschaft mit ihm.[49]

Damit erhält die Einheit eine von anderen Kirchen und Kirchengemeinschaften gelegentlich bewunderte, aber sie auch zum Widerspruch reizende Konkretheit. Nach katholischem Verständnis entspricht diese Konkretheit der Konkretheit der Heilsgeschichte. Gott ist nicht nur Mensch geworden, er ist vielmehr ›dieser‹ Mensch Jesus von Nazareth geworden, der zu einer ganz bestimmten Zeit in einem bestimmten Land in einem bestimmten Volk gelebt hat. Das war schon damals für viele ein Stein des Anstoßes *(Mk 6,3 par.; Joh 4,4)*. In gewissem Sinn setzen sich die christologische Konkretheit im Ärgernis der ekklesiologische Konkretheit in ›dieser‹ Kirche fort.

An dieser Stelle berühren wir den wohl härtesten Punkt der katholisch-protestantischen Kontroverse. Auch nach lutherischer Auffassung ist die Kirche keine civitas platonica.[50] Luther sprach nicht so sehr von einer unsichtbaren, sondern von einer verborgenen Kirche.[51] Die Unterscheidung von einer unsichtbaren und einer sichtbaren Kirche geht dagegen auf Zwingli zurück und kam vor allem im Neuprotestantismus zur Geltung.[52] Gegen den latenten ekklesiologischen Doketismus dieser Position betonte Karl Barth, die Kirche beziehungsweise die Gemeinde sei die Jesu Christi eigene irdisch-geschichtliche Existenzform.[53] Ähnlich sprach Dietrich Bonhoeffer von Christus als in der Gemeinde existierend.[54] Der dennoch verbleibende Unterschied wird deutlich, wenn die reformatorischen Bekenntnisse davon sprechen, dass es zur Einheit genüge (satis est), im Evangelium und in der evangeliumgemäßen Verwaltung der Sakramente übereinzustimmen.[55] Dass beides zur Einheit dazugehört, dem werden Katholiken gerne zustimmen. Der Unterschied betrifft die institutionelle Einheit im Bischofsamt, das in Gemeinschaft mit dem Bischof von Rom steht.[56]

Die Frage spitzt sich also zu, wenn man nicht nur nach dem Wesen (Was) der Einheit, sondern auch nach dem konkreten Ort (Wo) der sichtbaren Einheit fragt. Ist die Kirche gleichsam eine frei flottierende Größe, welche da und dort in Wort und Sakrament in Ortskirchen Ereignis wird, oder hat auch die übergemeindliche Einheit einen konkreten Ort in der Geschichte, an dem sie identifizierbar ist?[57]

### »Subsistit in«

Mit der Frage nach dem Wo der Kirche stehen wir vor der viel diskutierten und kontroversen Frage des ›subsistit in‹ in der Kirchenkonstitution des Zweiten Vatikanischen Konzils. Das Konzil erklärte, die eine und einzige Kirche Jesu Christi subsistiere in (subsistit in) der katholischen Kirche, sie sei also in der Kirche, die in Gemeinschaft mit dem Bischof von Rom und mit den Bischöfen untereinander steht, konkret da und bleibend konkret antreffbar.[58] Bereits der Hauptredaktor der Kirchenkonstitution, der belgische Theologie Gérard Philips, hat unmittelbar nach dem Abschluss des Konzils vorausgesagt, dass in dieses ›subsistit in‹ noch viel Tinte fließen werde.[59] So ist es in der Tat gekommen. Das kirchliche Lehramt hat darum mehrfach Anlass gesehen, die Konzilsaussage verbindlich zu interpretieren.[60] Die Literatur zu diesem Thema ist immens.[61] Sie enthält im Keim die ganze Lehre vom Ökumenismus. Wir können hier nur die wichtigsten Punkte kurz zusammenfassen:

(1) Die traditionelle Position der katholischen Kirche lautet: Die Kirche Jesu Christi ist (est) die katholische Kirche. Diese Position wurde in der Enzyklika *Mystici corporis* (1943) vertreten und in der Enzyklika *Humani generis* (1950) nochmals ausdrücklich wiederholt. Damit war die völlige Identität von Kirche Jesu Christi und katholischer Kirche ausgesagt und kein Raum gegeben für die Anerkennung von Kirchlichkeit außerhalb der Grenzen der katholischen Kirche. Da die Einheit in der katholischen Kirche schon gegeben ist, war die größere

ökumenische Einheit allein durch Rückkehr der anderen Christen in den Schoß der katholischen Kirche denkbar.

Das Zweite Vatikanische Konzil hat das Wort ›est‹ durch ›subsistit in‹ ersetzt.[62] Mit dieser Formulierung sollten zwei Ziele erreicht werden: Es sollte der traditionelle Anspruch festgehalten werden, dass die katholische Kirche unverlierbar die eine wahre Kirche ist, und es sollte zugleich Raum geschaffen werden für die Anerkennung von Elementen der wahren Kirche außerhalb der Grenzen der katholischen Kirche.[63] Man kann das subsistit in darum als eine Öffnungsklausel bezeichnen. Der Anspruch der katholischen Kirche wurde damit nicht relativiert oder gar zurückgenommen, aber er wird nun nicht mehr im Sinn des Alles oder Nichts vertreten. Es sollte gesagt werden, dass außerhalb der katholischen Kirche nicht einfach ein ekklesiologisches Vakuum besteht.[64]

(2) Als ekklesiale Elemente außerhalb der Grenzen der katholischen Kirche[65] wurden genannt: Das geschriebene Wort Gottes, das Leben der Gnade, Glaube, Hoffnung und Liebe und andere Gaben des Heiligen Geistes und sichtbare Elemente der Heiligung und der Wahrheit.[66] *Lumen gentium 15* nennt noch ausdrücklich die Taufe als ein institutionelles Element. Man darf davon ausgehen, dass damit keine erschöpfende Aufzählung gemeint ist. In diesen Elementen wirkt der Heilige Geist so, dass ihnen Heilsbedeutung zukommt.[67] Die Enzyklika *Ut unum sint* sagt sogar, dass in dem Maße, als diese Elemente vorhanden sind, die Kirche Jesu Christi in diesen Kirchen wirksam gegenwärtig ist.[68] Es wird also nicht gesagt, wie es manchmal unterstellt wird, dass außerhalb der katholischen Kirche kein Heil möglich ist. Da diese Elemente der katholischen Kirche angehören und auf die katholische Einheit hindrängen nehmen die nichtkatholischen Christen in einem unvollständigen Sinn an der katholischen communio teil. Das Konzil vertritt damit einen gestuften Kirchenbegriff, nach dem die nichtkatholischen Kirchen und kirchlichen Gemeinschaften in einer abgestuften Weise an der Einheit und Katholizität der katholischen Kirche teilnehmen.

(3) Die katholische Kirche ist davon überzeugt, dass in ihr allein die Fülle aller Heilsmittel gegeben ist. In ihr allein subsistiert die Kirche Jesu Christi in einer unverlierbaren und bleibenden Weise.[69] In ihr ist darum auch die der Kirche wesentliche Einheit schon gegeben. Ihre Einheit ist aber aufgrund der Spaltungen verwundet. Diese Verwun-

dungen gilt es durch den ökumenischen Dialog zu heilen; durch ihn soll die unvollständige Einheit zur vollen Einheit geführt werden. Dieser Dialog ist nicht nur ein Austausch von Ideen, sondern von Gaben.[70] Das Ziel der Ökumene ist damit nicht die Rückkehr der anderen, sondern das gemeinsame Wachstum in der katholischen Einheit.

(4) Mit dieser konziliaren Position ist die Annahme unvereinbar, dass die Einheit verloren gegangen, nur noch in Stücken und Fragmenten vorhanden ist und auf dem Weg des ökumenischen Dialogs erst wiedergefunden und wiederhergestellt werden muss. Unvereinbar ist außerdem jede Form eines ekklesiologischen Relativismus oder Pluralismus, wonach die Kirche Jesu Christi auch in anderen Kirchen und kirchlichen Gemeinschaften subsistiert. Unvereinbar ist die heute von den meisten protestantischen Kirchen und kirchlichen Gemeinschaften vertretene Position, dass alle Kirchen Teil der einen Kirche Jesu Christi sind und die eine Kirche damit mehr oder weniger die Summe aller Kirchen ist.[71] Da diese Kirchen und kirchlichen Gemeinschaften sich in mancher Hinsicht widersprechen, wäre eine solche Einheit ein Ganzes von Widersprüchen, das nicht Bestand haben könnte.

(5) Da die orthodoxen Kirchen das für das Kirchesein Wesentliche bewahrt haben, nennt und anerkennt sie die katholische Kirche als wirkliche Kirchen im Sinn von Ortskirchen, die als Schwesterkirchen der katholischen Ortskirchen bezeichnet werden. Das Konzil sagt sogar, dass sie durch die Feier der Eucharistie die Einheit der Kirche aufbauen.[72] Praktisch sind die katholische Kirche und die orthodoxen Kirchen schon jetzt die eine Kirche, wenngleich nicht in voller kirchlicher Gemeinschaft. Die orthodoxen Kirchen beanspruchen nicht weniger entschieden als die katholische Kirche, die wahre Kirche Jesu Christi zu sein; sie haben diese Klärungen des Zweiten Vatikanischen Konzils bisher amtlich nicht nachvollzogen. Antiökumenische orthodoxe Gruppierungen folgern, die katholische Kirche sei keine wahre, sondern eine häretische Kirche. Hoffentlich kann ein künftiges panorthodoxes Konzil in dieser Frage zur Klärung führen.

(6) Anders verhält es sich mit den reformatorischen Kirchen und Gemeinschaften. Ihnen fehlen die im historischen Sinn verstandene apostolische Sukzession und damit die volle Substanz des Weiheamtes.[73] Wenn sie sich als Kirchen bezeichnen, dann verstehen sie dieses ihr Kirchesein nicht im gleichen Sinn, wie das die katholische Kirche von sich selbst in Anspruch nimmt. Die Erklärung *Dominus Jesus* hat

darum festgestellt, sie seien Kirchen nicht im eigentlichen Sinn (non proprio sensu), sondern kirchliche Gemeinschaften. »Non proprio sensu« heißt nicht, dass sie in gar keinem Sinn Kirchen seien, sie sind es allerdings nicht im eigentlichen, von der katholischen Kirche für sich beanspruchten Sinn.

Auch wenn man darauf hinweisen kann, dass Luther selbst das Wort Kirche nicht schätzte und stattdessen von Gemeinde, lateinisch von communitas sprach,[74] muss man doch zugeben, dass diese in der Sache zwar richtige Aussage in der Form schroff war. Sie hat viele evangelische Christen verletzt. Man kann ja den reformatorischen Gemeinschaften nicht das Recht absprechen, sich nach ihrem Verständnis als Kirchen zu bezeichnen und den Titel Kirche in ihrem Namen zu führen (Ökumenischer Rat der Kirchen, Church of England, Evangelische Kirche Deutschlands usw.). Sie nicht mit diesem ihrem Namen zu bezeichnen wurde von ihnen als Grobheit empfunden. Sie ließen es sich dann freilich nicht nehmen, mit vielleicht ähnlicher Grobheit zu antworten.[75] Um solche Irritationen zu vermeiden, wird man im alltäglichen Sprachgebrauch von evangelischen Kirchen reden, sich dabei aber bewusst sein, dass das Wort Kirche dabei in einem unterschiedlichen Sinn gebraucht wird.

(7) Man muss sich bewusst sein, dass der hier zutage tretende Unterschied zwischen der katholischen und der protestantischen Position grundsätzlicher Art ist und nicht aus falscher Irenik nivelliert werden kann. Da dieser Unterschied das jeweilige Kirchenverständnis betrifft, wird er auch nicht leicht auszuräumen sein. Zum Glück bestehen zwischen beiden Positionen auch konvergente Tendenzen. Denn auf der einen Seite ist von Elementen der wahren Kirche und auf der anderen Seite davon die Rede, dass auch nichtreformatorische Kirchen Teil der einen Kirche sein können. Auf dieser Basis sollte ein respektvolles ökumenisches Gespräch über diesen zentralen ekklesiologischen Kontroverspunkt im Interesse der Wiederherstellung der vollen Einheit möglich sein. Das gilt, wenngleich das heute im allgemeinen friedliche Nebeneinander verschiedener Gemeinschaften, die alle den Titel Kirche für sich beanspruchen, im Sinn des Neuen Testaments ein unerträglicher Zustand ist, an den man sich nicht gewöhnen darf.

Nicht genug dankbar dürfen wir freilich dafür sein, dass aufgrund der einen Taufe und der vielen anderen ›Elemente‹ des Kircheseins inzwischen das Bewusstsein großer Gemeinsamkeit gewachsen ist und zwar nicht die eine Kirche, aber das, was man die eine Christenheit nennen könnte, Gestalt angenommen hat.

### *4.2 Heiligkeit der Kirche und Sünde in der Kirche*

Die Heiligkeit gilt als das älteste Attribut der Kirche.[76] Bereits Ignatius von Antiochien spricht von der heiligen Kirche.[77] Diese Bezeichnung fand Eingang schon in die frühesten Glaubensbekenntnisse.[78] Im Apostolischen Bekenntnis ist heilig das einzige Attribut der Kirche,[79] das schließlich eingegangen ist in das Bekenntnis von Nizäa und Konstantinopel.[80] Bei Hippolyt hat die Formel ursprünglich wohl gelautet: »Glaubst du an den Heiligen Geist in der heiligen Kirche?«[81]

#### Heiligkeit als das mysterium tremendum Gottes

Meist sagen wir das Bekenntnis zur heiligen Kirche in der Liturgie ziemlich gedankenlos daher, ohne darüber nachzudenken, wie wenig selbstverständlich, ja wie befremdlich uns diese Aussage heute ist. Das Befremdliche betrifft nicht nur die Heiligkeit der Kirche, welche manchmal hinter den weltlichen Verstrickungen und einzelnen Skandalen nur schwer zu erkennen sein mag, sondern viel grundsätzlicher das Heilige und den Heiligen schlechthin. Das Heilige als mysterium tremendum fascinosum,[82] eine Urerfahrung der Menschheit, ist uns weithin abhanden gekommen. In unserer Welt ist alles profan geworden. Damit haben wir die für alle Religionen fundamentale Unterscheidung von heilig und profan verloren; es gibt keinen Platz mehr für das Heilige und den Heiligen. Oft sind heilige Zeichen zum Konsumartikel oder zur Folklore heruntergekommen oder sie dienen nur noch der Randverzierung und Verfeierlichung besonderer Augenblicke unseres persönlichen oder gemeinschaftlichen Lebens.

Das biblische Wort heilig (hebräisch kados, griechisch ἅγιος, lateinisch sanctus) leitet sich von der Wurzel absondern, aussondern, abgrenzen und ausgrenzen her.[83] Heilig im Sinn der Bibel meint also ursprünglich das Ausgesonderte und Ausgegrenzte. Das Wort heilig ist darum mit dem Wort lauter und rein (ἁγνός) verwandt.[84] Gott als der Heilige ist der von allem Weltlichen Unterschiedene und Verschiedene, er ist der ganz Andere, abstrakt ausgedrückt: der Transzendente. Die Heiligkeit ist sein Wesen. Er ist der »Heilige Israels« *(Jes 12,6)*, er allein und niemand und nichts sonst. »Tu solus sanctus!« singen wir im Gloria bei der Feier der Eucharistie.

Dem heiligen Gott zu begegnen, hat darum für den alttestamentlichen Menschen etwas Erschreckendes. Ihm kann man wie Mose am brennenden Dornbusch nur mit verhülltem Antlitz begegnen *(Ex 3,6)*. Denn kein Mensch kann Gott sehen, sonst muss er sterben *(Ex 20,19; 33,20)*. Man darf sich von ihm kein Bild machen und muss seinen Namen heilig halten *(Ex 20,4.7; Dtn 5,8.11)*. In der Tempelvision des Jesaja erscheint Gott in der ganzen Wucht seiner Gottheit (kabod) als der dreimal Heilige, was beim Propheten Schrecken und Schauer auslöst und ihn bis in die Tiefen seiner Existenz erschüttert *(Jes 6,1–5)*. Die Erhabenheit dieser Erfahrung klingt im letzten Buch der Schrift nochmals an, wo der Seher von Patmos die vielen Lebewesen am Thron Gottes schaut, die ihm dreimal heilig singen *(Offb 4,8)*.

Bei Hosea ist die Erfahrung der Heiligkeit Gottes die Erfahrung seines Erbarmens und seiner Liebe, die alle weltlich-menschlichen Kategorien umstürzt, sie buchstäblich über den Haufen wirft *(Hos 11,8f.)*. Auch unter diesem Aspekt der Liebe und des Erbarmens wird Gott nicht etwa zum gutmütigen Kumpel; auch in seiner Liebe und in seinem Erbarmen kommt sein Ganz-anders-Sein zum Ausdruck. Auf der anderen Seite wird durch seine Heiligkeit in unergründlicher Barmherzigkeit und sich selbst mitteilender Liebe, wie nun zu zeigen sein wird, das religionsgeschichtliche Verständnis der Heiligkeit als Ganz-anders-Sein Gottes innerlich umgestaltet und verwandelt. In seiner Liebe ist er, der Heilige, dem Menschen nahe und lässt ihn teilhaben an seinem Leben *(2 Petr 1,4)* und an seiner Heiligkeit *(Hebr 12,10)*.

## Kirche als heiliges Volk Gottes

Erst vor dem Hintergrund dieses Verständnisses der Heiligkeit Gottes kann man verstehen, was gemeint ist, wenn wir von der Heiligkeit des Volkes Gottes und der Kirche sprechen. Wenn das Alte Testament sagt, dass Gott sich aus reiner Gnade ein heiliges Volk auserwählt (*Ex 19,6; Dtn 7,6; 14,2* u. a.), dann bedeutet solche Auserwählung die Aussonderung aus allen anderen Völkern und zugleich die Verpflichtung, anders zu sein als die anderen Völker und ausschließlich den einen und einzigen Gott zu verehren. Zur ersten Tafel des Dekalogs, welche die Verehrung des einen und einzigen Gottes vorschreibt, kommt die zweite Tafel, welche zeigt, dass die Verehrung des einen und einzigen Gottes grundlegende Auswirkungen hat für die Achtung der Heiligkeit des Lebens, der Ehe und Familie und für das ganze soziale Leben des Volkes. Heiligkeit ist daher nicht ohne Gerechtigkeit möglich.

Schließlich ist alles heilig, was mit dem Kult des einen Gottes in Beziehung steht: besonders heilige Orte (wie das Bundeszelt, der Tempel, Jerusalem), heilige Zeiten (besonders der Sabbat) und heilige Riten. Nicht umsonst nehmen die kultischen Heiligkeitsgesetze beim Bundesschluss am Sinai einen so breiten Raum ein. Heilig ist damit ein Beziehungsbegriff, der allein aus der Beziehung des heiligen Gottes zu seinem Volk und der Beziehung des Volkes zu Gott als dem Heiligen verstanden werden kann.

Das Neue Testament hat das alttestamentliche Verständnis von Heiligkeit übernommen und es christologisch gefüllt. Jesus der Christus ist nun der Heilige Gottes (*Mk 1,24; Lk 1,35* u.a.). Entsprechend der messianischen Verheißung *(Jes 11,2; 42,1)* wird er bei der Taufe am Jordan mit dem Heiligen Geist gesalbt *(Mk 1,11 par.)*. An Pfingsten wird der Geist über die Kirche ausgegossen *(Apg 1,8; 2,2–4)*. Auferbaut auf dem Eckstein Jesus Christus können nun die Getauften als lebendige Steine zu einem geistigen Haus auferbaut werden. So kann die alttestamentliche Volk-Gottes-Theologie auf christologischer Grundlage auf die Kirche übertragen werden: »Ihr aber seid ein auserwähltes Geschlecht, eine königliche Priesterschaft, ein heiliger Stamm, ein Volk, das sein besonderes Eigentum wurde« *(1 Petr 2,9)*. Die Kirche soll zu einer heiligen Priesterschaft werden, um durch Jesus Christus geistige Opfer darzubringen, die Gott gefallen *(1 Petr 2,5)* und Gottes Großtaten verkünden *(1 Petr 2,9)*. In diesem Sinn verstanden und bezeichneten sich die Christen als »die Heiligen« (*1 Kor 16,1; 2 Kor 8,4f.; 9,1f.; Röm 15,25f.* u.a.).

Heilig sind sie, weil sie durch Gottes Geist geheiligt sind und der Heilige Geist in ihnen wohnt. Die Kirche ist also der Tempel Gottes und der Tempel des Heiligen Geistes *(1 Kor 3,16f.)*.[85] Das bedeutet, dass der Tempel jetzt nicht mehr ein Haus aus Stein ist, sondern die Kirche als Gemeinschaft der Gläubigen. In Erfüllung der prophetischen Kritik des veräußerlichten Kultbetriebs und der Verheißung des neuen Bundes, den Gott durch den Geist ins Herz geschrieben hat *(Jer 31,33; Ez 1,19f.; 36,26f.)*, gilt nun im Hebräerbrief der äußere Kult durch das eine, ein für alle Mal dargebrachte Opfer Christi als abgeschafft *(Hebr 7,25–8,13; 9,11–28; 10,1–18)*. Es geht um geistliche Opfer *(1 Petr 2,5)*, um die Liturgie des Glaubens *(Phil 2,17)*, um ein lebendiges und heiliges Opfer, in dem wir uns selbst Gott darbringen *(Röm 12,1)*. Die Kirche soll das Evangelium priesterlich verwalten und eine Opfergabe werden, die Gott gefällt, geheiligt im Heiligen Geist *(Röm 15,16)*.

Diese Aussagen dürfen nicht spiritualistisch missverstanden werden. Die Heiligung geschieht konkret durch die Reinigung im Bad der Taufe durch das Wort *(Eph 4,26f.)*. Als heiliger Tempel, der im Geist zu einer Wohnung auferbaut werden soll *(Eph 2,21f.)*, hat die Kirche wie jedes Bauwerk eine Struktur, auch wenn diese eschatologisch vorläufig ist. Im neuen Jerusalem wird es keinen Tempel mehr geben, denn der Tempel sind Gott der Herr und das Lamm *(Offb 21,22)*. Die irdische Liturgie der Kirche weist schon jetzt in die himmlische Liturgie des Lammes hinüber und macht sie vorwegnehmend gegenwärtig (*Offb 4,1–1; 5,1–14* u.a.). So kann auch die Liturgie der Kirche und was in der Liturgie geschieht als heilig bezeichnet werden. Die Ostkirche spricht von der Göttlichen Liturgie, die Westkirche von der Heiligen Messe.

Um die ganze Tiefendimension des Bekenntnisses zur heiligen Kirche zu erkennen, müssen wir nochmals auf die Rede von der Kirche als Tempel des Heiligen Geistes zurückkommen *(1 Kor 3,16;* vgl. *6,19)*. Diese Aussage nimmt die alttestamentliche Verheißung auf, dass Gott mit seinem Volk ist und unter ihm wohnt *(Lev 26,11f.; 2 Kor 6,16–18)*. Sie wird in den Abschiedsreden nach Johannes wieder aufgenommen. »Wenn jemand mich liebt, wird er an meinem Wort festhalten; mein Vater wird ihn lieben, und wir werden zu ihm kommen und bei ihm wohnen« *(Joh 14,23)*.[86] Der 1. Johannesbrief spricht von der Gemeinschaft (κοινωνία), die wir mit dem Vater und seinem Sohn Jesus Christus haben *(1 Joh 1,3)*.

Daraus entstand die Lehre von der Einwohnung Gottes und besonders des Heiligen Geistes in den Getauften und in der Kirche. Schon frühe östliche Symbola sprechen im dritten Artikel vom Heiligen Geist, der in uns wohnt.[87] Vor allem Johann Adam Möhler hat in seinem Frühwerk *Die Einheit in der Kirche* (1825) eine ausgesprochen pneumatozentrische Ekklesiologie entwickelt. Ausdrücklich hat er sich dabei von Friedrich Schleiermacher abgegrenzt und betont, dass der Heilige Geist nicht mit dem Gemeingeist der Kirche gleichgesetzt werden könne.[88] Er verweist auf Dionysius Petavius († 1652), der, wie später andere Theologen des 19. Jahrhunderts (Carlo Passaglia, Clemens Schrader, Matthias Joseph Scheeben), von einer nichtappropriierten, das heißt ihm als trinitarische Person zukommende Einwohnung des Heiligen Geistes spricht.[89] Auf diese Mystik ist nach Möhler das Wesen des Katholizismus gegründet. Das eigentliche Geheimnis der Kirche ist die Teilhabe am Leben Gottes und die Lebendigkeit des Geistes Gottes in uns.

Man wird auf diese Aussagen auf sich wirken lassen müssen, um in der Tiefe zu verstehen, was die Heiligkeit der Kirche bedeutet. Wenn gilt, dass der Geist Gottes in der Kirche wohnt, dann muss man von ihr sagen (Sätze, die bei jeder Kirchweihe und bei jedem Kirchweihfest gesprochen oder gesungen werden): »Wie ehrfurchtgebietend ist doch dieser Ort! Hier ist nichts anderes als das Haus Gottes und die Pforte des Himmels« *(Gen 28,17)*. Man wird dann auch die Warnung des Paulus verstehen: »Wer den Tempel Gottes verdirbt, den wird Gott verderben« *(1 Kor 3,17)*. Ein ehrfürchtigeres Reden von der Kirche und ein respektvolleres Benehmen in der Kirche, als es oft üblich geworden ist, sollte das Mindeste sein, was daraus folgen müsste.

### Strukturelle Heiligkeit

Aufgrund der eschatologischen Endgültigkeit des Kommens Christi mögen die Mächte des Bösen, der Lüge und des Todes noch so stark sein in der Welt, sie können das Heilswerk Christi nicht zerstören und nicht mehr aus der Welt schaffen. Sie können der Kirche schweren Schaden zufügen, aber sie können sie nicht zerstören. Es gilt von der Kirche, dass die Pforten der Unterwelt, das heißt des Todes, sie nicht überwältigen können *(Mt 16,18)*. Die Irreversibilität des Kommen Gottes in die Welt hat die Indefektibilität (Unzerstörbarkeit) der Kirche zur Folge. Es mögen noch so viele Stürme über sie hinweg und durch sie hindurch fegen, immer sein wird sie bis ans Ende der Zeiten. »Ich bin bei euch bis ans Ende der Welt« *(Mt 28,20)*.

Diese Indefektibilität der Kirche meint ihre Indefektibilität als die Kirche Jesu Christi. Sie ist also mehr als eine institutionelle Bestandsgarantie. Würde sie nur noch als äußere Struktur und Institution weiter existieren, wäre sie nur eine Ruine, bestenfalls ein Museum. Doch da Christus im Heiligen Geist in der Kirche fortlebt, kann die Kirche nie aufhören, die Kirche Jesu Christi zu sein. Sie mag in vielem in ihrem Kirchsein verwundet sein, ihr grundlegendes Wesen als Kirche ist unverlierbar. Das bedeutet, dass die Grundvollzüge der Kirche, ihr Zeugnis und ihre Lehre vom Evangelium und ihre Sakramente ›unfehlbar‹ sind und ihr Ziel nicht verfehlen können. Die Kirche als solche und als Ganze kann nicht in Irrtum fallen, das heißt, sie kann nicht vom Evangelium abfallen und ein anderes Evangelium verkünden *(Gal 1, 6.9)*.[90] Ihre Sakramente können nicht zu leeren Riten werden, die nicht mehr länger heilsvermittelnd sind. Sie sind gültige Sakramente, auch wenn ihre Spender noch so unwürdig sein mögen.[91]

Man darf diese strukturelle Heiligkeit nicht in dem Sinn verstehen, dass die Kirche über das Heilige und die Heilsmittel verfügt. Vielmehr hat Gott über sie verfügt, sodass seine Gnade sich immer als stärker als jede noch so große menschliche Schwäche erweist. Die strukturelle Heiligkeit setzt ja voraus, dass der erhöhte Jesus Christus im Heiligen Geist selbst der eigentliche Spender der Sakramente ist.[92] Die strukturelle Heiligkeit der Kirche meint also letztlich die Unauflöslichkeit der Verbindung von Christus und der Kirche.

Man kann freilich fragen, ob das Adjektiv ›objektiv‹ dafür glücklich gewählt ist. Es hat sein Recht für die Unterscheidung von der subjektiven Heiligkeit eines heiligen und heiligmäßigen Lebens. Aber ›objektiv‹ hat in unserem Sprachgebrauch den Beigeschmack des Sachlichen, Nüchternen, prosaisch Trockenen, unpoetisch Schwunglosen und von persönlicher Betroffenheit Unabhängigen. So erweckt der Begriff ›objektiv‹ die Vorstellung, es gehe bei der Heiligkeit um eine ›Sache‹, die uns zwar geschenkt wird, die wir dann aber ›haben‹. Von der bis in die letzten Tiefen der Existenz reichenden Betroffenheit von der Heiligkeit Gottes, von seiner Gegenwart, von der Teilhabe an ihm, von der Freude eschatologischer Hoffnung, aber auch seinem Gerichtscharakter über alle Unreinheit und Sünde lässt dieser Begriff nichts spüren. Wir müssen diese Versachlichung überwinden und den tieferen personalen Sinn entdecken, um Freude am Glauben und an der Kirche zurückzugewinnen.

## Alle sind zur Heiligkeit berufen

Die im Geist geschenkte Heiligkeit ist zuerst Gabe; sie ist dann aber auch Aufgabe und wird damit zur Herausforderung, der geschenkten Heiligkeit durch ein heiliges Leben zu entsprechen. Schon im Alten Testament finden wir immer wieder die Mahnung: »Seid heilig, denn ich, euer Gott, bin heilig« *(Lev 11,44f.; 19,2; 20,7.26)*. Das Neue Testament nimmt diese Mahnung auf *(1 Petr 1,16; 1 Joh 3,3)*. Bei Jesus heißt es im gleichen Sinn: »Seid vollkommen, wie es auch euer himmlischer Vater ist« *(Mt 5,48)*; Lukas formuliert: »Seid barmherzig, wie es auch euer Vater ist« *(Lk 6,36)*. Damit schließt die Heiligkeit nach dem Gebot der Liebe zu Gott auch die Liebe zum Nächsten und damit auch die Gerechtigkeit ein. Sie ist sogar mehr als alle Brandopfer und anderen Opfer *(Mk 12,31f. par.)*. Zu dieser Heiligkeit sind alle berufen *(1 Thess 4,3; Eph 1,4)*. Für Paulus folgt aus der Heiligkeit der Kirche als Tempel Gottes, dass wir uns reinigen von aller Unreinheit und streben in Gottesfurcht nach vollkommener Heiligung *(2 Kor 7,1)*.

Diese urbiblische Aussage ist leider oft in Vergessenheit geraten. Die Berufung zur Heiligkeit wurde oft als Berufung nicht für die ›normalen‹ Christen im Alltag der Welt, sondern nur für nur wenige Auserwählte verstanden. Die Heiligen galten und gelten deshalb nicht selten als Ausnahmechristen. Volkstümlich reden wir gar von ›komischen Heiligen‹ und meinen damit etwas absonderliche Christen. Das Zweite Vatikanische Konzil hat demgegenüber den allgemeinen Ruf zur Heiligkeit wieder herausgestellt.[93] Die Seligpreisungen der Bergpredigt gelten für alle und die Räte des Evangeliums[94] gelten für Ordenschristen zwar in einer spezifischen Weise, aber gerichtet sind sie an alle, die Jesus Christus nachfolgen. Charles Journet hat in eindrucksvoller und tiefsinniger Weise darauf hingewiesen, dass die Heiligung und die Heiligkeit das Sinnziel der Kirche und das Warum ihres Daseins ist.[95]

Umso mehr wird man fragen: Was bedeutet Heiligkeit und Heiligung des Lebens? Dass eine rein äußere, kultisch-rituelle Heiligkeit aufgrund der prophetischen und jesuanischen Kritik ausgeschlossen ist, dürfte nach dem Gesagten klar sein. Es geht um die Liturgie des Glaubens *(Phil 2,17)*, um ein lebendiges und heiliges Opfer, in dem wir uns selbst Gott darbringen *(Röm 12,1)*. Es geht also auch nicht um einen gelegentlichen Ausflug in Spiritualität, sondern um Heiligung des ganzen Lebens. Jesus spricht im Vater unser von der Heiligung des Namens Gottes *(Mt 6,9; Lk 11,2)*. Was damit gemeint ist, ergibt sich aus dem jüdischen Kontext,[96] nämlich dass Gott selbst Subjekt ist und seinen Namen offenbar macht *(Lev 10,3; Ez 36,2f.; 38,23; 39,7)*, wie dass wir Subjekte werden, die Gottes Namen heilighalten und nach seinem Willen und Gebot leben *(Ex 20,7; Lev 22,32; Jes 29,23)*.

Das Vater unser hatte schon früh seinen Ort in der Liturgie und in der Taufkatechese. Damit wird deutlich, dass seine Erfüllung nicht im Sinn einer Werkgerechtigkeit, sondern als Werk des Heiligen Geistes in uns und durch und verstanden wurde. Der Geist allein kann uns zu einer neuen Schöpfung machen *(2 Kor 5,17; Gal 6,15)*, was grundlegend durch die Neugeburt in der Taufe geschehen ist *(Joh 3,5)*. So verstanden wäre Heiligung, die Taufwirklichkeit im Leben wirklich werden zu lassen und als neue Menschen zu leben. So beschreibt es Paulus in *Röm 6,3–11* und *1 Petr 1,13–25* in seiner Taufparänese: »Alle, die sich vom Geist Gottes leiten lassen, das heißt nicht von ihrem Eigenwillen, sondern ihm in ihrem Leben die Führung überlassen und sich von ihm umtreiben lassen, sind Söhne Gottes« *(Röm 8,14)*. Heiligkeit zeigt sich an den Früchten des Geistes im Unterschied zu denen des Fleisches: Liebe, Freude, Friede, Langmut, Freundlichkeit, Güte, Treue, Sanftmut und Selbstbeherrschung *(Gal 5,22;* vgl. *2 Kor 6,6; 2 Petr 1,6f.)*.[97]

Im Verlauf der Kirchengeschichte hat es immer wieder charismatische Aufbrüche und Bewegungen gegeben, welche die Kirche aus der Gefahr und Versuchung der Verbürgerlichung aufgerüttelt haben. Man kann die Geschichte der Kirche deshalb unmöglich nur als Institutionengeschichte und schon gar nicht als eine Kriminalgeschichte schreiben. Sie ist vor allem Heiligengeschichte und Geschichte der Heiligungs- und Erneuerungsbewegungen. Sie sind ein Zeichen dafür, dass die Macht des Heiligen Geistes in der Kirche mächtig geblieben ist. Das Zweite Vatikanische Konzil hat darum das Mönchtum, die Ordensgemeinschaften und die geistlichen Gemeinschaften, die sich in besonderer, aber nicht ausschließlicher Weise zu einem Leben nach den Seligpreisungen verpflichten, anerkennend hervorgehoben und sie in ihrer Bedeutung auch für die Gegenwart gewürdigt.[98]

Zu den guten Früchten des Konzils gehört es, dass seither das Bewusstsein der Heiligkeit in der Welt und der Laienfrömmigkeit auf der Grundlage von Taufe und Firmung, bei Verheirateten auch des

Sakraments der Ehe wieder gewachsen ist.[99] Zu solcher Laienspiritualität gehört die Spannung von ›in der Welt‹, aber nicht ›von der Welt‹, von Aktion und Kontemplation, Beruf und Berufung, Arbeit und Gebet, Mystik und Politik (Johann Baptist Metz). Sie hat je nach der Lebenssituation vielfältige Orte: Ehe und Familie, Freundschaft und Beruf, ehrenamtliches Engagement in Kirche und Gesellschaft. So leben die Christen und die Kirche zwar in der Welt, aber sie sind nicht von dieser Welt *(Joh 17,14f.)*. Sie sind ausgesondert und darum in vielem anders und dürfen dieses Anderssein auch nicht verleugnen. Sie leben in der Welt und unter den normalen Bedingungen der Welt und mühen sich doch, dabei anders zu sein, indem sie allen alles zu sein versuchen.

Der Diognetbrief, eine Apologie aus dem 2. Jahrhundert, hat diese Spannung schön beschrieben: »Die Christen sind weder durch Heimat noch durch Sprache und Sitten von den übrigen Menschen verschieden. Sie bewohnen nirgendwo eigene Städte, bedienen sich keiner abweichenden Sprache und führen kein absonderliches Leben … Sie bewohnen jeder sein Vaterland, aber nur wie Beisassen; sie beteiligen sich an allem wie Bürger und lassen sich alles gefallen wie Fremde; jede Fremde ist ihnen Vaterland und jedes Vaterland eine Fremde. Sie heiraten wie alle andern und zeugen Kinder, setzen aber die Geborenen nicht aus … Sie weilen auf Erden, aber ihr Wandel ist im Himmel. Sie gehorchen den bestehenden Gesetzen und überbieten in ihrem Lebenswandel die Gesetze. Sie lieben alle und werden von allen verfolgt. Sie sind arm und machen viele reich. Sie leiden Mangel an allem und haben doch auch wieder an allem Überfluss«.[100]

In jüngster Zeit hat die Kirche eine ganze Reihe von Laienchristen selig- oder heiliggesprochen und sie zur Ehre der Altäre erhoben. Sie haben mitten in der Welt gelebt und waren doch nicht von der Welt, sondern haben das Ideal christlichen Lebens auf eindrucksvolle Weise gelebt. Im Priesterjahr 2009/2010 hat Papst Benedikt XVI. an die Gestalt des Pfarrers von Ars, Jean Marie Vianney († 1859) erinnert und dabei die Berufung auch der ›Weltpriester‹ zur Heiligkeit wieder ins Bewusstsein gehoben.

## Sünde und Sünder in der Kirche

Macht man sich das Bekenntnis zur ›heiligen Kirche‹ und die allgemeine Berufung zur Heiligkeit bewusst, dann kann man nur mit tiefem Erschrecken feststellen, dass es in der Kirche Sünde und Sünder gibt. Sünder, das sind nicht nur einige besonders ›schlimme Christen‹, Sünder sind wir alle. Das ist nicht erst heute so, das war von allem Anfang so. Schon Jesus sprach vom Unkraut unter dem Weizen *(Mt 13,24.40)* und von den guten und den schlechten Fischen, die sich im Netz der Jüngerschaft verfangen haben *(Mt 13,47–50)*. Die Apostelgeschichte und die Paulusbriefe machen keinen Hehl daraus, dass es schon in den frühen Gemeinden Sünde in der Kirche gegeben hat.

Wir hören vom Betrug des Hananias und der Saphira *(Apg 5,1–11)*, von Meinungsverschiedenheiten zwischen Paulus und seinen Mitarbeitern *(Apg 13,13; 15,36–41)*, Auseinandersetzungen um die Beschneidung der Heiden *(Apg 15)* zwischen Paulus und Petrus *(Gal 2,11–15)*, Parteiungen *(1 Kor 1,10–17)* und Rechtshändel *(1 Kor 6,1–11)*, schweren moralischen Verfehlungen in den Gemeinden *(1 Kor 5,1–12; 6,12–20)*, von Missbräuchen und Unordnung beim Gottesdienst *(1 Kor 10,14–11,34; 14,26–40)* und von Glaubensabfall *(Gal 1,5f.; 3,1; 5,4)*. Die Johannesbriefe sprechen gar von antichristlichen Bewegungen *(1 Joh 2,18–27; 2 Joh 7–11; 3 Joh 9f.)*. Vor allem der Hebräerbrief zeigt, dass es bereits damals Lauheit und Müdigkeit und in den Bedrängnissen der beginnenden Verfolgung die Gefahr des Abfalls gab. Die vielen Mahnungen, die sich in den neutestamentlichen Briefen finden, zeigen, dass bereits in urapostolischen Zeiten nicht alles ideal und in Ordnung war. Die Kirche war niemals eine Kirche nur der Reinen und der Heiligen. Sie umfasste immer auch Sünder in ihrem Schoß. Wäre es nicht so, dann würden wir alle nicht dazugehören.

Dass es in der Kirche Sünde und Sünder gibt, war also von Anfang an klar. Aber es wurde der Kirche verständlicherweise auch sehr bald zum Problem. Wie kann man Glied der Kirche, Glied am Leib Christi sein, wenn man nicht den Heiligen Geist und nicht die Liebe hat, wenn man den Glauben verliert oder ihn verleugnet, wenn man in seinem Leben in heidnisches und auch für Heiden skandalöses Verhalten zurückfällt? Paulus reagiert im letzteren Fall entschieden: »Habt nichts zu schaffen mit einem, der sich Bruder nennt und dennoch Unzucht treibt, habgierig ist, Götzen verehrt, lästert, trinkt oder raubt; mit einem solchen Menschen sollt ihr nicht einmal zusammen essen … Schafft den Übeltäter weg aus eurer Mitte!« *(1 Kor 5,11–13)*. An einer anderen Stelle lässt er nach der Strafe wieder Milde walten *(2 Kor 2,5–11)*. Die Strafe ist also zeitlich begrenzt, und sie ist die ultima ratio, das drastische letzte Mittel der Barmherzigkeit, um die Umkehr des Sünders zu erreichen. Man kann von einer erzieherischen und medizinischen Bedeutung sprechen. In diesem Sinn kennt Paulus also, was man später Kirchenzucht und Kirchenordnung nannte.

Das Binden und Lösen, das heißt bannen und vom Bann wieder lösen, gehört zur Kirche *(Mt 16,18; 18,18)*[101] und es ist nicht ein Zeichen einer starken, sondern einer schwach und schwächlich gewordenen Kirche, wenn Kirchenzucht nicht mehr wahrgenommen wird. Mit der Heiligkeit der Kirche wird dann auch die Heiligkeit Gottes nicht mehr ernst genommen. Wer die Barmherzigkeit Gottes gegen die Heiligkeit ausspielt, hat auch die Barmherzigkeit missverstanden. Dietrich Bonhoeffer hat mit der Warnung vor der billigen Gnade auch vor dem Verlust der Kirchenordnung und Kirchenzucht gewarnt. »Billige Gnade heißt Rechtfertigung der Sünde und nicht des Sünders.« »Billige Gnade ist Predigt der Vergebung ohne Buße, ist Taufe ohne Gemeindezucht, ist Abendmahl ohne Bekenntnis der Sünden, ist Absolution ohne persönliche Beichte.«[102]

Das hat nichts mit dem Rigorismus zu tun, den es in der Kirchengeschichte neben der Gefahr des Laxismus immer wieder gab. Die rigoristischen Strömungen wollten eine Kirche der Reinen und der Heiligen wie etwa der Montanismus. Nach den Verfolgungen wurde das Problem im Ketzertaufstreit aktuell, ebenso in der Auseinandersetzung mit den Donatisten, Katharern, mit Wyclif und Hus und mit den Jansenisten. Die Kirche hat sich an die Mahnungen Jesu zur Vergebung (*Mt 6,14f.; 18,21f.23–35* u.a.) und an die Vater unser-Bitte erinnert: »Vergib uns unsere Schulden, wie auch wir unseren Schuldnern vergeben« *(Mt 6,12; Lk 11,4)*. Das schließt hartherzigen Rigorismus aus. Darum hat die Kirche gegen anfängliche Widerstände die Möglichkeit einer zweiten Bekehrung vorgesehen und dafür eine eigene Bußordnung entwickelt, die vor allem im Sakrament der Buße Gestalt angenommen hat. Die Vernachlässigung der Buße und des Sakraments der Buße ist darum ein alarmierendes Krisenzeichen, das die Kirche ins tiefste Mark ihres Wesens als die heilige Kirche trifft.[103]

Um das Problem der Sünder in der Kirche theologisch zu lösen, musste man zu wichtigen Unterscheidungen kommen. Voll zur Kirche gehören kann nur, wer den Heiligen Geist hat und im Glauben und in der Liebe in und mit der Kirche lebt. Wer sich durch schwere Sünde davon losgesagt hat, fällt aufgrund der Treue Gottes nicht aus der ihn in seinem Gewissen zur Umkehr mahnenden Wirksamkeit des Geistes Gottes heraus, aber er ist, solange er die Stimme des Geistes in seinem Gewissen unterdrückt und ihr nicht folgt, sozusagen ein totes Glied in der Kirche und als solches eine Wunde am Leib der Kirche.[104] Auch die alltäglichen Sünden der Christen verwunden die Gliedschaft in der Kirche und sie schwächen die Ausstrahlung der Kirche in der Welt.[105] So kann die Sünde in der Kirche, wenn sie überhandnimmt, Anlass zu Schismen geben,[106] wie sie Anlass gegeben hat zum modernen Atheismus.[107] Theologisch reflektiert wurden diese Unterscheidungen mit der Aussage: Der Getaufte kann die Taufgnade verlieren, aber es bleibt der character sacramentalis, das heißt, er bleibt bleibend geprägt von der ihm in der Taufe ein für alle Mal zuteil gewordenen Berufung durch Gott, der treu ist, auch wenn wir untreu sind.

## Sündige Kirche?

Die Kirche ist, wie Augustinus realistisch aufgezeigt hat, ein corpus permixtum.[108] Die Kirchenväter haben nicht gezögert zu sagen, dass die Kirche, die reine Braut Christi, auch die Züge einer treulosen Dirne annehmen und dass der Geist Babylons in sie eindringen kann.[109] Zu einem kirchlichen Triumphalismus besteht also kein Anlass, und es kann von vorne herein nicht darum gehen, Fehler, Sünde und teilweise skandalöses Verhalten auch von amtlichen Repräsentanten der Kirche zu verschweigen oder schönzureden.

Papst Johannes Paul II. hat gegen viele Widerstände innerhalb und außerhalb der Kurie nicht gezögert, bei der Liturgie am ersten Fastensonntag des Jubiläumsjahres 2000 in einem eindrücklichen Bußgottesdienst das »Mea culpa« der Kirche zu sprechen.[110] Er hat nicht nur von einzelnen sündhaften Verfehlungen in der Kirche gesprochen, sondern auch von Strukturen der Sünde (nicht von sündigen Strukturen!) in der Kirche. Gemeint sind Strukturen, Mentalitäten und Verhaltensweisen, in denen sündige Taten Einzelner strukturell und mentalitätsmäßig habituell geworden sind und sich verfestigt haben.[111] Sie betreffen dann nicht nur einzelne Akte, sondern einen Habitus des sozialen Lebens, der Amts- und Lehramtsausübung wie der Sakramentenverwaltung.

Welch erschreckendes Ausmaß solche habituellen Strukturen und Mentalitäten annehmen können, zeigt etwa die schon vor Luther übliche Rede von der ›babylonischen Gefangenschaft der Kirche‹. Sie hat 68 Jahre gedauert. Eine »Höhle von Gespenstern und Teufeln« und »die Schmutzgrube aller Laster« nannte der Dichter Petrarca den trutzburgartigen Papstpalast in Avignon. Ein anderes Beispiel ist die Hysterie der Hexenverfolgungen (die es auch in nichtkatholischen Gegenden gab) in der frühen Neuzeit. Das sind erschreckende Phänomene, die man nicht schönreden kann und die man auch nicht leichthin historisch verstehend erklären soll. Nicht nur einzelne ›Söhne und Töchter der Kirche‹, auch höchste Amtsträger und die aus sündigen Menschen bestehende irdische Kirche einer Zeit können sich in Verhaltensweisen, Strukturen und Mentalitäten verirren und verstricken, die Ausdruck von Verhaftet- und Gefangensein in der Sünde sind.

Solche erschreckenden Erfahrungen haben zu der Frage geführt: Genügt es, von Sünde und Sündern in der Kirche zu sprechen oder muss man nicht auch von einer sündigen Kirche sprechen? Die Gegenfrage lautete: Können wir die Kirche, die wir als die heilige Kirche bekennen, die Leib Christi und Tempel des Heiligen Geistes ist, als Subjekt sündigen Verhaltens und damit als sündige Kirche bezeichnen?

Die Reformatoren konnten von ihrer ekklesiologischen Grundlage aus von der Sündigkeit der Kirche sprechen, ja Luther hat die Kirche als die größte Sünderin bezeichnet. In einer Predigt sagte Luther: »Es gibt keine größere Sünderin als die christliche Kirche.« Sie ist gerecht und Sünder zugleich, denn weil sie heilig ist, kann sie um die Vergebung ihrer Sünde bitten. Der Heilige bittet angemessen um die Vergebung seiner Sünden, darin erweist sich seine Heiligkeit.[112] Luther wendet damit in der Sache das ›simul iustus et peccator‹ aus der Rechtfertigungslehre auf die Kirche an. Beides ist katholisch nicht möglich. Denn so wie in der Rechtfertigungslehre trotz der grundsätzlichen Einigung die Probleme um das »simul iustus et peccator« nicht völlig ausgeräumt werden konnten,[113] so tun sich in der Anwendung dieses Axioms in der Ekklesiologie ähnliche Probleme auf.

Wenn wir theologisch von der Kirche sprechen, dann ist die Kirche nach katholischem Verständnis nicht die soziologisch zu begreifende Gesamtheit und der Zusammenschluss ihrer Glieder – Priester, Bischöfe, Ordenschristen samt dem Papst eingeschlossen. Würde man in dieser soziologischen Weise von der Kirche sprechen, dann könnte man in analoger Weise von der Sündigkeit der Kirche sprechen, in analoger Weise, weil im eigentlichen Sinn nur eine Person sündig sein kann. Deshalb ist es besser, auch im soziologischen Sinn statt von der Sündigkeit der Kirche von Strukturen und Mentalitäten der Sünde in der Kirche zu sprechen. Doch die Kirche ist mehr als eine soziologische Größe. Sie ist der Leib Christi, ihr Haupt ist Jesus Christus und ihre Seele der Heilige Geist; zu ihr gehört nicht nur die irdische Kirche, sondern auch die himmlische Kirche, die Engel und die Heiligen, besonders Maria, die wir als die Immaculata bezeichnen und die als solche Typus der Kirche ist. Geht man von diesem theologischen Kirchenverständnis aus, dann kann man die Kirche nicht als sündig bezeichnen, denn Christus oder der Geist können nicht Subjekt der Sünde sein. Wenn wir also sagen, die Kirche sei sündlos, aber sündig in ihren Gliedern, dann soll die Heiligkeit und Sündlosigkeit der Kirche letztlich an der Sündlosigkeit Jesu Christi festgemacht werden. Man kann es auch so sagen: Die Kirche als ecclesia congregans ist sündlos, als ecclesia congregata, als soziologisch fassbares irdisches Volk Gottes ist sie sündig.[114]

Eine andere Theorie vertritt Karl Rahner. Er geht mit dem Zweiten Vatikanischen Konzil von dem sakramentalen göttlich-menschlichen Wesen der Kirche aus und macht geltend, dass die sichtbare menschliche Dimension der Kirche ein konstitutiver Teil der sakramentalen Wesensgestalt der Kirche ist. Die menschliche Dimension der Kirche ist die quasi-sakramentale realsymbolische Ausdrucksgestalt dessen, was Kirche ist. In diesem Sinn will Karl Rahner von der sündigen Kirche sprechen.[115] Um dieser von ihm sehr differenziert vorgetragenen These gerecht zu werden, muss man beachten, dass er genau genommen nur unter einem bestimmten, wenngleich einem für das Kirchesein wesentlichen Aspekt, nämlich dem irdisch-menschlichen Aspekt, von der sündigen Kirche sprechen will. Dagegen ist nichts einzuwenden. Die Schwäche seiner These ist es aber, dass er die für das sakramentale Verständnis der Kirche ebenso und noch mehr wesentliche Dimension nicht in Betracht zieht, dass nämlich Jesus Christus als Haupt das Subjekt der Kirche und der Heilige Geist deren

Seele ist. Ebenso bleibt die mit der irdischen Kirche wesentlich verbundene himmlische Kirche außer Betracht. Bezieht man diese für das theologische Wesen der Kirche konstitutiven Aspekte in die Betrachtung ein, ist es ausgeschlossen, tout court von der sündigen Kirche zu sprechen. Das schließt nicht aus, nicht nur von Sündern in der Kirche, sondern offen und ehrlich auch von sündigen Strukturen und Mentalitäten der irdischen Kirche zu sprechen.

Das Gemeinte kann man mit Ambrosius auch noch weniger abstrakt und viel konkreter so sagen: So wie Christus, der selbst sündlos ist, dennoch unsere Sünden auf sich genommen, ja sich selbst für uns zur Sünde gemacht hat *(2 Kor 5,21)*, so trägt in analoger Weise auch die Kirche die Sünden vieler.[116] Mit manchen Mystikern wird man sagen können: Jesus leidet in und mit seiner Kirche an den Sünden in der Kirche; sie sind schmerzliche Wunden an seinem eigenen Leib, der die Kirche ist. Viele Heilige betrachteten es als ihre Sendung, stellvertretend mit Christus an den Sünden in der Kirche zu leiden. Eben weil die Kirche die heilige Kirche ist, kann sie gar nicht anders, als dass sie stellvertretend die Last der Sünde ihrer Glieder und der Welt trägt und erträgt, um sie zu heilen und zu heiligen. Die Kirche kann als die heilige Kirche in ihren Dienst der Heiligung der Welt und ihrer Glieder gar nicht anders, als dass sie sich in den Bereich der Sünde einlässt und im Bereich der Sünde wirkt.[117] Das setzt sie der Versuchung aus, der dann viele nicht selten erliegen. Doch so gehört es zur paradoxen Wesensgestalt der Kirche, dass gerade ihre Heiligkeit sie als Sünderin erscheinen lässt und sie damit angreifbar und verwundbar macht. Zugespitzt ausgedrückt: Sie ist heilig, nicht obwohl, sondern indem Sünder zu ihr gehören und sie deren Sünde trägt, um sie zu heilen und zu heiligen.

### Ecclesia semper purificanda

Die heilige Kirche, die Sünder in ihrem Schoß trägt und sündige Strukturen aufweist, lebt zwischen dem Schon und Noch-nicht. Jetzt tragen wir unseren Schatz noch in irdenen und zerbrechlichen Gefäßen *(2 Kor 4,7)*. Erst eschatologisch wird die Kirche »ohne Flecken und Runzeln« *(Eph 5,27)* in ihrem ganzen Glanz und in ihrer ganzen Schönheit dastehen.[118] Die Kirche kann sich darum nur dann glaubwürdigerweise als die heilige Kirche bezeichnen, wenn sie immerzu den Weg der Buße, der Erneuerung und der Reform geht.[119]

Das Zweite Vatikanische Konzil spricht von der ecclesia semper purificanda.[120] Tatsächlich hat es in der Geschichte der Kirche immer wieder Erneuerungsbewegungen gegeben. Man denke an das Aufkommen des Mönchtums in der alten Kirche, an die durch Bernhard von Clairvaux und Franz von Assisi ausgelösten mittelalterlichen Erneuerungsbewegungen, an die Devotio moderna des späten Mittelalters, an die katholische Erneuerungsbewegung schon vor und nach der Reformation, an die biblische, liturgische und ökumenische Erneuerung zur Vorbereitung des Zweiten Vatikanischen Konzils sowie an die nachkonziliaren Aufbrüche und geistlichen Bewegungen. In jeder Gemeinde beginnt jeder eucharistische Gottesdienst mit einem Schuldbekenntnis und mit der Bitte um Vergebung. Von keiner weltlichen Versammlung, etwa einem Parteitag, einer Parlamentssitzung oder ähnlichem, kann man sich Ähnliches auch nur vorstellen.

Selbstverständlich darf es nicht bei rituell wiederholten oder öffentlich proklamierten Schuldbekenntnissen und Vergebungsbitten bleiben. Es bedarf einer inneren Bekehrung und eines »Neuwerdens des Geistes«[121]. Sie muss konkret werden. Dazu gehört die Reinigung des Bewusstseins und das Eingeständnis historischer Fehler. Die Kirche muss sich verändern, wenn sie nicht von anderen verändert werden will. Sie kann ihre Tradition gar nicht anders bewahren, als diese und sich selber zu erneuer. Das geht nicht ohne schmerzhafte Prozesse der Buße und der Reinigung und nicht ohne persönliche Heiligung.

Bei der Erneuerung ist wahre Erneuerung von Neuerung und von falscher Erneuerung zu unterscheiden. Wahre Erneuerung meint grundsätzlich etwas anderes, als eine neue Kirche zu bauen. Nicht um eine neue, sondern um eine aus dem Geist der Heiligen Schrift und der Tradition erneuerte Kirche geht es. Diese Erneuerung kann nicht mit weltlichen Mitteln, vor allem nicht mit Gewalt geschehen; dadurch würde man nur mit dem Unkraut auch den guten Weizen ausreißen *(Mt 13,29)* und mehr zerstören als aufbauen. Wahre Erneuerung kann auch nicht nach weltlichen Motiven und Gesichtspunkten geschehen, etwa um vor der Welt gut und vorteilhaft dazustehen und Beifall von ihr zu ernten. Das können nur kurzlebige Strohfeuer sein. Es geht darum, im ursprünglichen Sinn des Wortes ganz evangelisch zu werden, das heißt, das Evangelium mit den Nachfolgeworten und der Bergpredigt nicht nur zu predigen, sondern es auch zu leben.

Wer erneuern will, macht sich in der Kirche nicht nur Freunde; er wird aus den Reihen der Kirche selbst kommende Widerstände, Missverständnisse und falsche Anschuldigungen mit Lang- und Großmut, mit ungeduldiger Geduld und mit geduldiger Ungeduld durchstehen müssen, ohne innerlich verbittert zu werden. Die Liebe ist langmütig, sie ist gütig und ereifert sich nicht. Sie lässt sich nicht zum Zorn reizen und trägt das Böse nicht nach *(1 Kor 13, 4f.)*. So setzt die Erneuerung der Kirche die eigene Erneuerung, die eigene Umkehr und Heiligung voraus. Es waren zu allen Zeiten die Heiligen, welche die Kirche erneuert haben. Ihnen ist es immer wieder gelungen, die der Kirche unverlierbar eigene Heiligkeit neu zum Leuchten zu bringen.

### *4.3 Größe und Anstoß des Katholischen*

#### Was heißt katholisch?

Nach der Einheit und Heiligkeit nennt das Glaubensbekenntnis ›katholisch‹ als dritte Wesenseigenschaft der Kirche.[122] Der Begriff ›katholisch‹ findet sich noch nicht im Neuen Testament; die Bezeichnung ›katholische Kirche‹ findet sich jedoch schon in einigen frühen Glaubensbekenntnissen[123] und in den Canones des ersten ökumenischen Konzils in Nizäa (325).[124] Sie ist dann eingegangen in das Glaubensbekenntnis von Nizäa-Konstantinopel (381).[125]

Wenn wir heute von der katholischen Kirche sprechen, verstehen wir das gewöhnlich im Sinn einer Konfessionsbezeichnung. Wir verstehen dann ›katholisch‹ als Abgrenzung von den orthodoxen Kirchen und von den evangelischen Kirchen und Kirchengemeinschaften. Dieses auf Abgrenzung bedachte konfessionalistische Verständnis ist den frühen Bekenntnissen, die ja bis heute ökumenisch gemeinsam sind, naturgemäß fremd. Seinem ursprünglichen Wortsinn nach hatte ›katholisch‹ gerade keine abgrenzende Bedeutung, sondern meinte im Gegenteil das Allgemeine und Ganze, das mehr ist als die Summe seiner Teile. ›Katholisch‹ meinte Ganzheit im Sinn der Fülle.[126]

Auch wenn sich das Wort katholisch noch nicht im Neuen Testament findet, so finden sich dort sachliche Äquivalente, wie die umfassende Heilsfülle (πλήρωμα) in Jesus Christus *(Kol 1,19; 2,9)*. Erstmalig begegnet uns der Begriff selbst bei Ignatius von Antiochien: »Wo der Bischof erscheint, da ist die Gemeinde (πλῆθος), wie da, wo Christus Jesus ist, die katholische Kirche (ἡ καθολικὴ ἐκκλησία) ist.«[127] Katholische Kirche meint hier im Unterschied zur Einzelgemeinde, deren rechtmäßiges Haupt der Bischof ist, die Gesamtkirche, die überall dort ist, wo Jesus Christus ist und wo man ihn zu Wort kommen lässt.[128] Jesus Christus ist die Fülle und die Kirche ist katholisch, insofern sie an dieser Fülle Anteil hat.

Dieselbe christologische Begründung der Katholizität finden wir wieder im Martyrium des Polykarp (um 160). Doch während bei Ignatius ›katholisch‹ noch keine spezifisch ekklesiologische Bedeutung hat, wird nun sozusagen der Schluss aus der gemeinsamen Anteilhabe aller Einzelgemeinden an Jesus Christus gezogen. Der Brief ist gerichtet an alle Gemeinden der heiligen katholischen Kirche an allen Orten.[129] Die katholische Kirche ist die eine Kirche, welche auf dem ganzen Erdkreis zerstreut ist.[130] Jesus Christus ist der Hirte der katholischen Kirche auf dem weiten Erdkreis.[131] Da die einzelnen zerstreuten Kirchen an dieser Fülle Anteil haben, werden auch sie über die Briefe des Ignatius hinaus als katholisch bezeichnet. So wird Polykarp der Bischof der katholischen Kirche zu Smyrna genannt.[132] Das zeigt, dass die Bezeichnung katholisch von Anfang an mit der bischöflichen Struktur der Kirche und der Einheit des Episkopats verbunden ist.

Für Augustinus, der ganz vom Einheitsgedanken beseelt war, wurde als Bischof die Auseinandersetzung mit dem donatistischen Schisma zur Lebensaufgabe. Er spricht den Donatisten ab, die wahre Kirche zu sein, weil sie nicht in universaler communio stehen. Katholisch meint für ihn also die weltweite universale Kirche im Unterschied zu den schismatischen nur lokalen Abspaltungen.[133] Catholica kommt von καθ' ὅλον und meint secundum totum, ausgebreitet über die ganze Welt.[134] Dieses geographische Verständnis muss bei Augustin aber in einem tieferen Zusammenhang verstanden werden. Die Einheit ist für ihn Grundprinzip jeder Gemeinschaft und die Einheit der Kirche besteht in der Liebe, sie ist das Herz des augustinischen Kirchenverständnisses. Spaltungen, die aus der Liebe herausfallen, zerstören daher die Kirche und das eigene Kirchesein.

Cyrill von Jerusalem fasst beide Bedeutungen zusammen, wobei der Akzent deutlich auf dem qualitativen Verständnis liegt. »Die Kirche heißt katholisch, weil sie auf dem ganzen Erdkreis, von dem einen Ende bis zum anderen verbreitet ist und weil sie allgemein und ohne Unterlass all das lehrt, was der Mensch von dem Sichtbaren und Unsichtbaren, von dem Himmlischen und Irdischen wissen muss, weil sie das ganze Menschengeschlecht, Herrscher und Untertanen, Gebildete und Ungebildete zur Gottesverehrung führt, weil sie allgemein jede Art von Sünden, die mit der Seele und dem Leib begangen werden, behandelt und heilt, endlich weil sie in sich jede Art von Tugend, die es gibt, besitzt, mag sich dieselbe in Werken oder Worten oder in irgendwelchen Gnadengaben offenbaren«[135]. Entsprechend dem Axiom des Vinzenz von Lérins († um 435) hat das als katholisch zu gelten, was überall, immer und von allen geglaubt wurde und wird.[136] Danach hat die Katholizität sowohl eine diachrone wie eine synchrone Bedeutung.

Das Adjektiv katholisch hat demnach sowohl eine qualitative Bedeutung im Sinn der Heilsfülle wie eine geographische Bedeutung im Sinn der Universalität. Es meint sowohl Wahrheit, Echtheit, Ganz- beziehungsweise Rechtgläubigkeit wie geographische Universalität. Noch Thomas von Aquin hat die Katholizität nicht primär quantitativ und numerisch, sondern im Sinn der Fülle verstanden.[137]

### Konfessionelle Engführung

Es ist die Tragik der kirchengeschichtlichen Entwicklung, dass die Wesensbezeichnung der Kirche, welche ihre Universalität und ihre Teilhabe an der christologische Fülle zum Ausdruck bringen soll, zum Kennzeichen konfessioneller Ausgrenzung und Spaltung geworden ist.

Die Verengungen sind schon früh grundgelegt worden. Schon nach dem Codex Theodosianus (438), durch welchen die Kirche formell zur Reichskirche wurde, war allein die rechte Kirche reichsrechtlich anerkannt; nur sie durfte das ›nomen christianorum catholicorum‹ tragen. Diese Bestimmung wurde in den Codex des Justinian (529–534) übernommen und hatte auch im Heiligen Römischen Reich Deutscher Nation reichsrechtliche Geltung. Häresie und Schisma konnten damit auch reichsrechtlich geahndet werden. Dazu kam, dass die Päpste nach der Gregorianischen Reform im 11. Jahrhundert den Alleinanspruch der römischen Kirche als mater omnium catholicorum erhoben. Die ecclesia catholica wurde damit mit der ecclesia romana gleichgesetzt bis hin zu der Überspitzung durch Bonifatius VIII., der in der Bulle *Unam sanctam* (1302) erklärte, dass außerhalb der römischen Kirche und dem Gehorsam gegenüber dem Nachfolger des Petrus kein Heil sei.[138]

Doch Anspruch und Wirklichkeit klafften immer mehr auseinander. Die von Rom getrennten orthodoxen Kirchen verstanden und verstehen sich ganz selbstverständlich ebenfalls und sogar ausdrücklich als katholisch und dies in dem qualitativen Sinn des Wortes als Teilnahme an der Fülle des trinitarischen Lebens Gottes. Die Katholizität ist für sie aufgrund des Urbild-Abbild-Schemas sowohl eine geistliche wie eine empirische Realität. Vor allem die neuere orthodoxe Theologie verbindet den Begriff katholisch oft mit der eucharistischen communio-Ekklesiologie, wobei die ortskirchlichen Eucharistiegemeinschaften konziliar beziehungsweise synodal miteinander verbunden und insofern eine Kirche sind. Oft wird sie auch mit der Sobornost-Lehre von der überindividuellen Einheit und Ganzheit eines Volkes und der Kirche verbunden (Vladimir Solovjev, Sergei Bulgakov, Nikolaevič Lossky u. a.).[139]

Auch die Reformatoren des 16. Jahrhunderts hielten mit dem gemeinsamen Bekenntnis der alten Christenheit auch am Bekenntnis zur katholischen Kirche fest. Auch wenn sie das Attribut katholisch entsprechend ihrer eigenen ekklesiologischen Überzeugung auslegten, wollten sie sich nicht von der alten katholischen, sondern von der damaligen römischen Kirche lossagen.[140] Schon aus reichsrechtlichen Gründen mussten sie Wert darauf legen, als katholische Kirche bezeichnet und anerkannt zu werden. Erst als die reichsrechtliche Einbindung mit der Säkularisation von 1803 gegenstandslos geworden war, wurde katholisch zu einer unterscheidenden und abgrenzenden Konfessionsbezeichnung, die dann auf evangelischer Seite fortan oft negativ besetzt war.

Die katholische Apologetik versuchte dagegen aufzuzeigen, dass alle vier Notae ecclesiae in der katholischen Kirche verwirklicht sind, was sie zu einer konfessionell abgrenzenden Katholizität führte, die praktisch oft mit der Romanität gleichgesetzt wurde. In der Situation des konfessionellen Pluralismus genügte die Bezeichnung katholisch nicht mehr ohne den Zusatz römisch-katholisch. So bekannte sich die *Confessio fidei Tridentina* (1564) ausdrücklich zur sancta catholica et apostolica Romana ecclesia.[141] Gegenüber der protestantischen Konzentration auf die particula exclusiva (sola fides, sola gratia, sola scriptura) wurde auf das Katholische ›und‹ (Glaube und Liebe, Gnade und Werke, Schrift und Tradition) als Index wahrer Katholizität verwiesen. Die Widersprüchlichkeit dieses Versuchs zeigt sich aber darin, dass man sich, gerade indem man so die eigene Katholizität herausstellen wollte, auch schon wieder abgrenzte und partikularistisch wurde.

## Überwindung des Konfessionalismus

Aus dem Geist der Romantik und ihres ganzheitlichen Denkens haben bereits Johann Sebastian Drey und Johann Adam Möhler aus der konfessionellen Verengung herauszuführen versucht und das ursprüngliche patristische Verständnis von katholisch wieder erneuert.[142] Vertreter eines hochkirchlichen Neuluthertums sind ihnen dabei gefolgt (August Friedrich Christian Vilmar, Wilhelm Löhe u.a.). Zu einer ähnlichen Rückbesinnung kam es in der Oxfordbewegung innerhalb der anglikanischen Gemeinschaft. In der katholischen Kirche haben im Zug der kirchlichen Erneuerung im 20. Jahrhundert angeregt unter anderem durch Möhler vor allem Henri de Lubac und Yves Congar, in Deutschland Karl Adam den ursprünglichen ganzheitlichen Sinn des Katholischen wieder entdeckt.[143] Oft wurde das Katholische gar zu einer Gesamthaltung, zu einer ganzheitlichen weltanschaulichen Einstellung.[144]

Das Zweite Vatikanische Konzil hat die erneuerte ganzheitliche Sicht aufgegriffen und die alle und alles umfassende universale Weite des Katholischen wie seine Einheit in der inneren Vielfalt der Völker, Kulturen, Ortskirchen und Charismen wieder zur Geltung gebracht,[145] ohne freilich die besondere Bindung an die katholische Kirche im institutionellen Sinn, welche allein die Fülle der Heilsmittel besitzt, aufzugeben.[146] Das führte, obwohl die Orthodoxen den Primat des Bischofs von Rom so, wie er vom Ersten und Zweiten Vatikanischen Konzil gelehrt wird, nicht anerkennen, zu einem neuen Verhältnis zu den orthodoxen Kirchen. Schon das Konzil von Florenz (1439–1445) sprach fast selbstverständlich von der Einheit der westlichen und östlichen Kirchen.[147] Das Vaticanum II hat vollends anerkannt, dass das ganze geistliche, liturgische, disziplinäre und theologische Erbe der

Ostkirchen mit seinen verschiedenen Traditionen zur vollen Katholizität und Apostolizität der Kirche gehört.[148]

Im evangelischen ökumenischen Kontext geschah ein ähnlicher Wandel. Noch die erste Vollversammlung des Ökumenischen Rats der Kirchen in Amsterdam (1948) verstand katholisch im Sinn eines sakramental, episkopal und zentral verfassten Kirchentyps im Unterschied zum evangelischen, mehr als Ereignis verstandenen Kirchentyp. Doch schon zuvor sprachen namhafte evangelische Theologen (Nathan Söderblom, Friedrich Heiler, Paul Tillich u. a.) von einer evangelischen Katholizität. Dem trug die Vollversammlung des Ökumenischen Rates in Uppsala (1968) Rechnung; sie verstand Katholizität als wesensmäßige Qualität der Kirche. Der Weltrat der Kirchen geriet dann freilich in die Gefahr, in eine säkulare Katholizität umzuschlagen.[149]

Maßgebliche Vertreter der evangelischen Theologie nehmen inzwischen die Bezeichnung katholisch selbstverständlich für die evangelische Kirche in Anspruch (Karl Barth, Werner Elert, Ernst Kinder, Edmund Schlink, Ulrich Kühn, Gunther Wenz u. a.).[150] Es ist darum eine deutsche Sonderentwicklung, dass evangelische Christen im deutschen Sprachraum die Bezeichnung »katholische Kirche« im gemeinsamen Glaubensbekenntnis noch immer durch das Bekenntnis zur »allgemeinen« oder zur »christlichen Kirche« ersetzen.[151] Weltweit hat katholisch heute seine konfessionelle Abgrenzungsfunktion, meist auch seine Abschreckungsfunktion verloren; wir können heute auf allen Seiten von einem ganzheitlichen Verständnis des Katholischen ausgehen. Das Weiterbestehen der getrennten Kirchen ist damit erst recht zu einem drängenden Problem geworden.

## Katholische Fülle

Fragen wir zunächst: Was bedeutet die katholische Fülle der Kirche? Sie ist letztlich trinitarisch und christologisch begründet. Denn in Jesus Christus wohnt die Gottheit leibhaftig in ihrer ganzen Fülle (πλήρωμα, *Kol 2,9;* vgl. *1,19*); in und durch Jesus Christus will sie alles (τὰ πάντα) zusammenfassen *(Eph 1,10)*. Die Kirche ist sein Leib; sie ist die Fülle (πλήρωμα) dessen, der in ihr und durch sie das All erfüllt *(Eph 1,23)*. Die Universalisierung und Konkretisierung dieser wesensmäßigen Katholizität ist das Werk des Heiligen Geistes, der die Kirche in alle Wahrheit einführt *(Joh 16,13)* und sie zur Mission und damit zur Einbeziehung der Völker und ihrer Kulturen drängt.

Die Katholizität der Kirche ist also einerseits in Jesus Christus und im Heiligen Geist Gabe Gottes; sie ist auf der anderen Seite eine Aufgabe, durch die die Kirche auf dem Weg der Mission die ihr eigene Katholizität einholen und konkret einlösen muss. Die der Kirche wesentliche Katholizität hat damit eine eschatologische Dimension. Katholizität ist die Vorwegereignis der eschatologischen Fülle in der Partikularität der noch unvollendeten Geschichte.[152] Katholizität ist keine statische, sondern eine dynamische Wirklichkeit. In der Geschichte bleibt die Kirche stets hinter ihrer eigenen Vollendung zurück. Sie ist erst unterwegs, um in der Erkenntnis der Fülle und der Reichtümer Christi zu wachsen, sie in allen Dimensionen ihres Lebens und des Menschseins zu verwirklichen, sie auf dem Weg der Mission bei allen Völkern und in allen Kulturen gegenwärtig zu machen, allen alles zu werden und dabei besonders bei den Armen und Unterdrückten zu sein, um in ihren eigenen Reihen den vielfältigen Charismen immer wieder neu Raum zu schaffen und Spaltungen, Verengungen und Verkrustungen zu überwinden.

So kann man sagen: Die katholische Kirche ist dort, wo kein Auswahlevangelium und keine parteiische Ideologie, sondern der ganze Glaube aller Zeiten und Räume ohne Abstriche in seiner Fülle festgehalten wird und wo man ihn weltweit bei allen Völkern und in allen Kulturen für alle Menschen, ungeachtet ihres Standes, ihres Geschlechts, ihrer ethnischen Zugehörigkeit und ihrer Kultur bezeugt, wo der Glaube ganzheitlich auf alle Dimensionen des Menschen bezogen und gelebt wird, wo innerhalb der Einheit einer größtmöglichen Vielfalt Raum gegeben wird und wo man im Heiligen Geist je hör- und lernbereit ist für das je Größere und je Neue der Fülle Jesu Christi. Katholizität meint damit das Gegenteil von Enge und bornierter Engstirnigkeit, von polemischer und apologetischer Abgrenzungsmentalität; sie besagt Weite, Ganzheitlichkeit, Fülle und Universalität. ›Katholisch‹ ist eine faszinierende ›Sache‹, zu der man sich zwar ohne Überheblichkeit, aber doch mit berechtigtem Stolz bekennen kann.

## Kirche als concretum universale

Dieses universal offene und ganzheitliche Verständnis der Kirche darf nicht im Sinn einer unbestimmten Allgemeinheit und einer ins Diffuse und Unbestimmte verschwimmenden Offenheit verstanden werden. Es bedeutet keinen Synkretismus von allen möglichen Religionen und Weltanschauungen, in dem einander fremde und sich widersprechende Positionen in einem undefinierbaren Amalgam miteinander vermischt werden, sodass die Eindeutigkeit und die Unterscheidung des Christlichen verfälscht wird und verloren geht. Die Katholizität hat vielmehr ihre Identität in Jesus Christus und kann darum nicht losgelöst werden von der Einheit, Heiligkeit und Apostolizität der Kirche.

Analog zu dem Verständnis von Jesus Christus als concretum universale meint Katholizität nicht unbestimmte Allgemeinheit, sondern eine konkret sichtbare, gestalthafte Universalität; es geht um Katholizität in konkreter Gestalt.[153] So wie Gott in Jesus Christus nicht eine abstrakte allgemeine Menschheit angenommen hat, sondern konkret ›dieser‹ Mensch Jesus von Nazareth geworden ist, so gilt analog, dass auch in der Kirche die in Jesus Christus erschienene Fülle des Heils in konkreter sichtbarer Gestalt anwesend ist. So ist die katholische Kirche überzeugt, dass in ihr, das heißt in der Kirche in Gemeinschaft mit dem Nachfolger des Petrus und mit den Bischöfen in Gemeinschaft mit ihm, die Kirche Jesu Christi in konkreter, sichtbarer Gestalt geschichtlich verwirklicht ist, dass in ihr die Kirche Jesu Christi subsistiert, das heißt ihre konkrete geschichtliche Existenzform hat.[154]

Mit dieser These stößt die katholische Kirche auf den Widerspruch sowohl der orthodoxen Kirchen wie der Kirchen, welche aus der Tradition der Reformation kommen. Auf den ersten Blick könnte es scheinen, dass die Gemeinschaft mit dem Nachfolger des Petrus, der von keiner anderen Kirche anerkannt wird, eine konfessionalistische Verengung bedeutet.

In der Tat gibt es eine pathologische Gestalt des Katholischen, einen einengenden und engstirnigen Bürokratismus, der im Grunde unkatholisch und völlig wirklichkeitsfremd meint, alles und jedes nach einem einzigen Muster reglementieren zu müssen und der wenig Spielraum lässt für ortskirchliche und kulturelle Vielfalt und charismatische Freiheit. Recht verstanden bedeutet die Bindung an die historische Sukzession im Bischofsamt, dass die Kirche nicht nur in ihrer

Gegenwart (synchron), sondern auch mit der Kirche aller Zeiten bis zurück zu den apostolischen Ursprüngen (diachron) allumfassend katholisch ist. Die Gemeinschaft mit dem Nachfolger des Petrus gibt eine katholische, alle Völker und Kulturen umfassende Universalität und zugleich eine innere Einheit, wie sie keine andere Kirche aufweisen kann. Die Gemeinschaft mit dem Nachfolger des Petrus und mit den Bischöfen in Gemeinschaft mit ihm bedeutet daher nicht Einengung der Katholizität; sie kann und soll vielmehr Zeichen und Werkzeug wahrer Katholizität sein.

### Ökumenische Katholizität?

Die ökumenische Situation konfrontiert uns mit der Tatsache, dass sich nicht nur die katholische Kirche, sondern alle Kirchen zu der einen katholischen Kirche bekennen. Die evangelischen Kirchen sprechen von einer evangelischen Katholizität, das heißt von einer an der Norm des Evangeliums ausgerichteten Katholizität und werfen der katholischen Kirche oft ein synkretistisches Verständnis des Katholischen vor, der sie die evangelische Bestimmtheit und Eindeutigkeit gegenüberstellen. Von katholischer Seite hat man demgegenüber von einer katholischen Evangelizität gesprochen, das meint ein Verständnis des Evangeliums im universalen katholischen Konsens.[155]

Als Vermittlung bot sich das zitierte Prinzip des Vinzenz von Lérins an, das nun in dem Sinn verstanden wurde, dass maßgeblich sei, was allen Kirchen im Glaubensbekenntnis beziehungsweise in den ersten Jahrhunderten gemeinsam ist. Auf dieser Basis haben sich frühe humanistisch und irenisch eingestellte Ökumeniker im 16./17. Jahrhundert um eine Verständigung bemüht, die oft mit dem Begriff des ›consensus quinquesaecularis‹ benannt wurde. Sie wollten auf dem Weg eines universalen christlichen Konzils auf der Grundlage der allen Kirchen gemeinsamen fundamentalen Glaubensartikel der ersten fünf Jahrhunderte zur Einheit kommen und dabei die späteren Zusatzartikeln als Adiaphora betrachten.[156] Dieses irenische Konzept fand schon im 16./17. Jahrhundert in den eigenen Reihen Widerspruch und wurde als kryptokatholisch und synkretistisch bekämpft.

Das Konzept des consensus quinquesaecularis findet sich in ähnlicher Weise in dem Konzept einer via media, wie es vor allem im

Zusammenhang der Oxford-Bewegung in der anglikanischen Gemeinschaft vertreten wurde und wie es sich in der anglikanischen Idee der comprehensiveness ausdrückt, das heißt einer Katholizität, welche jede Lehre aufnimmt, die nicht den Grundprinzipien der christlichen Gemeinschaft widerspricht.[157] Dieses Konzept ist in der Sache in das ökumenische Einheitskonzept der Porvoo-Erklärung (1992)[158] eingegangen. In wesentlich abgewandelter Form findet es sich auch in dem evangelischen Einheitskonzept der Leuenberger Konkordie (1973) einer Einheit in versöhnter Verschiedenheit.[159] Auch in der katholischen Aufklärungstheologie des 18. Jahrhunderts, beim frühen Johann Adam Möhler und bei Ignaz von Döllinger († 1890), begegnen wir der klassizistischen Idee einer normativen Anfangszeit der ersten Jahrhunderte.[160] Diese Idee spielt auch im ökumenischen Gespräch mit der orthodoxen Theologie und deren Bezugnahme auf das erste Jahrtausend eine wichtige Rolle.[161] Sie ist aber weit über die ökumenische Theologie hinaus mehr oder weniger ausdrücklich auch sonst verbreitet.

Die klassizistische Idee wurde mit Hilfe des Entwicklungsgedankens, wonach man geschichtliche Entwicklung nicht auf eine klassische Periode festschreiben kann, beim späteren Möhler wie bei John Henry Newman überwunden. Auf der anderen Seite könnte eine Einheit, welche Widersprüche als ›gleichgültig‹ toleriert, keinen Bestand haben; sie müsste früher oder später neue Spaltungen hervorrufen, oder sie führte zu einem Indifferentismus und Relativismus in der Wahrheitsfrage. Aus diesem letzteren Grund hat Pius XI. in der Enzyklika *Mortalium animos* (1928) den Ökumenismus des beginnenden 20. Jahrhunderts als Panchristianismus abgelehnt. Erst als dieses relativierende und zum Indifferentismus tendierende Moment überwunden und »Katholische Prinzipien des Ökumenismus«[162] formuliert werden konnten, wurde eine Beteiligung der katholischen Kirche an der ökumenischen Bewegung möglich.

Diese katholischen Prinzipien gehen von dem gestalthaften konkreten Verständnis der Katholizität aus, das in der katholischen Kirche gegeben ist; sie verstehen dieses jedoch nicht exklusiv. Sie anerkennen in den anderen Kirchen und Kirchengemeinschaften vielfältige Elemente der Heiligung und der Wahrheit, Elemente, welche in der katholischen Kirche nicht fehlen, aber manchmal bei den anderen Kirchen besser entfaltet sein können. In diesem Sinn haben die anderen

Kirchen und Kirchengemeinschaften in unterschiedlichen Graden und in unterschiedlicher Dichte Anteil an der Kirchenwirklichkeit der katholischen Kirche.[163] Der ökumenische Dialog als Austausch von Gaben kann auch der katholischen Kirche zu einer vollkommeneren Verwirklichung der ihr eigenen Katholizität helfen.[164]

Daraus ergibt sich im Unterschied zu dem Modell der gegenseitigen Anerkennung von gleichberechtigten Kirchen ein ökumenisches Verständnis der Katholizität in konzentrischen Kreisen und einer gestuften Teilhabe an der Katholizität. Während nach dem ersteren alle Kirchen Teil der einen katholischen Kirche sind, lehrt die katholische Kirche (ähnlich die orthodoxen Kirchen), dass in ihr die Katholizität in konkreter gestalthafter Weise gegeben ist (subsistiert), andere Kirchen daran in unterschiedlichen Graden schon jetzt teilhaben und auf dem Weg des ökumenischen Austauschs immer mehr daran teilhaben sollen. Das bisher ungelöste Problem der Ökumene ist freilich, dass eine Vermittlung der beiden Konzeptionen bisher wegen der grundsätzlichen Verschiedenheit der beiden Positionen nicht möglich war.

John Henry Newman hat bei seinem Weg vom Anglikanismus und von der Oxfordbewegung zur katholischen Kirche sein Leben lang um das rechte Verständnis der Katholizität gerungen. Er kam immer mehr zu der Erkenntnis, dass eine via media nicht möglich ist und katholisch und römisch dasselbe meinen.[165] Er spitzte diesen Gedanken nochmals zu und kam zu dem Schluss, dass es »kein Mittelding zwischen Atheismus und Katholizismus gebe, und dass ein vollkommen konsequenter Geist unter den Umständen, in denen er hienieden lebt, sich entweder zum einen oder zum anderen bekennen müsse.«[166] Für ihn war diese Überzeugung in dem Glauben an den einen und einzigen Gott und den einen und einzigen Erlöser Jesus Christus begründet. Dieser Gedanke mag zum Widerspruch reizen; aber wer die Kräfte der Selbstauflösung und Selbstzerstörung sieht, die den Protestantismus immer wieder heimsuchen, wird ihn nicht leicht von der Hand weisen wollen. Man muss freilich hinzufügen, dass Newman nach seinem Übertritt zur katholischen Kirche sich über Engstirnigkeit und Bürokratismus und mangelnden Wirklichkeitssinn in Rom beklagte und auch seine Hoffnung auf eine Änderung ausgedrückt hat.[167]

In der Konkretheit ihrer Gestalt wird die katholische Kirche ein Skandalon, das heißt ein Stein des Anstoßes bleiben, sei es, dass man sich grundsätzlich an ihrer ärgerlichen Konkretheit stößt, sei es, dass man Anstoß nimmt an der Sündigkeit, der Schwäche, der Engstirnigkeit auch mancher ihrer amtlichen Vertreter, die dem Anspruch auf Katholizität konkret so wenig entspricht. Deshalb gehören zu Katholizität und Ökumenizität die Bereitschaft zu Umkehr, Erneuerung und Reform. Ohne sie ist Ökumene nicht möglich[168] und Katholizität ein Anspruch, der wenig glaubwürdig ist.

## *4.4 Apostolizität als einmaliger Grund und je neue Aufgabe*

### Grundlegende Bedeutung

Das Attribut apostolisch als Wesensbeschreibung der Kirche[169] findet sich noch nicht im Neuen Testament. Wir finden es erstmalig bei Ignatius von Antiochien, der in seinem Brief an die Gemeinde von Tralles diese als apostolisch charakterisiert.[170] Das Martyrium des Polykarp gibt diesem nicht nur den Titel ›katholischer Bischof der katholischen Kirche‹, sondern auch ›apostolischer Lehrer und Prophet‹.[171] Bereits frühe Glaubensbekenntnisse[172] und dann das Glaubensbekenntnis von Nizäa-Konstantinopel[173] bekennen sich zur Apostolizität der Kirche.

Die bleibende Autorität der Apostel und des apostolischen Ursprungs ist im Wesen der Offenbarung selbst und besonders im christologischen Fundament der Kirche begründet. Jesus Christus ist der vom Vater Gesandte; er ist der Apostolos katexochen *(Hebr 3,1)*. Wie er gesandt wurde, sendet er nun die Apostel. »Wie mich der Vater gesandt hat, so sende ich euch« *(Joh 20,21)*. Zur Erfüllung ihrer Sendung sendet er ihnen den Heiligen Geist; er wird sie an alles erinnern, was er ihnen gesagt hat *(Joh 14,26;* vgl. *17,18)*. So ist die Kirche auferbaut auf dem Fundament der Apostel und Propheten *(Eph 2,20)*. Man kann die bleibende Autorität der Apostel verstehen auf dem Hintergrund des rabbinischen schaliah-Instituts. Dieses geht von dem Grundsatz aus: Der Gesandte ist wie der Sendende. Das bedeutet, dass der Gesandte nicht ein einfacher Delegierter ist; er ist vielmehr Repräsentant des Sendenden.[174] Dieses Verständnis finden wir auch im Neuen Testament: »Wer euch hört, der hört mich, und wer euch ablehnt, der lehnt mich ab; wer aber mich ablehnt, der lehnt den ab, der mich gesandt hat« *(Lk 10,16;* vgl. *Mt 10,40; Joh 13,20)*

Die Apostel sind die Ur- und Erstzeugen der Botschaft Jesu und seiner Auferstehung. Nur durch ihr Zeugnis haben wir überhaupt Kunde von der Auferstehung. Ohne sie wäre die Botschaft von Leben und Auferstehung Jesu möglicherweise wirkungslos verhallt und weitgehend vergessen. Deshalb gehören die Apostel und das apostolische Zeugnis konstitutiv zum Offenbarungsgeschehen hinzu. Sie und Ihr Zeugnis sind darum das Fundament, auf dem die Kirche steht, ja mit dem sie steht und fällt. Die Kirche ist auferbaut auf dem Fundament der Apostel und der Propheten *(Eph 2,20)*.

Apostolizität der Kirche besagt: Es kann kein anderes und kein neues Evangelium geben *(Gal 1,7)*. Wir sind an den ein für alle Mal überlieferten Glauben *(Jud 3)*, die apostolische Lehre und Hinterlassenschaft (παραθήκη; depositum) gebunden *(1 Tim 6,20; 2 Tim 1,12.14)* und haben sie getreu weiterzugeben. Deshalb sind »bewahren« *(Lk 11,28; Joh 12,47; Apg 16,4; 1 Tim 5,21)* und »bleiben« (*Joh 8,31; 1 Joh 2,6.27* u.a.) Grundworte des Neuen Testaments. Das letzte Buch des Neuen Testaments hat das bereits im Alten Testament bezeugte Prinzip formuliert: Nichts hinzufügen und nichts wegnehmen (*Dtn 4,2; 13,1; Offb 22,18f.*; Didache 4,13).

So liegt dem Bekenntnis zur Apostolizität die Idee zu Grunde, dass die Kirche auf der ein für alle Mal ergangenen Offenbarung gründet und so in allen Jahrhunderten ein und dieselbe ist. Die Apostolizität drückt das für die Kirche grundlegende Selbstbewusstsein aus, die Kirche Jesu Christi zu sein, in der Jesus Christus selbst durch den Mund der Apostel zu vernehmen ist. Während also die Wesenseigenschaften Einheit und Katholizität auf die synchrone communio der in der Gegenwart existierenden Kirche bezogen sind, die Heiligkeit den transzendenten Bezug, das heißt die Gemeinschaft mit Gott durch Jesus Christus im Heiligen Geist bezeichnet, geht es bei der Apostolizität um die diachrone Identität und Kontinuität der Kirche mit der Kirche der Apostel und der Kirche aller Zeiten. Das mag man als Konservativismus, als Mangel an Flexibilität oder als Fortschrittsfeindlichkeit verlachen; doch eben diese Treue bewahrt davor, jedem Wind der rasch wechselnden Moden und Meinungen ausgeliefert zu sein *(Eph 4,14)*. Auf dem apostolischen Fundament hat die Kirche einen guten und verlässlichen Stand.

## Unterschiedliche Theologien der Apostolizität

Nach den synoptischen Evangelien hat Jesus die Zwölf auserwählt, damit sie bei ihm seien und er sie sende (ἀποστέλλειν, *Mk 3,14 par.*).[175] So hat Jesus schon während seines irdischen Wirkens seine Jünger zur Unterstützung seiner eigenen Sendung ausgesandt *(Mk 6,6–13 par.)*. Dabei hat Jesus wohl nur das Verbum ›aussenden‹ gebraucht, aber wohl noch nicht die Zwölf als Apostel bezeichnet. Das Wort Apostel (ἀπόστολος) kommt in der Aussendungsperikope des Markus noch nicht vor; es findet sich bei den beiden ersten Synoptikern auch sonst für die Zeit des irdischen Wirkens Jesu nur vereinzelt und nur sekundär *(Mk 6,30; Mt 10,2)*.

Erst bei Lukas findet sich die Bezeichnung Apostel häufiger schon für die Zeit des irdischen Auftretens Jesu (*Lk 6,13; 17,5* u.a.). Lukas will damit die Kontinuität zwischen dem Wirken des irdischen Jesus und dem Wirken des auferstandenen und erhöhten Herrn aufzeigen. Das wird auch an den Kriterien deutlich, welche die lukanische Apostelgeschichte für die Nachwahl des Apostels Matthias aufstellt: Es soll »einer der Männer sein, die die ganze Zeit mit uns waren während Jesus der Herr bei uns ein und ausging, angefangen von der Taufe des Johannes bis zu dem Tag, an dem er von uns ging und aufgenommen wurde« *(Apg 1,22f.*; vgl. *4,20; 10,38f.; 13,31)*. Auf diese lukanische Konzeption geht die später üblich gewordene Rede von den zwölf Aposteln zurück.

Anders verhält es sich bei Paulus. Er ist kein Augenzeuge der Verkündigung des irdischen Jesus. Er gehört nicht zu den Zwölfen; er selbst bezeichnet sich als eine Nach- oder Missgeburt *(1 Kor 15,8)*. Paulus passt deshalb nicht in das lukanische Konzept der zwölf Apostel. Trotzdem erhebt er in seinen Briefen den Anspruch, »der berufene Apostel, auserwählt, das Evangelium zu verkünden« (*Röm 1,1; 1 Kor 1,1; 2 Kor 1,1* u.a.) zu sein. Am deutlichsten ist der Galaterbrief: »Paulus, zum Apostel berufen, nicht von Menschen oder durch einen Menschen, sondern durch Jesus Christus und durch Gott, den Vater, der ihn von den Toten erweckt hat« *(Gal 1,1)*. Diesen seinen Anspruch, Apostel zu sein, führt Paulus darauf zurück, dass er den Herrn gesehen hat *(1 Kor 9,1f.; Gal 1,15f.)*. Die unmittelbare Begegnung mit dem auferstandenen Herrn ist damit für Paulus das entscheidende Kriterium des Apostelseins. Aber Paulus ist sich bewusst, dass er seinen Dienst nur in Kontinuität und in Gemeinschaft mit den anderen Aposteln tun kann. Deshalb sucht er, um nicht umsonst gelaufen zu sein, die Anerkennung der Apostel vor ihm, vor allem des Kephas und des Jakobus *(Gal 1,17–19; 2,1–15; Apg 15)*. So kommt bei ihm zum Kriterium der geschichtlichen Kontinuität das der Kommunität und Kollegialität. Apostel ist man nie nur als Einzelner. Das Apostelamt kann nur in diachroner und synchroner Gemeinschaft ausgeübt werden.

### Eschatologisch-missionarische Dimension

Das Ursprungskriterium ist für das Neue Testament nicht das einzige; neben dem Ursprungsmotiv steht das eschatologische Motiv.[176] Die Zwölf werden als Repräsentanten des eschatologischen Zwölf-Stämme-Volkes erwählt und sie sollen einmal die zwölf Stämme Israels richten *(Mt 19,28; Lk 22,30)*. Dem Petrus werden schon jetzt die Schlüssel des Himmelreiches übergeben *(Mt 16,17)*. Das himmlische Jerusalem selbst ist auf zwölf Steinen auferbaut, welche die Namen der zwölf Apostel tragen *(Offb 21,14)*. Das ist ein Gesichtspunkt, der uns zu dem grundlegenden Gedanken der himmlischen Kirche zurückführt. Er gibt der apostolischen Autorität über die rein lineare Autorität, die sich durch historisch-lineare Sukzession von Jesus Christus und seiner Sendung herleitet, eine gewissermaßen vertikale Legitimation beziehungsweise Repräsentation. Die Apostel antizipieren das eschatologische Gericht und sie nehmen teil an der Vollmacht des zur Rechten des Vaters erhöhten Kyrios als des Hauptes der Kirche und des Weltherrschers. Er ist es, der vom Himmel her die Ämter, auch das Amt des Apostels, einsetzt und so die Kirche aufbaut *(Eph 4,11)* und in dessen Namen die Apostel hier und heute sprechen und handeln *(Lk 10,16; Joh 13,20)*.

Damit kommt zur Ursprungsrelation des apostolischen Amtes eine sozusagen vertikal-eschatologische Relation. Es geht jetzt nicht mehr nur um die lineare Kontinuität mit dem Ursprung, sondern um dessen Präsenz, ja um Identität des hier und heute im Heiligen Geist sprechenden und handelnden erhöhten Herrn. Apostolizität meint nicht nur Kontinuität, sondern Identität; sie ist die Geschichte in der Geschichtlichkeit.[177] Man könnte von vergegenwärtigender Erinnerung (ἀνάμνησις) sprechen, die zugleich memoria futuri, antizipierende

Vergegenwärtigung des kommenden Reiches Gottes ist. Die apostolische Dimension der Kirche steht damit im großen Zusammenhang der sakramentalen Dimension der Kirche, besonders der Eucharistie, in der wir die memoria passionis et resurrectionis feiern und zugleich das himmlische Jerusalem antizipierend vergegenwärtigen.[178] Diese (wenn man so sagen darf) vertikale eschatologische Dimension ist im Westen zugunsten einer einseitig linearen Sicht im zweiten Jahrtausend weitgehend verloren gegangen.[179] Sie aus dem Geist der Schrift wie der Kirchenväter und vor allem der Liturgie zurückzugewinnen, ist für das Gespräch mit den orthodoxen Kirchen von großer ökumenischer Bedeutung.

Zwischen dem apostolischen Ursprung und dem eschatologischen Ziel liegt die Zeit der Kirche und ihrer Mission bis ans Ende der Zeit (*Mt 28,18–20* u.a.). Auch die Mission ist nicht allein eine Tätigkeit der Kirche zur Ausbreitung der Kirche; nach dem Zeugnis der Apostelgeschichte wird die Mission vom Heiligen Geist getragen, weitergeführt und immer wieder neu angestoßen. Er ist der Vorkämpfer der Mission. Mission meint also nicht einfach Weitergabe und Ausbreitung der apostolischen Botschaft; sie meint Vergegenwärtigung im jeweiligen Kontext. Es geht bei solcher apostolischen Aktivität nicht um äußere Aktivitäten, sondern um Ausstrahlung von innen; es geht um eine Mission der dynamischen Attraktion und der Präsenz. In immer wieder neuer Begegnung mit alten und neuen Kulturen sollen wir die Botschaft des Evangeliums präsent machen und zum Leuchten bringen.[180]

Diese eschatologische Begründung bedeutet, dass die Weitergabe des ein für alle Mal überlieferten Evangeliums nicht einfach so geschieht, wie wenn man eine Münze von Hand zu Hand weitergibt, wobei sie immer mehr abgegriffen wird. Die Weitergabe ist vielmehr das Werk des Heiligen Geistes, der Wort und Werk Jesu Christi erinnernd gegenwärtig hält. Er soll an alles erinnern, was Jesus gesagt und getan hat; und er soll uns auf der anderen Seite immer wieder neu in alle Wahrheit einführen *(Joh 14,26; 15,26; 16,13)*. Er soll die ein für alle Mal überlieferte Lehre stets jung und frisch erhalten, sodass sie nie die alte Wahrheit, sondern stets in unverwüstlicher und unverbrauchter Neuheit jung und frisch bleibt.[181]

So wird das eschatologische Motiv grundlegend für das rechte Verständnis der apostolischen Tradition. Die ein für alle Mal empfangene apostolische Botschaft ist kein toter Besitz. Wir können sie nicht wie eine tote Münze weiterreichen, wir dürfen sie nicht ängstlich vergraben *(Mt 25,18.25)*, sondern müssen sie fruchtbar machen und sie auf Zukunft hin lebendig weitergeben. So ist uns die apostolische Hinterlassenschaft einerseits vorgegeben und andererseits im Heiligen Geist stets neu aufgegeben. Sie ist traditum, das nur im actus tradendi, im Akt gläubigen Empfangens und des aktiven Weitergebens in der Kirche da ist. Die Kontinuität mit dem apostolischen Ursprung ist eine schöpferische innovative Kontinuität; sie schließt Dogmengeschichte und Dogmenentwicklung ein.[182]

Damit wird verständlich, dass sich der Gebrauch des Begriffs Apostel schon in neutestamentlicher Zeit ausweiten konnte. Männer, welche missionarisch Kirchen pflanzten und aufbauten wie Barnabas, Jakobus und andere, werden ebenfalls als Apostel bezeichnet. Ähnlich konnte der Begriff Apostel auch auf Abgesandte der Gemeinden angewandt werden *(2 Kor 8,23; Phil 2,25)*.[183] In der Zwölf-Apostel-Lehre *(Didache)* begegnen wir Regeln für die Aufnahme von Wanderaposteln, die an keinen festen Ort gebunden waren, sondern von Ort zu Ort zogen (Didache 11,3–6). In einem weiteren Sinn sprechen wir auch heute von apostolischer Sendung, apostolischem Eifer, apostolischem Einsatz und anderem und bezeichnen entsprechende Christen als Apostel der Armen, der Aussätzigen, der Arbeiter, der Jugend und so weiter. Apostolisch konnte so auch zu einem Namen für in diesem weiteren Sinn apostolisch ausgerichtete Ordensgemeinschaften oder Institutionen (Apostolischer Stuhl, Apostolischer Vikar u.a.) oder Dokumente (Apostolische Canones, Apostolische Konstitution u.a.) werden. Die Begriffe Apostel und apostolisch können demnach in jeweils analoger Weise sehr vielfältig gebraucht werden, wodurch freilich die Normativität des einmaligen Apostelamtes nicht verdunkelt werden darf.[184]

Damit aus der lebendigen Weitergabe der apostolischen Überlieferung keine beliebige, wild wuchernde und ausufernde oder die ursprüngliche Botschaft verkürzende Weitergabe wird, ist nochmals auf das Motiv der Koinonia hinzuweisen, das für das Apostelverständnis des Paulus wichtig war. Schon der 2. Petrusbrief wendet sich gegen die eigenmächtige Auslegung der Schrift *(2 Petr 1,20)*. Maßgebend ist das gemeinsame Zeugnis aller. Das apostolische Zeugnis muss in Konsens aller weitergegeben werden. Die Apostolizität ist damit unlösbar mit den Kriterien der Einheit und der Katholizität verbunden.

## Apostolische Sukzession

Die Frage der treuen Bewahrung der apostolischen Hinterlassenschaft wurde für die frühe Kirche erst beim Übergang von der apostolischen zur nachapostolischen Zeit akut;[185] eine Entwicklung zeichnet sich aber schon innerhalb des Neuen Testaments selbst ab. Er wird etwa deutlich beim Abschied des Paulus von Milet. Er weiß, was in Jerusalem auf ihn wartet und dass er die Gemeinde nicht mehr sehen wird. In dieser Situation mahnt er die Presbyter der Gemeinde: »Gebt acht auf euch und die ganze Herde, in der euch der Heilige Geist zu Bischöfen bestellt hat, damit ihr als Hirten für die Herde Gottes sorgt« *(Apg 20,28)*. Paulus lässt also seine Gemeinde nicht als Waisen zurück; er mahnt die Bischöfe/Presbyter, nach seinem Weggang für die Gemeinde Sorge zu tragen.[186]

Noch deutlicher ist, dass Paulus oder, wie man heute meist annimmt, einer seiner Schüler, seine (oder dessen) Schüler Timotheus und Titus ermahnt, der apostolischen Hinterlassenschaft treu zu sein und die gesunde Lehre zu wahren und zu verteidigen *(1 Tim 1,10; 4,6.16; 2 Tim 4,3ff.; Tit 2,1.7)*. Timotheus ermahnt er, die Gnade nicht zu vernachlässigen, die in ihm ist durch die Handauflegung der Ältesten *(1 Tim 4,14; 2 Tim 1,6;* vgl. *Apg 6,6; 14,23)*. Titus mahnt er, so wie er es getan hat, seinerseits wieder Älteste einzusetzen *(Tit 1,5)*. Von Sukzession ist nicht ausdrücklich die Rede, aber in der Sache wird sie in diesen Texten angesprochen.

Ausdrücklich findet sich der Begriff Sukzession erstmals im Brief des Clemens an die Gemeinde von Korinth. Unter Berufung auf die göttliche Ordnung (τάξις) ruft er die Gemeinde zur Ordnung. In solcher Ordnung hat Gott Jesus Christus und dieser die Apostel gesandt, diese haben nach vorhergegangener Prüfung im Geist Bischöfe und Diakone für die künftigen Gläubigen eingesetzt.[187] Damit war im 1. Clemensbrief erstmals eine Sukzessionskette aufgestellt worden. Anders ist die Sichtweise bei Ignatius von Antiochien. Er betont nicht die historische Sukzession, sondern die Gegenwart Christi im Bischof, der an Gottes Stelle im Rat der Presbyter, der die Ratsversammlung der Apostel repräsentiert, den Vorsitz führt.[188]

Die eigentliche Grundlegung der Lehre von der Sukzession finden wir bei Irenäus von Lyon, der beide Sichtweisen miteinander verbunden hat. Die apostolische Nachfolge ist für ihn grundlegend in der

Auseinandersetzung mit den Gnostikern, die sich auf eigene Offenbarungsquellen berufen. Ihnen gegenüber betont Irenäus als Kriterium der Wahrheit, dass die Kirche den allein wahren und lebenspendenden Glauben von den Aposteln empfangen hat.[189] Die Apostel sind das Fundament und die Grundsäule unseres Glaubens; sie haben die Kraft des Heiligen Geistes empfangen und empfingen so die Fülle von allem und die vollkommene Erkenntnis.[190] Die apostolische Tradition wird durch die Nachfolge der Priester in der Kirche bewahrt.[191] »Die von den Aposteln in der ganzen Welt verkündete Tradition kann in jeder Kirche jeder finden, der die Wahrheit sehen will und wir können die von den Aposteln eingesetzten Bischöfe der einzelnen Kirchen aufzählen und ihre Nachfolger bis auf unsere Tage«.[192] »Dadurch empfingen sie die Fülle von allem und die vollkommene Erkenntnis«. »Ohne Mühe kann man sie (d. i. die Wahrheit) von der Kirche in Empfang nehmen. In sie haben die Apostel wie in eine reiche Schatzkammer auf das vollständigste alles hineingetragen, was zur Wahrheit gehört«.[193]

Irenäus nennt dann vor allem die römische Kirche und die Reihe ihrer Bischofe und sagt, dass mit ihr »wegen ihres besonderen Vorrangs jede Kirche übereinstimmen muss«[194]. »In dieser Ordnung und Reihenfolge ist die kirchliche apostolische Überlieferung auf uns gekommen, und vollkommen schlüssig ist der Beweis, dass es derselbe Leben spendende Glaube sei, den die Kirche von den Aposteln empfangen, bis jetzt bewahrt und in Wahrheit uns überliefert hat«[195]. »Die wahre Gnosis ist die Lehre der Apostel und das alte Lehrgebäude der Kirche für die ganze Welt. Den Leib Christi erkennt man an der Nachfolge der Bischöfe, denen die Apostel die gesamte Kirche übergeben haben«[196].

Irenäus fügt freilich sofort hinzu, dass die Apostel auszogen, nachdem sie die Kraft des Heiligen Geistes empfangen hatten.[197] Die Bischöfe aber haben mit der Nachfolge das sichere Charisma der Wahrheit empfangen.[198] So geht es Irenäus nicht um eine Kette der Nachfolge als formales Kriterium, welches die rechte Lehre sozusagen automatisch garantiert. Bei ihm kommt ein pneumatologischer Aspekt hinzu, der es ihm ermöglicht, die apostolische Nachfolge im Bischofsamt im Zusammenhang der Zeugenschaft Vieler und der apostolischen Nachfolge der Kirche insgesamt zu sehen. Für ihn gilt: »Wo die Kirche ist, da ist der Geist Gottes; und wo der Geist Gottes ist, dort ist die Kirche und alle Gnade; der Geist aber ist die Wahrheit«[199]. »Ohne

Papier und Tinte haben sie (d.i. die Vorsteher der Kirchen) ihr Heil durch den Heiligen Geist in ihre Herzen geschrieben, und sorgfältig bewahren sie die Tradition«[200]. Es ist der Geist, der vermittels der apostolischen Sukzession das Bleiben in der Wahrheit wirkt, verbürgt und dabei immer wieder erneuert.

Was Irenäus eindrucksvoll darlegte, blieb in der Kirche seiner Zeit nicht isoliert. Ähnliche Aussagen finden wir bei Tertullian.[201] Eusebius stellt in seiner *Kirchengeschichte* die Listen der Bischöfe von Rom, Alexandrien und Jerusalems zusammen,[202] ähnlich Hegesipp.[203]

Besonders wichtig ist die dem Hippolyt zugeschriebene *Traditio apostolica* (um 215). Nach ihr wird das dreigestufte Amt von Bischöfen, Presbytern und Diakonen durch Handauflegung und ein Weihegebet, das eine feierliche Geistepiklese darstellt, verliehen.[204] Damit wird deutlich, dass die apostolische Sukzession eine epikletische Struktur besitzt. In der Weihehandlung wird nicht einfach gleichsam linear eine Vollmacht von Bischof zu Bischof weitergegeben. Wenn der weihende Bischof (bzw. die weihenden Bischöfe) mit der versammelten Gemeinde den Heiligen Geist bittet, dass er den zu Weihenden das Charisma der Wahrheit schenken möge,[205] kommt damit (wenn man so sagen will) ein vertikales Element ins Spiel.[206] Damit ist die apostolische Sukzession als Institution zugleich ein geistliches Ereignis und von einem Automatismus himmelweit entfernt. Da die Ordination innerhalb der Feier der Eucharistie durch die versammelte Gemeinde geschieht, ist sie zugleich einbezogen in das Ganze der sakramentalen Struktur der Kirche.[207]

Joseph Ratzinger hat den inneren Zusammenhang von apostolischer Tradition und apostolischer Sukzession besonders bei Irenäus von Lyon herausgearbeitet und die These aufgestellt: Die Sukzession ist die konkrete Gestalt der Tradition; die Tradition ist der verbindliche Gehalt der Sukzession.[208] Aus diesem Wechselverhältnis ergibt sich, dass Tradition und Sukzession sich gegenseitig interpretieren. Die apostolische Sukzession ist die verbindliche apostolische Ordnung der Kirche, aber sie ist kein aus sich selbst funktionierender Automatismus. Die Ordination hat auch nach heutigem Verständnis eine epikletische und damit pneumatologische Dimension.[209]

Die apostolische Sukzession muss also im Sinn der alten Kirche innerhalb des Ganzen der pneumatischen und sakramentalen Struktur der Kirche und ihres apostolischen Glaubens verstanden werden. Man darf sie aus diesem Gesamtzusammenhang nicht herauslösen, sie nicht auf eine – historisch ohnedies nicht beweisbare – Kette ununterbrochener Handauflegungen reduzieren und sie so zu einer aus sich funktionierenden, fast automatischen Garantie der Identität und Kontinuität im apostolischen Glauben machen. Die apostolische Nachfolge eines Bischofs geht nicht linear auf einen bestimmten einzelnen Apostel zurück, sondern auf das Kollegium der Apostel und dessen apostolische Hinterlassenschaft im Glauben. Sie kann darum nur in der communio mit allen anderen Bischöfen in der rechten Weise ausgeübt werden. Die Apostolizität der Kirche ist damit nicht eine rein historische Kategorie, sondern ein Strukturganzes innerhalb eines sakramentalen Gesamtverständnisses der Kirche.[210]

Letztlich ist die Kontinuität und Identität im apostolischen Glauben Werk des Heiligen Geistes. Die apostolische Sukzession der Bischöfe ist dafür vom Geist Gottes übertragenes und getragenes Zeichen und Werkzeug, aber nicht die ›Sache‹ (res) der Kontinuität und Identität im apostolischen Glauben selbst. Der einzelne Bischof kann seiner Sendung und dem ihm bei der Ordination verliehenen Geist Gottes untreu werden und aus der Apostolizität im Glauben herausfallen. Schon die Geschichte der alten Kirche kennt dafür zahlreiche Beispiele. Ein solcher Bischof verlässt die Grundlage, auf der er steht und muss, wenn er sich als hartnäckig und für mitbrüderliche Ermahnung unzugänglich erweist, von der Gemeinschaft der Bischöfe beziehungsweise vom Bischof von Rom als Haupt des Bischofskollegiums seines Amtes enthoben werden. Damit es dazu nicht kommt und der Bischof seine Sendung in der rechten und für die Kirche fruchtbaren Weise ausüben kann, ist er auf das Gebet und die Unterstützung aller Gläubigen angewiesen.

### Diskussion um den Frühkatholizismus oder nochmals: Institution und/oder Charisma?

Über die altkirchliche Konzeption der apostolischen Nachfolge kam es zu Beginn des 20. Jahrhunderts zu der berühmten Sohm-Harnack-Kontroverse. Rudolf Sohm († 1917) glaubte aufzeigen zu können, dass an die Stelle der ursprünglich rein charismatischen Ordnung an der Wende zum 2. Jahrhundert vor allem durch Clemens von Rom das altkirchliche Sakramentsrecht und seine Bindung an die Autorität des Bischofs getreten sei.[211] Für ihn besteht ein grundsätzlicher Widerspruch zwischen Kirche und Recht. Adolf von Harnack († 1930) verteidigte gegen Sohm das Kirchenrecht, verstand dieses aber als eine rein soziologische Notwendigkeit und kritisierte, dass im Katholizismus daraus göttliches Recht wurde.[212] Demgegenüber zeigte wiederum Erik Peterson, dass die ersten Gemeinden nach dem Muster der antiken ekklesia nicht vereinsrechtlich strukturiert waren, sondern ihre Ordnung im heiligen Recht der eschatologischen Himmelsstadt begründet sahen. Nach Peterson gab es von Anfang an heiliges Recht.[213]

In der Sache wurde diese Diskussion in den 1960er Jahren durch Ernst Käsemann in neuer Form nochmals akut. Käsemann stellte nicht erst bei Clemens von Rom, sondern bereits innerhalb des Neuen Testaments (in den lukanischen Schriften, den Gefangenschafts- und Pastoralbriefen, insbesondere im 2. Petrusbrief) eine Verkirchlichung der ursprünglichen eschatologisch-charismatischen Botschaft fest.[214] Eine aufgeregte Diskussion war die Folge. Denn mit dieser These war die für die protestantische Theologie besonders sensible Kanon-Frage gestellt und zugleich das Konfessionsproblem neu aufgeworfen. Einen Frühkatholizismus im Neuen Testament behaupten hieß ja, dem Protestantismus einen Teil seiner Rechtsgrundlage entziehen und umgekehrt dem Katholizismus eine wenigstens teilweise biblische Grundlage zuzugestehen.

Die Diskussion führte freilich in eine Sackgasse. Denn der Begriff des Frühkatholizismus erwies sich als unscharf, und die darauf aufbauenden Thesen als unzuverlässige und darum kontroverse Hypothesen. Das führte zu immer subtiler, aber auch immer absurder werdenden Hypothesengebäuden. Davon hat die neuere Bibelwissenschaft inzwischen zu einem großen Teil Abschied genommen und sich der kanonischen Exegese zugewandt, welche das biblische Zeugnis wieder als ein Ganzes versteht und die einzelnen biblischen Aussagen aus dem biblischen alt- und neutestamentlichen Zusammenhang interpretiert.[215]

Liest und versteht man die Bibel als ganze, dann kann eigentlich kein Zweifel daran bestehen, dass es in den neutestamentlichen Gemeinden von Anfang an Gemeindeämter gab und dass sich im Neuen Testament schon früh alle wesentlichen Elemente eines sogenannten heiligen Rechts herausbildeten.[216] Man darf sich darum nicht in falsche Alternativen verrennen. Heiliges Recht und sakramental-epikletisch vermitteltes Recht sind kein Gegensatz zu einer charismatischen Ordnung; vielmehr ist die sakramental verstandene Kirche und das der apostolischen Sukzession sakramental übermittelte kirchliche Amt Institution und Charisma in einem.

### Apostolizität als kirchenkritischer Begriff – Die Kontroverse mit den Reformatoren

Aus der die Kirche fundierenden und legitimierenden Apostolizität wurde in der Kirchengeschichte schon bald ein kirchenkritischer Maßstab für das Leben und die Praxis der Kirche. Die Kritik betraf zunächst nicht die apostolische Lehre, sondern die apostolische Lebensform. Schon das altkirchliche Mönchtum verstand sich unter Berufung auf Jesu Botschaft für die Armen *(Mt 11, 2–6; Lk 7, 18–22)*, auf seinen Rat an den reichen Jüngling, auf alles zu verzichten *(Mt 19, 21)* und auf die Einfachheit und Armut der Jerusalemer Urgemeinde und die Armen von Jerusalem *(Röm 15, 26)*, ja auf Jesu eigene Armut *(2 Kor 8, 9)* in gewissem Sinn als ein Protest gegen die einsetzende ›Verbürgerlichung‹ der Kirche. Origenes war wohl der erste, der ausdrücklich von der vita apostolica sprach.[217]

Zu einer kirchenkritischen Wendung kam es schon im 3. Jahrhundert, als sektenhafte Bewegungen auftraten, welche zur einfachen apostolischen Lebensform (vita apostolica) zurückkehren wollten und dabei Ehe und Eigentum grundsätzlich verwarfen.[218] Im Mittelalter finden wir immer wieder sozialkritische Armutsbewegungen mit Kritik an der reichen und mächtigen Kirche und der Forderung nach einer armen Kirche nach apostolischem Vorbild. Wir finden sie in der Mailänder Pataria, bei Arnold von Brescia, den Apostelbrüdern (Gerardo Segarelli), den Katharern und Waldensern, bei Wyclif und Hus. Sie setzten der kirchlichen Hierarchie gewissermaßen eine eigene, ›parallele Hierarchie‹ entgegen. Was an diesen verbreiteten ›Volkshäresien‹ berechtigt war, wurde von Norbert von Xanten († 1134) und Rupert von Deutz († 1130) und dann im 13. Jahrhundert von der Bettelordenbewegung des Franz von Assisi und des Dominikus aufgegriffen und kirchlich integriert. Die Forderung nach der Einfachheit der vita apostolica erhielt so gewissermaßen Heimatrecht in der Kirche selbst.

Oft wird die Meinung vertreten, die Kirchenkritik der vita-apostolica-Bewegung sei eine Art Vorläuferin der Reformation des 16. Jahrhunderts gewesen. Damit wird jedoch der grundsätzliche Charakter verkannt, den die Debatte um die Apostolizität durch die Reformation erhielt. Luther selbst äußerte sich in dieser Richtung. Für ihn betraf die reformatorische Kritik nicht das Leben, sondern die Lehre der Kirche.[219] Man darf darum die reformatorische Kritik nicht auf damals vorhandene Missstände und die Reformation nicht auf Kirchenreform reduzieren. Es ging und geht um das rechte Verständnis der apostolischen Kirchenordnung selbst.

Der grundsätzliche Streitpunkt stellte sich bereits im Oktober 1518 bei der Augsburger Disputation Luthers und Kardinal Cajetans, aus Cajetans Sicht eher ein Verhör, heraus.[220] Die Auseinandersetzung betraf konkret: Schlüsselgewalt des Papstes bei der Erteilung von Ablässen, grundsätzlich: die Mitwirkung der Kirche bei der Heilsvermittlung und die Frage, ob für den fruchtbaren Empfang der Gnade die subjektive Glaubensgewissheit des Empfängers notwendig sei. Cajetan erkannte als scharfsinniger thomistischer Theologe die Tragweite dieser Frage und antwortete Luther: »Das bedeutet eine neue Kirche errichten.« Für ihn ging es in der Frage der subjektiven Glaubensgewissheit um eine grundlegende Differenz in der Auffassung von der Kirche.[221] Da der Papst nach Luthers Überzeugung mit seiner Autorität das Evangelium unterdrückt, kam ihm schon bald danach bei der Leipziger Disputation (1520) die Frage, ob der Papst nicht der Antichrist oder wenigstens sein Sendling sei, eine Frage, die ihm später zur Gewissheit wurde.[222] So kam er schon im gleichen Jahr zu der Unterscheidung von zwei Kirchen, der wesentlich wahrhaftigen geistlichen, innerlichen Christenheit und der äußerlichen Christenheit.[223]

Luther wollte nicht die apostolische Tradition als solche in Frage stellen. Er verstand die Apostolizität als Treue zur Heiligen Schrift beziehungsweise zum apostolisch überlieferten Evangelium. Dies schloss für ihn auch die rechten Ausübung der Taufe, des Herrenmahls, des Amtes der Schlüssel und anderes ein.[224] Er war der Überzeugung, in Gemeinschaft mit der alten Kirche zu stehen, während die römische Kirche sich nach seiner Meinung von den Ursprüngen getrennt hat. Die Auseinandersetzung betraf also nicht die Apostolizität als solche, sondern deren verbindliche Gestalt im kirchlichen Amt.

Das Verhängnis auf katholischer Seite war, dass aufgrund der mittelalterlichen Entwicklung[225] auch die damalige katholische Kirche sich über die Bedeutung des Bischofsamts und des Prinzips der apostolischen Sukzession nicht im Klaren war. Die Schriften des Irenäus und seine Idee von der Sukzession waren verschollen; erst relativ spät entdeckte man sie wieder, interpretierte sie aber von katholischer Seite mit antireformatorischer Spitze.[226] So entwickelte sich aus der Antithese heraus das kirchliche Amt auf katholischer Seite in der Neuzeit oft einseitig zu einem sich selbst genügenden, rein formalen Kriterium der kirchlichen Lehre. Die gegenseitige Bindung von traditio und successio war weitgehend aus dem Blick. Oft beschränkte man sich gar auf das petrinische Kriterium. Das kirchliche Lehramt unterlag der Gefahr, selbstreferenziell zu werden, nur noch sich selbst zu zitieren und eine reine Lehramtstheologie zu entwickeln.[227]

Die Frage der apostolischen Sukzession wurde so zur entscheidenden Kontroversfrage. So war es konsequent, dass die Diskussion um diesen Themenkomplex in den letzten Jahrzehnten immer mehr ins Zentrum der ökumenischen Dialoge getreten ist. Umstritten ist nicht die Apostolizität der Kirche in dem weiteren Sinn der Übereinstimmung mit der Lehre der Apostel; in diesem Sinn beanspruchen alle Kirchen, apostolisch zu sein. Das Problem ist die Apostolizität im engeren Sinn der apostolischen Nachfolge im Bischofsamt. Dazu hat das Zweite Vatikanische Konzil einige weiterführende Gesichtspunkte erbracht.

### Das Zweite Vatikanische Konzil

Der wichtigste Fortschritt geschah bereits in der Kirchenkonstitution *Lumen gentium* dadurch, dass die apostolische Nachfolge im Bischofsamt in die Apostolizität der Kirche als ganzer eingeordnet wird. Das Zweite Vatikanische Konzil hat, angeregt sowohl von Möhler wie von Newman, deutlich gemacht, dass nach dem Credo die Kirche insgesamt apostolisch ist und dass alle Getauften an der Wahrheit Jesu Christi und damit an der apostolischen Botschaft Anteil haben. Der erste Johannesbrief sagt sogar, dass alle teilhaben an der Salbung durch den Geist und sich von niemand belehren lassen brauchen *(1 Joh 2,27)*. Alle haben den sensus fidei. Das bedeutet nicht, dass jeder sich eigensinnig auf seinen persönlichen Glaubenssinn berufen kann; der sensus fidei ist vielmehr immer auch ein φρόνημα ἐκκλησιαστικόν, ein sensus ecclesiasticus.[228]

Das Vaticanum II kann sogar sagen: »Die Gesamtheit der Gläubigen, welche die Salbung von dem Heiligen haben (vgl. *1 Joh 2,20* u. 27), kann im Glauben nicht irren. Und diese besondere Eigenschaft macht sie durch den übernatürlichen Glaubenssinn des ganzen Volkes dann kund, wenn sie ›von den Bischöfen bis zu den letzten Laien‹ ihre allgemeine Übereinstimmung in Sachen des Glaubens und der Sitten äußert. Durch jenen Glaubenssinn nämlich, der vom Geist der Wahrheit geweckt und genährt wird, hält das Gottesvolk unter der Leitung des heiligen Lehramtes … den einmal den Heiligen übergegebenen Glauben (vgl. *Jud 3*) unverlierbar fest. Durch ihn dringt es mit rechtem Urteil immer tiefer in den Glauben ein und wendet ihn im Leben voller an.«[229]

Neben der Kirchenkonstitution ist vor allem die Offenbarungskonstitution *Dei Verbum* von Bedeutung. Diese Konstitution war auf dem Konzil hart umstritten, weshalb das Konzil auch manches offen lassen musste.[230] Insgesamt handelt es sich bei dieser Konstitution aber um den vielleicht am meisten ausgereiften und besten Text des Konzils, der nicht zuletzt im ökumenischen Gespräch einen bedeutenden Schritt nach vorne bedeutete.[231]

Die Offenbarungskonstitution *Dei Verbum* beginnt gleich im ersten Satz wie mit einem Paukenschlag mit den Worten: »Gottes Wort voll Ehrfurcht hörend und voll Zuversicht verkündend«[232]. Sie beschreibt damit die Kirche als auf das Wort Gottes hörende Kirche und als aus dem Hören heraus das Wort Gottes bezeugende Kirche; sie existiert in dem Doppelgestus des Hörens und die Bezeugens. Diese Sicht hat die Offenbarungskonstitution dann, wenngleich sie hinter ihrem eigenen genialen Ansatz zurückgeblieben ist,[233] ausführlich entfaltet. Sie macht klar, dass die Apostel der Kirche mit dem Evangelium als »Quelle jeglicher Heilswahrheit und Sittenlehre« nicht nur Lehren hinterlassen haben, sondern neben ihrem mündlichen Wort auch ihr Beispiel sowie von ihnen eingerichtete Institutionen. Sie haben die Bischöfe als ihre Nachfolger zurückgelassen und ihnen ihr eigenes Lehramt überliefert.[234] »So führt die Kirche in Lehre, Leben und Kult durch die Zeiten weiter und übermittelt allen Geschlechtern alles, was sie selber ist, alles, was sie glaubt.«[235]

Mit dem Zusatz »was sie glaubt« wollte das Konzil das Missverständnis ausschließen, den die Formel »was sie ist« erwecken kann. Denn nicht alles, was die Kirche in ihrer konkreten Existenz ist, sondern nur was sie als Glauben bezeugt, ist verbindliche Glaubensüberlieferung. Nicht alle Traditionen repräsentieren die eine verbindlich apostolische Tradition.[236] Das Missverständnis einer mechanischen Identifizierung wird in der Konstitution durch die Einführung eines pneumatologischen und eines eschatologischen Gesichtspunkts ausgeschlossen. »Denn die Kirche strebt im Gang der Jahrhunderte ständig der Fülle der göttlichen Wahrheit entgegen, bis sich an ihr Gottes Worte erfüllen.« »So ist Gott, der einst gesprochen hat, ohne Unterlass im Gespräch mit der Braut seines geliebten Sohnes, und der Heilige Geist, durch den die lebendige Stimme des Evangeliums in der Kirche und durch sie in der Welt widerhallt, führt die Gläubigen in alle Wahrheit ein und lässt das Wort Christi in Überfülle unter ihnen wohnen.«[237]. Die Tradition ist also ein lebendiger Prozess, in dem es Klärungen und Fortschritte gibt; sie ist vor allem ein lebendiger geschichtlicher Gesprächsprozess.

Schließlich stellt das Konzil fest: »Die Heilige Überlieferung und die Heilige Schrift sind eng miteinander verbunden und haben Anteil aneinander. Demselben göttlichen Quell entspringend, fließen sie gewissermaßen in eins zusammen und streben demselben Ziel zu. Denn die Heilige Schrift ist Gottes Rede, insofern sie unter dem Anhauch des Heiligen Geistes schriftlich aufgezeichnet wurde. Die Heilige Überlieferung aber gibt das Wort Gottes, das von Christus dem Herrn und vom Heiligen Geist den Aposteln anvertraut wurde, unversehrt an deren Nachfolger weiter … So ergibt sich, dass die Kirche ihre Gewissheit über alles Offenbarte nicht aus der Heiligen Schrift allein schöpft«[238].

Die Zusammengehörigkeit, der Einklang und das vom Geist geleitete Zusammenspiel von Schrift, Überlieferung und Lehramt werden im folgenden Abschnitt nochmals betont. Dann folgt noch die wichtige Aussage: »Dieses Lehramt steht nicht über dem Wort Gottes, sondern dient ihm, indem es nichts lehrt, als was überliefert ist, weil es das Wort Gottes aus göttlichem Auftrag und mit dem Beistand des Heiligen Geistes voll Ehrfurcht hört, heilig bewahrt und treu auslegt und weil alles, was es von Gott offenbart zu glauben vorlegt, aus diesem einen Schatz des Glaubens schöpft«[239].

Man hat diesen Text schon öfters kritisiert. Sicher sind mit ihm nicht alle Fragen gelöst, aber es sind doch wichtige Pflöcke eingeschlagen. Es ist die alte Gegenüberstellung von Schrift und Tradition zugunsten eines Ineinanders und Miteinanders aufgegeben worden und es kann keine Selbstgenügsamkeit des Lehramtes über der Schrift und der Tradition geben. Dem Bezeugen muss das Hören vorangehen, sowohl das Hören auf das Wort Gottes wie das Hören auf die Zeugnisse der universalen Kirche. Auch das Bezeugen ist zwar in einer besonderen, aber nicht in exklusiver Weise Sache des Lehramtes. Es bedarf eines Zusammenspiels der unterschiedlichen Bezeugungsinstanzen.[240] Das alles ist positiv weiterführend. Was im Text des Konzils jedoch fehlt, sind konkrete kriteriologische Regeln für dieses Zusammenspiel.

Wichtig und weiterführend ist noch ein anderer Gesichtspunkt. Jesus Christus hat der Kirche nicht nur Lehren hinterlassen und nicht nur ihre Struktur begründet und sie dann sich selbst überlassen. Er hat ihr vielmehr den Heiligen Geist geschenkt und ihn an Pfingsten über die Kirche ausgegossen, damit er an alles erinnere, was er gesagt und getan hat *(Joh 14,26; 15,26; 16,13)*. So ist Jesus Christus durch den Heiligen Geist bleibend in der Kirche gegenwärtig. Er vergegenwärtigt sich und seine Lehre selbst durch den Dienst der Apostel und ihrer Nachfolger. Die apostolische Nachfolge im engeren Sinn ist weder eine vom Leben der Kirche isolierte, noch eine gleichsam automatisch wirkende Garantie des Bleibens in der apostolischen Wahrheit. Sie kann im Rahmen eines sakramentalen Verständnisses der Kirche nur Zeichen und Werkzeug der apostolischen Überlieferung sein; sie ist immer zugleich Institution und Ereignis.

Auf diesem Hintergrund konnte das Zweite Vatikanische Konzil auch das Anliegen der Vita-apostolica-Bewegung grundsätzlich positiv aufgreifen und in einer leider viel zu wenig zitierten und bekannten, aber wichtigen Textpassage sagen: »Wie aber Christus das Werk der Erlösung in Armut und Verfolgung vollbrachte, so ist auch die Kirche berufen, den gleichen Weg einzuschlagen … So ist die Kirche, auch wenn sie zur Erfüllung ihrer Sendung menschlicher Mittel bedarf, nicht gegründet, um irdische Herrlichkeit zu suchen, sondern um Demut und Selbstverleugnung auch durch ihr Beispiel auszubreiten«[241]. Auf dieser Grundlage gilt seit den Generalversammlungen des lateinamerikanischen Episkopats in Medellín (1968) und in Puebla (1979) die Formel von der vorrangigen Option für die Armen als kritischer und inspirierender Maßstab für eine wahrhaft apostolische Praxis der Kirche.

### Die aktuelle ökumenische Diskussion

Ermutigt durch das Zweite Vatikanische Konzil hat die neuere ökumenische Diskussion mit den reformatorischen Kirchen versucht, die Frage der apostolischen Sukzession aus der konfessionellen Engführung, in die sie durch These und Antithese geraten war, herauszuführen. Dadurch hat sich die Kontroversfrage auf die Frage der Einbettung der apostolischen Sukzession im engeren Sinn der Amtsnachfolge in die Apostolizität der ganzen Kirche verlagert. In dieser Frage der Integration der apostolischen Nachfolge im Sinn der Amtssukzession ins Ganze der Apostolizität der Kirche, der Vielfalt ihrer Dienste und Charismen sowie der vielfältigen Bezeugungsinstanzen (Zeugnis der Liturgie, der Kirchenväter, der Theologen, des Glaubenssinns der Gläubigen u. a.) sind bemerkenswerte Annäherungen möglich geworden.[242]

Im multilateralen Dialog sind nach mehreren vorangegangenen Anläufen die Lima-Dokumente (1982) grundlegend geworden. Sie erkennen die apostolische Nachfolge im Bischofsamt nicht als Garantie, aber als wirksamen Ausdruck der Kontinuität der Kirche durch ihre Geschichte an, und bezeichnen sie als Dienst, Symbol und Schutz der Kontinuität des apostolischen Glaubens. Sie fügen aber hinzu, sie sei als ein Zeichen keine Garantie der Kontinuität und Einheit der Kirche. Kirchen, die sie nicht bewahrt haben, sollten sich bereit erklären, sie als Zeichen der Apostolizität des Lebens der ganzen Kirche zu akzeptieren. Dieser Vorschlag wird aber mit dem Vorbehalt verbunden, dass Kirchen, welche die Amtssukzession nicht bewahrt haben, keinem Vorschlag zustimmen können, der darauf hinausläuft, dass das Amt, das in ihrer eigenen Tradition ausgeübt wird, nicht gültig sein sollte bis zu dem Augenblick, wo es in eine bestehende Linie der bischöflichen Sukzession eintritt.

Nicht alle evangelische Kirchen haben diesen Lima-Text akzeptiert. Immerhin haben die bilateralen Dialoge in den traditionellen unterschiedlichen konfessionellen Auffassungen viele konvergierende Elemente herausstellen können, welche die Anerkennung möglich erscheinen lassen, dass im Amt der jeweils anderen Kirche ein Dienst am apostolisch überlieferten Evangelium wahrgenommen wird.[243] Deshalb schon von einem differenzierten Konsens zu reden ist jedoch schon allein deswegen schwierig, weil über den Begriff differenzierter Konsens und seine Tauglichkeit selbst kein Konsens besteht. Die grundsätzliche Frage ist, ob eine additive Methode, die einzelne Elemente, in denen Übereinstimmung besteht, zusammenträgt, genügt. Die Frage der apostolischen Sukzession im Sinn der Amtssukzession ist nämlich gleichsam die Spitze des Eisbergs eines grundsätzlichen Unterschieds im Kirchenverständnis. Dieser bisher nicht gelöste fundamentale Unterschied wird deutlich, wenn die Apostolizität von evangelischer Seite als Eigenschaft der unsichtbaren Kirche bezeichnet wird,[244] während nach katholischer und orthodoxer Überzeugung der Gehalt der apostolischen Überlieferung eine verbindliche apostolische Gestalt einschließt.[245]

Eine Zwischenstellung nehmen die anglikanische Gemeinschaft und einige lutherische nordische und baltische Kirchen ein, für welche die apostolische Sukzession im Bischofsamt beziehungsweise bestimmter Bischofssitze für die Kirche wesentlich ist.[246] Sie haben diese ökumenische Position im Porvoo-Statement (1992) zum Ausdruck gebracht.[247] Das Zweite Vatikanische Konzil hat die Sonderstellung der anglikanischen Gemeinschaft anerkannt,[248] aber die katholische Kirche hält an der Entscheidung von Leo XIII. in der Bulle *Apostolicae curae* (1896)[249] fest, welche die Nichtgültigkeit der anglikanischen Ordinationen feststellte. Die Frage, ob diese Entscheidung im veränderten ökumenischen Kontext revidiert werden kann, ist nach der Entscheidung der meisten Provinzen der anglikanischen Gemeinschaft wie der meisten lutherischen Kirchen für die Frauenordination[250] nicht mehr weiter diskutiert worden. Eine Rolle spielt außerdem, dass das Bischofsamt in der anglikanischen Gemeinschaft heute in synodale Strukturen eingebunden ist, die weitgehend dem reformatorischen Verständnis des Verhältnisses von allgemeinem Priestertum und Amt entsprechen.[251]

Die künftige Diskussion um die Apostolizität der Kirche und die apostolische Sukzession im Bischofsamt kann über das bisher Erreichte hinaus nur dann zum Ziel führen, wenn es gelingt, einen latenten Ekklesio-Doketismus und eine (auch in der katholischen Kirche vorhandene) weit verbreitete Phobie gegen Recht in der Kirche zu überwinden und die sichtbare Gestalt des apostolischen Amtes als quasisakramentales Zeichen und Werkzeug des Wirkens des erhöhten Christus im Heiligen Geist in der Kirche zu verstehen. Nach katholischer Überzeugung kann man die Apostolizität im Glauben von der apostolischen Sukzession im Sinn der Amtssukzession zwar unterscheiden, aber man kann sie nicht grundsätzlich trennen. Die apostolische Nachfolge im engeren Sinn gehört zur Wesensgestalt der Kirche.

Die Frage, der wir uns jetzt zu stellen haben, lautet darum: Wie spricht das ein für alle Mal von den Aposteln überlieferte Evangelium im Heiligen Geist konkret zu uns heute und wie bringt es sich in der Kirche und durch die Kirche heute zu Gehör? Was sagt der Geist heute den Gemeinden (vgl. *Offb* 2,7.11.17.29 u.a.)? Damit stehen wir vor der Frage, die uns im nächsten Kapitel beschäftigen wird.

# 5. Die konkrete Communio-Gestalt der Kirche

## *5.1 Kirche des Volkes Gottes*

### Vorüberlegung

Das vorliegende Kapitel über die konkrete Gestalt der Communio der Kirche behandelt den schwierigsten und am meisten umstrittenen Teil der Ekklesiologie. Nachdem die Darstellung der Kennzeichen der Kirche gezeigt hat, dass die Kirche eine ihr von Jesus Christus gegebene und im Heiligen Geist entfaltete Wesensgestalt besitzt, die ihr bleibend verbindlich vorgegeben ist, geht es nun um die Konkretion der communio-Gestalt der Kirche, konkret um ihre Ämter, Dienste und Charismen. Es geht um das gemeinsame Priestertum aller Getauften und um das besonders Priestertum des Dienstes, um das Priester-, Bischofs- und das Petrusamt. Man braucht diese Themen nur zu nennen, um sofort zu erkennen, dass in diesen Fragen nicht nur schwierige biblische und historische Probleme zur Behandlung anstehen, sondern auch bis heute leider nicht voll gelöste Unterschiede zwischen den Konfessionen. Es geht um ein umkämpftes Feld der Ekklesiologie.

Normalerweise beginnen die katholischen Darstellungen der Wesensstruktur der Kirche in den Handbüchern der Dogmatik mit dem kirchlichen Amt, konkret mit dem Petrus- und dem Bischofsamt, um erst danach im Zusammenhang des gemeinsamen Priestertums aller Getauften die Sendung des Laien in der Kirche zu behandeln. Diese Reihenfolge stellt die Dinge auf den Kopf. Denn das gemeinsame Priestertum aller Getauften ist grundlegend nicht nur für den Dienst der Laien, sondern auch für den des Amtes. Deshalb müssen wir mit dem beginnen, was beide, Laien und kirchliche Dienstämter, verbindet und dann auf dieser Grundlage deren Unterschied und deren gegenseitige Zuordnung klären.

Wenn wir an die Darstellung der gemeinsamen und verbindenden Grundlage sogleich die Behandlung der Sendung der Laien anschließen, dann nicht, weil das kirchliche Amt aus dem Dienst der Laien abgeleitet werden soll. Der Grund ist vielmehr, dass weder das Amt noch die Kirche insgesamt Zweck in sich selbst sind, die Kirche ist vielmehr Zeichen und Werkzeug für das Wirken Gottes in der Welt und für das Kommen seines Reiches; sie dient der Heiligung der Welt und des Lebens. Die Heiligung der Welt und des Lebens ist aber in einer besonderen Weise die Sendung der Laien. Die Sendung der Laien betrifft also das Ziel und den Zweck der Kirche, während die Ämter der Kirche nicht zur Ordnung des Ziels, sondern zur Ordnung der Mittel gehören; sie sollen der Verwirklichung des Ziels und des Zwecks der Kirche dienen. Da man nach aristotelisch-thomistischer Lehre die Mittel vom Ziel her bestimmen muss,[1] müssen wir mit der Sendung der Laien in der Kirche beginnen und ihr den Dienst des kirchlichen Amtes zuordnen. Dieses teleologische Denken steht in Widerspruch zum mechanisch-kausalen Weltbild, das sich seit Descartes weithin durchgesetzt hat.

Diese Reihenfolge würde missverstanden, wenn man sie als Ekklesiologie von unten bezeichnete, die die Sendung des kirchlichen Amtes aus dem der Laien ableiten will. Es geht weder um eine Ekklesiologie von oben (oben im Sinn des hierarchischen Oben), in der der Dienst der Laien ein verlängertes Amt des Klerus wäre, noch um eine Ekklesiologie von unten, in der der Dienst des Amtes Ausformung oder Beauftragung der Gemeinde wäre. Es geht um eine Ekklesiologie vom Ziel der Kirche her, das heißt um eine Ekklesiologie, die vom Kommen des Reiches Gottes und von der Durchdringung und Heiligung der Welt durch den Geist Christi bestimmt ist. In diesem großen Zusammenhang geht es dann um die rechte Zuordnung von Amt und Gemeinde.

Diesen Weg hat auch das Zweite Vatikanische Konzil eingeschlagen. Es beginnt seine Darstellung der Wesensgestalt der Kirche nicht, wie es in dem vorbereiteten Entwurf vorgesehen war, mit der hierarchischen Struktur der Kirche, aber es setzt auch nicht mit einer sogenannten Ekklesiologie von unten ein. Es beginnt vielmehr mit der gemeinsamen Teilhabe aller am prophetischen, priesterlichen und königlichen Amt Jesu Christi. Damit beginnt das Konzil mit dem, was Laien, Priestern und Bischöfen gemeinsam ist und mit dem, was allen späteren Unterscheidungen vorausliegt, sie umgreift und sich in ihnen durchhält, nämlich mit dem gemeinsamen Priestertum aller Getauften.

## Das gemeinsame Priestertum aller Getauften – Biblische Grundlagen

Zur Begründung des gemeinsamen Priestertums aller Getauften verweist man heute gewöhnlich auf die Aussagen des 1. Petrusbriefes *(1 Petr 2,4–10)*.[2] Dieser Text ist eine Taufparanese, also eine Ermahnung für Neugetaufte. Darin wird die Kirche mit dem Bild von Haus Gottes beschrieben. Es ist die Rede von Jesus Christus als dem lebendigen Stein, den die Bauleute verworfen haben, auf den aber das Haus Gottes aus lebendigen Steinen zu einem geistlichen Haus auferbaut wird. Die lebendigen Steine sind die Getauften. Sie werden typologisch mit den Ehrenbezeichnungen des alttestamentlichen Bundesvolkes *(Ex 19,5f.)* ausgezeichnet und als »ein auserwähltes Geschlecht (γένος), eine königliche Priesterschaft (βασίλειον ἱεράτευμα), ein heiliger Stamm (ἔθνος), ein Volk (λαός), das Gottes besonderes Eigentum« ist, bezeichnet. Es soll ein heiliges Volk sein, ausgesondert aus den anderen Völkern, das ganz Gott eigen ist und nach seinen Geboten lebt. Es gelten für die neutestamentliche Gemeinde also alle grundlegenden Aussagen, die wir über das alttestamentliche Bundesvolk gemacht haben.

Im 1. Petrusbrief wird aber auch der Unterschied zum alttestamentlichen Bundesvolk deutlich. Die gesamte Argumentation dieses Textes ist christologisch aufgebaut. Das neutestamentliche Priestertum ist durch das ein für alle Mal dargebrachte Opfer Christi bestimmt, durch das wir in der Taufe in dieses Priestertum hineingenommen werden und das wir durch ein Leben verwirklichen sollen, das die Taufwirklichkeit voll wirksam werden lässt *(Röm 6,3–14)*. So soll das Bundesvolk des neuen Bundes keine äußeren kultischen Opfer durch Speisen, Räucherwerk, Lämmer und Stiere darbringen, sondern durch Christus geistige Opfer, die Gott gefallen *(1 Petr 2,5)*. Schon das Alte Testament wusste, dass die wahren Opfer Gebet, Dank, Lob und Buße sind *(Ps 49,14; 50,19; 140,2; 106,22)*. Von einer Spiritualisierung des Kultus kann man aber nur bedingt reden, denn es sind Opfer im Geist (πνεῦμα), der die allerstärkste Wirklichkeit ist.

Wenn die Priesterschaft als königliche Priesterschaft bezeichnet wird, dann soll gesagt werden, dass für alle Getauften die Privilegien der Könige gelten; allen kommt Souveränität und Selbstbestimmung des Lebens zu und alle haben direkten Zugang zu Gott. Ausgesagt wird damit also die Freiheit des Christenmenschen. Die Getauften sind zur Freiheit der Kinder Gottes berufen *(Gal 5,1.13)*. Aber sie sollen die Freiheit nicht missbrauchen und nicht in neue Abhängigkeiten geraten. Die christliche Freiheit wird in der Liebe wirksam *(Gal 5,5)*. »Einer trage des anderen Last, so werdet ihr das Gesetz Christi erfüllen« *(Gal 6,2)*. Die christliche Freiheit darf also nicht individualistisch missverstanden werden. Im Gegenteil, die Getauften haben an dem einen Priestertum aufgrund der gemeinsamen Taufe nicht als individuelle Einzelne, sondern korporativ Anteil. Es ist nicht von Priestern im Plural, sondern vom Priestertum (ἱεράτευμα) im Singular die Rede. Erst das letzte Buch der Bibel spricht von Priestern im Plural (ἱερεῖς); dies geschieht aber auch dort so, dass alle Einzelnen in der einen Königsherrschaft (βασιλεία) zusammenfasst werden *(Offb 1,6; 5,10; 20,6)*. Die Rede von der königlichen Priesterschaft hat also vom Ansatz her eine korporativ-ekklesiale Struktur.

### Das Zeugnis der Kirchenväter und der hochscholastischen Theologie

In der patristischen Literatur finden die Aussagen des 1. Petrusbriefs ein reiches Echo. Origenes spricht ausführlich vom Dienst, den die Christen als Priester vor allem durch ihr Gebet für das Wohl aller tun.[3] Jeder Christ trägt seine Opfergabe in sich selbst.[4] Dieses Motiv vom Altar des Herzens nimmt Augustinus wieder auf. Unser Altar ist unser Herz, wo wir das Opfer der Demut und des Lobpreises darbringen durch das Feuer glühender Liebe.[5] Dasselbe Motiv begegnet uns erneut unter Bezugnahme auf den 1. Petrusbrief bei Leo dem Großen[6] und viel später nochmals bei Bonaventura.[7] Augustinus sagt unter Bezug auf den 1. Petrusbrief außerdem, dass nicht nur die Bischöfe und die Presbyter Priester sind, »sondern wie wir alle Christen Gesalbte nennen wegen der geheimnisvollen Salbung, die wir empfangen, so auch alle Priester, da sie Glieder des einen Priesters sind.«[8] Dasselbe wiederholt Leo der Große.[9] Nach dem Zeugnis der Kirchenväter kann es also nicht wie in der Gnosis zwei Klassen von Christen, Geistliche und Fleischliche, gewöhnliche Gläubige und Vollkommene geben.

Der 1. Petrusbrief wird bei den Kirchenvätern der Sprache des biblischen Textes gemäß in seinem typologischen und geistlichen Sinn ausgelegt. Konkrete Konsequenzen für Mitwirkungsrechte oder sakramentale Vollmachten von Laien werden nicht abgeleitet. Es geht den Kirchenvätern um das altkirchliche Heiligkeitsideal, um ein Priestertum am Altar des immer brennenden Herzens der Hingabe an Gott.[10]

In diesem Sinn ist die Idee des gemeinsamen Priestertums in nachpatristischer Zeit nicht in Vergessenheit geraten. Auch Thomas von Aquin wusste um die Teilnahme aller Getauften am Priestertum Christi. Er behandelte diese Frage dort, wo er vom sakramentalen Charakter spricht, der durch die Taufe dem Christen eingeprägt wird. Der sakramentale Charakter unterscheidet den Getauften vom Nichtgetauften. Er bedeutet die Eingliederung in das Volk Gottes,[11] eine Gleichgestaltung mit Christus und eine Beauftragung zum Gottesdienst im Sinn der christlichen Religion (deputatio ad cultum).[12] Thomas unterscheidet die Taufweihe jedes Christen von der Priesterweihe, die die Vollmacht verleiht, in persona Christi bei der Eucharistie die Wandlungsworte zu sprechen.[13] Thomas kann aber ebenso sagen, dass der Priester zwar in persona Christi die Wandlungsworte spricht, aber auch im Namen der ganzen Kirche, sozusagen als persona publica betet.[14] So steht der Priester betend in der Gemeinde und ihr in anderer Hinsicht doch auch vollmächtig in persona Christi gegenüber.

Was Thomas in scheinbar dürren Worten als Beauftragung aller Getauften zum christlichen Kult beschreibt, findet sich auch im sogenannten römischen Messkanon, der zu Unrecht heute von vielen als gegenüber dem Zweiten Vatikanischen Konzil rückständig oder als überholt missverstanden wird. Das erste eucharistische Hochgebet sagt beim Gedächtnis der Lebenden nicht nur, dass die Eucharistie für die »Diener und Dienerinnen« dargebracht wird, sondern auch, dass diese selbst dieses Lobopfer darbringen. Er spricht von einer Opfergabe der ganzen Familie (cunctae familiae) Gottes und von einer memoria des ganzen heiligen Volkes (plebs tua sancta). Die Liturgie hat also den Gedanken des gemeinsamen Priestertums aller Getauften bis in die Gegenwart bewahrt. Es ist darum kein Zufall, dass die Erneuerung dieses Gedankens vor dem Zweiten Vatikanischen Konzil nicht etwa von einem demokratischen Erwachen in der Kirche, sondern von der liturgischen Bewegung ausgegangen ist.

### Luthers Lehre vom allgemeinen Priestertum

Zu einem weitreichenden Wandel im Verständnis des 1. Petrusbriefes kam es durch Luthers Überinterpretation dieses Textes. Luther verstand diesen Text nicht im Sinn des gemeinsamen Priestertums, sondern des allgemeinen Priestertums aller Getauften, das heißt, als Kompetenz aller Christen in der Auslegung des Wortes Gottes. Diese Interpretation findet sich vor allem in der Reformschrift von 1520 *An den christlichen Adel deutscher Nation von des christlichen Standes Besserung*. Dort leitet Luther aus dem 1. Petrusbrief und aus der Offenbarung des Johannes ab, dass alle Christen durch die Taufe zu Priestern geweiht sind. »Denn was aus der Tauf gekrochen ist, das mag sich rühmen, das es schon Priester, Bischof und Papst geweiht sei.«[15] Dieselbe Argumentation begegnet uns wieder in den beiden anderen reformatorischen Hauptschriften des gleichen Jahres, nämlich *Von der Babylonischen Gefangenschaft der Kirche*[16] und *Von der Freiheit eines Christenmenschen.*[17] Wenig später verfasste Luther die Schrift *Dass eine christliche Versammlung oder Gemeine Recht und Macht habe, alle Lehre zu beurteilen und Lehrer zu berufen, ein- und abzusetzen, Grund und Ursach aus der Schrift* (1523).[18] Die der ganzen Gemeinschaft gegebene Vollmacht kann nach Luther jedoch nicht von einem Einzelnen an sich gerissen werden; sie muss vielmehr nach der von Christus gegebenen Ordnung in einer geordneten Weise einem Einzelnen übertragen und dann von ihm ausgeübt werden.

Während die genannten frühen Schriften Luthers den Eindruck vermitteln, das Amt sei eine Ausformung des allgemeinen Priestertums, spricht der spätere Luther von der Stiftung des Predigtamtes durch Christus. In *Von Konziliis und Kirchen* (1539) rechnet Luther die Ordination und Berufung von Bischöfen, Pfarrern und Predigern zu den Zeichen, an denen man die Kirche erkennt. Dabei leitet er das Amt nicht vom Volk, sondern von der Einsetzung durch Christus ab.[19] Diese Sicht ist auch in die *Confessio Augustana* (1530) eingegangen[20] und für das Luthertum bis ins 19. Jahrhundert maßgebend geworden. Das Augsburger Bekenntnis und die anderen Bekenntnisschriften erwähnen das allgemeine Priestertum nicht einmal. Erst im Pietismus kam es zur Lehre vom allgemeinen Priestertum im heute üblich gewordenen Sinn und zu einer eigenständigen Laienfrömmigkeit.

Aufgrund der unterschiedlichen Gedankenreihen hat Luthers Lehre vom allgemeinen Priestertum innerhalb des Luthertums unterschiedliche Auslegungen gefunden, und sie ist auch heute umstritten.[21] Auf der einen Seite steht eine als hochlutherisch zu bezeichnende Stiftungstheorie, die dem katholischen Verständnis nahekommt und sich heute meist auch in den ökumenischen Dokumenten findet.[22] Auf der anderen Seite findet sich die Übertragungstheorie, die innerlutherisch heute die wohl vorherrschende Lehre ist. Sie bleibt hinter den erreichten ökumenischen Konvergenzen zurück und bereitet der ökumenischen Verständigung Schwierigkeiten.[23]

Historisch kaum haltbar ist die heute wieder aktuelle kulturprotestantische Interpretation, die den frühen Luther und seine Lehre vom allgemeinen Priestertum im Sinn des neuzeitlichen Freiheitsverständnisses deuten möchte. Denn in der Schrift an den Adel ging es Luther ja eben nicht um eine Art demokratischen Verständnisses; vielmehr gab Luther mit Hilfe seiner Lehre vom allgemeinen Priestertum die Kirchenreform in die Hand der Fürsten. Er stand damit noch ganz auf dem Boden der Einheitsidee der mittelalterlichen Christenheit, wo geistliche und weltliche Obrigkeit eine Einheit bildeten.[24] Luthers Appell an die Fürsten führte schon bald zum landesherrlichen Kirchenregiment. Was als Befreiung aus klerikaler Vorherrschaft ausgegeben wird, hat so zu einer anderen, noch stärkeren Abhängigkeit geführt, die in Deutschland bis zum Ende der Monarchie 1918 andauerte und die dann bei den ›Deutschen Christen‹ in eine noch schlimmere ideologische Abhängigkeit führte.[25] Will man den Protestantismus als Kirche der im neuzeitlichen Sinn verstandenen Freiheit bezeichnen, dann kann man sich dabei auf die Täufer, den Pietismus, die Freikirchen und in anderer Weise auf aufgeklärte liberale protestantische Strömungen des 19. Jahrhunderts berufen, aber kaum auf Luther selbst.[26]

Nach 1918 und nach 1945 haben die evangelischen Kirchen in Deutschland einen neuen Anfang gemacht. Sie haben, vorbereitet durch den Pietismus wie durch Friedrich Schleiermachers Reformpläne, das allgemeine Priestertum in einer synodalen Kirchenordnung in Verbindung mit dem synodal eingebundenen Bischofsamt in neuer

Form zur Geltung gebracht.[27] In der Leuenberger Konkordie haben die lutherischen Kirchen 1973 auch die synodal-presbyterale Ordnung der reformierten Kirchen anerkannt; diese kannten die synodale Ordnung von Anfang an.[28] So ist die synodale Verfassung heute mehr oder weniger allen reformatorischen Kirchen gemeinsam. Diese Synoden, die sich mehrheitlich aus Nichtordinierten zusammensetzen, sind jedoch keine Synoden im altkirchlichen Sinn, sondern im Grunde Kirchenparlamente, denen weitgehend auch die Kirchenleitung zukommt. So bringen diese neueren Kirchenordnungen Luthers ursprüngliche Lehre vom allgemeinen Priestertum in einer neuen Form zum Ausdruck.

### Zweites Vatikanisches Konzil

Auf katholischer Seite hat das Zweite Vatikanische Konzil die biblische, patristische und hochscholastische Lehre vom gemeinsamen Priestertum neu herausgestellt. In den Dokumenten des Zweiten Vatikanischen Konzils spielt der Text aus dem 1. Petrusbrief eine prominente Rolle. Dieser Text gilt in der katholischen Theologie seither als die Magna Charta des gemeinsamen Priestertums aller Getauften. Der Unterschied zur lutherischen Auslegung wird schon rein sprachlich dadurch deutlich, dass das Konzil nicht vom allgemeinen Priestertum, sondern vom gemeinsamen Priestertum aller Getauften spricht. Alle Getauften – damit sind nicht nur die Laien, schon gar nicht die Laien im Unterschied zum Klerus, sondern alle Glieder der Kirche, auch die Priester und Bischöfe wie die Ordenschristen gemeint.

Nach dem Konzil nehmen alle Getauften als Glieder des einen Volkes Gottes und des einen Leibes Christi teil am Priester-, Propheten- und Königsamt Jesu Christi.[29] Alle sollen Zeugnis geben vom Evangelium, alle sind zur vollen, bewussten und tätigen Teilnahme bei der Feier der Eucharistie aufgerufen,[30] alle sollen sich mitverantwortlich wissen in der Kirche.[31] Doch an allen Stellen, in denen das Konzil auf diese Stelle im 1. Petrusbrief Bezug nimmt, leitet es daraus zwar Mitverantwortung, aber keine Rechte und Vollmachten ab, es bleibt vielmehr auf der Linie der Auslegung der Kirchenväter, die von geistlichen Opfern eines heiligmäßigen Lebens sprachen.

Dennoch darf man die Bedeutung und Reichweite der Aussagen des Konzils nicht unterschätzen. Denn mit seiner Lehre vom gemeinsamen

Priestertum aller Getauften ist die traditionelle Rede von zwei von einander abgegrenzten Ständen, den Klerikern und dem sogenannten ›gewöhnlichen‹, ›einfachen‹ Volk (plebs), das in Sachen der Kirche nicht zuständig und nicht fachkundig ist, obsolet geworden. Die Sendung der Kirche ist der Kirche in ihrer Gesamtheit und somit allen Christen gemeinsam anvertraut. Niemand ist nur Objekt, alle sind auch Subjekt in der Kirche. Alle sind in jeweils ihrer Weise mitverantwortlich für die Kirche und die Ausübungen ihrer Sendung. Das gemeinsame Priestertum begründet die Brüderlichkeit beziehungsweise Geschwisterlichkeit aller in der Kirche als der einen Familie Gottes.

Diese gemeinsame Anteilhabe am Propheten-, Priester- und Königsamt Jesu Christi darf im Sinn des Konzils jedoch nicht im Sinn einer abstrakten Gleichheit aller missverstanden werden. Sie hebt die Unterscheidungen der Ämter und Charismen, die im Neuen Testament, wie noch zu zeigen sein wird, oft bezeugt wird *(1 Kor 12,4–31; Röm 12,3–8; Eph 4,7–12)*, nicht auf; sie geht diesen Unterscheidungen vielmehr voraus und hält sich in ihnen durch. Es besteht eine Einheit der Sendung, aber eine Unterschiedenheit in der Anteilnahme an der gemeinsamen Sendung.

Die fundamentale Gemeinsamkeit ist deshalb missverstanden, wenn man sie in einem weltlich-demokratischen Sinn versteht. Das ist schon rein sprachlich ausgeschlossen. Denn es ist bezeichnend, dass für ›Volk‹ im biblisch-theologischen Sinn im Griechischen nicht der politische Begriff δῆμος steht, der sich im Begriff Demokratie findet, sondern der aus der LXX entnommene heilsgeschichtliche Begriff λαός benutzt wird. Das Volk Gottes ist gerade nach dem 1. Petrusbrief nicht ein Volk wie alle anderen Völker, sondern Volk Gottes (λαὸς τοῦ Θεοῦ), das von Gott auserwählte und ausgesonderte Volk. Es versammelt sich nicht, wie das politische Volk, um zu beschließen, was zu tun ist; es kommt vielmehr zusammen, um zu hören und zu feiern, was Gott entschieden und getan hat. Es soll Gottes große Taten verkünden *(Apg 2,11)* und Opfer des Lobes darbringen *(Hebr 13,15)*.

Es gehört zu den guten Früchten des Konzils, dass die Volk-Gottes-Ekklesiologie nach dem Konzil das konkrete Leben in der Kirche, besonders in den Gemeinden und in den Diözesen bereichert hat. Sie hat zu einem neuen Stil und zu einem neuen brüderlichen beziehungsweise geschwisterlichen Miteinander von Bischöfen, Priestern, Laien und Ordenschristen geführt. Alle tragen gemeinsam Verantwortung für die Verwirklichung des Auftrags Jesu Christi und die Heiligung der Welt. Dies heißt nicht, dass alle alles können und jeder jedes tun kann. Die Kirche ist nach dem Neuen Testament vielmehr einem Organismus vergleichbar, bei dem die einzelnen Organe unterschiedliche Aufgaben zum Wohl des Ganzen haben; sie ist einem Haus vergleichbar, das als solches eine Struktur besitzt und nur Bestand hat, wenn die einzelnen Teile gut zusammengefügt sind.

Mancher mag Furcht haben vor einer solchen bunten Kirche des Volkes Gottes und sich zurücksehnen nach Zeiten, da Hochwürden noch ziemlich alles selbst bestimmt, gemacht und angeordnet hat. Doch einen Weg zurück kann es sowohl aus theologischen als auch aus Gründen des gesellschaftlichen Mentalitätswandels nicht geben. Jeder, der die Erfahrung einer lebendigen Gemeinde mit vielfältigen Aktivitäten und der Mitverantwortung vieler gemacht hat, wird auch gar nicht mehr zurückwollen; er wird die Entwicklung zur Kirche des Volkes Gottes als Bereicherung begrüßen. Anfängliche Kinderkrankheiten und manche adoleszente Exzesse von arrogantem Auftreten einzelner Laien, die es gegeben hat und die es teilweise noch immer gibt, wird es auch in Zukunft immer wieder geben, wie es genauso auch arrogantes klerikalistisches Gebaren gibt und immer wieder geben wird. Sie sind kein Gegenargument. Sie können und sollen in einem geduldigen, wenngleich nicht einfachen Reifungsprozess überwunden werden und zu verantwortlicher wirklicher Mündigkeit und zum solidarischen partnerschaftlichen Zusammenwirken aller im einen Volk Gottes führen. Darauf wird nach der Behandlung der Ämter in der Kirche nochmals zurückzukommen sein.[32]

### *5.2 Die Sendung der Laien*

#### Geschichtlicher Überblick

Die Volk-Gottes-Ekklesiologie und das gemeinsame Priestertum aller Getauften sind durch das Konzil und nach dem Konzil zur Grundlage für die Bestimmung des Ortes und der Sendung der Laien in der Kirche geworden.[33] Das Bewusstwerden der Laien gehört zu den erfreulichen Früchten des Konzils; es ist nach dem Konzil allerdings auch zur Quelle von vielen Missverständnissen und neuen Auseinandersetzungen geworden. Beides, die Kritik am herkömmlichen, negativ-abgrenzenden Verständnis des Laien als Nichtkleriker und Nichtordenschrist und der Versuch einer positiven Wertung und Würdigung des Standes der Laien, sowie die neuen Auseinandersetzungen um eine gesunde Verhältnisbestimmung von Laien und Klerikern, lassen sich nur vor dem Hintergrund der wandlungsreichen Geschichte des Laientums in der Kirche verstehen.

Das Wort ›Laie‹ wird öfters von dem biblischen Wort λαός, das das Volk Gottes bezeichnet, abgeleitet. Der Laie soll damit mit dem Ehrentitel ›Glied des von Gott erwählten Volkes‹ im Unterschied zu den Heidenvölkern bezeichnet werden. Damit ist sachlich zutreffend der Kontext genannt, in dem theologisch vom Laien gesprochen werden kann, nämlich die Theologie des Volkes Gottes; aber etymologisch ist diese Ableitung nicht zutreffend. Das Wort ›Laie‹ (λαικός) findet sich weder in der LXX noch im Neuen Testament.[34] Der Begriff taucht erstmals im 1. Clemensbrief[35] auf als Bezeichnung derer, die im Volk Israel weder Priester noch Leviten waren. Daraus entwickelte sich bei Tertullian, Clemens von Alexandrien und anderen schon bald ein dem damaligen profanen Sprachgebrauch analoges Verständnis, das zwischen den Amtsträgern und der plebs, dem einfachen Volk, unterschieden hat. Als Laien wurden die mit den eigenen Geschäften befassten Privatleute (ἰδιώτης) verstanden, die als in öffentlichen Angelegenheiten nicht zuständig und nicht fachkundig galten.

Mit dem Aufkommen des Mönchtums entstand eine dritte Kategorie von Christen, die Mönche beziehungsweise die Ordenschristen. Sie befassten sich nicht wie die Laien mit den weltlichen, sondern mit den geistlichen Dingen. Auch die Kleriker wurden schon früh als ›Geistliche‹ verstanden, die nicht nach Art der Welt leben, sondern zu einem geistlichen Leben und Stand ausgesondert sind. So ist es verständlich, dass die große Idee von der Bruderschaft aller Christen immer mehr zurücktrat und auf die Bezeichnung des Verhältnisses zwischen den Klerikern als Mitbrüder beschränkt blieb.[36] Die tatsächlichen Verhältnisse waren freilich differenzierter. Faktisch gab es eine Mitwirkung von Laien bei der Bischofswahl, bei Synoden und Konzilien; sowohl die Fürsten als auch die Gemeinden selbst spielten eine Rolle bei der Gestaltung des Lebens der Kirche, und schließlich gab es eine Mitwirkung der Laien an der Vollzugsgewalt der Kirche. Das alles sind Fakten, die als solche auch theologisches Gewicht haben.[37]

Seit den Auseinandersetzungen des Investiturstreits um die Freiheit der Kirche von der Einmischung der Fürsten suchte man die Laien von jeder aktiven Rolle in der Kirche auszuschließen. So unterschied Gratian († 1160), der mit dem *Decretum Gratiani* als Vater des Kirchenrechts gilt, zwei Arten von Christen, nämlich Kleriker und Laien, das heißt Kultdiener und Weltleute.[38] Ein Laie war damit einer, der weder Kleriker noch Mönch beziehungsweise Ordenschrist ist. Das Leben des Laien in der Welt wurde oft als Kompromiss und als Zugeständnis an die menschliche Schwäche verstanden. Auch im Selbstverständnis des Klerus fand eine Entwicklung statt. Der Kleriker wurde zunehmend nicht mehr geistlich vom Mönchtum her verstanden, sondern als ›Weltkleriker‹ vom Amt her als Mitglied eines sozialen und kulturellen Standes.[39]

Will man dem mittelalterlichen kirchlichen Leben gerecht werden, darf man sich freilich nicht allein auf die Wortgeschichte und auf die theologischen Definitionen stützen und vom konkreten Leben der Kirche absehen. Das führt zu einer unangemessenen Schwarz-Weiß-Malerei. Die gelasianische Sicht muss innerhalb der Einheitssicht von Geistlichem und Weltlichen in der damaligen Christenheit und im Rahmen der mittelalterlichen Ständeordnung verstanden werden. Man darf besonders die berühmt-berüchtigte Bulle Bonifatius VIII., *Clericis laicos semper esse infestos* (1296), *Die Laien waren den Klerikern immer bitter feindlich* nicht als grundsätzliche Aussage über das Verhältnis von Klerikern und Laien im heutigen Sinn verstehen; die dort gemeinten Laien waren die Laienjuristen des französischen Königs Philipp des Schönen, die dem Papst seine Rechte streitig machten.

Innerhalb der Ständeordnung und innerhalb der Zünfte fand ein reges religiöses Leben von Laien statt. Im Rahmen der Bettelordensbewegung kam es im 13. Jahrhundert zu Dritten Orden, in denen Laienchristen am Charisma der Orden teilnahmen. Das späte Mittelalter kannte fromme Laienvereinigungen (Beginen und Begarden). Zudem blieb bei den besten mittelalterlichen Theologen und in der Liturgie das Bewusstsein von der Kirche als congregatio fidelium, als communio sanctorum und als heiliges Volk Gottes lebendig. Richtig ist freilich, dass im Mittelalter die Rolle der Laien in kirchlichen Angelegenheiten erbaulich und spirituell gesehen wurde.

Ein wichtiger Einschnitt bedeutete die Reformation des 16. Jahrhunderts. Mit der Idee von der Unmittelbarkeit jedes Christen zu Gott durchbrach die Reformation in der religiösen Ordnung das Standesdenken, hielt aber soziologisch daran fest.[40] Das Konzil von Trient verteidigte gegen die Reformatoren die hierarchische Ordnung der Kirche.[41] So war in der nachtridentinischen Theologie vom gemeinsamen Priestertum kaum mehr die Rede.

Doch auch damals spiegelte die Theologie nicht das ganze Leben der Kirche wider. Schon der heilige Franz von Sales († 1622) bemühte sich um eine Laienspiritualität; andere, wie der heilige Vinzenz Pallotti († 1850), folgten. Im 19. Jahrhundert kann man auf den Münsteraner Kreis um die Fürstin von Gallitzin († 1806), auf die von Johannes Don Bosco († 1888) gegründete Salesianische Gemeinschaft, auf den von Adolf Kolping († 1865) gegründeten Gesellenverein, auf Reformkatholiken wie Friedrich von Hügel († 1925) und andere verweisen. Im 20. Jahrhundert waren es schon vor dem Vaticanum II die bündische Jugendbewegung und die damit verbundene liturgische Bewegung (vor allem die Gruppe um Romano Guardini), die Schönstattbewegung, das Opus Dei, dann die vorkonziliaren geistlichen Bewegungen, die sich in unterschiedlicher Weise um einen christlichen Lebensstil von Laien und um die Heiligkeit der Laien mitten in der Welt bemühten.[42]

Ebenso wie die mittelalterliche Entwicklung muss man auch die neuzeitliche Entwicklung und teilweise noch die heutige Problematik auf dem Hintergrund der neuzeitlichen gesamtgesellschaftlichen Entwicklung, konkret der neuzeitlichen Säkularisierung sehen. Die auf die Reformationszeit folgenden Religionskriege konnten nur dadurch beendet werden, dass man die Religion als Privatangelegenheit betrachtete. Das führte zu dem, was man als Laizismus bezeichnet, das heißt, zu dem Versuch der Aufklärung und des Liberalismus, die Kirche beziehungsweise den Klerus aus den weltlichen Bereichen herauszudrängen. Es kam nun zu einer eigenen laizistischen Kultur. Dabei wurden als Laien diejenigen betrachtet, welche in weltlichen Dingen ihr eigenes, von der Lehre der Kirche unabhängiges Urteil hatten.

Um der damit gegebenen Privatisierung des Glaubens entgegenzuwirken, unterstützte vor allem Pius XI. in seiner Antrittsenzyklika *Ubi arcano Dei* (1922) die Katholische Aktion, die er als Teilhabe der Laien an der hierarchischen Sendung der Kirche definierte. Die Laien wurden damit als verlängerter weltlicher Arm der Hierarchie verstanden. Daraus entwickelte sich besonders in den romanischen Ländern eine doppelte Logik und Kultur, eine kirchlich-laikale und eine weltlich-laizistische Kultur. Dieses Denkmuster kann man dort teilweise bis heute finden. In den deutschsprachigen Ländern kam es dagegen zu einer anderen Entwicklung. Es entstanden im 19. Jahrhundert ›von unten‹ aus dem Engagement der Laien heraus Laienverbände, die sich nach dem Zusammenbruch der Reichskirche gegen die liberalistischen Strömungen für die Freiheit der Kirche einsetzten und damit der amtlichen Kirche sozusagen den Rücken freihielten. Hier ging es um relativ eigenständiges Laienengagement im politisch-kulturellen und sozialen Bereich. Die katholische Aktion konnte deshalb in den deutschsprachigen Ländern nie richtig Fuß fassen; umgekehrt ist die deutsche Entwicklung in Rom nicht immer auf Verständnis gestoßen.

Zu einer eigenen Theologie der Laien kam es aber erst nach dem Ersten Weltkrieg im Zusammenhang der damaligen Erneuerungsbewegungen, besonders der liturgischen Bewegung. In der Liturgie war ja das Bewusstsein vom Volk Gottes als Subjekt der Liturgie erhalten geblieben. Das schon von Papst Pius X. geprägte, dann vom Konzil zu einem Schlüsselwort der Liturgiereform gemachte Wort von der actuosa participatio, der vollen, bewussten und tätigen Teilnahme der Gläubigen[43] an dem, was Mitte und Höhepunkt des kirchlichen Lebens ist, konnte so zu einem Schlüsselwort nicht nur für die liturgische Erneuerung, sondern für die Erneuerung des gesamten kirchlichen Lebens werden. In Frankreich, wo die Säkularisierung am weitesten fortgeschritten war, kam ein weiterer Gesichtspunkt hinzu. Unter dem Stichwort ›France, pays de mission‹, ›Frankreich, Missionsland‹ kam es zu einer pastoralen Neubesinnung, die bald auch in Deutschland aufgegriffen wurde.[44] Auch damit wurde deutlich, dass nun die Stunde der Laien geschlagen hat, um mitten in der Welt von heute Zeugnis für Jesus Christus zu geben.

Theologisch maßgebend war vor allem Yves Congars *Jalons pour une théologie du laïcat* (1953), (dt. *Der Laie*, Stuttgart 1957), ein biblisch und theologiegeschichtlich überaus materialreiches und noch heute anregendes Buch. Congar ging von der gemeinsamen aktiven Anteilhabe aller Getauften am dreifachen Amt Jesu Christi als Lehrer, Priester und Hirte beziehungsweise König aus und betonte damit den Subjektstatus der Laien in der Kirche. Er sah den Dienst der Laien im Dienst in der Welt, die Sendung des Klerus als Dienst am Reich Gottes. Diese Unterscheidung führte zu einer unbefriedigenden Dualität von Weltdienst und Heilsdienst, die erst in der unmittelbaren Vorkonzilszeit überwunden werden konnte. Die Grundlage dafür, dass die Durchdringung der Welt Aufgabe der gesamten Kirche, der Laien wie des Klerus ist, hatte eigentlich bereits Pius X. gelegt mit dem der ganzen Kirche geltenden Programm des »Omnia instaurare in Christo«.

## Das Zweite Vatikanische Konzil

Das Zweite Vatikanische Konzil hat die Erneuerungsbestrebungen der ersten Hälfte des 20. Jahrhunderts aufgegriffen. Es ist aber geschichtlich abwegig, so zu tun, als ob die Würde und Bedeutung der Laien erst durch das Konzil neu entdeckt worden wäre. Das Konzil bewegte sich mit seinen Aussagen auf dem Boden der mehr gelebten als theoretisch durchdachten Tradition. Hier wie an vielen anderen Stellen brachte es zum Ausdruck, was schon in den Jahrhunderten zuvor mehr gelebt als gelehrt wurde, formulierte deutlicher und zusammenhängender, was sich verstreut auch in der lehrhaften Tradition findet und griff dabei wichtige Impulse der vorangehenden Erneuerungsbewegungen auf.

Das Konzil stellte seine Aussagen über Wesen und Sendung der Laienchristen in den Zusammenhang der Lehre vom gemeinsamen Priestertum aller Getauften.[45] Dabei ging es ihm darum, die negative Beschreibung der Laien als Nichtkleriker und Nichtordenschristen zu überwinden und eine positive Bestimmung zu geben. Es bezeichnete die Laien als »christifideles«, als Christgläubige. Als solche gehören sie durch die Taufe und deren Vollendung in der Firmung voll zur Kirche, ja, sie sind Kirche und sie nehmen im Heiligen Geist am dreifachen Amt Jesu Christi als Prophet, Lehrer, Priester und König beziehungsweise Hirte teil.[46] Diese sakramentale Begründung der Stellung und der Sendung der Laien bedeutet, dass das Konzil die Laien nicht länger als Beauftragte und als verlängerten Arm des Klerus betrachten konnte. Sie besitzen ihre Berufung und Sendung nicht durch Beauftragung durch das Amt und durch Anteilhabe an dessen Sendung, sondern kraft der Taufe im Heiligen Geist von Christus selbst; sie sollen ihre Sendung darum in der Freiheit des Heiligen Geistes, aber in Gemeinschaft mit den Brüdern in Christus ausüben.[47] Ihre Würde und ihre Sendung sind also ontologisch in der Taufwirklichkeit grundgelegt und sie ergeben sich aus der inneren Dynamik der Taufe. Aufgrund dieser sakramententheologischen und ontologischen Begründung genügt es nicht, die Sendung der Laien rein funktional von der heutigen missionarischen Situation her zu begründen oder sie von einzelnen Funktionen oder Rechten her zu bestimmen.

Nach diesem grundsätzlichen Ansatz bei der Taufe (und der Firmung als Vollendung der Taufe) ging es dem Konzil darum, innerhalb der gemeinsamen Anteilnahme aller Christen die besondere Sendung der Laien zu bestimmen. Nach dem Konzil ist es »Sache der Laien, kraft der ihnen eigenen Berufung in der Verwaltung und gottgemäßen Regelung der zeitlichen Dinge das Reich Gottes zu suchen«. So ist ihnen der »Weltcharakter in besonderer Weise eigen.«[48] Diese Aussage wird oft benützt, um die Laien einseitig dem Weltdienst zuzuordnen. Das Konzil wollte mit dieser Aussage jedoch keine eigentliche Definition, sondern eher eine Beschreibung der Sendung der Laien geben.[49] Denn der Weltdienst ist keine ausschließliche Aufgabe des Laien. Das Konzil sagt daher sehr präzise, der Weltcharakter sei den Laien »in besonderer Weise«, das heißt nicht in ausschließlicher Weise eigen. Die Aufgabe der Durchdringung der Welt ist Aufgabe der gesamten Kirche. Der Ordinierte verliert durch die Ordination ja nicht, was er durch Taufe und Firmung empfangen hat. Es lässt sich deshalb kein Dualismus von einem Heilsdienst des Klerus und einem den Laien vorbehaltenem Weltdienst aufbauen. Es gilt vielmehr, in der »Verschiedenheit des Dienstes die Einheit der Sendung« zu wahren.[50]

An dieser Stelle wird die Schwierigkeit, ja die Unmöglichkeit deutlich, die Sendung des Laien innerkirchlich eindeutig abzugrenzen und zu definieren. Auch der Begriff ›christifideles‹, ›Christgläubige‹, gilt ja allen, die zum Volk Gottes gehören. Fügt man präzisierend hinzu, Laien seien die christifideles, die in der Welt und unter den gewöhnlichen Umständen des Lebens in der Welt in Ehe, Familie, Arbeitswelt, Kultur, Politik und anderem leben, so gilt das zwar von der überwiegenden Mehrzahl der Fälle. Aber die Aussage träfe auch auf die ständigen Diakone und die Priester, die nicht direkt in der Seelsorge, sondern früher etwa in der Politik, heute etwa im Bereich von Kultur und Wissenschaft tätig sind, zu. Grundsätzlich nehmen auch Priester und Bischöfe Weltverantwortung wahr. Sie sollen sich zwar in den konkreten politischen und anderen weltlichen Fragen zurückhalten, sie sind aber zuständig, wenn es um die grundsätzliche theologische Ausrichtung der weltlichen Bereiche und ihre sittliche Ordnung geht. Die vom Konzil herausgestellte legitime Eigenständigkeit der weltlichen Wirklichkeiten,[51] in denen vor allem die Laien zuständig sind, wird oft missverstanden, so als ob diese weltlichen Wirklichkeiten neutral wären und nicht durch den Dienst der Kirche durch Christus und im Heiligen Geist der Reinigung wie der Heiligung und der Ausrichtung auf den universalen Heilsplan Gottes bedürften.

Umgekehrt ist auch das kirchliche Amt in seinem Bereich auf die Mitwirkung der Laien angewiesen. Das Konzil hat ausdrücklich festgestellt, dass Laienchristen an bestimmten amtlichen Diensten Anteil haben können. Dies gilt von der Liturgie, der Katechese, der Theologie, der Diakonie und vom Gemeindeaufbau.[52] So gibt es Laien, die nicht ordiniert sind, aber an bestimmten Aufgaben der Ordinierten teilhaben und dies auch als Hauptberuf ausüben. Ohne solche Dienste und ohne den großmütigen ehrenamtlichen Einsatz von vielen Männern und Frauen in den genannten pastoralen Bereichen könnte das kirchliche Leben in vielen Fällen gar nicht mehr aufrechterhalten werden. So wenig also die Kleriker vom Weltdienst grundsätzlich und ganz ausgeschlossen sind, ebenso wenig sind die Gläubigen grundsätzlich von jeglicher Art der Anteilhabe am Priestertum des Dienstes ausgeschlossen.

So wie es im weltlichen Bereich keine Sammelbezeichnung gibt für die Bürger, die keine amtliche und hoheitliche Funktion ausüben – sie sind einfach Staatsbürger – so gibt es analog für die Laienchristen ohne amtliche kirchliche Funktion offensichtlich keinen strikten und exklusiven Sammelbegriff; sie sind einfach Kirchenglieder mit allen Rechten und Pflichten, die damit verbunden sind. Man kann lediglich eine Art typologische Beschreibung oder Arbeitsdefinition geben und sagen, dass es innerhalb der gemeinsamen Sendung aller Getauften die besondere und die normale Aufgabe der Laienchristen ist, die weltliche Wirklichkeit von innen zu heiligen, während es innerhalb der gemeinsamen Sendung das Proprium des besonderen Priestertums ist, die Laien zu dieser ihrer Aufgabe zuzurüsten *(Eph 4,12)*, das heißt, sie dazu geistlich zu inspirieren und zu motivieren, sie dabei zu begleiten und vor allem durch die Spendung der Sakramente zu stärken.

Damit ist das besondere Priestertum im wörtlichen Sinn ein sacerdotium ministeriale, ein Priestertum des Dienstes an der Aufgabe der in der Welt lebenden Christen.[53] Die kirchlichen Amtsträger sollen daher die eigene Würde der Gläubigen achten und auf deren Rat hören.[54] Dies gilt besonders für die weltlichen Fragen, in denen die in der Welt lebenden Christen zu Hause sind und ihre eigene Professionalität besitzen. Dies gilt in anderer Weise auch in Fragen des Glaubens. Denn jedem Getauften wurde der Heilige Geist gegeben und jeder ist von ihm belehrt *(1 Joh 2,27)*; allen Getauften ist darum der Glaubenssinn (sensus fidei) zu eigen.[55]

Schließlich und vor allem ist die Unterscheidung zwischen Geistlichen und Weltchristen hinfällig. Denn nach der Schrift sind alle Getauften ›Geistliche‹ und die Berufung zur Heiligkeit ist allen Getauften gemeinsam.[56] Auch die ›normalen‹ Christen, die in der Welt leben, sollen nicht von dieser Welt sein (vgl. *Joh 17,14f.*). Sie sollen sich vielmehr in ihrem weltlichen Dasein und Dienst selbst und die Welt heiligen. Auch die ›Weltchristen‹ sollen keine weltlichen oder gar verweltlichten Christen sein, sondern die weltliche Wirklichkeit von innen her heiligen; sie sollen Sauerteig sein in der Welt und die Welt mit dem Geist des Evangeliums durchdringen.

### Nachkonziliare Entwicklung

Die Aussagen des Konzils über Leben und Sendung der Laienchristen in der Kirche und in der Welt waren in den vorkonziliaren Erneuerungsbewegungen und in der Theologie vorbereitet; sie sind also keineswegs sozusagen vom Himmel gefallen. Aber für das allgemeine Bewusstsein wirkten sie dennoch irgendwie revolutionär, so als ob nun alle Unterscheidungen aufgehoben wären. Auch viele Priester wurden, wovon noch eigens die Rede sein wird, in ihrem Selbstverständnis verunsichert. Vor allem im Zusammenhang der Fundamentaldemokratisierungsdebatte nach 1968 wurde viel über Demokratisierung der Kirche und die Frage der Rechte der Laien diskutiert.

Die Bischofssynode von 1987 über *Berufung und Sendung der Laien in Kirche und Welt* sollte die aufgeworfenen Fragen klären und vertiefen. Das nachsynodale Schreiben *Christifideles laici* (1988) hat in der Tat einige Aspekte des Zweiten Vatikanischen Konzils weiter entfaltet. Es hat den Begriff Laien nicht, wie teilweise gefordert, aufgegeben, sondern versucht, ihn in positiver Hinsicht zu vertiefen. Es führte aus, »dass der Sinn des gesamten Lebens des Laien darin besteht, zur Erkenntnis der in der Taufe als Sakrament des Glaubens liegenden radikalen Neuheit des Christlichen zu gelangen, um der Berufung, die er von Gott empfangen hat, zu entsprechen und die damit verbundenen Pflichten zu erfüllen.« Um die ›Gestalt‹ des Laien zu beschreiben, greift dieses Schreiben deshalb auf die Taufe zurück: »Die Taufe erschafft uns neu zu einem Leben als Kinder Gottes, sie eint uns mit Christus und mit der Kirche, seinem Leib, sie salbt uns im Heiligen Geist und macht uns zu geistigen Tempeln.«[57]

So gehören die Laien nicht nur zur Kirche; sie sind Kirche. Sie sind es aufgrund der in der Taufe begründeten gemeinsamen Anteilhabe aller am Geheimnis und an der Sendung der Kirche, aber sie sind Kirche nur in Gemeinschaft mit dem Weihe- und mit dem Ordensstand. »Die gemeinsame Taufwürde ist dem Laien in einer Weise zu eigen, die ihn vom Priester und von den Ordensleuten zwar unterscheidet, aber doch nicht trennt.«[58]

Der Ruf nach Demokratisierung der Kirche geht statt vom communio-Gedanken von einem nichttheologischen und damit sachfremden Kriterium aus.[59] Dabei steht selbstverständlich außer Frage, dass die naturrechtlich begründeten Menschen- und Personenrechte auch in der Kirche Geltung haben.[60] Doch die Frage der Rechte der Laien in der Kirche kann nicht von den Kriterien der heutigen Demokratisierungsprozesse her diskutiert werden. Sie ergeben sich vielmehr einerseits aus der communio aufgrund von Taufe und Firmung und andererseits auf dem Weg des Rückschlusses aus dem Dienstcharakter des kirchlichen Amtes.[61] So haben Laien – ohne Anspruch auf eine vollständige Aufzählung – das Recht auf christliche Unterweisung und auf eine Verkündigung, in der sie die Lehre der Kirche und nicht private Ansichten des Predigers hören; sie haben, sofern sie dazu in der rechten Weise disponiert sind, das Recht, die Sakramente, besonders die heilige Eucharistie, nach der Ordnung der Kirche zu empfangen;[62] sie haben das Recht, sich in Glaubensfragen zu Wort zu melden und angehört zu werden; sie haben das Recht, am Aufbau des Volkes Gottes mitzuwirken und die zeitlichen Dinge im Geist des Evangeliums zu gestalten; sie haben als Eltern das Recht und damit auch die Pflicht, ihre Kinder christlich zu erziehen; sie haben das Recht, sich in kirchlichen Vereinen zusammenzuschließen.

Um dem communio-Charakter der Kirche und der gemeinsamen, in unterschiedlichen Diensten wahrzunehmenden Sendung und Verantwortung gerecht zu werden, gilt es, und das ist eine weitreichende

Folgerung, einen kommunikativen und partizipativen Stil des Lebens und der Leitung der Kirche zu entwickeln, der die Eigenverantwortung des Amtes ebenso ernst nimmt wie die Würde der Laien, die nie nur Objekt, sondern auch verantwortliches Subjekt der Heilssendung der Kirche sind. Es gilt, im geordneten Zusammenspiel aller Charismen und im Hören aller aufeinander dem Geist Gottes Raum zu geben und Gehör zu schenken.

Die Einheit der Sendung bei Unterscheidung und Nichtvermischung der unterschiedlichen Dienste erfordert Gremien gemeinsamer Beratung und Willensbildung.[63] Bischof Cyprian von Karthago hat diesen partizipativen und kollegialen Stil klassisch formuliert. Er schreibt, er wolle nichts ohne den Rat der Presbyter und ohne die Zustimmung des Volkes lediglich aufgrund eigener Ansicht tun, sondern nur aufgrund gemeinsamer Beratung und Prüfung entscheiden.[64] Dieselbe Weisheit findet sich in der Regel des heiligen Benedikt. Obwohl er die Stellung des Abtes sehr stark herausstellt, soll der Abt in wichtigen Angelegenheiten nichts entscheiden, ohne zuvor den Rat der Brüder angehört zu haben.[65] John Henry Newman hat diesen Gesichtspunkt in seiner Abhandlung *Über das Zeugnis der Laien in Fragen der Glaubenslehre* schön ausgeführt und gezeigt, dass es in der arianischen Krise des 4. Jahrhunderts nicht die Hierarchie, sondern die Laien waren, welche den wahren Glauben durchgetragen und gerettet haben.[66] Auch in der gegenwärtigen Krise ist es für die Kirche lebensnotwendig, dass das kirchliche Amt auf das Zeugnis der Laien, und dabei nicht nur auf die öffentliche und veröffentliche Meinung auch in der Kirche, sondern auch und besonders auf das Zeugnis der kleinen Leute, der Stillen im Land, der Beter und Beterinnen, der Jungen wie der Alten hört und deren Stimme ernst nimmt.

Leider hat man in der nachkonziliaren Diskussion nicht immer zwischen einer legitimen und einer illegitimen Entklerikalisierung unterschieden. Legitim ist es, dass weltliche Aufgaben in der Kirche wie Ökonomie, Verwaltung, Öffentlichkeitsarbeit, Erziehung, Bildung und andere, welche traditionell von Klerikern wahrgenommen wurden, heute dafür ausgebildeten Laien übertragen werden. Diese Aufgabenverteilung entspricht der spezifischen Laienverantwortung wie der zugenommenen Komplexität und Differenzierung in den genannten Bereichen. Etwas anderes ist es jedoch, wenn sich das Interesse auf eine möglichst extensive Teilnahme der Laien an den spezifischen Aufgaben des Amtes konzentriert. Das führt zur Gefahr einer Klerikalisierung der Laien und einer Laisierung des Klerus.[67] Durch eine solche, leider weit verbreitete kirchliche Binnenorientierung gerät die vom Konzil betonte Verantwortung für die Heiligung und Durchdringung der Welt und deren Ausrichtung auf den Heilsplan Gottes aus dem Blick – eine Aufgabe, welche gerade heute mehr als dringend ist.

## Laien im pastoralen Dienst

Nicht erst, aber besonders seit dem Konzil hat die Zahl der Laien zugenommen, welche hauptamtlich im pastoralen Dienst der Kirche stehen. Dies gilt schon länger und besonders in den Missionsgebieten von den Katecheten und Katechetinnen, aufgrund einer deutschen Sonderentwicklung von den Pastoral- und Gemeindereferenten/innen;[68] in den Vereinigten Staaten spricht man stattdessen von lay ecclesial ministers.[69] Es geht bei dieser Frage nicht um die Würde und die Sendung der Laien als solche, sondern um Laien, welche nach einer besonderen Ausbildung aufgrund eines ausdrücklichen, meist in liturgischer Form übertragenen kirchlichen Mandats auf Dauer an bestimmten Aufgaben teilhaben, welche nicht nur in traditioneller, sondern in spezifischer Weise Aufgaben des kirchlichen Dienstamtes sind.

Grundsätzlich sieht das Konzil solche Beauftragungen und entsprechende Mitwirkungsformen vor.[70] Man muss vielen, die diese Dienste tun, bescheinigen, dass sie ihn mit Hingabe tun und dass ihr Dienst schon viele gute Früchte getragen hat. Sie können als Christen, welche in der Welt leben und stehen, Aspekte heutigen Lebens in den kirchlichen Dienst einbringen und umgekehrt das Evangelium lebens- und weltnah aufschließen und bezeugen. Auch für solche ›Frischluftzufuhr‹ wird man dankbar sein.

In der Zwischenzeit haben diese Dienste aber einen Umfang angenommen, der weit über die ursprünglich vorgesehenen Not- und Sondersituationen hinausgeht und in sehr vielen Gemeinden zum Normalfall geworden ist. Damit stellen sich grundsätzliche Probleme. Manche rechnen Laien, die im Auftrag der Kirche beruflich voll im pastoralen Bereich tätig sind, de facto zum Klerus (Karl Rahner), andere plädieren für die Schaffung einer neuen Stufe innerhalb des Ordo, also eine neue Form des niederen Klerus (Peter Hünermann).

Beide Vorschläge sind theologisch problematisch. Denn abgesehen davon, dass diese Konzeptionen auf eine nur untergeordnete Stellung eines Ersatzamtes hinauslaufen und damit als Diskriminierung angesehen werden können, laufen sie auf eine neue Trennung von Weihe-, Leitungs- und Lehrvollmacht hinaus, die das Konzil zu Recht überwinden wollte.[71] Was als fortschrittlich gilt, entpuppt sich damit buchstäblich als Rückschritt zurück ins Mittelalter. Vor allem verdunkeln solche Mischformen die sakramentale Grundstruktur der Kirche. Damit verunsichert man die Priester und Priesteramtskandidaten wie die Laien selbst in ihrem jeweiligen Selbstverständnis. Das wiederum führt statt zu der wünschenswerten gedeihlichen Zusammenarbeit zu ungutem Profilierungs- und Kompetenzgerangel, zu Spannungen und am Ende zur Frustration auf allen Seiten.

Soll die Beauftragung von Laien zur hauptamtlichen Teilhabe an bestimmten Aufgaben des Amtes in verantwortlicher Weise Zukunft haben, was bezüglich der Katecheten unbestritten ist, und sollen dabei theologische Unklarheiten und ungute praktische Spannungen vermieden werden, dann empfiehlt es sich, hauptamtlichen pastoralen Diensten von Laien solche Bereiche der Pastoral anzuvertrauen, in denen Laien aufgrund von Taufe und Firmung in relativ eigenständiger Weise Verantwortung übernehmen können. Dazu gehören etwa Katechese, Bildungsarbeit, Caritas, Gruppenarbeit, missionarisches Zeugnis in kirchenfernen Milieus und anderes.[72] Das alles ist sinnvoll. Dagegen kann die Verkündigung bei der Liturgie (Homilie) und die Leitung von öffentlichen liturgisch ausgestalteten Wortgottesdiensten nicht ordentliche Aufgabe von Laien sein und Laien nur in außerordentlichen Einzelfällen übertragen werden. Schließlich ist es abwegig, an Berufsfragen einer Gruppe die grundsätzliche Frage der Stellung und der Wertschätzung der Laien aufzuzäumen. Die wirklichen und drängenden Herausforderungen liegen, wie gleich gezeigt werden soll, ganz anderswo.

### Ehe und Familie als herausgehobener Ort der Sendung der Laien

Die Verantwortung der Laien bezieht sich ihrer Natur entsprechend in einer besonderen und hervorgehobenen, wenngleich keineswegs in ausschließlicher Weise auf den Bereich von Ehe und Familie. Ehe und

Familie sind bereits in der Schöpfungsordnung grundgelegt *(Gen 1,27f.)*; sie sind Gottes gute Gabe und Ordnung und von Jesus Christus geheiligt worden *(Mt 19,3–9)*. Die Kirche versteht den Ehebund als sakramentales Zeichen des Bundes Gottes mit seinem Volk und des Bundes zwischen Christus und der Kirche *(Eph 5,21–33;* vgl. *Kol 3,18–21; 1 Petr 3,1–7)*. Das Konzil nennt die Familie eine Art Hauskirche.[73] Ehe und Familie sind die Grundzelle des kirchlichen wie des gesellschaftlichen Lebens; sie bauen die Kirche auf und bereichern sie.

In Ehe und Familie wird nicht nur das physische Leben weitergegeben, dort geschieht normalerweise auch die zweite, die soziale Geburt, die geistig-geistliche und kulturelle Formung des jungen Menschen, welche für den Aufbau der menschlichen Gesellschaft wie für die Kirche von grundlegender Bedeutung ist. In der Familie soll der christliche Glaube weitergegeben, gelebt und eingeübt werden. Ehe und Familie sind daher der herausgehobene Ort des sozialen und des kirchlichen Engagements der Laien.

Es geht in Ehe und Familie um die schöpfungsgemäße Bestimmung des Menschen, der als Mann und als Frau zu einer lebenslangen Partnerschaft berufen ist, welche ihre Erfüllung normalerweise in Kindern findet. Entsprechend ist das familiäre Glück auch heute für die meisten Menschen der Traum ihres Lebens. Darauf ruht der Segen Gottes *(Gen 1,28;* vgl. *2,22–24)*. Alternative Lebensgemeinschaften mögen manche Werte von Ehe und Familie in ähnlicher Weise verwirklichen. Da sie aber nicht der Ordnung Gottes in der Schöpfung entsprechen, entsprechen sie auch dem Menschen nicht. Auf ihnen ruht nicht der Segen Gottes; sie können deshalb weder dem Menschen noch der Gesellschaft zum Segen werden. Man darf sie gesellschaftlich nicht diskriminieren; gutheißen und segnen kann die Kirche sie aber nicht.[74] Würde sie es tun, würde sie unglaubwürdig in ihrer Aufgabe, zum Wohl der Menschen die von Gott gegebene Ordnung zu bezeugen.

Die gegenwärtige Krise von Ehe und Familie ist an der demographischen Entwicklung, an den Problemen der Erziehung und der christlichen Initiation von Kindern und Jugendlichen wie an der hohen Zahl der Ehescheidungen erschreckend deutlich abzulesen. Das ist eine Krise, welche die Zukunft der Gesellschaft und der Kirche von innen her bedroht. Wenn irgendwo, dann sind die Laien, Männer wie Frauen, in diesem Bereich besonders gefordert.

### Die Stellung der Frau in der Kirche

Mit der Frage der nach der Stellung der Laien steht heute sehr oft die Frage nach der Stellung der Frauen in der Kirche zur Diskussion.[75] Dies geschieht meist nicht ohne einen Unterton der Kritik an der katholischen Kirche. Dass es in der katholischen Kirche, freilich leider nicht nur hier, frauenfeindliche Tendenzen und Formen der Diskriminierung von Frauen gab und teilweise noch gibt, wird man ehrlicherweise nicht bestreiten können. Dass sich die Position der katholischen Kirche aber in dieser Frage bewegt hat und manche der gängigen Schablonen nicht mehr der Wirklichkeit entsprechen, sollte man ebenso wenig bestreiten.

Es bedeutete einen ersten amtlichen Durchbruch, als Papst Johannes XXIII. in der Enzyklika *Pacem in terris* (1963) das wachsende Bewusstwerden der Frau von ihrer Menschenwürde und ihre Teilnahme am öffentlichen Leben zu den ›Zeichen der Zeit‹ rechnete und die allgemeine Anerkennung ihrer Menschenrechte forderte.[76] Das Zweite Vatikanische Konzil hat diesen Impuls aufgegriffen und sich klar gegen jede Art von Diskriminierung und für die verantwortliche Mitarbeit von Frauen in der Kirche wie in der Gesellschaft ausgesprochen.[77] Es mahnte dafür zu sorgen, dass Frauen in der Kirche Raum und Gehör finden und Mitwirkungsmöglichkeit haben.[78] In der Schlusserklärung des Konzils heißt es: »Die Stunde kommt, die Stunde ist schon da, in der sich die Berufung der Frau voll entfaltet, die Stunde, in der die Frau in der Gesellschaft einen Einfluss, eine Ausstrahlung, eine bisher noch nie erreichte Stellung erlangt. In einer Zeit, in der die Menschheit einen so tiefgreifenden Wandel erfährt, können deshalb die vom Geist des Evangeliums erleuchteten Frauen der Menschheit tatkräftig dabei helfen, dass sie nicht in Verfall gerät.«

Verschiedene nachkonziliare Dokumente haben dieses Anliegen und den neuen Ton, der hier laut wurde, aufgegriffen und sich diesem Thema ausführlich zugewandt. Das gilt besonders von dem Apostolischen Schreiben von Papst Johannes Paul II., *Mulieris dignitatem, Über die Würde und Berufung der Frau* (1988)[79] und von dem aus der Synode über die Laien hervorgegangenen Dokument *Christifideles laici* (1988).[80] Alle diese Dokumente sprechen eine neue Sprache und atmen einen neuen Geist.

Schaut man von diesen neueren lehramtlichen Aussagen aus zurück zu den Quellen theologischer Rede, besonders zum Zeugnis der Bibel, dann wird man im Alten Testament wie noch im Neuen Testament Aussagen finden, welche die damalige patriarchalischen Kultur widerspiegeln. Man kann aber ebenso feststellen, dass schon das Alte Testament und erst recht das Neue Testament diese kulturbedingten Schemata sprengen. Bereits auf der ersten Seite des Alten Testaments wird in der Schöpfungserzählung gesagt, dass Gott Mann und Frau nach seinem Bild und Gleichnis geschaffen hat *(Gen 1,27)*. Beiden kommt damit die gleiche Würde zu, und die Frau besitzt die gleiche Gottunmittelbarkeit wie der Mann.

So kennt das Alte Testament große und herausragende Frauengestalten, die in entscheidenden Momenten der Geschichte Israels mutig eingegriffen haben und eigenständiges Subjekt in der Heilsgeschichte waren: Sara, Hagar, Lea, Rebekka, Rahel, Debora, Mirjam, Hanna, Ester, Judit und andere. Im Neuen Testament muss an erster Stelle Maria, die Mutter des Herrn und die Mutter der Kirche, genannt werden. Sie hat mit ihrem Ja-Wort für die gesamte Menschheit gehandelt; in ihr war die Kirche schon da, noch bevor die ersten Männer überhaupt berufen waren; sie ist bleibendes Urbild der Kirche und des Christseins.[81]

Die Art, wie Jesus selbst Frauen begegnete und mit Frauen umging, wurde in der damaligen Umwelt als neu empfunden. Es wird berichtet, dass die Jünger sich wunderten, dass er mit einer Frau sprach *(Joh 4,27)*; kein damaliger Rabbi tat dies. Besonders eindrucksvoll, ja für seine Gegner schockierend, war sein Umgang mit Sünderinnen und Ehebrecherinnen *(Lk 7,36–50 par.; Joh 8,1–11; 12,3–8)*. Auf seinen Wanderungen wird er auch von Frauen begleitet, die ihn unterstützen; unter ihnen ragt Maria von Magdala besonders hervor *(Lk 8,2f.)*. Eine persönliche Freundschaft scheint ihn mit den beiden Schwestern des Lazarus, Maria und Martha, verbunden zu haben *(Lk 10,38–42; Joh 11,1f.)*. Dabei zeigt gerade dieses Verhältnis, dass die Frau von Jesus nicht bloß als Dienstmagd, sondern als den Jüngern ebenbürtige, nachdenkliche Hörerin seines Wortes gesehen wird. Tapfere Frauen waren es, die ihn bis unters Kreuz begleiteten *(Lk 23,49.55)*; sie waren auch die ersten Zeuginnen der Auferstehung *(Mk 16,1–8 par.; Joh 20,1f.11–18)*. Maria von Magdala wird deshalb oft als Apostolin der Apostel bezeichnet.

Die wichtigste Aussage Jesu ist in diesem Zusammenhang sein

Wort über die Unauflöslichkeit der Ehe und die Lebensform der Ehelosigkeit um des Himmelreiches willen *(Mt 19,3–12)*. Mit diesem Wort hebt Jesus die doppelte Moral auf, wonach der Mann die Frau aus der Ehe entlassen kann, nicht jedoch die Frau den Mann. Diese Ungleichheit von Mann und Frau ist für Jesus Ausdruck der Hartherzigkeit; sie entspricht nicht dem ursprünglichen Schöpfungswillen Gottes. Nach Jesus steht die Frau nicht in der Verfügung des Mannes; beide stehen gemeinsam unter der Verfügung Gottes. Das Wort von der Ehelosigkeit um des Himmelreiches willen geht noch einen Schritt weiter. Es entbindet vom Zwang des Heiratenmüssens und von der schicksalhaften Rolle der Frau als Ehefrau. Mit diesem Wort ist die Frau ›jemand‹ auch ohne den Mann; sie hat einen eigenen ›Stand‹; sie ist auch als unverheiratete Frau ohne Mann angesehen und geachtet. Das bedeutet keine Abwertung, sondern eine Aufwertung der Ehe. Denn die Ehe ist damit weder für den Mann noch für die Frau eine gesellschaftlich fast zwanghafte Notwendigkeit; sie ist nun eine frei gewählte Möglichkeit neben der der Ehelosigkeit (vgl. auch *1 Kor 7,32.24*).

Auf der Grundlage solcher jesuanischen Aussagen und seiner eigenen Praxis ist es nicht verwunderlich, dass Frauen in der frühen Kirche für die Ausbreitung des Christentums und beim Aufbau der Gemeinden eine wichtige Rolle spielten. Paulus nennt in seinen Briefen viele Namen von Frauen, die ihn auf seinen Reisen unterstützten und die in den frühen Gemeinden eine wichtige Rolle gespielt haben, etwa Lydia, die nach ihrer Bekehrung zum Mittelpunkt einer Hausgemeinde wurde *(Apg 16,14f.)*. Für Paulus sind diese Frauen nicht anonyme Wesen, er nennt sie mit Namen und dankt ihnen persönlich: das Ehepaar Priska und Aquila, Phöbe und viele andere *(Apg 18,26; Röm 16,1–16; 1 Kor 16,19; Phil 4,2f.; Kol 4,15; 1 Tim 5,3–18)*.[82]

Paulus war nicht der Frauenfeind als der er manchmal gezeichnet wird.[83] Für ihn gilt in Christus nicht mehr Mann oder Frau. Auch wenn die natürlichen schöpfungsmäßigen Unterschiede weiter bestehen, haben sie doch ihre trennende und diskriminierende Bedeutung verloren *(Gal 3,28)*. In *1 Kor 11,11* sagt er, es sei weder die Frau ohne den Mann, noch der Mann ohne die Frau; auch wenn die Frau nach dem Bericht der Genesis aus dem Mann stammt, so kommt doch der Mann durch die Frau zur Welt. In *Eph 5,23* übernimmt Paulus zwar die patriarchalische Hausordnung, nach der die Frauen den Männern untertan sein sollen, aber er korrigiert sie zugleich, indem er sagt, die Männer sollen ihre Frauen lieben, wie Christus die Kirche geliebt hat, ja die Männer sollen ihre Frauen so lieben wie ihren eigenen Leib *(5, 25.28)*. Paulus geht noch weiter. Er beschreibt die Kirche mit fraulichen Bildern. Die Kirche ist ihm die Braut Christi *(2 Kor 11, 2)*. Die Frau und das frauliche Wesen charakterisiert also die kirchliche Gemeinschaft insgesamt. Die Frau wird so Symbol der Kirche und drückt die Seele der Kirche, ihre brautliche Liebe zu Christus, aus. Die hingebende Frömmigkeit vieler Frauen ist in der Tat auch heute für viele Männer, auch für viele Priester, Vorbild und Halt.

Auch aus der späteren Kirchengeschichte sind viele große und herausragende Frauengestalten zu nennen, die einen eigenständigen Beitrag zur Mission und zur Frömmigkeitsgeschichte geleistet haben: Monika, die Mutter des Augustinus, Makrina, die Schwester des Basilius, Scholastika, die Schwester des heiligen Benedikt, Olga von Kiew, Walburga und Lioba, Hildegard von Bingen, Hedwig von Schlesien und Hedwig von Krakau, Elisabeth von Thüringen, Birgitta von Schweden, Katharina von Siena, Jeanne d'Arc, Rosa von Lima, Teresa von Ávila, Mary Ward, Margarete Maria Alacoque, Elisabeth Seton, Jeanne Françoise de Chantal, Thérèse de Lisieux, Edith Stein, Mutter Teresa von Kalkutta und viele andere. Man kann die Geschichte der Kirche nicht schreiben, ohne diese und viele andere Frauen zu erwähnen und zu würdigen. Unter ihnen waren immer wieder mutige Frauen, welche so, wie Maria von Magdala an Ostern den in Niedergeschlagenheit versunkenen Aposteln die Botschaft der Auferstehung brachte, die Priester, Bischöfe und auch Päpste aufgerüttelt und aufgemuntert haben.

Auf der anderen Seite können diese überzeugenden und großen christlichen Frauengestalten nicht darüber hinwegtäuschen, dass sich in der Geschichte der Theologie wie im Kirchenrecht sehr oft Aussagen und Bestimmungen finden, welche die Frau in Abhängigkeit von heute überholten, zeit- und kulturbedingten Anschauungen gegenüber dem Mann abwerten, benachteiligen und diskriminieren. Teilweise wirken solche Diskriminierungen, auch wenn sie meist nicht mehr öffentlich ausgesprochen werden, bis heute in der Mentalität und in der Praxis nach. Das entwertet die genannten Beispiele und die zitierten neueren Lehraussagen nicht, sondern macht sie zu einem Impuls, um eine Änderung der Mentalität wie der Praxis zu erreichen.

Schauen wir uns die heutige Lehrverkündigung der Kirche an,

dann geht sie von den in den beiden Schöpfungsberichten der Genesis gemachten Aussagen über die Würde und Stellung der Frau aus. Sie bezeugen klar die gleiche Würde von Mann und Frau. Beide sind nach Gottes Bild und Gleichnis geschaffen und darum einander ebenbürtig *(Gen 1, 27)*. Der Frau kommen darum die gleichen Menschenrechte zu wie dem Mann. Aufgrund ihrer Gottunmittelbarkeit kann man die Frau weder auf den Mann hin noch von ihm her, sondern beide nur von Gott her und auf ihn hin definieren. Noch weniger geht die personale Würde einer Frau in ihrer Rolle als Frau, Mutter, Partnerin und Kollegin oder gar als bloße Arbeitskraft auf. Dieser ersten Aussage fügen die Schöpfungsberichte eine zweite hinzu: Mann und Frau sind aufeinander hin geschaffen; sie sollen sich ergänzen, eins miteinander und in ihren Kindern fruchtbar werden *(Gen 2, 24)*. Die gleiche Würde bedeutet also nicht eine abstrakte Gleichheit, sondern Ebenbürtigkeit in Gegenseitigkeit und Komplementarität. Damit wird die Frau zur Gefährtin des Mannes, der Mann zum Gefährten der Frau. Für uns heute ergibt sich daraus eine partnerschaftliche Verhältnisbestimmung von Männern und Frauen.

Diese Partnerschaft und Komplementarität darf nicht auf leiblich-sexuelle Partnerschaft oder, wie seit der Romantik üblich, von vermeintlich typischen fraulichen oder männlichen Eigenschaften her bestimmt werden. Sie ist gesamtmenschlich, das heißt leiblich und seelisch zu verstehen. Leib und Seele bilden eine Einheit; die Seele ist Wesensform des Leibes und der Leib Realsymbol des Geistes. Daraus ergibt sich, dass das Frausein wie das Mannsein schöpfungsmäßig und naturhaft vorgegeben und zugleich zur Verantwortung und zur kulturellen Gestaltung aufgegeben sind. Die vorgegebene biologische sexuelle Bestimmtheit (sex) kann kultur- und sozialgeschichtlich zu variablen kulturellen und soziologischen Rollen (gender) ausgestaltet werden. Man kann darum keine Frau auf ein bestimmtes geschichtliches Frauenbild festlegen. Das bedeutet keine Beliebigkeit oder gar einen Freibrief für Manipulationen jeder Art. Denn die unterschiedliche leibliche Bestimmtheit von Mann und Frau ist in einer leiblich-geistig ganzheitlichen Sicht nicht gleichgültig für die Entfaltung des Personseins. Die Vergleichgültigung oder Manipulation der leiblichen Dimension läuft auf eine gnostische oder cartesianische Dualität von Körper und Geist hinaus, die dem ganzheitlichen und personalen Ansatz der christlichen Anthropologie widerspricht.[84]

Erst vor dem Hintergrund der gesamtmenschlichen, leib-seelischen und personalen Bestimmung des Geschlechterverhältnisses kann man die uns heute weithin fremd gewordene biblische Geschlechtersymbolik verstehen. Für sie ist das Verhältnis von Mann und Frau Gleichnis für das brautliche Verhältnis von Christus und Kirche *(Eph 5,32)*.[85] In diesem Sinn wird die Frau in der Bibel geradezu zum Symbol und zur Repräsentantin der Kirche als Braut Christi. So wird deutlich, dass die Frau als Frau ›jemand‹, ein eigenständiges und eigenverantwortliches Subjekt in der Kirche ist. Sie hat durch ihr eigenes frauliches Wesen der Kirche etwas zu geben und zu sagen, was der Kirche ohne sie fehlen würde. Johannes Paul II. spricht deshalb von der prophetischen Bedeutung der Frau als Frau.

Es wäre darum wichtig, dass das Leben in den Gemeinden und auf allen Ebenen des kirchlichen Lebens seine weitgehend männlich geprägte Gestalt verlieren und die weibliche Dimension mehr zum Zug kommen lassen würde. Gebete, Lieder, Gottesdienstgestaltung und der ganze Stil kirchlichen Lebens müssen empfänglich werden für Erfahrungen von Glück und Leid, Freude und Schmerz von Frauen; theologische Lehrsätze müssen ergänzt werden durch Bilder und Symbole, die das konkrete Leben und die Erfahrungen von Frauen widerspiegeln.

Dabei können Frauen je nach ihrer Berufung ihr Mensch-, Christ- und Kirchesein in unterschiedlicher Weise leben. Ausgehend von der Schöpfungs- und Erlösungsordnung schätzt die Kirche die Frau als Ehefrau und als Mutter. Als Eva ist die Frau Mutter aller Lebendigen *(Gen 3,20)*. Die Sorge, die affektive Beheimatung und die menschliche und christliche Erziehung von Kindern sind gewiss Vätern und Müttern gemeinsam anvertraut, aber doch ein besonderer elementarer, gesellschaftlicher und kirchlicher Dienst der Frau, der kirchliche und gesellschaftliche Anerkennung verdient. Die Kirche schätzt ebenso die Würde und den Beitrag der Frauen, die freiwillig oder durch ihr Schicksal bedingt ehelos leben, besonders der Frauen, welche innerhalb oder auch außerhalb von Ordensgemeinschaften nach den Räten des Evangeliums leben und damit in der Erziehung und in der Caritas, oft in der Sorge für die Ärmsten der Armen einen wertvollen und unersetzbaren Dienst in der Kirche und in der Gesellschaft leisten. Frauen können und sollen also über den familiären Bereich hinaus öffentlich in der Kirche wie in der Gesellschaft in verantwortlicher Weise tätig sein.

Das Leben in den Gemeinden ist heute ohne das verantwortliche ehrenamtliche und hauptamtliche Engagement von Frauen in der Gemeindearbeit, in Katechese, Familien-, Kranken- und Altenseelsorge und noch vielem mehr gar nicht mehr denkbar. Dieses Engagement verdient es, viel mehr anerkannt zu werden, als dies gewöhnlich geschieht. Vieles ist in den letzten Jahrzehnten auch auf ›höheren‹ Ebenen weithin selbstverständlich geworden und verdient weiterhin gefördert zu werden: Frauen sind heute nicht nur in dem als typisch fraulich geltenden karitativen Bereich tätig, sondern auch in der Theologie, in verantwortlichen Positionen der Kirchenleitung als Ordinariatsrätin, Kanzlerin, Richterin, Leiterin der diözesanen Caritas, Verantwortliche für den Bereich Bildung und Erziehung und anderes. Auch in der römischen Kurie könnten qualifizierte Frauen in verantwortlichen Stellungen einen neuen Stil und neue Perspektiven einbringen und die dort oft herrschende klerikalistische Sonderwelt und Atmosphäre überwinden helfen. Es ist deshalb abwegig und selbst wiederum eine klerikalistisch verengte Sicht, das Thema Frau in der Kirche nur an der Frage der Frauenordination festmachen zu wollen.[86]

Wenn nicht alles täuscht, stehen wir in der Frage der Stellung und Sendung der Frau in der Kirche erst am Anfang einer Entwicklung. Es bedarf wohl erst noch charismatischer und prophetischer Frauengestalten, welche mit Phantasie und mit Mut und auch mit Zähigkeit und Geduld neue Formen und Wege des Dienstes der Frau in der Kirche weisen, sie exemplarisch leben und damit das kirchliche Leben bereichern. Als beispielhaft kann das bewegte Leben und Wirken der Maria Ward († 1645) gelten.[87] Als sie den Orden der Englischen Fräulein (heute: Congregatio Jesu) gründete, die als Nonnen nicht in klösterlicher Abgeschlossenheit, sondern nach der entsprechend angepassten Regel des Ignatius von Loyola lebten, begegnete sie vielen Widerständen und Anfeindungen nicht zuletzt aus den Reihen der Jesuiten selbst. Sie hat nicht aufgegeben und sich durchgesetzt. Aber erst mehr als 50 Jahre nach ihrem Tod wurde der Orden kirchlich anerkannt. Inzwischen ist die Seligsprechung der Maria Ward näher gerückt, aber sie lässt noch immer auf sich warten.

Das zeigt nochmals: Wir haben es bei dem Thema Frau in der Kirche mit einem Thema zu tun, das noch längst nicht abgeschlossen ist und in dem noch vieles getan werden kann und auch getan werden muss – im Interesse der Frauen, aber ebenso im Interesse der Kirche, die auf das Charisma der Frauen nicht verzichten kann. Nur wenn die Kirche dem Charisma der Frau Raum gibt, findet sie selbst zur vollen Verwirklichung ihrer Katholizität und ihres eigenen Wesens als Braut Jesu Christi. Nur als partnerschaftliche Gemeinschaft von Männern und Frauen kann sie Strahlkraft haben in der Welt von heute.

## *5.3 Ämter als Dienste an der communio*

### Amt als Dienst

Mit der Hervorhebung der Würde und der Sendung der Laien in der Kirche stellt sich die Frage nach den Ämtern in der Kirche, nach ihrer Begründung wie nach der konkreten Art der Ausübung ihrer Sendung und ihrem Verhältnis zur Sendung der Laien. Fragt man freilich im Neuen Testament nach Begründung und Verständnis von Amt und Ämtern in der Kirche, dann steht man sofort vor der grundsätzlichen Schwierigkeit, dass das Neue Testament unseren Begriff Amt im Sinn einer mit bestimmten Kompetenzen ausgestatteten gesellschaftlichen Position nicht kennt. Alle Begriffe, welche sich in der damaligen griechischen Sprache dafür anbieten (ἀρχή, τιμή, τέλος, λειτουργία) werden im Neuen Testament nicht für Gemeindefunktionen gebraucht.[88]

Statt den in der damaligen Sprache zur Verfügung stehenden Begriffen spricht das Neue Testament von Dienst (διακονία). Es benützt also einen Begriff, der in eine ganz andere Richtung weist als der Begriff ›Amt‹. Denn Diakonie bedeutet nicht Ausübung von Rechten und Kompetenzen, nicht Herrschaft, sondern hilfsbereites Handeln und Verhalten, wie es dem in dieser Hinsicht geradezu revolutionären Vorbild Jesu entspricht *(Lk 22, 27)* und wie er es seinen Jüngern im Unterschied zum Herrschen und Beherrschen ausdrücklich aufgetragen hat. »Bei euch soll es nicht so sein!« *(Mk 10, 43 par.)*.[89] Der neutestamentlich verstandene Dienst muss freilich in einem umfassenden Sinn verstanden werden. Er geht über den caritativ-sozialen Bereich hinaus; er meint nicht nur den Dienst an den Tischen, sondern auch den Dienst des Wortes *(Apg 6, 2.4)* sowie den Auftrag, das Gedächtnis des bis in den Tod sich hingebenden Dienstes Jesu gegenwärtig zu machen. »Tut dies zu meinem Gedächtnis!« *(Lk 22,19; 1 Kor 11,24).*

Doch auch mit Hilfe des Begriffs Diakonia finden wir im Neuen Testament keine einheitliche Ämter- beziehungsweise Dienstordnung und keine feste Dienststruktur. Eine solche hat sich auf der Spur der späteren Schriften des Neuen Testaments erst in der dritten Generation herausgebildet. Im Neuen Testament begegnet uns eine Kirche im Werden. Aus der Rekonstruktion, soweit das möglich ist, dieses Werdeprozesses ergeben sich einige Motive, die nicht nur für den Anfang maßgebend waren, sondern auch für die spätere Kirche grundlegend sind. Letztlich ist die Kirche ja immer unterwegs und sie ist es heute in einer ganz neuen und in mancher Hinsicht geradezu dramatischen Weise. Ihr geschichtlicher Weg ist freilich keine Fahrt ins Blaue. Das Neue Testament gibt ihr für diesen Weg zwar keine detaillierte Landkarte, wohl aber eine Art Kompass an die Hand.

### Grundlegung in der Jüngerberufung Jesu

Jesus hat sich mit seiner Botschaft vom kommenden Reich Gottes und mit seinem Ruf zum Glauben und zur Umkehr an das ganze Volk gewandt *(Mk 1,15).* Aber er hat nur bestimmte Auserwählte in seine engere Nachfolge berufen. Diese Berufung war radikal. Zu ihr gehörte die Lösung vom Beruf *(Mk 1,18; 2,14),* von der Familie *(Mt 8,21f.; 10,37)* und von Besitz *(Mk 10,17–22).* Aus der großen Zahl seiner Jünger wählt Jesus wiederum zwölf namentlich genannte Jünger (μαθηταί) in besonderer Weise aus. Er berief sie in seine engere Nachfolge, um sie dann auszusenden. Von dieser engeren Jüngerberufung geben alle vier Evangelien einmütig Zeugnis *(Mk 1,16–20 par.; 3,13–19 par.; Joh 1,35–51).*[90]

*Mk 3,13–19* berichtet, wie Jesus angesichts des Andrangs des Volkes auf einen Berg steigt, um zu beten. So tat er es immer, wenn wichtige Entscheidungen anstanden. Dann rief er die zu sich, »die er wollte«. Die Berufung der »Zwölf«[91] zur besonderen Jüngerschaft ist also ein hoheitlicher Akt der freien und souveränen Erwählung. Die Jünger melden und bewerben sich nicht selbst als Jünger. Der an sie ergehende Ruf ist ein wirksames Wort, das die Jünger erst zu Jüngern macht. Es heißt: »er machte« (ἐποίησεν), das heißt er schuf sie zu seinen Jüngern. Die Freiheit der so Gerufenen wird damit nicht ausgeschaltet;

sie müssen dem Ruf freiwillig folgen. Von ihnen heißt es: »sie kamen zu ihm«. Diese Entscheidung ist radikal. Sie lassen alles hinter sich: Haus, Familie und Brotverdienst und teilen Jesu Wanderleben. Diese Radikalität geht weit über das hinaus, was die Rabbiner der damaligen Zeit von ihren Jüngern verlangten.

Auf die Berufung folgt die doppelte Zielbestimmung der besonderen Jüngerschaft: Die Jünger sollen bei Jesus und in seiner Gemeinschaft sein, um dann ausgesandt zu werden. Sammlung und Sendung gehören also zusammen. Die Sendung kann nur aus der persönlichen Gemeinschaft mit Jesu heraus gelebt und wahrgenommen werden. Schließlich werden die Jünger einzeln mit Namen genannt. Sie sind nicht anonyme, auswechselbare, unpersönliche Funktionäre. Sie haben einen Namen; sie stehen und haften mit ihrer Person für ihre ›Sache‹. Sie sind Zeugen, die mit ihrer ganzen Person für das stehen, was sie bezeugen. Nur als Zeugen können sie auch überzeugen; nur als solche können sie Menschen gewinnen, das heißt Menschenfischer sein *(Mk 1,17)*.

Wahrscheinlich hat Jesus selbst seine Jünger noch nicht als Apostel bezeichnet.[92] Die Berufung in die engere Jüngerschaft bedeutet noch keine Einrichtung von bestimmten Ämtern; sie wurde aber nach Ostern zur Grundlage für das Apostelamt. Nach Ostern hat der erhöhte Herr die Zwölf in alle Welt ausgesandt, um das Evangelium zu verkünden, zu taufen und alle zu Jüngern zu machen *(Mt 28,16–20;* vgl. *Mk 16,15–18; Joh 20,21–23; Apg 1,8)*. Die Sendung soll gelten bis ans Ende der Welt *(Mt 28,20)*. Doch die Apostel waren sterblich. So müssen nach ihrem Tod andere in ihre Sendung eintreten und ihren Auftrag weiterführen. Diese ›anderen‹ sind keine Apostel, denn das Apostelamt ist einmalig und geht auf die unmittelbare Sendung durch den Auferstandenen zurück. So sind diese ›anderen‹ keine neuen Apostel. Sie üben nur gewisse apostolische Funktionen aus. Sie haben nicht das Apostelamt, sondern ein apostolisches Amt. Nur in diesem analogen Sinn können sie als Nachfolger der Apostel bezeichnet werden.

## Apostolische Kirche im Werden

Wenn man die Frage stellt, wer diese anderen sind, welche nach dem Zeugnis des Neuen Testaments die apostolischen Funktionen nach den

Aposteln ausüben, dann erhält man im Neuen Testament keine einheitliche Antwort.[93] Am Anfang war die Autorität der Apostel noch so unmittelbar präsent, dass sich die Frage einer klaren Ämterordnung erst gegen Ende der apostolischen Zeit und in der unmittelbar nachapostolischen Zeit stellte. Die Entwicklung ist anfangs offensichtlich unterschiedlich verlaufen und hat erst in der zweiten und dritten Generation zu festen institutionellen Formen geführt.

Auch wenn es in der Anfangszeit noch keine einheitlichen Gemeinde- oder Ämterstrukturen gab, ist es doch unbestreitbar, dass es von Anfang an in den Gemeinden besondere Dienste gab, die man als Gemeindeämter bezeichnen kann. Von einer rein charismatischen Anfangszeit, aus der sich erst später mehr institutionelle Formen entwickelt haben, kann nicht die Rede sein. Auch die Situation der Gemeinde von Korinth, auf die man oft verweist, kann nicht für die These von einer anfänglich rein charismatischen Ordnung angeführt werden. Die Charismenliste in *1 Kor 12,28* weist eine klare Struktur auf: Es werden ausdrücklich an erster Stelle die Apostel, an zweiter die Propheten, an dritter die Lehrer genannt. Bei ihnen handelt es sich offensichtlich um für die Gemeinde konstitutive Dienste. Darauf folgen andere Charismen, welche mit »außerdem« eingeführt werden und denen offenbar nicht die gleiche Bedeutung zuerkannt wird. Neben den Aposteln, Propheten und Lehrern werden Hirten genannt; sie spielten in der Frühzeit in anderen Gemeinden eine wichtige Rolle *(Apg 13,1; Eph 4,11)*. Wir haben es hier offensichtlich mit einer relativ verbreiteten frühen Konstellation zu tun.

In der Jerusalemer Urgemeinde lag die Leitung anfangs bei den zwölf Aposteln (*Apg 1,42; 4,33.36f.; 5,2; 6,6; 8,14* u.a.), unter denen Simon/Petrus als die entscheidende Autorität besonders hervorragte.[94] Mit ihm verbunden tritt mehrfach Johannes hervor *(Apg 3,1–11; 4,13.19)*. Später begegnen wir den drei »Säulen«, Jakobus, Kephas und Johannes, als den in der Gemeinde besonders Angesehenen *(Gal 2,9)*. Nach dem Weggang des Petrus von Jerusalem war dort Jakobus für die Jerusalemer Gemeinde zuständig (*Apg 12,7; 15,13; 21,7* u.a.); auch er konnte sich auf eine unmittelbare Beauftragung durch den Auferstandenen berufen *(1 Kor 15,7)*.

Schon früh hören wir, dass die Apostel, als die Belastungen anwuchsen und in der Gemeinde eine Spaltung drohte, durch Handauflegung die »Sieben« als Gehilfen eingesetzt haben. In diesem Zusammenhang ist von Dienst (διακονία) die Rede; dennoch kann man die Sieben nicht als Diakone im späteren Sinn verstehen. Man wird sie eher als Leiter der hellenistischen heidenchristlichen Gemeinden verstehen müssen *(Apg 6,1–7)*. Jedenfalls kann man ihren Dienst nicht auf den Dienst an den Tischen beschränken. Besonders Stephanus wirkte als charismatisch begabter Evangelist *(Apg 6,8–60)*. Philippus wirkte als Missionar und Katechet und spendete die Taufe *(Apg 8)*. In der frühchristlichen Literatur werden die Diakone an der Seite der Bischöfe genannt (*Phil 1,1;* Didache 15,1f.), und noch später werden an sie ähnliche Anforderungen gestellt wie an die Bischöfe *(1 Tim 3,1–7; 3,8–12)*.

Paulus hat nach der Darstellung der Apostelgeschichte überall, wohin er kam, durch Handauflegung und unter Fasten und Gebet Älteste (πρεσβύτεροι) bestellt *(Apg 14,23)*. Im Praeskript des Philipperbriefes hören wir außerdem von Episkopen und Diakonen in der dortigen Gemeinde *(Phil 1,1)*. Man wird beiden Titeln noch nicht die spätere Bedeutung geben dürfen. Der Unterschied zwischen den presbyteroi und den episkopoi scheint anfangs fließend gewesen zu sein. Als Paulus unter Voraussicht seines Todes bei seinem Abschied von Milet vom Heiligen Geist bestellte Hirten benannte, werden diese sowohl als episkopoi wie als presbyteroi bezeichnet (vgl. Vers 17 mit Vers 28).

Im Allgemeinen geht man davon aus, dass die Gemeindevorsteher im hellenistisch-judenchristlichen Milieu in Anknüpfung an die entsprechende synagogale Institution presbyteroi genannt wurden *(Apg 14,23; 15,2; 20,17.28; 21,18; Jak 5,14; 1 Tim 5,17.19; Tit 1,5; 1 Petr 5,1)*. Im griechisch sprechenden heidenchristlichen Raum ist dagegen von den episkopoi die Rede, das heißt wörtlich von Aufsehern, also von Leuten, welche die Auf- und Übersicht haben *(Apg 20,28; Phil 1,1; 1 Tim 3,1f.)*. Auffallend ist dabei, dass der Titel episkopos in den Pastoralbriefen immer in der Einzahl vorkommt, während von den Presbytern in der Mehrzahl gesprochen wird. Die Presbyter scheinen eine Art Senat, das heißt einen Ältestenrat gebildet zu haben. Ob man darin schon einen Hinweis auf die Entwicklung zum Monepiskopat sehen darf, ist umstritten.

Sowohl die presbyteroi wie die episkopoi werden im Neuen Testament mit Hilfe des Begriffs des Hirten näher bestimmt *(Apg 20,28; Eph 4,11; 1 Petr 2,25; 5,2)*. Als Pastoren, das heißt Hirten, kommt ihnen ein pastoraler Dienst zu. In diesem Sinn wendet sich der 1. Petrusbrief mit einer Mahnung eindringlich an die Ältesten: »Sorgt als Hirten für die euch anvertraute Herde Gottes, nicht aus Zwang, sondern freiwillig, wie Gott es will; auch nicht aus Gewinnwucht, sondern aus Neigung; seid nicht Beherrscher eurer Gemeinden, sondern Vorbilder für die Herde« *(1 Petr 5,2f.)*.

Schaut man auf den Kontext aller dieser unterschiedlichen Aussagen, dann ist es kaum möglich, diese Dienste als rein funktionale Dienste zu verstehen. Die Tatsache, dass ihre Indienstnahme unter Handauflegung und Gebet geschieht, spricht gegen ein solches funktionales Verständnis. Denn die Handauflegung (ἐπίθεσις τῶν χειρῶν) ist nach alttestamentlich-jüdischer Tradition (vgl. *Num 27,18–23*) nicht nur ein äußerer, rein rechtlich zu verstehender Gestus. Sie bedeutet die Übertragung von Segen und Vollmacht; sie schenkt eine Gabe des Geistes, den Geist der Kraft, der Liebe und der Besonnenheit *(2 Tim 1,6f.*; vgl. *1 Tim 4,14; 5,22)*. So ist die Handauflegung Fachausdruck für die Ordination als Übertragung eines Amtscharismas.[95] Die Institution und das sakramentale Verständnis der Ordination sind damit schon im Neuen Testament grundgelegt.

Die Pastoralbriefe und der 1. Petrusbrief gelten heute unter den Exegeten im Allgemeinen als nicht von den Aposteln selbst, sondern von ihren Schülern geschrieben. Aber diese – in der damaligen Welt übliche – Pseudepigraphie ist in theologischer Hinsicht ein Hinweis darauf, dass es von Anfang an und eigentlich problemlos das gab, das man später als apostolische Nachfolge bezeichnete. An einigen Stellen reflektiert das Neue Testament selbst über diesen Übergang. In der Abschiedsrede des Paulus in Milet schaut der Apostel auf die nachapostolische Zeit voraus. Er bestimmt, dass die Episkopen beziehungsweise Presbyter nach seinem Weggang die Herde weiden sollen *(Apg 20,28f.)*. Man kann diese Abschiedsrede des Paulus als sein Testament für die nachapostolische Zeit bezeichnen. Nach den Pastoralbriefen hat Paulus dem Timotheus und Titus den Auftrag gegeben, durch Handauflegung ihren Dienst weiterzugeben *(1 Tim 4,14; 2 Tim 1,6; Tit 1,5)*.

Die Einsetzung der Hirten der Gemeinden hat nicht nur eine ›horizontale‹ Dimension. Letztlich ist es der erhöhte Herr selbst, der die Kontinuität verbürgt. Er ist es, der in der Kirche Hirten einsetzt *(Eph 4,11)*. So sind die Gemeindedienste mehr als eine bloß kirchliche oder gemeindliche Einrichtung; sie sind letztlich christologisch und pneumatologisch begründet. Schon im Alten Testament wird Gott selbst als Hirte seines Volkes, im Neuen Testament Jesus als Hirte *(1 Petr 5,4)* und als Hirt und Bischof der Seelen bezeichnet *(1 Petr 2,25)*. Er ist es, der als der Erhöhte die Herde sammelt. So kann der Apostel Paulus von Mitarbeitern (συνεργοί) Gottes sprechen *(1 Kor 3,9; 1 Thess 3,2;* vgl. *2 Kor 1,24)*. Das alles macht deutlich: Die Hirten tun ihren Dienst im Namen und im Dienst Gottes, der durch Jesus Christus seine Herde sammelt, sie weidet und bleibend Sorge für sie trägt.

Wohl hat die Gemeinde bei der Bestellung der Hirten in neutestamentlicher und noch frühkirchlicher Zeit mitgewirkt, aber eingesetzt und beauftragt werden sie nicht von der Gemeinde. So können die Hirten in ihrem Dienst Autorität beanspruchen. Sie werden sicher nicht umsonst als Vorsteher (προϊστάμενοι, *1 Thess 5,12*) und als Leiter (ἡγούμενοι, *Hebr 13,7.17.24*) bezeichnet. Paulus mahnt immer wieder, ihnen Achtung entgegenzubringen und sich ihnen unterzuordnen *(1 Thess 5,12 f.; 1 Kor 16,15 f.; Hebr 13,7)*. Von ihnen gilt, was Paulus für sich beansprucht: »Wir sind Gesandte an Christi statt, und Gott ist es, der durch uns mahnt. Wir bitten an Christi Statt: Lasst euch mit Gott versöhnen« *(2 Kor 5,20)*. Sie sind von Jesus Christus mit Vollmacht (ἐξουσία) ausgestattet, um das Volk Gottes zu seinem Dienst zu bereiten, es anzuleiten und zu stärken *(Eph 4,12)*. So gilt: »Wer euch hört, der hört mich, und wer euch ablehnt, der lehnt mich ab; wer aber mich ablehnt, der lehnt den ab, der mich gesandt hat« *(Lk 10,16;* vgl. *Mt 10,40; Joh 13,20)*.

Es zeichnen sich also im Neuen Testament schon deutlich die Linien des späteren Verständnisses und der späteren Ordnung der Dienstämter ab. Aber trotz dieser sich bereits abzeichnenden Festigung der Amtsstrukturen war die Entwicklung noch längere Zeit flüssig. Das zeigt sich im vierten Evangelium, das keine Presbyter und Episkopen kennt; hier sticht vielmehr die charismatische Gestalt des Lieblingsjüngers hervor, der der des Petrus konkurrierend gegenübergestellt wird *(Joh 12,23; 20,8 f.; 21,7 ff.20 ff.)*. In der Didache finden wir zwar Apostel, Propheten und Lehrer, aber wir hören auch von charismatischen Wanderaposteln (Didache 11–15). Auch in einigen anderen nachneutestamentlichen frühkirchlichen Schriften[96] scheint die Entwicklung noch nicht abgeschlossen zu sein. Die Gemeinde von Korinth scheint nach dem 1. Clemensbrief von einer Gruppe von Presbytern geleitet worden zu sein, und Ignatius von Antiochien spricht in seinem Brief an die Gemeinde von Rom in auffallender Weise nirgends von einem Bischof dieser Gemeinde, wie er es sonst zu tun pflegte.

Wir müssen also mit einer vielfältigen und keineswegs synchron, sondern überaus differenziert verlaufenen Entwicklung rechnen. Aber nirgendwo wurden die unterschiedlichen Ordnungen als gegensätzlich empfunden, sondern offensichtlich als legitime Vielfalt innerhalb einer größeren Gemeinsamkeit verstanden. Aufs Ganze gesehen kann man zwar von einer Verlagerung von mehr charismatischen zu mehr institutionellen Formen sprechen. Aber nirgends besteht ein Gegensatz zwischen Charisma und Institution; denn auch die Ämter werden nicht nur als Institution, sondern als Geistgaben verstanden. Die Kirche ist also immer beides: Charismatisches Ereignis und Institution.[97] Eben deshalb wäre es anachronistisch und verriete ein statisches und ungeschichtliches Verständnis der Kirche, alle späteren Entwicklungen schon im Neuen Testament finden zu wollen, wie es vollends anachronistisch wäre, die späteren unterschiedlichen episkopalen und presbyteralen konfessionellen Kirchenordnungen bereits in der frühen Kirche finden und damit die späteren konfessionellen Unterschiede legitimieren zu wollen.[98] Das Neue Testament zeigt uns das Bild einer dynamischen Kirche im Werden mit charismatischen sowie sich schon deutlich herausbildenden institutionellen Elementen, und als solche Kirche im Werden ist sie Maß späterer Entwicklungen.

### Die Herausbildung des altkirchlichen Bischofsamtes

Auf der Grundlage des Neuen Testaments und der sich besonders in den Pastoralbriefen abzeichnenden Entwicklung hat sich in nachapostolischer Zeit das dreifache Amt von Bischof – Priester – Diakon und der sogenannte monarchische Episkopat herausgebildet.[99] Das früheste Zeugnis für diese Entwicklung finden wir in den Briefen des Ignatius von Antiochien, der wohl in den letzten Regierungsjahren des Kaisers Trajan in Rom als Märtyrer starb (110–117). Es ist darum interessant, festzustellen, dass die Briefe des Ignatius von Antiochien fast gleichzeitig mit den letzten Schriften des Neuen Testaments entstanden sind.

Nach Ignatius gehört der Monepiskopat eindeutig zur kirchlichen Struktur. Der Bischof ist bei ihm jedoch nicht wie heute der Vorsteher einer kirchlichen Region, sondern der Vorsteher einer lokalen Stadtgemeinde. In diesem Sinn mahnt er: »Seid bestrebt, alles in Gottes Eintracht zu tun, wobei der Bischof an Gottes Stelle und die Priester an der Stelle der Ratsversammlung der Apostel den Vorsitz führen und die mir besonders lieben Diakone mit dem Dienst Jesu Christi betraut sind, der vor aller Zeit beim Vater war und am Ende erschienen ist«[100]. An die Epheser schreibt er: »Daher ziemt es sich, auf jede Weise Jesus Christus zu verherrlichen, der euch verherrlicht hat, damit ihr in einmütiger Unterordnung fest verbunden, gehorsam dem Bischof und dem Presbyterium, in jeder Hinsicht geheiligt seid.«[101] Das Presbyterium soll dem Bischof so verbunden sein wie die Saiten einer Zither und in Eintracht zusammenklingen zu einem einzigen Chor.[102]

Mit diesen Aussagen zeichnet Ignatius ein Idealbild, das schon zu seiner Zeit kaum überall, auch nicht in Rom der Wirklichkeit entsprochen haben wird. In Rom scheint es noch keinen Bischof gegeben zu haben, von Korinth hören wir von Presbytern und von einer so wichtigen Kirche wie Alexandrien haben wir in dieser Frage keine Kenntnis. Umso mehr ist es bemerkenswert, dass sich dieses Idealbild in Ost und West sehr schnell und ohne merkliche Widerstände durchsetzte.

Bereits am Ende des 2. Jahrhunderts bei Irenäus von Lyon († um 202), einem Schüler des Apostolischen Vaters Polykarp von Smyrna, der, wie Irenäus berichtet, seinerseits ein Schüler des Apostels Johannes war, ist der Bischof unbestritten das Haupt einer lokalen Gemeinde.[103] Irenäus, das heißt der Friedfertige, ist mit seiner Schrift *Adversus haereses* gewissermaßen der erste systematische Theologe, der mit der von ihm aufgestellten Glaubensregel (κανὼν τῆς πίστεως; regula fidei) maßgebend wurde für die ganze weitere Entwicklung. Gemeint ist die Normativität des apostolischen Kerygmas in der kirchlichen Verkündigungsgestalt. Mit dieser Regel wandte sich Irenäus gegen die die frühe Kirche bedrängende und bedrohende Gnosis, die sich auf private apostolische Offenbarungen berief. Dagegen verweist Irenäus auf die apostolische Sukzession der Bischöfe, welche die Gnostiker nicht vorweisen können. Die apostolische Sukzession ist ihm die konkrete Gestalt, deren Gehalt die apostolische Tradition ist. Dabei ist sich Irenäus freilich bewusst, dass die Bewahrung der Kirche im einen apostolischen Glauben nicht durch eine Kette von Handauflegungen garantiert wird, sondern letztlich Werk und Gabe des Heiligen Geistes ist.

Die dem römischen Presbyter (und Gegenbischof) Hippolyt († 235) zugeschriebene *Traditio apostolica* bietet im dritten Kapitel bereits eine Beschreibung einer Bischofsordination. Sie geschieht durch Handauflegung und Gebet, um den Geist der Leitung und den Dienst des Hohepriesters würdig zu vollziehen.[104] Damit wird der Bischof bereits bei Hippolyt mit sacerdotaler Terminologie als Hohepriester bezeichnet. Diese Bezeichnung wurde von Cyprian von Karthago († 258) aufgegriffen und von da an allgemein üblich.[105] Mit ihr rückt die Feier der Eucharistie in den Mittelpunkt des bischöflichen Dienstes.[106] Für Cyprian ist es außerdem wichtig, dass der Episkopat einer und ungeteilt ist und von den Bischöfen gemeinsam (in solidum) wahrgenommen wird.[107] So zeigt sich im Bischofsamt die communio-Struktur der Kirche. Der Bischof ist in der Kirche und die Kirche ist im Bischof.[108]

Damit war die Entwicklung zum Episkopat und des Episkopats bereits in der ersten Hälfte des 3. Jahrhunderts abgeschlossen. Das Konzil von Nizäa (325) setzt diese Entwicklung bereits unbestitten voraus und übernahm die sich bereits bei Hippolyt findende Regel,[109] nach der bei der Ordination eines Bischofs alle Bischöfe der jeweiligen Region mitwirken sollen.[110] Diese Vorschrift ist mehr als eine protokollarische Regel; sie bedeutet, dass der Bischof zwar für eine bestimmte Ortskirche ordiniert wird, dass er durch die Weihe aber gleichzeitig in das Bischofskollegium eingeordnet wird. Damit kommt die communio-Gestalt der Kirche und des Bischofsamtes auch bei der Ordination sakramental-realsymbolisch zum Ausdruck.

Wenn diese hierarchische Über- und Unterordnung schon von Clemens von Alexandrien († um 215), Origenes († 253/254) und dann besonders von Dionysius Pseudo Areopagites (um 500) als Abbild der Hierarchie der Engel beschrieben wird, dann ist das auch, aber sicher nicht nur platonisierende Spekulation und allegorischer Überschwang.[111] In solchen Aussagen kommt zum Ausdruck, dass sich die Kirche in dieser Frühzeit nicht nur als eine irdische Einrichtung und Organisation verstand, sondern als eine die Erde mit dem Himmel verbindende Gemeinschaft. Sie verstand sich als communio sanctorum, in der besonders in der Liturgie die himmlische Welt in die irdische und die irdische Welt in die himmlische hineinragt.

Die Selbstverständlichkeit und Schnelligkeit, mit der sich die Konzeption vom dreifachen Amt in kürzester Zeit durchsetzten konnte, hat schon oft Staunen ausgelöst und zu der Frage geführt: Woher diese Durchsetzungskraft?[112] Historisch kann man vielfältige Ursachen nennen. Doch die soziologischen Erklärungen dieser Entwicklung sind nur auf den ersten Blick ausreichend, denn bei aller Anknüpfung an vorgegebene soziologische und religionsgeschichtliche Modelle war das altkirchliche Bischofsamt inhaltlich ein Novum, das der eschatologischen Neuheit des neutestamentlichen Volkes Gottes entsprach. So wird man sagen müssen, dass die Entwicklung deshalb so problemlos und schnell vonstattenging und ohne merkliche Widerstände allgemein rezipiert wurde, weil sie der inneren Wesensgesetzlichkeit der Kirche und des Amtes entsprach.

Trotz dieser raschen und eindrücklichen Übereinstimmung war das Trienter Konzil gut beraten, hinsichtlich des dreigegliederten Amtes nicht von der göttlichen Einsetzung (institutio), sondern von divina ordinatio, das heißt von göttlicher Anordnung beziehungsweise Vorsehung zu sprechen.[113] Auch das Vaticanum II drückt sich vorsichtig aus und sagt, dass das eine, von Jesus Christus eingesetzte Amt von alters her (ab antiquo) in dieser dreifachen Ordnung ausgeübt wird.[114]

## Mittelalterliche Entwicklung

Die schnelle Konsolidierung im Verständnis des dreigliedrigen Amtes schloss weitere Entwicklungen keineswegs aus. Im Gegenteil, im zweiten Jahrtausend setzte sich schon im frühen Mittelalter eine Gestalt und ein Verständnis des Amtes durch, die im ersten Jahrtausend zwar in mancher Hinsicht vorbereitet waren, die sich aber von der Idealgestalt, wie sie sich bei Ignatius von Antiochien, Irenäus von Lyon und Cyprian von Karthago findet, erheblich unterscheidet. Man muss von einem tiefgreifenden Gestaltwandel sprechen.[115]

Durch die Ausdehnung des Christentums von den Städten auf das umliegende Land und die Betrauung der Landgemeinden an Presbyter wurden aus den Presbytern, die zuvor ein Rat des Bischofs waren, unter der Autorität des Bischofs Vorsteher von Gemeinden und der Eucharistie. Das führte dazu, dass auch das Amt der Presbyter zunehmend sacerdotal verstanden wurde. Das Bischofsamt aber wurde aus dem Vorsteheramt einer Stadtgemeinde zu einem regionalen Leitungsamt, das im Mittealter zudem in das damalige feudale System eingebunden war.

Diese Entwicklung war eine der Ursachen dafür, dass dem Bischof im Mittelalter nicht mehr ein sakramentaler Vorrang gegenüber dem Presbyter, sondern nur ein Vorrang der Würde, das heißt der Jurisdiktion zugeschrieben wurde. Dazu trug vor allem eine Stelle bei Hieronymus in dessen Kommentar zum Titusbrief bei, wonach die Presbyter den Bischöfen ursprünglich gleichgestellt gewesen seien; deren Höherstellung sei darum mehr als ein Brauch denn als eine Anordnung des Herrn anzusehen.[116] Diese Aussage hatte eine enorme theologische Wirkungsgeschichte. Sie erhielt durch Isidor von Sevilla und die Pseudo-isidorischen Dekretalen rasch großen Einfluss in der mittelalterlichen Theologie. Die Folge war die Loslösung der Jurisdiktionsvollmacht von der sakramentalen Weihevollmacht, was zu der unglücklichen Unterscheidung von Weihevollmacht (potestas ordinis) und Jurisdiktionsvollmacht (potestas iurisdictionis) führte.[117] Diese Lehre wurde vom *Decretum* des Gratian († 1160) und dann von den einflussreichen Sentenzen des Petrus Lombardus († 1160)[118] übernommen und auf diese Weise für das ganze Mittelalter maßgebend.

Der große Systematiker Thomas von Aquin versuchte in seinem späteren Werk nochmals eine Synthese.[119] Zwar blieb er grundsätzlich der mittelalterlichen Sicht verhaftet, wonach die Bischöfe hinsichtlich der Vollmacht bei der eucharistischen Konsekration (corpus Christi verum) den Presbytern gleichgestellt sind und die Bischofsweihe kein eigenes Sakrament darstellt. Thomas wäre aber nicht der geniale Systematiker gewesen, der er war, wenn er nicht zunehmend auch das Ungenügende dieser Theorie gespürt und einen Ausweg aus der verfahrenen Situation wenigstens angedeutet hätte. Nach ihm sind Priester hinsichtlich des corpus Christi verum in der Eucharistie, also hinsichtlich der Konsekrationsvollmacht, den Bischöfen gleichgestellt; den Bischöfen kommt aber hinsichtlich des corpus Christi mysticum der Kirche eine größere Vollmacht zu, wozu auch die Spendung der Ordination, also eine sakramentale Vollmacht, gehört. Nun ist aber für Thomas in der Tradition des Augustinus das corpus Christi verum nur die Zwischenwirklichkeit der Eucharistie (res et sacramentum), während das corpus Christi mysticum, die Einheit der Kirche, die eigentliche Sache und das Ziel der Eucharistie (res sacramenti) ist.[120] Damit rückt die höhere Vollmacht des Bischofs hinsichtlich des corpus Christi mysticum aus dem rein jurisdiktionellen Bereich heraus und steht in einem inneren sakramentalen Bezug zur Eucharistie und umgreift und übergreift damit die Weihevollmacht des Priesters.

Leider konnten sich diese Sicht und die in ihr liegenden Möglichkeiten im späten Mittelalter nicht durchsetzen. Im Gegenteil, die jurisdiktionelle Dimension verselbstständigte sich eher noch mehr. Weil nach mittelalterlicher Vorstellung der Priester, wenngleich in gebundener Weise, dieselbe Vollmacht besitzt wie der Bischof, verbreitete sich nun bei Theologen und Kanonisten die Meinung, dass auch Priester mit Dispens des Papstes außerordentliche Spender der Priesterweihe sein können. Die ist in einzelnen Fällen tatsächlich auch geschehen.[121]

Man wird diese theologische Meinung und die damit begründeten Fälle als ›grenzwertig‹ bezeichnen müssen. Man wird aus solchen theologischen Meinungen und aus solchen Grenzfällen nicht die noch weitergehende Theorie einer möglichen presbyteralen Sukzession neben der episkopalen Sukzession ableiten dürfen. Die Tatsache, dass zu diesen presbyteralen Ordinationen die päpstliche Dispens nötig war, zeigt, wenngleich auf eine problematische Weise, dass die Einbindung in das communio-Netz des Episkopats, wie wir heute sagen würden, auch in diesen Fällen grundsätzlich aufrecht erhalten blieb. Diese Grenzfälle zeigen aber zusammen mit den vielen gravierenden Missständen im späten Mittelalter das hohe Maß an theologischer Unklarheit und letztlich die Sackgasse, in die man geraten war. In der Reformation sollte sich beides dann in verhängnisvoller Weise auswirken.

## Die Kritik der Reformatoren und die Antwort des Konzils von Trient

Die Kritik der Reformatoren am kirchlichen Amtsverständnis betraf sicher Missbräuche, an denen es am Ausgang des Mittelalters nicht fehlte. Aber sie betraf nicht nur Missbräuche; sie war grundsätzlicher Art und betraf das sakramentale Verständnis des kirchlichen Amtes selbst. Diese Kritik war umso grundsätzlicher, als sie mit der Kritik am Verständnis der Eucharistie als Messopfer zusammenhing, das für Luther »der größte und schrecklichste Gräuel« und eine »päpstliche Abgötterei« war.[122] So war die Kritik an der Ordination letztlich eine Kritik an der Weihe zum ›Opferpriestertum‹.

In seiner Schrift *Von der babylonischen Gefangenschaft der Kirche* (1520) bezeichnete Luther das Sakrament der Weihe als eine menschliche Erfindung, die keine Verheißung der Gnade hat.[123] Aufgrund der

Taufe sind nach ihm alle Priester. Dass ein Priester aufgrund seiner Weihe mehr sein will als alle anderen, ist ihm ein Widerspruch zur Freiheit des Christenmenschen und zur christlichen Brüderlichkeit und damit ein Ausdruck schändlicher Tyrannei. Luther schaffte damit die Ordination nicht ab, aber er versteht sie als eine Indienstnahme für den Dienst des Wortes. Allein dieser Dienst des Wortes macht einen Priester und einen Bischof aus; wer nicht predigt, ist kein Priester. Für Luther wie für die anderen Reformatoren war die Ordination deshalb die Bestellung zum Dienst am Wort und an den Sakramenten, die als Verdichtung oder, wie bei Calvin, als Besiegelung des Wortes verstanden wurden.[124]

Obwohl alle die gleiche Gewalt an Gottes Wort und Sakrament haben, sollen sie diese doch nur mit Einwilligung der Gemeinde oder aufgrund der Berufung der Oberen ausüben. So ist das Sakrament der Weihe nichts anderes als der Brauch, jemanden in den Dienst der Kirche zu berufen.[125] Mit der These, dass wer nicht mehr predigt auch nicht mehr Priester ist, wandte sich Luther auch gegen die Lehre vom unauslöschlichen sakramentalen Charakter der Priesterweihe. Melanchthon war immerhin bereit, die Ordination, sofern man sie nicht als Bevollmächtigung zum Opferdienst, sondern zum Dienst an Wort und Sakrament versteht, in einem weiteren Sinn als Sakrament anzuerkennen.[126] Ähnlich weiß auch Calvin, dass der apostolische Brauch der Handauflegung bei der Ordination nicht wirkungslos ist.[127] Abgelehnt haben die Reformatoren aber alle Riten der Ordination, welche als Übertragung der Vollmacht zur Darbringung des Messopfers verstanden werden konnten.

Was den Spender der Ordination betrifft, so hielten die Reformatoren grundsätzlich daran fest, dass der Bischof der reguläre Spender ist. Da aber kein ›altgläubiger‹ Bischof sich zur Reformation bekannte und bereit war, Pastoren für die reformatorischen Gemeinden zu ordinieren, sah sich Luther gezwungen, selbst Ordinationen vorzunehmen.[128] In einem Schreiben an die böhmischen Gemeinden, die ohne Pastoren waren, empfahl er, aus ihrer Mitte einen oder mehrere auszuwählen und sie unter Gebet und Handauflegung einzusetzen.[129] Auch nach Melanchthon kommt die Ordination primär den Bischöfen zu. Wegen der Weigerung der katholischen Bischöfe, Pastoren für die reformatorischen Gemeinden zu ordinieren, bezeichnete er die Ordination durch Nichtbischöfe als ein Notrecht und berief sich dafür auf die entsprechenden spätmittelalterlichen kanonistischen Theorien und deren biblische und patristische Beweisführung.[130]

Die katholische Seite verstand die reformatorische Kritik, besonders die Kritik des Opfercharakters der Messe und der daraus folgenden Kritik am Priesteramt, als grundsätzliche Infragestellung der sakramentalen Ordnung und des Verständnisses, wie sich dieses geschichtlich herausgebildet hatte. So griff das Konzil von Trient auf das mittelalterliche Verständnis zurück und bestimmte das Priesteramt von der eucharistischen Vollmacht her.[131] Es verwarf die reformatorische Position, die Ordination sei eine menschliche Erfindung und ein von Menschen ausgedachter Ritus zur Einsetzung in das Amt und verteidigte sie als ein von Jesus Christus eingesetztes Sakrament, das durch Wort und Zeichen Gnade vermittelt.[132] Sie prägt einen unauslöschlichen Charakter ein und verleiht eine nicht zeitlich begrenzte priesterliche Vollmacht, sodass ein einmal Geweihter nicht wieder in den Laienstand zurückkehren kann.[133]

In Kanon VI und dem dazu gehörigen Lehrtext wird nun aber doch noch ein anderer Ton angeschlagen. Es wird gesagt: Es sind nicht alle Christen gleichermaßen Priester, es besteht vielmehr nach göttlichem Willen (divina ordinatione) eine hierarchische Ordnung.[134] Dabei sind die Bischöfe als Nachfolger der Apostel den Priestern übergeordnet.[135] Es wird zwar nicht gesagt, worin diese Überordnung besteht, also nicht, ob sie sakramentaler oder jurisdiktioneller Art ist, aber man kann in dieser Formulierung doch Anzeichen einer Umorientierung in der Theologie des Bischofsamtes erkennen.[136] Eine solche Umorientierung war bereits im späten Mittelalter im Gang.[137] Wegen der erbitterten Auseinandersetzung mit der Kurie war damals jedoch eine ausdrückliche Klärung der Stellung des Bischofs nicht möglich.[138] Außerdem stellte das Konzil fest, dass für die Legitimität der Ordination die Zustimmung des Volkes oder der weltlichen Autorität nicht nötig ist.[139] Abschließend bezeichnete es die Ordinationen der Reformatoren als illegitim, aber nicht ausdrücklich als ungültig.[140]

In den Reformdekreten gelang es dem Konzil dann, die sacerdotale Engführung ausdrücklich zu überwinden und ein umfassenderes pastorales, an der cura animarum ausgerichtetes Leitbild des Bischofs und des Priesters zeichnen, das neben der Darbringung des Messopfers die Predigt, die Sakramentenspendung und die Sorge für die Armen einschloss.[141] Dieses pastorale Leitbild hatte in der Folgezeit großen Einfluss auf die pastorale Praxis und auf die Spiritualität vieler Bischöfe und Priester. Nachtridentinische Reformbischöfe wie Karl Borromäus († 1584) und Franz von Sales († 1622) verwirklichten dieses Leitbild in exemplarischer Weise. In der nachtridentinischen Theologie dagegen kam fast ausschließlich die antireformatorisch geprägte sacerdotale Sicht zur Geltung. So standen unterschiedliche Leitbilder unvermittelt nebeneinander.

Dazu kam, dass in der nachtridentinischen Epoche die Bischöfe, vor allem die deutschen Fürstbischöfe, in die feudale politische Ordnung eingebunden waren. Diese feudale Gestalt des Bischofsamtes kam erst mit der französischen Revolution und mit dem Ende der Reichskirche zu Beginn des 19. Jahrhunderts zu ihrem Ende. In dieser neuen Situation beabsichtigte das Erste Vatikanische Konzil die Frage der Ekklesiologie als Ganze zu klären; aber wegen des vorzeitigen Abbruchs des Konzils konnte es nur den Primat des Bischofs von Rom, aber nicht mehr das Bischofsamt behandeln. Die Behebung dieses Ungleichgewichts und die Klärung der Theologie des Bischofsamtes war deshalb eine der am meisten formulierten Erwartungen, die an das Zweite Vatikanische Konzil gestellt wurden.

### Das Bischofsamt im Zweiten Vatikanischen Konzil

Das Zweite Vatikanische Konzil vollzog gegenüber der mittelalterlichen Tradition eine kopernikanische Wende.[142] Es griff auf die Tradition der alten Kirche zurück, bestimmte das Bischofsamt nicht mehr als Erweiterung des Priesteramtes, sondern umkehrt das Bischofsamt als Fülle des Amtes und das Priesteramt als abgestufte Teilnahme an dem einen ordo. Es erneuerte damit das altkirchliche sakramentale Verständnis des Bischofsamtes. Es verstand den Bischof als Nachfolger der Apostel,[143] dem durch die Bischofsweihe die Fülle des Weihesakramentes übertragen wird.[144]

Durch die Bischofsweihe wird dem Bischof das dreifache Amt des Priesters, des Lehrers und des Hirten übertragen. Das bedeutet, dass die Bischofsweihe grundsätzlich auch die mit der Hirtenvollmacht gemeinte Jurisdiktion überträgt, wenngleich diese noch einer Zuordnung (determinatio) zu einer Diözese oder in Ausnahmefällen zu einer wichtigen Aufgabe bedarf.[145] Diese Wiederzusammenführung von ordo und iurisdictio, welche im Frühmittelalter getrennt wurden, muss also als eine der wichtigsten Entscheidungen des letzten Konzils angesehen werden.

Ein weiterer wichtiger Schritt war, dass das Konzil das Bischofsamt wieder im Sinn der alten Kirche, besonders des Cyprian von Karthago als Teilhabe an dem einen Episkopat und das heißt in seiner kollegialen Einbindung in den Gesamtepiskopat und dessen Haupt, dem Bischof von Rom, sah.[146] Nach dem Konzil können die drei Ämter ihrer Natur nach nur in der hierarchischen Gemeinschaft mit dem Haupt und den Gliedern des Bischofskollegiums ausgeübt werden.[147] Damit war das Problem des Verhältnisses des Bischofsamtes zum Petrusamt, welches Trient nicht zu lösen vermochte, zwar nicht gelöst, aber doch auf eine neue Grundlage gestellt und einer Lösung näher gebracht.[148] Aus der Herausstellung des sakramentalen und des kollegialen Charakter des Bischofsamtes zog das Konzil dann praktische Konsequenzen für die Erneuerung synodaler Elemente in der Kirche und für eine neue Betonung der Bedeutung der Orts- beziehungsweise Einzelkirchen innerhalb der universalen Kirche.[149]

Das Dekret *Christus Dominus, Über die Hirtenaufgabe der Bischöfe in der Kirche* enfaltete auf der Grundlage von *Lumen gentium* praktische pastorale Konsequenzen der erneuerten Sicht des Bischofsamtes. Dabei stellte es die Hirten- und die Verkündigungsaufgabe des Bischofs und seine apostolisch-missionarische Aufgabe in der gegenwärtigen Welt in den Vordergrund. Der Bischof soll die christliche Lehre den Erfordernissen der Zeit angepasst vortragen und im Gespräch mit den Menschen, besonders solchen in schwierigen Situationen, mit den getrennten Christen sein.[150] Damit wird auf einer schon in den tridentinischen Reformdekreten angelegten Spur ein apostolisches und missionarisches Bild des Bischofs entworfen, das mit einem ausdrücklichen Verzicht auf weltliche Rechte und Privilegien verbunden war.[151]

Mit der Rückkehr zur altkirchlichen Konzeption des Bischofsamtes bei gleichzeitiger Zuwendung zur heutigen missionarischen Situation war gleich mehreren Anliegen Genüge getan: Die Grundlegung einer Klärung des in Trient offen gebliebenen Problems des Verhältnisses von Bischofsamt und Petrusamt, damit verbunden die Aufnahme des pastoralen Anliegens des Trienter Konzils. Die Betonung der altkirchlichen Einheit von ordo und iurisdictio kam der orthodoxen Sicht entgegen, die Herausstellung der Verkündigungsaufgabe des Bischofs entsprach gegenwärtigen pastoralen Herausforderungen und zugleich einem legitimen Anliegen evangelischer Theologie. Insgesamt war damit pastoral wie ökumenisch ein neues nachkonstantinisches Kapitel der Kirchengeschichte aufgeschlagen.

## Das Dienstamt des Priesters

Die Neuorientierungen im Verständnis des Bischofsamtes einerseits und die Betonung der Teilhabe aller Getauften an der Sendung der Kirche andererseits mussten Konsequenzen haben für das Verständnis des priesterlichen Dienstes. Denn so wichtig das Bischofsamt ist, was wäre ein Bischof ohne Priester? Er wäre ein Kopf ohne Arme und ohne Beine. Der Bischof ist meist weit weg von den Gemeinden; von den Priestern dagegen hängt es großenteils ab, wie die Kirche vor Ort konkret repräsentiert und wie sie pastoral wirksam wird. Aber was ist der Priester? Wohl kaum nur eine Mangelausgabe des Weihesakraments; doch was ist dann sein Proprium? Dazu kommen die Probleme, welche sich für die Priester aus der gewandelten innerkirchlichen Situation und aus der sich rapid verändernden gesellschaftlichen Situation ergeben. Diese Probleme zeichneten sich schon während des Konzils ab. So war es angemessen, ja notwendig, dass das Konzil eigens auf das Dienstamt der Priester zu sprechen kam.[157]

Das Konzil geht in der Lehre über das Priesteramt davon aus, dass der Priester aufgrund der Priesterweihe Jesus Christus gleichförmig wird und Anteil hat am dreifachen Amt des Heiligens, der Verkündigung und der Leitung. Die Priester haben aber nicht wie die Bischöfe die Fülle und die höchste Stufe der priesterlichen Weihe; sie hängen in der Ausübung ihrer Vollmacht von den Bischöfen ab. Sie machen den Bischof in ihrer Ortsgemeinde gewissermaßen gegenwärtig und machen so die Gesamtkirche an ihrem Ort sichtbar. Sie sind Hilfe und Organ der Bischöfe und bilden mit dem Bischof zusammen ein einziges Presbyterium. Umgekehrt sollen die Bischöfe ihre priesterlichen Mitarbeiter als Söhne und Freunde ansehen, wie diese den Bischof als Vater anerkennen und ihm ehrfürchtig gehorchen sollen. Untereinander sollen die Priester einander in Brüderlichkeit verbunden sein.

Auf der anderen Seite betrachtet das Konzil das priesterliche Dienstamt nicht einfach als einen Ausfluss des Bischofsamtes. Wie bei jedem Sakrament ist auch bei der Priesterweihe Jesus Christus selbst der primäre Spender.[153] So ist der Priester aufgrund der Priesterweihe nach dem Bild Christi des Hohepriesters gestaltet und zur Teilnahme an dessen dreifachen Dienst berufen. Er handelt besonders bei der Feier der Eucharistie, dem Mittel- und Angelpunkt des Dienstes und Lebens des Priesters, in persona Christi.[154] Damit gibt das Sakrament der Priesterweihe dem Priester eine relative Eigenständigkeit und Eigenverantwortung, auch wenn er diese in Gemeinschaft mit dem Bischof und mit dem Presbyterium ausüben muss. Ähnlich wie beim Bischofsamt hat das Konzil in der Kirchenkonstitution *Lumen gentium* und im Dekret *Presbyterorum ordinis, Über Dienst und Leben der Priester* die apostolisch-missionarische Aufgabe des Priesters in der heutigen Welt ausführlich herausgestellt.[155]

An dieser Stelle wird deutlich, dass das Konzil bei seinem Rückgriff auf die altkirchliche Tradition die mittelalterlicher Tradition nicht einfach übergehen konnte; denn die schon in der alten Kirche einsetzende Entwicklung, welche dazu führte, dass dem Priester als Pfarrer wie in vielfältigen anderen seelsorgerlichen Bereichen relativ eigenständige Aufgaben zukommen, ist irreversibel. Zu einer befriedigenden neuen Synthese ist das Konzil aber nicht mehr gekommen. Dabei hätten die Ansätze bei Thomas von Aquin eine Brücke bauen können. Diese Ansätze weiterführend kann man sagen: Die eucharistische Vollmacht, die der Priester mit dem Bischof gemeinsam hat, wird dem Priester im Blick auf die konkrete Ortsgemeinde (oder bei mit Sonderaufgaben betrauten Priestern im Blick auf eine bestimmte Gruppe von Christen) übertragen, dem Bischof dagegen im Blick auf die größere und letztlich universale communio der Kirche und ihre Einheit, welche das eigentliche Sinnziel der Eucharistie ist. Es handelt sich also nicht um ein Mehr oder Weniger der Teilhabe an dem einen Amt, sondern um zwei einander zugeordnete Dimensionen der einen Eucharistie und des einen Amtes in der einen Kirche, welche in unterschiedlicher, aber einander innerlich und wesentlich zugeordneten Weise in Ortsgemeinden, in Orts- beziehungsweise Einzelkirchen wie in der Universalkirche gegenwärtig ist. Das Konzil hat diese Fragen nicht mehr zu Ende gedacht; es hat damit Fragen offen gelassen, die nach dem Konzil in dramatischer Weise aufgebrochen sind.

## Nachkonziliare Identitätskrise und Neuorientierung des priesterlichen Dienstes

Nicht nur die Neuorientierungen im Verständnis des Bischofsamtes, sondern ebenso die Betonung der Teilhabe der Laien an der Sendung der Kirche schuf für die Priester eine neue Situation. Sie bedeutet den Abschied von ›Hochwürden‹ und ein neues Verständnis des Priesters als Bruder unter Brüdern. Beide Entwicklungen führten zu einer Verunsicherung, ja zu einer Identitätskrise vieler Priester. Sie fragten sich: Wer sind wir? Keine Bischöfe, keine Laien, was dann?

Vor allem die sacerdotale Dimension des Priesters, die im Mittelalter und in der nachtridentinischen Epoche so sehr im Vordergrund stand, stieß nun bei vielen auf Unverständnis, ja oft geradezu auf Ablehnung. Das führte oft zu einem mehr oder weniger rein funktionalen Selbstverständnis der Priester als Gemeindeleiter und bei vielen Priestern zu einer Krise in ihrem priesterlichen Selbstverständnis und Lebensstil bis hin zum Exodus vieler Priester aus dem Amt. In dieser dramatischen Identitätskrise vieler Priester wurde letztlich die nachkonziliare Krise der Kirche selbst deutlich. Es ging und geht dabei um nicht weniger als um ein neues konkretes Gestaltwerden der Kirche vor Ort in einer sich tiefgreifend verändernden, weithin säkularisierten Welt, in der für das, was priesterliche Existenz meint, kein Raum mehr zu sein scheint.

Die nachkonziliare Theologie hat verschiedene Wege eingeschlagen, um das Proprium des priesterlichen Dienstes von der Mitte des Glaubens her neu verstehbar zu machen.[156] Man hat versucht, das Priestersein entweder von der Sendung zur Verkündigung, von der Feier der Eucharistie oder vom Hirtendienst her zu verstehen und darin jeweils die anderen Aspekte zu integrieren. Die verschiedenen Versuche schließen sich darum nicht gegenseitig aus. Wirklich überzeugend werden sie jedoch nur, wenn man den Priester von der Mitte seiner Berufung und Sendung her, wenn man ihn von Jesus Christus her und von der sakramentale Gleichgestaltung mit ihm her versteht.

Ähnlich wie die ersten Jünger ist jeder Priester persönlich gerufen, damit er bei Jesus Christus sei und sich von ihm senden lasse *(Mk 3,13 par.)*. Sammlung und Sendung machen darum die beiden Pole priesterlicher Existenz aus. Wir können es auch so sagen: Wachsen in der persönlichen Freundschaft mit Jesus, um so wie Jesus Freund aller

Menschen zu werden und ihnen durch Wort und Sakrament die Freundschaft und die Gemeinschaft mit Gott zu vermitteln. Eine größere Liebe hat freilich niemand, als wer sein Leben hingibt für seine Freunde *(Joh 15,13)*. So kann man für ein tieferes Verständnis des priesterlichen Dienstes von dem Wort aus den Abschiedsreden Jesu im Johannesevangelium ausgehen: »Ich nenne euch nicht mehr Knechte … Vielmehr habe ich euch Freunde genannt *(Joh 15,15)*.[157] Grundlage und Mitte priesterlicher Existenz ist die persönliche Freundschaft und Gleichgestaltung mit Jesus. Das bedeutet, dass der Priester besonders bei der Feier der Eucharistie, in der Tod und Auferstehung Jesu Christi gegenwärtig werden, in einer existentiellen Weise hineingenommen wird in das Geheimnis von Tod und Auferstehung Christi, um in der Nachfolge Jesu sein Leben ganz für Gott und sein Reich und als guter Hirte für die ihm anvertrauten Menschen hinzugeben. In diesem jesuanischen und neutestamentlichen Sinn gehört die sacerdotale Dimension wesentlich zum Priestersein hinzu und macht seine innerste Mitte aus.

Der priesterliche Dienst, der sich in vielfältigen Diensten der Verkündigung, im sakramental-liturgischen Dienst sowie im Hirtendienst und im Dienst der Versöhnung ausformt, ist keine bloße Funktion. Berufung und Sendung durch Jesus Christus prägen die gesamte Existenz des Priesters. Er soll durch sein ganzes Leben Zeugnis für Christus geben. Durch die Weihe wird er bleibend von Christus und für ihn in Dienst genommen. Diese Indienstnahme prägt ihn bleibend in seinem ganzen Sein. Das ist der tiefere Sinn des unverlierbaren Charakters der Priesterweihe. Er ist keine scholastische Spekulation, sondern Ausdruck eschatologisch endgültiger Inanspruchnahme. Er bedeutet zugleich die wirksame Zusage, dass Jesus Christus, der den Priester zu diesem Dienst erwählt hat, bleibend bei ihm und mit ihm ist und dass seine Freundschaft das ganze Leben des Priesters, auch in schwierigen Situationen, Bestand hat.

Ein solches Selbstverständnis steht im Kontrast zu dem, was heute gewöhnlich unter Selbstverwirklichung und Selbsterfüllung verstanden wird. Aber gilt das nicht auch von den Seligpreisungen der Bergpredigt und damit für die christliche Existenz ganz allgemein? Die Seligpreisungen sind sie keine Trauer-, sondern eine Freudenbotschaft. Die Freundschaft durch Christus mit Gott und mit den Menschen bringt Freude in das Leben des Priesters und soll Freude ausstrahlen.

In diesem Sinn soll der Priester stellvertretend und exemplarisch die christliche Alternative zu dem leben, was ›man‹ heute im Allgemeinen als Glück vom Leben erwartet. Nur in diesem großen Zusammenhang kann das Thema Zölibat verständlich und sinnvoll diskutierbar werden.

## Dauerthema Zölibat

In der öffentlichen Wahrnehmung und Diskussion überlagert gegenwärtig das Thema Zölibat alle anderen Fragen.[158] Man kann die freiwillig übernommene ehelose Lebensform nur verstehen, wenn man nicht allein ihren negativen Aspekt sieht, nämlich den freiwilligen Verzicht auf etwas, das zum Größten im menschlichen Leben gehört, den Verzicht auf die Ehe und die eigene Familie. Man muss diesen Verzicht vom positiven Aspekt her sehen, von der Freundschaft mit Jesus her und in seiner Nachfolge, vom Dienst am Reich Gottes und an den Menschen. Nur der, dem Gott alles bedeutet, kann auf alles andere, soweit das menschenmöglich ist, verzichten. Nur aus dieser theologischen, christologischen und letztlich eschatologischen Perspektive kann man die innere Affinität von priesterlichem Dienst und freiwilliger Ehelosigkeit verstehen. Aus einer rein innerweltlichen Perspektive dagegen muss man sie für verrückt erklären.

Die Ehelosigkeit des Priesters gehört in den Zusammenhang der besonderen Nachfolge Jesu, der anders als die Rabbinen seiner Zeit selbst ehelos lebte. Sie gehört in den Zusammenhang der Berufung, um Jesu und um des Evangeliums willen alles, auch die eigene Familie, zu verlassen *(Mk 10,28f.)* und um des Himmelreiches willen *(Mt 19,12)* ganz und ungeteilt, aber auch unbeschwert durch familiäre Sorgen *(1 Kor 7,33f.)* im Dienst »für die Vielen« *(Mk 10,45)* ganz da zu sein. Letztlich soll der Priester Jesus Christus in seiner bräutlichen Liebe zu seiner Braut, der Kirche, vergegenwärtigen[159] und die eschatologische Neuheit des Evangeliums zum Ausdruck bringen. So hat die freiwillig übernommene Ehelosigkeit einen Zeugnischarakter, der dem Priestertum in hohem Maße angemessen ist.

Nach neueren Forschungen geht die Forderung nach Enthaltsamkeit der Kleriker entgegen einer weit verbreiteten Meinung bereits in die unmittelbar nachapostolische Zeit zurück. Bereits die Aussage in

*1 Tim 3, 2,* nach der der Bischof nur einmal verheiratet sein soll (vgl. *Tit 1, 6*), ist nach einigen Auslegern nicht gegen das Gebot der Ehelosigkeit zu deuten, sondern weist umgekehrt in seine Richtung. Es besagt nämlich, dass ein Bischof nach dem Tod seiner Frau nicht nochmals heiraten, also enthaltsam leben soll.[160] Es kann als gesichert gelten, dass die Synode von Elvira (ca. 306) mit der Vorschrift der Enthaltsamkeit für Kleriker[161] eine bereits bestehende Disziplin bestätigte und neu einschärfte. Sie wurde auf dem ersten allgemeinen Konzil von Nizäa (325) bestätigt.[162] So galt diese Disziplin ursprünglich in der Kirche des Westens wie der des Ostens. Der unterschiedliche Weg der Ostkirchen begann erst mit der Entscheidung der Trullanischen Synode von 691. Die Disziplin der Ehelosigkeit der Kleriker geht also nicht erst auf die gregorianische Reform und das Zweite Laterankonzil (1139) zurück. Neu war damals lediglich die kanonische Festlegung, dass die Ordination ein trennendes Ehehindernis darstellt und verheiratete oder im Konkubinat lebende Kleriker ihres Amtes verlustig gehen.[163] Sie wurde gegen die Reformatoren später durch das Konzil von Trient erneuert.[164] Auch wenn bei dieser Entwicklung kultische Reinheitsvorstellungen und im frühen Mittelalter auch politisch-dynastische Überlegungen mit eine Rolle spielten, lässt sie sich doch nur im Licht des Novum der eschatologischen Botschaft Jesu wirklich verstehen.

Sowenig die Vorschrift der Enthaltsamkeit beziehungsweise der Zölibat nicht eine erst späte ›Neuerfindung‹ ist, so sind auch die gegenwärtigen Auseinandersetzungen um den Zölibat keineswegs neu. Es gab heftige Auseinandersetzungen schon im 12. Jahrhundert, dann im späten Mittelalter und in der Reformationszeit und dann wieder im 18./19. Jahrhundert. Damals war nach der Säkularisation der Priestermangel keineswegs geringer, sondern weit größer, als dies gegenwärtig in einzelnen europäischen Ländern der Fall ist. Doch jedes Mal folgten auf die Krise auch eine Erneuerung und eine neue Blüte. So hat sich das Zweite Vatikanische Konzil angesichts der neueren Zölibatsdiskussion klar für die Beibehaltung des Zölibats in der lateinischen Kirche ausgesprochen.[165] Die nachkonziliaren Päpste haben zusammen mit drei nachkonziliaren Bischofssynoden diesen Willen mehrfach ausdrücklich bekräftigt.[166]

Die Kirche kann jedoch Traditionen, die, obwohl sie ein biblisches Fundament haben, nicht göttlichen Rechts (ius divinum) sind, genauer determinieren. So kennt die Kirche in den Ostkirchen, die in voller Gemeinschaft mit Rom stehen, verheiratete Presbyter; sie hat in einzelnen Fällen zur katholischen Kirche übergetretene verheiratete anglikanische und lutherische Pastoren zur Ordination zugelassen und sie hat auf Anregung des Konzils verheiratete ständige Diakone eingeführt.[167] Warum also, so wird in Situationen andauernden Priestermangels, wo viele Gemeinden ohne Priester sind, oft gefragt, nicht in Beruf und Ehe bewährte Männer (viri probati) zur Priesterweihe zulassen?

Die bejahende Antwort auf diese Frage ist, wenn man alle Gesichtspunkte abwägt, nicht so eindeutig, wie es vielen auf den ersten Blick scheint. Denn weltweit ist die Zahl der Priester im Wachsen, und der Rückgang der Berufungen zum Priestertum in manchen europäischen Ländern ist nicht allein und nicht zuerst ein Zölibatsproblem. Der Rückgang hat vielfältige und komplexe tiefere Ursachen, welche vor allem in der Glaubenssituation und im Rückgang der Glaubenspraxis liegen. So muss man fragen, ob die viri probati nicht eher eine Scheinlösung wären, welche die tiefer liegenden Probleme und ihre Lösung überdecken und das heute pastoral dringende Zeugnis der frei gewählten Ehelosigkeit erheblich schwächen würde. Der Vergleich mit den evangelischen Kirchen, die keinen Zölibat kennen, kann in dieser Hinsicht nur ernüchternd wirken. Sie haben zwar im Augenblick noch die größeren Zahlen an Bewerbern, aber stehen sie trotz der noch größeren Zahl von Pastoren besser da, wenn es um die alles entscheidende Frage des wirksamen Zeugnisses für das Evangelium geht?

Als Angelpunkt der Kirchenreform und der Erneuerung der Kirche eignet sich die Zölibatsfrage offensichtlich nicht. Die gegenwärtige gesellschaftliche wie kirchliche Situation verlangt vielmehr Überlegungen und Bemühungen in der Berufungspastoral, in der Auswahl, der gesamtmenschlichen wie spirituellen Ausbildung der Priesteramtskandidaten und in der Begleitung der Priester. Nach dem Ende des Pfarrhauses alten Stils sollte über die lebensmäßigen Rahmenbedingungen ihres Diensts nachgedacht werden. Vor allem bedarf es in den Gemeinden des anhaltenden Gebets um Berufungen (*Mt 9,38; Lk 10,2*) und eines förderlichen Klimas für das Wachsen und Reifen von Berufungen. Die Dauerdiskussion um den Zölibat wirkt da nur schädlich und ist kontraproduktiv.

## Priesterweihe für Frauen?

Auf dem Hintergrund des anthropologischen, soziologischen und kirchlichen Wandels im Verständnis der Rolle der Frau wird gegenwärtig oft die Frage der Zulassung von Frauen zum kirchlichen Dienstamt gestellt.[168] Auch diese Frage stellt sich der Kirche heute nicht zum ersten Mal. Doch bisher ging sie meist von gnostischen Bewegungen am Rand oder außerhalb der Kirche aus; heute wird sie dagegen in der westlichen Welt auch aus der Mitte der Kirche heraus gestellt. Auch viele Katholiken, nicht nur Frauen, auch Männer, können den kirchlichen Standpunkt, Frauen nicht zur Priesterweihe zuzulassen, nicht mehr nachvollziehen. In anderen Kulturkreisen hat man freilich sehr oft die umgekehrten Schwierigkeiten, uns ›Westler‹ in dieser Frage zu verstehen.

Für die meisten reformatorischen Kirchen war es trotz anfänglicher und teilweise noch andauernder Widerstände und Auseinandersetzungen aufgrund ihres anderen Verständnisses des kirchlichen Amtes kein grundsätzliches Problem, die gesellschaftlichen Entwicklungen nachzuvollziehen.[169] Die katholische Kirche und die orthodoxen Kirchen sind aufgrund ihres sakramentalen Amtsverständnisses in einer anderen Position. Sie wissen sich bezüglich des kirchlichen Amtes an den Willen Jesu Christi gebunden, so wie sie ihn aus der Heiligen Schrift und der Tradition der Kirche erkennen. Zwar finden sich in der Tradition zweifellos patriarchalische und Frauen abwertende Vorstellungen, die heute als überholt zu gelten haben. Schaut man aber genauer zu, dann entdeckt man, dass es nicht allein und nicht entscheidend diese heute überholten Vorstellungen waren, die in der Heiligen Schrift und in der gesamten zweitausendjährigen Geschichte der Kirche zu der Überzeugung führten, dass Frauen nicht zu Priestern geweiht werden können. Maßgebend waren für die Heilige Schrift wie für die Tradition letztlich christologische Gründe.

Die katholische Kirche ist nicht frei, eigenmächtig über ihre Ordnung zu entscheiden, und da die Frauenordination weder bei Jesus selbst noch in der Heiligen Schrift und in der Tradition einen Anhalt hat, weiß sie sich nicht berechtigt, Frauen zum Priester- oder Bischofsamt zu ordinieren. Dies wurde inzwischen durch hochrangige kirchliche Entscheidungen klargestellt.[170] Diese Entscheidungen sind, was den Autoritätsgrad angeht, so hochrangig, dass ich mir eine Änderung der kirchlichen Lehre schwerlich vorstellen kann. Sie haben verbindlichen und endgültigen Charakter.

Die christologische Begründung ist nicht rein positivistisch zu verstehen. Sie geht theologisch davon aus, dass der Priester gegenüber der Gemeinde Jesus Christus repräsentiert. Entscheidend ist dabei nicht das Mannsein Jesu Christi als solches, sondern die biblische und in der Tradition reich belegte Aussage, dass Jesus Christus der Kirche wie der Bräutigam seiner Braut gegenübersteht und sich ihr liebend zuwendet. Diese biblische Geschlechtersymbolik ist mehr als ein Bild und eine bloße Metapher; sie drückt eine tiefe Realität aus, die besonders in der Frauenmystik des Mittelalters entfaltet wurde.[171] Der Bischof und der Priester soll Jesus Christus in ganzheitlicher, leibhaft symbolischer Weise repräsentieren. Bei der Bischofsweihe wird dem Bischof der Bischofsring angesteckt mit den Worten: »Nimm den Ring, das Siegel der Treue, damit du Gottes heilige Braut, die Kirche, geschmückt durch unwandelbare Treue, unverletzt behütest.«

Das Symboldenken und das Verständnis für die Geschlechtersymbolik sind uns heute weitgehend fremd geworden. So sind solche Gedankengänge heute vielen schwer oder gar nicht zugänglich. Die Diskussion um das Thema Frauenordination wird uns deshalb wohl noch einige Zeit begleiten. Dabei wird es nicht genügen, die kirchliche Lehre nur zu verteidigen. Es gilt, die darin verborgenen tieferen biblischen und spirituellen Anliegen verständlich zu machen; es gilt aber auch, die Anliegen derer, die sich für die Frauenordination einsetzen, zu verstehen und sie positiv aufzugreifen. Das ist nur möglich, wenn wir das, was theologisch ohne weiteres möglich, ja dringend ist, auch wirklich tun und dem Charisma der Frauen in der Kirche in den verschiedenen Bereichen des kirchlichen Lebens mehr Raum geben, als es gegenwärtig der Fall ist.[172] Nur so wird es möglich sein, in dieser Frage die Situation in der Kirche zu befrieden.

### Ständiger Diakonat

Neben der Erneuerung der Theologie des Bischofs- und des Priesteramtes hat das Konzil mit der Erneuerung des ständigen Diakonats einen weiteren Schritt zur Erneuerung des Amtsverständnisses aus dem Geist der altkirchlichen Tradition getan.[173] Denn in der alten Kirche übten die Diakone vielfache liturgische, katechetische, karitative und administrative Dienste an der Seite des Bischofs und als seine Helfer aus. Man verstand sie als Auge und Arm des Bischofs. Sie wurden von den Presbytern unterschieden und konnten vor allem nicht der Eucharistie vorstehen. Dennoch waren sie in Rom als Leiter der verschiedenen Regionen zeitweise mächtiger als die Presbyter. Später wurden die diakonalen Aufgaben von den Presbytern übernommen. So war der Diakonat seit dem Ende des ersten Jahrtausends in der lateinischen Kirche nur noch eine Durchgangsstufe zum Presbyterat.

Bereits das Trienter Konzil versuchte, den ständigen Diakonat zu erneuern, allerdings ohne Erfolg.[174] Wenn das Zweite Vatikanische Konzil den Diakonat als »eigene und beständige hierarchische Stufe« wiederherstellte, dann waren dafür auch pastorale und missionarische Anliegen maßgebend.[175] Es ging also nicht um bloße Restauration der altkirchlichen Praxis, sondern um eine wirkliche Erneuerung angesichts einer neuen pastoralen Situation und neuer pastoraler Aufgaben.

Aus dem Konzilstext geht eindeutig hervor, dass der Diakonat eine eigene sakramentale Weihestufe darstellt und damit Anteil hat am dreifachen Dienst des Amtes. Zum eigenen Profil des Diakons innerhalb des Amtes sagt das Konzil nur, der Diakon werde »nicht zum Priestertum (sacerdotium), sondern zur Dienstleistung (ministerium)« bestellt.[176] Damit ist geklärt, dass der Diakon speziell priesterliche Dienste, besonders die Eucharistie und die Verwaltung des Bußsakraments, nicht vornehmen kann. Was aber mit ministerium genauerhin gemeint ist, bleibt unbestimmt. Denn der Dienst gilt für alle Christen und für alle Stufen des Amtes. Um die Aussage zu füllen, belässt es das Konzil bei der Aufzählung einzelner Aufgaben. Diese Aufzählung ist wohl eher beispielhaft als erschöpfend gemeint. Eine Theologie des Diakonats und das spezifische Profil des Diakons ergeben sich daraus noch nicht. Auch hier hat das Konzil Fragen offen gelassen, die teilweise erst noch einer vollständigen Klärung bedürfen.[177]

Versucht man dem Eigenprofil des Diakons näher zu kommen, so muss man ihn einerseits vom Priester unterscheiden. Er ist kein Ersatz- oder Notpriester und sollte schon gar nicht ein verhinderter Priester sein. Andererseits ist der Diakonat als sakramental begründeter Dienst auch von den Laiendiensten zu unterscheiden; der Diakon ist also kein

›Laiendiakon‹ und schon gar nicht ein geweihter Sozialarbeiter. Am ehesten kann man davon ausgehen, dass der Diakon gewissermaßen eine Brücke ist zwischen dem Bischof beziehungsweise dem Presbyter und dem Volk Gottes.[178] Doch auch diese Bestimmung bringt einige Randunschärfen mit sich. Denn im Notfall kann der Diakon gewisse Funktionen des Priesters übernehmen (etwa in der Gemeindeleitung), wie in Notfällen umgekehrt Laien bestimmte Funktionen des Diakons übernehmen können (Nottaufe, außerordentliche Kommunionspendung). Es wäre aber verkehrt, das spezifische Profil des Diakons von solchen Grenzfällen her bestimmen zu wollen.

Mir scheint nach wie vor die Lösung am plausibelsten, den Diakon von der diakonia her zu verstehen. Dabei muss diakonia in dem umfassenden biblischen Sinn verstanden werden. Sie darf nicht nur als Caritas- und Sozialarbeit begriffen werden, sondern schließt den Dienst des Wortes und den Dienst der Sakramente (Taufe und Spendung der Eucharistie) sowie das gelebte Zeugnis der persönlichen Dienstgesinnung und Hingabe ein. In diesem Sinn kann man den Diakon als amtlichen Repräsentanten der diakonia Christi verstehen.

Zu der viel diskutierten Frage der Diakoninnen können in diesem Zusammenhang nur einige Anmerkungen gemacht werden.[179] Diakoninnen sind im Osten (außer Ägypten und Äthiopien) seit dem 3. Jahrhundert, im Westen ab dem 6. Jahrhundert und bis ins 13. Jahrhundert bekannt.[180] Ihr Stand war jedoch sowohl im Osten wie im Westen von dem des männlichen Diakons unterschieden. In Syrien, wo Diakoninnen besonders bezeugt sind, war dies der Fall auf dem Hintergrund einer Gesellschaft, in der eine starke Trennung von Frauen und Männern herrschte. Die Diakoninnen waren darum vor allem mit Frauenseelsorge beauftragt. Aus Gründen der Dezenz waren sie mit der Assistenz bei der Erwachsenentaufe betraut, nicht jedoch stand ihnen der Dienst am Altar zu. Entsprechend unterschied sich auch der Ritus der Ordination von dem der männlichen Diakone. Im Westen wurde der Diakonat der Frauen, wie er im Osten bekannt war, von verschiedenen Synoden abgelehnt.[181] Wenn im Westen von Diakoninnenweihe die Rede ist, handelte sich entweder um die Bestellung von Äbtissinnen oder um die feierliche Aufnahme in den Witwenstand.

Es gibt also keine kontinuierliche einheitliche Tradition, an die man heute anknüpfen könnte. Die Einführung einer Diakoninnenweihe wäre unter heutigen Umständen eine Neuschöpfung, die eine neue

Praxis begründen würde. Sie wäre allenfalls als eine Sakramentalie, aber nicht als ein Sakrament möglich. Das aber würde keine Hervorhebung des Status der Frauen bedeuten, wie von denen, die für deren Einführung plädieren, gewünscht wird, sondern würde im Gegenteil eine Minderstellung der Frauen gegenüber den männlichen Diakonen begründen. Die Forderung nach der Weihe von Diakoninnen ist darum kein geeigneter Ansatzpunkt für die Verwirklichung des berechtigten Anliegens, Frauen mehr Raum und öffentliche Stellung in der Kirche zu geben. Das kann besser, wirksamer und eigenständiger in einem nicht klerikalen Kontext geschehen. Dazu gibt es, wie bereits gezeigt, viele Möglichkeiten.[182]

## Zum Schluss nochmals: Amt und Gemeinde

Das Konzil hat sowohl das gemeinsame Priestertum aller Getauften herausgestellt und die Stellung der Laien in der Kirche neu hervorgehoben wie in der Frage der Ämter neue Akzente gesetzt. So stellt sich abschließend nochmals die Frage nach dem Verhältnis beider. Diese Frage wurde ausführlich auf dem Zweiten Vatikanischen Konzil und nach dem Konzil zeitweise heftig diskutiert.[183]

Die Konzilsväter gaben sich viel Mühe, um zu einer genauen Bestimmung des Verhältnisses von gemeinsamem und besonderem Priestertum des Dienstes zu kommen. Sie wollten eine Unterscheidung innerhalb des gemeinsamen Priestertums vornehmen, bei der weder das gemeinsame Priestertum abgewertet, noch die besondere Würde und Stellung des Priestertums des Dienstes in Frage gestellt werden. Viele Vorschläge wurden gemacht und wieder verworfen. Trotzdem wird man nicht sagen können, dass die Formulierungen, welche das Konzil schließlich gefunden hat, schon völlig ausgereift wären. Das Konzil nahm, um innerhalb der umfassenden Gemeinsamkeit des gemeinsamen und des besonderen Priestertums des Dienstes den Unterschied zu bestimmen, seine Zuflucht zu der den Theologen vertrauten scholastischen Terminologie. Es formulierte: Beide unterscheiden sich nicht nur dem Grad (gradus), sondern dem Wesen (essentia) nach.[184]

Diese Ausdrucksweise ist für den, dem die scholastische Terminologie vertraut ist, klar, für alle anderen aber missverständlich. Man kann sie nur dann richtig verstehen, wenn man die scholastische Terminologie exakt interpretiert und den Kontext beachtet, der im lateinischen Text deutlicher zum Ausdruck kommt als in der deutschen Übersetzung. Achtet man auf den Kontext, dann wird deutlich, dass die genannte Unterscheidung auf der Grundlage des Gemeinsamen und im Zusammenhang der gegenseitigen Zuordnung beider gemacht wird. In diesem Kontext soll gesagt werden: Laien und ordinierte Amtsträger nehmen an dem einen Priestertum Jesu Christi nicht in unterschiedlichem Grad, sondern in unterschiedlicher Weise teil.[185] Der Unterschied beider besteht nicht darin, dass das besondere Priestertum eine Ausformung, Steigerung und Intensivierung des gemeinsamen Priestertums ist. Wer das Dienstamt in der Kirche innehat, ist nicht sozusagen automatisch ein besserer Christ. Beide gehören vielmehr einer verschiedenen Ebene und einer verschiedenen Ordnung an. Das gemeinsame Priestertum gehört der Ordnung des Ziels an, das heißt der Realisierung des Priestertums Christi zur Heiligung und Transformation der Welt. Das Priestertum des Dienstes gehört der Ordnung der Mittel an; es soll dem gemeinsamen Priestertum dienen und es fördern.[186]

Der Brief an die Epheser drückt die besondere Aufgabe des Amtes sehr präzise so aus: Die Ämter sollen die Heiligen (d. i. die Gläubigen) zurüsten für die Erfüllung ihres Dienstes *(Eph 4,12)*. Sie sollen sie inspirieren und motivieren, wenn es sein muss auch einmal korrigieren, sie sollen sie geistlich begleiten, bestärken und ermutigen und durch die Spendung der Sakramente gnadenhaft stärken.

Man kann die Lehre des Zweiten Vatikanischen Konzils ausgehend von der paulinischen Charismenlehre vertiefen und noch besser verständlich machen.[187] Paulus spricht von einer Vielzahl von unterschiedlichen Charismen, Ämtern und Diensten in der Kirche und er vergleicht die Kirche beziehungsweise die Gemeinde mit einem Organismus, in dem jedes Glied seine ihm eigene Funktion hat, die es aber nur im Zusammenwirken mit allen anderen wahrnehmen kann *(1 Kor 12,4–27;* vgl. *Röm 12,4–8; Eph 4,15f.; Kol 2,19; 1 Petr 4,10f.)*. Wie in einem Organismus soll es in der Kirche ein geordnetes Zusammenwirken und Zusammenspiel der verschiedenen Charismen, Ämter und Dienste geben. Paulus bezeichnet die Kirche auch als einen Bau im Heiligen Geist *(Eph 2,21f.; 1 Petr 2,5;* vgl. *1 Kor 3,9)*. Die Kirche ist also ein strukturiertes Gefüge, in dem die einzelnen Teile sich gegenseitig tragen und halten. Ein solches Zusammenspiel kann, da sündige Menschen beteiligt sind, durch Regelverletzungen gestört sein und geradezu krankhaft werden. Der Bau kann auch einmal etwas aus dem Lot kommen und es kann im Gebälk ächzen; er muss dann restauriert und erneuert werden. Insgesamt aber hat er eine ihm eigene Ordnung, Struktur und Logik und darin eine innere wie äußere Schönheit.

Die Ämter haben innerhalb der christologisch und pneumatologisch begründeten Struktur der Kirche ihr eigenes Charisma. Der Amtsträger steht in der Gemeinde und ist auf das Gebet, die Mitarbeit, den Zuspruch und unter Umständen die Kritik der anderen Charismen angewiesen. Er muss wie alle anderen Christen und zusammen mit allen anderen Christen auf das Wort Gottes hören und ist wie alle anderen auf Gnade und auf Vergebung angewiesen. Die Ämter sollen darum die Würde der anderen Charismen achten und ihnen Freiheit und Raum zum Handeln geben, sie sollen ihnen Mut machen und sie unterstützen, sie sollen auf ihre Anliegen hören und auf ihre Wünsche eingehen.[188] Andererseits haben die Ämter innerhalb des Ganzen ihre eigene Aufgabe und Stellung, die nicht aus der Gemeinde abgeleitet werden kann, zu der sie vielmehr von Jesus Christus eingesetzt und bevollmächtigt worden sind *(Eph 4,7–12)*. Sie sprechen und handeln weder im eignen Namen noch im Namen und als Beauftragte der Gemeinde, sondern im Namen Jesu Christi selbst. »Wer euch hört, der hört mich« *(Lk 10,16;* vgl. *Mt 10,40; Joh 13,20; 2 Kor 5,20)*. Sie stehen im Vollzug ihrer besonderen Sendung der Gemeinde vollmächtig gegenüber und dürfen deshalb von allen anderen Achtung und Gehorsam erwarten *(1 Thess 5,12f.; 1 Kor 16,15f.; Hebr 13,7)*.

In dem spannungsvollen Verhältnis und Gefüge von gemeinsamem Priestertum und Priestertum des Dienstes spiegelt sich in analoger Weise das In/Über von Christus und Kirche. Das Dienstamt steht in der Kirche und in der Gemeinde, aber im Vollzug seines Dienstes steht es der Gemeinde in persona Christi gegenüber.[189] Es gibt darum eine doppelte Repräsentanz des Amtes: Es repräsentiert die Gemeinde und es repräsentiert Jesus Christus gegenüber der Gemeinde.[190]

Im Namen Jesu zu sprechen und zu handeln ist ein hoher Anspruch, der missverstanden und missbraucht werden kann. Richtig kann man im Namen Jesu nur sprechen und handeln, wenn man auch in der Weise Jesu spricht und handelt. Jesus ist nicht gekommen, um sich bedienen zu lassen, sondern um zu dienen *(Mk 10,42–45)*. Die christologische und pneumatologische Begründung des Dienstamtes ist darum nicht nur für die Begründung von dessen spezifischer Vollmacht von Bedeutung, sondern auch für dessen rechte Ausübung maßgebend. Sie soll der Grundhaltung Jesu entsprechen. Die Ämter sind nicht Herrschafts- und Machtausübung, sondern in der Nachfolge Jesu Dienst am Volk Gottes und seiner Sendung. Sie sollen ihr Amtscharisma nicht selbstherrlich und herrschsüchtig ausüben, sondern als Dienst zum Aufbau der Gemeinde verstehen *(1 Kor 12,7; Eph 4,12)*. Sie sollen nicht Herren des Glaubens, sondern Diener der Freude sein *(2 Kor 1,24)*. Mit der Fußwaschung am Abend vor seinem Leiden und Sterben hat Jesus ein anschauliches Beispiel dieses Knechtsdienstes gegeben *(Joh 13,1–17)*.

Der 1. Petrusbrief drückt diesen Gedanken prägnant aus. »Sorgt als Hirten für die euch anvertraute Herde Gottes nicht aus Zwang, sondern freiwillig, wie Gott es will; auch nicht aus Gewinnsucht, sondern aus Neigung; seid nicht Beherrscher eurer Gemeinden, sondern Vorbilder für die Herde« *(1 Petr 5,2f.)*. Damit wird ein neues und doch altes Bild der Kirche, wie sie allein Zukunft haben kann, deutlich.

### Exkurs zur ökumenischen Diskussion über Amt und Ämteranerkennung

Das Zweite Vatikanische Konzil und die seither stattgefunden theologischen Entwicklungen haben dazu geführt, dass die Amtsfrage heute in einer gegenüber dem 16. Jahrhundert neuen Situation und in einem neuen Klima diskutiert werden kann. Viele multilaterale und bilaterale ökumenische Gespräche sind in Gang gekommen, welche zu einer Reihe von erfreulichen Ergebnissen geführt haben.[191] Die Dialogdokumente haben keinen lehr- und kirchenamtlichen, wohl aber in hohem Maß einen exemplarischen Charakter. Wegen der Unterschiedlichkeit der Gesprächspartner und ihrer unterschiedlichen Positionen lassen sich die Gespräche nur schwer zusammenfassen. Eine Zusammenfassung ist auch deshalb schwierig, weil sich in diesen Gesprächen herausgestellt hat, dass ungeklärte Fragen und unterschiedliche Positionen nicht nur zwischen den Kirchen, sondern auch innerhalb der jeweiligen Kirchen und ihren Theologien bestehen.

Einige wichtige und erfreuliche Ergebnisse lassen sich dennoch festhalten: In den Gesprächen besteht Übereinstimmung, dass das Amt nicht als Delegation der Gemeinde, sondern als Stiftung Jesu Christi zu verstehen und als solches für die Kirche konstitutiv ist. Das Amt steht zwar in der Gemeinde, es steht dieser aber im Vollzug seiner Sendung »in persona Christi« gegenüber. Die Ordination durch Handauflegung und Gebet wird, auch wenn sie nicht überall als Sakrament bezeichnet wird, doch als liturgische Handlung anerkannt, welche dem zu Ordinierenden ein Amtscharisma wirksam zuspricht. Die Verkündigung wird heute in allen Kirchen als eine wesentliche Aufgabe des Amtes betrachtet, ein einseitig sacerdotales Verständnis des Amtes ist damit überwunden. Die in der Reformation besonders umstrittene Frage des ›Weihepriestertums‹ ist durch die theologischen Annäherungen in der Frage des Opfercharakters der Messe wesentlich entschärft. Es besteht heute breite Übereinstimmung darüber, dass die Eucharistie kein neues Opfer, auch nicht die Wiederholung des einmaligen Opfers Christi, sondern dessen sakramentale Gegenwärtigsetzung ist.[192]

Erfreulich ist auch die Neubesinnung auf die Episkopé und das Bischofsamt, die sich in der Ökumene und besonders in den lutherischen Kirchen abzeichnet.[193] In diesem Zusammenhang ist die sich herausbildende Konvergenz, dass die Sukzession im Amt nur innerhalb der apostolischen Sukzession der Kirche insgesamt richtig verstanden werden kann sowie darüber, dass die Amtssukzession nicht auf die Kette der Handauflegungen beschränkt werden darf, sondern die Sukzession im apostolischen Glauben einschließt, zu nennen. Die apostolische Sukzession wird damit als eine Gesamtstruktur verstanden, in der alle die genannten Elemente zusammengehören.[194] Innerhalb dieser Gesamtstruktur ist die Amtssukzession keine Garantie, sondern Zeichen und Werkzeug. Die Kontinuität und Identität der Kirche im Glauben ist letztlich in der Verheißung des Geistes, der in alle Wahrheit einführt *(Joh 14,26; 15,26; 16,13)*, begründet.

Dies alles sind in einigen Fällen, etwa in der ersten Dialogphase mit den Anglikanern, Konsense, insgesamt aber eher Konvergenzen. Fragen vor allem hinsichtlich des sakramentalen Charakters der Ordination und der konkreten Gestalt der apostolischen Sukzession bleiben noch zu klären. Die unterschiedlichen Positionen zur Frauenordination und die Beauftragung von Nichtordinierten zur öffentlichen Verkündigung, zur Sakramentenspendung und zum Vorsitz bei der Eucharistie beziehungsweise dem Abendmahl, wie es in manchen kirchlichen Gemeinschaften geschieht, haben die tieferen Unterschiede erneut deutlich gemacht und zugleich auch neue, bisher nicht vorhandene Probleme aufgeworfen, welche die Dialoge in der Zwischenzeit erschwert haben.

Trotz der zweifelsohne noch bestehenden Unterschiede und offenen Fragen darf man die positiven Ergebnisse der Dialoge theologisch wie praktisch nicht unterbewerten. Papst Leo XIII. hatte von der Ungültigkeit der anglikanischen Weihen gesprochen[195] und noch das Zweite Vatikanische Konzil sprach von einem »defectus ordinis« bei den reformatorischen kirchlichen Gemeinschaften.[196] Das war im Sinn eines völligen Fehlens gemeint; aufgrund der inzwischen stattgefundenen Dialoge muss der Ausdruck defectus jedoch als Mangel verstanden werden. So wie wir von Elementen der Kirche sprechen, so können wir analog auch von der Anerkennung wesentlicher Elemente des Amtes in den reformatorischen kirchlichen Gemeinschaften sprechen. Auf dieser Grundlage hat sich inzwischen zwischen Pfarrern und Bischöfen der verschiedenen Kirchen und kirchlichen Gemeinschaften ein brüderliches Verhältnis herausgebildet, das nicht nur eine Sache des Protokolls oder der zwischenmenschlichen Höflichkeit ist, sondern zum Ausdruck bringt, dass trotz allen noch bestehenden Unterschieden das Amt der jeweils anderen Kirche nicht nichts ist, sondern dass anerkannt wird, dass in ihm – in einer nicht quantifizierbaren Weise – ›etwas‹ von den Amt wahrgenommen wird, das Christus seiner Kirche eingestiftet hat. Das ist ein Ergebnis, das weit über die Polemik das 16. Jahrhundert hinausführt und dem für die praktische Zusammenarbeit erhebliche Bedeutung zukommt.

Manche wollen aufgrund der positiven Ergebnisse vor allem im Verhältnis zu den Anglikanern und den Lutheranern schon von einem differenzierten Konsens sprechen oder halten gar eine gegenseitige Anerkennung der Ämter schon für möglich.[197] Da jedoch über den Begriff differenzierter Konsens selbst kein Konsens besteht, führt diese Forderung nur wieder zu neuen Missverständnissen; sie läuft zudem Gefahr, die bestehenden Unterschiede unangemessen zu minimalisieren.

Es genügt nämlich nicht, auf den rein historisch unbestreitbaren geschichtlichen Gestaltwandel zu verweisen, der sich vom Neuen Testament zum altkirchlichen Bischofsamt und von dort zur mittelalterlichen, neuzeitlichen Gestalt bis zum Vaticanum II vollzogen hat.[198] Dieser Gestaltwandel entspricht der Geschichtlichkeit der Kirche und ist eine geschichtliche Notwendigkeit. Eben deshalb ist es ein Anachronismus, das lokale Bischofsamt, wie es sich etwa bei Ignatius von Antiochien findet, in Form des Pastorenamtes des 16. Jahrhunderts wiederherstellen oder es im heutigen evangelischen Pastorenamt wiederfinden zu wollen. Die entscheidende Frage ist nämlich, ob im Wandel der Gestalt die Kontinuität und Identität der Grundprinzipien gewahrt wurden oder nicht. Fragt man so, dann entspricht das heutige regionale katholische Bischofsamt zweifelsohne weit mehr dem von Ignatius beschriebenen lokalen Bischofsamt als das gegenwärtige evangelische Pastorenamt. Ähnliches gilt für die Frage der Notsituation, auf welche sich die Reformatoren berufen haben. Denn aufgrund der inzwischen stattgefundenen Konfessionsbildung ist aus der damaligen Notsituation eine dem Bekenntnis der reformatorischen Kirchen entsprechende Normalsituation und damit eine Glaubensfrage geworden.[199]

Die Frage der Identität der Prinzipien stellt sich vor allem in der Frage der Verhältnisbestimmung von allgemeinem Priestertum und Amt, wie sie sich in der Praxis vieler lutherischer und reformierter Kirchen durchgesetzt hat.[200] Sie hat Auswirkungen auf die gegenwärtige Gestalt wie auf das Verständnis des synodalen Bischofsamtes in den lutherischen Kirchen, das sich seit der zweiten Hälfte des 20. Jahrhunderts faktisch auch in der anglikanischen Gemeinschaft findet.[201] Denn in der Form des synodalen Bischofsamtes wird die Episkopé nicht nur im Zusammenwirken mit synodalen Gremien, sondern weitgehend durch synodale Gremien ausgeübt, die sich mehrheitlich aus Nichtordinierten zusammensetzen. So war es bezeichnend, dass bei der Feststellung des Magnus consensus über die Rechtfertigungslehre nicht die lutherischen Bischöfe, sondern die lutherischen Synoden befragt wurden und auch entschieden haben. Nicht den Bischöfen, sondern den Synoden kam demnach die lehramtliche Funktion zu.[202] Das ist ein Verständnis des Bischofsamtes, das weder dem altkirchlichen noch dem heutigen katholischen und orthodoxen Bischofsamt entspricht; es handelt sich vielmehr um eine Neuschöpfung des 20. Jahrhunderts auf der Grundlage der Verhältnisbestimmung von allgemeinem Priestertum und Amt vor allem beim frühen Luther. Solange diese Frage nicht geklärt ist, ist eine volle Anerkennung des evangelischen Bischofsamtes, so wie es sich heute darstellt, ehrlicherweise nicht möglich.

Die Ordination ist nämlich als sakramentale Handlung keine quasi magisch wirkende Handlung, sondern ein Sakrament des Glaubens.

Ihre Anerkennung hängt darum entscheidend von der Intention ab. Gemeint ist nicht der persönliche Glaube des Ordinierenden, also das, was er subjektiv denkt und meint, sondern das, was das Glaubensbekenntnis seiner Kirche, auf dessen Grundlage er handelt, dem er verpflichtet ist und auf das er den zu Ordinierenden verpflichtet, objektiv sagt. Die katholische Tradition spricht von der intentio faciendi quod facit ecclesia, die Intention, das zu tun, was die Kirche tut.[203] So verstanden kann ein evangelischer Spender der Ordination gar nicht das Amt vermitteln wollen, das in der katholischen Kirche gegeben ist und wie es in der katholischen Kirche verstanden wird. Im Grunde muss er dies im Sinn des Glaubensbekenntnisses seiner Kirche sogar ausschließen. Es ist deshalb bezeichnend, dass die Feststellung der Ungültigkeit der anglikanischen Ordinationen nicht etwa mit der Unterbrechung der Kette der Handauflegungen, sondern mit dem Fehlen der Intention und damit des rechten Glaubens begründet wurde.[204]

Das führt uns zum Kern des Problems. Die Anerkennung der Ämter ist kein isoliert zu lösendes Problem. Sie lässt sich vor allem nicht allein durch an sich nützliche und lehrreiche historische Untersuchungen über historisch gegebene Freiräume lösen. Das kirchliche Amt, besonders das Bischofsamt, repräsentiert die Kirche und deren verbindliches Bekenntnis. Jede gegenseitige Anerkennung setzt darum die volle gegenseitige Anerkennung des Kircheseins und des Glaubens der anderen Kirche voraus. Um in der Amtsfrage weiterzukommen, muss sich der ökumenische Dialog darum als nächstem Schritt ganz entschieden der Kirchenfrage zuwenden, um dann die Amtsfrage im Kontext der Kirchenfrage nochmals zu diskutieren. Sie spitzt sich nicht nur in theologischer Sicht, sondern auch aus der Sicht der allgemeinen öffentlichen Wahrnehmung besonders in der Frage des Petrusamtes zu.

### *5.4 Das Petrusamt – Dienst der Einheit*

Das Petrusamt ist ökumenisch der wohl delikateste und schwierigste Punkt der Ekklesiologie. Für die katholische Kirche ist das Petrusamt als Dienst der Einheit ein Geschenk des Herrn an seine Kirche; alle anderen Kirchen lehnen die mit diesem Amt verbundenen Ansprüche ab und betrachten es als Hindernis für die Einheit. Das Petrusamt als

Amt der Einheit ist damit für die meisten anderen Christen zu einem Grund der Trennung geworden. Um diese Paradoxie zu überwinden, hat Papst Johannes Paul II. zu einem brüderlichen Dialog aufgerufen, wie dieses Amt unter Wahrung seiner Substanz so ausgeübt werden kann, dass es für alle annehmbar ist. Papst Benedikt XVI. hat sich dieses Anliegen zu eigen gemacht.[205] Um in dieser Frage weiterzukommen, müssen wir zuerst fragen: Welches ist die wesentliche, das heißt stiftungsgemäße Substanz dieses Amtes?[206]

## Biblische Grundlagen

Die biblische Grundlegung des Petrusamtes wirft eine Fülle exegetischer und historischer Probleme auf, auf die wir in diesem Zusammenhang unmöglich in allen Einzelheiten eingehen können.[207] Als Ausgangspunkt kann die historisch kaum bestreitbare Tatsache dienen, dass Jesus dem Fischer Simon Barjona den Beinamen Kephas, das heißt Fels (πέτϱα), gegeben hat, woraus gräzisiert Petrus (Πέτϱος) geworden ist. Diese Namensübertragung wird von allen vier Evangelisten übereinstimmend berichtet *(Mk 3,16; Mt 10,2; Lk 6,14; Joh 1,42)*, sodass es schwer fällt, an der historischen Zuverlässigkeit zu zweifeln. Namen sind in der damaligen Welt jedoch nicht Schall und Rauch; Namen drückten eine Aufgabe und eine Stellung aus. Der Fels gilt als Symbol der Festigkeit und Beständigkeit; er gibt Halt und Zuflucht. Das ist die grundlegende Aufgabe des Petrus und des nach ihm benannten Amtes.

Aufgrund dieser Berufung wird Simon/Petrus in allen Apostellisten an erster Stelle genannt *(Mk 3,16 par.)*. Im Jüngerkreis ist er Wortführer und Sprecher aller anderen *(Mk 8,29.32; 10,28)*. In allen Evangelien ist er derjenige, der als erster das Bekenntnis zu Jesus als Messias, das heißt als Christus ausspricht *(Mk 8,29; Mt 16,16; Lk 9,20; Joh 6,68f.)*. So ist er der maßgebende Zeuge für Jesus Christus und Typus des christlichen Lehrers. Grundlegend ist vor allem, dass Petrus nach ältester Tradition Erst- und Urzeuge der Auferstehung ist *(1 Kor 15,5;* vgl. *Lk 24,12.34)*. So ist er mit seinem Zeugnis der Fels, auf den man im Glauben bauen und an den man sich im Glauben halten kann. Er soll die Brüder stärken *(Lk 22,31f.)*. In der Tat war Petrus in der Jerusalemer Urgemeinde die maßgebende Gestalt und ihr Leiter *(Apg 1–12)*. Er hat als erster den Übergang vom Judenchristentum zum Heidenchristentum gewagt *(Apg 9f.)* und auf dem Apostelkonzil in Jerusalem dazu das entscheidende Wort gesprochen *(Apg 15)*. Petrus war also nicht nur Bewahrer; er hat der Kirche auch mutig den Weg in die Zukunft gewiesen.

Paulus anerkannte die Autorität des Petrus. Er rechnet ihn neben Jakobus und Johannes zu den Säulen *(Gal 2,9)* und legt Wert darauf, ihn kennen zu lernen, fünfzehn Tage bei ihm zu bleiben *(Gal 1,18)* und schließlich von ihm anerkannt zu werden *(Gal 2,8f.)*. Trotz des schweren Konflikts, den er in Antiochien mit ihm hatte *(Gal 2,11–14)*, anerkennt Paulus die Autorität des Petrus; er ist für ihn der entscheidende Traditionsträger und Traditionsgarant.

So stehen die Worte Jesu bei Caesarea Philippi, die in großen Lettern als Spruchband in der Kuppel von St. Peter in Rom stehen, nicht isoliert da; sie stehen vielmehr in einem großen Kontext: »Du bist Petrus, der Fels, und auf diesen Felsen will ich meine Kirche bauen« *(Mt 16,18)*. Unter den Exegeten besteht weitgehende Einigkeit darüber, dass dieser Text in der vorliegenden Form nicht direkt auf den irdischen Jesus zurückgeht, sondern eine Komposition des Evangelisten darstellt. Weitgehende Einigkeit besteht freilich auch darüber, dass diese Komposition keine freie Erfindung des Matthäus war, sondern auf ältere Traditionen zurückgreift, die letztlich auf die Namensgebung durch Jesus wie auf die Erscheinung des Auferstandenen vor Petrus zurückgehen.

Aus diesem Text ergibt sich das Wesentliche des besonderen Auftrags des Petrus: Petrus ist derjenige, der als erster und stellvertretend für die anderen das Bekenntnis zu Jesus Christus formuliert: »Du bist der Messias, der Sohn des lebendigen Gottes.« Jesus sagt daraufhin, dieses Bekenntnis sei nicht eine rein menschliche Erkenntnis, sondern stamme aus einer besonderen Offenbarung des Vaters. Jesus anerkennt also das besondere, ihm von Gott verliehene Charisma des Petrus als Lehrer. Darauf folgt die Zusage an Petrus: »Du bist Petrus und auf diesen Felsen werde ich meine Kirche bauen« *(Mt 16,16.18)*. Man kann fragen, ob mit diesem Wort die Person des Petrus oder das Bekenntnis des Petrus als Fels zu gelten hat. Bereits die Kirchenväter geben auf diese Frage eine unterschiedliche Antwort. Es findet sich bei ihnen auch eine dritte Antwort, die heute die Mehrheitsmeinung der Exegeten sein dürfte. Sie besagt, dass man das Bekenntnis des Petrus und die Person des Petrus zwar unterscheiden, aber nicht trennen kann. Denn das Bekenntnis ist an die Person und die Person an das Bekenntnis gebunden. So wird Petrus mit seinem Bekenntnis und aufgrund seines Bekenntnisses Felsenfundament der Kirche.[208]

Was die Felsenfunktion konkret bedeutet, deutet Jesus mit dem Bild von den ›Schlüsseln des Himmelreiches‹ aus. Mit seinem Bekenntnis zu Jesus als dem Messias und Sohn des lebendigen Gottes schließt Petrus denjenigen, die dieses Bekenntnis im Glauben annehmen, das Tor zum Reich Gottes auf. Die Schlüsselvollmacht bedeutet also Lehrvollmacht; Petrus ist Fels als vollmächtiger Zeuge und Lehrer von Jesu Botschaft. Das Wort vom ›Binden und Lösen‹ weist in dieselbe Richtung.[209] ›Binden und Lösen‹ sind rabbinische termini technici; sie bezeichnen die Lehrvollmacht sowie die Vollmacht, Entscheidungen zu treffen, die verbieten oder erlauben. Damit ist der Auftrag des Petrus nicht nur ein Pastoraldienst und Pastoralprimat (so wie man pastoral heute meist versteht); es wird dem Simon/Petrus vielmehr eine besondere, nur ihm gegebene apostolische Vollmacht übertragen, aufgrund derer er als Zeuge, Bürge und Garant der Lehre Jesu das Felsenfundament ist, auf dem die Kirche aufgebaut ist. Mit dieser Vollmacht soll Petrus auch die Brüder stärken *(Lk 22,31f.)*.

Man kann gegen die besondere Vollmacht des Petrus nicht einwenden, die Vollmacht zum Binden und Lösen sei an anderer Stelle bei Matthäus auch allen Jüngern gegeben *(18,18)*. An dieser zweiten Stelle handelt es sich eindeutig um eine Gemeinderegel und folglich um eine Vollmacht auf ortskirchlicher Ebene, während es beim Felsenwort um eine besondere Vollmacht geht, welche auf universalkirchlicher Ebene ausgeübt werden soll.

Der besondere Auftrag an Petrus, der sich bei Matthäus findet, findet sich in anderer Form auch im Johannesevangelium. Am Ostermorgen gibt der Lieblingsjünger Johannes, obwohl er als erster am Grab angekommen ist, dem Petrus den Vortritt und damit die Präzedenz *(Joh 20,1–10)*. Nach der Auferstehung erhält Simon/Petrus den Auftrag, als Hirte die Schafe zu weiden, das heißt die Jüngergemeinde zu leiten und zu führen *(Joh 21,15–17)*. Die dreimalige Übertragung des Hirtenamtes zeigt, dass es sich dabei um einen rechtsverbindlichen Vorgang von bleibender Gültigkeit handelt.

Von einer Weitergabe der dem Petrus verliehenen besonderen Vollmacht ist im Neuen Testament nirgends ausdrücklich die Rede. Implizit lässt sich die Fortdauer der dem Petrus verliehenen Vollmacht jedoch biblisch begründen. Den die Tatsache, dass sowohl *Mt 16,18* wie *Joh 21,15–17* in der heutigen Fassung erst nach dem Tod des Petrus abgefasst wurden, zeigt, dass dem Petrus über seinen Tod hinaus in der nachapostolischen Kirche eine besondere Bedeutung zugemessen wurde. Dasselbe ergibt sich aus dem übrigen Neuen Testament, besonders aus der Tatsache, dass der 1. und 2. Petrusbrief offensichtlich von einem Schüler (oder Schülern) des Petrus von Rom aus geschrieben wurden. Dort wird Petrus als Ältester unter den Ältesten, als Zeuge und als Hirt bezeichnet *(1 Petr 1,1f.; 2 Petr 1,16–19)*. Auch die Tatsache, dass kein anderer Name im Neuen Testament so oft genannt wird wie der des Petrus, zeigt, dass der Auftrag des Petrus schon im Neuen Testament als ein bleibender Petrusdienst und als ein Petrusamt angesehen wurde. Anders wäre auch die schon bald einsetzende Petrusverehrung nicht zu erklären.

### Das Petrusamt im ersten Jahrtausend

Die historische Entwicklung des Petrusamtes wirft nicht weniger Fragen auf als dessen exegetische Grundlage.[210] Zweifellos hat es geschichtliche Entwicklungen schon im ersten Jahrtausend und dann im zweiten Jahrtausend gegeben; es wäre deshalb anachronistisch, die Primatslehre des Ersten und des Zweiten Vatikanischen Konzils apologetisch bereits in die Anfänge der Kirchengeschichte zurückzuprojizieren. Die Kirche ist jedoch in allen Jahrhunderten dieselbe; sie verwirklicht ihr gleich bleibendes Wesen je nach den wechselnden geschichtlichen Notwendigkeiten in geschichtlich unterschiedlicher Weise. Es handelt sich also um eine schöpferische und innovative Kontinuität, bei der es entsprechend der Entwicklungslehre von John Henry Newman genügt, dass der Grundtypus, das heißt die Proportionen, die Grundgestalt und die Prinzipien gewahrt werden.[211]

Die Entwicklung geschah bereits im ersten Jahrtausend in verschiedenen Etappen:

(1) Der Ausgangspunkt und die bleibende Grundlage der Petrustradition ist nicht ein Machtmotiv, auch nicht die politische Stellung Roms als Hauptstadt des Imperiums, sondern ein ausgesprochen spirituelles Motiv. Es zeigt sich schon früh eine besondere Petrusverehrung und eine Verehrung des Petrusgrabes. Diese Petrusverehrung und die

Pilgerfahrt zu seinem Grab ist der geistliche Nährboden aller späteren Theorien über eine fortdauernde Wirksamkeit des Petrus in seinen Nachfolgern, dem jeweiligen Bischof von Rom.[212]

Es zeigt sich ebenfalls bereits sehr früh, nämlich in dem Clemens von Rom zugeschriebenen Brief an die Korinther (etwa 96 n. Chr.), eine besondere Verantwortung Roms auch für nichtrömische Gemeinden. Dieser Brief greift mit Autorität in die Konflikte der Gemeinde von Korinth ein und mahnt sie eindringlich zum Frieden. Die besondere Bedeutung der Kirche von Rom zeigt sich erneut in dem Brief, den Bischof Ignatius von Antiochien an die Gemeinde von Rom schreibt (etwa 110 n. Chr.). Er sagt von ihr in diesem Brief, sie habe den Vorsitz in der Liebe (προκαθημένη τῆς ἀγάπης).[213] Wichtig ist dann vor allem das Zeugnis des Irenäus von Lyon im 2. Jahrhundert. In der Auseinandersetzung mit gnostischen Strömungen stellt er ein wichtiges Kriterium auf: Mit der römischen Kirche muss »wegen ihres besonderen Vorrangs jede Kirche übereinstimmen (convenire), das heißt die Gläubigen von überallher (undique), denn in ihr ist die apostolische Tradition immer (semper) bewahrt von denen, die von allen Seiten (undique) kamen.«[214] Ähnlich äußert sich Tertullian.[215]

Diese Zeugnisse werden unterschiedlich interpretiert; sicher darf man sie nicht im Sinn des späteren Primatsanspruchs überinterpretieren. Sie machen jedoch deutlich, dass Rom schon sehr früh als Hort und Garant des apostolischen Glaubens galt und ein wichtiges Zentrum der communio und der Kommunikation in der Kirche war. Bald wurde Rom auch zum Zufluchtsort derer, die wegen ihres rechten Glaubens in Schwierigkeiten gerieten. So wurde Rom zu einer wichtigen Instanz, welche man in Streitfragen anrufen konnte. Die Synode von Sardika (343/344) hat diese Praxis ausdrücklich bestätigt.[216]

Das erste ökumenische Konzil von Nizäa (325) fasst die frühe Entwicklung zusammen. Es spricht von dem alten Brauch, wonach Rom im Bereich von Italien, Alexandrien und Antiochien je in ihren Bereichen einen Vorrang (πρεσβεία) haben.[217] Beim Konzil von Konstantinopel (381) war dann nicht mehr ein kirchlicher, sondern ein politischer Gesichtspunkt maßgebend. Das Konzil stellte die kirchlichen Großbereiche in Parallele mit den staatlichen Verwaltungseinheiten und sagte, dass nach dem römischen Bischof dem Bischof von Konstantinopel als dem neuen Rom ein Ehrenvorrang zukommt.[218] Eine römische Synode unter Papst Damasus (382) stellte dieser politischen

Interpretation die für Rom fortan maßgebende Theorie von den drei petrinischen Sitzen Rom, Alexandrien und Antiochien entgegen. Er wurde dabei besonders von Hieronymus, dem am meisten bibelgelehrten Kirchenvater, unterstützt. Er schrieb an Damasus: »Ich folge keinem als Ersten als Christus allein und will deshalb in Kirchengemeinschaft mit dir, das heißt dem Stuhl Petri bleiben. Ich weiß, dass auf diesen Felsen die Kirche gegründet ist.«[219]

(2) Grundlegend für die weitere Entwicklung wurde die Position der römischen Bischöfe. Die Stellungnahme von Papst Damasus zeigt, dass Rom schon früh nicht nur von außen als Zentrum der communio anerkannt wurde, sondern selbst einen aktiven Führungsanspruch erhob. Das wird erstmals bei Papst Viktor (189–198) im Streit um den Ostertermin deutlich. Papst Stephan (254–257) berief sich erstmals auf das Jesuswort an Petrus in *Mt 16,18ff*. Bei den Päpsten Damasus (366–384), Siricius (384–399)[220] und Innozenz I. (401–417)[221] finden wir dann einen primatialen Anspruch. Rom wird jetzt als caput der Gesamtkirche bezeichnet und der Bischof von Rom als vicarius des Apostelfürsten Petrus verstanden.[222]

Papst Leo der Große (440–461) fasste die frühe römische Petrus- und Papsttheologie zusammen; im Grunde finden wir bei ihm bereits alle wichtigen Elemente der späteren Primatslehre. Nach Leo ist Petrus in seinen Nachfolgern wirksam gegenwärtig und fährt fort, auf seiner cathedra den Vorsitz zu führen; in diesem Sinn ist der Bischof von Rom vicarius Petri.[223] Er umschreibt seine Stellung mit den Begriffen caput, princeps und principatus und spricht erstmalig, allerdings noch nicht im späteren Sinn, von der plenitudo potestatis.[224] Entschieden lehnte Leo darum den Kanon 28 des Konzils von Chalcedon (451) ab, das Konstantinopel als dem neuen Rom den zweiten Rang (im griechischen Text ist sogar vom gleichen Rang die Rede) wie Rom einräumte.[225] Wie schon Damasus bestand er auf der Theorie von den drei petrinischen Sitzen. Ähnlich tat dies später wieder Papst Gelasius (492–496).[226] Damit zeigen sich schon früh unterschiedliche Entwicklungen und Risse im Verhältnis in Ost und West.

(3) Neben der sich im 3. und 4. Jahrhundert abzeichnenden primatialen Linie gibt es auch die episkopale und kollegiale Traditionslinie. Sie wurde vor allem von Cyprian von Karthago vertreten.[227] Deshalb sollen die Bischöfe untereinander in Eintracht und gegenseitiger Liebe handeln. Dennoch kann auch Cyprian sagen, die Kirche sei auf Einem

(unum) auferbaut und habe ihre auf der Anordnung Christi beruhende Einheit vom Ursprung her.[228] Deshalb gilt für Cyprian die Kirche Roms als die »matrix et radix ecclesiae catholicae«[229] und der Stuhl Petri als Hauptkirche (ecclesia principalis) und Ausgangpunkt der bischöflichen Einheit.[230]

Die Position des Augustinus, des in der lateinischen Tradition am meisten wirksamen Kirchenvaters, darf nicht auf die spätere Aussage »Roma locuta, causa finita« reduziert werden.[231] Der Fels (petra), auf den die Kirche gebaut ist, ist für ihn Christus *(1 Kor 19, 4;* vgl. *3, 11).* Deshalb betont er immer wieder: »non enim a Petrus petra, sed a petra Petrus.«[232] Nach Augustinus erhält Petrus die Schlüsselgewalt nicht für sich allein, sondern als Repräsentant der Kirche. Petrus ist nach Augustinus figura ecclesiae, sacramentum ecclesiae, typus ecclesiae und typus unitatis ecclesiae.[233] Diese Auffassung wirkte bis ins Mittelalter nach und findet sich unter Berufung auf Augustinus noch bei Thomas von Aquin.[234]

Die Balance zwischen den beiden Prinzipien der Primatialität und der Kollegialität zeigte sich vor allem beim Konzil von Chalcedon (451). Die Konzilsväter akklamierten bei der Verlesung des Lehrschreibens (Tomos) Leos: »Das ist der Glaube der Väter, das ist der Glaube der Apostel! Wir alle glauben so … Petrus hat durch Leo gesprochen!«[235] Dann aber formulierten sie das christologische Bekenntnis eigenständig. Sie griffen Leos Beitrag zwar auf, integrieren ihn aber in ein Bekenntnis, das stark von der alexandrinischen Theologie, besonders vom zweiten Brief Cyrills an Nestorius geprägt ist. Diese Balance entsprach auch den Vorstellungen von Leo dem Großen selbst.[236]

Gregor der Große (590–604) fasste in der Spätzeit die Entwicklung zusammen. Er weiß sich als Erbe des Apostels Petrus, des ›princeps apostolorum‹, dem die Sorge für die ganze Kirche anvertraut ist,[237] aber er weiß auch, dass seine Ehre die der universalen Kirche und die Stärke seiner Brüder ist; er weiß sich geehrt, wenn ihnen die ihnen zustehende Ehre nicht verweigert wird.[238] So erhebt er Einspruch gegen den in Konstantinopel üblich gewordenen Titel ›ökumenischer Patriarch‹; auch für sich selbst lehnt er den Titel ›papa‹ oder ›episcopus universalis‹ entschieden ab.[239]

(4) In der Spätzeit wurden die Unterschiede zwischen Ost und West immer deutlicher. Sie wurden dadurch verstärkt, dass das weströmische Reich schon im 5. Jahrhundert in der Stürmen der Völker-

wanderung unterging, während der Osten fast ein Jahrtausend länger als Rom in das reichskirchliche System eingebunden war. In Byzanz galt die von Eusebius von Caesarea († 339) grundgelegte christianisierte hellenistische Ideologie (Francis Dvornik), die im sakral verstandenen Kaisertum die Einheit des Reiches und der Kirche repräsentiert und garantiert sah. Kaiser Justinian (527–567) führte im Zuge einer Reichsreform als Instrument kaiserlichen Kirchenregiments das System der Pentarchie ein. Durch sie erlangten die fünf Patriarchate Rom, Konstantinopel, Alexandrien, Antiochien und Jerusalem staatsrechtliche Bedeutung. Aber auch nach Kaiser Justinian nahm der Bischof von Rom innerhalb der Pentarchie eine Sonderstellung ein. Er bezeichnete den Papst als »Haupt aller Priester Gottes« und als »Hüter des Glaubens«[240].

Die Bedeutung der römischen Bischöfe zeigte sich immer dann, wenn es um Fragen des Glaubens ging. Papst Julius I. (337–352) erwies sich als Vorkämpfer der nizänischen Orthodoxie und Verteidiger des Athanasius, als dieser von einer arianisch lehrenden Synode im Osten (Tyrus 335; Alexandrien 341) verurteilt und abgesetzt wurde. Dasselbe war der Fall, als sich Papst Coelestin (442–432) gegen Nestorius für Cyrill von Alexandrien einsetzte. Ebenso stellte sich Leo der Große (440–461) gegen Nestorius und vor den 449 auf der ›Räubersynode‹ von Ephesus abgesetzten Bischof Flavian von Konstantinopel und verteidigte in Chalcedon (451) den wahren Glauben.

In dieser Spätzeit erwiesen sich die Päpste als Vorkämpfer der chalcedonensischen Orthodoxie, so in der Auseinandersetzung um den Monophysitismus und bei der Beendigung des Akacianischen Schismas (484–519) durch die Einigungsformel des Papstes Hormisdas (514–523). Darin heißt es, dass die in *Mt 16,18* dem Petrus gegebene Verheißung durch die geschichtliche Erfahrung bestätigt worden sei; im Apostolischen Stuhl sei »die katholische Religion immer unversehrt bewahrt geblieben«; in der Gemeinschaft mit ihm sei »die volle und wahre Festigkeit der christlichen Religion« begründet.[241] Dieselbe Festigkeit zeigte sich im Konflikt um Monenergetismus und Monotheletismus, wo auf dem Dritten Konzil von Konstantinopel (680/681) die Schreiben des Papstes Agatho (680/681)[242] durch Akklamation auf ähnliche Weise bestätigt wurden wie in Chalcedon das Lehrschreiben Leo des Großen. In dieser Auseinandersetzung erwies sich Maximus Confessor (580–662), einer der bedeutendsten Kirchenväter des Ostens, als ein

Brückenbauer zwischen Ost und West.[243] Auch der Bilderstreit konnte auf dem zweiten Konzil von Nizäa (787) allein mit Hilfe von Rom durch ein Schreiben von Papst Hadrian I. (772–795) gelöst werden.

Im 9. Jahrhundert kam zu einem schweren Konflikt um den Patriarchen Photios, den man lange zu Unrecht als Ausgangspunkt des Schismas zwischen Ost und West ansah. In dem Tauziehen um die Zugehörigkeit von Bulgarien wurde dieser von Papst Nikolaus I. (858–867),[244] von Papst Hadrian II. (867–872) sowie von dem nur im Westen anerkannten vierten Konzil von Konstantinopel (869/870) verurteilt.[245] Als er während seiner zweiten Zeit als Patriarch dann einen modus vivendi mit Rom suchte und dabei den Bischof von Rom als ersten unter den fünf Patriarchen anerkannte, aber gleichzeitig festhielt, dass jeder Patriarch in seinem Bereich in administrativer und in liturgischer Hinsicht Letztinstanz ist, hat ihn die Synode von 879/880 mit Zustimmung von Papst Johannes VIII. (872–882) rehabilitiert. Dies war die letzte gemeinsame Synode von Ost und West, und sie war eine wahre Einheitssynode, die es verdiente, als ökumenisch anerkannt zu werden.[246]

Trotz dieser Einigung nahm aus kulturellen wie aus politischen Gründen die gegenseitige Entfremdung zwischen Ost und West zu. Immer wieder kam es zu Schismen, die dann immer wieder behoben werden konnten. Erst die gegenseitige Exkommunikation von Kardinal Humbert von Silva Candida und Patriarch Michael Caerularius von Konstantinopel im Jahr 1054 führte zu einer bis heute fortdauernden Nichtgemeinschaft (ἀκοινωνία). Direkt waren von diesem Konflikt nur die beiden Beteiligten betroffen; niemand betrachtete diese Exkommunikation damals als einen endgültigen Bruch. Kontrovers waren damals auch keine dogmatischen Fragen, weder die Frage des Primats noch die Frage des Filioque-Zusatzes zum Credo. Es ging um disziplinäre Fragen, die heute keine Kirchentrennung mehr rechtfertigen würden. Doch die Exkommunikation führte faktisch zu einem bis heute andauernden Schisma, in dem sich die Entfremdung weiter vertiefte.[247] Erst während des Zweiten Vatikanischen Konzils gelang es, diese Exkommunikation aus dem Gedächtnis der beiden Kirchen zu tilgen und einen gegenläufigen Prozess der Versöhnung einzuleiten.

## Der lateinische Westen im zweiten Jahrtausend

(1) Der Westen nahm nach dem Untergang des weströmischen Reiches in der Völkerwanderung eine eigene Entwicklung. Die Zuwendung Roms zu den Franken wurde durch die Kaiserkrönung Karls des Großen (800) besiegelt. Die Kirche geriet in dem neuen feudalen reichskirchlichen System in Abhängigkeit von den jeweiligen Fürsten. Entscheidend für die weitere Entwicklung wurde die Reformbewegung nach dem Niedergang des Saeculum obscurum im 10. Jahrhundert und die Auseinandersetzungen um die Freiheit und Unabhängigkeit der Kirche (libertas ecclesiae). Dies geschah im Investiturstreit des 11. Jahrhunderts unter dem Pontifikat Papst Gregors VII. (1073–1085). Er brachte sein Primatsverständnis in den 27 Thesen des *Dictatus Papae* (1075) in prägnanter und provozierender Weise zum Ausdruck. Nach ihm ist die römische Kirche »mater omnium Ecclesiarum« (Mutter aller Kirchen); sie ist Angelpunkt, Quelle und Ursprung, Gipfel und Fundament. Die Synoden wurden nun zu Beratungsgremien des Papstes. Nach Yves Congar war dies der vielleicht größte Umbruch in der gesamten Kirchen- und Papstgeschichte.[248]

Der Primatsanspruch Gregor VII. wurde bei Innozenz III. (1198–1216) nochmals gesteigert. Er bezeichnete sich nicht mehr nur als successor und vicarius Petri, sondern als vicarius Christi.[249] Das Vierte Laterankonzil (1215) bestätigte die Privilegien der Patriarchate, stellt aber den aufgrund göttlicher Anordnung bestehenden Vorrang (principatus) der römischen Kirche vor allen anderen Gewalten heraus und bezeichnete Rom als mater und magistra aller Christgläubigen.[250] Das Zweite Konzil von Lyon (1274)[251] unternahm nochmals einen Versuch, um zur Einheit mit dem Osten zu kommen. Der politisch bedrängte oströmische Kaiser Michael VIII. Palaeologos erklärte, dass Rom den »höchsten und vollen Vorrang und die Herrschaft über die gesamte katholische Kirche« einnimmt und der römische Bischof die plenitudo potestatis besitzt.[252] Doch das Bekenntnis war kein Dokument des Dialogs, sondern ein Diktat im Sinn und in der Sprache der lateinischen Primatslehre und wurde im Osten sofort zurückgewiesen. Schließlich steigerte Bonifatius VIII. (1295–1303) den päpstlichen Anspruch nochmals. In der (nicht als unfehlbar geltenden) Bulle *Unam Sanctam* (1302) erklärte er: »Dem römischen Papst sich zu unterwerfen, ist für alle Menschen unbedingt zum Heile notwendig«[253].

(2) Das Mittelalter war keineswegs so einheitlich, wie es oft dargestellt wird. Es fehlte im Mittelalter nicht an Gegenbewegungen. Vor allem Bernhard von Clairvaux, der grundsätzlich auf der Seite der Reformer des 11. Jahrhunderts stand, warnte seinen Schüler Papst Eugen III. (1145–1153) vor überzogenen Ansprüchen und kritisierte einen römischen Zentralismus.[254] In der monastischen Theologie lebten heilsgeschichtliche und in der Kanonistik synodale Traditionen weiter. Dazu kamen spiritualistische Bewegungen.[255]

Die Übersteigerungen des römischen Primatsanspruchs wurden mit zum Grund für das westliche Schisma. Zunächst standen sich zwei und am Ende drei Päpste gegenüber; sie exkommunizierten sich und ihre jeweiligen Obödienz gegenseitig, sodass die gesamte westliche Christenheit exkommuniziert war. In dieser heillosen Situation versuchte man, in der konziliaren Theorie ältere synodale Elemente wiederzubeleben und neuere korporative Ideen aufzugreifen, um so die Überordnung des allgemeinen Konzils über den Papst herauszustellen.[256]

Auf dieser Grundlage formulierte das Konzil von Konstanz (1414–1418) im Dekret *Haec sancta* (1415) die Superiorität des Konzils über den Papst.[257] Dieses Dekret war keine dogmatische Glaubensentscheidung, sondern eine Notstandsmaßnahme, um die Einheit der Kirche wiederherzustellen und um mit der Wahl Martin V. den Fortbestand des Papsttums zu sichern. Papst Eugen IV. erklärte das Dekret 1441 für ungültig. Doch auch wenn *Haec sancta* kein konziliaristisches Dogma formuliert hat, so ist es doch ekklesiologisch nicht bedeutungslos. Es gehört als Notrecht bleibend zu den Möglichkeiten der Kirche und kann in Extremsituationen, von denen man hoffen wird, dass sie niemals eintreten, eine Art Modellcharakter haben.[258]

Das Unionskonzil von Florenz (1439–1445) sollte die konziliaristischen Ideen überwinden und mit den Griechen zu einer Union finden. So kam es zur ersten förmlichen Definition des Primats. Die Griechen waren bereit, den Papst als Ersten unter den Patriarchen mit den entsprechenden Vollmachten anzuerkennen, wenn in einer solchen Definition auch eine Beschränkung des Papsttums durch die Rechte der Patriarchen zum Ausdruck kommt. So kam es im Dekret *Laetentur caeli* (1439) zu einem Kompromiss: Zuerst wurde die westliche Primatslehre vorgetragen und der universale Primat des Papstes als Nachfolger des Petrus und Stellvertreter Christi, Haupt der Kirche,

Vater und Lehrer aller Christen, der von Jesus Christus mit der plenitudo potestatis ausgestattet ist, zum Ausdruck gebracht; im zweiten Teil wurden die Privilegien und Rechte der Patriarchen bestätigt.[259] Dieses Nebeneinander ließ Spielraum für unterschiedliche Interpretationen. Für die westlichen Vertreter galt nur der erste Teil als eine dogmatische Aussage, der zweite als Bestätigung eines ehrwürdigen Brauches. Für die Griechen dagegen bedeutete der zweite Teil eine Beschränkung des Papsttums. Auch im Westen konnten so im Gallikanismus und später im Febronianismus konziliaristische Ideen weiterleben.

(3) Die Reformation des 16. Jahrhunderts stand von Anfang an unter dem Vorzeichen heftiger polemischer Auseinandersetzung um den Primat, der sich zu dem Vorwurf steigerte, der Papst sei der in *2 Thess 2,1–12* vorhergesagte Antichrist. Dies war ein im Mittelalter geläufiger Topos der Auseinandersetzung.[260] Er hatte bei den Reformatoren jedoch einen präzisen theologischen Sinn und meinte, dass der Papst das Evangelium Jesu Christi, das die Reformatoren in der Lehre von der Rechtfertigung allein aus Gnade konzentriert sahen, unterdrückt. Luther sah damit den eschatologischen Endkampf angebrochen, was die Schärfe der Polemik letztlich erst verständlich macht.[261]

Trotz der scharfen Polemik der Reformatoren sah sich das Konzil von Trient (1545–1563) aufgrund der innerkatholischen Meinungsverschiedenheiten nicht in der Lage, eine klare Aussage über den Primat zu machen. Die Frage konnte nur indirekt im Zusammenhang einer der damals brennendsten Reformfragen, der Residenzpflicht der Bischöfe, diskutiert werden. Dabei ging es um die Reform der Praxis päpstlicher Stellenvergabe, die Einschränkung der Appellationen nach Rom und anderes. Im Hintergrund stand letztlich die Frage, ob die Vollmacht des Bischofs unmittelbar von Christus oder vom Primat abzuleiten sei. Für eine Lösung war die Zeit noch nicht reif. So konnte man sich nach langen Debatten nur auf einen Kompromiss einigen. Man erklärte die Residenzpflicht nicht als ius divinum, sondern als göttliches Gebot und belegte ihre Übertretung mit schweren Strafen, ließ aber die ekklesiologische Grundfrage offen.[262]

Die vehemente Polemik der Reformatoren gegen das Papsttum führte gleichsam in der Antithese in der nachtridentinischen Theologie dazu, dass nunmehr der Primat stärker als je zuvor herausgestellt wurde. Er wurde antireformatorisch nicht nur theologisch, sondern auch psychologisch und soziologisch geradezu zu einem Identitätsmerkmal der katholischen Kirche, wie es umgekehrt zur Identität aller anderen Kirchen und Gemeinschaften gehörte und noch gehört, keinen Papst zu haben. Zu einer verbindlichen Definition des päpstlichen Primats kam es jedoch erst in einer völlig veränderten Situation dreieinhalb Jahrhunderte nach Ausbruch der Reformation.

## Das Erste Vatikanische Konzil

Das Erste Vatikanische Konzil (1869/1870)[263] fand unter geschichtlich völlig veränderten Bedingungen statt. Alle vorausgehenden Konzilien waren Reichskonzilien; der Wiener Kongress (1814/1815) hatte das Ende der Reichskirche besiegelt. In diesen Umbrüchen sahen viele, insbesondere die Restaurationsphilosophie von Joseph de Maistre († 1821), im Papsttum die letzte Bastion und den einzigen verbliebenen Halt. Diese ultramontane Stimmung, die nicht so sehr von Rom als von der ›Basis‹ ausging, war der Kontext der Konzilsdefinition des Primats des Bischofs von Rom.

Umso mehr ist es bemerkenswert, dass die Dogmatische Konstitution *Pastor aeternus* in der für die Interpretation grundlegenden Vorrede nicht ideologisch, sondern christologisch einsetzt. Sie bezeichnet Jesus Christus als den ewigen Hirten und Bischof unserer Seelen *(1 Petr 2,25)*. Er ist das eigentliche unsichtbare Haupt der Kirche; deshalb wird der Primat bewusst als »sichtbares Fundament« der Kirche bezeichnet. Auf die christologische Grundlegung folgt die ekklesiologische Einordnung des Primats als Dienst an der Einheit der Kirche durch die Bande des Glaubens und der Liebe. Dieser Dienst der Einheit geschieht konkret – und darin drückt sich die Finalität des Primats aus – als Dienst der Einheit des Episkopats. Deshalb spricht die Konstitution im Sinn der alten Tradition vom Vorrang der Kirche von Rom,[264] vom Papst als Bischof der sedes beziehungsweise cathedra Romana[265] und nennt ihn durchgehend Romanus Pontifex. Sie sieht den Primat des Papstes in seiner Eigenschaft als Bischof von Rom begründet und schließt damit eine einseitig universalistische Sicht des Primats aus.

Schließlich stellt die Vorrede ein wichtiges Auslegungsprinzip für die Papstdogmen heraus. Es sagt, es wolle den Primat im Sinn des alten und beständigen Glaubens der universalen Kirche definieren.[266] Das bedeutet, dass man die Definitionen des Konzils im Zusammenhang und im Sinn der bisherigen Tradition, besonders der altkirchlichen Tradition, interpretieren muss.

Nach dieser Vorrede legt die dogmatische Konstitution die Primatslehre in vier Schritten dar: Sie definiert zuerst die Einsetzung des Primats im Apostel Petrus nicht im Sinn eines bloßen Ehrenprimats, sondern eines Jurisdiktionsprimats,[267] dann seine Fortdauer in den römischen Bischöfen als den Nachfolgern des Petrus,[268] darauf sein Wesen[269] und schließlich den unfehlbaren Lehrprimat des Papstes.[270] So lehrt das Konzil, der Romanus Pontifex sei Nachfolger des Petrus, Stellvertreter Christi, Haupt der ganzen Kirche, Vater und Lehrer aller Gläubigen, ihm komme eine ordentliche, bischöfliche und unmittelbare Vollgewalt über die ganze Kirche zu, um sie zu weiden, zu leiten und zu lenken.[271]

Wichtig sind die drei Adjektive, mit deren Hilfe die universale Jurisdiktion des römischen Bischofs näher bestimmt wird. Sie wird als ordentlich bezeichnet, nicht weil sie der Normalfall wäre, sondern weil sie nicht delegiert und mit dem Amt selbst gegeben ist; sie wird als bischöflich bestimmt und damit gesagt, dass sie nicht rein funktional, sondern pastoral zu verstehen und sakramental im Amt des Bischofs von Rom begründet ist. Sie ist schließlich unmittelbar, das heißt sie kann sich auf alle Hirten und alle Gläubigen jeglichen Ritus und Ranges beziehen, ohne irgendwelche Zwischeninstanzen in Anspruch nehmen zu müssen. Sie betrifft nicht nur Fragen des Glaubens und der Sitten, sondern auch solche der Disziplin und der Leitung. Sie kann frei und unabhängig von weltlicher Gewalt ausgeübt werden. Von Urteil des Papstes kann nicht an eine höhere Autorität, etwa an ein allgemeines Konzil appelliert werden.[272]

Es könnte scheinen, dass damit universale Jurisdiktion im Sinn einer absoluten Monarchie zu verstehen ist. Das Konzil weist jedoch die Meinung zurück, die Bischöfe seien bloße Beamte des Papstes; es bezeichnet die Bischöfe als vom Heiligen Geist eingesetzt *(Apg 20,28)* und es zitiert Papst Gregor den Großen, dass seine Ehre die Ehre der gesamten Kirche und die ungebrochene Tatkraft seiner Brüder ist. »Dann bin ich wahrhaft geehrt, wenn jedem einzelnen die gebührende Ehre nicht versagt wird.«[273] In diesem Sinn haben die deutschen Bischöfe nach dem Konzil die Circulardepesche des deutschen Reichskanzlers von Bismarck zurückgewiesen. Er behauptete, durch die Definition des Konzils seien die Rechte der Bischöfe in denen des Papstes aufgegangen, und die Bischöfe seien nur noch Werkzeuge und Beamte des Papstes. Die deutschen Bischöfe legten in ihrer Antwort Wert darauf, dass sich der Papst nicht an die Stelle der Jurisdiktion eines Diözesanbischofs setzt, diese vielmehr bekräftigt. Diese Erklärung wurde von Papst Pius IX. ausdrücklich bestätigt;[274] sie kann deshalb als authentische Konzilsinterpretation gelten. Sie besagt, dass der Primat nicht die ordentliche und normale Kirchenregierung der Bischöfe ersetzt oder in Konkurrenz zu ihr steht, sie vielmehr achtet und sie stützt, ein direkter Eingriff nur in außerordentlichen Situationen erfolgt, etwa wenn eine andere Instanz ausfällt, behindert oder überfordert ist, in schwerer Weise ihren Verpflichtungen nicht nachkommt oder eine Frage ansteht, welche die Gesamtkirche betrifft.

Bei der Definition der Unfehlbarkeit ist zu beachten, dass das Konzil bewusst nicht von der Unfehlbarkeit des Papstes, sondern vom unfehlbaren Lehramt des Papstes spricht.[275] Es berief sich dabei auf die Ost und West gemeinsame Tradition. Es legte dar, der Römische Stuhl habe immer festgehalten, dass im apostolischen Primat auch die höchste Vollmacht des Lehramtes enthalten ist.[276] Um Missverständnisse auszuschließen stellt das Konzil aber klar, das unfehlbare Lehramt bedeute nicht, dass der Papst eine neue Offenbarung verkünden könne. Das unfehlbare Lehramt besagt vielmehr, dass dem Petrus und seinen Nachfolgern ein besonderes Charisma zur Bewahrung und Auslegung der durch die Apostel überlieferten Offenbarung und Hinterlassenschaft des Glaubens gegeben ist.[277]

Die Ausübung der Unfehlbarkeit wird an konkrete Bedingungen geknüpft. Sie gilt nicht für die normalen Lehräußerungen und schon gar nicht für die persönlichen theologischen und anderen Meinungen des Papstes, sondern nur unter klar definierten Bedingungen: 1. wenn der Papst ex cathedra spricht, das heißt sein Amt als Hirte und Lehrer aller Gläubigen ausübt, 2. wenn er eine Wahrheit des Glaubens und der Sitten verkündet, und 3. wenn er diese Lehre als für die Gesamtkirche festzuhalten (tenendum) lehrt.[278] Sind diese Bedingungen gegeben, dann kommt dem Urteil des Papstes aufgrund des ihm verheißenen göttlichen Beistands die der Kirche gegebene Unfehlbarkeit bei der Definition der Glaubens- und Sittenlehre zu. Er besitzt also keine von der Kirche losgelöste Unfehlbarkeit, sondern übt die der Kirche gegebene Unfehlbarkeit aus; er ist dann authentischer Zeuge des Glaubens der Kirche.

Im letzten Augenblick wurde in diese Definition eingefügt, dass solche ex-cathedra-Entscheidungen »ex sese« und nicht aufgrund einer nachträglichen Zustimmung der Kirche unabänderlich sind.[279] Dies ist eine überaus missverständliche Formulierung. Sie besagt nicht, der Papst könne Lehrentscheidungen unabhängig vom vorhergehenden Glauben der Kirche treffen. Gesagt werden sollte lediglich, dass die Gültigkeit solcher Entscheidungen nicht von einer nachträglichen Zustimmung eines Konzils oder irgendeiner anderen Instanz abhängig gemacht werden kann. Damit sollte der Gallikanismus und dessen Ausläufer (selbst Ausläufer konziliaristischer Theorien) verurteil werden. So schließt das »ex sese« die Möglichkeit einer Appellation vom Urteil des Papstes an eine andere Instanz (etwa an ein allgemeines Konzil) aus, hält aber fest, dass der Papst inhaltlich an den Glauben der Kirche gebunden ist. Das Konzil wollte aber den Papst nicht auf bestimmte Prozeduren festlegen, wie er den Glauben der Kirche erkundet; er sollte frei sein, in welcher Weise er dies je nach der Lage der Zeiten und Umstände tut. Um entsprechenden Wünschen entgegenzukommen, zählte das Konzil aber auf, in welcher Weise die Päpste in der Vergangenheit vorgegangen sind; es nennt ökumenische Konzilien, Erkundung der Auffassung der über den Erdkreis zerstreuten Kirche, Teilsynoden oder andere Hilfsmittel.[280]

Die Unfehlbarkeitsdefinition hat also nichts mit dem Schreckgespenst einer von der Kirche getrennten persönlichen Unfehlbarkeit des Papstes zu tun. Bei unfehlbaren Lehrentscheidungen ist der Papst kein Orakel, sondern amtlicher Zeuge des Glaubens der Kirche. So will das Erste Vatikanische Konzil in der Tradition des Vierten Konzils von Konstantinopel, des Zweiten Konzils von Lyon und des Konzils von Florenz als ein verbindlicher Ausdruck der Tradition verstanden werden.

Alles zusammengefasst lassen sich beide Papstdogmen, Jurisdiktionsprimat und Unfehlbarkeit von Ex-cathedra-Entscheidungen, als gültiger Ausdruck der Tradition verstehen. Sie wollen verbindlich feststellen, was Jesus Christus für seine Kirche als Dienst der Einheit und als Dienst am Glauben gewollt hat, was geschichtlich überliefert ist und sich geschichtlich bewährt hat und sich immer deutlicher als ein Identitätsmerkmal der katholischen Kirche herausgestellt hat.

Die Dogmen des Ersten Vatikanischen Konzil als Identitätsmerkmal der katholischen Kirche fanden sowohl Widerspruch in der katholischen Kirche selbst und führten zum Schisma der altkatholischen Kirche, wie sie vor allem bis heute den Widerspruch aller anderen Kirchen finden. Auch in der katholischen Theologie wurde schon damals und wird heute bei aller grundsätzlichen Anerkennung der Verbindlichkeit auch auf die Grenzen der beiden dogmatischen Formulierungen hingewiesen. Sie bringen die Tradition der Kirche nur unter einem bestimmten Aspekt zur Geltung; sie konnten die Lehre vom Episkopat nur andeuten, aber nicht ausführen. In der Primatslehre bedienen sie sich mit dem Begriff Jurisdiktion einer einseitig juristischen Sprache, wie sie der damaligen Schultheologie entsprach. Missverständlich ist der Begriff ›unfehlbar‹, der in diesem Sinn erst im späten Mittelalter aufkam; er kann im Sinn der Sündenfreiheit oder einer aller geschichtlichen Bedingtheit und Begrenzung enthobenen Vollkommenheit und damit der Unverbesserlichkeit einer dogmatischen Formulierung missverstanden werden. Schließlich ist vor allem die Formulierung »ex sese non autem ex consensu ecclesiae« überaus missverständlich, weil sie im Sinn einer von der Kirche losgelösten Unfehlbarkeit missdeutet werden kann.

Misslich ist vor allem, dass das Konzil wegen des Ausbruchs des deutsch-französischen Krieges die Primatslehre nicht im Zusammenhang des Ganzen der Ekklesiologie darlegen konnte. Das Konzil ist damit ein Torso geblieben. Daraus ergab sich in der Konzilsrezeption und Konzilsinterpretation eine empfindliche Schieflage. Man interpretierte das Konzil sowohl theologisch wie kanonistisch im einem maximalistischen und einseitig papalistischen Sinn und fiel damit hinter Differenzierungen zurück, die das Konzil selbst aufstellte. Was das Konzil für außerordentliche Situationen definierte, in dem die normalen Instanzen ausfallen oder versagen und die normalen Kommunikationswege nicht möglich sind, wurde zum Normalfall der Kirchenregierung.

So stellt uns das Vaticanum I vor schwierige Interpretationsprobleme. Die Grundfrage ist, wie es gelingt, das große Geschenk, das der Einheitsdienst des Petrusamtes für die Kirche bedeutet, gemäß der vom Konzil selbst aufgestellten Interpretationsregel im Sinn der Gesamttradition zu interpretieren und die juristische Sprache in die sakramentale Sprache der communio-Ekklesiologie der alten Kirche zurückzuübersetzen. Es gilt, den Petrusdienst aus einer geschichtlich bedingten Engführung herauszuführen und ihn wieder in die katholische Weite der communio ecclesiarum einzuordnen. In dieser Hinsicht hat das Zweite Vatikanische Konzil einen wichtigen Schritt nach vorne getan.

### Das Zweite Vatikanische Konzil

Zu den Erwartungen, welche an das Zweite Vatikanische Konzil (1962–1965) herangetragen wurden, zählte von Anfang an der Vorschlag und der Wunsch, das Konzil solle das Vaticanum I weiterführen, es ergänzen und vor allem die beiden Papstdogmen in das Ganze der katholischen Ekklesiologie einordnen. Die liturgische, biblische, patristische und ökumenische Erneuerungsbewegung zwischen den beiden Weltkriegen hatte dazu viele Vorarbeiten geleistet und zu einer vertieften Kenntnis der biblischen wie der patristischen Tradition verholfen, wie sie dem Vaticanum I noch nicht zur Verfügung stand. Damit war die Möglichkeit eröffnet, die Lehre von Primat und Unfehlbarkeit des Papstes in den umfassenden Horizont der communio-Ekklesiologie einzuordnen.[281]

In diesem Sinn hat sich das Zweite Vatikanische Konzil nicht als Bruch mit dem Ersten Vatikanischen Konzil, sondern als dessen Weiterführung verstanden. Es hat sich bewusst in die Tradition des Vaticanum I gestellt und dessen Entscheidungen im dritten Kapitel ausdrücklich rezipiert.[282] Jeder Versuch, in dieser Frage irgendeinen Gegensatz zwischen den beiden Konzilien aufzubauen, ist darum abwegig. Das Vaticanum II hat jedoch die Lehre des Vaticanum I in eine umfassendere Perspektive gerückt. Anders als das Vaticanum I setzt das Vaticanum II nicht bei der hierarchischen Struktur der Kirche an, sondern bei der Kirche als Volk Gottes und als communio und ordnet damit die Primatslehre ins Ganze der Ekklesiologie ein. In diesem großen Zusammenhang werden die Aussagen über den Primat ergänzt durch Aussagen über die Bischöfe als Nachfolger der Apostel[283] und die Kollegialität des Bischofsamtes.[284] Der Papst ist auch nach dem Vaticanum II sichtbares Fundament der Einheit der Kirche, aber die Kirche erscheint jetzt nicht mehr einfach als die Papstkirche, als die sie zuvor manchmal polemisch apostrophiert wurde.

Der eigentliche Perspektivenwechsel des Zweiten Vatikanischen Konzils war jedoch nicht, wie oft angenommen wird, die Lehre von der Kollegialität des Bischofsamtes,[285] sondern die Tatsache, dass das Konzil den Primat nicht mehr mit der Begrifflichkeit und damit nicht mehr aus der Perspektive der Jurisdiktion, sondern im Rahmen der sakramentalen Struktur der Kirche zum Ausdruck brachte. Eine der wichtigsten Entscheidungen des Konzils war es, die seit dem frühen Mittelalter üblich gewordene Unterscheidung von ordo und iurisdictio zu korrigieren und die iurisdictio im Sinn der altkirchlichen sakramentalen Sicht der Kirche wieder im ordo zu verankern. Das geht so weit, dass in der Kirchenkonstitution des Zweiten Vatikanischen Konzils gar nicht mehr vom Jurisdiktionsprimat die Rede ist. Abweichend vom Vaticanum I spricht das Vaticanum II und ihm folgend das nachkonziliare Kirchenrecht nicht mehr von einem universalen Jurisdiktionsprimat, sondern von der sacra postestas des Bischofs von Rom, ein Terminus, den das Konzil auch für die Vollmacht der Bischöfe gebraucht.

Diese grundsätzliche Weichenstellung bedeutet, dass dem Bischof die Jurisdiktion nicht nachträglich zur Bischofsweihe vom Papst verliehen wird, sondern dass sie ihm mit der Bischofsweihe selbst übertragen wird. Sie wird nicht aus der päpstlichen Jurisdiktion abgeleitet, sie wird durch den Papst nur determiniert, das heißt einer bestimmten Diözese oder in besonderen Fällen einer wichtigen überdiözesanen Aufgabe zugeordnet.[286] Damit ist endgültig ausgeschlossen, die Vollmacht des Bischofs als Ausfluss aus der Vollmacht des Papstes zu sehen. Auch den Papst ordnet das Konzil als Bischof von Rom in die sakramentale und episkopale Struktur der Kirche ein und bezeichnet ihn wie schon das Vaticanum I auch als Bischof von Rom.[287] Er ist nicht Papst und dann auch noch Bischof von Rom (Papa qui episcopus Romanus); er ist vielmehr als Bischof von Rom Papst, das heißt universaler Hirte der Kirche mit all den Vollmachten, die ihm schon das Erste Vatikanische Konzil zugesprochen hat (Papa qua episcopus Romanus).[288]

Die Redeweise von der Kollegialität des Bischofsamtes ist zwar relativ neu; sie entspricht aber der altkirchlichen Tradition, wonach die Weihe eines Bischofs durch mindestens drei Bischöfe zu geschehen hat,[289] der Bischof also durch seine Weihe in das Kollegium des Episkopates aufgenommen wird. Nach Cyprian ist dem Episkopat seine

Sendung in solidum übertragen.[290] Letztlich muss die Lehre von der Kollegialität im Bischofsamt im Zusammenhang der sakramentalen communio-Ekklesiologie verstanden werden. Es handelt sich darum nicht um eine neue Lehre, sondern um die Klärung einer in der Tradition verankerten kirchlichen Praxis. Bereits das Vaticanum I beabsichtigte, die Kollegialität des Episkopats zu lehren.[291] Die Tatsache, dass dies nun durch das Vaticanum II geschehen ist, ist sowohl innerkirchlich wie ökumenisch von großer Bedeutung.

Nach dem Vaticanum II kommt dem Gesamtepiskopat die höchste und volle Gewalt in der Kirche zu. Das bedeutet nicht, dass es neben der höchsten und vollen Gewalt des Papstes eine zweite höchste und volle Gewalt gibt. Das Konzil stellt vielmehr fest, dass das Kollegium der Bischöfe gemeinsam mit seinem Haupt, dem Bischof von Rom, aber niemals ohne dieses Haupt Träger der höchsten und vollen Gewalt in der Kirche ist. Umgekehrt kann der Papst die höchste und universale Gewalt in der Kirche kraft des ihm von Christus verliehenen Amtes immer frei ausüben; wenn er dies tut, dann tut er es immer als Haupt des Bischofskollegiums.[292] Die Annahme von zwei selbstständigen und gegebenenfalls miteinander konkurrierenden höchsten Gewalten ist damit ausgeschlossen. Papst und Gesamtepiskopat stehen sich nicht wie zwei unabhängige Gewalten gegenüber, vielmehr kann die eine höchste Gewalt in zwei unterschiedlichen Formen ausgeübt werden. Es ist Sache des Papstes, nach seinem pflichtgemäßen Ermessen zu entscheiden, welche Form der Ausübung den unterschiedlichen und wechselnden Situationen der Kirche angemessen ist.[293]

Es ist offensichtlich, dass das Zweite Vatikanische Konzil an dieser Stelle innerkirchlich wie ökumenisch Fragen offen gelassen hat. Eine deutlichere kollegiale beziehungsweise synodale Einbindung solcher Entscheidungen wäre, ohne die grundsätzliche Freiheit des Papstes in Frage zu stellen, denkbar und auch wünschenswert.[294] So hat das Konzil bei allen begrüßenswerten Fortschritten auch seine Grenzen.

Trotzdem bleibt richtig: Das Zweite Vatikanische Konzil hat viele Türen in die Zukunft aufgemacht und noch längst nicht alle offenen Türen sind auch schon durchschritten worden. Der praktischen Rezeption bleibt über das nachkonziliare Kirchenrecht von 1983 hinaus noch ein weites Feld.[295] Das betrifft vor allem die kollegiale und synodale Praxis auf der ortskirchlichen wie auf der universalkirchlichen Ebene. Hier sind manche Türen nach dem Konzil zumindest vorläufig auch wieder zugemacht worden. Die nachkonziliaren Wirren haben zusammen mit den modernen Kommunikationsmöglichkeiten zu einem neuen kurialen Zentralismus geführt, wie ihn die Konzilsmehrheit eben nicht wollte. So bedarf nicht nur das Vaticanum I, sondern auch das Vaticanum II noch einer Rerezeption und einer Weiterentwicklung, die gegenwärtig erst ganz am Anfang steht.

## Offene und weiterführende Fragen

Einen wichtigen Schritt zur Weiterentwicklung, was die praktische Rezeption des Zweiten Vatikanischen Konzils angeht, hat die Glaubenskongregation in *Erwägungen* getan, die sie 2002 angestellt und veröffentlicht hat. Sie hat festgestellt, dass der Primat je nach den sich wandelnden geschichtlichen Notwendigkeiten jeweils zum Wohl und im besten Interesse der kirchlichen Einheit ausgeübt werden muss.[296]

Unter diesem Gesichtspunkt wird das Petrusamt als Dienst der Einheit in einer global vernetzten Welt heute und in Zukunft zweifelsohne an Bedeutung gewinnen und sich als ein Geschenk des Herrn an seine Kirche erweisen. Es gibt der Kirche und damit der Sache Jesu Christi im heutigen Pluralismus der Meinungen und Interessen eine öffentliche, weltweit vernehmbare gemeinsame Stimme, es dient der Einheit der Kirche wie ihrer Freiheit und Unabhängigkeit, es erweist sich als hilfreich für die Förderung des ökumenischen Dialogs wie der Dialoge mit den anderen Religionen und der modernen Kultur, es tritt ein für den Schutz des menschlichen Lebens, für die Förderung der Würde und der Rechte der menschlichen Person, für soziale Gerechtigkeit und für den Frieden in der Welt. Nichts wäre törichter, als zu meinen, die Bedeutung des Petrusamtes sei im neuen Jahrtausend am Schwinden; es steht seit dem Zweiten Vatikanischen Konzil am Anfang einer neuen Epoche und wird an Bedeutung gewinnen.

Derselbe Gesichtspunkt könnte auch den Weg freimachen für eine künftig mögliche und wohl auch notwendige neue Ausübung des Petrusamtes. Angesichts der immer größer werdenden Komplexität in der Welt und in der weltweiten Kirche wird es immer schwieriger, dass alle, auch alle wichtigen Entscheidungen, in sachgerechter Weise von einer zentralen Stelle gefällt werden. Der Papst wird also in Zukunft in einer Selbstbeschränkung seiner Vollmacht viele Entscheidungen regionalen Autoritäten, etwa nationalen oder kontinentalen Bischofssynoden, überlassen müssen und nur in außerordentlichen und die Gesamtkirche betreffenden Situationen direkt eingreifen. Das ist auch unter ökumenischem Gesichtspunkt notwendig, weil so im Sinn des Konzils von Florenz unter Anerkennung des Primats auch die traditionellen Rechte der Patriarchen und ihrer Synoden respektiert werden können.[297]

Ein innerkirchlich wie ökumenisch wichtiger Punkt sind die Bischofsernennungen. Sicher kann man die Bischofswahl durch das Volk, wie es sie in der alten Kirche gab, unter heutigen Verhältnissen nicht wiederherstellen; noch weniger kann man den Einfluss von Fürsten oder staatlichen Autoritäten zurückwünschen. Doch die freie Bischofsernennung durch den Papst (mit wenigen Ausnahmen) in der Gesamtkirche gibt es erst seit dem Ende der Reichskirche im späten 18. Jahrhundert.[298] Eine stärkere Beteiligung der Ortskirchen läge also durchaus im Sinn der Tradition und wäre alles andere als die Einführung einer neuartigen Praxis, sondern die Wiederherstellung der traditionellen Praxis in einer der gewandelten Situation angemessenen Weise. Die Konkordate, welche der Heilige Stuhl mit verschiedenen Ländern geschlossen hat und die Formen ortskirchlicher oder auch staatlicher Mitwirkung beziehungsweise Zustimmung bei Bischofsernennungen beinhalten, weisen bereits in diese Richtung. Demgegenüber hat sich der Versuch, einer Diözese gegen deren ausgesprochenen Willen einen bestimmten Bischof aufzuzwingen, als pastoral schädlich und für die Autorität Roms als kontraproduktiv erwiesen.

Neben solchen wichtigen Fragen der praktischen Rezeption bleiben auch theologische Fragen. Es ist dem Konzil noch nicht gelungen, die universale Hirtenverantwortung des Bischofs von Rom in den Kategorien einer eucharistischen communio-Ekklesiologie auszudrücken und zu interpretieren. Dafür gibt es zwei Ansätze. Man kann vom Christusbekenntnis des Petrus ausgehen und es als die entscheidende petrinische Funktion des Bischofs von Rom betrachten, für die gesamte Kirche Zeuge, Lehrer und Wächter des Glaubens an Jesus Christus, seinen Tod und seine Auferstehung zu sein und über die Bewahrung und die Einheit im Glauben zu wachen. Man kann zum andern von der berühmten Formel des Ignatius von Antiochien ausgehen, nach welcher Rom der Vorsitz in der Liebe (ἀγάπη) zukommt.[299] Agape meint in diesem Zusammenhang nicht ein unverbindliches Gefühl oder einen organisatorischen Zusammenschluss. Agape ist vielmehr als Ausdruck des zentralen Wesens des Christlichen ein eucharistischer Begriff, der die durch die gemeinsame Teilhabe an der Eucharistie geschenkte Verbundenheit in der in Jesus Christus erschienenen Liebe Gottes meint. Ausgehend von dem Wort des Ignatius könnte man das universale Hirtenamt des Papstes als besondere Verantwortung für die eucharistische Gemeinschaft in der Kirche und zwischen den Einzelkirchen verstehen.[300] Unter beiden Gesichtspunkten sind innerkirchliche wie ökumenische Weiterentwicklungen nötig, aber auch möglich.

## Zum Verständnis unfehlbarer ex-cathedra-Entscheidungen

Ausgehend von der petrinischen Funktion, Zeuge, Lehrer und Wächter des Christusglaubens und der Einheit im Glauben zu sein, bedarf vor allem das Dogma von unfehlbaren Ex-cathedra-Entscheidungen einer eigenen Überlegung. Denn der Begriff ›unfehlbar‹ ist missverständlich und für viele heutige Menschen ganz und gar unverständlich. Dass wir die Wahrheit, zumal die Wahrheit Gottes, wenn überhaupt dann nur approximativ und perspektivisch erkennen können, ist geradezu ein Dogma eines skeptisch und pluralistisch gewordenen modernen und postmodernen Denkens. Der Anspruch auf Unfehlbarkeit erscheint in dieser Sicht als arrogant und intolerant.[301]

Genau betrachtet richtet sich diese Kritik nicht nur gegen das Unfehlbarkeitsdogma, sondern gegen den biblischen Offenbarungsglauben ganz grundsätzlich und ganz allgemein. Denn dass sich Gott in Jesus Christus ein für alle Male endgültig, geschichtlich unüberbietbar und für Menschen aller Kulturen offenbart hat, ist sozusagen das Grunddogma des Neuen Testaments. Es steht neutestamentlich außerdem außer Zweifel, dass die Wahrheit, die Jesus in Person ist, durch den Heiligen Geist bleibend in der Kirche gegenwärtig ist. Für das Neue Testament ist das kein arroganter Anspruch, sondern ein großes Geschenk, durch das uns mit der Wahrheit das Licht des Lebens endgültig aufgegangen ist, sodass wir nicht mehr in der Finsternis leben, sondern befreit sind von den Mächten der Finsternis und der Lüge, von den wechselnden Moden und nicht zuletzt von unseren eigenen Lebenslügen und Selbsttäuschungen.

Die Wahrheit ist konkret und muss in den konkreten Situationen der Kirche und des christlichen Lebens konkret ausgelegt werden. Dazu hat Jesus in dem an Petrus gerichteten Wort Jesu vom ›Binden und Lösen‹ diesem die Vollmacht zu Lehrentscheidungen zugesprochen *(Mt 16,19)*.[302] Er hat ihm verheißen, dass diese Entscheidungen, welche auf Erden getroffen werden, auch im Himmel Geltung haben. Er hat ihm eine Lehr- und Entscheidungsvollmacht von eschatologischer Gültigkeit und Endgültigkeit gegeben.

Es gibt also nach Jesu Willen in der Kirche Entscheidungen, die eschatologisch endgültig sind. Die Bezeichnung ›unfehlbar‹ für solche Entscheidungen ist freilich erst im Mendikantenstreit des 13. und 14. Jahrhunderts aufgekommen.[303] Das damit sachlich Gemeinte ist jedoch älter und letztlich im biblischen Verständnis der Treue-Wahrheit (emeth) Gottes begründet.[304] Es ist eine Grundüberzeugung der Bibel, dass Gott treu und dass auf ihn unbedingter Verlass ist. Gott kann weder irren noch in Irrtum führen (nec falli nec fallere potest).[305] Unfehlbar im ursprünglichen Sinn des Wortes infallibilis ist also Gott. Mit dieser unfehlbaren Treue steht Gott zu seiner Kirche und macht sie zur Säule und zum Fundament der Wahrheit *(1 Tim 3,15)*. Die Kirche wird aufgrund der Verheißung Christi und durch den Beistand seines Geistes im Kampf mit den Mächten der Lüge und des Todes bis ans Ende der Zeit Bestand haben *(Mt 16,18; 28,20)*. Trotz aller Verfolgungen und trotz innerer Schwächen wird aufgrund von Gottes Treue bis ans Ende der Zeit immer Kirche sein. Mit dieser Zusage ist mehr gemeint als eine institutionelle Bestandsgarantie. Denn Kirche ist nur dann Kirche Jesu Christi, wenn sie am Bekenntnis zu Jesus Christus festhält, wenn sie also nicht aus der offenbarten Wahrheit herausfällt, sondern dieser treu bleibt. So kann es zwar in der Kirche Irrtum und Sünde geben, aber als Ganze ist sie nicht nur indefectibilis, sondern in einer in analogen, das heißt abgeleiteter Weise aufgrund von Gottes Verheißung auch infallibilis.[306]

Diese Unfehlbarkeit gilt von der Kirche als Ganzer.[307] Vom Petrusamt gilt sie, sofern dieses, im Sinn des Augustinus, typus ecclesiae ist, das heißt, insofern der Bischof von Rom als amtlicher Zeuge des Glaubens der Kirche spricht.[308] Der Papst ist also weder in seinen persönlichen und privaten Meinungen noch in seinem persönlichen Tun und Verhalten unfehlbar; in alldem ist er fehlbar wie jeder andere Mensch und Christ. Unfehlbar ist er nur, wenn er ex cathedra spricht, das heißt, wenn er sein Lehramt ausübt und den Glauben der Kirche definitiv und für die Kirche allgemein verbindlich lehrt.

Diese Begründung und Interpretation zeigt auch bereits die in der Sache liegende Begrenzung päpstlicher Unfehlbarkeit. Ausgeschlossen sind nicht nur persönliche und private Meinungen des Papstes; auch nicht alle seine lehramtlichen Aussagen sind unfehlbar. Sie sind es nur unter ganz bestimmten Bedingungen, nämlich wenn der Papst ausdrücklich als typus ecclesiae, als Inhaber der Cathedra des Petrus in Fragen des Glaubens und der Sitten in einer für die ganze Kirche verbindlichen Weise spricht. Das gilt nicht für die Predigten und Katechesen, die Ansprachen, die Briefe, auch nicht für die Enzykliken (es sei denn, der Papst benütze eine Enzyklika ausdrücklich für eine excathedra-Entscheidung). Alle diese Lehräußerungen haben ihre je spezifische Autorität, aber sie sind nicht unfehlbar. Auch inhaltlich ist die Unfehlbarkeit eingeschränkt. Sie bezieht sich nicht auf naturwissenschaftliche, historische, politische und ähnliche Fragen. Vielmehr gilt: »Diese Unfehlbarkeit, mit welcher der göttliche Erlöser seine Kirche bei der Definierung einer Glaubens- und Sittenlehre ausgestattet sehen wollte, reicht so weit, wie die Hinterlage der göttlichen Offenbarung, welche rein bewahrt und getreulich ausgelegt werden muss, es erfordert«.[309]

Mit dieser Erklärung wird deutlich, dass die Unfehlbarkeit des Papstes in der Ausübung seines Lehramtes nicht von der Kirche losgelöst ist. Das unfehlbare Lehramt des Papstes ist vielmehr dazu da, den Glauben der Kirche und nichts anderes als den Glauben der Kirche zu bezeugen. Es ist an den vorhergehenden Konsens der Kirche im Glauben rückgebunden. Es bringt den Glauben der Kirche mit eschatologischer Gültigkeit zum Ausdruck und kann durch den Beistand des Heiligen Geistes nicht irren und nicht in Irrtum führen; es ist, wie Johann Adam Möhler es ausdrückt, untrüglich.[310]

Weil solche Entscheidungen wahr sind, sind sie auch irreformabel.[311] Denn was heute wahr ist, ist auch morgen wahr und kann nicht morgen falsch sein. So wird im Dogma mitten in der Geschichte die alles geschichtlich Bedingte überdauernde Wahrheit von der in Jesus Christus eschatologisch endgültig erschienen Wahrheit und der unbedingten Liebe Gottes bezeugt. Eine solche Entscheidung setzt aller Dialektik ein Ende. Sie wird darum nicht erst durch die nachträgliche Rezeption der Kirche legitimiert. Wohl aber werden solche Entscheidungen im nachträglichen Prozess der Rezeption interpretiert und ins Ganze des Glaubens und des Lebens der Kirche integriert.[312]

Die Unfehlbarkeit und Irreformabilität solcher Entscheidungen entspricht der Geschichtlichkeit der alt- und neutestamentlichen Heilsordnung. Das eschatologisch Endgültige ereignet sich in geschichtlichen Bedingungen. So geschehen dogmatische Entscheidungen jeweils in einer bestimmten geschichtlichen Situation, sie bedienen sich geschichtlicher menschlicher Sprache und Ausdrucksweise und sind insofern geschichtlich bedingt.[313] Zur Geschichtlichkeit gehört auch, dass Dogmen nachträglich vertieft und ergänzt werden können, freilich jeweils im selben Sinn und in derselben Bedeutung.[314] Es gibt also Wachstum und Fortschritt im Verständnis des Glaubens.[315] In all dieser geschichtlichen Bedingtheit wird in ihnen aber etwas für alle Zeiten bleibend Gültiges und Verbindliches ausgesagt. Dogmen müssen deshalb in dem Sinn geschichtlich ausgelegt werden, dass die geschichtliche Situation, der Kontext und die geschichtliche Sprechweise bei der Auslegung bedacht werden und damit das damals Gesagte im heutigen Kontext und in heutiger Sprache geistesgegenwärtig ausgelegt werden muss. Heinrich Schlier hat dafür das schöne Wort geprägt, dogmatische Aussagen seien bleibend denkwürdig.[316]

Für diese geschichtliche Hermeneutik dogmatischer Aussagen gibt es von der Kirche anerkannte Regeln, die wir in diesem Zusammenhang nur kurz andeuten können. Die grundlegende Regel besagt, dass dogmatische Aussagen nicht isoliert, sondern im Kontext und aus dem Zusammenhang des Ganzen des Glaubens (ex mysteriorum ipsorum nexu inter se) verstanden werden müssen.[317] Dabei ist auf die Hierarchie der Wahrheiten zu achten,[318] was bedeutet, dass die einzelnen Glaubenswahrheiten im Zusammenhang und im Licht der für sie fundamentalen christologischen und trinitarischen Glaubensaussagen zu verstehen sind.

Eine zweite Regel besagt: Das Ganze des Glaubens der Kirche ist kein abstraktes Lehrgebäude, sondern der in der Kirche gelebte und bezeugte Glaube. Er zeigt sich in dem vom Geist Gottes geleiteten sensus fidelium und in den verschiedenen Formen seiner Ausdrucksweise.[319] Dazu gehört insbesondere die Liturgie. Die gemeinsam gefeierte Liturgie ist die wichtigste Auslegungsinstanz des Glaubens der Kirche. Es gilt: lex orandi statuit legem credendi.[320]

Die Liturgie lehrt uns, das Glaubensbekenntnis als Doxologie, als

Gotteslob zu verstehen und auszulegen.[321] Es ist ja bezeichnend, dass das Glaubensbekenntnis in der feierlichen Liturgie nicht einfach verlesen oder gesprochen wird; es wird vielmehr gesungen und als Gotteslob verstanden. Das führt zur dritten Regel, die uns vor allem Thomas von Aquin nahe bringt. Nach ihm ist das eigentliche Aussageziel des Glaubens nicht die satzhafte Formulierung als solche, sondern die in dem Satz ausgesagte ›Sache‹, das heißt Gott selbst.[322] Glaubensaussagen müssen von diesem theologalen Aussagesinn her interpretiert werden.

Daraus folgt eine weitere Auslegungsregel: Es geht im Dogma um Auslegung der Botschaft von Gott als dem eschatologischen Heil des Menschen. Dogmen sind darum keine rein theoretische Angelegenheit, sondern Heilswahrheit. Sie sind darum vom letzten Ziel des Menschen her auf die existenzielle Heilsfrage des Menschen hin auszulegen.[323] Sie sind als theologale Aussagen soteriologisch zu deuten und in ihrer spirituellen Bedeutung herauszustellen.[324]

Schließlich: Als Heilsaussagen sind Glaubensaussagen kein dem Menschen aufoktroyiertes Diktat. Der christliche Glaube ist kein blinder Kadavergehorsam, sondern ein vernunftgemäßer Gottesdienst *(Röm 12,1)*. Glaubensaussagen enthalten zwar Glaubensgeheimnisse, welche die menschliche Vernunft überschreiten und nicht in Vernunftwahrheiten aufgehoben werden können;[325] sie können aber aus der Analogie zu menschlichen Vernunftwahrheiten verstanden werden.[326] Auch von päpstlichen ex-cathedra-Entscheidungen gilt das theologische Grundprinzip von der »fides quaerens intellectum«. Dieses Prinzip verlangt eine Verstehen erschließende, den Menschen befreiende Auslegung und entsprechend eine verstehende und verantwortliche Antwort des Glaubens.[327]

Fassen wir zusammen: Wenn man die Lehre von der Unfehlbarkeit des Papstes in dem aufgezeigten großen Zusammenhang versteht, dann ist sie nicht das despotische Gespenst, als das sie vielen oft erscheint. Sie ist Ausdruck der zentralen Wahrheit unseres Heils, dass Gott uns in Jesus Christus ein für alle Mal die Wahrheit unseres Lebens offenbart hat und dass dieses Licht der Wahrheit bleibend siegreich in der Kirche gegenwärtig ist und nicht wieder verdunkelt werden kann. Sie ist eine heilsame und eine befreiende Wahrheit. Als solche können und sollen wir sie als unseren Beitrag in den ökumenischen Dialog einbringen.

### Das Petrusamt im ökumenischen Dialog

Je mehr die Welt zu der einen Welt zusammenrückt, geraten national verfasste Kirchentümer unter Druck und wird der ökumenische Dialog über den Einheitsdienst des Petrusamtes dringlicher und unabweisbarer. Dieser Dialog hat in dem durch das Zweite Vatikanische Konzil möglich gewordenen neuen Klima längst begonnen.[328] Papst Johannes Paul II. hat selbst die Initiative dazu ergriffen und in der Enzyklika *Ut unum sint* (1995) zum ökumenischen Dialog über die künftige Gestalt des Petrusamtes eingeladen. Er hat ein Gespräch darüber angeregt, wie eine neue Form der Ausübung des Primats gefunden werden kann, die von allen Seiten anerkannt werden kann, ohne dass das Wesentliche seiner stiftungsgemäßen Gestalt aufgegeben wird.[329] Papst Benedikt XVI. hat diese Einladung bei seinem Besuch im Phanar (2006) wörtlich wiederholt.

Dieser Dialog ist für alle Seiten delikat. Denn das Petrusamt ist für Katholiken ein Identitätsmerkmal ihrer Kirche, wie umgekehrt seine Nichtanerkennung ein Identitätsmerkmal aller anderen Kirchen darstellt. So ist das Problem nicht nur theologisch schwierig, sondern auch emotional und historisch belastet. Es bedarf auf allen Seiten viel Einfühlungsvermögen und Bereitschaft zum Hinhören und Umdenken.

Das Gespräch über das Petrusamt geschieht vor allem mit den orthodoxen Kirchen.[330] Mit ihnen haben wir die apostolische und sakramentale Gestalt der Kirche des ersten Jahrtausends gemeinsam. Damit ist eine gemeinsame Ausgangsbasis gegeben, auf der wir aufbauen können, um nach einer von beiden Seiten anerkannten Gestalt des Petrusamtes zu suchen.[331] Ausgangspunkt für das Gespräch ist die gemeinsame apostolische episkopale Struktur der Kirche.[332] Dabei sind auf jeder Ebene der Kirche, auf der Ebene der Ortskirche wie der universalen Kirche, Primat (πρῶτος, Primas) und Synodalität beziehungsweise Kollegialität konstitutiv. In diesem Sinn anerkennen die orthodoxen Kirchen in der Tradition des ersten Jahrtausends grundsätzlich einen Vorrang des Bischofs von Rom. Die Frage ist jedoch: Welcher Art war dieser Vorrang und welcher Art soll er sein?

Die von orthodoxer Seite meist gebrauchte Formel vom ›primus inter pares‹ bleibt solange zweideutig, als man nicht klärt, was primus wirklich bedeutet.[333] Bedeutet primus nur einen Ehrenprimat, dem nur äußerliche Ehrenbezeugungen und nur ein protokollarischer Vorrang zukommt? Ein so verstandener Ehrenprimat wird nicht nur dem katholischen Primatsverständnis nicht gerecht, er nützt auch wenig und wäre biblisch mehr als bedenklich. So wird man ernst damit machen müssen, dass ›Ehre‹ im Sinn von τιμή beziehungsweise honor in der alten Welt immer Autorität einschloss. Zu klären ist also, welcher Art diese Autorität ist.

Bei der Klärung dieser Frage kann man von der Praxis des ersten Jahrtausends ausgehen. Man muss dabei aber bedenken, dass die Geschichte im zweiten Jahrtausend nicht stehen geblieben ist; sie ist auf beiden Seiten weitergegangen. Die damalige reichskirchliche Gestalt der Kirche mit dem Kaiser als einer zumindest im Osten entscheidenden Figur für die Einheit der Kirche ist unwiederbringlich dahin. Wir könnten, selbst wenn wir wollten, nicht mehr ins erste Jahrtausend zurück. Die Tradition ist ein lebendiger Prozess, der mit dem Ende des ersten Jahrhunderts nicht einfach eingefroren ist. Deshalb können wir die normative Tradition der Kirche nicht auf das erste Jahrtausend beschränken.

Überraschender Weise geben uns die mittelalterlichen Konzilien von Lyon II (1274) und Florenz (1439–1445) einen Fingerzeig, in welcher Richtung wir eine Antwort finden können. Florenz hat nämlich erstmals den römischen Primatsanspruch definiert, dabei aber gleichzeitig auch die traditionellen Rechte der Patriarchen anerkannt.[334] Der Primat ist also mit der Anerkennung der Rechte der Patriarchen und ihrer Synoden grundsätzlich vereinbar; der römische Primat liegt damit auf einer anderen Ebene als die Vollmacht der Patriarchen; die Anerkennung der Autorität des Papstes und die der Patriarchen in ihrer Kirche sind damit, wie es im ersten Jahrtausend der Fall war, grundsätzlich miteinander kompatibel.[335] Das entspricht auch dem Ersten Vatikanischen Konzil, das im Anschluss an Papst Gregor den Großen sagt, die Vollmacht des Papstes stehe der der Bischöfe für ihre Herde nicht entgegen, im Gegenteil, sie stärke und verteidige sie.[336] Daraus folgt, dass der Papst sich in einer Selbstbeschränkung seiner Vollmacht auf die Ausübung seines Primats in den Ostkirchen in disziplinären Fragen auf außerordentliche Fälle beschränken könnte; die normale Kirchenregierung könnte dann in den Ostkirchen wie bisher weiterhin im Rahmen von ihrer traditionellen patriarchal-synodalen Kirchenordnung geschehen. Das wäre keine Neuerung, sondern die Erneuerung der altkirchlichen Praxis.

So könnte ich mir langfristig folgenden, hier nur rahmenhaft anzudeutenden Konsens vorstellen: (1) Das Petrusamt ist im Sinn des Petrusbekenntnisses in erster Linie ein Zeugenamt für Jesus Christus. Es wacht über den rechten Glauben; Fragen des Glaubens können nicht ohne den Bischof von Rom entschieden werden. (2) In Fragen der Disziplin übt der Papst im Osten normalerweise keine direkte Jurisdiktion aus, er wacht über die ordnungsgemäße Praxis in allen Kirchen, greift aber nur in außerordentlichen Fällen direkt ein, etwa im Fall eines Rekurses oder falls eine Ortskirche ihre eigenen Probleme nicht mehr selbst lösen kann oder es in schwerwiegender Weise versäumt, sie zu lösen. In solchen Situationen könnte der Papst entweder andere ostkirchliche Instanzen mit der Lösung beauftragen oder, wenn es angemessen oder notwendig ist, selbst entscheiden. (3) Allein der Papst kann ein allgemeines Konzil einberufen, ihm kommt der Vorsitz zu, und ohne seine Bestätigung haben die Konzilsbeschlüsse keine Kraft.[337]

Aufgrund vieler Erfahrungen weiß ich sehr wohl, dass es bis zu einer solchen Lösung noch ein schwieriger und nach menschlichem Ermessen wohl auch noch ein längerer Weg sein wird. Zu viele Missverständnisse und negative Erfahrungen haben sich in tausend Jahren der Trennung aufgehäuft und wirken teilweise in traumatischer Weise nach; zu unterschiedlich ist auch die im zweiten Jahrtausend entwickelte Interpretation des Zeugnisses der Schrift und des ersten Jahrtausends. Die Entfremdung, welche zur Trennung geführt hat, hat sich im zweiten Jahrtausend nicht nur festgesetzt, sondern auch verstärkt. Um alle diese Schwierigkeiten zu überwinden und zu einer Heilung historischer Erinnerungen zu kommen, ist über die theologischen Gespräche hinaus auf beiden Seiten Bekehrung und Versöhnung der Herzen nötig. Nur dann kann mit Gottes Hilfe und bei gutem Willen auf beiden Seiten eine Lösung möglich werden.

Was theologisch und geistlich für den Dialog mit den orthodoxen Kirchen gilt, gilt auch für den Dialog mit den reformatorischen Kirchen und Gemeinschaften. Der Dialog über die Primatsfrage mit ihnen ist freilich ungleich schwieriger. Denn im Unterschied zu den Orthodoxen haben wir mit ihnen trotz allen Annäherungen kein gemeinsames sakramental-episkopales Kirchen- und Amtsverständnis, auf dessen Grundlage und in dessen Rahmen die Primatsfrage allein einer Lösung zugeführt werden kann. Dennoch gab es schon in den vergangenen Jahrhunderten immer wieder vereinzelt Gespräche über eine mögliche Einigung.[338] In der veränderten Situation nach dem Zweiten Vatikanischen Konzil ist eine neue Atmosphäre entstanden, in der sich Theologen von beiden Seiten ebenso in offiziellen wie informellen ökumenischen Dialogen wiederholt und intensiv in einer aufgeschlossenen und emotional entspannten Weise mit der Frage des Primats befassen konnten.[339] Brüderliche Begegnungen zwischen Bischöfen wie zwischen dem Papst und Bischöfen und Kirchenführern der anderen Kirchen sind fast normal geworden, und auf vielen Gebieten gibt es auf der lokalen wie auf der universalen Ebene eine inzwischen fast selbstverständlich gewordene Zusammenarbeit.

Wichtig sind auf evangelischer Seite Stimmen, welche feststellen, dass Luther selbst bei aller heftigen und gegen Ende seines Lebens immer mehr hasserfüllten Polemik gegen das Papsttum seiner Zeit dieses nicht grundsätzlich in Frage gestellt hat; seine polemischen Äußerungen sind vielmehr konditional, das heißt, er konnte ein Papsttum anerkennen, sofern dieses die Predigt des Evangeliums zulässt und nicht unterdrückt. Bekannt sind die Äußerungen Luthers im Galaterkommentar (1531/1535), dass er den Papst nicht nur auf Händen tragen, sondern ihm auch die Füße küssen würde, wenn er nur die Gewissen freigeben und die Predigt des Evangeliums von der Rechtfertigung zulassen würde.[340] Bekannt ist auch der Zusatz Melanchthons zu den Schmalkaldischen Artikeln, er könnte, wenn der Papst das Evangelium zuließe, den Papst um des Friedens willen iure humano anerkennen.[341] So können heute evangelische Kirchen im heutigen Papsttum einen Dienst am Evangelium wahrnehmen und anerkennen, wie umgekehrt von katholischer Seite anerkannt wird, dass von den Bischöfen und Kirchenführern der anderen Kirchen wichtige Elemente des apostolischen Dienstes wahrgenommen werden.

Am weitesten sind die Gespräche mit der anglikanischen Gemeinschaft vorangekommen. Auch wenn ein auf viele Annäherungen hinausgehender Konsens nicht erreicht werden konnte, so lässt sich auf den bisherigen Ergebnissen doch aufbauen.[342] Leider ist aber aufgrund der neueren Entwicklungen und inneren Schwierigkeiten in der anglikanischen Gemeinschaft eine Einigung auf absehbare Zeit nicht wahrscheinlich. Im katholisch/lutherischen Dialog hat sich die Formel eingebürgert, »dass auch das Petrusamt des Bischofs von Rom von den Lutheranern nicht ausgeschlossen zu werden braucht, soweit es durch theologische Reinterpretation und praktische Umstrukturierung dem Primat des Evangeliums untergeordnet wird.«[343] Das Dokument der Gruppe von Dombes, in der katholische mit reformierten Theologen im Dialog sind, kam zu ähnlichen Ergebnissen.[344] Einen erfreulichen Schritt weiter geht das aus dem katholisch/lutherischen Dialog in Deutschland stammende Dokument *Communio Sanctorum*,[345] ebenso das neuerliche, aus einem informellen internationalen theologischen lutherisch-katholischen Dialog hervorgegangene Dokument *Gemeinschaft der Kirchen und Petrusamt*.[346]

In allen diesen Dokumenten gibt es erfreuliche Schritte der Annäherung, eines besseren, vorurteilsloseren gegenseitigen Verständnisses und einer gegenseitigen Achtung und wechselseitigen Zusammenarbeit, aber von einem Konsens sind wir noch weit entfernt. Denn was heißt theologische Reinterpretation und praktische Umstrukturierung konkret? Sicher ist ähnlich wie auf orthodoxer Seite unter anderem die verbindliche Einbindung in eine kollegial-synodale Struktur gemeint. Doch wie weit könnte sie gehen, ohne die Identität des Petrusamtes zu tangieren? Das sind Fragen, in denen sich nochmals die offenen ekklesiologischen Grundfragen nach der sakramentalen und episkopalen Gestalt der Kirche stellen und die ein theologisches sowie vor allem ein praktisches Umdenken auf allen Seiten verlangen. Damit stehen wir erst am Anfang eines Anfangs.

Wenn der ökumenische Dialog nicht nur ein Austausch von Ideen, sondern von Gaben ist, dann können die katholischen Dialogpartner das Petrusamt als eine Gabe für die ganze Kirche und ihre Einheit in der Vielfalt und ihren Dienst an der einen Menschheit in diesen Dialog einbringen. Das setzt freilich voraus, dass wir uns der Frage der Kollegialität und Synodalität im Leben der Kirche neu stellen.

### *5.5 Kollegialität, Konziliarität und Synodalität im Leben der Kirche*

#### Geschichtliche Bedeutung

Die Apostelgeschichte berichtet, dass in dem für die junge und für die gesamte Kirchengeschichte grundlegenden Streit um die Notwendigkeit oder Nichtnotwendigkeit der Beschneidung der Heidenchristen die Apostel, die Ältesten und die Brüder zusammenkamen, um die

Angelegenheit zu beraten *(Apg 15)* und nach Beratung einmütig zu beschließen: »Es hat dem Heiligen Geist und uns gefallen« *(15, 28)*. Dieses sogenannte Apostelkonzil wurde vom 2. Jahrhundert an zum Modell, wenn es um die Notwendigkeit gemeinsamen Handelns in der Auseinandersetzung mit Irrlehren, um die Festlegung der Kirchenordnung oder um Streitigkeiten unter Bischöfen ging.[347] Von einem synodalen Leben hören wir zuerst in Kleinasien (gegen den Montanismus und im Osterfeststreit), dann aus den Briefen des Cyprian von Karthago in Nordafrika (im Ketzertaufstreit).

Bei Cyprian ist mit dem »in unum convenire« nicht nur das äußere Zusammenkommen, sondern die unanimitas, der Konsens in der horizontalen und vertikalen Richtung, das heißt in der gegenwärtigen wie mit der früheren Kirche gemeint.[348] Bei Augustinus hören wir in der Auseinandersetzung mit dem Donatismus wieder von Synoden beziehungsweise Konzilien. Nach ihm besteht ihre Funktion in der Stärkung der begrenzten menschlichen Kenntnis, der Bekräftigung der Wahrheit und in der Bestätigung von Bräuchen.[349]

Auch die römischen Bischöfe hielten regelmäßig Synoden ab. Andere wichtige Partikularsynoden fanden u.a. in Arles (314; 473), Karthago (418), Orange (Arausicanum) (529) und mehrfach (erstmals 400) in Toledo statt. Die synodale Tradition spielte auch im Mittelalter eine große Rolle. Nach der Krise des Konziliarismus und der Reformation wurde die synodale Tradition durch das Trienter Konzil neu belebt. Sie spielte für die katholische Erneuerung nach der Reformation ein wichtige Rolle; man denke nur an die bedeutenden Reformsynoden des Karl Borromäus († 1584) in Mailand.

Während Synoden oder Partikularkonzilien zum normalen Leben der Kirche gehören oder zumindest gehören sollten, sind ökumenische Konzilen außerordentliche Ereignisse. Zu ihnen kam es nach dem Entstehen der Reichskirche unter Kaiser Konstantin dem Großen erstmals in Nizäa (325). Die Anerkennung eines Konzils als ökumenisch hing weitgehend von der Rezeption ab; Kriterien für die Anerkennung wurden vom Zweiten Konzil von Nizäa (787) aufgestellt und dabei die besondere Bedeutung des Bischofs von Rom anerkannt.[350] Ost- und Westkirche kennen gemeinsam sieben ökumenische Konzilien an; die heute in der lateinischen Kirche gültige Liste hat sich erst durch Robert Bellarmin allgemein durchgesetzt, sodass wir unter Einschluss des Zweiten Vatikanischen Konzils heute 21 ökumenische Konzilien zählen. Sie sind fast alle Schlüsselereignisse, Brenn- und Orientierungspunkte im Leben der Kirche.

### Theologisches Verständnis

Während die katholische Theologie von Kollegialität spricht, ist in der orthodoxen Theologie der Begriff der Synodalität zu Hause. Beiden gemeinsam ist, dass Synoden beziehungsweise Konzilien Bischofsversammlungen sind, auch wenn Laien nicht stimmberechtigt teilnehmen und mitwirken können und dies schon in der bisherigen Geschichte auf vielfältige und wirksame Weise taten. Auf jeder Ebene gehört zur Synode ein Primas (πρῶτος), der sie einberuft und bestätigt. Seit dem 3. bis 4. Jahrhundert begannen Synoden damit, den Bischof von Rom über ihre Beschlüsse zu informieren, wie dieser beanspruchte, Beschlüsse, welche einem allgemeinen Konzil widersprachen, zu verwerfen.[351] In dieser Frage zeigte sich schon früh ein Unterschied zwischen Ost und West, der neben anderen Gründen im zweiten Jahrtausend zum Bruch führte.[352]

Grundsätzlich verschieden von dem altkirchlichen Synodenverständnis ist das synodal-presbyterale Synodenverständnis und das synodale Bischofsamt, das sich in Weiterentwicklung reformatorischer Ansätzen vorbereitet durch Friedrich Schleiermacher († 1834) im 20. Jahrhundert in den reformatorischen Kirchen allgemein durchgesetzt hat. In ihm kommt das spezifisch reformatorische Verständnis vom Allgemeinen Priestertum und vom Amt zum Ausdruck.[353] Entsprechend verstehen sich die mehrheitlich aus Laien zusammengesetzten Synoden als kirchenleitende Gremien, welche nicht nur an der episkope des Bischofs mitwirken, sondern sie selbst ausüben. Der Bischof beziehungsweise Präses ist in die Synode eingebunden und weitgehend an ihre Beschlüsse gebunden. Auch in der traditionell episkopal strukturierten anglikanischen Gemeinschaft ist im 20. Jahrhundert das Synodical Gouverment eingeführt worden.[354] Dabei handelt es sich nicht um Synoden im altkirchlichen Sinn und im Verständnis der katholischen Kirche wie der orthodoxen Kirchen, sondern um Kirchenparlamente.

Die katholische Theologie des Konzils beziehungsweise der Synode ergibt sich aus der communio-Struktur der Kirche und aus der darin begründeten Kollegialität des Episkopats, das heißt der in Gemeinschaft mit dem Petrusamt gemeinsamen Teilhabe an dem einen Episkopat.[355] Die Überzeugung, dass die Kirche Geschöpf des Geistes ist und nicht grundsätzlich aus der Wahrheit herausfallen kann, drückte sich in der Väterzeit in der Überzeugung aus, dass die definitiv vorgetragene Glaubenslehre eines ökumenischen Konzils geistgeschenkt ist und dass ihr nach der Heiligen Schrift höchste Autorität zukommt. Der missverständliche Begriff ›unfehlbar‹ kam erst im 14. Jahrhundert auf und wurde in Reaktion auf die reformatorische Kritik zu einem wichtigen Axiom katholischer Theologie.[356]

Es geht bei der Kollegialität/Synodalität nicht allein um synodale/konziliare Zusammenkünfte und Beschlussfassung (collegialitas effectiva), sondern ebenso um den kollegialen und synodalen Geist und die entsprechende mitbrüderliche Praxis im ganzen Leben der Kirche (collegialitas affectiva). Das Wort Synode (σύνοδος) meint im ursprünglichen Sinn sowohl Zusammenkunft wie Weggemeinschaft. Kollegiale beziehungsweise synodale Strukturen in der Kirche sind deshalb kein rein äußerliches Strukturproblem und keine rein organisatorische Frage. Sie sind auch keine Frage der bloßen Machtverteilung in der Kirche; sie sind vielmehr im Wesen der Kirche als communio verankert und müssen ihr Leben und ihren Stil ganz allgemein prägen.

## Zweites Vatikanisches Konzil und nachkonziliare Entwicklung

Das Zweite Vatikanische Konzil hat die Erneuerung synodalen Lebens mit Hilfe der Lehre von der Kollegialität der Bischöfe grundgelegt;[357] das nachkonziliare Kirchenrecht sieht diözesane, regionale Synoden vor.[358] Auf der diözesanen und lokalen Ebene hat das Konzil außerdem Priester- und Pastoralräte angeregt[359] sowie Bischofskonferenzen gefordert.[360] Sie können die Verantwortung des einzelnen Bischofs nicht ersetzen oder einschränken, sondern sollen sie unterstützen. Leider ist der Aufbau von kollegialen/synodalen Strukturen nach dem Konzil nur zögerlich weiterverfolgt worden; die entsprechenden Möglichkeiten des nachkonziliaren Kirchenrechts sind bisher wenig in die Tat umgesetzt worden. Auf der partikularkirchlichen Ebene wäre die Neubelebung der traditionsreichen Praxis der Partikularsynoden wünschenswert. Bischofskonferenzen, so nützlich und wichtig sie auf der

Arbeitsebene sind, und die nachkonziliaren Priester- und Pastoralräte können Synoden im theologischen wie im kirchenrechtlichen Sinn nicht ersetzen.

Auf der universalkirchlichen Ebene hat das Konzil die Einrichtung einer Bischofssynode empfohlen;[361] sie wurde durch Paul VI. mit dem Motu proprio *Apostolica sollicitudo* (1965) errichtet. Seither sind die universalen wie regionalen Bischofssynoden zu wichtigen Instrumenten geworden, um die affektive und effektive Kollegialität der Bischöfe zu stärken. Eine Weiterentwicklung ihrer Arbeits- und Funktionsweise wäre wünschenswert. Die Forderung nach einer Stärkung des synodalen Lebens auf der universalen Ebene darf nicht als Versuch missverstanden werden, das Petrusamt einzuschränken. Das Petrusamt ist als sichtbares Zentrum und Fundament der Einheit wie der Freiheit und Unabhängigkeit für die katholische Kirche ein Geschenk des Herrn an seine Kirche. Deshalb kann es nicht darum gehen, das Petrusamt synodal zu schwächen, sondern darum, es kollegial zu stärken. Der Papst allein kann eine Synode einberufen und muss sie auch bestätigen. Die synodale Beratung hat für ihn Gewicht, aber sie kann ihn nicht festlegen oder gar überstimmen. Die Leitung der universalen Kirche ist nur in vertrauensvoller Zusammenarbeit von Papst und Synode möglich.

Eine andere Ausdrucksform der Kollegialität auf universaler Ebene ist das Kardinalskollegium als Senat des Papstes.[362] Kardinäle (von cardo, Angelpunkt) waren ursprünglich die suburbikarischen Bischöfe, die Vertreter des stadtrömischen Klerus und die Diakone der kirchlichen Regionen Roms. Papst Alexander III. verlieh ihnen 1179 endgültig das ausschließliche Recht der Papstwahl. Sie hatten im Mittelalter durch regelmäßige Konsistorien und oft durch Wahlkapitulationen erheblichen Einfluss. Die Einrichtung von einzelnen Sachbereichen zugeordneten Kardinalskongregationen durch Sixtus V. (1588) entsprach den Erfordernissen einer modernen funktionalen Kirchenregierung; sie hat freilich den Einfluss des Kardinalkollegiums als solchen vermindert und die in Rom residierenden Kurienkardinäle zu leitenden kurialen Beamten gemacht. Dem inzwischen internationalisierten Kardinalskollegium sollte heute wieder deutlicher seine ursprüngliche Rolle als Senat des Papstes zukommen. Kardinalskollegium und Bischofssynode können sich dabei als zwei synodale Gremien ergänzen.

Die Stärkung des synodalen Prinzips auf der universalen Ebene wäre ein wichtiger Beitrag zum Dialog über eine neue Art der Ausübung des Petrusamtes, zu der Papst Johannes Paul II. eindringlich eingeladen hat.[363] Papst Benedikt XVI. hat diese Einladung bei seinem Besuch im Phanar (2006) wiederholt. In einer synodal und kollegial gestärkten Form könnte das Petrusamt – statt ein Hindernis für die anderen Kirchen und Kirchengemeinschaften zu sein – zu einem wichtigen Dienst für die größere ökumenische Einheit der Kirche und zu einem Geschenk auch für die anderen Kirchen und kirchlichen Gemeinschaften werden, die oft unter ihrer inneren Zersplitterung leiden.

Die katholische Kirche selbst könnte durch die Erneuerung des synodalen Prinzips auf allen Ebenen und durch seine Stärkung auf der universalen Ebene ohne das Geringste des am Petrusamt Wesentlichen aufzugeben, viel gewinnen. Vor allem wäre durch Stärkung des synodalen Prinzips ein fruchtbarer regelmäßiger Austausch von Informationen und Erfahrungen zwischen den Ortskirchen wie zwischen den Ortskirchen und dem Zentrum möglich. Das scheint in einer immer globaler und zugleich immer mehr pluralistisch und unübersichtlich werdenden Welt und Kirche, die von Rom allein her kaum mehr überschaubar ist, unverzichtbar. Es könnten so die gegenwärtigen Kommunikationsschwächen und Kommunikationspannen vermieden werden. Es macht sich nicht bezahlt, wenn interne Beratungen in einem handverlesenen linientreuen Beraterstab geschehen, bei dem kritisch-konstruktive loyale Stimmen von vorne herein sorgsam herausgefiltert werden. Durch einen mehr partizipativen und dialogischen Stil würden das communio-Wesen und die Universalität der Kirche sichtbarer, greifbarer und glaubwürdiger in Erscheinung treten. Schließlich wäre auch innerhalb der römischen Kurie ein Mehr an gegenseitiger Information und Kooperation nötig und in der Sache nützlich.[364]

## *5.6 Die eine Kirche und die vielen Einzelkirchen*

Die Frage des Primats wie der der Kollegialität/Synodalität wirft die Frage des Verhältnisses der einen universalen Kirche zu den vielen Orts- beziehungsweise Einzelkirchen auf. Im Neuen Testament wird der Begriff Kirche (ἐκκλησία) sowohl in der Einzahl[365] als auch in der Mehrzahl im Sinn von vielen Ortskirchen gebraucht.[366] Nach neutestamentlicher Überzeugung ist die eine Kirche in der jeweiligen Ortskirche anwesend; Paulus spricht von der »Kirche Gottes, die in Korinth ist« *(1 Kor 1, 2; 2 Kor 1, 1)*. Ähnliche Aussagen lassen sich bei den frühen Kirchenvätern finden.[367] So kommt man nicht umhin zu sagen, dass in jeder Eucharistie feiernden Ortskirche nicht nur ein Teil, sondern die eine Kirche Jesu Christi gegenwärtig ist.[368]

Da es aber jeweils die eine Kirche ist, die in den vielen Orts- beziehungsweise Einzelkirchen gegenwärtig ist, kann sich keine Einzelkirche von der einen Kirche isolieren; jede Ortskirche ist vielmehr eine konkrete Gestalt der einen Kirche und auf die Gemeinschaft mit allen anderen Ortskirchen angewiesen. Es gibt viele Kirchen und doch sind sie alle nicht erst aufgrund von nachträglichem Zusammenschluss, sondern aufgrund ihres Wesens die eine Kirche. Als solche gewähren sie einander Frieden (pax), bezeichnen sich als Bruderschaft und erweisen einander Gastfreundschaft. Vor allem stimmen sie überein in der einen überlieferten Glaubenslehre.[369] Vor allem Cyprian von Karthago hat die Einheit und Ungeteiltheit des Episkopats herausgestellt;[370] in der östlichen Kirche hat Basilius in seinen Briefen oft die Notwendigkeit der Einheit und der Zusammenarbeit unter den Kirchen von Ost und West beschworen.[371]

Die Frage nach dem Verhältnis von Einheit und Vielfalt in der Kirche wurde im Laufe der Kirchengeschichte immer wieder gestellt. Diese Frage stand mit im Hintergrund bei der schrittweisen Entfremdung zwischen der Ost- und der Westkirche, sie stellte sich wieder im mittelalterlichen Konziliarismus, in den Diskussionen während des Trienter Konzils um die Residenzpflicht der Bischöfe und in der Neuzeit in den Auseinandersetzungen mit dem Gallikanismus und Episkopalismus. Die Definition des Primats durch das Erste Vatikanische Konzil war unter anderem gegen Ausläufer der zuletzt genannten Strömungen gerichtet. Doch bereits der Brief der deutschen Bischöfe als Antwort auf die Circulardepesche des deutschen Reichskanzlers Bismarck, die durch Papst Pius IX. ausdrücklich bestätigt wurde, hat klargemacht, dass die Primatsdefinition des Ersten Vatikanischen Konzils nicht das Eigenrecht der Bischöfe aufheben und damit die Ortskirchen entmündigen will.[372] Eine ausführliche Behandlung dieser Frage war jedoch wegen des vorzeitigen Abbruchs des Konzils aufgrund des Ausbruchs des deutsch-französischen Krieges nicht möglich.

Das Zweite Vatikanische Konzil hat unter Rückgriff auf die altkirchliche Ekklesiologie die Frage an vielen Stellen neu aufgenommen, dabei ausdrücklich auf die ostkirchliche Tradition Bezug genommen und die Bedeutung der Orts- beziehungsweise Partikularkirchen neu zur Geltung gebracht. Das Konzil stellt ausdrücklich fest: »Darum gibt es auch in der kirchlichen Gemeinschaft zu Recht Teilkirchen, die sich eigener Überlieferungen erfreuen, unbeschadet des Primats des Stuhles Petri, welcher der gesamten Liebesgemeinschaft vorsteht, die rechtmäßigen Verschiedenheiten schützt und zugleich darüber wacht, dass die Besonderheiten der Einheit nicht schaden, sondern ihr vielmehr dienen.[373] Die eine und einzige katholische Kirche besteht in und aus Teilkirchen, die nach dem Bild der Gesamtkirche gestaltet sind.[374] »Die Kirche Christi ist in allen rechtmäßigen Ortsgemeinschaften anwesend, die in der Verbundenheit mit ihrem Hirten im Neuen Testament auch selbst Kirchen heißen«.[375]

Nach dem Konzil kippte die Diskussion teilweise in einen ortskirchlichen Partikularismus um. Die Glaubenskommission sah sich veranlasst, in einem Schreiben *Über einige Aspekte der Kirche als communio, Communionis notio* (1992), den Sinn der communio-Wirklichkeit zu erklären. Das Schreiben erklärt: So wie die Kirche »in und aus« den vielen Ortskirchen existiert,[376] so existieren die vielen Kirchen »in und aus« der einen Kirche. Es sprach vom historischen und ontologischen Vorrang der Universalkirche vor der Ortskirche.[377] Dieser letzte Satz löste eine heftige Diskussion aus, die auch zu einer Debatte um das Verhältnis von Orts- und Universalkirche zwischen dem damaligen Kardinal Joseph Ratzinger und mir führte.[378]

Mir ging es um ein pastorales, nicht um ein kirchenpolitisches Anliegen: die Frage der Ausbalancierung von Gleichgewichtsstörungen gegenüber einem manchmal überbordenden römischen Zentralismus. Theologisch bezog ich mich auf die Position von Henri de Lubac. Nach ihm kann man weder von der Priorität der Ortskirche vor der Universalkirche noch umgekehrt von der Priorität der Universalkirche vor der Ortskirche, sondern nur von der Simultaneität und wechselseitigen Durchdringung beider sprechen. Ich sprach deshalb mit keinem Wort von einer Priorität der Ortskirche und von einem erst nachträglichen Zusammenschluss von Ortskirchen zur Universalkirche; meine Position war die Gleichzeitigkeit von Universal- und Ortskirche. So auch Henri de Lubac: »Eine Gesamtkirche, die vorausläge, oder die man sich als in sich seiend außerhalb aller Einzelkirchen vorstellte, ist nur eine Abstraktion.«[379]

Ähnlich hatte Papst Paul VI. die universale Kirche mit einem großen Baum verglichen, in dessen Zweige die Vögel des Himmels wohnen *(Mt 13,32)* und mit einem Netz, das alle Arten von Fische fängt *(Mt 14, 41)*. Jede Einzelkirche würde verarmen, wenn sie sich freiwillig von der universalen Kirche trennt, »andererseits würde eine auf dem ganzen Erdkreis verbreitete Kirche zur Abstraktion, wenn sie nicht eben durch die Teilkirchen Gestalt und Leben gewinnt. Nur die ständige Beachtung beider Aspekte der Kirche wird uns den Reichtum dieser Beziehung zwischen universaler Kirche und Teilkirche erfassen lassen.«[380]

So war ich von der heftigen Reaktion überrascht. Sie steigerte sich bis zu dem Vorwurf, ich wolle und könne die große Gottesidee Kirche nicht mehr sehen; alles ende in theologischer Schwärmerei, bei der nur doch das empirische Gebilde der Kirchen in ihrem Mit- und Gegeneinander bleibe und Kirche als theologisches Thema überhaupt gestrichen werde. »Wenn man die Kirche nur noch in menschlichen Organisationen sehen kann, dann bleibt in der Tat nur Trostlosigkeit übrig.« Dem konnte ich nur zustimmen. Doch jeder, der mich kannte und der wusste, was ich aus dem Geist Möhlers an vielen Stellen über die Kirche geschrieben hatte, konnte diese Vorhaltungen nur als ein schlimmes Missverständnis ansehen, das Gott sei Dank bald großenteils ausgeräumt werden konnte.

Im weiteren Verlauf der Debatte haben sich sowohl der Begriff ›Ortskirche‹ wie der Begriff ›Universalkirche‹ als klärungsbedürftig erwiesen. Das Vaticanum II gebraucht den ersten Begriff sowohl im Sinn der Einzelkirche (ecclesia particularis), das heißt der Diözese, wie im Sinn der Kirche eines Landes oder Kontinents. In unserem Zusammenhang geht es um die Ortskirche im Sinn der um ihren Bischof gescharten und geleiteten Ortskirche. Das Konzil gebraucht dafür gewöhnlich den Begriff ecclesia particularis, was man nicht mit Teilkirche, sondern mit Einzelkirche übersetzen sollte. Sie ist nicht nur eine empirische, sondern auch eine theologische Größe. Der Begriff ›universale Kirche‹ findet sich in der Kirchenkonstitution *Lumen gentium* nur an drei Stellen und jeweils mit unterschiedlicher Bedeutung.[381] Er kann sowohl die präexistente und die eschatologische Kirche aller Zeiten wie die empirische Gesamtkirche meinen. Das sind unterschiedliche Ebenen, die zwar zusammenhängen, die aber in der

Debatte ungut miteinander vermischt wurden.[382] Entsprechend dem pastoralen Anliegen ging es mir um die irdische Kirche und um das innergeschichtliche Verhältnis der einen Kirche zu den vielen Einzelkirchen. Der teleologische Vorrang der einen präexistenten und eschatologischen Kirche stand nicht zur Diskussion und wurde deshalb von mir nie bestritten.

Um zu einer Lösung zu kommen, kann man zunächst davon ausgehen, dass die Einheit nicht einfach die erste Zahl in einer Reihe von Zahlen ist; die Einheit ist das Maß der Zahlen und der Vielheit[383] und im Sinn des Thomas von Aquin eine transzendentale Seinsbestimmung.[384] Im endlichen Bereich jedoch kann die Einheit nur als Einheit einer Vielheit gedacht werden; denn ohne Vielheit wäre eine endliche Größe beziehungslos und im ursprünglichen Sinn des Wortes absolut. Umgekehrt setzt Vielheit Einheit als ihr Maß voraus. Analog verhält es sich theologisch im Verhältnis der einen innergeschichtlichen Kirche zu den vielen Einzelkirchen. Gott will von Ewigkeit her und stiftet in Jesus Christus die eine Kirche; aber er will sie als Einheit in vielen Einzelkirchen. Diese Einheit geht nicht aus einem Zusammenschluss von Einzelkirchen hervor; sie ist vielmehr in den vielen Orts- beziehungsweise Einzelkirchen geschichtlich gegenwärtig. Auf der anderen Seite sind die Orts- beziehungsweise Einzelkirchen keine Ausgliederung oder Emanation aus einer innergeschichtlichen einen Kirche. Beide sind vielmehr immer ineinander und miteinander da; sie durchdringen sich und verhalten sich perichoretisch.

Was eine historische Vorgängigkeit der einen Kirche vor den vielen Ortskirchen angeht, so ist sie weder biblisch noch historisch in der frühen Kirche nachweisbar. Denn der Bericht von Pfingsten in der Apostelgeschichte *(Apg 2)* ist historisch betrachtet eine Konstruktion des Lukas, die nicht ausschließen will, dass es wohl von Anfang an, etwa in Galiläa, auch außerhalb von Jerusalem Gemeinden gegeben hat. So muss die innergeschichtliche Kirche historisch wie denkerisch als Einheit in der Vielheit von Einzelkirchen wie als Vielfalt in der Einheit der einen Kirche verstanden werden. Einheit und Vielheit sind in der irdischen Kirche immer gleichzeitig, miteinander und ineinander in gegenseitiger perichoretischer Durchdringung da.

Die perichoretische Einheit von Universal- und Einzelkirche jenseits von Zentralismus und Föderalismus ist etwas Singuläres, das es sonst in keiner weltlichen Verfassungsstruktur gibt. Da die Kirche jedoch eine göttlich-menschliche Wirklichkeit ist,[385] kann es nicht unerlaubt sein, auch nach den praktischen Konsequenzen zu fragen. Die irdische Kirche muss in ihrer Praxis, sowohl im Kirchenrecht wie etwa bei den Bischofsernennungen, dem universalkirchlichen wie dem ortskirchlichen Aspekt gerecht werden und immer wieder neu um die rechte Balance zwischen Einheit und legitimer Vielfalt ringen. Sie muss sich in allem, was wesentlich ist, um Einheit bemühen, Eigenständigkeit und Vielfalt aber in allem anderen zulassen. Es sollen keine Lasten auferlegt werden über das Notwendige hinaus *(Apg 15,28)*. Dass dieses Prinzip auch ökumenisch besonders im Verhältnis zu den Ostkirchen von Bedeutung ist, liegt auf der Hand.[386]

Bei jedem Zentralismus ist zu befürchten, dass er über kurz oder lang ins Gegenteil umschlägt. Denn die Situationen und die Herausforderungen in der Welt sind trotz aller Globalisierung so verschieden, dass es immer unmöglicher wird, möglichst alles möglichst zentral zu regeln. Versucht man es dennoch, dann wird der Zentralismus mit der Zeit nur noch schwer erträglich; er wird zunehmend Unmut hervorrufen und in der Praxis über kurz oder lang stillschweigend zu einer inneren Aufkündigung der Einheit führen. Dagegen könnte eine kluge Ausbalancierung von Einheit und Vielfalt manchen aufgestauten Unmut und manches Misstrauen überwinden.[387]

Es gilt das berühmte Wort Möhlers: »Zwei Extreme im kirchlichen Leben sind aber möglich, und beide heißen Egoismus; sie sind: wenn einer jeder oder wenn einer alles sein will; im letzten Fall wird das Band der Einheit so eng und die Liebe so warm, dass man sich des Erstickens nicht erwehren kann; im ersteren fällt alles so auseinander, und es wird so kalt, daß man erfriert; der eine Egoismus erzeugt den anderen; es muß aber weder einer noch jeder alles sein wollen; alles können nur alle sein, und die Einheit aller nur ein Ganzes. Das ist die Idee der katholischen Kirche.«[388]

## *5.7 Zukunft der Pfarreistruktur*

### Pfarrei und Gemeinde

Probleme und Entwicklungen gib es nicht nur auf der Ebene der Universal- und der Ortskirchen, sondern ebenso auf der Ebene der Ortsgemeinden. Dort sind sie sogar am unmittelbarsten zu spüren, denn die große Mehrzahl der Gläubigen ist über ihre Pfarrei beziehungsweise Ortsgemeinde in der Kirche zu Hause. Dieses Zuhause löst sich aber im gegenwärtigen gesellschaftlichen und kirchlichen Wandel, da Pfarrei, politische Gemeinde und soziales Umfeld keine Einheit mehr bilden, zunehmend auf. Die Situation ist zwar regional unterschiedlich, die Tendenz aber in den Ländern Westeuropas allgemein ziemlich gleich.

Die Konzentration des kirchlichen Lebens auf die Ortsgemeinde gab es nicht von Anfang an. Denn ursprünglich war die Kirche eine Stadtkirche und die Bischofskirche Mittelpunkt des kirchlichen Lebens.[389] Als sich die Kirche von den Städten auf das umgebende Land ausdehnte, sahen sich die Bischöfe zunehmend gezwungen, Presbyter auf das Land zu schicken, um dort unter ihrer Autorität bestimmte Seelsorgsaufgaben zu übernehmen. In Rom kam es zur Errichtung von sogenannten Titelkirchen. Etwa von der Mitte des 6. Jahrhunderts an bestanden in der gesamten westlichen Kirche Landpfarreien. Der Begriff der Pfarrei (παροικία; parochia), der sich dafür einbürgerte, meint seinem ursprünglichen Sinn nach: in der Fremde, an einem Ort ohne Bürgerrecht leben. Der Begriff Pfarrei drückte also ursprünglich die eschatologische Ausrichtung der Kirche und der christlichen Existenz und die christliche Pilgerexistenz aus *(1 Petr 1,17; 2,11)*. Innerhalb der abendländischen Welt wurde die Pfarrei dann zum normalen Lebensraum des Christen. Besonders das Trienter Konzil sah in ihnen wichtige Zentren der Seelsorge.[390]

Im Zuge der pastoralen Erneuerung zwischen den beiden Weltkriegen kam es zur Entwicklung von der Pfarrei zur Gemeinde. Der letztere Begriff war in der reformatorischen Theologie zu Hause und drückte das spezifisch reformatorische Kirchenverständnis aus. In seinem katholischen Gebrauch bedeutete er die Hinwendung von einem territorialen zu einem mehr personalen und interpersonalen Verständnis. In diesem Sinn bildete sich eine spezifische Gemeindetheologie und Gemeindepastoral mit größtmöglicher Beteiligung und Mitverantwortung der Laien heraus.[391]

Das Konzil spricht von der Ortsgemeinde und hat ihr in einem eigenen Abschnitt in der Kirchenkonstitution *Lumen gentium* große Aufmerksamkeit geschenkt. Es sucht, die Ortsgemeinden (congregationes fidelium locales) theologisch im Rahmen der Volk-Gottes- und der communio-Ekklesiologie zu bestimmen.[392] Das nachsynodale Schreiben von Papst Johannes Paul II. *Christifideles laici* (1988) sagt von der Ortsgemeinde, in ihr finde die communio der Kirche ihren unmittelbaren und greifbaren Ausdruck. Die Pfarrei ist für die allermeisten Christen die konkrete Form der örtlichen Realisierung der Kirche; in einem gewissen Sinn ist sie die Kirche, die inmitten der Häuser ihrer Söhne und Töchter lebt.[393] Das nachkonziliare Kirchenrecht hat diese Entwicklung nachvollzogen; es definiert die Pfarrei nicht mehr als Verwaltungsbezirk, sondern als personale Gemeinschaft von Gläubigen.[394]

Seit dem Konzil sieht sich die Ortsgemeinde sowohl mit dem allgemeingesellschaftlichen Wandel wie dem innerkirchlichen Wandel konfrontiert. Der gesellschaftliche Wandel führt zu einer Verstädterung und zur weitgehenden Auflösung der traditionellen Dorfstruktur, zu einer bisher nicht da gewesenen Mobilität der Bevölkerung und zu einem gesellschaftlichen kulturell-religiösen Pluralismus, der die Auflösung der traditionellen volkskirchlichen Gestalt der Kirche mit ihren relativ homogenen kirchlich-konfessionellen Milieus zur Folge hat.[395] Wir leben heute wie die ersten Christen wieder zunehmend in der Fremdlingschaft und in einer Diasporasituation. Diese gesellschaftliche wie kirchliche Situation führt dazu, dass die herkömmliche Pfarreistruktur und Pfarrseelsorge in Westeuropa (unter anderen Voraussetzungen teilweise auch in anderen Kontinenten) weithin nicht mehr länger aufrechterhalten werden kann.

Das Ende beziehungsweise das Zu-Ende-Gehen der milieugestützten Volkskirche ist neben anderen Gründen ein Grund dafür, dass die Zahl der praktizierenden Katholiken zurückgegangen ist. Dies wiederum ist wieder neben anderen Gründen ein Grund für den Rückgang der Berufungen zum Priestertum. Was als Priestermangel bezeichnet wird, errechnet sich darum nicht im Verhältnis auf die Zahl der praktizierenden Katholiken, sondern in Bezug auf die herkömmliche Pfarrstruktur, wie sie unter volkskirchlichen Bedingungen entstanden ist. Die meisten Diözesen versuchen die dadurch entstandene Schwierigkeit durch Schaffung von Pfarrverbänden beziehungsweise von sogenannten Seelorge- oder Pfarreieneinheiten bei Weiterbestehen der traditionellen Pfarreien zu lösen. Es gibt gelungene Beispiele. Aber auf die Dauer stellt dies eine für die Gemeinden unbefriedigende Situation und für die Priester eine Überforderung dar. Man kann auf die Dauer nicht Volkskirche simulieren, wenn diese sich aus unterschiedlichsten Gründen immer weiter auflöst.[396] Die Antwort auf die Frage nach dem rechten Weg, um zu einer neuen Lebens- und Sozialgestalt der Kirche zu kommen, kann man selbstverständlich nicht einfach vom Schreibtisch aus geben; sie kann auch nicht allein in administrativen und organisatorischen Maßnahmen bestehen, die per Dekret angeordnet werden. Eine neue Sozialgestalt muss auf der Grundlage der Ekklesiologie des Volkes Gottes wachsen, und dies ist nur in einem längeren Prozess möglich.

### Volkskirche – Kirche des Volkes

Die Kirche des Volkes hat sich in einer langen Geschichte zur Volkskirche entwickelt. Die Volkskirche herkömmlicher Art ist charakterisiert durch die mehr oder weniger gegebene Deckungsgleichheit zwischen der Kirche und der jeweiligen Gesellschaft oder dadurch, dass die bestehende Gesellschaft durch eigene Einrichtungen vom Kindergarten und den Schulen bis zu den Krankenhäusern gleichsam verdoppelt wird. Diese Sozialgestalt ist heute in Auflösung begriffen und gehört bereits in vielen Fällen der Vergangenheit an. Die gesellschaftliche und kulturelle Entwicklung führt auch in traditionell katholischen Ländern und Gegenden dazu, dass die praktizierenden und bekennenden Christen immer mehr in eine Minderheitssituation geraten.

Ein Anlass zu Panik ist das nicht. Minderheitssituationen müssen keineswegs zu sektiererisch abgeschlossenen Milieus führen; kleine Gemeinschaften können, wenn sie wach und lebendig sind, durchaus ausstrahlen. Ein gutes Beispiel dafür ist das neuzeitliche europäische und das nordamerikanische Judentum. So können auch christliche Minderheiten kreative und kommunikative Minderheiten sein, die ein neues, christlich inspiriertes Lebensmodell praktizieren und damit zum Sauerteig in der Gesellschaft werden.[397] Mit dem Zu-Ende-gehen der alten volkskirchlichen Struktur muss die Kirche neu missionarisch ausstrahlend werden, um für möglichst viele Heimat zu werden. Um Kirche des Volkes zu sein, darf sich die Kirche nicht mit den verbliebenen Gläubigen und mit den ›noch‹ Praktizierenden als mit einem – falsch verstandenen – ›heiligen Rest‹ zufrieden geben. Eine Kirche, die nicht mehr wachsen will, wird absterben und schließlich aussterben.

Man darf die These vom Ende der Volkskirche deshalb nicht missverstehen. Denn die Kirche wird in dem Sinn immer Volkskirche bleiben müssen, dass sie im Volk verwurzelt und für alle da ist. Es müssen in der Kirche sich alle zu Hause fühlen: Einfache und Gebildete, Reiche und Arme, Junge und Alte, Gesunde, Kranke und Behinderte, Einheimische und Fremde, dumme und gescheite Menschen, eifrige fromme Christen und skeptisch distanzierte, fragende und suchende Menschen. Die Kirche darf deshalb nicht zu einer Elitekirche von religiös Entschiedenen, kirchlich voll Engagierten und religiös ›Hochbegabten‹ werden. Sie darf aber als Kirche des Volkes nicht profillos und zur reinen Dienstleistungskirche werden, die sich mit einem möglich breit sortierten sozial-caritativen Angebot für eine mögliche Klientel praktisch den Gesetzen des Marktes unterwirft. Die Kirche muss Gemeinschaft des Glaubens und Gottesdienstgemeinde bleiben. Nur von dieser Mitte her kann sie ins Umfeld ausstrahlen.

So ist nach dem Ende der herkömmlichen Volkskirche weder die homogene, territorial umschriebene Gemeindekirche, noch die elitäre Entscheidungskirche, sondern die sich umrisshaft schon abzeichnende ›Kirche des Volkes‹ das Leitbild einer neuen kirchlichen Sozialgestalt. Sie wird eine Glaubensgemeinschaft von in unterschiedlichem Grad Identifizierten sein, die ihre Mitte in der gemeinsamen Feier der Eucharistie hat, und sich gleichzeitig solidarisch wissen mit den Existenzproblemen, den Freuden und Hoffnungen, mit den Ängsten und der Trauer der Menschen.[398] In ihr werden im Sinn der Volk-Gottes-Ekklesiologie des Zweiten Vatikanischen Konzils Priester und Laien vertrauensvoll zusammenwirken. Eine solche Kirche des Volkes Gottes lässt sich nicht planen; man kann aber ihr Entstehen wahrnehmen und sollte es behutsam fördern. Doch wie kann sie konkret aussehen?

### Die künftige Pfarrei – Mittelpunktkirche und viele Gemeinschaften

Die konkrete Gestalt der künftigen Kirche des Volkes kann nicht vom Mangel, konkret: vom Priester- wie vom Gemeindemangel her entworfen werden. Eine Methode, welche den Mangel einfach gleichmäßig zu verteilen versucht und die kirchliche Präsenz in der Fläche gleichmäßig ausdünnt, ist nicht zukunfts-, sondern vergangenheitsorientiert und kann schon deshalb keine Zukunft haben. Wir müssen positiv ansetzen und fragen: Wie kann Kirche im Sinn der Volk-Gottes-Theologie in der rasch sich verändernden Sozialstruktur ihre Sendung konkret am besten ausüben und ihr am besten pastoral entsprechen?

Niemand wird die Dorfgemeinde alten Stils, wo es sie noch gibt, gewaltsam auflösen und zerstören wollen. Aber es ist offenkundig, dass sie nicht die zukunftsweisende Sozialgestalt der Kirche sein wird. Wir dürfen jedoch nicht nostalgisch zurück-, sondern müssen nach vorne schauen.[399] Dabei dürfen wir in der neuen Situation die weniger gewordenen Kräfte nicht verschleißen, wir müssen sie vielmehr konzentrieren. Von geistlichen Zentren (Bischofskirchen, Stadtkirchen, Klöstern u. a.) ging die erste Evangelisierung Europas aus: In den Missionsgebieten und in den jungen Kirchen der Dritten Welt ist diese Struktur bis heute lebendig; für die neue Evangelisierung der alten christlichen Länder sehe ich keinen anderen Weg. An die Stelle der Ausdünnung in der Fläche sollte darum die Konzentration auf die Mitte treten. In dem Maße, als sich gesellschaftlich größere Lebensräume herausbilden, wird es darum auf die Bildung von Mittelpunktkirchen ankommen. Eine Neuumschreibung von Pfarreien, wie es in Frankreich in großem Maße schon geschieht, kann sich daraus dann mehr oder weniger organisch entwickeln.

Diese Mittelpunktkirchen sollten Oasen sein, wo besonders an Sonn- und Festtagen nicht reduziertes, langsam absterbendes, sondern aufblühendes, kraftvolles kirchliches Leben erfahrbar wird und von wo es missionarisch neu ausstrahlen kann. Dort sollte man am Sonntag und an Festtagen eine gut gestaltete Liturgie und über die Woche katechetische, caritative und andere Angebote vorfinden und vor allem immer eine Person, die durchgängig ansprechbar und auskunftsfähig ist.

Dieses Konzept begegnet dem sehr ernstzunehmenden Einwand, es führe dazu, das Umfeld auszutrocknen und zu einer pastoralen Wüste verkommen zu lassen. Darum kann es selbstverständlich nicht gehen. Um eine solche pastorale Versteppung zu vermeiden, sollten wir auf ein zweites Modell der frühen Kirche zurückgreifen, das sich in der weiteren Kirchengeschichte vor allem in Notzeiten, in Zeiten der Verfolgung (gegenwärtig etwa in China, in der kommunistischen Zeit habe ich das in Prag erlebt) bewährt hat. Es handelt sich um das, was im Neuen Testament als Hauskirchen bezeichnet wird.[400] Dieses

Modell wurde bei uns im Methodismus und Pietismus wieder entdeckt und es spielt heute unter anderem in der charismatischen Erneuerung, in den Basisgemeinden (Lateinamerika)[401] und in den Little Communities in Afrika eine wichtige Rolle.

Auf unsere Situation übertragen bedeutet dies, dass es um eine Mittelpunktkirche zentriert viele Arten von Gemeinschaften geben soll und muss. Sie können vielfältige Formen annehmen. Wo es geht kann auch eine ehemalige Pfarrei noch ein reges Gemeindeleben weiterführen. Hier sind vielfältige Übergänge möglich. Außerdem kann es sich um Hauskreise, Basisgemeinschaften, geistliche Gemeinschaften, Bibel-, Gebets-, Katechumenats-, Familien- und Freundeskreise, Frauenkreise, Jugendgruppen und anderes handeln. Alle diese gefestigten oder auch lockeren Gemeinschaften können Biotope des Glaubens sein, Orte, an denen christliches Leben konkret erfahren, gelernt und nach außen ausstrahlend gelebt werden kann. Die künftige Pfarrei wird also eine Gemeinschaft von Gemeinschaften, ein Netzwerk von Kreisen, Gruppen, formellen oder informellen Zusammenschlüssen sein, die man im Sinn des Neuen Testaments als Hauskirchen bezeichnen kann. In ihnen können Christen in neuer Weise kirchlich beheimatet sein. Eine religiöse Nomadenexistenz inmitten der modernen Diaspora ist nicht die ideale Weise des Christseins. Dieses ist nur im Wir möglich, auch wenn die Bindung an dieses Wir von unterschiedlicher Intensität sein kann. Das erfordert überschaubare Gemeinschaftsformen, in denen Kirche konkret erfahrbar und lebbar wird.

Dieses Netz von Gemeinschaften aufzubauen, sie am Evangelium zu orientieren und sie am Sonntag zur gemeinsamen Feier der Eucharistie zusammenzuführen, wird künftig den Einheitsdienst des Bischofs und des Pfarrers in neuer Weise fordern. Das Bischofs- und Pfarramt als Dienst der Einheit wird damit nicht weniger bedeutsam, sondern ganz neu bedeutsam sein. In einer zunehmend pluralistisch gewordenen Welt gilt es, das nicht nur über den Erdkreis, sondern auch das über eine ganze Region zerstreut lebende Volk Gottes zu sammeln und zum gemeinsamen Gottesdienst zusammenzuführen und so Diasporagemeinden aufzubauen.

Das werden die Priester nur dann menschlich und geistlich durchhalten, wenn sie nicht als Einzelgänger agieren und als Einsiedler in ihren Pfarrhäusern wohnen oder unbehaust wie Vaganten leben. Sie müssen in der Mittelpunktpfarrei in Formen der Gemeinschaft leben und dort zu Hause sein können. Solche Wohn- und Tischgemeinschaft braucht nicht notwendig die Form eines Ordens oder eines Oratoriums[402] annehmen. Wie das funktionieren kann, kann man in den Vereinigten Staaten in den dortigen ›Rectories‹ gut erfahren. Dort leben mehrere Priester, ähnlich wie bei uns früher Pfarrer und Vikar beziehungsweise Kaplan, beieinander; jeder hat seinen eigenen Bereich, aber es gibt einen gemeinsamen Tisch, und es sollte, wenn es gut gehen soll, auch Formen des gemeinsamen Gebets geben.

Dies alles muss wachsen; es lässt sich nicht durch ein Dekret von oben von heute und morgen machen. Aber die Priester wie die Gemeinden müssen sich von der neuen heutigen Situation herausfordern lassen. Es gilt zu hören, was der Geist heute den Gemeinden sagt (*Offb 2,7.11* u. a.). Als das eschatologische Volk Gottes leben sie immer weniger in der Umwelt einer wohlig vertrauten Gemeinde, sondern in Pfarreien, welche neu zu Fremdlingschaften werden in einer gegenüber dem Christentum verständnislos und indifferent, wenn nicht feindlich gesinnten pluralistischen Welt. Dort sollen sie Sauerteig sein, der die Umwelt von innen her verwandelt und Licht, das ausstrahlt und anzieht. So können sie als Diasporakirche neu missionarische Kirche sein.

### *5.8 Mönchtum, Ordensgemeinschaften und Geistliche Gemeinschaften*

Die konkrete Gestalt der Kirche wäre höchst unvollständig dargestellt, wäre nur von Universal- und Einzelkirche sowie von den Ortsgemeinden die Rede und nicht auch vom Mönchtum, von den Ordensgemeinschaften und den neueren geistlichen Bewegungen. Sie sind keine Randerscheinung im Leben der Kirche, sondern spielen in der Geschichte wie in der Gegenwart der Kirche eine bedeutende Rolle und sind ein wesentlicher Bestandteil des kirchlichen Lebens. Die Ordensgemeinschaften sind »in besonderer Weise mit der Kirche und ihrem Geheimnis verbunden«; sie gehören »unerschütterlich zu ihrem Leben und ihrer Heiligkeit«.[403] Sie müssen darum auch Gegenstand der Ekklesiologie sein.[404]

## Orden – Charisma und Institution

Eine Theologie der Orden lässt sich nicht abstrakt theologisch ableiten, sondern nur als Reflexion auf Geschichte und Wirklichkeit der Orden entwickeln. Sie sind jeweils an Kreuzungspunkten der Kirchengeschichte, oft als Antwort auf Situationen, in denen der Glaube oft auf eine Bewährungsprobe gestellt war, oder wie in der Neuzeit oft auch als Antwort auf missionarische, pastorale oder soziale Notsituationen entstanden. Als Einbrüche und Aufbrüche des Geistes Gottes in der Kirche sind sie Antwort Gottes auf den jeweiligen Ruf der Zeit.

Dieser situative und charismatisch-prophetische Ursprung macht es schwierig, die Orden unter einem gemeinsamen Oberbegriff zusammenzufassen oder zu einer befriedigenden, allgemein anerkannten Einteilung der verschiedenen Orden zu kommen. Die voneinander unabhängigen Mönchsgemeinschaften der alten Kirche waren noch keine Orden im späteren Sinn; sie gibt es erst seit dem Mittelalter. In der Neuzeit entstanden Orden, die apostolisch ausgerichtete Seelsorgeverbände, Missionsgesellschaften oder apostolisch-caritative Gemeinschaften sind. Seit dem Vaticanum II versucht man, die unterschiedlichen Ordensgemeinschaften unter dem Begriff der Institute des geweihten Lebens zusammenzufassen, wobei aber das Verhältnis zu den Gesellschaften des apostolischen Lebens offen bleibt und die Orden von den Säkularinstituten und den Neuen Geistlichen Gemeinschaften unterschieden werden. So wird, wie das Vaticanum II sagte, nochmals deutlich, dass, wie ein Baum aus einem von Gott vorgegebenen Samen vielfältige Zweige treibt, auf dem Ackerfeld des Herrn verschiedene Formen des eremitischen und gemeinschaftlichen Lebens wachsen.[405]

Das gemeinsame Ackerfeld ist die Kirche und die ihr im Evangelium anvertrauten Seligpreisungen, der Ruf zur Nachfolge Jesu und die evangelischen Räte der Armut, der Keuschheit und des Gehorsams. Sie gelten grundsätzlich für alle Christen, werden aber von den Ordenschristen in einer besonderen, besonders intensiven und gemeinschaftlichen Weise gemäß der jeweiligen Ordensregel gelebt. So baut die Theologie des Ordenslebens im Anschluss an das Konzil auf der Taufe als Grundlegung jeder christlichen Existenz auf; durch die Taufe sind ja alle Christen mit Christus dieser Welt gestorben und zu einem neuen Leben auferweckt.[406] Dieses neue Leben und die allgemeine Berufung zur Heiligkeit im geistlichem Kampf mit den Mächten der Sünde in der alten Welt wollen Ordenschristen aufgrund persönlicher Berufung und besonderer Gnade durch die Übernahme der Gelübde oder Versprechen in einer besonders innigen Weise nach einer gemeinschaftlichen Regel leben und so ihr Leben ganz Gott weihen. Die dadurch vollzogene Trennung von der Welt schließt als Teilnahme an der Sendung Christi und der Kirche eine neue stellvertretend fürbittende, und besonders bei den tätigen Orden eine missionarische, pastorale, erzieherische oder caritative Zuwendung zur Welt und einen Dienst in der Kirche und für die Kirche ein. Kontemplation und Aktion, genauer: Aktion, die aus der Kontemplation kommt und Kontemplation, die zur Aktion wird, gehören zusammen.

In diesem Sinn verstehen sich die Orden als ›leuchtende Zeichen‹ in der Kirche,[407] sie sind Zeichen des anbrechenden Reiches Gottes wie Zeichen der Brüderlichkeit beziehungsweise der Geschwisterlichkeit, das als von sündigen Menschen gelebtes Zeichen immer auch ein gebrochenes Zeichen sein wird. Konsequent und überzeugend gelebt steht das geweihte Leben nach Papst Johannes Paul II. als entscheidendes Element für die Sendung der Kirche in deren Herz und Mitte, da es das innerste Wesen der christlichen Berufung offenbart und darstellt und das Streben der ganzen Kirche als Braut nach der Vereinigung mit dem einen Bräutigam zum Ausdruck bringt. Sie sind daher ein wertvoller Impuls zu einer immer konsequenteren Verwirklichung des Evangeliums.[408]

Die Orden zeigen, dass Leben und Gestalt der Kirche nicht ein monolithisches institutionelles Gefüge, sondern eine vielfältige, lebendige Wirklichkeit sind, bei der sich Institution und Charisma gegenseitig durchdringen. Sie verstehen sich nicht als dialektisches charismatisches Gegenüber zur Institution der Kirche. Die Orden sind ja als auf Dauer gestelltes Charisma selbst auch Institutionen, die ihre legitimen institutionellen Interessen vertreten können, wie umgekehrt das kirchliche Amt Institution und Charisma ist, das die Aufgabe hat, die Charismen zu prüfen und sie gegebenenfalls öffentlich anzuerkennen. So gehört zu den Orden beides: Das eigene prophetische Charisma wie die kanonische kirchliche Anerkennung. Das gibt den Orden ihre Eigenständigkeit innerhalb der Kirche, die nicht in der institutionellen Struktur der Kirche aufgeht und vom kirchlichen Amt anerkannt und gewahrt werden muss, erwartet von ihnen aber zugleich ein ›Sentire in ecclesia‹. Nur so können sie gleichsam Frischzellen des Heiligen Geistes im Organismus der Kirche sein, welche das Leben der Kirche durch den Reichtum und die Vielfalt ihrer geistlichen Gaben immer wieder bereichern und erneuern. Sie können durch innere Krisen das Leben der Kirche aber auch in Mitleidenschaft ziehen, gleichsam zu eiternden Geschwüren werden und müssen dann von der Kirche ermahnt und zur Ordnung gerufen werden.[409]

Die Orden gehören nicht nur der Vergangenheit an; sie sind gerade in der gegenwärtigen, geistlich trockenen und dürren Zeit dringend notwendig. Sie entsprechen einer verbreiteten Suche nach einem alternativen geistlichen Leben, der sie als geistliche Zentren und durch spirituelle Gastfreundschaft gerecht zu werden suchen. Ihrem missionarischen Einsatz, der besonders in den Anfangszeiten und in Zeiten der Verfolgung als heroisch bezeichnet zu werden verdient, verdanken ganze Kontinente bis heute das Licht des Evangeliums. Dazu kommen die kulturellen und erzieherischen Leistungen der alten wie der neuen Orden. Der caritative und apostolische Dienst der Ordensschwestern für Kinder, Kranke, Behinderte oft unter den Ärmsten der Armen bedarf dabei besonderer Erwähnung. In der ökumenischen Bewegung spielten die Orden von Anfang an eine bedeutsame Rolle, heute besonders durch ihre Nähe zu den wachsenden geistlichen Gemeinschaften in den reformatorischen Kirchen. Im außereuropäischen Bereich sind sie unverzichtbar für den interreligiösen und interkulturellen Dialog, der ohne spirituelle Begegnung und spirituellen Austausch nicht möglich ist. Durch ihr einfaches und armes Leben sind sie den Armen nahe und nehmen für sie Partei. Indirekt kommt ihnen damit im Sinn der christlichen Freiheit eine besondere gesellschaftskritische Bedeutung zu. Aus allen diesen Gründen kann man sagen, dass gerade heute die Zeit der Orden ist.[410]

### Mönchtum

Ausgangspunkt und Grundlage des Ordenslebens ist das Mönchtum, das sich bereits in der Frühzeit der Kirche herausgebildet hat und sich bis heute als lebendig erweist.[411] Mönchsein meint entsprechend seiner ursprünglichen Grundbedeutung (μοναχός/monachus) ein Leben in äußerer und innerer Absonderung. Athanasius hat in seiner *Vita*

*Antoni* das Wirken des Mönchsvaters Antonius des Großen († 356) eindrucksvoll beschrieben.[412] Die ersten Mönche wollten in einer Situation einer bereits einsetzenden ›Verbürgerlichung‹ des Christseins dem Ruf des Evangeliums folgen und um des Reiches Gottes willen alles verlassen; sie suchten nur »das eine Notwendige« *(Lk 10, 42)* und zogen sich allein (Anachoreten; Einsiedler), in Gemeinschaften (Koinobiten) und später in klösterlich organisierten Mönchsgemeinschaften aus den bewohnten und damals bewohnbaren Gebieten in die Einsamkeit der Wüste oder in schwer zugängliche Bergregionen zurück. Sie suchten ein abgeschiedenes asketisches Leben, das von dem Motiv des Gottsuchens (quaerere Deum) und der ungeteilten Gottesliebe bestimmt ist.

Das Mönchtum verbindet die Kirche des Ostens und des Westens. Die Theologie des östlichen Mönchtums finden wir vor allem bei Basilius dem Großen († 379) und den verschiedenen Ausprägungen seiner Regel. Sie zeigt, dass es Basilius nicht um eine mönchische Sonderexistenz, sondern um die volle Verwirklichung der christlichen Existenz geht. Ähnliches zeigt sich hundert Jahre später im Westen bei Augustinus († 430) und seiner später sehr einflussreich gewordenen Regel, die ganz von der Liebe zu Gott und der darauf folgenden brüderlichen Liebe bestimmt ist.[413] Die Regula des heiligen Benedikt († 547) schöpft aus diesen älteren Vorbildern (neben Basilius und Augustinus vor allem aus der Magisterregel). Sie zeichnete sich aus durch weise Mäßigung und konnte so im Abendland zur maßgebenden Mönchsregel werden.

Das im Osten entstandene Mönchtum kam in den Westen durch den nach Trier verbannten Athanasius († 373). Vor allem gilt Martin von Tours († 399) als der Antonius des Westens. Sein Leben ist uns vor allem durch Sulpicius Severus († um 425) bekannt.[414] Martinus verband monastisches Leben mit missionarischem Wandermönchtum. So wurde er zum Vorbild der frühmittelalterlichen Wandermönche (Kilian, Emmeram, Korbinian, Eberhard, Rupert, Fridolin). Das Ideal der irischen Wandermönche (Kolumban, Gallus) war die Heimatlosigkeit (peregrinatio) für Christus. Dem Mönchtum ist die Mission des nördlichen Europas zu verdanken. Als bedeutende Missionare sind zu nennen: Pirmin (Kloster Reichenau), Willibrord, Bonifatius, Walburga. Außerdem wurde durch die Klöster das humanistische Erbe der Antike über die Stürme der Völkerwanderung hinweg an das Mittelalter weitertradiert. Zum maßgebenden Mönchsvater im Westen wurde dann Benedikt von Nursia († 547). Ihm hat Papst Gregor der Große († 604) ein Denkmal gesetzt. Benedikt muss seine Schwester, die heilige Scholastika († um 542), an die Seite gestellt werden. Mit Recht wird Benedikt als einer der geistigen Gründerväter und Patron des Abendlands beziehungsweise Europas verehrt.

Bedeutende aus dem Mönchtum kommende Theologen sind vor allem Beda Venerabilis († 735) und Anselm von Canterbury († 1109). Bedeutende Reformorden der Benediktiner sind die von Bruno von Köln († 1101) gegründeten Kartäuser und die Zisterzienser mit Bernhard von Clairvaux († 1153) und die daraus im 17. Jahrhundert hervorgegangenen Trappisten. Dazu kommen große Frauengestalten: etwa Lioba von Tauberbischofsheim († 782) und Hildegard von Bingen († 1179); andere mehr eigenständige große Frauenpersönlichkeiten waren Birgitta von Schweden († 1373) und Katharina von Siena († 1380). Sie alle haben deutliche Spuren in der Kirchen- und besonders in der Frömmigkeitsgeschichte hinterlassen.

Alle diese unterschiedlichen Mönchsgemeinschaften verstehen sich als Verwirklichung der urchristlichen Jerusalemer Gemeinde (Basilius), als Verwirklichung der Gottesliebe (Augustinus), als Schule der Christusnachfolge (Benedikt) und als eschatologische Existenz in Vorwegnahme des himmlischen Jerusalems. Sie wollen keine höhere Klasse und privilegierte Kaste von Christen sein. Sie wollen die zum Christsein gehörende eschatologische Existenz im Sinn der Seligpreisungen der Bergpredigt und der evangelischen Räte der Armut, der Keuschheit in brüderlicher Gemeinschaft in Gehorsam gegenüber der Regel zeichenhaft und zeugnishaft in der Kirche und für die Kirche leben. Dabei brachte das Mönchtum im Sinn des ›ora et labora‹ (beten und arbeiten) großartige missionarische, theologische, pastorale, kulturelle, pädagogische und caritativ-soziale Leistungen hervor, welche die europäische Kultur nachhaltig geprägt haben. Doch reicht eine nur von kulturellen und sozialen Motiven ausgehende Begründung des Mönchtums nicht aus. Letztlich kann das Mönchtum nur von der radikal gelebten eschatologischen Existenz her begriffen werden, die weiß, dass unsere Heimat nicht hier, sondern im Himmel ist *(Phil 3, 20)*.

Das Kloster will gleichsam eine Zelle (cellula) oder eine Oase in der Kirche sein, welche durch das Gebet, die Feier der Liturgie und das Lebenszeugnis auch ein Dienst für die Kirche und für die Welt ist.

Durch ihre Gastfreundschaft bieten die Klöster anderen Christen einen Raum für geistliche Einkehr und Besinnung. Gewöhnlich sammeln sie einen Kreis von Laien (Dritter Orden) um sich, welche das mönchische Ideal unter den Bedingungen des Lebens in der Welt zu verwirklichen suchen. Die Regeln des heiligen Basilius, des heiligen Augustinus und des heiligen Benedikt (um nur die wichtigsten zu nennen) können bis heute über den Bereich des Mönchtums hinaus Inspiration und Anregung für das geistliche Leben sein.

### Ordensgemeinschaften

Gegen die Intention ihrer Gründer wurden die alten Mönchsorden im Mittelalter zu mächtigen und reichen, tief in das damalige Feudalsystem verstrickten Institutionen; vom charismatischen Ursprungsimpuls war oft nur noch wenig zu spüren. In dieser Krise wurde der Ruf nach einer vita evangelica oder apostolica oft in gefährlich kirchenkritischer Weise laut. Franz von Assisi († 1226) nahm diesen Ruf auf. Er wollte wie seine geistliche Schwester, die heilige Klara († 1253), das Evangelium sine glossa, ohne Zusatz und ohne Abstriche leben. Aber anders als die Wüstenväter zog er sich nicht in die Wüste von Sand und Steinen, sondern in die ›Wüste‹ der Armen und Ärmsten zurück, um zusammen mit seinen »minderen Brüdern« entsprechend *Mt 10,5–14* als Armer unter Armen das Evangelium zu leben.[415] Der aus Kastilien stammende Dominikus (Domingo de Guzmán) († 1221) wurde ebenfalls von der Gefahr der mächtig gewordenen häretischen Armutsbewegungen (Katharer, Albingenser) beunruhigt und wählte mit seinen Brüdern das arme, predigende Wanderleben.

Die neu entstandenen männlichen und weiblichen Bettelorden sind gegenüber dem Mönchtum eine neue Gestalt des Ordenslebens. Sie haben keine ortsgebundene, sondern eine zentrale universalkirchliche Struktur; so haben sie wesentlich zum universalkirchlichen Bewusstsein und zur Befestigung des Primats beigetragen. Sie sind im damals sich herausbildenden städtischen Milieu seelsorgerlich mehr nach außen orientiert. Sie wollen am Evangelium orientiert den Geist der Armut und Einfachheit leben und wach halten in einer Kirche, die immer wieder neu den weltlichen Versuchungen der Macht, des Reichtums und des Prunks zu erliegen droht.

Die Gestalt des poverello, des heiligen Franz von Assisi, löst bis heute eine ganz eigene Faszination unter Christen wie unter vielen Nichtchristen aus. Aus den Bettelorden sind große Theologen hervorgegangen, Alexander von Hales, Bonaventura, Johannes Duns Scotus, Antonius von Padua von den Franziskanern, Albert der Große, Thomas von Aquin, Meister Eckhart, Johannes Tauler, Heinrich Seuse von den Dominikanern, von den damit verwandten Karmeliten Teresa von Ávila, Johannes vom Kreuz und im 19. Jahrhundert Thérèse de Lisieux. Sie alle bieten auch für heutige Christen reiche spirituelle Nahrung.

Als Antwort auf die Krise der Kirche im späten Mittelalter und der Reformation entstanden eine Reihe neuer Orden. Aus dem italienischen Reformkatholizismus sind unter anderem die Oratorianer des Filippo Neri († 1595) sowie der franziskanische Reformorden der Kapuziner zu nennen. Am wichtigsten und einflussreichsten wurde die Gesellschaft Jesu (Jesuitenorden). Sie sucht im Sinn des Exerzitienbüchleins des Ignatius von Loyola († 1556) die Entscheidung zwischen den ›zwei Bannern‹, das heißt zwischen dem Reich dieser Welt und der Nachfolge Jesu, um für die je größere Ehre Gottes in radikaler Verfügbarkeit für den Dienst am Evangelium und für die Kirche zu leben.[416] Die Jesuiten haben entscheidend zur katholischen Erneuerung nach der Reformation (Petrus Canisius, † 1597) wie zur neuzeitlichen Mission (Franz Xaver, † 1552) beigetragen. Ihre theologische, spirituelle, missionarische und pädagogische Ausstrahlung ist enorm und aus der neuzeitlichen Geschichte der Kirche bis in unsere Tage nicht wegzudenken. Als weiblicher Zweig hat sich die von Maria Ward († 1645) gegründete Congregatio Jesu (Englische Fräulein) besonders um die Bildung und Erziehung von Mädchen verdient gemacht.

Die anderen, sehr vielfältigen männlichen und weiblichen Ordensgemeinschaften der Neuzeit sind Seelsorgeverbände (Redemptoristen, Passionisten, Salesianer, Pallottiner u. a.), Missionsgesellschaften (Steyler, Spiritaner, Weiße Väter, Comboni-Missionare, Maryknoll, Marianhill u. a.), oder sie dienen der Erziehung Jugendlicher wie die Schulbrüder des Jean Baptiste de la Salle († 1719) und wie die auf Vinzenz von Paul und Luise von Marillac († 1660) zurückgehenden Barmherzigen Schwestern, welche sich dem Dienst an den Armen und Kranken widmen. Dasselbe gilt von den vielfältigen Formen des regulierten Dritten Ordens des heiligen Franziskus.

Heute fragen sich diese Gemeinschaften, wie sie ihr Ursprungscharisma und ihre ursprüngliche Berufung unter den neuen Herausforderungen einer veränderten Situation in der Kirche und in der Welt verwirklichen können. Unter diesem doppelten Gesichtspunkt hat das Zweite Vatikanische Konzil die Ordensgemeinschaften zur Besinnung auf die Quellen geistlichen Lebens und den Geist ihres Ursprungs wie zur Erneuerung durch Anpassung an die veränderten Zeitverhältnisse aufgerufen.[417] Zwar sind die nachkonziliaren Krisenerscheinungen an den Orden nicht spurlos vorübergegangen. Aber durch die Impulse des Konzils gibt es auch viele Zeichen einer Erneuerung aus dem Geist der Heiligen Schrift, der Liturgie und in einem hörbereiten Eingehen auf neue geistliche, pastorale und soziale Herausforderungen der Kirche.

Dass die Ordensbewegung auch heute nicht tot ist, sondern sich als lebendig erweist, zeigen die auf Charles de Foucauld († 1916) zurückgehenden von René Voillaume und Magdeleine Hutin gegründeten Kleinen Brüder und Schwestern Jesu wie die von Mutter Teresa von Kalkutta († 1997) gegründeten Missionarinnen der Nächstenliebe, die ein intensives kontemplatives Leben mit einem radikalen Einsatz für die Ärmsten der Armen in aller Welt verbinden. Neue Orden mönchischer Prägung sind das von Enzo Bianchi ins Leben gerufene ökumenisch geprägte Kloster Bose in Norditalien (1965) und die ebenfalls von Charles de Foucauld inspirierte Communauté de Jérusalem (1975).

## Geistliche Bewegungen

Nach dem Zweiten Vatikanischen Konzil sind ungeplant und unerwartet wie ein neuer geistlicher Frühling vielfältige neue geistliche Bewegungen und geistliche Gemeinschaften entstanden, die teilweise weltweite Verbreitung gefunden haben.[418] Sie sind eine kostbare Frucht des Zweiten Vatikanischen Konzils.[419] Im Unterschied zu den im 19. und beginnenden 20. Jahrhundert entstandenen katholischen Laienverbänden[420] stellen sie eine neue Form gemeinschaftlichen Lebens von Laien dar. Sie verstehen das christliche Leben als einen gemeinschaftlichen Weg des Glaubens (itinerarium, camino) und des christlichen Zeugnisses auf der Grundlage ihres jeweiligen spezifischen Charismas und einer darauf gründenden Pädagogik.

Gründergestalten wie Luigi Giussani († 2005) und Chiara Lubich

(†2008) haben nicht nur diese Bewegungen geprägt, sondern auch dem Leben der Kirche eine neue Dimension erschlossen. Sie wollen Christsein nicht in abgeschlossenen Klöstern, sondern mitten in der Welt leben und bezeugen. Damit haben sie ad intra und ad extra einen neuen missionarischen Anstoß gegeben, bei dem die Mission nicht äußerlich zum christlichen Leben hinzukommt, auch nicht Ausdruck einer programmatischen Strategie ist, sondern vielmehr Mitteilung (Kommunikation) der eigenen Erfahrung der Begegnung mit Jesus Christus wie der Freude und der Schönheit des Glaubens der Kirche. Auf diese Weise sind sie durch vielfältige Formen der Freundschaft und der Zusammenarbeit auch zu Promotoren der ökumenischen Bewegung und des interreligiösen Dialogs geworden.

Die Neuheit dieser Bewegungen und Gemeinschaften hat öfters zu Spannungen geführt, teilweise auch Vorurteile und Unverständnis hervorgerufen. In mancher Hinsicht ist der Weg der neuen geistlichen Bewegungen und Gemeinschaften noch nicht abgeschlossen und bedarf noch der Klärung und Reifung. Die Wahrung ihres spezifischen Charismas darf nicht zur Selbstbezogenheit werden und ihre Bindung an das Petrusamt nicht in Gegensatz gebracht werden zur bereitwilligen Einfügung in die jeweilige Ortskirche und ihre Bedürfnisse. Umgekehrt sollten die Ortskirchen die neuen geistlichen Bewegungen und Gemeinschaften nicht als Problem, sondern als Geschenk verstehen. Sie können ihnen helfen, einen oft allzu engen kulturellen, sozialen und ethnischen Horizont auf die größere Katholizität hin zu überschreiten und ihnen neue Impulse für ein Leben nach dem Evangelium schenken.

So kann man schon heute sagen, dass die neuen geistlichen Bewegungen und Gemeinschaften eine providentielle Antwort des Geistes Gottes auf die schwierige Situation der Kirche nach dem Konzil sind. In der sich immer mehr ausbreitenden säkularisierten Welt, in der viele Menschen leben, als ob Gott nicht existierte, wollen sie das Evangelium leben und die Freude des Glaubens ausstrahlen. So sind sie wichtige Träger der heute notwendigen neuen Evangelisierung geworden. Diesem Thema der Sendung der Kirche heute müssen wir uns nunmehr zuwenden.

# 6. Missionarische und dialogische Kirche

### *6.1 Missionarische Kirche*

Wir sind ausgegangen vom universalen Heilsplan Gottes für alle Völker und vom Kommen des Reiches Gottes, das in der Kirche im Mysterium schon gegenwärtig und wirksam ist.[1] Doch die Kirche ist nicht das Ende der Wege Gottes. Sie ist kein Selbstzweck; sie weist über sich hinaus. Sie ist Zeichen und Werkzeug des anbrechenden Reiches Gottes. Sie ist messianisches Volk Gottes.[2] Dieses messianische Wesen der Kirche kommt im Missionsauftrag, zu allen Völkern zu gehen und das Evangelium zu verkünden und zu taufen, zum Ausdruck. Wenn wir jetzt zum Schluss über den Missionsauftrag der Kirche sprechen, dann kommen wir zurück zu unserem universalen eschatologischen Ausgangspunkt. So schließt sich der Kreis der Ekklesiologie mit einem universalen Ausblick.[3]

#### Biblische Begründung

Wir finden den Missionsauftrag am Ende aller Evangelien. Besonders eindrucksvoll ist der Schluss des Matthäusevangeliums: »Darum geht zu allen Völkern und macht alle Menschen zu meinen Jüngern; tauft sie auf den Namen des Vaters, des Sohnes und des Heiligen Geistes und lehrt sie alles halten, was ich euch geboten habe« *(Mt 28,19f.)*. Ähnlich heißt es bei Lukas: »Ihr seid Zeugen« *(Lk 24,47f.*; vgl. *Apg 1,8)*. Nach dem Nachtragskapitel bei Markus sind die Jünger in alle Welt (κόσμος) und zu aller Kreatur (κτίσις) gesandt *(Mk 16,15)*. Johannes fügt den Sendungsauftrag in seine Theologie der Sendung ein: »Wie der Vater mich gesandt hat, so sende ich euch« *(Joh 20,21)*. Diese wenigen Worte, die jeweils an hervorgehobener Stelle stehen, machen deutlich, dass die irdische Kirche ihrer Natur nach missionarisch ist.[4] Sie ist missionarische Kirche oder sie ist nicht mehr die Kirche Jesu Christi.

Wenn wir in die Einzelheiten gehen, ist das Zeugnis der Bibel differenzierter.[5] Das Alte Testament kennt noch keine Mission, es kennt aber eine universale Ausrichtung. Bereits Abraham wird berufen, ein Segen zu sein für alle Völker (*Gen 11,3* u.a.). Die Propheten erwarten für die messianische Zeit die Wallfahrt der Völker zum Zion *(Jes 2,1–5; Mich 4,1–3)* und die universale Ausgießung des Geistes *(Joel 3,1–5)*. In anderer Weise kommt der universale Charakter des biblischen Monotheismus in den Schöpfungserzählungen und in der Weisheitsliteratur zur Geltung. Alle diese Motive werden bei Jesus aufgenommen. Zwar weiß er sich nur zu den verlorenen Kindern Israels gesandt und er sendet auch seine Jünger nur zu ihnen *(Mt 10,5; 15,24)*. Aber dann hat Jesus bei den Nichtjuden mehrfach einen Glauben gefunden, den er in Israel nicht gefunden hat. In der Begegnung mit dem Hauptmann von Kafarnaum *(Mt 8,5–13)* und mit der syrophönizischen Frau *(Mk 7,24–30)*, ähnlich nach Johannes mit den Griechen *(Joh 12,20)*, wird deutlich, dass auch Nichtjuden sich hilfesuchend an Jesus gewandt haben und Hilfe gefunden haben. So lehnt Jesus eine enge nationale Auslegung der Abrahamskindschaft ab *(Mt 3,9; 8,11; Joh 8,30–47)* und sieht die kommende Völkerwallfahrt und damit die Teilnahme auch der Nichtjuden an den Verheißungen für Israel voraus *(Mt 8,11)*.

So kam es in der nachösterlichen Zeit unter schwierigen inneren Auseinandersetzungen zur Entscheidung zugunsten der Heidenmission *(Apg 10f.; 15; Gal 2)*. Petrus selbst ist auf diesem Weg vorausgegangen. Vor allem aber versteht sich Paulus als Heidenapostel *(Röm 11,13;* vgl. *1,5; Gal 1,16; 2,7–9)*. Dabei greift er das Motiv der Abrahamskindschaft auf, die nicht aufgrund von Abstammung, sondern aufgrund des Glaubens besteht *(Röm 4; Gal 2,6–19)*; so haben auch die Heiden teil an den Verheißungen Israels *(Röm 11,1–21)*. Der letzte Grund liegt für Paulus darin, dass der auferstandene Jesus als der neue Adam Haupt nicht nur der Kirche, sondern der neuen Menschheit ist *(Röm 5,14; 1 Kor 15,45)*. In Christus hat Gott die Welt mit sich versöhnt und dem Apostel das Wort und den Dienst der Versöhnung anvertraut *(2 Kor 5,19)*. In den (deutero)paulinischen Spätschriften kommt dieser universale Charakter vollends zum Ausdruck. Jesus Christus ist das Ebenbild des unsichtbaren Gottes; durch ihn, in ihm und auf ihn hin ist alles geschaffen. In ihm wollte Gott in seiner ganzen Fülle wohnen und alles mit sich versöhnen. Alles im Himmel und auf Erden wollte er zu Christus führen *(Kol 1,15–20)*. In ihm wollte er alles zusammenfassen und vereinen *(Eph 1,10)*. Er ist der eine Mittler zwischen Gott und den Menschen *(1 Tim 1,5)*.

## Die neue Situation und der Neuansatz des Zweiten Vatikanischen Konzils

Die Kirche hat in der Geschichte ihre Sendung je nach den sich wandelnden geschichtlichen Bedingungen realisiert,[6] in den ersten Jahrhunderten im Bereich der antiken Welt, aber auch schon früh bis nach Indien, dann im angelsächsischen und germanischen, im slawischen und im nordischen Raum, im zweiten Jahrtausend in Afrika, Asien, Ozeanien und in den beiden Amerika. Viele heroische Leistungen heiliger und heiligmäßiger Missionare und Missionarinnen sind bewundernswert. Die Christen in den ehemaligen Missionsländern danken es ihnen bis heute, dass sie ihnen unter großem persönlichen Einsatz das Licht des Glaubens gebracht haben. Es ist hier nicht der Ort, auf diese Geschichte und alle ihre Aspekte im Einzelnen einzugehen.

Die geschichtlichen Bedingungen der Mission haben sich mit dem Ende der europäischen Vorherrschaft und dem Ende des Zeitalters der Kolonisierung nach dem Zweiten Weltkrieg grundlegend geändert. In diesem Zusammenhang kam es häufig zur Kritik besonders an der neuzeitlichen Mission und ihren Methoden.[7] Sie wird oft als Ausdruck von Kolonialismus und imperialem Expansionsstreben kritisiert und der Unterdrückung autochthoner Religionen und Kulturen angeklagt. Wohl waren die Missionare in vielem auch Kinder ihrer Zeit und ihrer Kultur. So gibt es auch vertane Chancen und dunkle Seiten der Missionsgeschichte. Aber sosehr diese Kritik in einzelnen Fällen zutrifft, ist sie in ihrer Allgemeinheit ungerecht. Denn viele Missionare haben die Einheimischen und ihre Rechte gegen die Kolonisatoren verteidigt und ihre Kultur gefördert, ihre Kultur erstmals erforscht, und ihnen mit dem Licht des Glaubens durch Schulen, Armen- und Krankenstationen Anschluss an die positiven Errungenschaften der europäischen Zivilisation gebracht und so wesentlich zur Förderung der menschlichen und kulturellen Entwicklung dieser Völker beigetragen.

Manche Theologen waren nach dem Ende der kolonialen Ära der Meinung, die neue Situation bedeute auch das Ende der Mission oder zumindest die Notwendigkeit eines Moratoriums der Mission.[8] Andere beriefen sich als Argument gegen die Mission auf die Heilsmöglichkeit von Nichtchristen[9] und auf die Aufgabe des Dialogs mit den anderen Religionen.[10] Das hat sie zu der falschen Annahme geführt, es genüge, wenn ein Buddhist ein besserer Buddhist, der Hindu ein besserer Hindu, der Moslem ein besserer Moslem werde.[11] Wieder andere haben den ekklesiozentrischen Charakter bisheriger Missionstheorien kritisiert und gefordert, ihre politische und soziale Dimension in den Vordergrund zu stellen.[12] So steht heute für viele Christen nicht mehr die missionarische Verkündigung des Glaubens, sondern Entwicklungshilfe, die Förderung von Befreiung, Gerechtigkeit, Versöhnung und Frieden im Vordergrund. Das alles sind gewiss wichtige Aufgaben und nicht zu vernachlässigende Aspekte der Missionstätigkeit der Kirche, aber sie können die Mission selbst nicht ersetzen.

Das Zweite Vatikanische Konzil hat die neue Situation erkannt, aber andere Folgerungen daraus gezogen. Es hat einen neuen theologischen Ausgangspunkt gewählt und damit eine missionstheologische Wende eingeleitet.[13] Das Konzil geht nicht mehr vom Heil der Seelen (Schule von Münster) oder von der Einpflanzung der Kirche (Schule von Löwen) aus; es integriert und versöhnt diese beiden traditionellen Ansätze in einem größeren theologischen Zusammenhang.[14] Es versteht die Kirche als Zeichen und Werkzeug und damit die Mission in einem trinitarischen, christologischen und pneumatologischen Zusammenhang.

Das Konzil geht aus von der Sendung des Sohnes durch den Vater, der im Heiligen Geist die Apostel ausgesandt hat *(Joh 20,21)*, und damit von Jesus Christus, dem alle Gewalt gegeben ist *(Mt 28,18)* und der in der Kraft aus der Höhe *(Apg 1,8)* seine Jünger aussendet. Ausgangspunkt ist somit die quellhafte Liebe Gottes, der seinen Sohn als den neuen Adam gesandt hat und der im Heiligen Geist sein Heilswerk von innen her wirken lässt.[15] Er wollte die Kirche als Sakrament des Heils,[16] das heißt als Zeichen und Werkzeug der innigsten Vereinigung mit Gott wie für die Einheit der ganzen Menschheit.[17] »Missionarische Tätigkeit ist nichts anderes und nichts weniger als Kundgabe oder Epiphanie und Erfüllung des Planes Gottes in der Welt und ihrer Geschichte, in der Gott durch die Mission die Heilsgeschichte sichtbar vollzieht.«[18] So ist die irdische Kirche ihrer Natur nach missionarisch.[19] Johannes Paul II. hat darum mit Recht betont, die Mission sei heute nicht an ihr Ende gekommen, sondern stehe an einem neuen Anfang und sei in eine neue Phase eingetreten.[20]

## Theologie der Mission

Aus der theologischen Begründung der Mission im Neuen Testament und im Zweiten Vatikanischen Konzil geht hervor: Ursprung der Mission ist Gott selbst. Die Mission ist zuerst Gottes eigenes Werk; sie ist missio Dei.[21] Sie geht von Vater durch den Sohn aus und wird vom Heiligen Geist vorangetragen. An zweiter Stelle muss hinzugefügt werden: Gottes Geist erweckt und beruft Menschen und nimmt sie in Dienst für die Mission. In diesem Sinn ist die Mission Sendung und Aufgabe der Kirche. Die missio Dei hat in der Kirche ihre erste Frucht getragen und soll nun durch den Dienst der Kirche als messianischem Volk[22] im Heiligen Geist weiter getragen werden und zum Aufbau der neuen Menschheit nach dem Urbild Jesu Christi führen. »Es ist daraus zu lernen, dass nicht die Kirche eine Mission ›hat‹, sondern dass vielmehr umgekehrt die Mission Christi in der Kirche sich ihre Kirche schafft. Nicht von der Kirche her ist die Mission, sondern von der Mission her ist die Kirche zu verstehen.«[23]

Das Ziel der Mission ist nur indirekt die Kirche und die Ausbreitung der Kirche. In erster Linie geht es um die Ansage des Reiches Gottes, das mit Jesus Christus gekommen ist und sich nun im Heiligen Geist durch die Kirche Bahn bricht. Es geht um die Vater-unser-Bitte: »Dein Name werde verherrlicht, dein Reich komme!« Die Mission will zur Bekehrung von den alten und neuen Götzen zu dem einen wahren Gott aufrufen *(1 Thess 1,9)*, sie will, dass alle das Leben haben und es in Fülle haben. So will sie teilhaben lassen am Reichtum des Lebens Gottes, am Licht der Frohen Botschaft von Jesus Christus und an den Gaben des Heiligen Geistes. Damit will sie in der Verherrlichung des einen Gottes, unter dem einen Herrn Jesus Christus und im einen Heiligen Geist das eine Volk Gottes sammeln. Wie am Anfang, so entsteht Kirche immer wieder neu aus der Dynamik des Kommens des Reiches Gottes.[24]

Das Reich Gottes ist das Reich der Wahrheit, der Gerechtigkeit, der

Heiligkeit, der Freiheit und des Friedens. In der Bezeugung des einen wahren Gottes geht es daher auch darum, Gott als den Gott aller Menschen und jedes einzelnen Menschen, als Gott der Liebe, der Gerechtigkeit, der Freiheit, der Versöhnung und des Friedens zu bezeugen. Damit dient die Mission, ohne zu einem social gospel oder gar zu einem prosperity gospel zu werden, auch dem Frieden, der Versöhnung und der Gerechtigkeit in der Welt. Sie befreit von einer durch die Geburt gegebenen, gleichsam schicksalhaften Einbindung in eine bestimmte Kultur und Religion, sie hilft, Tribalismus und Nationalismus zu überwinden und die Einengung des Entwicklungsdenkens auf rein wirtschaftlichen und technologischen Fortschritt aufzubrechen und die in sich berechtigten Anliegen in eine größere, ganzheitliche und gesamtmenschliche Entwicklung einzuordnen. Damit steht die Mission letztlich im Dienst der Transformation der Welt aus dem Geist des anbrechenden Reiches Gottes.

Kraft darf die Mission schöpfen in erster Linie aus der Kraft des Heiligen Geistes, aber auch aus dem Zeugnis der vielen heiligen Missionare und Missionarinnen, besonders aus dem Zeugnis vieler Missionare, die ihr Leben als Märtyrer für Christus, das Evangelium und für ihre Schwestern und Brüder hingegeben haben. Das vergangene 20. Jahrhundert war in den Missionskirchen reich an Märtyrern. Das ist eine Verheißung für das missionarische Bemühen im neuen 21. Jahrhundert. Denn das Blut der Märtyrer ist der Same neuer Christen.[25] Wir dürfen darauf bauen, dass der vieltausendfache Same des letzten Jahrhunderts eines Tages aufgehen und reiche Frucht tragen wird.

## Mission heute

Diese erneuerte Sicht der Mission gilt es, in der gewandelten Welt- und Missionssituation unserer postkolonialistischen globalisierten Welt umzusetzen. Es ist in diesem Zusammenhang weder möglich, noch entspricht es meiner Kompetenz, eine Missionsmethode und -strategie zu entwickeln. Nur einige unvollständige knappe Hinweise sind möglich.

(1) Heute ist die Zeit der Westmission, in der Europa Missionare in alle Welt aussandte, vorüber. Dazu sind die europäischen Kirchen aus

Mangel an Missionaren und Missionarinnen inzwischen gar nicht mehr in der Lage. Europa, wo die traditionelle Gestalt der Kirche in die Krise geraten ist, bedarf selbst einer neuen Mission.[26] In den europäischen Kirchen sind die Überwindung eines Status-quo-Denkens, die Erneuerung des missionarischen Bewusstseins und ein neuer missionarischer Aufbruch sogar dringend vonnöten. So ist aus Westmission Weltmission in allen sechs Kontinenten geworden.[27] Die Mission der Zukunft wird von den jeweiligen Ortskirchen selbst ausgehen und in deren Verantwortung liegen.[28] Die anderen Ortskirchen, vor allem die an finanzieller Kraft wie an geistlichen Berufungen reicheren Ortskirchen, sollen die ärmeren Ortskirchen solidarisch unterstützen. Das gilt vor allem dann, wenn eine Ortskirche durch Verfolgung und Unterdrückung oder durch materielles Elend, Krieg und Naturkatastrophen in Schwierigkeiten geraten ist.

(2) Die Evangelisierung ist Grundpflicht des gesamten Gottesvolkes. Deshalb wird die Mission heute und in Zukunft nicht nur von Priestern und Ordensleuten, sondern viel stärker als bisher auch von Laien verantwortlich getragen sein. Sie wollen aufgrund ihrer in Taufe und Firmung begründeten Sendung in ihrer jeweiligen Lebenswelt Zeugnis von Jesus Christus ablegen und »Salz der Erde« sein *(Mt 5,13f.)*.[29] Sie können sich auch auf Zeit oder auf Dauer aussenden lassen, um ihre Kenntnisse und Fähigkeiten als Handwerker und Facharbeiter, als Erzieher, als Ärzte und Krankenpfleger, als Ingenieure, als Wirtschaftsberater und vieles mehr einzubringen und dabei als Christen Zeugnis zu geben.

(3) In vielen Ländern ist gegenwärtig Mission als Verkündigung des Evangeliums verboten oder führt gar zu Verfolgung. Nicht nur Länder mit muslimischer Mehrheit, auch andere Länder verweigern Religionsfreiheit und belegen Mission und Religionswechsel mit harten und bisweilen drastischen Strafen. In solchen Situationen ist Mission nur durch das Zeugnis der christlichen Präsenz möglich. Charles de Foucauld († 1916) hat sie eindringlich und überzeugend vorgelebt mit seinem einfachen Leben unter den Tuareg in der Sahara und auf dem Plateau des Assekrem im Hoggargebirge. Er hat nie Mission betrieben, aber die Freundschaft der Tuareg erworben, ihre Sprache erforscht, für Versöhnung und Frieden unter ihnen gearbeitet und durch sein spirituelles, am Evangelium orientiertes Leben Zeugnis für Christus und seine Gegenwart gegeben. Er hat bis zu seinem gewaltsamen Tod keine

Schüler und Nachfolger gefunden. Heute leben und wirken in seinem Geist in vielen Teilen der Welt die Kleinen Schwestern und Brüder unter den Ärmsten der Armen und bezeugen ihnen Christi Liebe.

(4) Schließlich und vor allem wird die Mission in der Gegenwart wie in der Zukunft vom Geist des Dialogs geprägt sein, vom Dialog mit den einheimischen Religionen und Kulturen,[30] vom Bemühen um Inkulturation[31] und von der vorrangigen Option für die Armen. Sie wird also ganzheitlich sein und mit Kampf gegen Ungerechtigkeit und Unterdrückung, Verfolgung, Armut, Hunger und Krankheit sowie mit der Förderung einer gesamtmenschlichen Kultur verbunden sein. Angesichts der gemeinsamen Herausforderungen aller Christen kann sie nicht in Konkurrenz mit anderen Kirchen und Kirchengemeinschaften, sondern, wo immer und soweit immer das möglich ist, in ökumenischer Zusammenarbeit geschehen.[32]

### Mission und Dialog

Das genaue Verhältnis von Mission und Dialog ist nicht einfach zu bestimmen.[33] Einerseits ist der Dialog ein Element der Mission selbst, denn Mission bedeutet ja einladende und werbende Mitteilung der von Gott empfangenen Wahrheit an andere, die sie hören und verstehen sollen und von denen wir hoffen, dass sie die Mitteilung mit Hilfe der inneren gnadenhaften Mitteilung Gottes in Freiheit annehmen können. Aber sosehr die Mission dialogisch ist, geht sie nicht im Dialog auf. Die Mission ist zielgerichtet, sie will und muss dem Auftrag Jesu folgend das Evangelium aller Kreatur verkündenden, Menschen für Gott und sein Reich gewinnen und begeistern, durch die Taufe Menschen in die Kirche aufnehmen und selbst wieder als Boten des Evangeliums aussenden. Sie will Gottes Liebe allen Menschen bezeugen und sie will so beitragen, Gottes Heilsplan für alle Menschen Wirklichkeit werden zu lassen und Kirche als eschatologisches Zeichen des Heils unter den Völkern gegenwärtig zu machen.

Der Dialog dagegen ist als solcher zweckfrei und darf auch nicht verzweckt werden. Er ist, wie die Liebe, selbstlos und absichtslos und darum von sich aus nicht auf Bekehrung des anderen ausgerichtet. Ob der Partner des Dialogs vom Zeugnis der Wahrheit getroffen und innerlich überzeugt wird, kann man nicht ›machen‹ oder planen; es liegt in der Freiheit Gottes und in der Freiheit des Menschen. Beides ist ein Geheimnis, in das wir nicht eindringen können und auch nicht einzudringen versuchen sollen. Der Dialog ist ein quasisakramentales Mittel, durch das Gott in das Gewissen des Dialogpartners, wenn dieser sich öffnet, eintreten kann. Er muss daher mit großer Diskretion, mit Respekt und mit Ehrfurcht vor dem anderen geführt werden. In diesem Sinn muss gerade heute der Dialog nur ein inneres Element der Mission sein. Er soll ihr vorausgehen, sie begleiten, ergänzen und sie vertiefen. In diesem umfassenden Sinn ist der Dialog eine wesentliche und unverzichtbare Aufgabe einer missionarischen Kirche.

## *6.2 Kirche im Dialog*

Dialog ist ein Schlüsselbegriff neuzeitlichen Denkens und ist auch zu einem Schlüsselbegriff des Zweiten Vatikanischen Konzils geworden.[34] Das dialogische Denken hat biblische Wurzeln, denn die Offenbarung[35] wie auch die Weitergabe der Offenbarung, die Mission, haben eine dialogische Struktur. Man darf den Dialog freilich nicht mit einem unverbindlichen Gespräch oder gar einem bloßen Geplauder verwechseln. Ebenso wenig geht es im Dialog um ein kompromisslerisches Verhandeln, um diplomatische Zugeständnisse oder um irgendwelche Form von Synkretismus. Einen wirklichen Dialog können nur Partner führen, die jeweils ihre Identität, und das heißt: die ihre Überzeugung und ihre Position haben, die sie im Dialog nicht hintanstellen und verbergen, die sie im Dialog vielmehr bezeugen und über die sie mit dem Partner in einen Austausch eintreten möchten.

Im Unterschied zu einem polemischen und rechthaberischen Streitgespräch, in dem jeder nur seine Position zur Geltung bringt, versucht der Dialog möglichst von einer gemeinsamen menschlichen, religiösen oder christlichen Basis auszugehen, die eigene Position dabei aber nicht hintanzustellen, wohl aber sozusagen mit den Augen des anderen auf die eigene Position zu schauen. Das kann zur Reinigung und Klärung wie zur Vertiefung der eigenen Position dienen. So ist der Dialog eine ernsthafte Weise, sich gemeinsam der je größeren Wahrheit anzunähern, aber auch Unterschiede stehen zu lassen und den anderen in seiner Andersheit zu achten. Ein Dialog, dem es in dieser Weise nicht um die Wahrheit ginge, wäre kein ernstzunehmender Dialog.

In diesem Sinn ist die Kirche ihrem Wesen nach dialogisch. Sie ist keine in sich geschlossene Größe. Sie ist Kirche nur von Gott her und im Hören auf ihn, und sie ist Kirche im Nachvollzug der liebenden Zuwendung Gottes zu den anderen durch die bezeugende Mitteilung seiner Botschaft. Sie ist Kirche, welche in der Nachfolge Christi solidarisch ist mit Freude und Hoffnung, Angst und Trauer der Menschen, besonders der Armen und Bedrängten aller Art.[36]

So sind die Dialoge, die die Kirche nach dem Zweiten Vatikanischen Konzil eingeleitet hat, kein Verrat an der Wahrheit, sondern im Gegenteil ein Ausdruck des tiefsten Wesens der Kirche. Sie sind nicht nur ein interessanter akademischer Austausch von Ideen, sondern ein Austausch von Gaben. In ihnen teilt die Kirche sich selbst und durch die Kirche Gott sich selbst mit. Die Dialoge haben daher eine globale, ganzheitliche und existentiale, letztlich eine quasisakramentale Dimension.[37]

### 6.2.1 Dialog mit dem Judentum

Der grundlegendste Dialog findet zwischen Kirche und Judentum statt.[38] Denn das Judentum ist für die Kirche keine ihr äußerlich bleibende Religion, sondern eine ihr innerlich zugehörige Religion, die zu ihrer Identität hinzugehört. Jesus selbst war Jude und lebte aus der Tradition des Alten Testaments, Maria, seine Mutter, war eine jüdische Frau, alle Apostel waren Juden. Schon allein aus diesem Grund können Christen niemals Antisemiten sein. Juden und Christen bekennen den einen Gott, Schöpfer des Himmels und der Erde; beide gehen auf den gemeinsamen Vater im Glauben, auf Abraham, zurück; beide haben die Väter, Mose und den Dekalog, die Psalmen und die Propheten gemeinsam.

So ist die Kirche von ihrem Ursprung und ihrem Wesen her bleibend auf das Judentum bezogen. Auf der anderen Seite sind Judentum und Christentum in dem, was das Zentrum des christlichen Glaubens ausmacht, nämlich dem Bekenntnis zu Jesus als dem Christus, seinem Kreuz und seiner Auferstehung sowie seiner Gottessohnschaft wesentlich verschieden. Es besteht also zwischen Juden und Christen ein Verhältnis, das religionsgeschichtlich einmalig ist. Einerseits gibt es die gemeinsame Wurzel und große und grundlegende Gemeinsamkeiten, andererseits den für Juden wie für Christen grundlegenden Unterschied im Glauben an Jesus Christus, das Heil aller Menschen.

## Eine komplexe Geschichte

Aufgrund des einmaligen Verhältnisses von grundlegender Gemeinsamkeit und grundlegendem Unterschied konnte die Geschichte zwischen Juden und Christen nur schwierig, spannungsreich und komplex verlaufen. Aus den verschiedenen Schriften des Neuen Testaments ergibt sich kein einheitliches Bild; es zeigt sich vielmehr eine vielschichtige geschichtliche Entwicklung des Verhältnisses.[39] Jesus selber weiß sich eindeutig in der Tradition des Alten Testaments und beruft sich an vielen Stellen darauf; seine messianische, mit Vollmacht (ἐξουσία) vorgetragene Deutung wird bald als neue Lehre *(Mk 1,22.27; Mt 7,29)* erkannt. Daraus ergab sich der Konflikt mit den Vertretern des damaligen Judentums, der sich immer mehr zuspitzte und zu seiner Verurteilung durch den Hohen Rat und zu seinem gewaltsamen Tod führte.

Nach der Apostelgeschichte gab es ein anfängliches friedliches Miteinander *(Apg 2,46f.)*, aber auch schon sehr bald entstanden Konflikte und Verfolgungen (*Apg 4f.; 8* u.a.). Paulus trifft auf seinen Missionsreisen immer wieder auf den Widerstand der Juden; ihre Verstockung ist ihm ein abgründiges Geheimnis *(Röm 11,7.25)*. Er übt harte Kritik an ihnen (*Röm 2,17–29* u.a.), ist aber auch voll Trauer und leidet in seinem Herzen an ihrem Ungehorsam *(Röm 9,2)*. Wie kein anderer neutestamentlicher Autor weiß er aber auch um die jüdischen Wurzeln und die bleibende Bedeutung des Judentums und seine eschatologische Erlösung *(Röm 11)*. Auch das Johannesevangelium sagt, dass das Heil von den Juden kommt *(Joh 4,22)*, andererseits werden »die Juden« bei Johannes pauschal zu ›den‹ Gegnern Jesu und des Evangeliums (*Joh 7,13; 9,22; 10,24* u.a.), ja geradezu als Söhne des Teufels bezeichnet *(Joh 8,44)*. Darin dürfte sich bereits die spätere geschichtliche Auseinanderentwicklung andeuten, in deren Verlauf die Christen aus der Synagoge ausgeschlossen wurden (*Joh 16,2–4;* vgl. *Mt 10,17)* und nun zunehmend eigene Wege gingen.

Manche antijüdische Aussagen (etwa *1 Thess 2,15f.*) mögen außerbiblische antijüdische Vorurteile der damaligen Zeit widerspiegeln; weit wichtiger aber ist, dass sie auf der Linie der harten prophetischen Israelkritik des Alten Testaments selbst liegen. So lässt sich aus dem

Neuen Testament kein grundsätzlicher Antijudaismus ableiten, wohl aber eine von Anfang an unterschiedliche Deutung der gemeinsamen Quellen, die zum Konflikt führte. Das Neue Testament versteht sich dabei als neue, endgültige Deutung und als die Erfüllung des Alten Testaments.

Der Unterschied in der Auslegung des Alten Testaments wurde vollends nach der Zerstörung des zweiten Tempels im Jahr 70 n. Chr. deutlich. Jetzt erst bildete sich das rabbinische und talmudische Judentum, mit dem wir es heute zu tun haben, aus. Erst von da an haben Judentum und Christentum in einem längeren Prozess zwar auf einer gemeinsamen Grundlage, aber doch in Unterscheidung und Abgrenzung voneinander ihre je eigene Lehr- und institutionelle Gestalt gefunden. Erst jetzt kam es zur sogenannten Substitutionstheorie, nach der das Christentum als das neue Volk Gottes an die Stelle des alten Volkes Gottes getreten ist.[40] Das führte zum theologischen Antijudaismus, der sich in den Traktaten der Kirchenväter *Contra Judaeos* niederschlug. In diesem Geist konnte man in der Karfreitagfürbitte der vorkonziliaren Liturgie für die »infideles Judaei« beten, was korrekt übersetzt jedoch nicht »für die treulosen Juden«, sondern »für die ungläubigen Juden« heißt.

Der theologische Antijudaismus muss von der volkstümlichen Judenfeindlichkeit, die es schon in der außerbiblischen Antike gab, unterschieden werden. Sie führte vor allem im Zusammenhang der Kreuzzüge zu Pogromen und Gewaltausbrüchen gegen Juden wie zu den gängigen abwertenden typisierenden Vorurteilen. Schließlich ist der Antijudaismus vom Antisemitismus zu unterscheiden; der Antisemitismus ist eine primitive Rassenideologie, die erst im 19. Jahrhundert aufkam und im Nationalsozialismus zu den unsäglichen Gräueln der Schoah, der staatlich geplanten und ins Werk gesetzten Ermordung von etwa sechs Millionen Juden, führte.

Die grundsätzliche Unterscheidung von Antijudaismus und Antisemitismus schließt nicht aus, dass der Antijudaismus teilweise mit den Boden dafür bereitet hat, dass der Antisemitismus sich derart verbreiten konnten und dass der verbrecherische nationalsozialistische Plan zur Auslöschung des europäischen Judentums bei den Christen insgesamt nicht den geschlossenen und entschlossenen Widerstand fand, den man hätte erwarten können. Freilich muss man auch die gar nicht so wenigen einzelnen mutigen Christen nennen, welche

Juden nach Kräften beigestanden und ihnen unter Lebensgefahren geholfen haben.

Nach dem Zweiten Weltkrieg begannen alle Kirchen, aufgeschreckt durch das Verbrechen der Schoah, sich wieder ihrer geschichtlichen jüdischen Wurzel bewusst zu werden. Alle großen Kirchen suchten nun, die »Sprache der Verachtung« (Jules Isaac) hinter sich zu lassen und ein neues positives Verhältnis zum jüdischen Volk in gegenseitiger Achtung, Wertschätzung und Zusammenarbeit aufzunehmen.[41]

## Der Neuanfang von Nostra aetate

(1) Das Zweite Vatikanische Konzil hat mit der Erklärung *Nostra aetate,* die im vierten Kapitel über das jüdisch-christliche Verhältnis handelt, ein neues Kapitel im Verhältnis zum Bundesvolk Israel aufgeschlagen.[42] Die Erklärung konnte die grundlegende Aussage, die das Konzil bereits in der Kirchenkonstitution gemacht hatte, aufgreifen.[43] Sie hat das gemeinsame Erbe von Juden und Christen aufgezeigt und die geistliche Verbundenheit mit dem Stamm Abrahams herausgestellt. Sie machte neu bewusst, dass die Kirche nach Paulus in die Wurzel Israel eingepfropft ist und von dieser Wurzel bleibend getragen und genährt wird *(Röm 11,17–24)*. Durch das Kreuz hat Christus Juden und Heiden versöhnt und beide in sich vereinigt *(Eph 2,14–16)*. Damit war der Sache nach der theologische Antijudaismus überwunden und die Substitutionstheorie aufgegeben, nach der der Neue Bund an die Stelle des Alten getreten ist und ihn ersetzt hat.[44]

(2) Unter Bezugnahme auf Paulus konnte die Erklärung weiter zeigen, dass der Bund Gottes mit Israel aufgrund der Treue Gottes zu seinem Volk nie gekündigt wurde. Das Volk der Juden ist nicht das verfluchte Volk, sondern noch immer von Gott geliebt um der Väter willen; denn Gottes Gnadengaben und seine Berufung sind unwiderruflich *(Röm 11,2.29)*. Die Schuld am Kreuzestod Christi, auf den die damalige jüdische Obrigkeit und ihre Anhänger gedrungen haben, kann man weder unterschiedslos allen damals lebenden Juden noch den heutigen Juden zur Last legen. Damit ist auch die Theorie einer Kollektivschuld des jüdischen Volkes, die in der Geschichte viele bedauernswerte Folgen zeitigte, zurückgewiesen. Die Erklärung verbindet diese Zurückweisung mit der positiven Aussage, dass Christus das

Leiden und den Tod in Freiheit und aus unendlicher Liebe um der Sünde aller Menschen auf sich genommen hat; das Kreuz Christi ist deshalb als Zeichen der universalen Liebe Gottes und als Quelle aller Gnade zu verkünden.

(3) Als dritte wichtige geschichtliche Weichenstellung beklagt die Erklärung alle Hassausbrüche, Verfolgungen und Manifestationen des Antisemitismus, die sich zu irgendeiner Zeit von irgendjemand gegen die Juden gerichtet haben. Papst Johannes Paul II. hat am ersten Fastensonntag 2000 in St. Peter in Rom ein Schuldbekenntnis und eine Vergebungsbitte ausgesprochen und bei seinem Besuch an der Westmauer in Jerusalem am 26. März 2000 diesem Bedauern mit seiner Bitte um Vergebung in einer eindrucksvollen Symbolhandlung Ausdruck verliehen. Schon zuvor hat die Kommission für die religiösen Beziehungen zu den Juden 1998 das Dokument *Wir erinnern. Eine Reflexion über die Schoah* vorgelegt. Es konnte nur ein erstes, aber kein letztes Wort sein. Doch welcher Mensch will über ein so ungeheuerliches Verbrechen wie die Schoah das letzte Wort sprechen?

(4) Schließlich hat die Erklärung *Nostra aetate* die Absicht ausgesprochen, die gegenseitige Kenntnis und Achtung von Juden und Christen zu fördern. Sie hat biblische und theologische Studien angeregt und sich für ein brüderliches Gespräch ausgesprochen. Diese Anregung hat nach dem Konzil ein lebhaftes Echo gefunden. Sie hat zu einem intensiven und fruchtbaren Dialog mit dem religiösen Judentum sowohl auf der Ebene verschiedener Bischofskonferenzen als auch auf universaler Ebene geführt.[45] Besonders Papst Johannes Paul II. hat sich die Versöhnung mit dem jüdischen Volk zur Aufgabe gemacht und bei seinem historischen Besuch in der Großen Synagoge in Rom am 13. April 1986 die Juden als unsere älteren Brüder im Glauben Abrahams bezeichnet.

Auf dieser Grundlage konnte sich in der biblischen Exegese eine fruchtbare Zusammenarbeit zwischen jüdischen und christlichen Gelehrten entfalten. Sie hat die katholische wie evangelische Jesusforschung der letzten Jahrzehnte beeinflusst und verändert.[46] Mit der neuen Bewusstwerdung der jüdischen Wurzeln des Christentums waren auch die Neuerforschung des frühkirchlichen Judenchristentums und die Erkenntnis seiner Bedeutung verbunden.[47] Schließlich kam es zu einer intensiven historischen Aufarbeitung der komplexen, oft schwierigen, aber auch nicht selten positiven Beziehung von Juden und Christen sowie zur Erforschung der wechselseitigen Einflüsse im Lauf der Liturgiegeschichte.

Die Wiederentdeckung der jüdischen Wurzeln hat nicht nur historische, sondern auch grundsätzliche ekklesiologische Bedeutung. Man erkannte, dass die Kirche von ihrem Ursprung und von ihrem Wesen her Kirche aus Juden und Heiden ist *(Eph 2,11–22)*. Der Bruch zwischen beiden war das Urschisma, das die Kirche von ihrer Leben und Kraft gebenden Wurzel abgeschnitten und darum geschwächt hat. Deshalb ist die geschichtliche Wende zum Dialog mit dem Judentum ein Vorgang von größter weltgeschichtlicher wie von ekklesiologischer Bedeutung. Dieser Dialog hat inzwischen zur Zusammenarbeit in praktischen, sozialen und kulturellen Fragen geführt. Juden und Christen haben die Zehn Gebote gemeinsam und vertreten gleiche oder ähnliche Wertvorstellungen und können darum gemeinsam Zeugnis geben von dem einen Gott, der die Würde jedes Menschen begründet; sie können darum gemeinsam eintreten für Gerechtigkeit und Frieden in der Welt.

### Das Heil der Juden und das Problem der Judenmission

Grundsätzliche Unterschiede und schwierige theologische Probleme bleiben. Sie betreffen vor allem die Frage des Heils der Juden und das Problem der Judenmission.[48] Die Aussage, dass die Juden nach wie vor das von Gott erwählte Bundesvolk sind, bedeutet für Christen nicht, dass es für Israel einen parallelen Heilsweg neben dem Heil gibt, das uns in und durch Jesus Christus geschenkt wurde.[49] Er ist nach christlicher Überzeugung der eine und universale Mittler des Heils. Die positiven Aussagen in *Röm 9–11* über die bleibende Gültigkeit des Abrahambundes dürfen darum nicht isoliert werden von anderen Aussagen des Römerbriefs, die von der universalen Heilsbedeutung Jesu Christi sprechen, durch die das mosaische Gesetz seine Heilsbedeutung verloren hat (bes. *Röm 3,21–31*).[50] Damit wird den Juden selbstverständlich ebenso wenig wie den Nichtgetauften unter den Heiden die Heilsmöglichkeit abgesprochen.

Die Weitergeltung des Bundesschlusses mit Israel kann nur im Zusammenhang der gesamten Geschichte der Bundesschlüsse richtig verstanden werden: dem Bund mit Noach, dann mit Abraham und den Vätern, mit Moses und schließlich der eschatologisch definitive Bund durch Kreuz und Auferstehung Jesu Christi. Jeder dieser Bundesschlüsse hebt den jeweils früheren Bund nicht auf, sondern bestätigt ihn und interpretiert ihn zugleich neu.[51] Das gilt auch für das Verhältnis des Abraham- und Mosebundes zum neuen Bund in Jesus Christus. Die Weitergeltung des alten Bundes ist aus christlicher Sicht im Ja und Amen Jesu Christi zu allen zuvor gegebenen Verheißungen begründet *(2 Kor 1,20)*. Der neue und endgültige Bund ist damit nicht die Abschaffung oder Ersetzung des alten Bundes, sondern dessen überbietende Bestätigung und Erfüllung. Durch ihn hat der Abrahambund seine ursprünglich angelegte und intendierte Universalität für alle Völker erhalten.

Umgekehrt erinnert das fortdauernde Schisma zwischen Juden und Christen die Christen daran, dass die volle Verwirklichung des durch Jesus Christus gekommenen Ja zum alten Bund noch aussteht; dieses Ja wird erst dann voll Wirklichkeit geworden sein, wenn am Ende der Zeit die Vollzahl der Heiden das Heil erlangt hat und dann ganz Israel gerettet werden wird *(Röm 11,25f.)*. Bis dahin ist auch die Kirche noch unterwegs und geht ihrer eschatologischen Vollendung entgegen.

Aus diesem einmaligen komplexen Verhältnis von Christen und Juden ergibt sich die schwierige Frage, ob es in der eschatologischen Zwischenzeit eine Judenmission geben soll und geben kann.[52] Als Christ wird man in Treue zum Neuen Testament daran festhalten, dass der Missionsauftrag universale Bedeutung hat. Auch Paulus hat sich auf seinen Missionsreisen immer zuerst an die Juden gewandt. Aber der universale Auftrag zur Mission kann und muss bei Juden und Heiden verschieden ausgeführt werden. Christen werden auch gegenüber Juden Zeugnis geben von Jesus Christus. Zeugnis (μαρτυρία) ist eine theologische und existentielle Grundkategorie der Bibel, die nicht nur das Zeugnis des Wortes, sondern vor allem das Zeugnis der Tat und des Lebens einschließt, die aber die Freiheit des anderen respektiert und achtet. Zwangskatechesen und Zwangstaufen von Juden, die es in der Geschichte leider gegeben hat, sind darum grundsätzlich als Missbrauch zu verurteilen. Das Zeugnis gegenüber Juden ist aber vom missionarischen Zeugnis gegenüber Heiden zu unterscheiden. An diesem Unterschied hält die Kirche anders als manche evangelikale Bewegungen fest. Denn die Mission bei den Heiden (missio ad gentes) ruft zur Bekehrung von den Götzen zum lebendigen und wahren Gott *(1 Thess 1,9)*. Solche Mission kann es bei den Juden, die schon an den einen wahren Gott glauben, nicht geben. Deshalb hat die Kirche nie, so wie sie eine gezielte Heidenmission unternommen hat und unternimmt, eine systematische und gezielte Judenmission unternommen. Es werden sich immer wieder einzelne Juden zum Christentum entscheiden; die Rettung von »ganz Israel« *(Röm 11,26)* ist Gottes eigene Sache am Ende der Zeit.

Dennoch ist die christliche Mission unter den Heiden auch für die Juden bedeutsam. Sie macht den Gott Israels unter den Völkern bekannt und verschafft dem biblischen Monotheismus die ihm eigene Universalität. Sie erinnert die Juden an die Abraham gegebene Segensverheißung für alle Völker (*Gen 12,3; 18,18; 22,18* u.a.) und sie hilft ihnen, sich nicht in einen engen Partikularismus zurückziehen. Umgekehrt werden Juden die Christen an ihre geschichtliche Wurzel erinnern und so beitragen, dass der christliche Glaube ›geerdet‹ bleibt und nicht zu einer der Geschichte enthobenen Spekulation oder Gnosis und von seiner Wurzel abgeschnitten kraftlos und schwach wird.

Juden und Christen haben sich also gegenseitig etwas zu sagen. ›Schulter an Schulter‹ warten sie auf das Kommen des Messias, sie bezeugen respektvoll ihre Gemeinsamkeit und ihren Unterschied in der messianischen Hoffnung. Der Welt gegenüber geben sie gemeinsam Zeugnis von der Hoffnung, dass die aus sich nicht vollendbare Geschichte nicht ins Leere hinein läuft, sondern auf eine Vollendung in universalem Frieden (schalom) zugeht, den nur Gott schenken kann. Sie können und sollen auf Grundlage dessen, was ihnen gemeinsam ist, in vielen Fragen fruchtbar zusammenarbeiten. So kann es zwischen Juden und Christen einen vielfältigen Austausch der Gaben und ein gegenseitiges Geben und Nehmen geben. Daraus ist in vielen Fällen ein freundschaftliches Verhältnis und von Juden und Christen entstanden. Dieses Verhältnis wird jedoch wegen der belasteten Geschichte und mehr noch aufgrund seiner grundsätzlichen Komplexität und Differenziertheit auch in Zukunft schwierig bleiben und sich mitunter als fragil erweisen. Es erfordert von beiden Seiten ein hohes Maß an Sensibilität und Entschiedenheit, an einem freundschaftlichen Dialog und an einer guten und fruchtbaren Zusammenarbeit festzuhalten. Diese Entscheidung dafür ist auf Seiten der katholischen Kirche mit der Erklärung *Nostra aetate* endgültig gefallen.

### 6.2.2 Ökumenischer Dialog

#### Kurzer geschichtlicher Überblick

Die Kirche ist nach dem Willen Jesu eine einzige.[53] Aber seit den Tagen der Apostel gibt es Spaltungen in der Kirche. Heute beanspruchen weltweit einige hundert Gemeinschaften, Kirche zu sein. Das ist im Licht des Evangeliums und angesichts der Welt ein Skandal, mit dem sich die Kirche nicht abfinden kann. Denn diese Zersplitterung widerspricht dem Willen Jesu und schwächt die Sache des Evangeliums in der Welt. Wir dürfen uns darum an diesen Zustand nicht gewöhnen. Zumal für die katholische Kirche, die beansprucht, dass die Einheit in ihr, wenn auch noch nicht vollkommen, schon verwirklicht ist und die sich durch das Petrusamt der Einheit in besonderer Weise verpflichtet weiß, muss diese Zersplitterung eine Herausforderung sein.

So hat es in jedem Jahrhundert in der einen oder anderen Form Bemühungen um die Einheit aller Christen gegeben.[54] Die Kirchenväter des Ostens und des Westens haben sich um die Einheit bemüht; für Augustinus war die Überwindung des donatistischen Schismas als Bischof geradezu eine Lebensaufgabe. Im Mittelalter kann man an das zweite Konzil von Lyon (1274) und an das Konzil von Ferrara-Florenz (1438/1439) denken, in der Reformationszeit an die Religionsgespräche von Augsburg (1530) und Regensburg (1541), am Ende des 17. Jahrhunderts an den Briefwechsel zwischen Leibniz und Bossuet und bereits im Vorfeld der heutigen ökumenischen Gespräche an die Mechelner Gespräche mit den Anglikanern (1921–1925). So ist das, was heute mit Begriffen wie Ökumenismus und ökumenischer Dialog benannt wird, in der Sache so alt wie die Kirche selbst.

Dennoch hat der Ökumenismus im 20. Jahrhundert in der Art und Weise seiner Durchführung neue Formen und eine bisher nicht dagewesene neue Dynamik angenommen. Die moderne ökumenische Bewegung hat sich aus vielen einzelnen Initiativen entwickelt. Aufklärung und Liberalismus haben mit ihrer Relativierung der dogmatischen Grundlagen der Konfessionen in einer wenngleich problematischen Weise den Boden bereitet. Dazu kam die Romantik mit ihrer Lehre von Gegensätzen als sich gegenseitig ergänzende Polaritäten. Daraus ist nach der Zeit der Polemik und Apologetik eine neue irenische Geisteshaltung erwachsen.[55] Den wichtigsten Anstoß gaben die

Erweckungs- und die ökumenischen Gebetsbewegungen, die in der zweiten Hälfte des 18. und im 19. Jahrhundert in verschiedenen Kirchen, auf verschiedenen Kontinenten und in verschiedenen Ländern unabhängig voneinander entstanden sind. An dieser geistlichen Vorbereitung der ökumenischen Bewegung war die katholische Kirche von Anfang an durch Gebetsgruppen beteiligt. Auch Heilige wie Vinzenz Pallotti († 1850), Adolf Kolping († 1865), Don Luigi Orione († 1940) riefen zum Gebet für die Einheit auf und beteiligten sich daran. Durch Spencer Jones († 1943) und den vom Anglikanismus zur katholischen Kirche übergetretenen Lewis Wattson († 1944) wurde die Gebetswoche für die Einheit der Christen ins Leben gerufen; sie wurde seit Leo XIII. von den Päpsten mehrfach gebilligt und empfohlen.[56]

Diese Gebetsbewegung stand auch im Hintergrund der Weltmissionskonferenz von Edinburgh im Jahr 1910. Die dort versammelten Missionare kamen zu dem Ergebnis, dass die Spaltungen der Christenheit das größte Hindernis für die Weltmission sind. Mit dieser Einsicht gilt die Missionskonferenz von Edinburgh als Ausgangspunkt der modernen ökumenischen Bewegung. In ihr war das ökumenische Anliegen von Anfang an mit dem missionarischen Anliegen verbunden. Aus dem Impuls von Edinburgh erwuchsen die beiden Zweige der ökumenische Bewegung, *Faith and Order* und *Life and Work*. Sie stehen für zwei unterschiedliche, aber einander sich auch ergänzende Ausrichtungen des ökumenischen Bemühens. Nach dem Zweiten Weltkrieg mündeten sie 1948 in Amsterdam in die Gründung des Weltrats der Kirchen. Er versteht sich nicht als eine Superkirche, sondern als Gemeinschaft (fellowship) von Kirchen, die, nach der Formulierung der Basisformel, an Jesus Christus als Herrn und Erlöser glauben zur Ehre des Vaters, des Sohnes und des Heiligen Geistes. Die Basisformel des Weltrats der Kirche ist damit christologisch und trinitarisch bestimmt.

Während vom Ökumenischen Patriarchat[57] und von der Anglikanischen Kirche[58] schon sehr früh wichtige Impulse ausgingen und schwedische, deutsche und holländische protestantische Theologen in der frühen ökumenischen Bewegung führend waren,[59] stand die katholische Kirche der ökumenischen Bewegung anfänglich weitgehend kritisch-reserviert gegenüber. Die Enzyklika Pius XI. *Mortalium animos* (1928) erhob grundsätzliche Bedenken. Da sich die katholische Kirche als die eine Kirche Jesu Christi verstand und versteht, sah sie in der ökumenischen Bewegung die Gefahr eines religiösen Indifferentismus und Relativismus. Es bedurfte mutiger theologischer Pioniere, um zu einer theologischen Klärung zu kommen. Dazu brachten die *Una-sancta-Bewegung* und verschiedene ökumenisch aufgeschlossene Klöster positive geistliche und praktische Erfahrungen ein.[60] Theologisch konnte man auf Johann Adam Möhler und auf John Henry Newman zurückgreifen sowie auf die neuere historische Forschung, die zu einer tieferen Kenntnis der ostkirchlichen Traditionen und zu einer neuen objektiven Bewertung Martin Luthers führte.

Zur theologischen Wegbereitung kamen die Erfahrungen von Nationalsozialismus und Kommunismus, des Zweiten Weltkriegs, von Flucht und Vertreibung, von Emigration und Immigration sowie der neuen Diasporasituation. Sie ließen eine Schicksalsgemeinschaft zwischen den getrennten Kirchen entstehen. Nicht zuletzt in den Konzentrationslagern begegneten sich mutige Christen verschiedenster Konfession und wussten sich eins gegen ein gottloses, inhumanes, totalitäres, nazistisches oder kommunistisches Unrechtssystem.

So hat bereits unter Papst Pius XII. ein Monitum des heiligen Offiziums von 1948 in der ökumenischen Bewegung einen Impuls des Heiligen Geistes anerkannt. Papst Johannes XXIII. hatte als Delegat 19 Jahre in mehrheitlich orthodoxen Ländern gelebt und gewirkt; ihm war die Einheit vor allem mit den Ostkirchen zum persönlichen Herzensanliegen geworden. Er rief auf Anraten von Erzbischof (später Kardinal) Lorenz Jaeger (Paderborn) bereits 1960, also noch vor dem Beginn des Zweiten Vatikanischen Konzils, das Sekretariat (heute: Päpstlicher Rat) zur Förderung der Einheit der Christen ins Leben.[61]

Der Boden für das Zweite Vatikanische Konzil und das Ökumenismusdekret *Unitatis redintegratio* (1964) war also von langer Hand bereitet. Papst Paul VI. promulgierte das Ökumenismusdekret zusammen mit der Kirchenkonstitution *Lumen gentium* sozusagen als dessen Ergänzung. Bereits in der Vorrede zum Ökumenismusdekret erklärte das Konzil, die Wiederherstellung der Einheit aller Christen sei eine seiner Hauptaufgaben. Denn die Spaltung widerspreche dem Willen Christi und sei ein Ärgernis für die Welt und ein Schaden für die heilige Sache der Verkündigung des Evangeliums vor allen Geschöpfen.[62] Deshalb sah das Konzil in der ökumenischen Bewegung einen Impuls des Heiligen Geistes.[63] Es stellte katholische Prinzipien des Ökumenismus auf und öffnete so das Tor für den amtlichen Eintritt der katholischen Kirche in die ökumenische Bewegung.[64]

Seit dem Konzil führt die katholische Kirche auf lokaler, regionaler, nationaler und universaler Ebene viele bilaterale Dialoge. Am Anfang standen die Dialoge mit den reformatorischen Kirchen beziehungsweise deren Weltbünden, dann traten die Dialoge mit den orientalisch-orthodoxen und orthodoxen Kirchen hinzu; inzwischen haben sich die Dialoge auf die Freikirchen ausgedehnt. Außerdem ist die katholische Kirche Mitglied der Kommission *Faith and Order* des Weltrats der Kirchen; sie ist damit auch an den multilateralen Dialogen beteiligt. Wichtig geworden sind auch die bedeutsamen Dialogergebnisse der *Gruppe von Dombes*.[65]

Die Ökumeneenzyklika Papst Johannes Pauls II. *Ut unum sint* (1995) war eine amtliche Bestätigung dieser Arbeit. Zugleich brachte sie eine wesentliche Weiterführung und Vertiefung. Für die konkrete Umsetzung hat der Papst das *Direktorium zur Ausführung der Prinzipien und Normen über den Ökumenismus* (1993) erlassen. Für ihn lag das ökumenische Anliegen letztlich im Willen des Herrn selbst begründet, der am Abend vor seinem Sterben betete, dass alle eins seien *(Joh 17,21)*; es war ihm eine irreversible Verpflichtung,[66] kein Zusatz und kein bloßes Anhängsel an die traditionelle Tätigkeit der Kirche, sondern organisch zu ihrem Leben und Wirken gehörig und dessen integrierender Bestandteil.[67] Er schrieb: »An Christus glauben heißt, die Einheit wollen; die Einheit wollen heißt, die Kirche wollen; die Kirche wollen heißt, die Gnadengemeinschaft wollen, die dem Plan des Vaters von Ewigkeit her entspricht.«[68] Papst Benedikt XVI. hat diese Verpflichtung bereits am ersten Tag seines Pontifikats bestätigt[69] und später hinzugefügt, Ökumene sei keine Nebentätigkeit der Kirche, sondern konstitutiv für die Kirche und für jeden Christen.[70] Das ökumenische Anliegen ist also keineswegs eine Art Neuerung, sondern steht auf einer soliden biblischen, historischen und vor allem auf einer soliden theologischen wie geistlichen und lehramtlichen Basis und aktualisiert diese entsprechend den gegenwärtigen geschichtlichen Notwendigkeiten und Möglichkeiten.

## Katholische Prinzipien des ökumenischen Dialogs

Zur theologischen Grundlegung hat das Konzil katholische Prinzipien des ökumenischen Dialogs aufgestellt.[71] Es geht nicht von irgendeiner abstrakten Idee oder gar Ideologie des Dialogs aus, sondern vom Selbstverständnis der katholischen Kirche. Es greift dabei zurück auf die Ekklesiologie, wie sie in der Kirchenkonstitution ausführlich dargelegt wurde.

Das Konzil setzt ein mit einer universalen eschatologischen Perspektive. Es sieht die Kirche begründet in der Liebe Gottes, der seinen Sohn in die Welt sandte, um die gesamte Menschheit zur Einheit zusammenzuführen. Daraus ergibt sich die christologische Begründung, die auf das Gebet Jesu um die Einheit seiner Jünger hinweist und vor allem auf Jesu Kreuzeshingabe zum Heil aller, die an ihn glauben. In einem weiteren Schritt greift das Konzil die eucharistische Ekklesiologie auf. Es sieht durch die Eucharistie, die Mitte und Höhepunkt des Lebens der Kirche ist, die Einheit bezeichnet und bewirkt. Schließlich folgt auf die christologische und eucharistische Begründung die pneumatologische Perspektive. Der Heilige Geist ist das Prinzip der Einheit der Kirche. Er wirkt die Einheit und die Mannigfaltigkeit der Gaben und Dienste. Erst nach diesen grundlegenden Aussagen spricht das Konzil von dem von Christus gestifteten Amt der Lehre, der Leitung und der Heiligung. Diese Aufgabe ist in besonderem Maß dem Petrus anvertraut, auf den Christus nach dem Bekenntnis seines Glaubens die Kirche gegründet hat. Diese amtstheologische Sicht wird abschließend nochmals christologisch eingeholt, indem das Konzil hinzufügt, dass Jesus Christus selbst der höchste Eckstein und der Hirt der Seelen in Ewigkeit bleibt.

Im Rahmen dieser umfassenden theologischen Sicht nennt das Konzil drei Wesenselemente der Einheit: Die Einheit im Glauben, in den Sakramenten und in der Gemeinschaft in der Einheit durch den Dienst der Bischöfe und des Nachfolgers des Petrus. Als solche Einheit ist die Kirche gleichsam ein unter den Völkern erhobenes Zeichen. Ihr höchstes Vorbild und Urbild ist die Einheit des einen Gottes, des Vaters und des Sohnes im Heiligen Geist in der Dreiheit der Personen. Mit dieser eschatologischen, christologischen, eucharistischen, pneumatologischen, ekklesiologischen und letztlich trinitarischen Begründung hat das Konzil eine einseitige institutionelle, hierarchische Sicht der Einheit der Kirche weit hinter sich gelassen und eine sehr umfassende theologische Grundlegung für die Verwirklichung des ökumenischen Anliegens gegeben.

Diese theologische Weite führte zu einem neuen, zumindest damals als neu empfundenen Ton im Sprechen von den nichtkatholischen Christen und ihren Kirchen und kirchlichen Gemeinschaften. Zu dieser Kirche gehören alle, die an Christus glauben und die in rechter Weise die Taufe empfangen haben. Sie stehen dadurch in einer gewissen, wenngleich nicht vollkommenen Gemeinschaft mit der katholischen Kirche. Die Schuld der nicht vollkommenen Gemeinschaft liegt auf beiden Seiten. Sie darf nicht denen zur Last gelegt werden, die in anderen Gemeinschaften geboren sind und in ihnen den Glauben an Christus erlangt haben. Sie sind durch den Glauben gerechtfertigt und Christus eingegliedert; ihnen gebührt der Ehrenname des Christen und sie werden von der katholischen Kirche als Schwestern und Brüder im Herrn anerkannt.[72]

So können viele und bedeutende Elemente oder Güter, aus denen die Kirche insgesamt erbaut wird, auch außerhalb der sichtbaren Grenzen der katholischen Kirche existieren. Christi Geist hat sich gewürdigt, sie als Mittel des Heils zu gebrauchen.[73] Doch, und damit hält das Konzil an der Lehre der Tradition fest, die Fülle dieser Heilsmittel findet sich nur in der katholische Kirche. Sie ist das allgemeine Hilfsmittel des Heils. In ihr subsistiert die Kirche Jesu Christi, das heißt: in ihr hat sie ihre konkrete geschichtliche Existenzform und ist geschichtlich bleibend konkret da,[74] in ihr besteht die Einheit unverlierbar. Dies ist für das Konzil jedoch keine rein statische, sondern zugleich eine dynamische Aussage. Denn das Konzil fügt hinzu, dass die Einheit immer mehr wächst bis zur Vollendung der Zeiten.

In dieser nicht statischen, sondern geschichtlich-dynamischen, eschatologischen Sicht der Kirche kann nun gesagt werden – und das ist der neue Akzent –, dass die Aussage über die katholische Kirche als allgemeines Hilfsmittel des Heils nicht in dem Sinn exklusiv verstanden werden darf, dass außerhalb ihrer institutionellen Grenzen ein ekklesiologisches Vakuum besteht. Vielmehr gilt, dass in dem Maß, wie sich außerhalb der institutionellen Grenzen der katholischen Kirche die genannten Elemente finden, die Kirche Jesu Christi wirksam gegenwärtig ist.[75] Man kann darum im Sinn des Konzils von einer gestuften Mitgliedschaft und einer gestuften Verwirklichung der einen Kirche Jesu Christi sprechen. Bei dieser Stufung sieht das Konzil einen wesentlichen Unterschied zwischen den orientalisch-orthodoxen und den orthodoxen Kirchen, die die wesentliche sakramentale und apostolische Grundstruktur bewahrt haben, und den aus der Reformation hervorgegangenen kirchlichen Gemeinschaften, die durch die eine Taufe zum Leib Christi gehören, aber die apostolische Sukzession im Bischofsamt und die ursprüngliche und volle Substanz der Eucharistie nicht bewahrt haben.[76]

Die Aufgabe der ökumenischen Bewegung ist es, die Hindernisse der vollen Gemeinschaft zu überwinden und von der unvollkommenen zur vollen Kirchengemeinschaft zu führen, die in der eucharistischen Gemeinschaft am einen Tisch des Herrn zum Ausdruck kommt.[77] In diesem Sinn gibt das Konzil eine Art Definition, oder besser: eine Art Arbeitsbeschreibung der ökumenischen Bewegung: »Unter ökumenischer Bewegung versteht man Tätigkeiten und Unternehmungen, die je nach den verschiedenartigen Bedürfnissen der Kirche und nach Möglichkeit der Zeitverhältnisse zur Förderung der Einheit der Christen ins Leben gerufen und auf dieses Ziel ausgerichtet sind.«[78] Das ist eine ausgesprochen theologische Begründung und Aufgabenbeschreibung der ökumenischen Bewegung, die nach einer Theologie des ökumenischen Dialogs ruft.

### Theologie des ökumenischen Dialogs

Aus der Grundlegung und aus den Prinzipien der ökumenischen Bewegung ergibt sich die Aufgabe der ökumenischen Theologie.[79] Sie ist nach dem Gesagten nicht das Privatunternehmen einzelner Theologen, sondern Theologie auf dem Boden der kirchlichen Lehre, im Geist und im Auftrag der Kirche. Sie ist denselben Grundprinzipien und Methoden verpflichtet, die für die katholische Theologie allgemein gelten, und sie steht unter demselben Wahrheitsanspruch wie alle katholische Theologie. Wenn sie im Unterschied zur Dogmatik im Ansatz weniger doktrinal, sondern mehr dialogisch vorgeht, bedeutet das nicht, dass sie nicht derselben kirchlichen Lehre verpflichtet wäre. Verschieden ist nicht die theologische Wahrheit, sondern der methodische Zugang zur Wahrheit.

Im Unterschied zur dogmatischen Theologie und erst recht zur Kontroverstheologie geht die ökumenische Theologie nicht von den bestehenden lehrmäßigen Unterschieden aus, sondern von der Basis des Gemeinsamen und sucht von dorther, die Unterschiede erst einmal besser zu verstehen, sie richtig einzuordnen, eventuelle Konvergenzen wahrzunehmen, um dann ökumenisch von dem Zeugnis zu geben, was jede Kirche als ihren Reichtum betrachtet. Dabei muss man jede Einzelfrage im Zusammenhang des Ganzen und unter Berücksichtigung der Hierarchie der Wahrheiten verstehen.[80] Das soll demütig, bescheiden, in Respekt vor der Überzeugung der anderen und hörbereit für deren Anliegen und Anfragen geschehen, aber auch klar, was die eigene Position betrifft. Deshalb soll die ökumenische Theologie die nichtkatholischen Zeugen und Zeugnisse nicht nur als adversarii, als Gegner und Gegenargumente betrachten, sondern von ihnen zu lernen suchen und sie soweit möglich konstruktiv in die eigene theologische Argumentation, Rezeption und Konsensbildung einbeziehen.[81] Das gibt der katholischen Theologie insgesamt eine wahrhaft katholische Weite.

Ökumenischer Dialog ist also Dialog, das heißt Austausch in der Wahrheit und in der Liebe. So wie Wahrheit ohne Liebe abweisend sein kann, so ist Liebe ohne Wahrheit unernst und unehrlich. Deshalb konnte dem in den 1970er Jahren versuchten ökumenischen Paradigmenwechsel von der theologischen Ökumene zur Säkularökumene unter dem Motto ›Der Glaube trennt, die Praxis eint‹ kein Erfolg beschieden sein.[82] Denn die Praxis ist keineswegs so eindeutig, wie es hier unterstellt wurde; sie eint nur, wenn sie von gemeinsamen Überzeugungen getragen wird. Wenn das nicht der Fall ist, bilden sich neue ›ethische Konfessionen‹, die neue, bisher nicht dagewesene Kontroversen auslösen, wie es tatsächlich der Fall war und ist. Ebenso wenig kann man die Wahrheitsfrage um einer falsch verstanden ökumenischen Liebe willen pragmatisch übergehen.[83] Die Aufforderung, die Kirchen sollten intelligente Kompromisse finden, geht von dem Irrtum aus, Wahrheit aufgrund von Verhandlungen in einem diplomatisch zu erreichenden Konsens gleichsam neu hervorbringen zu können. Ein solches Ansinnen vergisst, dass die Wahrheit der Kirche vorgegeben und deshalb nicht Verhandlungsmasse sein kann.[84] Die oft gehörte Behauptung, die Unterschiede seien nur Missverständnisse, die heute durch bessere Erkenntnis überwunden sind oder doch leicht überwunden werden könnten, wird von den jüngeren ökumenischen Entwicklungen in Frage gestellt. Denn inzwischen sind bisher ungelöste grundsätzliche Unterschiede wieder deutlicher ins Bewusstsein getreten. Es zeigt sich, dass vor allem im Kirchenverständnis noch wesentlich mehr Probleme und Schwierigkeiten lauern, als manche annehmen wollten. Davon soll nun die Rede sein.

## Grundproblem: Unterschiedliche Zielvorstellungen

Auf dem vom Konzil vorgezeichneten Weg haben die zahlreichen, in den letzten Jahrzehnten geführten Dialoge zur Überwindung vieler Missverständnisse zu Teilkonsensen und Konvergenzen und auch zu einzelnen Konsensen geführt.[85] Die ökumenischen Dialoge haben inzwischen aber auch immer deutlicher das Grundproblem der Ökumene zum Ausdruck gebracht: Die katholische Kirche, die orthodoxen und die evangelischen Kirchen gehen von einem unterschiedlichen Kirchenverständnis aus, aus dem sich dann ein unterschiedliches Einheitsverständnis und unterschiedliche Vorstellungen darüber ergeben, worin denn das Ziel des ökumenischen Weges bestehen soll.[86] Das ist eine nicht ungefährliche Situation. Denn wenn man sich über das Ziel nicht einig ist, besteht die Gefahr, dass man in verschiedene Richtungen auseinanderläuft und am Ende weiter voneinander entfernt ist, als man es am Anfang war.

Das Problem wird seit einiger Zeit unter dem Stichwort ›Ökumenische Zielvorstellungen‹ diskutiert.[87] Heute wird als Ziel des ökumenischen Weges von allen am ökumenischen Dialog Beteiligten die communio genannt. Das Problem ist freilich, dass unter communio aufgrund der unterschiedlichen ekklesiologischen Grundlagen nicht alle das Gleiche verstehen.

Die evangelischen Kirchen nennen auf der Grundlage ihrer ortskirchlich orientierten Ekklesiologie als Ziel die Einheit in versöhnter Verschiedenheit. Sie orientieren sich dabei an Artikel VII der Augsburger Konfession, wonach es genügt (satis est), in der Verkündigung des Evangeliums und evangeliumsgemäßen Verwaltung der Sakramente (Taufe und Abendmahl) übereinzustimmen.[88] In diesem Sinn haben die lutherischen, reformierten und unierten Kirchen in Europa in der *Leuenberger Konkordie* 1973 communio im Sinn der Kirchengemeinschaft als Kanzel- und Abendmahlsgemeinschaft aufgenommen. Da der Artikel VII der Augsburger Konfession darüber zumindest ausdrücklich nichts festlegt, konnten sie das tun, obwohl in der Kirchen- und Amtsfrage deutliche Unterschiede bestehen.[89] Für die Anglikanische Gemeinschaft dagegen ist die Einheit im historischen Bischofsamt wesentlich (*Lambeth Quadrilateral* 1888). Auf dieser Grundlage hat sie mit den nordischen lutherischen Kirchen die *Porvooer Gemeinsame Feststellung* getroffen (1992).[90] Oft begnügt sie sich aber mit einer Einheit in den fundamentalen Glaubensartikeln unter Außerachtlassung sogenannter Adiaphora, eine Position, die für Katholiken und Orthodoxe so nicht möglich ist.[91]

Für die katholische wie für die orthodoxen Kirchen ist die Trennung von Gehalt und amtlicher Gestalt der Kirche im Bischofsamt nicht möglich.[92] Die orthodoxen Kirchen sind ähnlich wie die katholische Kirche eher noch entschiedener davon überzeugt, dass sie die wahre Kirche sind. Für sie ist die Übereinstimmung über die Lehre und die sakramental-bischöflich verfasste Gestalt der Kirche im ersten Jahrtausend entscheidend. Der Unterschied zur katholischen Kirche ergibt sich aus der unterschiedlichen Beurteilung der Entwicklung der katholischen Kirche im zweiten Jahrtausend. Besonders die Entwicklung in der Primatslehre stellt für die orthodoxen Kirchen eine ihnen nicht nachvollziehbare westliche Sonderentwicklung dar. Die katholische Kirche dagegen versteht die Tradition des zweiten Jahrtausends im Sinn einer lebendig sich entwickelnden Tradition und insofern in Kontinuität mit der des ersten Jahrtausends; sie betrachtet die Dogmen des zweiten Jahrtausends auf der gemeinsamen Basis des ersten Jahrtausends und als deren Weiterentwicklung und insofern als verbindlich.[93] Die Frage ist darum, ob wir zu einem gemeinsamen Verständnis des Primats und zu einer Verständigung über eine neue, von beiden Seiten akzeptierte Ausübung des Primats kommen und gemeinsam sagen können, was Gemeinschaft mit dem Petrusamt konkret bedeutet. Darum geht es in den gegenwärtigen katholisch-orthodoxen Dialogen.

Für die katholische Kirche besteht das Ziel der ökumenischen Bewegung in der vollen sichtbaren Gemeinschaft im einen Glauben, in denselben Sakramenten und in der Gemeinschaft mit dem Bischofsamt in apostolischer Sukzession in Gemeinschaft mit dem Nachfolger des Petrus. Diese Zielvorstellung darf nicht im Sinn einer simplen Rückkehrökumene missverstanden werden. Sie meint nicht einen Schritts zurück; sie meint auch nicht, dass sich die anderen Kirchen der katholischen Kirche so anschließen müssten, wie sie heute konkret existiert. Die erstrebte Einheit bedeutet weder Fusion noch Absorption.[94] Da die katholische Kirche die Möglichkeit einer Lehrentwicklung kennt, können einzelne Aspekte des Kircheseins, die in der katholischen Kirche grundsätzlich vorhanden, aber wenig entwickelt oder auch verkümmert sind, während sie in anderen Kirchen reicher und voller entfaltet sein können, durch den ökumenischen Dialog weiterentwickelt werden. Der ökumenische Dialog ist also keine Einbahnstraße, sondern ein Austausch von Ideen und von Gaben und soll so zu einer voller verwirklichten Fülle des Katholischen führen.[95] Ihm geht es nicht um die Aufgabe der jeweils eigenen Identität, sondern um das Wachsen und die Bereicherung in der eigenen Identität.

Die erstrebte Einheit soll darum keine Einheitlichkeit im Sinn der Uniformität sein, sondern eine Einheit in der Vielfalt, bei der die getrennten Kirchen legitime eigene Traditionen bewahren und in die größere Einheit einbringen können. Einheit in der Vielheit meint zugleich auch Vielheit in der Einheit. Sie geht über ein friedliches oder auch streitiges Nebeneinander, über ein bloßes Zusammenleben und eine Ökumene in Gegensätzen hinaus. Sie wird auch nicht erst durch den Zusammenschluss oder das Zusammenwirken der Kirchen konstituiert. Vielmehr soll die vorgegebene, aber verwundete und deshalb unvollkommene Einheit auf dem Weg der Versöhnung geheilt, und volle communio wiederhergestellt werden. Joseph Ratzinger hat deshalb den Gedanken von Oscar Cullmann, der von Einheit durch Vielfalt spricht,[96] aufgegriffen und formuliert: Kirchen sollen »Kirchen bleiben und doch eine Kirche werden.«[97] Wie dies konkret gedacht werden kann, hat Johann Adam Möhler bereits in seinem Frühwerk *Die Einheit in der Kirche* (1825) gezeigt. Er hat die dialektische Denkform des deutschen Idealismus aufgegriffen und weitergeführt und dabei gezeigt, wie Gegensätze, die sich egoistisch in sich verschließen, sich ausschließen und die dabei verarmen, auf dem Weg der Versöhnung ihren Egoismus und ihren Eigensinn aufgeben und zu einer fruchtbaren Einheit in der Liebe werden können. Nicht außerhalb oder neben, sondern innerhalb dieser Einheit können sich die Gegensätze »frei und lebenslustig bewegen«.[98]

Damit sind viele noch ungelöste Probleme aufgeworfen, die zeigen, dass auf die ökumenische Theologie noch ein hartes Stück Arbeit wartet. Wir werden darum in der nächsten Phase der Dialoge das Kirchenverständnis zum Thema machen und fragen müssen, was wir unter einer communio-Ekklesiologie verstehen und was wir konkret meinen, wenn wir von der Einheit der Kirche als einer communio-Einheit sprechen.

## Geistliche Ökumene und Ökumene des Lebens

Der akademische Dialog ist für den weiteren Weg der ökumenischen Bewegung wichtig und unverzichtbar. Der ökumenische Dialog ist jedoch nicht nur ein Austausch von Ideen, sondern von Gaben. Deshalb ist er nur in einer geistlichen, vom gemeinsamen Gebet geprägten Atmosphäre möglich. Letztlich darf er nicht eine Angelegenheit von Experten bleiben; er muss vielmehr eingebettet sein in eine Ökumene des Lebens, getragen von einer Ökumene des Gebets, und er muss schließlich vom ganzen Volk Gottes rezipiert werden.[99]

Dieser geistliche Ökumenismus wurde besonders von Abbé Paul Couturier von Lyon († 1953) und von Max Joseph Metzger († 1944), der von den Nazis als Widerstandskämpfer hingerichtet wurde, entwickelt. Das Zweite Vatikanische Konzil hat das Anliegen aufgegriffen und betont, dass der geistliche Ökumenismus die Mitte und das Herz der ökumenischen Bemühungen ist. Dazu gehören konkret Umkehr, Buße, Gewissenserforschung und vor allem Gebet.[100] Papst Johannes Paul II. hat 1983 die von Paul Couturier inspirierte Trappistin Maria Gabriela (Sagheddu) von der Einheit († 1939) seliggesprochen und als Beispiel und Modell des geistlichen Ökumenismus bezeichnet.[101]

Diese Ökumene des Lebens ist die im Alltag des Lebens der Christen und der Gemeinden gelebte Ökumene. Die geistliche Ökumene macht ernst damit, dass die Einheit der Kirche nicht unser Werk, sondern das Werk des Heiligen Geistes ist. Bereits am Beginn der ökumenischen Bewegung stand, wie wir gesehen haben, ein Impuls des Heiligen Geistes und nur im Heiligen Geist kann sie weiter und zum Ziel geführt werden. Wie die ersten Jünger nach der Himmelfahrt Jesu zusammen mit den Frauen und mit Maria einmütig um das Kommen des Geistes beteten *(Apg 1,12–14)*, so sollen auch wir um eine Erneuerung des Pfingstereignisses beten. Wir sollen uns dabei das Gebet Jesu, dass alle eins seien *(Joh 17,21)*, zu eigen machen. Dem Gebet im Namen Jesu ist die Erhörung verheißen *(Joh 15,24)*; aber wie könnten wir mehr im Namen Jesu beten, als wenn wir sein Gebet zum unsrigen machen und, wie es im geistlichen Testament von Paul Couturier von 1944 bewegend zum Ausdruck kommt, um die Einheit der Christen bitten und dabei um die Einheit bitten, nicht wie wir sie wollen, sondern wie er sie will, und wann, wie und wo er sie will.

Solche geistliche Ökumene ist vielfältige Wirklichkeit. Sie meint in erster Linie Offenheit für das Wirken des Heiligen Geistes, der allein das eigene Herz wie das der anderen für Sympathie und Empathie öffnen kann, die eine Grundvoraussetzung jedes Dialogs bilden. So befähigt uns der Geist, Vorurteile zu überwinden, Fehler der Vergangenheit wie eigene Fehler einzugestehen und zu bereuen; er schenkt uns die Gnade der Umkehr und der Buße, die sich in Reform und Erneuerung auswirken muss; er hilft, Konkurrenzdenken zu überwinden und die den anderen geschenkten Gaben anzuerkennen und sie als Gaben auch für uns anzunehmen; er führt dazu, die Last der anderen mitzutragen *(Gal 6,2)*, in Solidarität Freude und Leid, Hoffnungen und Sorgen der anderen zu teilen. Schließlich bewegt und inspiriert uns der Geist dazu, uns in geistlicher Schriftlesung (lectio divina) über das allen Christen gemeinsame Urzeugnis und die gemeinsame Ur-Kunde auszutauschen, ebenso wie über die eigene Praxis und die eigenen Erfahrungen im Glauben. Auf diesen verschiedenen Wegen können wir immer mehr und intensiver in der Einheit wachsen und der vollen Einheit den Weg bereiten.

Die geistliche Ökumene ist Aufgabe jedes Christen und jeder Gemeinde. Man braucht dazu keine eigenen Anlässe zu schaffen und eigene Events zu organisieren. Die guten wie die schlimmen Ereignisse des Lebens, der Lauf des Kirchenjahres (besonders Advents- und Fastenzeit und die Festzeiten) und kirchliche Ereignisse und Feste bieten dafür viele Möglichkeiten. Vor allem das Mönchtum mit seinen in Ost und West gemeinsamen Quellen kann dazu einen wichtigen Beitrag leisten.[102] In den letzten Jahren haben besonders die Geistlichen Gemeinschaften zusammen mit entsprechenden Bewegungen und Kommunitäten anderer Kirche diese Aufgabe in lokalen, regionalen und gesamteuropäischen Begegnungen aufgegriffen. Im Augenblick ist dies die fruchtbarste und verheißungsvollste Form des ökumenischen Dialogs und eine der wichtigen Baustellen für die Zukunft der Kirche.

### Wie weit ist der Weg?

Oft macht sich Ungeduld, Enttäuschung und Skepsis über den Fortgang auf dem ökumenischen Weg breit. In der Tat ist der Weg zum Ziel der Einheit aller Christen nach menschlicher Voraussicht wohl länger und mühseliger, als viele während des ersten ökumenischen Neuaufbruchs gehofft hatten. Zu Resignation und Skepsis besteht dennoch kein Anlass. Das bisher Erreichte ist nicht wenig und sollte uns daher dankbar machen und uns Mut zum Weitergehen geben. Zwar ist uns die volle Einheit der Kirche, besonders die Einheit am Tisch des Herrn, noch nicht geschenkt worden, aber es gibt schon so etwas wie eine neue Einheit und ein neues Einheitsbewusstsein der Christenheit. Die Christen und die Kirchen sind in den letzten Jahrzehnten neu zusammengerückt. Kein Vernünftiger und kein Verantwortlicher kann hinter das Erreichte zurück wollen.

Die Christen und die Kirchen können es sich angesichts der neuen Herausforderungen auch gar nicht leisten, gegeneinander zu stehen, sich abzukapseln oder beziehungslos und gleichgültig nebeneinander her zu leben. Sie können angesichts der gemeinsamen Herausforderungen gar nicht anders, als gemeinsam vom gemeinsamen Vater im Himmel und vom gemeinsamen Herrn Jesus Christus im einen gemeinsamen Heiligen Geist in dieser Welt Zeugnis geben und im Dienst an der Menschheit, dem Frieden, der Freiheit und der Gerechtigkeit in der Welt zusammenzuarbeiten.

Wenn wir überzeugt sind, dass die Ökumene ein Impuls des Heiligen Geistes ist, dann dürfen wir trotz aller Schwierigkeiten überzeugt sein, dass der Geist treu ist und zu Ende führt, was er selbst angestoßen hat. Wir dürfen also den ökumenischen Weg mit Hoffnung weitergehen. Die kleine Schwester der Hoffnung ist die Geduld, die freilich nur dann echt ist, wenn sie mit dem Mut und der Bereitschaft gepaart ist, die heute schon möglichen Schritte zu tun. Das konkrete Wie, Wann und Wo der vollen Kirchengemeinschaft liegt nicht in unseren, sondern in Gottes Händen. Sie kann uns, wenn wir unseren Beitrag leisten, nur in einem erneuerten Pfingsten als ein Geschenk des Heiligen Geistes geschenkt werden.

### 6.2.3 Dialog mit den Religionen

Die gegenwärtige Welt- und Menschheitssituation ist geprägt von einer Globalisierung, wie sie die Menschheit so bisher nicht kannte. Sie geht weit über den Bereich wirtschaftlicher Verflechtung hinaus. Durch weltweite Migration von vielen Millionen von Menschen, durch bisher nicht dagewesene Vernetzung mit Hilfe der elektronischen Medien, durch die bisher nicht mögliche Mobilität und den Massentourismus sind die Völker und Kulturen einander näher gerückt; die bisher getrennt voneinander lebenden Religionen sind heute mitten unter uns präsent.

## Die Position der Kirche

Das Zweite Vatikanische Konzil hat sich in der Erklärung *Nostra aetate, Über das Verhältnis zu den nichtchristlichen Religionen* der sich damals erst andeutenden neuen Situation gestellt. Sie spricht davon, dass sich die Menschheit »von Tag zu Tag enger zusammenschließt und die Beziehungen unter den Völkern sich mehren.« Das Konzil sah die Aufgabe darin, »Einheit und Liebe unter den Menschen und damit auch unter den Völkern zu fördern.« Es will ins Auge fassen, »was den Menschen gemeinsam ist und sie zur Gemeinsamkeit untereinander führt«[103].

In dieser Erklärung ist im Einzelnen insbesondere vom Dialog mit dem Judentum und mit den Muslimen die Rede. Mit dem Judentum ist das Christentum in einer besonderen und religionsgeschichtlich einmaligen Weise verbunden. Die Erklärung *Nostra aetate* hat die gemeinsamen Wurzeln von Judentum und Christentum herausgestellt und jede Form von Antisemitismus bedauert und verurteilt.[104] Von den Muslimen redet die Erklärung »mit Hochachtung«, sie spricht von »Zwistigkeiten und Feindschaften« der Vergangenheit und mahnt zu gegenseitigem Verstehen und zu Zusammenarbeit für soziale Gerechtigkeit, Frieden und Freiheit für alle Menschen.[105] Kürzer erwähnt werden auch die großen asiatischen Religionen Hinduismus und Buddhismus.

Um dieser Erklärung praktische Wirksamkeit zu geben, hat Papst Paul VI. zu Pfingsten 1964 das Sekretariat (heute Päpstlicher Rat) für den interreligiösen Dialog gegründet.[106] In Papst Johannes Paul II. hat dieser Dialog, besonders durch die beiden Weltgebetstreffen von Assisi (1986; 2002), einen mächtigen Förderer gefunden. Verschiedene internationale Bewegungen (Sant'Egidio, die Focolar-Bewegung u.a.) führen seine Ideen mit großem Engagement fort. Dasselbe tun die nationalen Bischofskonferenzen. Ähnliche Dialoge gibt es auf der Ebene des Weltrats der Kirche, der Konferenz Europäischer Kirchen, der Evangelischen Kirche in Deutschland wie anderer Kirchen, etwa der anglikanischen Gemeinschaft, des ökumenischen Patriarchats von Konstantinopel und des russisch-orthodoxen Patriarchats in Moskau. Die Literatur ist inzwischen unüberschaubar geworden.[107]

Der Dialog wird von allen beteiligten Kirchen als die letztlich einzig sinnvolle Möglichkeit betrachtet, um einen von manchen prognostizierten Zusammenstoß der Kulturen zu vermeiden.[108] Er will nicht Mission mit anderen Mitteln sein. Es geht ihm um Verständigung auf das Gemeinsame und um die Förderung des Gemeinsamen. Der interreligiöse Dialog ist damit keine rein akademische Angelegenheit, wie es die Disziplin der vergleichenden Religionswissenschaft ist. Er sucht auf die neue Situation der Menschheit praktisch zu reagieren durch Abbau von Gewaltpotenzialen, Missverständnissen und Misstrauen und durch Aufbau von gegenseitigen Verstehen und Respekt, gemeinsamer Förderung gesellschaftlicher Integration sowie des internationalen Friedens.[109]

Man darf sich freilich über die Schwierigkeit des interreligiösen Dialoges keinen Illusionen hingeben. Es gilt, große kulturelle, teilweise auch politische Unterschiede im Blick zu haben; vor allem die religiösen und theologischen Unterschiede sind ungleich größer als im ökumenischen Dialog. Dieser unterscheidet sich qualitativ vom Dialog mit den nichtchristlichen Religionen. Denn die Gemeinsamkeit, von welcher der ökumenische Dialog ausgeht – das gemeinsame Gottes- und Christusbekenntnis, die gemeinsame Taufe und die gemeinsame Heilige Schrift, bei den traditionellen Kirchen und Gemeinschaften auch die gemeinsamen altkirchlichen Glaubensbekenntnisse – das alles ist als Grundlage im interreligiösen Dialog nicht gegeben, im Gegenteil.

Damit stellt sich sogleich das erste grundsätzliche Problem, dem wir uns zunächst zuwenden müssen: Was ist das Gemeinsame der Religionen? Gibt es das überhaupt? Was kann infolgedessen interreligiöser Dialog bedeuten und was kann er leisten?

## Allgemeinbegriff Religion?

Als Religion bezeichnet man heute vielerlei: Das Judentum und den Islam, die asiatischen Hochreligionen, die Naturreligionen, längst untergegangene Religionen wie etwa die der Maya, aber auch sogenannte neue Religionen und neureligiöse Bewegungen. Oft wird der Begriff auf Mystik, Esoterik, New Age, sogenannte Jugendreligionen oder sonstige Formen frei vagabundierender Religiosität ausgeweitet. Teilweise werden sogar ausgesprochen areligiöse und antireligiöse Haltungen als Religion oder als Religionsersatz eingestuft wie die Vergötzung und Verabsolutisierung irdisch-endlicher Größen (Rasse, Volk, Staat, Kultur, Sport u. a.).

Was ist also Religion? Auf diese Frage müssen wir antworten: Es gibt nicht die Religion in der Einzahl, konkret gibt es nur recht unterschiedliche Religionen in der Mehrzahl. Die Frage nach einem gemeinsamen Kern und einem gemeinsamen substanziellen Wesen der Religion in den Religionen lässt sich schon rein etymologisch kaum beantworten.[110] Das lateinische Wort religio wird gewöhnlich assoziativ von relegere, sorgfältig beobachten, abgeleitet und meint dann ähnlich wie pietas oder cultus die religiös-kultische Observanz, also die Beobachtung religiös-kultischer Vorschriften (Cicero). Andere verstehen religio ausgehend von religare, zurückbinden, und verstehen darunter die persönliche Rückbindung an Gott beziehungsweise an die Gottheit (Lactanz, Augustinus). Doch das stellt keineswegs das allgemein vorauszusetzende Religionsverständnis dar und gilt nicht für den Buddhismus, der keinen persönlichen und keinen transzendenten Gott kennt. Schwierig wird es vor allem, wenn man ein Äquivalent für religio in anderen Sprachen sucht. Im Griechischen stehen dafür verschiedene Wörter zur Verfügung. Man kann etwa an εὐσέβεια denken, das ehrfürchtige Verhalten gegenüber den religiösen Ordnungen, auf denen das familiäre, staatliche und zwischenstaatliche Leben beruht.[111] Auch Begriffe wie τιμή, λατρεία, θρησκεία und andere kommen in Frage. Vollends schwierig wird es, wenn man nichteuropäische Sprachen in die Diskussion einbezieht.

Erweist sich schon die etymologische Ableitung als schwierig, so ist es erst recht die inhaltliche Bestimmung.[112] Den Allgemeinbegriff Religion gibt es erst seit dem 17./18. Jahrhundert als ein Produkt der Aufklärung. Er stellt ein künstliches Konstrukt dar, das das gemeinsame Wesen der Religionen erheben will, deren Unterschiede aber als historisch, sozial und kulturell kontingentes Beiwerk ausklammert oder durch mangelndes Wissen, Missverständnis und Missbrauch erklärt. Diese aufgeklärte Einstellung werden ernsthaft religiös praktizierende Menschen als Missverständnis, ja als Beleidigung verstehen, denn sie sehen sich damit in ihrer religiösen Praxis nicht ernst genommen.[113]

So kann es nicht überraschen, dass James H. Leuba 48 Definitionen von Religion zusammenstellen konnte;[114] aufgrund der beschriebenen Ausweitung des Religionsbegriffs sind inzwischen weitere hinzugekommen. Eine Einigung ist nicht in Sicht. Wegen dieser Nichtdefinierbarkeit hat man sich schon für einen Verzicht auf den Begriff Religion ausgesprochen. Doch ohne einen Allgemeinbegriff von Religion könnte man auch nicht mehr von Religionen sprechen. Man wird den Allgemeinbegriff Religion also im Sinn einer sprachlichen Konvention verstehen müssen.

Diesen konventionellen Gebrauch gilt es auch zu beachten, wenn man, wie es üblich geworden ist, von den drei monotheistischen Religionen Judentum, Christentum und Islam spricht. Das ist eine Sammelbezeichnung, die erst durch den französischen Orientalisten Louis Massignon († 1962) aufgekommen ist.[115] Sie kann auf Gemeinsamkeiten zwischen den drei genannten Religionen verweisen, sie kann aber nicht darüber hinwegtäuschen, dass die Rede von dem einen Gott in Judentum, Christentum und besonders Islam jeweils verschieden verstanden wird. Der Islam kennt nicht den Gott der Geschichte, der sich uns Menschen zuwendet. Er lehnt darum Menschwerdung, Kreuzesleiden und Auferstehung Jesus Christi ab, alles Glaubenswahrheiten, welche für das Christentum zentral sind. Aus dem unterschiedlichen Gottesverständnis folgt auch ein unterschiedliches Menschenbild, das im islamischen Rechtssystem, der Scharia, konkret zum Ausdruck kommt, das in manchen muslimischen Ländern eine gewisse Kultusfreiheit zulässt, aber keine wirkliche Religionsfreiheit kennt. Dasselbe gilt von der sich oft findenden Parallelisierung von Bibel und Koran. Denn ob man die Bibel als von Gott inspiriertes Wort in und durch Menschenwort versteht oder den Koran als unmittelbares Wort Gottes selbst, stellt einen grundsätzlichen Unterschied dar, der für die jeweilige Hermeneutik wie für den Dialog von grundlegender Bedeutung ist.

### Was also ist Religion?

Im Allgemeinen wird die Religion heute nicht mehr religionskritisch auf anthropologische, soziologische, psychologische und andere Faktoren reduziert (Ludwig Feuerbach, Karl Marx, Friedrich Nietzsche, Siegmund Freud u. a.).[116] Man anerkennt sie heute meist als ein nicht reduzierbares, ursprüngliches und eigenständiges Phänomen (Friedrich Schleiermacher, Max Scheler, Rudolf Otto, Mircea Eliade u. a.).

Man beschreibt sie dabei oft als Erfahrung des Heiligen als eines mysterium tremendum fascinosum.[117] Damit ist ein Begriff gefallen, der einem säkularen Denken und Wirklichkeitsverständnis fremd geworden ist. Deshalb wird von einem säkularen Denken ausgehend oft der Versuch unternommen, Religion auf den rein privaten und persönlichen Bereich zu begrenzen. Das ist für keine Religion möglich, weil jede Religion unlösbar mit Deutungen des Gesamten der Wirklichkeit verbunden ist. Die Religionen sind deshalb jeweils mit einer bestimmten Kultur, das heißt einer bestimmten Gestaltung des persönlichen wie des gesellschaftlichen Lebens verbunden. Deshalb können Religionen Gegenstand religionssoziologischer Forschung und Theoriebildung sein (Émile Durkheim, Max Weber, Thomas Luckmann, Niklas Luhmann u. a.).

Religionen stellen gesellschaftliche Ansprüche, die miteinander in Konflikt geraten können. Damit haben wir Europäer in unserer Geschichte leidvolle Erfahrungen gemacht, aus denen wir etwas gelernt haben, das wir heute als eine der wichtigsten Errungenschaften unserer Kultur betrachten: Religionsfreiheit als Grundlage unseres freiheitlichen Verfassungs- und Rechtssystems und als Grundlage einer gesellschaftlichen Friedensordnung. Die Grundlage der Religionsfreiheit ist nicht die Gleichgültigkeit gegenüber der anderen Religion, sondern der Respekt vor der anderen Religion und der Versuch eines friedlichen Zusammenlebens.[118]

Diese positive Religionsfreiheit ist die die Grundvoraussetzung für den interreligiösen Dialog. Sie beinhaltet nicht nur das Recht auf persönliche religiöse Überzeugung (Gewissensfreiheit), die die Freiheit des Religionswechsels einschließt, sondern auch die Freiheit für die öffentliche Ausübung der Religion, freilich in einer Weise, dass damit der öffentliche Friede (und damit die Freiheit anderer) nicht gefährdet wird.

In diesem Sinn gewähren wir Religionsfreiheit selbstverständlich anderen Religionen, die heute unter uns existieren. Aber in vielen Herkunftsländern dieser Religionen wird den Christen, die dort leben, eine solche Religionsfreiheit nicht gewährt. Als Theologe darf und muss man ehrlicherweise auf die Schwierigkeiten hinweisen, welche Christen gegenwärtig zunehmend in anderen Kulturen, vor allem (aber nicht nur) in Ländern mit muslimischer Mehrheit haben. Es gibt Antisemitismus, den wir entschieden verurteilen, es gibt Islamophobie, die wir ebenso entschieden verurteilen, es gibt aber auch Christophobie, die ebenfalls nicht geduldet werden sollte. Der Respekt vor der Religion und Kultur des anderen und die Freiheit des anderen, seine Religion zu leben, sind die Grundvoraussetzungen für den interreligiösen Dialog und für den Frieden in der Welt.

## Offenheit und Unterscheidung des Christlichen – Drei Thesen

Sind diese Voraussetzungen geklärt, müssen wir uns nun in einem nächsten Schritt der Frage zuwenden: Was kann bei dieser Komplexität der Dinge interreligiöser Dialog meinen und wie kann er möglich sein? Angesichts des bisher Gesagten lässt sich die Antwort auf diese Frage nicht allgemein als eine neutrale Theorie des interreligiösen Dialogs, sondern nur auf der Grundlage einer bestimmten persönlichen Option beziehungsweise Position geben. Deshalb kann diese Frage hier nur aus christlicher, nicht aber aus einer gemeinreligiösen Sicht oder etwa aus islamischer oder buddhistischer Sicht beantwortet werden. Aus christlicher Sicht kann man drei Lösungsansätze vorstellen, wie sie gegenwärtig diskutiert werden.

(1) Die erste, heute in ihrer absoluten Form allgemein aufgegebene Lösung kann man als den exklusiven Lösungsansatz bezeichnen. Er geht davon aus, dass schon das Alte Testament mit dem Glauben an den einen und einzigen Gott sich gegen die Verehrung anderer Götter wendet. Der exklusive biblische Monotheismus kommt besonders im ersten Gebot zum Ausdruck: »Du sollst neben mir keine anderen Götter haben« *(Ex 20,3; Dtn 5,7–10)*. Der Ein-Gott-Glaube wird von den Propheten immer wieder mit aller Deutlichkeit eingeschärft. Nach Jesaja sind die Götzen schlicht Nichtse *(Jes 41,29)*. Jesus bestätigte den Glauben an den einen und einzigen Gott *(Mk 12,29–32;* vgl. *Joh 17,3; 1 Kor 8,5f.)*.

So bedeutet die Bekehrung zum Christsein durch die Taufe von Anfang an und bis heute die Absage von den Götzen und die Bekehrung hin zu dem einen wahren Gott *(1 Thess 1,9)*. Die Kirchenväter haben nie gezögert, den Irr- und Aberglauben in den heidnischen Religionen zu benennen und zu kritisieren. Paulus macht den Heiden zum Vorwurf, sie hätten Gott zwar erkannt, aber ihn nicht anerkannt; sie hätten vielmehr die Wahrheit niedergehalten und seien so Nichtigkeiten verfallen *(Röm 1,18–21)*.

Das sind Aussagen, die bleibende Gültigkeit besitzen und die jeden Relativismus, Indifferentismus und Synkretismus ausschließen, besonders die heute weit verbreitete Do-it-yourself-Religion, welche wie in einem Kaufhaus aus dem religiösen Angebot das gerade Passende auswählt und sich Versatzstücke aus den verschiedenen Religionen zusammensucht.

(2) Wir sehen heute freilich, dass diese exklusiven Aussagen nur die eine Hälfte der Wahrheit sind. Neben den exklusiven Aussagen stehen schon in der Bibel auch andere Aussagen, die man heute als inklusiv bezeichnet. Schon die Bibel kennt sogenannte heilige Heiden: Abel, Henoch, Melchisedek, Ijob. Die neutestamentliche Apostelgeschichte sagt, dass Gott in jedem Volk willkommen ist, das ihn fürchtet und tut, was recht ist *(Apg 10,34)*. Paulus spricht vom Gewissen und sagt, dass den Heiden das Gesetz ins Herz geschrieben ist und ihr Gewissen davon Zeugnis gibt *(Röm 2,15)*. Nach dem Johannesevangelium leuchtet das Licht, das in Jesus Christus offenbar geworden ist, jedem Menschen *(Joh 1,9)*.

Deshalb konnten in der frühen Kirche schon die Apologeten des 2. Jahrhunderts von den Wahrheitskörnern beziehungsweise Wahrheitsfragmenten (λόγοι σπερματικοί) sprechen, die sich in den Kulturen und Religionen der Heiden finden. Sie sagten aber gleichzeitig, dass die Wahrheit im Mensch gewordenen Logos Jesus Christus in ihrer unüberbietbaren Fülle erschienen ist.[119] Augustinus hat von der Kirche gesprochen, welche »ab Abel iusto«, also seit Anbeginn der Welt sich durch die ganze Geschichte hindurch zieht. Thomas von Aquin hat diese Theorie an vielen Stellen seines Werkes aufgegriffen.[120] Am Ausgang des Mittelalters und beim Übergang zur Neuzeit ist der Philosoph, Theologe und Universalgelehrte Nikolaus von Kues († 1464) mit seinem Traktat *De pace fidei* zu nennen.

Das Zweite Vatikanische Konzil hat im Anschluss an die Bibel vom universalen Heilswillen Gottes *(1 Tim 2,4)* und von einer universalen Wirksamkeit des Geistes Gottes gesprochen. Es hat entsprechend die Lehre von der allein selig machenden Kirche (extra ecclesiam nulla salus) dahingehend interpretiert, dass jedem, der Gott sucht und ihm so folgt, wie er ihn in seinem Gewissen erkennen kann, aufgrund der Gnade Gottes das Heil möglich ist.[121] Das Konzil hält daran fest, dass das Heil auch der Nichtchristen nicht etwa durch Buddha, Mohammed oder andere Heilsbringer vermittelt wird, sondern allein durch

Jesus Christus; der Geist Jesu Christi ist jedoch nicht an die sichtbaren Grenzen der Kirche gebunden. Gott hat Wege, um die nur er weiß.[122] Wir müssen das Wie Gott überlassen. Johannes Paul II. hat die Lehre von der universalen Wirksamkeit des Geistes in seiner Missionsenzyklika *Redemptoris missio* (1990) breit ausgeführt und in diese Wirksamkeit auch die anderen Religionen und Kulturen einbezogen.[123]

(3) Von dieser zweiten These unterscheidet sich die gegenwärtig oft vorgetragene religionspluralistische Theorie (Wilfred Cantwell Smith, John Hick, Paul F. Knitter, Perry Schmidt-Leukel u. a.). Sie geht von der absoluten Transzendenz Gottes aus und sagt im Sinn der Erkenntniskritik Kants, dass diese Transzendenz von keiner Religion adäquat erfasst werden kann; alle Religionen erfassen jeweils nur einen mehr oder weniger bedeutenden Aspekt des Göttlichen. Deshalb, so die These, müssen die Religionen alle Absolutheitsansprüche aufgeben. Das heißt im Sinn der religionspluralistischen These nicht, dass alle Religionen gleich sind. Das Kriterium ihrer Anerkennung ist jedoch nicht, ob sie mehr oder weniger der Wahrheit Gottes entsprechen, sondern ob und inwiefern sie dem Menschen und seiner Befreiung dienen und ihn im Kampf gegen Armut, Gewalt, Diskriminierung und anderes unterstützen. Das Kriterium ist also kein theoretisches, sondern ein ethisch-praktisches.

Dieser pragmatische Lösungsversuch scheint heute vielen plausibel und er beherrscht die öffentlichen Diskussionen. Er ist freilich von philosophischen Voraussetzungen abhängig, die man kritisch hinterfragen kann. Bemerkenswert ist vor allem, dass es nicht einfach ausgemacht ist, was denn nun menschendienlich ist. Die Antwort auf die Frage, was menschendienlich ist, wird von den Religionen unterschiedlich beantwortet und hängt vom jeweiligen Menschenbild ab, das wiederum vom jeweiligen Gottesbild abhängt. Die Wahrheitsfrage lässt sich also nicht ausblenden, es sei denn, man will sich einer ideologischen Diktatur unterwerfen und einfach akzeptieren, was heute im Allgemeinen als menschendienlich angesehen wird. Dann aber entwürdigt man Gott beziehungsweise das Göttliche zum Diener eigener Zwecke.[124] Außerdem kann keine der monotheistischen Religionen damit einverstanden sein, dass sie nur einen Aspekt Gottes erfassen und eine Religion neben anderen sein soll. Die pluralistische These mutet darum den monotheistischen Religionen, nicht nur den orthodoxen Juden und den Christen, sondern auch den Muslimen, ein Kriterium zu, das sie nur um den Preis ihrer Selbstaufgabe akzeptieren könnten. Damit ist mit der religionspluralistischen These der Dialog, bevor er nur begonnen hat, von vorne herein unmöglich gemacht.

## Was heißt Absolutheit des Christentums?

Wie ist hier weiterzukommen? Um das zu klären, müssen wir zuerst erheben, was mit dem sogenannten Absolutheitsanspruch des Christentums gemeint ist und was nicht.[125] Das ist vor allem deshalb nötig, weil der Begriff Absolutheitsanspruch des Christentums nicht aus dem traditionellen Wortschatz der christlichen Theologie stammt, sondern aus der spekulativen Religionsphilosophie Hegels. Schon Ernst Troeltsch hat darauf hingewiesen, dass man rein empirisch gesehen nicht von einer absoluten Geltung des Christentums, sondern nur von einer Höchstgeltung sprechen kann.[126] Auch das wird rein empirisch schwer aufzuweisen sein.

Schaut man genauer hin, dann kann man den Begriff der Absolutheit des Christentums in einem doppelten Sinn verstehen: einerseits als Genitivus subjectivus, als Selbsterweis des Christentums beziehungsweise Gottes, der sich in Jesus Christus auf unüberbietbare Weise offenbart hat; andererseits als Genitivus objectivus, als Absolutheitsanspruch dessen, der das Christentum vertritt und es vermittelt, konkret als Anspruch der Kirche, im Besitz der absoluten Wahrheit zu sein. Die erste These ist für den christlichen Glauben unaufgebbar; die zweite dagegen ist problematisch. Denn im eigentlichen Sinn ist allein Gott absolut und Gott ist niemands Besitz. Wenn es um das Zeugnis der Kirche geht, darf man dessen geschichtliche Dimension nicht übergehen. Man muss also zwischen dem Selbstanspruch der Offenbarung und deren geschichtlicher Vermittlung durch die Kirche unterscheiden.

Statt missverständlich vom Absolutheitsanspruch des Christentums zu reden, sollte man darum besser vom biblischen Sprachgebrauch ausgehen, der nicht von der Absolutheit des Christentums, sondern von der von Gott in Jesus Christus heraufgeführten Fülle der Zeit *(Mk 1,14 par.)* und von der Fülle (πλήρωμα) der Offenbarung Gottes in Jesus Christus *(Kol 1,19)* spricht. Diese biblische Terminologie ist nicht exklusiv. Sie ist inklusiv und meint die endgültige Erfüllung dessen, was als Hoffnung im Menschen, in den Kulturen und in den

Religionen angelegt und verwirklicht ist. Sie ist kein Anspruch, den die Kirche in ihrer empirischen Gestalt für sich erheben kann, denn in ihrer empirischen Gestalt bleibt die Kirche oft hinter diesem Anspruch zurück. So nimmt dieser Anspruch die Kirche als Trägerin dieser Botschaft selbst in die Pflicht.[127]

## Der eine Gott – die eine Menschheit

Als Ausgangspunkt für den christlichen interreligiösen Dialog verbleiben demnach die Grundelemente der exklusiven Theorie und vor allem die inklusive Theorie. Es geht im interreligiösen Dialog bei aller Anerkennung der grundlegenden Unterschiede vor allem um die Gemeinsamkeiten zwischen den Religionen. Den Religionen gemeinsam ist die Anerkennung des Heiligen beziehungsweise Göttlichen (wie immer dieses verstanden wird), den monotheistischen Religionen die Anerkennung des einen transzendenten Gottes als Ursprung und Orientierung des menschlichen Lebens. Das ist bei allen grundlegenden Unterschieden eine Gemeinsamkeit, die angesichts eines säkularen Wirklichkeits- und Lebensverständnisses viel bedeutet. Die Heiligkeit Gottes beziehungsweise des Göttlichen schließt für alle Religionen auch die Achtung vor der Heiligkeit des Lebens ein.

Wenn wir so von der Gottesfrage ausgehen, dann mag dies vielen Zeitgenossen als eine weit von den Realitäten des Lebens entfernte Fragestellung erscheinen. Dass sie das nicht ist, kann man bereits auf der ersten Seite der Bibel nachlesen. Dort ist von dem einen Gott die Rede, der Schöpfer und Vater aller Wirklichkeit und aller Menschen ist. Der eine Gott begründet die gottähnliche Würde jedes Menschen unabhängig von seiner ethnischen, kulturellen und religiösen Zugehörigkeit, unabhängig auch vom Geschlecht *(Gen 1,27)*. Er lässt die Sonne aufgehen und Regen fallen über Guten und Bösen *(Mt 5,43f.)*. Der eine Gott begründet die Einheit des Menschengeschlechts. Diese in dem einen Schöpfer begründete Einheit der Menschheitsfamilie ist für Christen die letzte Begründung für gemeinsame menschliche Werte und für universale menschliche Solidarität. Sie begründet auch Zusammenarbeit für Gewaltfreiheit, Toleranz, gegenseitigen Respekt, Religionsfreiheit, Gerechtigkeit, Solidarität, Freiheit und Frieden, für die gleiche Würde von Mann und Frau, für Ehrfurcht vor dem Leben und für die Bewahrung der Schöpfung.

Das Bekenntnis zum einen Gott aller Menschen hat also konkrete Konsequenzen. Das gilt nicht nur im Blick auf die Schöpfungsordnung, sondern auch auf die mit Abraham beginnende heilgeschichtliche Ordnung. Abraham wird zwar aus den Völkern herausgerufen, aber er wird auch berufen, ein Segen zu sein für alle Völker (*Gen 12,1; 18,18* u.a.). Am brennenden Dornbusch offenbart sich Gott dem Mose als Gott, der mit seinem Volk auf dem Weg durch die Geschichte ist (*Ex 3,6.14.16*). Er ist kein Lokal- oder ein Nationalgott, sondern ein Weltgott und ein Gott des Weges. Er ist überall dort präsent, wohin das Volk kommt; er ist ein Gott der Menschen und gegenwärtig, wo Menschen sind, die ihn suchen. Nach der prophetischen Verheißung wird er am Ende alle Völker sammeln (*Jes 2,2–5; Mich 4,1–3*). Diese Sammlungsbewegung hat Jesus aufgenommen und sie mit der Aussendung zur Mission an alle Völker eingeleitet. So verstanden ist Mission die Form christlicher Globalisierung, durch die Menschen und Kulturen nicht nur wirtschaftlich, medial und verkehrsmäßig zusammengebracht werden, sondern bei aller bleibenden Vielfalt die gleichen Grundüberzeugungen teilen sollen.

Zwei praktische Konsequenzen aus dieser universalen Perspektive hat schon das Alte Testament gezogen, die heute in ganz neuer Weise aktuell sein können. (1) An erster Stelle kann man auf die Goldene Regel verweisen, die in der einen oder anderen Form alle Religionen, auch die Bibel (*Tob 4,15; Sir 31,15; Mt 7,12; Lk 6,31*), kennen. In ihrer negativen Form lautet sie: Was du nicht willst, das man dir tut, das füg auch keinem anderen zu. In ihrer positiven und anspruchsvolleren Form: Alles, was du möchtest, dass man es dir tut, das tu auch einem anderen. Diese Regel kann zur Grundlage werden für den gemeinsamen Einsatz für Gerechtigkeit, für Freiheit und Frieden in der Welt und zum gemeinsamem Kampf gegen Armut, Gewalt, Diskriminierung und anderes. Bei allen Unterschieden könnten sich die Religionen auf diese Gemeinsamkeit verständigen und auf dieser Grundlage zusammenarbeiten.[128] (2) Ein zweiter Hinweis ergibt sich daraus, dass schon das Alte Testament den allgemein-orientalischen Brauch der Gastfreundschaft kennt und schätzt (*Dtn 10,18f.; Spr 27,8; Sir 29,21* u.a.).[129] Abraham, der Vater des Glaubens, wird als leuchtendes Beispiel solcher Gastfreundschaft vorgestellt (*Gen 18*). Gastfreundschaft bedeutet die Annahme und Aufnahme des anderen und Fremden, bedeutet das Raumgewähren für den Fremden im eigenen Haus. Jesus selbst hat uns dieses Sein für andere vorgelebt *(Mk 10,45 par.)*. Es geht also nicht um eine Randfrage, sondern um die Mitte christlicher Existenz und Identität.[130] So hat Jesus in der großen Gerichtsrede die Gastfreundschaft und vor allem die Gastfreundschaft gegenüber Verfolgten gepriesen und sie zu einem Kriterium im Gericht gemacht *(Mt 25,35–43)*.

An dieser Stelle wird das Evangelium zu einer kritischen Anfrage: Wie sieht es mit unserer Gastfreundschaft für bedrängte und verfolgte Menschen aus? Die Frage der Gastfreundschaft ist für Christen umso drängender, weil Christen in vielen Teilen der Welt selbst Fremde sind. Das Fremdsein ist sozusagen ein Grundexistential des Christseins und es gibt gegenwärtig mehr als eine Situation, in denen auch Christen in und unter anderen Kulturen in schwerer Bedrängnis leben und unsere Solidarität dringend brauchen.

Als Gast aufgenommen und angenommen zu werden, schließt ein, dass ich mich nach der Hausordnung des Gastgebers zu richten habe. Erst recht, wenn ich in einem fremden Land nicht nur Gast-, sondern Bürgerrecht erhalte, dann begründet das Rechte wie Pflichten. Sie einzufordern hat nichts mit Intoleranz und Fremdenfeindlichkeit zu tun, sondern auch mit Selbstachtung und mit unserem Recht, nach unserer Kultur zu leben, sie zu bewahren und sie auch weiter zu entwickeln. Das freilich kann nicht in Abschottung von anderen Kulturen geschehen, sondern nur in geschichtlicher Begegnung und im Austausch mit ihnen.

## Zurück zur Frage nach der christlichen Identität

Das führt abschließend zum Kern des interreligiösen Dialogs zurück: Die Frage der christlichen Identität. Dialog setzt Partner voraus, die jeweils ihre Identität haben, die Identität aber nicht als eine in sich geschlossene und verschlossene Monade verstehen, sondern als eine offene Identität, die sich auf dem Weg des Dialogs und des Austausches verwirklicht. So ist recht verstandene christliche Identität keine ängstlich in sich verschlossene, sich in eine Wagenburg flüchtende Identität oder gar ein engstirniger Chauvinismus, sondern eine für den anderen offene, sich auf den anderen hin überschreitende Identität, ja, eine sich mit dem anderen als einem anderen identifizierende Identität. Aber indem sie sich mit dem anderen identifiziert, gibt sie die eigene Identität nicht auf, sie verwirklicht, klärt und vertieft sie und wird zugleich auch vom andern bereichert.

Die Wahrheitsfrage zu stellen schließt also den Dialog nicht aus, sie eröffnet ihn erst in seinem in die Tiefe gehenden Sinn. Dialog meint ja mehr als ein höfliches aber unverbindliches Gespräch, mehr als ein freundliches Interesse; er meint keinen sentimentalen Synkretismus, keine schwärmerische, utopische Alleinheits- und Universalreligion, in der die eigene Identität auf- und untergeht. Der Dialog scheut auch die respektvolle, auf Verständigung ausgerichtete Auseinandersetzung nicht. Positiv geht es im interreligiösen Dialog darum, den anderen kennen und ihn wirklich verstehen zu lernen, Vorurteile abzubauen und Verständnis und Vertrauen aufzubauen, zur Verständigung zu kommen über das, was eint und was trennt, dankbar alles anzuerkennen, was gemeinsam ist und das zu respektieren, was unterscheidet, um auf diese Weise Wege zur Zusammenarbeit wenigstens in Teilbereichen zu finden, die für alle Beteiligten von lebenswichtiger und teilweise von überlebenswichtiger Bedeutung sind.

Dieser Dialog ist uns heute als Menschen und als Christen um des Friedens willen aufgetragen. Er ist keine rein akademische, sondern vor allem eine kulturelle, gesellschaftliche und kirchliche Angelegenheit, bei der es auch um konkrete praktische Fragen und Entscheidungen geht. Wie jeder Dialog kommt auch der interreligiöse Dialog nie an ein Ende. Er bleibt auf dem Weg. Dieser offene Weg des Zu- und Miteinander gehört zum Menschsein wie zum Christsein. In diesem Sinn macht der Religionsdialog auf seine Weise etwas wahr und wirklich, was mit zur christlichen Identität gehört.

### 6.2.4 Dialog mit der Welt von heute

#### Anliegen und Problem der Pastoralkonstitution

Das Zweite Vatikanische Konzil ist nicht beim Dialog mit dem Judentum, mit den anderen Christen und den anderen Religionen stehen geblieben; es hat auch den Dialog der Kirche mit der Welt von heute angestoßen. Das geschah vor allem in der Pastoralkonstitution *Gaudium et spes, Über die Kirche in der Welt von heute.*[131] Sie gilt vielen als das für das letzte Konzil charakteristischste und bezeichnendste Dokument, denn in der Pastoralkonstitution wird stärker als in anderen Konzilsdokumenten die Horizonterweiterung deutlich, die das Konzil vollzogen hat. In der Kirchenkonstitution *Lumen gentium* ging es um die Kirche, ihr Wesen und ihre Sendung; in der Pastoralkonstitution wird nun deutlich, dass die dort beschriebene Kirche ad intra zugleich Kirche ad extra ist. Sie ist nicht für sich selbst da, sie ist Kirche in der Welt und Kirche für die Menschen in dieser Welt.

Bewusst formuliert das Konzil nicht: »Kirche *und* die Welt von heute«, denn es wollte die geläufige Gegenüberstellung von Kirche und Welt als zwei parallele Welten überwinden. Damit traf es ein aktuelles Problem, das sich damals neu abzeichnete. Besonders in katholischen Länden und Gegenden lebte ein Katholik von Geburt an in Familie, Pfarrei, in Kindergarten und Schule, bis zur Partei und Gewerkschaft, Krankenhaus und Altenheim in einem mehr oder weniger geschlossenen katholischen Milieu. Dieses Milieu aber brach zunehmend zusammen. Das Konzil wollte das Gegenüber von zwei Welten überwinden und sagen, dass die Kirche *in* der Welt von heute lebt und dass andererseits die heutige Welt in die Kirche hereinreicht. Die Kirche bekennt sich damit zur Zeitgenossenschaft. Die Glieder der Kirche sind ja zugleich auch Bürger in der Welt von heute. Dieses Grundanliegen kommt gleich im ersten, viel zitierten Satz zum Ausdruck: »Freude und Hoffnung, Trauer und Angst der Menschen von heute, besonders der Armen und Bedrängten aller Art, sind auch Freude und Hoffnung, Trauer und Angst der Jünger Christi. Und es gibt nichts wahrhaft Menschliches, das nicht in ihrem Herzen seinen Widerhall fände.«[132]

Das war eine Neuorientierung, auf die viele Katholiken nicht vorbereitet waren und die sie überforderte. Sie hatte darum zunächst manche Fehlinterpretationen und Kurzschlüsse zur Folge. Viele sprangen sozusagen von der Gegenüberstellung von Kirche und Welt unvermittelt in ein vorerst ziemlich ungeklärtes Kirche- und Christsein in der Welt und nach der Art der Welt. Es bestand also Klärungsbedarf. Die Frage war und ist, was das rein empirisch und phänomenologisch unbestreitbare ›in der Welt‹ in normativer Hinsicht bedeutet, wie also die christliche Identität ›in der Welt‹ gewahrt werden kann.

Die Antwort fiel auch der Pastoralkonstitution nicht leicht. Denn eine Pastoralkonstitution stellte ein konziliares Novum dar. Kein Konzil zuvor hatte je eine Pastoralkonstitution veröffentlicht; immer handelte es sich um doktrinale und/oder disziplinäre Dokumente. Jeder wusste, um was es dabei geht. Die Frage ist darum: Was bedeutet Pastoralkonstitution und welche Art von Autorität kann sie beanspruchen? Die Neuorientierung stellte damit vor ein grundsätzliches theologisches Methodenproblem. Angesichts dessen konnte sich das Konzil erst nach langen Diskussionen für den Titel Pastoralkonstitution entscheiden. Eine eigene Anmerkung zu diesem Titel stellte klar, dass sich der pastorale Charakter der Konstitution auf Prinzipien der Lehre stützt und dass die Konstitution darum auch eine lehrmäßige Zielsetzung hat und nach den allgemeingültigen theologischen Interpretationsregeln zu deuten ist.

Doch damit beginnt das Problem erst. Die Frage ist nämlich: Was ist mit »Welt von heute« überhaupt gemeint? Das Konzil spricht von den »Zeichen der Zeit«, doch wie sind sie zu bestimmen und wie ist ihr Verhältnis zu den theologischen Prinzipien genauer zu bestimmen?[133] Wie sind die lehrmäßigen Prinzipien und die Welt von heute aufeinander zu beziehen? Wie verhält sich die Anthropozentrik der Pastoralkonstitution zu der von ihr an anderer Stelle nachdrücklich herausgestellten Christozentrik?[134]

Das Konzil hat an dieser Stelle die von ihm gestellte Frage selbst nicht zu Ende gedacht oder besser: noch nicht zu Ende denken können. Bis heute gehen die Meinungen der Interpreten wie in der Theologie ganz allgemein über die in der Pastoralkonstitution nicht geklärten Fragen auseinander.[135] So zeigt die Pastoralkonstitution ein Problem, das sich in der veränderten gesellschaftlich-kulturellen Situation unabweisbar stellt; sie konfrontiert uns damit aber auch mit Grundlagenproblemen, die sie selbst mehr aufwerfen als schon lösen konnte. Was in der Konstitution fehlt, ist eine Pneumatologie. Denn Sache des Heiligen Geistes ist es, die einmalige und für das Weltverhältnis maßgebende Christuswirklichkeit in der Kirche und in der Geschichte der Welt gegenwärtig zu machen.[136] Die Regeln zur Unterscheidung der Geister sind demnach auch für die Frage des Dialogs mit der Welt von Bedeutung.[137] Letztlich geht es dabei um die Geschichte nicht als Norm, sondern als konkreten Ort der Theologie, der Verkündigung und des christlichen Lebens.

Was bedeutet ›Welt von heute‹?

Wenn das Konzil von der ›Welt‹ spricht, geht es ihm seinem Anliegen entsprechend nicht um die Welt als Kosmos und als Universum verstanden, auch nicht um die Welt im philosophischen Sinn als Inbegriff aller Wirklichkeit. Es geht um die Welt der Menschen, um die Menschheitsfamilie, die in der Gesamtheit der Wirklichkeit lebt.[138] »Es geht um die Rettung der menschlichen Person, es geht um den rechten Aufbau der menschlichen Gesellschaft. Der Mensch also, der eine und ganze Mensch, mit Leib und Seele, Herz und Gewissen, Vernunft und Willen steht im Mittelpunkt unserer Ausführungen.«[139] Es geht dem Pastoralkonzil um ein anthropozentrisches Weltverständnis, um die Welt als familiäre, kulturelle, soziale, wirtschaftliche und politische Lebenswelt des heutigen Menschen.

Dieses anthropozentrische Weltverständnis steht auch im Hintergrund des Kulturverständnisses der Pastoralkonstitution.[140] Es war nicht die Aufgabe des Konzils, eine Definition des Begriffs von Kultur zu geben. Darüber gehen die Meinungen in den in Frage kommenden Wissenschaften weit auseinander.[141] Dem Konzil ging es seinem Anliegen entsprechend primär nicht, wie es der deutsche Sprachgebrauch nahe legen könnte, um die ›gehobene Kultur‹ (Literatur, Kunst, Recht, Wissenschaft u. a.), sondern um die viel umfassendere heutige familiäre, kulturelle, soziale, wirtschaftliche und politische Lebenswelt des Menschen, also um die heutige Lebenskultur, die in der ›Hochkultur‹ sozial, ästhetisch, geistig und religiös differenziert, verfeinert und überhöht wird.

Ebenso verhält es sich, wenn das Konzil von der »Welt von heute« spricht. Auch hier darf man von einem Konzil keine umfassende Wesensbestimmung der Moderne erwarten; eine solche ist bei der Komplexität der Moderne philosophie- und kulturgeschichtlich umstritten und jeweils standortbestimmt.[142] Dem Konzil ging es um die moderne Lebenswelt, in der wir uns vorfinden und zu der wir uns als Christen verhalten müssen. Bereits die Eingangsworte der Konstitution zeigen eine deutliche Abkehr von der antimodernistischen Mentalität des 19. und der ersten Jahrzehnte des 20. Jahrhunderts und den Versuch, zu einem konstruktiven, wenngleich nicht unkritischen dialogischen Verhältnis zur heutigen Welt und ihrer Kultur zu kommen.[143] So hat das Konzil verschiedene Merkmale der modernen Welt positiv beschrieben: ihr dynamisches und evolutives Verständnis, die wachsende Sozialisation, Personalisation, Kommunikation und anderes. Es hat ausdrücklich die positiven humanitären Errungenschaften der modernen Welt anerkannt, besonders den Fortschritt in der Freiheitsgeschichte, die Religionsfreiheit,[144] die Menschrechte,[145] die Anerkennung der gleichen Würde von Mann und Frau,[146] die legitime Autonomie der weltlichen Kultursachbereiche,[147] die Unterscheidung von Kirche und Staat und damit verbunden den Verzicht der Kirche auf weltliche Macht und Privilegien.[148]

Bei aller positiven Wertung der Moderne hat das Konzil kritische Aspekte der heutigen Welt nicht verschwiegen.[149] Das Konzil kennt die Ambivalenz der heutigen Welt, Wachstumskrisen und die Störung des Gleichgewichts.[150] Es rechnet den Atheismus zu den ernstesten Gegebenheiten dieser Zeit[151] und es beklagt den innerweltlichen, ja religionsfeindlichen Humanismus.[152] In der Zwischenzeit sind die negativen Aspekte neuzeitlicher Kultur noch deutlicher geworden. Johannes Paul II. hat geradezu von einer Zivilisation des Todes und einer Verschwörung gegen das Leben gesprochen.[153] Das sind starke Worte. Aber eine kritische Sicht findet sich nicht nur auf Seiten der Kirche, sondern auch bei vielen und sehr unterschiedlichen modernen Geistern.[154] Wer modern sein und mit der Moderne ins Gespräch kommen will, muss auch die Modernitätskritik zur Kenntnis nehmen. Max Horkheimer und Theodor W. Adorno haben die *Dialektik der Aufklärung*[155] herausgestellt, nach der jeder Fortschritt zugleich einen Rückschritt und einen Verlust mit sich bringt. In ähnlichem Sinn sprechen Jürgen Habermas und Joseph Ratzinger von der *Dialektik der Säkularisierung*.[156] Habermas verteidigt das unabgeschlossene Projekt der Aufklärung, spricht aber gleichzeitig von einer entgleisenden Moderne.[157] Die neuzeitliche Subjektivität droht in eine Objektivierung, das heißt Verdinglichung des Menschen und in einen sozial rücksichtslosen Individualismus, in schreiende Ungerechtigkeit und eine wachsende Kluft zwischen Armen und Reichen, in rücksichtslose Ausbeutung der Natur und Zerstörung des ökologischen Gleichgewichts, in praktischen Materialismus, in Relativismus bis hin zum Nihilismus umzuschlagen.

So haben sich seit dem 18. Jahrhundert gegenüber der alteuropäischen Kultur ein neues Lebensgefühl und eine neue Zivilisation herausgebildet, die in ihren positiven Seiten anerkannt werden müssen, die aber auch zutiefst ambivalent sind und, wie in den totalitären Systemen des 20. Jahrhunderts geschehen, in neue Barbarei umschlagen können. Auch wo das nicht der Fall ist, unternimmt diese neue Zivilisation oft den Versuch zu leben, als ob Gott nicht wäre.[158] Sie steht dem Christentum oft indifferent, nicht selten auch feindlich gegenüber. Der Dialog der Kirche mit der modernen Kultur darf darum nicht blauäugig sein. Es hilft nicht, den Antimodernismus durch einen modernistischen Kulturoptimismus zu ersetzen. So wenig das Dekadenzmodell der heutigen Welt gerecht wird, so wenig das Fortschrittsmodell. Was man die ›moderne Welt‹ nennt, ist vielgesichtig und ambivalent.

## Kirche und moderne Welt

Der Dialog mit der vielgesichtigen modernen Kultur, den das Konzil eingeleitet hat, lag vor allem Paul VI. am Herzen; für ihn war der Bruch zwischen der Kirche und der neuzeitlicher Kultur das Drama unserer Epoche. Deshalb hat er zu einer neuen Evangelisierung der Kultur aufgerufen.[159] Papst Johannes Paul II. hat in Anlehnung an die Predigt des Apostels Paulus auf dem Areopag in Athen *(Apg 17,22–31)* von einer Neumissionierung der modernen Areopage, der Welt der Kommunikation, der Wissenschaft und des Einsatzes für Frieden und Entwicklung gesprochen.[160] Papst Benedikt XVI. hat diese Frage weitergeführt und vertieft und in seiner Regensburger Rede das grundlegende Thema von Glauben und Wissen aufgegriffen und seither immer wieder neu in seiner Bedeutung herausgestellt.[161]

Der Dialog der Kirche und der Christen mit der modernen Welt und ihrer Kultur hat viele Aspekte und umfasst viele Felder: Dialog mit Kunst und Kultur, Wissenschaft und Wirtschaft, Politik, Medien und vieles andere. Darauf gehen die Pastoralkonstitution und seither viele Verlautbarungen der Kirche ausführlich ein. Jedes dieser Dialogfelder wirft eine Fülle von Einzelproblemen auf, auf die in diesem Zusammenhang nicht eingegangen werden kann.[162] Für den Theologen muss im Vordergrund des Dialogs die Gottesfrage stehen.[163] Denn die Gotteskrise ist letztlich die Wurzel der Krise des Menschen, der Gesellschaft und, sosehr sie sich auch in manchem gegenseitig bedingen, der Kirchenkrise.

Nur ausgehend vom biblischen Gottesverständnis konnte das Konzil die legitimen Anliegen neuzeitlicher Säkularität anerkennen. Weil

Gott kein Stück dieser Welt ist, sondern über alles Weltliche unendlich erhaben und davon verschieden ist, und weil er als der Transzendente in aller Wirklichkeit gegenwärtig ist und in allen Dingen gefunden werden kann, hebt er deren geschöpfliches Eigensein nicht auf, sondern begründet es; er schenkt und lässt vor allem dem Menschen seine Freiheit. Doch sobald die Wirklichkeit von ihrem begründenden Grund abgelöst wird und die Säkularität zum Säkularismus wird, entsteht ein geistliches Vakuum, in dem alles grund- und sinnlos wird. Dieses Vakuum erfahren wir gegenwärtig. Neureligiöse Strömungen oder ein intoleranter und sich damit selbst verabsolutierender Säkularismus – ein Widerspruch in sich selbst – versuchen, in dieses Vakuum vorzudringen, sich darin einzunisten und es auszufüllen. Wo der Mensch sich selbst zur Letztbezugsgröße macht, wird er egoistisch und unsolidarisch gegen andere. Wenn er seine innere Erfüllung, die letztlich nur Gott sein kann, verliert, dann läuft er entweder rast- und ruhelos dem Glück hinterher oder er wird am Ende resigniert darauf verzichten. Die Gottvergessenheit hat zur Vergessenheit des Menschen und seiner wahren Größe, der Tod Gottes – nicht wie Nietzsche hoffte zum wahren Leben – zum Tod der Menschen und oft auch der Menschlichkeit geführt.[164]

So ist es die erste und wichtigste Aufgabe der Kirche, neu an Gott als Grund, Ziel und Inhalt des Lebens und als Garant der Würde jedes Menschen zu erinnern. Die Leidenschaft für den je größeren Gott wird dann auch zur Leidenschaft für die Würde jedes Menschen und für Gerechtigkeit unter den Menschen. Die Welt und das Leben von Gott her begreifen heißt also keineswegs, in die Vormoderne zurückzufallen. Gerade ein theologales Verständnis führt, ohne in einen eindimensionalen Säkularismus umzuschlagen, zur Bejahung der Welt als säkulare Weltwirklichkeit. So kann die Kirche die Moderne in dem Positiven, das sie birgt, annehmen und sie gleichzeitig vor der drohenden Zerstörung ihrer selbst durch sich selbst bewahren.[165]

## Inkulturation als Passahgeschehen

Der Dialog zwischen Kirche und Kultur kann sich nicht auf Europa und die europäische Kulturkrise beschränken. Die Kirche ist seit dem Zweiten Vatikanischen Konzil in neuer und konkreter Weise Weltkirche geworden und mit der ganzen Vielfalt der Kulturen in der heutigen Welt konfrontiert. Das Programmwort lautet: Inkulturation des Christentums in den verschiedenen Kulturen. Was ist damit gemeint?

Der Begriff Inkulturation ist ein Neologismus, drückt aber eine uralte Sache aus.[166] Wir finden sie bereits im Alten und im Neuen Testament, bei der Begegnung Israels mit der es umgebenden kanaanäischen und später hellenistischen Kultur, beim Übergang vom Judenchristentum zum Heidenchristentum, bei der Begegnung des Christentums mit der hellenistisch-römischen Kultur, später bei der Begegnung mit den Germanen, mit den Slawen, bei der Chinamission des Matteo Ricci und der Indienmission des Roberto Nobili im 17. Jahrhundert, die leider wegen des unseligen Ritenstreits zum Schaden der Missionierung Asiens abgebrochen werden musste. Seit dem Vaticanum II ist Inkulturation ein fester Bestandteil lehramtlicher Aussagen.[167]

Inkulturation bedeutet im Unterschied zur bloßen Akkulturation nicht Anpassung an eine bestehende Kultur oder Übernahme einzelner Versatzstücke oder einzelner Riten, Symbole, Lebensformen und vor allem der Sprache dieser Kultur, sosehr das selbstverständlich auch wichtig ist, sondern die Durchdringung einer Kultur. Dabei kann das Christentum nicht sozusagen kulturell ›entkernt‹ in eine andere Kultur übertragen werden. Es gibt das Christentum nie kulturlos; es besitzt jeweils eine judenchristliche, hellenistische, lateinische, romanische, germanische, slawische oder andere kulturelle Gestalt. Inkulturation geschieht als Transkulturation, als komplizierter und komplexer Prozess der kulturellen Begegnung, in dem das Christentum nicht nur in einzelnen kulturellen Formen Sprache annimmt, sondern wie ein Sauerteig die andere Kultur von innen her durchdringt, sie reinigt und sie neu formt, wie umgekehrt das Christentum dabei legitime Werte einer anderen Kultur aufnimmt und dadurch selbst bereichert wird. Inkulturation ist daher ein komplexes geschichtliches Geschehen.

Theologisch kann man bei der Inkulturation von einem Paschageschehen sprechen, das nach dem Gesetz von Tod auf Auferweckung im Heiligen Geist geschieht. Es geht um eine Art Taufe, bei der Altes sterben muss, damit Neues wird, wobei das Neue das Alte nicht einfach zerstört, sondern im dem dreifachen Sinn aufgehoben wird: es wird aufbewahrt, gereinigt und zur innersten Erfüllung gebracht. Der Dialog schreitet voran in dem Dreischritt: Anerkennen und bewahren – reinigen – vollenden.[168]

Es ist offensichtlich, dass sich die Frage der Inkulturation nicht nur für Afrika, Asien und andere nichteuropäische Kontinente stellt, sondern in besonderer Weise auch für Europa selbst. Nach dem Zusammenbruch des modernen Fortschrittsglaubens, nach den Katastrophen des 20. Jahrhunderts und der Kulturkrise Europas am Ende des 20. und zu Beginn des 21. Jahrhunderts ist in Europa eine neue Evangelisierung und in diesem Zusammenhang eine neue Inkulturation des Christentums vonnöten.[169] Unsere Welt braucht wieder den Atem und den Schwung der Hoffnung, sie braucht die Ausrichtung auf die wahren und großen Ziele der Menschheit und die den Kleinmut überwindende Großmut, die Großes wagt und um großer Ziele willen tapfer Opfer auf sich zu nehmen bereit ist.

## Kleine Zellen als Biotope kultureller Erneuerung

In der Modernismus- und Antimodernismuskrise zu Ende des 19. und zu Beginn des 20. Jahrhunderts haben sich aufgeschlossene und problembewusste katholische Laien und Theologen für eine Öffnung der katholischen Kirche hin zur modernen Kultur und für eine Erneuerung der katholischen Kultur eingesetzt.[170] Die bündische katholische Jugendbewegung wollte nach dem Ende des bürgerlichen Zeitalters ebenfalls zu einem neuen, christlich geprägten Lebensstil und damit auch zu einer Erneuerung der Kultur beitragen. Der Nationalsozialismus und der Zweite Weltkrieg haben diese Bewegung brutal unterbrochen.[171]

Nach der seither manifest gewordenen Krise der europäischen Kultur kann dieser Impuls nicht einfach wiederholt und weitergeführt werden. Es darf aber noch weniger zu einem neuen Rückzug in eine vermeintlich heile katholische Sonderwelt kommen. Man wird hoffen, dass uns auch heute Männer und Frauen geschenkt werden, die in Kunst und Literatur, in der theologischen wie in den profanen Wissenschaften, in Wirtschaft und Politik aus ihrer katholischen Glaubensüberzeugung heraus etwas zu sagen haben, etwas, das in vieler Hinsicht alternativ klingen wird und gerade dadurch andere aufhorchen lässt und überzeugt. Es werden nie Massen, sondern immer nur Einzelne sein, die damit beginnen.

Letztlich kann nur die gelebte Botschaft überzeugen. Deshalb kommt heute kleinen Gruppen, die man auch als kreative Minderheiten bezeichnen kann, große Bedeutung zu. Sie können zu Biotopen werden für eine neue Kultur und einen neuen Stil des Lebens.[172] Sie können Zellen sein, die einem neuen, die legitime Autonomie achtenden, ganzheitlichen, theonomen Humanismus den Weg bereiten. Dieser Weg wird nicht die breite und bequeme Straße sein, auf der die großen Massen dahinziehen, er ist der enge und steile Pfad, den das Evangelium uns weist *(Mt 7,13f.)*. Doch gerade davon kann neue Ausstrahlung und Anziehungskraft ausgehen.

Das können einzelne Familien, kleine Gemeinschaften, geistliche Zentren und Klöster sein. Schon in der Vergangenheit waren Klöster in kritischen Übergangszeiten wichtige Kulturträger und Zellen, aus denen neues christliches Leben hervorgegangen ist. Sie können es heute wieder sein, nicht indem sie verweltlichen, sondern indem sie ihre ureigene Berufung zu einem radikalen und zugleich ganzheitlichen Christsein leben. Die Kirche kann ihren Beitrag zu einer Erneuerung der Kultur vor allem dadurch leisten, dass sie solche Oasen und Biotope anregt, sie ermutigt und ihnen Raum gibt, in denen die christliche Alternative in einer einladenden Weise gelebt und überzeugend erfahren werden kann. Damit leistet sie einen Beitrag für den Fortbestand und die Erneuerung einer wahrhaft menschlichen Kultur und für einen neuen Humanismus aus dem Geist des Evangeliums.

## Das Zeugnis der Märtyrer

Im Dialog der Kirche mit der Welt darf man sich nicht zu sehr der Illusion hingeben, als könne es zwischen Kirche und Welt, Kirche und Kultur jemals eine mehr oder weniger vollkommene Harmonie geben. Jeder Versuch einer Kultursynthese und einer Versöhnung von Kirche und irgendeiner Kultur scheitert an der Wirklichkeit der Sünde und der Strukturen der Sünde in der Welt und in der Kirche. Jeder derartige Versuch wird früher oder später von der Wirklichkeit des Kreuzes durchkreuzt. Die Kirche bleibt innergeschichtlich Kirche unterwegs. Sie schreitet auf dem Paschaweg, der immer wieder neu durch das Kreuz zur Herrlichkeit von Ostern und der neuen Schöpfung führen soll. Die endgültige Versöhnung und Verklärung der Welt kann allein Gott heraufführen, wenn er am Ende alles in allem sein wird *(1 Kor 15,28)*.

Die apokalyptische Botschaft der Bibel rechnet sogar mit einer dramatischen endzeitlichen Verschärfung des Konflikts zwischen dem Reich Gottes und dem Reich »dieser Welt« (im Sinn des Johannesevangeliums verstanden). Davon ist auch unsere Gegenwart geprägt. So war das vergangene 20. Jahrhundert vor allem in Mexiko, Spanien, unter dem Nationalsozialismus, dem Kommunismus, in China und in vielen Ländern der Dritten Welt wie kein anderes Jahrhundert zuvor ein Jahrhundert der Märtyrer. Im 21. Jahrhundert hat sich diese Märtyrergeschichte bislang fortgesetzt. Die Christen sind gegenwärtig weltweit die am meisten verfolgte oder unterdrückte Gruppe. Es muss genügen, nur einige bekannte Namen aus der unzählbaren Schar der Märtyrer zu nennen: Maximilian Kolbe, Edith Stein, Alfred Delp, Dietrich Bonhoeffer, Paul Schneider, Metropolit Serafim, Oscar Romero.[173]

Die Märtyrer haben den Gott und Menschen verachtenden Systemen mit ihrer Vergötzung von Rasse, Klasse und Staat und ihrem Vernichtungswillen gegenüber Kirche und Christentum widerstanden. Aufgrund ihres christlichen Glaubens waren sie Zeugen der christlichen Freiheit und der Hoffnung auf den Sieg des Lebens über den Tod, der Wahrheit über die Lüge und der Liebe über brutale Gewalt. Wenn das Blut der Märtyrer der Same für neue Christen ist,[174] dann kann das Blut so vieler Märtyrer im letzten Jahrhundert Grund zur Hoffnung sein für eine erneuerte Kirche im neuen 21. Jahrhundert.

# 7. Wohin führt der Weg der Kirche?

Nach der Rückschau auf den Gang durch die Kirchen- und Theologiegeschichte des letzten und des beginnenden neuen Jahrhunderts und nach der Darlegung von Sein und Sendung der Kirche müssen wir abschließend fragen: Wie kann es und wie wird es mit der Kirche weitergehen? Kirche – wohin?[1]

### Eine vielfältige und vielschichtige Krise

Angesichts einer unbestreitbaren Krise und des zahlenmäßigen Rückgangs der Kirchenmitglieder in Westeuropa sind viele Christen beunruhigt und fragen nach der Zukunft der Kirche. Die Antwort auf diese Frage ist nur möglich, wenn man zunächst nach den Ursachen dieser Situation fragt. Diese Ursachen sind vielschichtig. Sicher gibt es angestauten Ärger über einzelne Vorkommnisse und Entscheidungen wie über mangelnde Kommunikation und Mitbeteiligung an den Entscheidungen. Es gibt vor allem eine Vertrauenskrise aufgrund der in letzter Zeit öffentlich gewordenen schlimmen Missbrauchsskandale. Das alles muss man sehr ernst nehmen. Aber das alles sind mehr Anlässe, an denen sich die Sorgen und auch der Ärger über tiefer liegende, zumeist unausgesprochene Ursachen fest- und oft auch Luft macht.

Die tiefer liegende Ursache besteht darin, dass eine Epoche der Kirchengeschichte zu Ende geht, ohne dass schon neue Horizonte, wie es weitergehen soll, deutlich sichtbar sind.[2] Das macht verständlicherweise Angst. Zu Ende geht die milieugestützte Volkskirche, wie sie sich nach dem Ende der Reichskirche zu Beginn des 19. Jahrhunderts herausgebildet hat. Inzwischen sind Christsein und Kirchenmitgliedschaft nicht mehr vom Milieu mitgetragen und nicht mehr nahezu selbstverständlich; sie sind Sache persönlicher Entscheidung. Das führt zu einem Rückgang der Zahl der praktizierenden Gläubigen und dies fast zwangsläufig zum Rückgang von geistlichen Berufungen, besonders von Berufungen zum Priestertum. Beides zusammen, der Gläubigenmangel und der daraus folgende Priestermangel, bringt das in volkskirchlichen Zeiten gewachsene Pfarrei- und Seelsorgesystem in Schwierigkeiten.[3] Die Pfarrei ist nicht mehr wie bisher geistliche Heimat. Viele fühlen sich deshalb vernachlässigt und heimatlos in der Kirche und fragen, wie es weitergehen soll. Diese Frage bereitet Laien wie Priestern Sorgen um die Zukunft. Dem kirchlichen Amt ist es bislang nicht gelungen, eine überzeugende Zukunftsperspektive zu entwickeln.

Schaut man nochmals tiefer, dann muss man von einer Verdunkelung Gottes in unserer Zeit und von einer Glaubens- oder Gotteskrise sprechen, in der sich ganz allgemein die Krise unserer westlichen Zivilisation widerspiegelt und die mit zur Kirchenkrise geführt hat. Dass dies nicht nur Theologenmeinung ist, machen neben vielen anderen Friedrich Nietzsches Wort vom Tod Gottes, Martin Heideggers Andeutung vom Fehl Gottes und Martin Bubers Rede von einer Gottesfinsternis deutlich.[4] Fehler und Fehlverhalten in der Kirche haben ohne Zweifel mit dazu geführt, dass es dazu kommen konnte. Doch die Wurzeln der Gottes- und Glaubenskrise liegen tiefer und reichen weit zurück in die europäische Geistesgeschichte.[5] Europa ist damit in menschheitsgeschichtlicher Perspektive einen Sonderweg gegangen, von dem noch lange nicht ausgemacht ist, ob er gut ausgehen wird.

## Mut zur Zukunft

Natürlich kann kein Mensch die Zukunft voraussehen. Kein Einzelner und keine Gruppe, und sei sie im Augenblick noch so einflussreich und mächtig, kann den Lauf der Dinge langfristig bestimmen. Für gläubige Menschen liegt die Zukunft in Gottes Hand, aus menschlicher Sicht ergibt sie sich aus vielen, nicht vorhersehbaren freien Entscheidungen von Menschen. Jede neue Generation sieht die Welt mit neuen Augen und entwickelt ihren eigenen Stil des Lebens. So wandeln sich nicht nur die äußeren Lebensbedingungen, sondern auch die Mentalitäten und Einstellungen oft rasch – zum Guten wie zum Bösen. Die Zukunft ist darum nie nur die Fortsetzung dessen, was war und was ist, und sie ergibt sich nicht einfach aus einer Extrapolation oft kurzlebiger gegenwärtiger Trends. Zukunftsprognosen haben oft ein kurzfristiges Verfallsdatum.

Das gilt doppelt, wenn es um konkrete Prognosen hinsichtlich der Zukunft der Kirche geht. Der Kirche ist es verheißen, dass die Mächte des Todes sie nicht überwältigen und dass sie sein wird bis zum Ende der Zeit *(Mt 16,18; 24,20)*. Ihr ist der Heilige Geist verheißen; er ist es, der sie leitet und führt *(Joh 14,26; 15,26; 16,13)*. Als Christen haben wir die unumstößliche Gewissheit: Kirche wird sein und sie wird bis zum Ende der Zeit sein; sie wird immer ein und dieselbe Kirche Jesu Christi sein, wie sie durch alle Jahrhunderte Bestand hatte. Vollends ist die Frage nach Gott dem Menschen von der Schöpfung her ins Herz geschrieben *(Röm 1,19f.)*. Er kann sie niederhalten und unterdrücken; sie wird sich immer wieder, leider oft in verzerrter Form, zu Wort melden.[6] Zu Pessimismus, Resignation und Panik besteht für den, der glaubt, kein Anlass. Auch wenn niemand die konkrete Zukunft der Kirche vorhersehen kann, grundsätzlich liegt sie für Christen nicht im Ungewissen.

Diese Zuversicht lässt sich wie der christliche Glaube allgemein nicht beweisen. Sie ist eine Sache des Glaubens. Für ihn gibt es gute Gründe, aber voll überzeugend können sie nur im Licht des Glaubens und in einer globalen personalen Entscheidung sein. Die Kirche wäre deshalb heillos überfordert, wenn sie sich durch eine glanzvolle erneuerte Gestalt selbst beweisen wollte. Das wäre nichts anderes als Triumphalismus neuen Stils. Die Kirche wird im Zeichen des Kreuzes immer ein Anstoß, ein scandalum bleiben. Der der Kirche ins Stammbuch geschriebene, ihr wesensnotwendige Skandal des Kreuzes darf jedoch nicht zur Entschuldigung werden für selbstverschuldete, völlig unnötige Skandale und Hindernisse für den Glauben. Die Kirche muss vielmehr immer wieder neu den Weg der Erneuerung und der Reform gehen.[7] Dies ist in der gegenwärtigen kritischen Übergangssituation sogar besonders dringend nötig. Nur durch Erneuerung und Reform kann die Kirche für Menschen guten Willens Mut zur Zukunft ausstrahlen.

## Abschied und Aufbruch

Der Mut der Kirche zur Zukunft gründet nicht in der Stärke von Bataillonen, nicht in Finanzmacht oder in politischem Einfluss. Das alles gehört vergangenen Zeiten an, denen wir in dieser Hinsicht nicht nachzutrauern brauchen. Im Gegenteil, der Verlust äußerer Macht, der mit dem Ende der konstantinischen Ära gegeben ist, ist eine Befreiung von manchem Ballast. Wahrscheinlich schleppen wir von diesem Ballast in unserem Land eher noch zu viel mit. Die Kirche in Deutschland ist ja nach dem Ende der Reichskirche bei der Trennung von Kirche und Staat in universalkirchlicher Perspektive einen Sonderweg gegangen, der vieles für sich hatte und Vorteile für beide Seiten mit sich brachte. Doch angesichts des Schrumpfens der Mitgliederzahlen der Kirche einerseits wie des gewachsenen religiös-weltanschaulichen Pluralismus in der Gesellschaft andererseits werden wir realistischerweise nicht damit rechnen können, dass alles so weitergeht wie bisher. Die satte Ausstattung der Kirche in unserem Land tut der Kirche auch nicht nur gut; sie birgt die Gefahr von institutionellen wie persönlichen, bürokratischen und herrschaftlichen Verhaltens- und Verfahrensweisen in sich, die denen der säkularen Welt, aber nicht dem Leitbild der Kirche der Zukunft, wie es das Zweite Vatikanische Konzil aufgestellt hat, entsprechen.

So werden wir in Zukunft von manchem Vertrauten und Liebgewonnenen Abschied nehmen müssen. Die Kirche der Zukunft wird äußerlich ärmer dastehen. Sie wird wie am Anfang Diasporakirche sein und, wenn nicht alles täuscht, in Europa in einer pluralistischer gewordenen Welt zahlenmäßig kleiner werden. Vieles spricht dafür, dass sie zu einer – hoffentlich – qualitativen und kreativen Minderheit werden wird. Viele der neuen Kirchen, die man in den fetten Jahren gebaut hat, werden zu groß sein – aber waren das nicht auch schon die mittelalterlichen Kathedralen? Teilweise werden Kirchen geschlossen oder einem anderen Zweck zugeführt werden. Die Struktur unserer Pfarreien wird sich verändern. Viele der großen und segensreichen caritativen und sozialen Einrichtungen werden umgewidmet werden müssen. Dieser Abschied und dieser Wandel haben längst begonnen.

Jeder Abschied ist schwer. Hoffungslos ist der Abschied aber nur, wenn aus ihm kein neuer Aufbruch wird. Das als Jahrhundert der

Kirche angekündigte 20. Jahrhundert war nicht nur ein Jahrhundert der Zusammen- und der Abbrüche, sondern mit den liturgischen, biblischen, patristischen und pastoralen Erneuerungsbewegungen auch ein Jahrhundert wichtiger und weiterführender Aufbrüche. Dadurch haben wir viele verschüttete Schätze der Tradition neu entdeckt: Die Heilige Schrift, die Liturgie, die Kirchenväter. Das Zweite Vatikanische Konzil hat die uns vom Geist Gottes geschenkten Einsichten aufgegriffen, eine Erneuerung aus dem Ursprung eingeleitet. Es hat Kirche als Volk Gottes und als communio wieder neu entdeckt und die Mitverantwortung der Laien neu herausgestellt. Es hat manche geschichtlich bedingten Verengungen aufgebrochen und in die ursprüngliche katholische Weite zurückgeführt. So konnten wir neu Brücken schlagen zu den orientalisch-orthodoxen, zu den orthodoxen wie zu den evangelischen Kirchen und Gemeinschaften und zu allen Menschen guten Willens. Schließlich hat das Konzil das Ende der konstantinischen Ära bewusst angenommen; es hat auf weltliche Privilegien verzichtet[8] und in einem leider viel zu wenig beachteten und auffallend wenig zitierten Abschnitt der Kirchenkonstitution das Leitbild einer armen Kirche für und mit den Armen aufgestellt.[9]

In den Dokumenten des Konzils ist uns aus dem Geist einer zweitausendjährigen Tradition für den Weg in die Zukunft des neuen Jahrhunderts und Jahrtausends ein Kompass an die Hand gegeben. Manche Saat ist bereits aufgegangen und trägt in Gemeinden, in alten und in neuen Gemeinschaften gute Früchte. Dazu kommen vielfältige nachkonziliare Aufbrüche. Die Kirche nach dem Konzil ist nicht die geistliche Wüste, als die sie manche darstellen wollen; sie ist jung und lebendig, lebendiger jedenfalls, als ihre Kritiker und Verächter meinen.

Die reichen Schätze und die vielen Anregungen des Konzils sind aber noch lange nicht ausgeschöpft. Viele Einsichten des Konzils sind in der nachkonziliaren Rezeption nur allzu zögerlich verwirklicht, andere wiederum verschüttet, fehlgedeutet und missbraucht worden. Manche große Ideen sind auf wenige Schlagworte und Standardforderungen reduziert worden; sie sind zu Kampfparolen in der Auseinandersetzung zwischen den verschiedenen innerkirchlichen Gruppierungen geworden. So ist die konziliare Dynamik erlahmt und weithin verloren gegangen. Das 20. Jahrhundert, das als Jahrhundert der Kirche angesagt war, hat neben Erneuerungen auch zu Krisen und Verwerfungen im Bewusstsein und im Leben der Kirche geführt. Es ist eine gewisse Lähmung und eine Stagnation eingetreten. Ein neuer Aufbruch tut not.

Dieser Aufbruch ist in einer Situation notwendig, die sich seit der unmittelbaren Nachkonzilszeit der 70er Jahre tiefgreifend gewandelt hat. Die seither oft erhobenen institutionellen Reformanliegen allein werden der neuen gesellschaftlichen und kulturellen Problemsituation und vor allem der seither manifest gewordenen Gottes- und Glaubenskrise nicht mehr gerecht. Wir müssen tiefer bohren. Ein Neuaufbruch ist nur möglich, wenn ähnlich wie bei der Bewegung, die zum Vaticanum II geführt hat, drei Dinge zusammenkommen: eine aus den Quellen gespeiste geistliche Erneuerung, solide theologische Reflexion und kirchliche Gesinnung.

## Kirche – schwarz, aber schön

Hat die Kirche die Kraft zu einem solchen Aufbruch? Die Kirche trägt auf ihrem Gesicht viele Makel und Runzeln, in denen sich etwas widerspiegelt von der Last und der Mühe, von manchem Versagen in den 2000 Jahren ihrer Geschichte. Sie leidet auch heute unter Skandalen, inneren Krisen und Schwächen. Die Kirche steht dazu und bekennt Schuld, die sie auf sich geladen hat. Sie tut das nicht nur in einzelnen öffentlichen Mea culpa; sie tut es jeden Tag viele hunderttausend Male zu Beginn jeder Feier der Eucharistie. Sie kann das tun, weil sie an Vergebung und die Gnade des Neuanfangs glaubt. Sie weiß, dass aus dem tot geglaubten Wurzelstumpf neues Leben erwachen kann und wird *(Jes 11,1)*.

So hat die Kirche in ihrer Geschichte schon viele Stürme überstanden. Schon oft wurde sie grausam verfolgt, aber sie hat alle ihre Verfolger von Nero bis zu Stalin, Hitler und Mao und alle so mächtig erscheinenden, feindlichen Regime überlebt. Es ist heute auch nicht das erste Mal, dass sie durch eine innere Krise hindurch geht. Schon oft wurde sie totgesagt und ihr das Sterbeglöckchen geläutet; sie hat sich immer wieder erneuert und dann neues Leben und neue Energie gezeigt. Schon oft wurde sie geschmäht, aber ihre Kulturleistungen werden bis heute auch von ihren größten Verächtern bewundert. Schon oft hat sie innere Krisen und handfeste Skandale durchgemacht, aber immer wieder hat sie sich erneuert und bis in die Gegenwart unzählige heilige Männer und Frauen hervorgebracht, viele, die sich im Dienst für die Ärmsten der Armen verzehrten. So ist die Kirche schwarz, aber schön *(Hld 1,5)*.

Kraft und Stärke, die in der Kirche auch heute vorhanden sind, werden nicht zuletzt deutlich in der nur nach Tausenden zu zählenden Anzahl der Märtyrer im vergangenen wie im beginnenden neuen Jahrhundert.[10] Sie haben ihre Knie nicht gebeugt vor den Tyrannen und den neuen Götzen. Sie haben Widerstand geleistet und um ihres Glaubens willen Kerker und Lager, Demütigungen und Torturen und schließlich den Tod auf sich genommen. Gegenwärtig sind die Christen die am meisten verfolgte Gruppe von Menschen in der Welt. Das Blut der Märtyrer hat sich schon bisher immer als Same neuer Christen erwiesen. So sind uns nicht zuletzt die zahllosen Märtyrer des vergangenen wie des beginnenden neuen Jahrhunderts Grund zu der Hoffnung, dass ihre reiche Saat im neuen Jahrhundert und Jahrtausend aufgehen wird.

## Bleibende Relevanz von Christentum und Kirche

Die Herausforderungen, vor denen nicht nur die Christenheit, sondern die Menschheit zu Beginn des neuen Jahrhunderts und Jahrtausends stehen, sind enorm und sie sind global. Die rasanten wissenschaftlichen und technologischen Entwicklungen dringen immer mehr in das Geheimnis des Lebens ein und machen es manipulierbar; das Einswerden der Menschheit im Prozess der Globalisierung birgt viele offene und mehr noch viele verborgene Konflikte eines Zusammenstoßes der Ethnien, Kulturen und Religionen; die Frage des Friedens und der Sicherheit hängt davon ab, ob wir zu einer einigermaßen gerechten und solidarischen Verteilung der allen Menschen gehörenden Güter der Erde und zu einer universalen Respektierung der grundlegenden Menschenrechte kommen; dazu kommen die Probleme der Umwelt und des natürlichen Gleichgewichts der Erde, also die Bewahrung der Schöpfung als lebenswerter Umwelt des Menschen; schließlich, aufgrund der neuen Informations- und Kommunikationsmittel, die Informationsflut, die niemand mehr sinnvoll bewältigen kann, in der die Realität und ihre mediale Vermittlung verschwimmen und die dadurch vielfältigen Manipulationen ausgesetzt ist. Die Liste der anstehenden Zukunftsprobleme ließe sich leicht fortsetzen.

Die Dramatik der Situation ist umso größer, als wir in einer geistig dürftigen Zeit leben, in der es an großen Ideen, Idealen und Visionen mangelt, die nötig wären, um den Herausforderungen zu begegnen. Die Ideologien und Utopien des 19. Jahrhunderts und der ersten Hälfte des 20. Jahrhunderts sind verbraucht; sie haben sich in den Katastrophen des 20. Jahrhunderts selbst diskreditiert. Sie nochmals aus der geistesgeschichtlichen Rumpelkammer hervorzuholen, wie es manche Ausformungen des neuen Atheismus versuchen, kann nur ein hoffnungsloses letztes Aufbäumen vergangener und überholter geistiger Mächte sein und uns erneut und noch tiefer in die Katastrophe stürzen. Wohin man auch blickt, die geistigen und moralischen Ressourcen, die wir für die Bewältigung der enormen Probleme und Herausforderungen bräuchten, sind knapp geworden. Resignation und Skepsis machen sich deshalb breit.

Die Kirche ist auch nach aufmerksamen außerkirchlichen Beobachtern[11] zumindest in unserem Kulturkreis, aufgrund der globalen Vernetzung der Probleme aber auch weit darüber hinaus, die einzige Instanz, die von dem in Jesus Christus angebrochenen Reich Gottes eine Botschaft zu verkünden weiß, die Licht der Welt *(Lumen gentium)* sein kann und die Hoffnung und Freude *(Gaudium et spes)* auszustrahlen vermag. Es ist eine Botschaft der Hoffnung, die heute Mangelware geworden ist. Diese Botschaft ist nicht vernunftscheu, sie ist kein leerer Traum oder eine bloße Utopie; sie sucht und verlangt nach Verstehen. Sie lässt sich vernunftgemäß entschlüsseln und ins Verstehen heben. Aus ihr ergeben sich Perspektiven für den Aufbau einer gerechten, solidarischen und friedvollen Welt und einer Zukunft für alle. Sie hat zwar keine konkreten technischen, wirtschaftlichen und politischen Antworten anzubieten; aber sie setzt uns auf die Spur, auf der solche Antworten möglich sind und sie gibt zugleich Zuversicht und Mut, in dieser Spur Lösungen zu suchen und auch zu finden. Sie gibt Schub- und Motivationskraft für die Bewältigung der anstehenden Probleme und ist damit alles andere als überflüssig und irrelevant geworden.

## Kirche als eschatologisches Zeichen

Letztlich lässt sich die Zukunft der Kirche jedoch nicht aus der Relevanz für die Lösung der anstehenden Menschheitsprobleme begründen. Relevanz hat nur, wer Identität besitzt. Eine Kirche, die sich nur als politischer Eisbrecher, als soziale Serviceagentur oder gar zuständig für gesamtmenschliche Wellness als Wohlfühlkirche verstünde und rechtfertigte, wäre austauschbar und ersetzbar. Die Kirche kann ihre Identität nicht von anderswo ausleihen, sich an andere Bewegungen anlehnen oder anpassen oder sonst auf Pump leben. Würde sie das versuchen, würde sie zu einem schwankenden Rohr im Wind, das von jedem aufkommenden Windhauch von Meinungen und von jeder neu aufkommenden Mode hin- und hergetrieben und dann auch aufgerieben wird.

Relevanz und Zukunft kann die Kirche nur haben, wenn sie unverwechselbar ist, wenn sie Identität in sich selbst besitzt und wenn sie weiß, wer und was sie als Kirche ist. Solche Identität hat die Kirche nur als Kirche Jesu Christi und das heißt: nur von Gott her, der sich ihr durch Jesus Christus im Heiligen Geist mitteilt. Das kommt in den Bildern vom Volk Gottes, Leib Christi, Bau im Heiligen Geist und anderen Metaphern zum Ausdruck. Die Kirche hat ihre Identität als eschatologisches Zeichen, das heißt als quasi-sakramentale Vergegenwärtigung des Eschaton, dessen, was letzter Grund und letztes Ziel aller Wirklichkeit ist. Ekklesiologie ist darum nur als Theologie und das heißt nur im Horizont der Gottesfrage möglich. Die Gottesfrage ist das Problem und auch die Verheißung, mit der nicht erst heute alles steht und fällt.

Eschatologisches Zeichen sagt: Die Kirche ist nicht selbst das Eschaton. Sie ist nicht das Reich Gottes auf Erden; sie ist aber auch nicht nur eine verborgene Kirche, welche nur ereignishaft da und dort gegenwärtig wird. Sie ist Institution und Ereignis und als solches Zeichen und Werkzeug des in die Gegenwart schon hereinbrechenden Reiches Gottes. Als solches sacramentum futuri leuchtet in ihrer irdischen Gestalt, aller Schwäche und manchmal auch Schwerfälligkeit zum trotz, vor allem in ihrer Liturgie schon jetzt etwas auf von der Herrlichkeit und Schönheit Gottes, der am Ende alles in allem sein wird *(1 Kor 15, 28)*.

Als eschatologisches Zeichen wird die Kirche notwendigerweise zu einem Zeichen des Widerspruchs, und wenn mich nicht alles täuscht, tritt die Auseinandersetzung zwischen dem Reich Gottes und dem Reich dieser Welt heute in eine dramatische neue Phase ein. Wir sollten uns da keine Illusionen machen. Die Mächte der Gottlosigkeit und des Bösen rennen auch heute gegen die Kirche an und sind teilweise auch in der Kirche selbst am Werk. Die Kirche der Zukunft kann nicht anders als im Zeichen des Kreuzes stehen.

Die Kirche wird in unserer Situation zum prophetisch-kritischen Zeichen gegen einen innerweltlichen Säkularismus, der meint, das Leben aus eigener Einsicht und aus eigener Leistung meistern und das Glück des Lebens selber planen und schmieden zu können. Sie wird zum prophetisch-kritischen Zeichen gegen Egoismus, Individualismus und Hedonismus, die nur den eigenen Vorteil und die Befriedigung augenblicklicher Bedürfnisse suchen, und keinen Sinn mehr haben für Solidarität und das gemeinsame Gut aller. Sie wird schließlich zum prophetisch-kritischen Zeichen gegen die sich ausbreitende Banalisierung des Menschseins, die sich, wie Nietzsches letzter Mensch, banausenhaft mit dem kleinen Glück zufrieden gibt und keinen Stern mehr leuchten sieht über dem Leben.[12] Den Herausforderungen dieses Humanismus ohne Gott und des Lebens, als ob Gott nicht wäre, wie den sich daraus ergebenden Konflikten gilt es, sich, ob gelegen oder ungelegen *(2 Tim 4,2)*, zu stellen. Die Kirche muss sich in diesen Auseinandersetzungen bewähren als Zeichen und Schutz der Transzendenz der menschlichen Person.[13]

## Drei Prioritäten

Was also sollen und können wir tun? Einige äußere Schönheitsoperationen, ein bloßes Facelifting reichen nicht aus und die bloße Übernahme von modernen Methoden der Kommunikation, sosehr sie hilfreich sein können, ebenso wenig. Es nützt wenig, der Fassade einen neuen Anstrich zu geben, wenn die Fundamente brüchig geworden sind, und verbesserte Kommunikationsmethoden helfen wenig, wenn der Inhalt undeutlich und substanzlos geworden ist. Wir dürfen uns keine Illusionen machen: Institutionelle Reformen allein und ohne geistliche Erneuerung nützen nur wenig. Andere Kirchen haben alles, was in dieser Hinsicht oft gefordert wird, längst verwirklicht und trotzdem stehen sie hinsichtlich der Grundfrage: ›Wie heute Kirche sein und wie heute die Botschaft von Gott bezeugen?‹ keineswegs besser da. Wir müssen tiefer, nicht liberaler, sondern radikaler ansetzen.

Ich beschränke mich auf drei Prioritäten:

Als Erstes bedarf es des Mutes, in einer Situation, in der Gott vielen tot zu sein scheint und in der viele glauben, ohne Gott auskommen zu können, neu von Gott zu reden und ihn als Grund und Ziel aller Wirklichkeit, als Erfüllung menschlichen Strebens und Sehnens und als das wahre Glück des Lebens zu bezeugen.[14] Die Gotteskrise, oder wie man ebenso sagen kann, die Verfinsterung und Verdunkelung Gottes, ist die Grundkrise der Gegenwart. Ihr muss sich die Kirche zu allererst stellen. Die Kirche hat ja nicht sich selbst zu bezeugen und fortdauernd nur von sich selber zu reden. So interessant ist sie gar nicht und kann sie für Außenstehende auch nie sein. Sie ist nur Zeichen und Werkzeug der Gegenwart Gottes mitten in unserem Leben. Wer sich für Gott nicht interessiert, interessiert sich auch nicht wirklich für die Kirche. Gott hält und trägt alles, ohne ihn fällt alles ins Nichts zurück. Ohne den lebendigen Gott hängt alles andere in der Luft, gerät alles ins Wanken und fällt in sich zusammen.

Die Botschaft von Gott ist keine Botschaft der Angst. Sie ist von allem Anfang der Geschichte Gottes mit den Menschen an eine Verheißung des Segens für alle Geschlechter der Erde *(Gen 12,2f.)*, eine Verheißung, dass Gott da ist, das heißt, dass er mit uns und bei uns ist *(Ex 3,14)* und dies endgültig und unüberbietbar in Jesus Christus. So ist die Botschaft von Gott eine Botschaft von der Hoffnung, eine Botschaft vom Leben, eine Botschaft, die aufatmen lässt und die Mut macht. Das ist sie jedoch nur, wenn wir sie nicht verniedlichen, nicht verharmlosen oder gar banalisieren. Der Anfang der Weisheit ist die Furcht des Herrn *(Ps 111,10; Spr 1,7; 9,10)*. Furcht meint hier nicht Angst, sondern Ehrfurcht, Ehrfurcht vor Gott als dem Heiligen, dem über alles rein Weltliche Erhabenen, der eben dadurch ein Faszinosum ist, der aber auch allem Unrecht, aller Gewalt und aller Lüge widersteht und von jedem eine Rechenschaft fordert, bei der dann alle Masken fallen und alle wirklich gleich sind; er ist schließlich der, der dem Recht, der Wahrheit, dem Leben und der Liebe endgültig zum Durchbruch verhilft. Nur dem, der von der Heiligkeit Gottes und von seinem Gericht über alles Unrecht, alle Lüge und Hartherzigkeit weiß, kann die Botschaft vom unendlichen Erbarmen, von der Gnade und von der Liebe in ihrer ganzen Unergründlichkeit und Unerfindlichkeit als Botschaft von der Hoffnung auf ein anderes und neues Leben aufgehen.

Wir müssen uns also neu auf das erste Gebot besinnen *(Ex 20,2–6; Dtn 5,6–10)* und uns von den selbst zurechtgeschnitzten toten Götzen und Idolen, Ideologien und Utopien, von unseren Selbstüberschätzungen, Selbsttäuschungen und Lebenslügen frei machen und uns zum wahren und lebendigen Gott bekehren *(1 Thess 1, 9)*. Wir müssen das Hauptgebot Jesu ernst nehmen und Gott aus ganzem Herzen, ganzem Verstand und mit allen Kräften lieben *(Mk 12, 29 f. par.)*. Nur ihn können wir ungeteilt lieben und damit zugleich innerlich frei werden von allen anderen Absolutheitsansprüchen, frei sein auch von uns und für die anderen. Nur so können wir als Kirche nicht nur ein Volk, sondern Gottes Volk sein. Wir brauchen neue Freude an Gott und neue Begeisterung für ihn; wir brauchen in unserer weithin säkularisierten Welt eine theozentrische Wende.

Ein Zweites kommt hinzu: Es geht in der Botschaft von Gott nicht um irgendein vages Gefühl, irgendein höchstes Wesen, eine vage Transzendenz oder ein vermischtes Allerlei aus allen möglichen Religionen. Es geht um den Gott Abrahams, Isaaks und Jakobs, um den Gott, der uns konkret auf dem menschlichen Antlitz Jesu Christi erschienen ist und der in Jesus Christus Mensch unter uns Menschen geworden ist. Wir müssen, wie Papst Johannes Paul II. in seinem Programm für das dritte Jahrtausend sagte, neu von Jesus Christus her anfangen.[15] Das war das Programm aller Erneuerungs- und Reformbewegungen im Lauf der Kirchengeschichte, nicht zuletzt das des Franz von Assisi. Es kann heute kein anderes Programm geben. Denn ein anderes Fundament als das, das in Jesus Christus gelegt ist, kann niemand legen *(1 Kor 3, 11)*.

Die Anfangsworte der Kirchenkonstitution des Zweiten Vatikanischen Konzils machen auf diesen alles entscheidenden Punkt aufmerksam, sie lauten: »Lumen gentium cum sit Christus«, »Christus ist das Licht der Völker«. Nicht die Kirche ist Licht der Völker, nicht sie steht im Mittelpunkt, nicht sie darf glänzen wollen, Christus soll durch sie zum Glänzen und zum Leuchten kommen. Die Kirche ist wie der Mond, der nur das Licht reflektiert, das er von der Sonne, die Christus ist, empfängt. Zukunft kann die Kirche darum nur haben, wenn sie Jesus Christus und seine Botschaft vom kommenden Reich Gottes widerstrahlt.

Um Jesus den heutigen Menschen nahe zu bringen, hilft es nicht, ihn uns nach unseren menschlichen Maßstäben zurechtzuschneidern oder ihn gar unseren persönlichen oder politischen Interessen dienstbar zu machen. Wir dürfen Jesus nicht zu einem Gutmenschen machen, zu einem Rabbi oder Weisheitslehrer, ihn als Idealisten oder sozialen Revolutionär darstellen oder ihn zu einem Religionsstifter neben anderen machen. Auch wenn er von alldem etwas besaß, so haben wir damit noch längst nicht die Mitte seines Seins begriffen, sein einmaliges Verhältnis zu dem, den er seinen Vater nannte. Damit ist Jesus ein Novum. Er sprengt unsere Maßstäbe und gerade so befreit er uns von der Diktatur dessen, was den heutigen Zeitgeist bestimmt und als politisch korrekt gilt. Die Seligpreisungen der Bergpredigt sind die wahre Revolution. Wir müssen darum Jesu Anspruch ganz hören und dürfen dabei auch das Anstößige, das seine Botschaft schon für Jesu Zeitgenossen hatte, nicht auslassen. Wir können die Passionsgeschichten unserer Zeit nur bestehen, wenn wir uns einlassen in die Nacht seiner Passion, um mit ihm den Weg zur Auferstehung zu einem neuen Leben zu gehen. Wir müssen uns neu auf den Weg seiner Nachfolge einladen lassen, um aus seiner Freundschaft zu leben. Die theozentrische Wende führt uns damit zur christologischen Konzentration.

Schließlich ein Drittes: Jesus Christus hat nicht einfach vor 2000 Jahren gelebt und ist dann von uns gegangen; er lebt und wirkt durch den Heiligen Geist weiter in der Kirche und in der Welt. So ist die Kirche mehr als eine Institution; sie ist als Institution immer wieder neu Ereignis im Heiligen Geist.[16] Sie wird jedes Mal neu, wenn das Wort Gottes als Licht für das Leben verkündet und im Glauben angenommen wird, wenn Liturgie gefeiert und die Sakramente gespendet werden und wenn Samariterdienst an Kranken und Sterbenden, an ratlosen, suchenden und verängstigten Menschen und an Menschen, die am Rand unserer Gesellschaft leben, geschieht. Kirche ist, wo zwei oder drei in Jesu Namen zusammenkommen. Kirche ereignet sich tagtäglich auf tausend und abertausend Weisen.

Die Kirche bedarf als Geschöpf des Heiligen Geistes heute in erster Linie einer geistlichen Erneuerung. Der Apostel mahnt: »Löscht den Geist nicht aus!« *(1 Thess 5,19)*.

Mit geistlicher Erneuerung sind nicht pseudocharismatische Aufgeregtheit und immer wieder neue Events gemeint, die für den Augenblick emotionalen Enthusiasmus bewirken, dann aber wie ein Strohfeuer meist wieder rasch abbrennen und verlöschen. Solange das Feuer nicht tief in der Stille des Herzen brennt und zur Glut wird, nützt Spektakel und Rummel von Großveranstaltungen nichts. Es bedarf heiligmäßiger Christen. Denn das ist Gottes Wille, unsere Heiligung *(1 Thess 4,3)*. Dabei geht es nicht darum, Außerordentliches zu tun, sondern darum, das Ordentliche mit außerordentlicher Hingabe und Treue zu tun. Es geht um die größere Liebe; sie ist die Erfüllung des ganzen Gesetzes *(Röm 13,10)* und das Band der Vollkommenheit *(Kol 3,14)*. Wo sie nicht ist, nützt alles andere absolut nichts und ist alles andere nur tönendes Erz und klingende Schelle *(1 Kor 13,1)*.

Die Kirche von morgen kann also nicht eine möglichst liberale Kirche, sondern eine im ursprünglichen Sinn des Wortes verstanden radikale, das heißt, eine von den Wurzeln (radix) her erneuerte Kirche sein, die aus dem Wort Gottes und aus den Sakramenten lebt, aus dem Gebet, aus dem Geist der Umkehr und der Buße, im Dienst für andere und die sich orientiert an den Seligpreisungen der Bergpredigt. Gott sei Dank gibt es auch heute nicht nur Zeichen der Krise, sondern auch Zeichen der geistlichen Erneuerung, erfreuliche Zeugnisse geistlicher Aufbrüche und selbstlosen Einsatzes für die Ärmsten der Armen. So sollen die theozentrische Wende und die christologische Konzentration in einer geistlichen Vertiefung fruchtbar werden.

## Programmwort ›Neue Evangelisierung‹

Um diese dreifache Vision geht es bei der neuen Evangelisierung. Sie ist das entscheidende Programmwort für die Erneuerung der Kirche. Damit befinden wir uns auf solidem Grund. Denn Evangelium und evangelisieren sind Grundworte der Botschaft Jesu und des Neuen Testaments. Die neue Evangelisierung, wie sie Papst Johannes Paul II. angestoßen und wie sie sich Papst Benedikt XVI. zu eigen gemacht hat, nimmt deshalb in neuer Weise ein altes und ursprünglich biblisches Grundanliegen auf.[17]

In neuer Weise – das bedeutet: Es geht nicht um Reevangelisierung und nicht um Rückkehr zu einer vorhergehenden Epoche oder gar um eine Reconquista, eine militante Rückeroberung. Die lange Epoche der Einheit von geistlicher und weltlicher Ordnung, wie sie in der Antike, im Mittelalter und bis weit in die Neuzeit herein bestand, ist unwiederbringlich vorbei. Wir müssen uns der neuzeitlichen und nachneuzeitlichen Situation stellen. Die neuzeitliche Situation ernst nehmen heißt nicht, sich ihr unkritisch anpassen, sondern sich kritisch-konstruktiv mit ihr auseinandersetzen. Das hat das Zweite Vatikanische Konzil getan, indem es in einer eigenständigen, kritischen und weiterführenden Weise neuzeitliche Grundanliegen aufgegriffen hat. So hat es die Religionsfreiheit als grundlegendes, universal gültiges Menschenrecht anerkannt und mit der Eigenständigkeit der weltlichen Sachbereiche die legitimen Anliegen der neuzeitlichen Säkularität; das heißt: Weltliches muss weltlich nach den ihm immanenten eigenen Sachgesetzlichkeiten behandelt werden.[18]

Anerkennen konnte das Konzil die legitimen Anliegen neuzeitlicher Säkularität nicht durch schwächliche Anpassung, sondern nur, indem es von der innersten Mitte der christlichen Botschaft ausging. Die christliche Botschaft spricht von Gott, der kein Stück dieser Welt ist, sondern über alles Weltliche unendlich erhaben und davon verschieden ist und der als der Transzendente in seiner Schöpfung gegenwärtig ist und so das Eigensein der geschöpflichen Wirklichkeit nicht aufhebt, dem Menschen vielmehr Freiheit schenkt und lässt. Er ist in Jesus Christus unvermischt und ungetrennt Mensch geworden, das heißt, er hat sich in einmaliger personaler (hypostatischer) Weise mit der menschlichen Natur und in gnadenhafter Weise mit jedem Menschen vereinigt, aber doch so, dass das Menschliche dabei nicht durch die Gottheit aufgesaugt und sich nicht damit vermischt hat, sondern in seine Eigenständigkeit freigesetzt wurde.

So konnte das Konzil die Weltlichkeit der Welt und ihre legitime Eigenständigkeit anerkennen. Doch sobald diese von ihrem begründenden Grund abgelöst wird und die Säkularität zum Säkularismus wird, entsteht ein geistliches Vakuum, in dem alles grund- und sinnlos wird. Dieses Vakuum erfahren wir gegenwärtig in unserer westlichen Welt. Neureligiöse Strömungen oder ein neuer intoleranter und sich damit selbst verabsolutierender Säkularismus, was ein Widerspruch in sich selbst ist, versuchen, in dieses Vakuum vorzudringen, sich darin einzunisten und es auszufüllen. Dadurch entstehen für die Kirche heute neue Herausforderungen. Im 21. Jahrhundert ist nicht mehr wie im 18. und 19. Jahrhundert der Integralismus, also der mit dem Klerikalismus verbundene christliche und kirchliche Totalanspruch das Problem, sondern der alles Religiöse privatisieren, marginalisieren und letztlich eliminieren wollende Säkularismus. Diese Herausforderung ist zugleich die Chance, die sich der Kirche heute auftut, nämlich durch die neue Evangelisierung das Vakuum und die Sehnsucht des menschlichen Herzens nach dem Mehr und nach allem, letztlich nach Gott, christlich zu füllen. Viel mehr Menschen, als wir denken, warten darauf.

Neue Evangelisierung meint selbstverständlich kein neues Evangelium; sie will das ein und dasselbe Evangelium Jesu Christi in dieser neuen Situation in neuer Weise zur Sprache bringen. Sie nimmt die Grundbotschaft der Schrift wie der Vätertradition auf, die besagt, dass Gott ein Gott der Menschen ist, der bei uns, mit uns, unter uns und in uns sein und wohnen will und dass dieses Sein mit, bei und in Gott die letzte Erfüllung und das wahre Glück des Menschen ist. Diese Grundbotschaft drückt sich, wie bereits gezeigt, aus in der Idee von der communio von Gott und Mensch, in der Idee ›Vergöttlichung des Menschen‹ und in der Einwohnung des Geistes Gottes in uns und schließlich in der patristischen Lehre der Gottesgeburt im Menschen, die sich in der Mystik eines Eckehart wiederfindet.[19] Diese Botschaft von der Fülle des Lebens und von der Hoffnung auf Ewiges vermag die Leere und zugleich die Sehnsucht des Menschen zu erfüllen.

Solche neue Evangelisierung ist kein kurzfristig zu erledigendes Aktionsprogramm. Sie leitet vielmehr einen langen und mühsamen Prozess des Umdenkens und der Umkehr wie der Erneuerung aus der Mitte und der Tiefe des Evangeliums ein. Sie führt ein in ein Paschageschehen des Sterbens des alten Lebens und der Auferstehung zu neuem Leben. Nur so kann es zur Erneuerung Europas und zu einer neuen Gestalt seiner Kultur kommen. Damit stehen wir erst am Anfang eines neuen Anfangs.

Die neue Evangelisierung setzt Selbstevangelisierung voraus. Blinde können nicht Blinde führen *(Mt 15,14)*. Nur Begeisterte können begeistern. Wer die Kirche erneuern will, muss sich selbst erneuern und sich neu begeistern lassen von der Botschaft von Gott, der uns in Jesus Christus erschienen ist und durch den Heiligen Geist in der Kirche und in uns wirkt. Er muss sich begeistern lassen von einer wahrhaft katholischen Vision der Kirche, wie sie uns in der Heiligen Schrift, bei den Kirchenvätern und im letzten Konzil begegnet. Reduzierte, soziologisch verengte Kirchenbilder helfen nicht weiter. Vollends kann man mit besserwisserischer Kritik und jammerseligem Leiden an der Kirche niemanden überzeugen und noch weniger begeistern. Man muss die Kirche lieben mit all ihren Runzeln und Makeln, so wie Christus die Kirche geliebt und sich für sie hingegeben hat *(Eph 5,25)*.

Neue Freude am Glauben und an der Kirche führt von selbst zu einer Erneuerung des missionarischen Bewusstseins. Dies ist für die neue Evangelisierung eine Grundvoraussetzung. Der Volksmund sagt: Wovon das Herz voll ist, davon geht der Mund über. Wir können noch einen Schritt weitergehen und sagen: Wovon das Herz voll ist, das strahlt auf das ganze Leben aus. Wer vom Glauben überzeugt ist, wird auch zum Zeugen des Glaubens, nicht nur zum Zeugen durch das Wort, sondern zum Zeugen der Tat und des Lebens. Der spricht nicht nur mit dem Mund, sondern mit seiner ganzen Existenz. Solch neuer missionarischer Schwung hat nichts mit aufdringlicher Proselytenmacherei zu tun. Die Kirche begegnet jeder ehrlichen Überzeugung anderer mit Respekt. Sie hat Grund, selbstkritisch, bescheiden und demütig aufzutreten, aber sie hat keinen Grund, defätistisch zu werden und sich zu verstecken. Im Gegenteil, sie muss aus der Defensive heraus und Zeugnis geben von ihrer Botschaft als einer Botschaft des Lebens. Andernfalls wäre sie nicht mehr die Kirche Jesu Christi. Wer nicht mehr wachsen will, der nimmt ab und stirbt am Ende. Die Wiederentdeckung missionarischen Bewusstseins ist eine Grundvoraussetzung dafür, dass die Kirche auch in unserem Land Zukunft hat.

Schließlich setzt die neue Evangelisierung eine erneuerte Theologie voraus. Sie muss fest in der Heiligen Schrift und in der Tradition der Kirche verwurzelt sein und zugleich ihre ›Sache‹ fruchtbar machen und in die gegenwärtige Lebenswirklichkeit und Kultur hinein übersetzen. Die drei Grundprinzipien, mit denen die Tübinger Schule zu Beginn des 19. Jahrhunderts mitgeholfen hat, den Geist der Aufklärung zu überwinden und eine kirchliche Erneuerung in die Wege einzuleiten, haben auch unter den neuen Bedingungen zu Beginn des 21. Jahrhunderts Gültigkeit: Kirchlichkeit, Wissenschaftlichkeit und kritische Zeitgenossenschaft.[20]

## martyria – leiturgia – diakonia

Was wir bei der neuen Evangelisierung brauchen, sind nicht alle möglichen neuen pastoralen Sonderprogramme. Wir dürfen uns auch nicht verzetteln und uns nicht mit Rand- und Nebenfragen aufhalten. Wir sollten unsere Kräfte auf das Wesentliche und Fundamentale konzentrieren und das mit neuem Schwung tun, was ohnehin geschieht und geschehen muss, und durch martyria – leiturgia – diakonia Kirche in die Zukunft hinein aufbauen.

Der erste Akzent liegt wie bei Jesus selbst und bei den Aposteln auf der martyria, der missionarischen Verkündigung. Entscheidend dafür ist nach wie vor die Predigt. Hier hat die Kirche noch immer eine Chance, die sonst keine andere soziale Gruppierung hat: sie kann Sonntag für Sonntag Millionen von Menschen ansprechen und ihnen die gute Botschaft des Evangeliums bezeugen – nicht als eine abstrakte Lehre, sondern als Botschaft vom Leben und für das Leben. Dazu bedarf es nicht irgendwelcher Sahnehäubchen von mehr oder weniger witzigen Einfällen und Aufhängern. Die Leute brauchen das Schwarzbrot des Evangeliums, das exegetisch fundiert und lebensnah ausgelegt immer interessant, überraschend, neu und aktuell ist.

Sicher erreichen wir heutzutage mit der Predigt direkt nur den kleineren Teil der Bevölkerung; aber wenn die, die wir erreichen, dadurch ›angesteckt‹ werden, werden sie diese Botschaft weitererzählen und in der Familie und in ihrer Umwelt Gott neu ins Gespräch bringen. So geschieht Evangelisierung im Schneeballsystem und in konzentrischen Kreisen, face to face, von Person zu Person. Der Gebrauch und die Indienstnahme der modernen Medien sowie öffentlicher Kundgebungen können und müssen heute dazukommen, können aber das persönliche Zeugnis nicht ersetzen.

Solches Zeugnis braucht Zeugen, die nicht nur mit ihrem Mund, sondern mit ihrer ganzen Existenz für den Glauben stehen. Nur Zeugen können überzeugen. Überzeugen setzt aber Sprachfähigkeit im Glauben und solides Wissen vom Glauben voraus. So gehört seit biblischen Zeiten zur missionarischen Verkündigung die Katechese, verstanden als Initiation, als ganzheitliche Einführung in den Glauben und in das Leben der Kirche. Denn wie will man von seiner Hoffnung Rechenschaft geben *(1 Petr 3,15)*, wenn man das ABC des Glaubens nicht mehr kennt und wenn man zum religiösen Analphabeten geworden ist? Die Katechese ist darum seit jeher eine Grundaufgabe der Kirche, und es ist eine Grundpflicht des kirchlichen Amtes, jeweils neu heranwachsende Generationen wie suchende ältere Christen in den Glauben und in das Leben der Kirche einzuführen.[21]

Hier liegt bei uns vieles im Argen. Das religiöse Wissen und damit die Sprach- und Zeugnisfähigkeit der Mehrzahl der Christen ist auf einem Tiefpunkt angelangt. Das ist kein Vorwurf an viele Katecheten, die sich oft redlich mühen. Doch so, wie es gegenwärtig bei uns in den meisten Pfarreien und Diözesen mit der Tauf-, Beicht-, Kommunion- und Firmkatechese und mit der katechetischen Vorbereitung auf das Ehesakrament aussieht, darf es verantwortlicherweise nicht weitergehen. Andere Länder sind uns da oft weit voraus und auch bei uns gibt es bereits ein Angebot neuer katechetischer Formen, etwa in der Familienkatechese, das man nur konsequent aufgreifen müsste. Eine katechetische Erneuerung im Sinn einer Einführung in den Glauben und in das Leben der Kirche nicht nur für Kinder, sondern auch für Heranwachsende und Erwachsene tut dringend not; doch eine durchgehende Erneuerung der christlichen Initiation steht uns erst noch bevor.

Zur martyria kommt die leiturgia.[22] Wie das Wort in Jesus Christus ein für alle Male Fleisch geworden ist, so will es sich in der Kirche immer wieder in sakramentalen Zeichen verdichten. Mitte und Höhepunkt des Lebens der Kirche ist die Feier der Liturgie, besonders der Eucharistie.[23] So gilt für die neue Evangelisierung, was der heilige Benedikt in seiner Regel seinen Mönchen mitgegeben hat: Dem Gottesdienst soll nichts vorgezogen werden.[24] Es mag durch äußerliche Umstände bedingt gewesen sein, dass das Zweite Vatikanische Konzil mit der Diskussion und Verabschiedung der Liturgiekonstitution eingesetzt hat; es lag darin aber auch eine sachliche Notwendigkeit.

Das Leitmotiv der konziliaren liturgischen Erneuerung, die volle, bewusste und tätige Teilnahme des ganzen Volkes Gottes, ist zum Leitmotiv der gesamten konziliaren kirchlichen Erneuerung geworden. Die nachkonziliare Liturgiereform hat viele gute Früchte getragen. Der Tisch des Wortes ist reichlicher gedeckt als zuvor, und die bewusste Teilnahme des Volkes Gottes an der liturgischen Feier ist durch die größere Transparenz der Riten und durch den Gebrauch der Landessprache erleichtert. Leider ist es bei der Umsetzung der Reformen aber auch zu einer gewissen Verarmung der symbolhaften Vollzüge und oft auch zu Banalisierungen gekommen, durch welche die Eucharistie mitunter auf eine Mahlfeier reduziert worden ist, und der Sinn dafür verloren gegangen ist, dass die Liturgie die Vergegenwärtigung von Kreuz und Auferstehung Christi und die Vorfeier der eschatologischen Verherrlichung und Anbetung Gottes ist. Hier tun Umdenken und weiter und tiefer gehende Reformen not. Die volle, bewusste und tätige Teilnahme kann nicht in erster Linie in der möglichst vielgestaltigen Verteilung der liturgischen Rollen bestehen. Aktive Mitfeier meint in erster Linie inneren Mitvollzug aus dem Geist der Ehrfurcht und der Anbetung.

Wenn Liturgie schön gefeiert wird unter Einbezug aller zur Verfügung stehenden menschlichen Künste, dann braucht es keine zusätzlichen Erläuterungen oder immer wieder neue originelle Einfälle, dann wird die Liturgie von selbst zu einem Faszinosum, das anzieht und anspricht. Augustinus gibt uns ein anschauliches Beispiel. Er beschreibt, wie er in Mailand bei der Liturgie auf die Hymnen und Gesänge hörte. »Die Weisen drangen an mein Ohr, und die Wahrheit flößte sich ins Herz.«[25] Die Liturgie soll darum nicht einfach die Verlängerung unserer alltäglichen Welt in den Raum der Kirche hinein sein. Sie soll vielmehr über den grauen Alltag hinausweisen, wenigstens einen Spalt offen halten in die andere Welt Gottes und uns so einen Vorgeschmack vermitteln von der Herrlichkeit seines Reiches. Wo in dieser Weise Liturgie gefeiert wird, wird die Liturgie durch ihre Symbolsprache zur Evangelisierung.

Diakonia ist der dritte Aspekt einer neuen Evangelisierung. Darauf haben zwei große Glaubenszeugen des 20. Jahrhunderts, Dietrich Bonhoeffer und Alfred Delp, hingewiesen. Sie haben der Kirche des 21. Jahrhunderts ins Stammbuch geschrieben, dass die Kirche in der Nachfolge Jesu nicht für sich selbst da ist, sondern Kirche für die anderen sein muss, und dass sie nur als Kirche für andere Zukunft haben kann.[26] Die Kirche muss ihr oft allzu gutbürgerliches Milieu öffnen und in der Nachfolge Jesu Kirche für die anderen, besonders Kirche für die Armen, die Verfolgten und alle Leidenden sein, oder besser ausgedrückt: Sie muss Kirche mit den Armen, mit den Verfolgten und mit den Leidenden sein. Sie muss leidempfindliche, mitleidende Kirche sein.

Das bedeutet nicht, dass die Kirche zu einer Art Sozialagentur und zu einem weltweit agierenden Hilfswerk werden soll. Gewiss soll sich die Kirche, wie es die kirchlichen Hilfswerke mit Engagement und Erfolg tun, im eigenen Land wie weltweit nach Kräften einsetzen für die Linderung von Notsituationen, für eine neue Zivilisation des Teilens und für eine Globalisierung nicht nur wirtschaftlicher Interessen, sondern der Solidarität, kurzum für Freiheit, Gerechtigkeit und Frieden in der Welt wie für die Bewahrung der Schöpfung. In allen diesen lobenswerten Initiativen und Aktivitäten muss jedoch zum Ausdruck kommen, dass die Kirche primär einen geistlichen Auftrag hat. Die

Diakonie betrifft nicht nur die leiblichen Werke der Barmherzigkeit, sondern auch die geistlichen Werke der Barmherzigkeit: Die Unwissenden lehren, die Zweifelnden beraten, die Trauernden trösten, die Sünder zurechtweisen, den Beleidigern gerne verzeihen, die Unangenehmen ertragen, für alle beten.[27] Liebe ist absichtslos und darf nicht missionarisch oder gar proselytisch verzweckt werden; jede solche Begegnung kann aber als das Zeugnis der Tat Evangelisierung werden.

Bei aller materiellen Hilfeleistung muss darum der personale Zuwendung Vorrang vor strukturellen Maßnahmen gegeben werden. Dazu gehört auch, dass Menschen in schwierigen Lebenssituationen, die nicht in das Schema der kirchlichen Ordnung passen, etwa wiederverheiratete Geschiedene, in begründeten Einzelfällen sich wieder mit der Kirche versöhnen können. Das setzt jenseits von Rigorismus und Laxismus eine erneuerte Buß- und Versöhnungsordnung in der Kirche voraus. Nur durch sie kann für Menschen in schwierigen Situationen das Antlitz des barmherzigen Gottes in der Kirche neu aufleuchten.

Die Diakonie betrifft auch den eigenen Lebensstil, nicht zuletzt jenen des Klerus. Die Zeiten einer feudalen, reichen und herrschaftlichen Kirche sind vorüber. Sie entsprechen auch nicht dem Beispiel Jesu selbst, der unseretwegen arm geworden ist *(2 Kor 8,9)*. Die Vertreter der Kirche sollen darum nach dem Vorbild Jesu und um der Glaubwürdigkeit der Kirche willen allen Eindruck von Reichtum und Macht vermeiden. Was das Zweite Vatikanische Konzil zu dieser Frage von einer armen Kirche mit den Armen gesagt hat, wurde bisher bei uns leider zu wenig rezipiert. Armut ist freilich ein relativer Begriff; sie ergibt sich aus einem Vergleich mit dem, was in der jeweiligen gesellschaftlichen Situation als angemessener Lebensstandard gilt. So ist es in Bezug auf unsere Verhältnisse ehrlicher, von einem einfachen, evangelisch-apostolischen Lebensstil zu sprechen, der gleichwohl Form und Würde haben soll und nicht mit formloser Verlotterung verwechselt werden darf. Das einfache Leben nach der Art des Evangeliums, wie es Franz von Assisi lebte und wie er es seinen Brüdern in seiner Regel auferlegte, hat die damals mächtige Kirche vor dem Verfall gerettet. In der heutigen Welt, in der es so viel Armut gibt, ist solches Zeugnis eines apostolischen Lebensstils erneut notwendig.

## Brüderliche, dialogische und kommunikative Kirche

Martyria, leiturgia, diakonia geschehen in der communio der Kirche und sind Ausdruck der communio der Kirche. Damit kommen wir auf die institutionellen Probleme zurück. Es wäre nämlich weltfremd und widerspräche auch dem inkarnatorischen Charakter des Christentums zu meinen, geistliche Erneuerung sei ohne institutionelle Reformen möglich. Schon ein Blick in die Ordensgeschichte zeigt, dass das Charisma des Ordensgründers jeweils in der Institution des Ordens sozusagen auf Dauer gestellt worden ist. So muss auch die erneuerte communio-Ekklesiologie institutionelle Gestalt annehmen und sich dabei doch bewusst bleiben, dass institutionelle Reformen ohne geistliche Erneuerung seelenlose, letztlich tote Strukturen bleiben.

Kirche als communio verstehen führt zu einem kommunikativen, dialogischen und geschwisterlichen Stil in der Kirche, der sich ebenso deutlich von älteren imperialen, feudalen und obrigkeitsstaatlichen Verhaltensmustern wie von einem scheinmodernen bürokratischen Stil unterscheidet. Beides hat zu einer Entfremdung vieler Gläubigen von der Kirche geführt. Eine solche Sozialgestalt entspringt nicht einer Demokratisierung der Kirche, sondern einer Realisierung der der Kirche eigenen Volk-Gottes- und communio-Wirklichkeit. In diesem Sinn soll das Leben der Kirche heute wie in Zukunft nach innen wie nach außen durch einen kommunikativen, partizipativen und dialogischen Stil der Geschwisterlichkeit, der Freundschaft und des Vertrauens und durch eine hör- und lernbereite Dialogkultur geprägt sein.

Dazu gehört die Neubelebung und Stärkung synodaler Institutionen in der Kirche, auf der ortskirchlichen wie auf der universalkirchlichen Ebene.[28] Damit stehen wir erst am Anfang eines neuen Weges, um der Kirche ein junges, frisches Gesicht und eine erneuerte Gestalt zu geben. Diese Erneuerung ist alles andere als eine Neuerung. Sie hat nichts mit einer gelegentlich beschworenen Rätekirche zu tun; sie entspricht vielmehr, wie mehrfach gezeigt wurde, ältester Tradition, die es unter den heutigen Gegebenheiten neu aufzugreifen gilt, um aus dem Geist der communio einen aus überholten gesellschaftlichen Mustern stammenden, einseitig autoritativ-hierarchischen Stil zu überwinden.

Kirchliche communio ist jedoch nicht die Fraternité der französischen Revolution. Sie weiß um die konstitutive Bedeutung des kirchlichen Amtes. Denn communio stellt sich nicht selbst her und nicht allein durch den geschwisterlichen Dialog ein. Sie setzt Versöhnung voraus, die letztlich ein Geschenk der aus schuldhaften Verstrickungen befreienden Erlösung ist. Das kirchliche Amt repräsentiert in seinem Gegenüber zur Gemeinde dieses innerweltlich unableitbare gnadenhafte Gegenüber. Es ist darum ein konstitutiver Dienst in der kirchlichen communio und für sie. Die Geschwisterlichkeit in der Kirche kann nicht ohne die geistliche Vaterschaft existieren. Zu ihr gehört auctoritas im ursprünglichen Sinn des Wortes, augere, wachsen, und auctor, was eigentlich Mehrer heißt. Autorität soll also nicht Leben unterdrücken, sondern Leben stiften und mehren, Leben wachsen lassen und Leben fördern. Solche Autorität, die sich nicht allein aus der amtlichen Stellung, sondern auch aus der Kraft der Persönlichkeit ableitet, brauchen wir heute dringend.

Dieses Ineinander und Gegenüber von Amt und Gemeinde beziehungsweise Kirche ist auf allen Stufen kirchlichen Lebens notwendig. Auf der ›untersten‹ Ebene der Pfarrei bedarf es für einen solchen kommunikativen und partizipativen Stil überschaubarer pastoraler Einheiten. Eine Pfarrei, gerade wenn sie in Zukunft großräumiger sein wird, muss eine Gemeinschaft von Gemeinschaften sein.[29] Dazu gehören Haus- und Basisgemeinschaften, die Biotope des Glaubens sind, in denen christliches Leben erfahren, gelebt und aktive Beteiligung am kirchlichen Leben konkret eingeübt werden kann. Von ihnen können dann Licht und Wärme des Glaubens ins Umfeld ausstrahlen.

Solche kleinen Gemeinschaften dürfen sich nicht verselbständigen und abschotten. Sie müssen offen sein für das Leben der jeweiligen Gemeinde und offen für die weltweite Kirche. Zumal in einer global vernetzten Welt müssen Gemeinden und Gemeinschaften ihre oft beschränkte Kirchturmperspektive überschreiten, wirklich katholisch sein und sich für die größere Kirche in der Diözese und in der Weltkirche öffnen. Bei aller notwendigen Verwurzelung in der jeweils eigenen Kultur und Geschichte ist die Zeit von Nationalkirchen, die seit dem späten Mittelalter die Neuzeit geprägt haben und Mitursache von unseligen Spaltungen und Konflikten geworden sind, endgültig vorbei. Das Christ- und Kirchesein im 21. Jahrhundert sollte sich vor allem auszeichnen durch weltweite Solidarität mit den Schwestern und Brüdern, die in Not sind, vor allem mit den verfolgten und unterdrückten Christen in vielen Ländern der Welt. Dazu gehört auch die alte biblische und urchristliche Tugend der Gastfreundschaft gegenüber Menschen, die von Not und Verfolgung getrieben zu uns kommen.

Auf der Ebene der universalen Kirche braucht die Kirche in einer mehr und mehr globalisierten und doch innerlich zerrissenen Welt um der Einheit in der Vielfalt der Einzelkirchen willen beides: ein starkes Zentrum, das die Kirche im einen Glauben des Petrus zusammenhält und eine Stärkung ihrer kollegialen/synodalen Struktur. Beides widerspricht sich nicht. Die vom Zweiten Vatikanischen Konzil gewollte stärkere Integration beider Gesichtspunkte würde vielmehr dazu beitragen, den noch immer vorhandenen, die Einheit schwächenden und störenden antirömischen Affekt[30] zu überwinden und die innere Einheit zu stärken. So wird es in Zukunft unausweichlich sein, einen alles steuern und an die Leine nehmen wollenden Zentralismus zurückzufahren und den Ortskirchen, das heißt der Kirche in einem Land, einer Kultur oder auch Kirche eines Kontinents mehr Eigenverantwortung zu geben. Dadurch wird die Bedeutung des dem Petrusamt übertragenen Auftrags, die Schwestern und Brüder zu stärken, nicht ab-, sondern zunehmen. Petrus ist mit seinem Glauben der Fels, auf den die Kirche gegründet ist, und gerade in schwierigen Zeiten wie der unsrigen gilt es, sich um Petrus zu scharen.

Zum Dialog nach innen kommt der Dialog nach außen, wie ihn das Zweite Vatikanische Konzil neu angestoßen hat: der Dialog mit dem Gottesvolk des Alten Bundes, der ökumenische Dialog sowie der Dialog mit den anderen Religionen, mit der heutigen Kultur und mit allen Menschen guten Willens. Mit diesen Dialogen hat das Konzil den Weg gewiesen von einer sich als Burg und Festung verstehenden geschlossenen Kirche hin zu einer kommunikativ und dialogisch offenen Kirche. Dialog bedeutet nicht das Aufgeben der eigenen Identität, sondern vielmehr das Wachsen in der eigenen Identität. Denn wesentlich für die christliche Identität ist das Sein für andere und mit anderen. Das schließt Anpassung ebenso aus wie eine ängstliche Wagenburgmentalität. In allen Dialogen soll der Grundsatz gelten: »Prüfet alles, das Gute behaltet.« *(1 Thess 5, 21)*

Niemand kann schon heute absehen, wohin uns der ökumenische Dialog führen wird, was er für die künftige Gestalt der Kirche bedeuten und wie die größere Einheit in einer dann auch größeren Vielfalt einmal konkret aussehen wird. Um zu dieser größeren Einheit in der

Wahrheit und in der Liebe zu kommen, liegt wohl ein längerer und nicht einfacher Weg vor uns. Wir wissen nur: Dieser Dialog und dieser Weg sind der Auftrag Jesu und sie sind ein Werk des Heiligen Geistes. Dieser Weg ist darum irreversibel und unwiderruflich; er ist eine wichtige Baustelle der Kirche der Zukunft. Wir müssen darum tun, was wir in der Wahrheit und in der Liebe schon heute tun können; wir können die Einheit jedoch nicht ›machen‹. Das wichtigste ist, unablässig für die Einheit zu beten und uns durch innere Umkehr dafür zu bereiten. Vollends ist der interreligiöse Dialog ein Weg in eine offene Zukunft. Er ist die einzig mögliche Alternative zur Gewalt und zu einem Zusammenstoß der Kulturen, der Ethnien und der Religionen. Durch diesen Dialog in der Wahrheit und in der Liebe kann die Kirche als eschatologisches Volk Gottes mitten in den Konflikten unserer Welt Vorausbild und Werkzeug des eschatologischen Friedens (schalom) sein.

## Hoffnung auf ein erneuertes Pfingsten – Freude an Gott und Freude an der Kirche

Mit den Dialogen nach innen und außen hat das Zweite Vatikanische Konzil Entwicklungen angestoßen, die uns fordern, die wir aber nicht programmieren können. Das Konzil hat uns für die gegenwärtige geschichtliche Stunde des Abschieds von langsam, aber unaufhaltsam vergehenden volkskirchlichen Formen und des Aufbruchs zu einer neuen Art des Kircheseins die Richtung gewiesen. Es hat uns ein Licht auf den Weg gegeben, das nicht wie ein Flutlicht eine ganze Piste in die Zukunft ausleuchtet; es hat uns gleichsam eine Laterne in die Hand gegeben, die wie jede Laterne nur leuchtet in dem Maß, wie wir selbst voranschreiten. Sie gibt Licht jeweils für den nächsten Schritt, dem dann andere Schritte folgen können und folgen müssen.

So kann man die Erneuerung der Kirche nicht durch ein ausgetüfteltes Programm vorherbestimmen. Letztlich ist die Erneuerung nur durch ein erneuertes Pfingsten möglich, von dem der selige Papst Johannes XXIII. bei der Einberufung und dann bei der Eröffnung des Zweiten Vatikanischen Konzils am 11. Oktober 1962 gesprochen hat. Wenn wir davon überzeugt sind, dass letztlich nur der Pfingstgeist die Erneuerung schenken kann, dann müssen wir vor allem anderen das tun, was die ersten Jünger und Jüngerinnen vor Pfingsten taten. Damals versammelten sich Apostel, die Frauen, die Jesus begleitet hatten, zusammen mit Maria, der Mutter Jesu, und verharrten einmütig im Gebet *(Apg 1,12–14)*. Auch heute wird die Zukunft der Kirche in erster Linie von den Betern bestimmt und die Kirche der Zukunft wird vor allem eine Kirche der Beter sein.

Der Geist kann wie am ersten Pfingsten in Sturm und mit Feuer kommen *(Apg 2,2f.)*, mit dem Sturm, der manches hinwegfegt und mit dem Feuer, das manches von dem verbrennt, was uns heute noch wichtig erscheint. Der Geist kann aber auch wie beim Propheten Elija im leisen Säuseln des Windes kommen *(1 Kön 19,12f.)* und uns und die Welt mit seiner Glut von innen her reinigen und verwandeln. Er kann uns neu bewusst machen, dass wir uns keine Sorgen zu machen brauchen, dass vielmehr die Freude an Gott unsere Stärke ist *(Neh 8,10)*. Wenn wir aus dieser Freude heraus als Volk Gottes Freude an der Kirche haben, wird die Kirche auch morgen leben und übermorgen Zukunft haben. Sie wird dann als Vorschein des kommenden Reiches Gottes suchende und fragende, junge wie ältere Menschen anziehen und für viele neu geistliche Heimat sein.

Wenn die vorausgehenden Kapitel ein wenig zu solcher Freude an Gott und an der Kirche beitragen haben, wurden sie nicht umsonst geschrieben. Mehr als eine In-via-Reflexion auf eine Kirche, die unterwegs ist, konnten und wollten sie nicht sein.

# Anmerkungen

## I. Mein Weg in und mit der Kirche

[1] S. 19 Dazu ausführlicher: W. Kasper/D. Deckers, Wo das Herz des Glaubens schlägt. Die Erfahrung eines Lebens, Freiburg i. Br. 2008. [2] S. 21 Vgl. WKGS 11.

[3] S. 23 R. Guardini, Vom Sinn der Kirche (1922), Mainz 1955, 19. Etwa gleichzeitig veröffentlichte der spätere evangelische Bischof Otto Dibelius das Buch Das Jahrhundert der Kirche, Berlin 1927.

[4] S. 24 Bezeichnend ist, dass R. Guardini, der sich aus dem Geist der damaligen Jugendbewegung um eine neue christliche Kultur- und Lebensgestaltung verdient gemacht hatte, in der veränderten Situation nach dem Zweiten Weltkrieg schon früh zu einer insgesamt kritischen Sicht der Neuzeit kam. Dazu: Das Ende der Neuzeit, Basel 1950; ders., Die Macht, Würzburg 1951. Vgl. dazu: A. Knoll, Glaube und Kultur bei Romano Guardini, Paderborn 1993.

[5] S. 24 W. Solowjew, Kurze Erzählung vom Antichrist (1900), München 1968, 33.37–40. Von Solowjew gemeint war die jüngere evangelische Tübinger Schule mit Ferdinand Christian Baur und David Friedrich Strauß und ihre historisch-kritische Interpretation der Bibel und der Dogmengeschichte. Doch mit ihr setzte sich die katholische Tübinger Schule kritisch auseinander. Deshalb sind beide Schulen zu unterscheiden.

[6] S. 25 Zur Geschichte der Ekklesiologie im 19. und 20. Jahrhundert: R. Aubert, La géographie ecclésiologique au XIX$^{e}$ siècle, in: L'ecclésiologie au XIX$^{e}$ siècle, Paris 1960, 11–55; Y. Congar, Die Lehre von der Kirche, in: HDG III/3d (1971); G. McCool, Catholic Theology in the Nineteenth Century, New York 1977; M. Kehl, Art. Ekklesiologie, in: LThK$^{3}$ 3, 571–573. Neuere Forschungsberichte: ThQ 181 (2001) 238–246; 184 (2004) 287–303; 187 (2007) 234–245.

[7] S. 25 Vgl. den Überblick über Geschichte und Theologie der Tübinger Schule bei M. Seckler, Tübinger Schule, in: LThK$^{3}$ 10, 287–290 (Lit.); M. Kessler/O. Fuchs (Hg.), Theologie als Instanz der Moderne, Beiträge und Studien zu Johann Sebastian Drey und zur Katholischen Tübinger Schule, Tübingen 2005.

[8] S. 26 Dazu: K.-H. Menke, Vernunft und Offenbarung nach A. Rosmini, Innsbruck – Wien – München 1980.

[9] S. 26 Dazu: WKGS 10, 15–83.

[10] S. 26 Dazu folgende Beiträge: W. Kasper, Verständnis der Theologie damals und heute, in: Theologie im Wandel. Festschrift zum 150jährigen Bestehen der katholisch-

theologischen Fakultät der Universität Tübingen, hg. von der katholisch-theologischen Fakultät an der Universität Tübingen, München – Freiburg 1967, 90–115; ders., Johann Adam Möhler – Wegbereiter des modernen Katholizismus, in: IKaZ 17 (1988) 433–443; ders., »Vom Geist und Wesen des Katholizismus«: Bedeutung, Wirkungsgeschichte und Aktualität von Johann Sebastian Dreys und Johann Adam Möhlers Wesensbestimmung des Katholizismus, in: ThQ 183 (2003) 196–212; ders., Die Einheit der Kirche im Licht der Tübinger Schule, in: M. Kessler/O. Fuchs (Hg.), Theologie als Instanz der Moderne. Beiträge und Studien zu Johann Sebastian Drey und zur Katholischen Tübinger Schule, Tübingen 2005, 189–206.

11 S. 27 W. Kasper, Das Absolute in der Geschichte. Philosophie und Theologie der Geschichte in der Spätphilosophie Schellings (1965): WKGS 2; ders., Freiheit als philosophisches und theologisches Problem in der Philosophie Schellings, in: Glaube und Geschichte, Mainz 1990, 33–47.

12 S. 27 W. Schulz, Die Vollendung des deutschen Idealismus in der Spätphilosophie Schellings, Stuttgart 1955.

13 S. 28 In ekklesiologischer Hinsicht besonders: W. Kasper, Steuermann mitten im Sturm. Das Bischofsamt nach Thomas von Aquin, in: ThQ 179 (1999) 1–23.

14 S. 28 W. Kasper, Ermutigung zum Denken. Von der Unerlässlichkeit der Metaphysik für die Sache der Theologie, in: ThQ 169 (1989) 257–271.

15 S. 30 F. X. Arnold, Seelsorge aus der Mitte der Heilsgeschichte, Freiburg i. Br. 1956, 178–194 im Anschluss an A. Graf, Kritische Darstellung des gegenwärtigen Zustands der praktischen Theologie, Tübingen 1841.

16 S. 31 Grundlegend: G. Alberigo, Geschichte des Zweiten Vatikanischen Konzils (1959–1965), 5 Bde., Mainz 2001–2007; HThK.Vat II; C. Theobald, La réception du concile Vatican II, Paris 2009 (bisher erschienen Bd. 1). Außerdem: H. J. Pottmeyer, Kontinuität und Innovation in der Ekklesiologie des II. Vaticanums, in: G. Alberigo u. a. (Hg.), Kirche im Wandel. Eine kritische Zwischenbilanz nach dem Zweiten Vatikanum, Düsseldorf 1982, 89–110; H. J. Pottmeyer u. a., Die Rezeption des Zweiten Vatikanischen Konzils, Düsseldorf 1986; W. Kasper, Die bleibende Herausforderung durch das II. Vatikanische Konzil. Zur Hermeneutik des Konzilsaussagen, in: Theologie und Kirche, Bd. 1, Mainz 1987, 290–299. O. H. Pesch, Das Zweite Vatikanische Konzil. Vorgeschichte, Verlauf, Ergebnisse, Nachgeschichte, Würzburg 1993; P. Hünermann (Hg.), Das II. Vatikanum – Christlicher Glaube im Horizont globaler Modernisierung, Paderborn 1998; K. Lehmann, Hermeneutik für einen künftigen Umgang mit dem Konzil, in: G. Wassilowsky (Hg.), Zweites Vatikanum – vergessene Anstöße, gegenwärtige Fortschreibungen (QD 207), Freiburg i. Br. 2004, 71–89. A. Marchetto, Il Concilio ecumenico Vaticano II, Città del Vaticano 2005; O. Rush, Still Interpreting Vatican II. Some Hermeneutical Principles, New York 2004; J. W. O'Malley, What happened at Vatican II, Cambridge (Mss) 2008; G. Martelet, N'oublions pas Vatican II, Paris 2010.

17 S. 32 Vgl. AAS 56 (1964) 1009 f.

18 S. 32 Vgl. H. G. Gadamer, Wahrheit und Methode, Tübingen 1960.

19 S. 32 In diesem Sinn wird das pastorale Anliegen in der Pastoralkonstitution Gaudium et spes 1 in einer Anmerkung amtlich definiert. Zum Problem: F. Kolfhaus, Pastorale Lehrverkündigung – Grundmotiv des Zweiten Vatikanischen Konzils, Berlin

2010; W. Beinert, Nur pastoral oder dogmatisch verpflichtend?, in: StdZ 135 (2010) 3–15.

[20] S. 33 Zum Begriff der Rezeption: Y. Congar, La »réception« comme réalité ecclésiologique (1972), in: Église et Papauté, Paris 1994, 229–266; A. Grillmeier, Konzil und Rezeption, in: Mit ihm und in ihm, Freiburg i. Br. 1995, 303–334; G. Routhier, La réception d'un concile, Paris 1993; W. Beinert, Die Rezeption und ihre Bedeutung für Leben und Lehre der Kirche, in: W. Pannenberg/T. Schneider (Hg.), Verbindliches Zeugnis, Bd. 2, Freiburg i. Br. – Göttingen 1995, 193–218.

[21] S. 34 Dazu: M. Seckler, Über den Kompromiß in Sachen der Lehre, in: Im Spannungsfeld von Wissenschaft und Kirche, Freiburg i. Br. 1980, 99–109.

[22] S. 34 Eine kritische Sicht nicht nur der nachkonziliaren Entwicklung, sondern auch einzelner wichtiger Aussagen des Konzils etwa zur Ökumene oder zur Religionsfreiheit wird vor allem von der von Erzbischof Marcel Lefebvre begründeten Priesterbruderschaft St. Pius X. vertreten. Im Hintergrund dieser Gruppierung steht ein statisches Traditionsverständnis, das im Wesentlichen bei der nachtridentinischen und neuscholastischen Tradition stehen bleibt und für deren Weiterentwicklung aus dem Geist der biblischen und patristischen Tradition kein Verständnis hat. Vgl. Y. Congar, Der Fall Lefebvre. Schisma in der Kirche?, Freiburg i. Br. 1977; F. Michel/B. Sesboüé, De Mgr Lefebvre à Mgr Williamson. Anatomie d'un schisme, Paris 2009; A. Schifferle, Die Piusbruderschaft. Informationen – Positionen – Perspektiven, Kevelaer 2009.

[23] S. 34 So Papst Benedikt XVI. in seiner Ansprache an die Kardinäle und die Mitarbeiter der Römischen Kurie beim Weihnachtsempfang am 22. Dezember 2005. In diesem Sinn bereits die außerordentliche Bischofssynode von 1985: Zukunft aus der Kraft des Konzils. Die außerordentliche Bischofssynode '85. Die Dokumente mit einem Kommentar von W. Kasper, Freiburg i. Br. 1986, 22 f.

[24] S. 34 DH 802; 875; 1381.

[25] S. 34 LG 16; GS 10; 22.

[26] S. 35 J. H. Newman, Essay on Development (1845); dt.: Über die Entwicklung der Glaubenslehre (Ausg. Werke 8), Mainz 1969.

[27] S. 35 Vgl. Y. Congar, La tradition et les traditions, 2 Bde., Paris 1960–1963. Diese Unterscheidung zwischen der einen Tradition und den Traditionen machte sich auch die vierte Weltversammlung für Glauben und Kirchenverfassung in Montreal (1963) zu eigen.

[28] S. 36 J. Behm, Art. καιρός, in: ThWNT 3, 451 f.

[29] S. 36 Irenäus von Lyon, adversus haereses III, 4, 2.

[30] S. 36 Apostolische Konstitution zur Einberufung des Konzils Humanae salutis (25.12.1961), 23.

[31] S. 36 Zu Auseinandersetzungen kam es einerseits mit der traditionalistischen, von Erzbischof Marcel Lefevbre begründeten Priesterbruderschaft St. Pius X. und auf der anderen Seite vor allem mit einzelnen Theologen wie H. Küng, E. Schillebeeckx, L. Boff und anderen. Ich verzichte im Folgenden weitgehend auf eine kontroverse Auseinandersetzung mit diesen und anderen Positionen und versuche, die Lehre von der Kirche positiv darzulegen. Zur Rezeption der konziliaren Ekklesiologie: B. Stubenrauch/M. Seewald, Das Konzil und die Kirche. Zur Rezeption einer vielschichtigen Ekklesiologie, in: IKaZ 39 (2010) 600–616.

[32] S. 36 Zukunft aus der Kraft des Konzils (wie Anm. 23).
[33] S. 37 Zu dieser Horizonterweiterung vgl. u. I.5; II.2.2.
[34] S. 38 Dazu u. II.3.3 und II.5.8.
[35] S. 38 Jetzt gesammelt in den beiden stattlichen Bänden: Kirche – Zeichen unter den Völkern (Ges. Schriften Bd. 8/1 und 2), Freiburg i. Br. 2010.
[36] S. 39 Dazu die beiden frühen Veröffentlichungen: W. Kasper, Dogma unter dem Wort Gottes, Mainz 1965 und ders., Methoden der Dogmatik, München 1967. Bei beiden Veröffentlichungen wurde mir die Hermeneutik von H.-G. Gadamer, Wahrheit und Methode, Tübingen 1960, eine Hilfe. K. Lehmann, Die dogmatische Denkform als hermeneutisches Problem, in: Gegenwart des Glaubens, Mainz 1974, 35–53, kam zu einer ähnlichen Sicht.
[37] S. 39 Deutsche Ausgabe: Glaubensverkündigung für Erwachsene, Nijmegen – Utrecht 1968.
[38] S. 39 Neu veröffentlicht in: WKGS 5, 15–172.
[39] S. 40 Vgl. Gemeinsame Synode der Bistümer der Bundesrepublik Deutschland. Offizielle Gesamtausgabe, Freiburg i. Br. 1976, 84–111.
[40] S. 40 Thomas von Aquin, Summa theologiae II/II q. 120 a. 2.
[41] S. 40 Dazu der Beitrag: W. Kasper, Gerechtigkeit und Barmherzigkeit. Überlegungen zu einer Applikationstheorie kirchenrechtlicher Normen, in: Kirche und Theologie, Bd. 2, Mainz 1999, 183–191. Zum Verhältnis von Epikie und ostkirchlicher Ökonomie: Y. Congar, »Kat'oikonomian«, in: Diversités et communion, Paris 1982, 80–94. Vor einem Missbrauch des Prinzips der oikonomia, der in die Beliebigkeit führt, hat berechtigter Weise bereits J. H. Newman gewarnt; vgl. Apologia pro vita sua (Ausgew. Werke 1), Mainz 1951, 345–348.
[42] S. 41 Zum Wesen der Tugend der Klugheit bei Thomas von Aquin: J. Pieper, Das Viergespann, München 1964, 13–64. Man kann auch auf die discretio (geistliche Unterscheidung) verweisen, die nach der Regel des hl. Benedikt die Entscheidungen des Abtes auszeichnen soll (c. 2, 24; 37; 64, 17–19).
[43] S. 41 Dieses Konzept stand im Hintergrund des zusammen mit dem damaligen Erzbischof O. Saier (Freiburg i. Br.) und dem damaligen Bischof, jetzt Kardinal Karl Lehmann (Mainz) im Jahr 1993 gemeinsam unternommenen Vorstoßes zur Pastoral der wiederverheiratet Geschiedenen. Die Unauflöslichkeit der Ehe haben wir nicht in Frage gestellt, ganz im Gegenteil; ebenso wenig haben wir eine generelle Lösung gegeben, vielmehr auf die Unterschiedlichkeit und die Komplexität einzelner Situationen hingewiesen, welche eine Abwägung angemessen erscheinen lassen. Nicht alles war damals schon zu Ende gedacht, aber das pastorale Problem ist in der Zwischenzeit eher drängender geworden.
[44] S. 41 Vgl. B. Häring, Frei in Christus, Bd. 1, Freiburg i. Br. 1979, 65 f. Verweisen kann man auch auf den Tübinger Moraltheologen und erwählten Rottenburger Bischof Franz Xaver Linsenmann († 1898).
[45] S. 42 J. B. Metz, Glaube in Geschichte und Gesellschaft. Studien zu einer praktischen Fundamentaltheologie, Mainz 1977; ders., Zum Begriff der neuen Politischen Theologie 1967–1997, Mainz 1997.
[46] S. 42 Zur Theologie der Befreiung vgl. die beiden Erklärungen der Glaubenskongregation: Instruktion der Kongregation für die Glaubenslehre über einige Aspekte

der »Theologie der Befreiung« vom 6. August 1984; Unterrichtung bezüglich der christlichen Freiheit und Befreiung vom 22. März 1986.

47 S. 42 G. Gutierrez, Theologie der Befreiung, Mainz 1973 (10. erweiterte und neu bearbeitete Aufl. mit einer neuen Einleitung 1992).

48 S. 42 WKGS 3, 38 f. 59. 76–78. 289 f. 336 f. Außerdem der Beitrag: Zur Theologie der Befreiung: Die Theologie der Befreiung aus europäischer Perspektive, in: J. B. Metz (Hg.), Die Theologie der Befreiung. Hoffnung oder Gefahr für die Kirche?, Düsseldorf 1986, 77–98.

49 S. 43 Zürich 1970 (erw. Neuauflage 1989); H. Küng u. a., Fehlbar? Eine Bilanz, Zürich 1973; W. Jens (Hg.), Um nichts als die Wahrheit. Eine Dokumentation, München 1978; N. Greinacher/H. Haag (Hg.), Der Fall Küng, München 1980.

50 S. 43 Erklärung zu einigen Aspekten der Theologielehre Prof. Dr. Hans Küngs »Christi ecclesia« vom 15. Dezember 1979. Vorausgegangen war die Erklärung bezüglich einiger Irrtümer betreffs der katholischen Kirchenlehre »Mysterium Ecclesiae« vom 24. Juni 1973. Zur kritischen Auseinandersetzung mit der Position von H. Küng vgl. K. Rahner (Hg.), Zum Problem Unfehlbarkeit. Antworten auf die Anfrage von Hans Küng (QD 54), Freiburg i. Br. 1971 und u. II.5.4 Anm. 269.

51 S. 43 H. Küng hat die damaligen Ereignisse aus seiner Sicht dargestellt (Umstrittene Wahrheit. Erinnerungen, München 2007). Darauf und auf verschiedene seiner teilweise abschätzigen Wertungen möchte ich nicht eingehen.

52 S. 43 Vgl. Freiheit des Evangeliums und dogmatische Bindung in der katholischen Theologie. Grundlagenüberlegungen zur Unfehlbarkeitsdebatte, in: W. Kern: Die Theologie und das Lehramt, Freiburg i. Br. 1982, 201–233.

53 S. 43 Newman, Apologia pro vita sua (wie Anm. 41), 70–74, vgl. 290 f.; W. Kasper, Erneuerung des dogmatischen Prinzips, in: A. Ziegenaus (Hg.), Veritati Catholicae. (FS L. Scheffczyk), Aschaffenburg 1985, 43–62; ähnlich K. Lehmann, Die dogmatische Denkform, in: Gegenwart des Glaubens, Mainz 1974, 35–53.

54 S. 44 Vgl. W. Kasper (Hg.), Logik der Liebe und der Herrlichkeit Gottes. Hans Urs von Balthasar im Gespräch (FS K. Lehmann), Ostfildern 2006.

55 S. 45 Dazu die Beiträge: W. Kasper, Kirche als Sakrament des Geistes, in: W. Kasper/G. Sauter (Hg.), Die Kirche – Ort des Geistes, Freiburg i. Br. 1976, 13–55; ders., Die Lehre vom Hl. Geist und die Annäherung zwischen Ost und West, in: Wege der Einheit, Freiburg i. Br. 2005, 132–161. Ähnlich J. Ratzinger, H. Mühlen, M. Kehl und besonders Y. Congar, Der Heilige Geist, Freiburg i. Br. 1982. Vgl. dazu ausführlich u. II.3.3.

56 S. 45 LG 7.

57 S. 45 H. Küng, Die Kirche, Freiburg i. Br. 1967; J. Moltmann, Kirche in der Kraft des Geistes, München 1975.

58 S. 45 Dazu u. II.5.8.

59 S. 45 Vgl. Zukunft aus der Kraft des Konzils (wie Anm. 23); nochmals in dem nachsynodalen apostolischen Schreiben von Johannes Paul II., Christifideles laici (1988), 18–20.

60 S. 45 Die Grundlagen hat H. de Lubac gelegt: Corpus mysticum, Paris 1944; L'Eucharistie et l'Église au Moyen Âge, Paris 1949 (dt. Einsiedeln 1969); Méditation sur l'Église, Paris 1953 (dt. Einsiedeln 1969); außerdem L. Hertling, Communio und Primat,

Rom 1943. Zum Programm erhoben wurde der Begriff durch H. U. von Balthasar, Communio. Ein Programm, in: IKaZ 1 (1972) 4–17.

61 S. 45 LG 3; 7; 9; 11; 48 u. a.

62 S. 46 Das wurde herausgearbeitet von W. Thönissen, Gemeinschaft durch Teilhabe an Jesus Christus. Ein katholisches Modell für die Einheit der Kirchen, Freiburg i. Br. 1996.

63 S. 46 LG 4; UR 2. Zum Verhältnis von communio-Ekklesiologie und Volk-Gottes-Ekklesiologie, die weithin als Basis-Ekklesiologie des Konzils gilt, vgl. u. II.3.1.

64 S. 46 Vgl. B. Forte, La Chiesa della Trinità, Cinisello-Balsamo 1995.

65 S. 46 Dazu: W. Kasper, Kirche als communio. Überlegungen zur ekklesiologischen Leitidee des Zweiten Vatikanischen Konzils (1986), in: WKGS 11, 272–289; ders., Sakrament der Einheit. Eucharistie und Kirche, Freiburg i. Br. 2004; ders., Communio als Leitidee der katholischen ökumenischen Theologie, in: Wege der Einheit. Perspektiven für die Ökumene, Freiburg i. Br. 2004, 72–105. Zur eucharistischen Ekklesiologie vgl. u. II.2.2 und II.3.2.

66 S. 46 Wichtige Vertreter sind J. Hamer, Y. Congar, A. Piolanti, H. U. von Balthasar, J. Ratzinger, J.-M. Tillard, O. Saier, E. Corecco, B. Forte, W. Breuning, G. Greshake, M. Kehl, P. J. Cordes, H. Döring, B. J. Hilberath, J. Werbick u. a. Vgl. J. Drumm, Art. communio, in: LThK³ 2, 1280–1283; J. Rigal, L'Ecclésiologie de communion. Son évolution et ses fondaments, Paris 2000; J. Rahner, Communio – communio ecclesiarum – communio hierarchica, in: IKaZ 39 (2010) 665–679.

67 S. 46 Aus dem Bereich der orthodoxen Theologie: A. Afanassieff, A. Schmemann, J. Zizioulas u. a.

68 S. 46 P. Althaus, D. Bonhoeffer, W. Elert, C. Schwöbel. Vgl. R. Schäfer, Art. communio, in: RGG⁴ 4, 435–437. Wichtig geworden ist auch ist die 5. Weltkonferenz für Glaube und Kirchenverfassung in Santiago de Compostela (1993).

69 S. 47 Vgl. J. C. Scannone u. a., Comunión: ¿Un nuevo Paradigma?, San Benito 2006.

70 S. 47 Diese Idee habe ich in schon in: Das Absolute in der Geschichte (1965): WKGS 2, dann wieder in: Der Gott Jesu Christi (1982): WKGS 4, 37 f.428.445.471 f., von Schelling übernommen. M. Heidegger hat diesen Gedanken umfassend abgehandelt in: Schellings Abhandlung über das Wesen der menschlichen Freiheit (1809), Tübingen 1971, 107.154.211.223–225. Ähnlich u. a. J. Ratzinger, Einführung in das Christentum, München 1968, 142–150; K. Hemmerle, Thesen zu einer trinitarischen Ontologie, Einsiedeln 1976; G. Greshake, Der dreieine Gott, Freiburg i. Br. 1997, 457–460. Ähnliche Ansätze zu einer trinitarischen Ontologie finden sich in der neueren orthodoxen Theologie (V. Solowjew, N. Berdjaev, S. Bulgakow, J. Zizioulas u. a.) wie in der neueren anglikanischen theologischen Richtung, die man als Radical Orthodoxy bezeichnet (R. Williams, J. Milbank u. a.). Zur Begriffsgeschichte vgl. Art. Relation, in: HWPh 8, 578–611.

71 S. 47 Vgl. u. II.1.2 und II.6.2.2.

72 S. 47 Dem Relativismus-Vorwurf geht es zu Recht darum, die Einmaligkeit und Unverwechselbarkeit der christlichen Botschaft festzuhalten und sie nicht in einer heute weit verbreiteten ›Gleich-Gültigkeit‹ mit anderen Religionen und Weltanschauungen untergehen zu lassen. Aber dieses berechtigte Anliegen darf nicht zum Schlagwort werden. Sicherlich ist nicht alles, aber doch vieles relativ, auch in

der Kirche. Man sollte deshalb den Begriff Relativismus klären und dabei differenzieren. Philosophiegeschichtlich kommt der Begriff erst spät vor als ein Sammelbegriff für sehr unterschiedliche Phänomene. Dabei muss zwischen logischem, ethischem, skeptischem, erkenntnistheoretischem, sprachphilosophischem Relativismus unterschieden werden. Vgl. G. König, Art. Relativismus, in: HWPh 8, 613–622.

73 S. 48 Vgl. M. Kehl, Die Kirche, Würzburg 1992, passim; J. Hilberath, Kirche als communio. Beschwörung oder Projektbeschreibung, in: ThQ 174 (1994) 45–65; J. Werbick, Kirche, Freiburg i. Br. 1994, 317–371.

74 S. 48 Vgl. u. II.5.5; II.7.

75 S. 49 Dazu u. II.5.6.

76 S. 50 Die späteren Überlegungen zu diesem Thema gehen auf meine Bischofszeit zurück. Vgl. Neue Evangelisierung als theologische, pastorale und geistliche Herausforderung, in: WKGS 5, 245–317.

77 S. 51 Zur ökumenischen Theologie vgl. u. II.4.1 und II.6.2.2. Eigene Beiträge: That they may all be one. The Call to Unity, London – New York 2004 (dt. Wege der Einheit. Perspektiven für die Ökumene, Freiburg i. Br. 2004); A Handbook of Spiritual Ecumenism, New York 2006 (dt. Wegweiser Ökumene und Spiritualität, Freiburg 2006); The Petrine Ministry. Catholics and Orthodox in Dialogue, New York 2006; Harvesting the Fruits. Basic Aspects of Christian Faith in Ecumenical Dialogue, London 2009.

78 S. 52 Johannes Paul II., Enzyklika Ut unum sint (1995), 28.

79 S. 53 ΤΟΜΟΣ ΑΓΑΠΗΣ, Vatican – Phanar (1958–1970), Rom – Istanbul 1971, bes. 284–294.

80 S. 53 Gemeinsame Erklärung von Papst Paul VI. und Papst-Patriarch Shenouda III. (koptisch-orthodoxe Kirche, 1973), von Papst Johannes Paul II. und Patriarch Ignatius Zakka I. (syrisch-orthodoxe Kirche, 1984), von Papst Johannes Paul II. und Oberstem Patriarch und Katholikos aller Armenier Karekin I. (armenische Kirche von Etschmiadzin, 1996) und von Papst Johannes Paul II und Patriarch Mar Dinkha IV. (assyrische Kirche des Ostens, 1994). Aufgrund der christologischen Übereinkunft mit der assyrischen Kirche kam es 2001 in Übereinstimmung des Einheitsrates mit der Kongregation für die Glaubenslehre und der Kongregation für die Ostkirchen zu Richtlinien für die Zulassung zur Eucharistie zwischen der chaldäischen und der assyrischen Kirche des Ostens und damit zur Anerkennung der Anaphora des Addai und Mari.

81 S. 55 Vgl. II.2.2; II.4.2; II.6.2.2.

82 S. 56 Kirchengemeinschaft nach evangelischem Verständnis. Ein Votum zum geordneten Miteinander, Bekenntnis verschiedener Kirchen (2001). Zur Sache vgl. u. II.4.2.

83 S. 56 W. Kasper, Harvesting the Fruits. Basic Aspects of Christian Faith in Ecumenical Dialogue, London 2009.

84 S. 57 Seit E. Troeltsch, Die Soziallehren der christlichen Kirchen und Gruppen (1912), Neudr. Aalen 1965, hat man auch die positive Bedeutung dieser Gruppen für die Durchsetzung des Toleranzgedankens, die Entstehung des modernen Individualismus und die Freiheit der Kirche vom Staat erkannt.

85 S. 58 Zu den theologischen Fragen vgl. u. II.6.2.1.

[86] S. 58 Dazu das Dokument: Wir erinnern: Eine Reflexion über die Schoah (1998).
[87] S. 58 Dazu der Beitrag: W. Kasper, La preghiera del Venerdì Santo per gli ebrei, in: Osservatore Romano, 10. April 2008, 4 (dt. Kurzfassung: Das Wann und Wie entscheidet Gott, in: FAZ, 20. März 2008, 39).
[88] S. 59 Johannes Paul II., Ansprache beim Besuch der Großen Synagoge Roms am 13. April 1986. Vgl. u. II.6.2.1.
[89] S. 61 Vgl. W. Kasper, Neue Evangelisierung als theologische, pastorale und geistliche Herausforderung, in: WKGS 5, 245–317. Vgl. u. II.7.
[90] S. 61 Grundlegend: Y. Congar, Vraie et fausse réforme dans l'Église, Paris 1950; Die Gruppe von Dombes, Für die Umkehr der Kirchen. Identität und Wandel im Vollzug der Kirchengemeinschaft, Frankfurt a. M. 1994.
[91] S. 61 GS 1. [92] S. 61 GS 4–10.
[93] S. 62 Vgl. J.-F. Lyotard, La condition postmoderne, Minuit 1979; W. Welsch, Unsere postmoderne Moderne, Weinheim 1987; P. Koslowski u. a. (Hg.), Moderne oder Postmoderne?, Weinheim 1986; W. Kasper, Die Kirche angesichts der Herausforderungen der Postmoderne, in: Theologie und Kirche, Bd. 2, Mainz 1999, 249–264. Eine konstruktive Auseinandersetzung bei C. Theobald, Le christianisme comme style. Une manière de faire de la théologie en postmodernité, 2 vol., Paris 2007–2008.
[94] S. 62 F. Nietzsche, Die fröhliche Wissenschaft, in: WW (ed. Schlechta), Bd. 2, 126–128.205 f.
[95] S. 62 F. Nietzsche, Aus dem Nachlass, in: ebd. Bd. 3, 634 f.675.678 u. a.
[96] S. 63 A. Delp, Im Angesicht des Todes, Frankfurt a. M. 1961, bes. 131–137; D. Bonhoeffer, Widerstand und Ergebung (Neuausgabe), hg. von E. Bethge, München 1977.
[97] S. 63 So beschreibt C. Tailor die Situation in seinem Standardwerk A Secular Age, Cambridge (Mass.) – London 2007. C. Tailor zeigt zu Recht nochmals, dass die Säkularisierungstheorie, die von einem notwendigen Zusammenhang von Modernisierung und Säkularisierung ausgeht, überholt ist. Zur älteren Diskussion vgl. W. Kasper, Art. Säkularisierung, in: StL[7] 4, 993–998.
[98] S. 63 So die berühmte Formulierung von M. Weber, Wissenschaft als Beruf (1919), in: Gesammelte Aufsätze zur Wissenschaftslehre, Tübingen 1973, 594.
[99] S. 63 Zu dieser zumindest ambivalenten These vgl. WKGS 4, 20–22.
[100] S. 63 Faszinierend beschrieben bei R. Safranski, Romantik. Eine deutsche Affäre, München 2007.
[101] S. 64 Das hat J. Habermas, Glauben und Wissen, Frankfurt a. M. 2001, und in anderen jüngeren Schriften aufgewiesen. Dazu W. Kasper, Glaube, der nach seinem Verstehen fragt, in: StdZ 134 (2009) 507–519.
[102] S. 65 T. W. Adorno, Minima Moralia. Reflexionen aus dem beschädigten Leben, Frankfurt a. M. 1970, 333.
[103] S. 65 J.-L. Marion, Le croire pour le voir. Réflexions sur la rationalité de la révélation et l'irrationalité de quelques croyants, Paris 2010, 115–125.
[104] S. 65 H. U. von Balthasar, Die Gottesfrage des heutigen Menschen (1956), erweiterte Neuausgabe Einsiedeln 2009; J. B. Metz, Gotteskrise. Versuch zur »geistigen Situation der Zeit«, in: Diagnosen zur Zeit, Düsseldorf 1994, 86–92; W. Kasper, Es ist Zeit, von Gott zu reden, in: G. Augustin (Hg.), Die Gottesfrage heute (ThiD 1), Freiburg i. Br. 2009, 13–31; ders., Die Gottesfrage als Zukunftsfrage, in: Die Politische Meinung,

470/2009, 42–48; G. Augustin/K. Krämer (Hg.), Gott denken und bezeugen (FS W. Kasper), Freiburg i. Br. 2008. Vgl. u. II.6.2.4.

105 S. 66 Diese Theorie ist schon mehrfach aufgegriffen worden. Vgl. dazu: Kehl, Die Kirche (wie Anm. 73), 173–210; ders., Wohin geht die Kirche? Freiburg 1996; Werbick, Kirche (wie Anm. 73), 127–134; J. Ratzinger in: M. Pera/J. Ratzinger, Ohne Wurzeln. Der Relativismus und die Krise der europäischen Kultur, Augsburg 2005, 129–135. Papst Benedikt XVI. hat sich verschiedentlich in diesem Sinn geäußert. Vgl. u. II.6.2.4.

## II. Grundzüge katholischer Ekklesiologie

### *1. Fundamentaltheologische Vorüberlegung*

1 S. 71 Schmalkaldische Artikel III, 12, in: BSELK 459.

2 S. 73 Vgl. dazu u. II.2.2.

3 S. 76 Der Konflikt spitzt sich in der Frage zu, ob und inwiefern man von den nichtkatholischen Kirchen als Kirchen, d. h. von Kirchen im eigentlichen theologischen Sinn sprechen kann. Diese Frage wird in Kapitel II.4.1 ausführlich behandelt. Im Folgenden gehen wir davon aus, dass sich diese nichtkatholischen anderen Gemeinschaften selbst als Kirchen bezeichnen und als solche öffentlich auch bezeichnet werden. Es soll also deren Selbstbezeichnung und öffentliche Bezeichnung respektiert werden. Dabei muss man sich aber bewusst sein, dass das eine Wort Kirche von den verschiedenen Kirchen in einem unterschiedlichen theologischen Sinn verstanden und gebraucht wird.

4 S. 76 Klassische Werke der Religions- und Kirchensoziologie von E. Durkheim, M. Weber, T. Luckmann, N. Luhmann, P. L. Berger u. a. Aus katholischer Perspektive: F. X. Kaufmann, K. Gabriel, M. Ebertz, A. Greeley u. a. Aus theologischer Sicht: M. Kehl, Kirche als Institution. Zur theologischen Begründung des institutionellen Charakters der Kirche, Frankfurt a. M. 1976.

5 S. 77 DH 1 ff.; 150. Die theologischen Methodenfragen können in diesem Zusammenhang nur angedeutet werden. Zur Methodenfrage der dogmatischen Theologie: W. Kasper, Die Methoden der Dogmatik. Einheit und Vielheit, München 1967. Ausführlich werden diese Fragen in WKGS 7 behandelt werden.

6 S. 77 Vgl. J. N. D. Kelly, Altchristliche Glaubensbekenntnisse. Geschichte und Theologie, Göttingen 1972.

7 S. 77 Thomas von Aquin, Summa theologiae II/II q. 1 a. 9.

8 S. 78 DV 5.

9 S. 79 Das Axiom ›fides quaerens intellectum‹ ist schon bei den Kirchenvätern, besonders bei Augustinus grundgelegt und wurde von Anselm von Canterbury (Proslogion, prooem.) maßgeblich entwickelt. Dazu: Johannes Paul II., Enzyklika Fides et ratio (1998); Benedikt XVI., Glaube und Vernunft. Die Regensburger Rede, Freiburg i. Br. 2006; M. Seckler, Theologie als Glaubenswissenschaft, in: HFTh 4, Freiburg i. Br. 1988, 180–241; W. Kasper, Wissenschaftspraxis der Theologie, in: ebd., 242–277; ders.,

Zustimmung zum Denken. Von der Unerlässlichkeit der Metaphysik für die Sache der Theologie, in: ThQ 169 (1989) 257–271; WKGS 4, 16–22; ders., Glaube, der nach seinem Verstehen fragt. Ein Beitrag zur Diskussion um ein aktuelles Thema, in: StdZ 134 (2009) 507–519.

[10] S. 79 Für die Geisteswissenschaften H.-G. Gadamer, Wahrheit und Methode, Tübingen 1960; von der Philosophie der Kommunikation wird im nächsten Abschnitt die Rede sein; für die Naturwissenschaften kann man auf die Theorie vom Paradigmenwechsel bei T. Kuhn, Die Struktur wissenschaftlicher Revolutionen, Frankfurt a.M. 1981 hinweisen.

[11] S. 79 LG 8. Dazu ausführlich u. II.2.2 und II.3.2 und 3; II.4.1.

[12] S. 80 Thomas von Aquin, Summa theologiae I q.1 a.6 c. a.: »Omnia autem pertractantur in sacra doctrina sub ratione Dei vel quia sunt ipse Deus; vel quia habent ordinem ad Deum, ut ad principium et finem.«

[13] S. 80 J. Ratzinger, Identifikation mit der Kirche, in: JRGS 8/1, 178–192.

[14] S. 81 Zum biblischen Verständnis von Evangelium: G. Friedrich, Art. εὐαγγέλιον, in: ThWNT 2, 718–734; W. Kasper, Dogma unter dem Wort Gottes, Mainz 1965, 84–98; ders., Was heißt Evangelium und Evangelisierung?, in: WKGS 5, 254–265.

[15] S. 81 Irenäus von Lyon, adversus haereses III, 4, 2.

[16] S. 81 Vgl. D. van den Eynde, Les normes de l'enseignement chrétien dans la littérature patristique des trois premiers siècles, Gembloux 1933; B. Hägglund, Die Bedeutung der ›regula fidei‹ als Grundlage theologischer Aussagen, in: Studia theologica 12 (1958) 1–44. Zusammenfassend: W. Beinert, Art. Regula fidei, in: LThK[3] 8, 876 f.

[17] S. 81 Wichtig die Untersuchung von H. de Lubac, Histoire et Esprit, Paris 1950; vgl. Kasper, Dogma unter dem Wort Gottes (wie Anm. 14), 86–92.

[18] S. 81 WA 2, 430 u.a. Vgl. M. Luthers berühmtes Wort: »Evangelion aber heißt nichts anderes denn ein Predigt und Geschrei von der Gnad und Barmherzigkeit Gottes durch den Herrn Jesum Christum mit seinem Tod verdienet und erworben und im eigentlichen Sinn nicht das, was in Büchern stehet und in Buchstaben verfasset wird, sondern mehr eine mündlich Predigt und lebendigt Wort, und ein Stimm, die da in die ganze Welt erschallet und öffentlich wird ausgeschrien, dass man's überall höret …« (WA 10 I, 1, 13). Vgl. dazu Kasper, Dogma unter dem Wort Gottes (wie Anm. 14), 16 f.

[19] S. 81 Vgl. dazu ausführlich u. II.2.2.

[20] S. 82 F. Schleiermacher, Der christliche Glaube (1821/22), 2 Bde., hg. von M. Redeker, Berlin 1960.

[21] S. 82 ThQ 1 (1819) 3–24.193–210.559–575. Abgedruckt in: J. R. Geiselmann (Hg.), Geist des Christentums und des Katholizismus, Mainz 1940, 193–234. Zur Bedeutung: M. Seckler, Johann Sebastian Dreys Programmschrift »Vom Geist und Wesen des Katholizismus« neu gelesen, oder Die kultisch-liturgische Dimension in der theologischen Architektur des Christentums, in: P. Walter u.a. (Hg.), Kirche in ökumenischer Perspektive (FS W. Kasper), Freiburg i.Br. 2003, 115–132.

[22] S. 82 Neu herausgegeben und eingeleitet von M. Seckler, Johann Sebastian Drey, Nachgelassene Schriften, Bd. 3, Tübingen 2007.

[23] S. 82 J. A. Möhler, Die Einheit in der Kirche oder das Prinzip des Katholizismus, neu herausgegeben, eingeleitet und kommentiert von J. R. Geiselmann, Darmstadt 1957.

[24] S. 82 J. A. Möhler, Symbolik oder Darstellung der dogmatischen Gegensätze der Katholiken und Protestanten nach ihren öffentlichen Bekenntnisschriften, neu herausgegeben, eingeleitet und kommentiert von J. R. Geiselmann, Darmstadt 1958.
[25] S. 82 Möhler, Die Einheit in der Kirche (wie Anm. 23), 44.48; vgl. 380.
[26] S. 82 Möhler, Symbolik (wie Anm. 24), 389. K. Barth hat an dieser Formulierung Anstoß genommen. Er hat zwar die Bedeutung der Tübinger Schule klar erkannt (Kirchliche Dogmatik I/2, 622 ff.) und Möhler als den Vater des neueren Katholizismus bezeichnet (ebd., 624). Er hat die Tübinger Schule aber auch verantwortlich gemacht für »die Häresie des Neuprotestantismus im Katholizismus« (ebd., 607), weil er meinte, sie habe sich Schleiermachers Gemeingeistlehre zu eigen gemacht, die die Kirche mit der Offenbarung identifiziert. Dieses weit verbreitete Fehlurteil hat M. Seckler (Johann Sebastian Dreys Programmschrift [wie Anm. 21], 73*–106*) für Drey klar widerlegt. In Bezug auf Möhler übersieht Barth, dass dieser sich schon in seinem Frühwerk Die Einheit in der Kirche (wie Anm. 23, 243–248.513) ausdrücklich von Schleiermachers Gemeingeistlehre klar abgegrenzt hat und den Geist als den in der Kirche einwohnenden Heiligen Geist, d. h. als göttliche Person verstanden hat. Nicht umsonst spricht er an der zitierten Stelle der Symbolik von »Darstellung«, an anderer Stelle von »Abbildlichkeit« (ebd., 353). Von Identifizierung von Christus und Kirche kann also keine Rede sein. Vgl. auch u. II.2.1 und II.3.2.
[27] S. 83 Augustinus, Contra epist. Manichaei 5.
[28] S. 83 J. Lortz, Die Reformation in Deutschland, Bd. 1, Freiburg i. Br. 1949, 162. J. Lortz kommt das Verdienst zu, gegenüber der bisher üblichen polemischen Behandlung von Person und Theologie Martin Luthers (Cochläus, Denifle, Grisar u. a.) auf katholischer Seite eine objektive historische Wertung Luthers eingeleitet zu haben. Er kam dennoch zu dem Ergebnis, dass Luther nie im Vollsinn Hörer, sondern »von der Wurzel her subjektivistisch angelegt« gewesen sei. So auch E. Iserloh, Reformation, Katholische Reform und Gegenreformation (Handbuch der Kirchengeschichte 4), Freiburg i. Br. 1967, 23. Die Subjektivismusthese wurde verschärft von P. Hacker, Das Ich im Glauben bei Martin Luther (1966), Neudr. Bonn 2002 (mit einem Vorwort von J. Ratzinger). Anders O. H. Pesch, Die Theologie der Rechtfertigung bei Martin Luther und Thomas von Aquin, Mainz 1967. Pesch will die existentielle Theologie Luthers und die sapientiale Theologie des Thomas von Aquin als zwei grundsätzlich mögliche Ausdrucksgestalten anerkannt sehen. Vgl. von katholischer Seite u. a. außerdem: Y. Congar, Martin Luther. Sa vie, sa foi, sa réforme. Paris 1983; J. Wicks, Luthers Reform, Mainz 1992. Vgl. auch u. II.2.2; II.4.1 und 4; II.5.1 und 3.
[29] S. 83 So der lutherische Theologie W. Trillhaas, Dogmatik, Berlin 1962, 510.519. Trillhaas hat das daraus resultierende ›protestantische Problem‹ eindringlich dargestellt (vgl. ebd., 511–522).
[30] S. 83 WA DB 7, 384.
[31] S. 83 Vgl. Konkordienformel, BSELK 769. Ähnlich J. Calvin, Institutio IV, 8, 4–8 und die reformierten Bekenntnisschriften; vgl. W. Niesel (Hg.), Bekenntnisschriften und Kirchenordnungen der nach Gottes Wort reformierten Kirche, Zollikon – Zürich 1938, 43, 13; 64, 23; 67, 18 ff.
[32] S. 83 Vgl. ebd., 67; 123; 238.
[33] S. 84 G. Ebeling, Die Bedeutung der historisch-kritischen Methode für die protes-

tantische Theologie und Kirche, in: Wort und Glaube, Bd. 1, Tübingen, 1960, 1–49; ders., »Sola scriptura« und das Problem der Tradition, in: Wort Gottes und Tradition, Göttingen 1964, 91–143; W. Pannenberg, Die Krise des Schriftprinzips, in: Grundfragen systematischer Theologie, Göttingen 1967, 11–21.

[34] S. 84 Dieser Begriff wurde von E. Troeltsch eingeführt. Eine kritische Auseinandersetzung damit bei E. Herms, Kirche, Geschöpf und Werkzeug des Evangeliums, Tübingen 2010, 1–32.

[35] S. 84 Dies hat E. Peterson in seinem Briefwechsel mit A. von Harnack, dem maßgebenden Repräsentanten des Neuprotestantismus, klar herausgestellt; vgl. Theologische Traktate, München 1951, 295–321.

[36] S. 84 Wichtig wurde vor allem W. von Löwenich, Luthers theologia crucis, München 1929. Zu nennen sind: W. Elert, E. Sommerlath, P. Althaus, P. Brunner, E. Schlink, W. Trillhaas u. a.; heute U. Kühn, G. Wenz, W. Härle, E. Herms u. a. Grundlegend auch die hermeneutische Theologie von G. Ebeling u. a.; neuere Entwürfe im Gefolge von K. Barth bei J. Moltmann, E. Jüngel u. a. Einen eigenen, geschichtstheologisch ansetzenden Entwurf hat W. Pannenberg vorgelegt, zusammenfassend in: Systematische Theologie, Bd. 3, Göttingen 1993.

[37] S. 84 K. Barth, Der Römerbrief (1919), in: WW II/16, Zürich 1985, 3. Zur Einordnung und Entwicklung der Theologie Barths: H. U. von Balthasar, Karl Barth. Darstellung und Deutung seiner Theologie, Köln 1962; zur katholischen Rezeption allgemein: B. Dahlke, Die katholische Rezeption Karl Barths. Theologische Erneuerung im Vorfeld des Zweiten Vatikanischen Konzils, Tübingen 2010.

[38] S. 84 Vgl. T. Schneider/W. Pannenberg (Hg.), Verbindliches Zeugnis, Bd. 3, Schriftverständnis und Schriftgebrauch, Freiburg i. Br. – Göttingen 1998.

[39] S. 84 Karl Barth, Kirchliche Dogmatik I/1 § 1. [40] S. 85 Ebd., 10.

[41] S. 85 Ebd., I/2, 890.

[42] S. 85 Vgl. den Briefwechsel zwischen K. Barth und R. Bultmann, in: K. Barth, Gesamtausgabe, Bd. V/1, Zürich 1971.

[43] S. 85 Dazu E. Käsemann (Hg.), Das Neue Testament als Kanon. Dokumentation und kritische Analyse zur gegenwärtigen Diskussion, Göttingen 1970.

[44] S. 85 E. Peterson, Was ist Theologie?, in: ebd., 11–43, hier: 32.

[45] S. 85 DH 1501/1504.

[46] S. 85 J. R. Geiselmann, Das Konzil von Trient und das Verhältnis der Heiligen Schrift und den nichtgeschriebenen Traditionen, in: M. Schmaus (Hg.), Die mündliche Überlieferung, München 1957, 168–193; Die Heilige Schrift und die Tradition (QD 18), Freiburg i. Br. 1962. J. Ratzinger hat diesem Punkt zugestimmt, aber eine andere Gesamtinterpretation des Konzils vorgelegt: Offenbarung und Überlieferung, in: K. Rahner/J. Ratzinger, Offenbarung und Überlieferung (QD 25), Freiburg i. Br. 1964, 50–69.

[47] S. 86 So J. S. Drey, Die Apologetik als wissenschaftliche Nachweisung der Göttlichkeit des Christentums in seiner Erscheinung, Bd. 1, Mainz $^{2}$1844, 373–378.

[48] S. 86 Wie wenig Geiselmann eine materiale Suffizienz der Schrift nicht im Sinn, sondern im Widerspruch zur lutherischen Orthodoxie vertreten hat, geht aus seinem Buch Die lebendige Überlieferung als Norm des christlichen Glaubens dargestellt im Geist der Traditionslehre Johannes Ev. Kuhns, Freiburg i. Br. 1959, hervor. Bereits der

Titel spricht für sich. In Die Heilige Schrift und die Tradition kommt er abschließend zu dem Ergebnis, dass die Heilige Schrift der lebendigen Überlieferung bedarf als ihrer Interpretin. »Es gibt keine Suffizienz der Heiligen Schrift schlechthin« (ebd., 272).

[49] S. 86 Vgl. B. Decker, Sola Scriptura bei Thomas von Aquin, in: L. Lennart (Hg.), Universitas (FS A. Stohr), Bd. 1, Mainz 1960, 117–129; Y. Congar, »Traditio« und »Sacra doctrina« bei Thomas von Aquin, in: J. Betz/H. Fries, Kirche und Überlieferung (FS J. R. Geiselmann), Freiburg i. Br. 1960, 170–210.

[50] S. 86 Vgl. W. Kasper, Die Lehre von der Tradition in der Römischen Schule, Freiburg i. Br. 1962, 163 ff.205 ff.353 ff.399 f.

[51] S. 86 Die Kontroverse wird objektiv und differenziert dargestellt bei J. Ratzinger, Aus meinem Leben, Stuttgart 1998, 106–132; dagegen findet sich in erst jetzt zugänglichen früheren Texten eine, was diesen Punkt betrifft, unzutreffende Geiselmannkritik. Ausführliche Darstellung bei R. Voderholzer, Offenbarung, Schrift und Kirche. Eine Relecture von »Dei Verbum«, in: IKaZ 39 (2010) 287–303.

[52] S. 86 DV 9 f. Dieser Zusammenhang wird von Benedikt XVI. ausführlich und vertieft dargelegt in dem nachsynodalen Schreiben Verbum Domini, Über das Wort Gottes im Leben und in der Sendung der Kirche (2010). Inzwischen hat es in der ökumenischen Diskussion der letzten Jahrzehnte in dieser Frage beträchtliche Annäherungen gegeben; aber in der Frage, wer über die rechte Schriftinterpretation entscheidet, wurde bisher kein Konsens erreicht. Zum gegenwärtigen Stand: W. Kasper, Harvesting the Fruits, London 2009, 87–99.150 f.197 f.202 f. Zum Traditionsverständnis vgl. o. I.4 und II.4.4.

[53] S. 86 O. Cullmann, Die ersten christlichen Glaubensbekenntnisse, Zollikon – Zürich 1949; H. Schlier, Kerygma und Sophia. Zur neutestamentlichen Grundlegung des Dogmas, in: Die Zeit der Kirche, Freiburg i. Br. 1955, 206–232; K. H. Neufeld, The Earliest Christian Confessions, Leiden 1963; K. Lehmann, Auferweckt am dritten Tag nach der Schrift (QD 38), Freiburg i. Br. 1968; H. Schlier, Die Anfänger des christologischen Credos, in: B. Welte (Hg.), Zur Frühgeschichte der Christologie (QD 51), Freiburg i. Br. 1970, 13–58; J. N. D. Kelly, Altchristliche Glaubensbekenntnisse. Geschichte und Theologie, Göttingen 1972.

[54] S. 86 Dazu Kasper, Dogma unter dem Wort Gottes (wie Anm. 14), 25–57 sowie o. I.5 Anm. 52, zum Thema Unfehlbarkeit vgl. u. II.5.4.

[55] S. 87 Vgl. U. Wilckens, Standpunkte. Grundlegende Themen biblischer Theologie, Neukirchen-Vluyn 2010, Einleitung 7–9.

[56] S. 88 DV 21.

[57] S. 88 H. Strathmann, Die Krisis des Kanons der Kirche, in: Käsemann, Das Neue Testament als Kanon (wie Anm. 43), 41.

[58] S. 89 J. E. Kuhn, Einleitung in die katholische Dogmatik, Tübingen $^{2}$1859, 87.91; ders., Die formalen Prinzipien des Katholicismus und Protestantismus, in: ThQ 40 (1858) 3.62.185–251.385–442.

[59] S. 89 Zit nach Kasper, Die Lehre von der Tradition (wie Anm. 50), 206.

[60] S. 89 DH 246.

[61] S. 89 Zur Interpretation dieses Axioms vgl. DH 3792.3828.

[62] S. 89 LG 12; 35. [63] S. 89 DH 1501. [64] S. 89 DV 8.

[65] S. 90 Grundlegend: H. de Lubac, L'Écriture dans la Tradition, Paris 1966; ders., Exégèse médiévale. Les quatre sens de l'écriture (1959–1964), Paris 1993 (dt. Typologie, Allegorie, geistlicher Sinn, Einsiedeln 1999); ders., Histoire et Esprit. L'intelligence de l'Écriture d'après Origène, Paris 2002 (dt. Geist aus der Geschichte. Das Schriftverständnis des Origenes, Einsiedeln 1968); ders., Der geistige Sinn der Schrift, Einsiedeln 1952.

[66] S. 90 J. de Ghellinck, »Pagina« et »Sacra doctrina«. Histoire d'un mot et transformation de l'objet primitivement désigné (Mélanges A. Pelzer), Louvain 1947, 23–59.

[67] S. 90 Thomas von Aquin, Summa theologiae I q. 1 a. 1. Die topologische Methodenlehre des Melchior Cano ist in jüngster Zeit mehrfach erforscht worden. Neben älteren Interpretationen (A. Lang, A. Gardeil u. a.) ist vor allem auf die Arbeiten von E. Klinger, B. Körner, K. Lehmann zu verweisen. Ich schließe mich M. Seckler an: Die ekklesiologische Bedeutung des Systems der ›loci theologici‹. Erkenntnistheoretische Katholizität und strukturale Weisheit, in: Die schiefen Wände des Lehrhauses. Katholizität als Herausforderung, Freiburg i. Br. 1988, 79–104.

[68] S. 90 Vgl. die Kritik von M. Seckler an einer einseitig am Lehramt orientierten Theologie: Theologie und kirchliche Wissenschaft – ein römisches Modell im Spannungsfeld von Wissenschaft und Kirche, Freiburg i. Br. 1980, 62–84; ders., Kirchliches Lehramt und theologische Wissenschaft, in: Die schiefen Wände des Lehrhauses (wie Anm. 67), 105–135; ders., Kirchlichkeit und Freiheit der Theologie, in: ebd., 136–155.

[69] S. 91 Über die theologische Bedeutung der Zeichen der Zeit ist es während des Konzils bei der Konzipierung der Pastoralkonstitution Gaudium et spes zu einer Kontroverse zwischen deutschen (K. Rahner, J. Ratzinger u. a.) und französischen Theologen (M. D. Chenu u. a.) gekommen, vgl. u. II.6.4. Diese Frage wurde nach dem Konzil in der Diskussion um die Theologie der Befreiung und den Einbezug marxistischer Gesellschaftsanalyse in die theologische Argumentation neu akut. Vgl. o. I.5. Innertheologisch wurde diskutiert, welche methodologische und normative Bedeutung die von Melchior Cano im Anschluss an Thomas von Aquin als loci alieni (Vernunft, Philosophie, Geschichte) bezeichneten Instanzen haben können.

[70] S. 92 Vgl. DH 3016. Dazu: W. Kasper, Kirche ins Denken erheben. Überlegungen zum Thema Glauben und Verstehen in der Ekklesiologie, in: H. A. Mooney u. a. (Hg.), Theologie aus dem Geist des Humanismus (FS P. Walter), Freiburg i. Br. 2010, 156–164.

[71] S. 92 Thomas von Aquin, Summa theologiae I q. 1 a. 8.

[72] S. 92 UR 11. Recht verstanden ist das Axiom von der hierarchia veritatum ein Interpretationsprinzip und kein Reduktionsprinzip, das erlauben würde, sogenannte sekundäre Wahrheiten als adiaphora auszuscheiden. Vgl. U. Valeske, Hierarchia veritatum, München 1968; Y. Congar, La »Hierarchia veritatum«, in: Diversités et communion, Paris 1982, 184–197.

[73] S. 92 In diesem Zusammenhang ist es interessant, dass die ursprüngliche Form des Credo nach manchen Lesarten nicht gelautet hat ›Wir glauben an die Kirche‹, sondern ›Wir glauben die Kirche‹. Gesagt ist damit, dass wir an die Kirche nicht so glauben wie wir ›an Gott‹, ›an Jesus Christus‹ und ›an den Heiligen Geist glauben‹. Vielmehr gilt: weil wir ›an Gott glauben‹, glauben wir Gott auch ›die Kirche‹. Auch

Thomas von Aquin zieht die Formel ›credo ecclesiam‹ der Formel ›credo in ecclesiam‹ vor (Summa theologiae II/II q. 1 a. 9 ad 5). Zu dieser Unterscheidung vgl. J. B. Metz, Credo Deum, Deo, in Deum, in: LThK² 3, 86–88.

[74] S. 93 Bonaventura, Sent. prooemium q. 3.

[75] S. 93 Bonaventura, Sent. III dist. 35, q. 1.

[76] S. 93 Meister Eckehart, Sermo de Augustini, 6. Weitere Zeugnisse bei B. Hallensleben, Art. Weisheit III, in: LThK³ 10, 1038 f.

[77] S. 94 Ohne dies in diesem Zusammenhang im Einzelnen ausführen zu können, beziehe ich mich damit auf die Glaubens- und Zustimmungslehre von J. H. Newman, Entwurf einer Zustimmungslehre (Ausgew. Werke 7), Mainz 1961. Aus thomistischer Sicht sei auf P. Rousselot, Les yeux de la foi, in: RechScRel 1 (1910) 241–259.444–475 (dt. Die Augen des Glaubens, Einsiedeln 1963) verwiesen. Zur Lichtsymbolik und Lichtmetapher in der Philosophie und Theologie: J. Ratzinger, Art. Licht, in: HThG 2, 44–54. Eine ausführliche Analyse des Glaubensaktes würde den Gesamtzusammenhang sprengen. Vgl. dazu: W. Kasper, Was alles Erkennen übersteigt. Besinnung auf den christlichen Glauben (1987), in: WKGS 5, 175–241.

[78] S. 94 B. Pascal, Über die Religion (Pensées) (übers. und hg. von E. Wasmuth), Heidelberg 1963, 141 (Fragment 277).

[79] S. 95 Vgl. W. Kasper, Ermutigung zum Denken. Von der Unerlässlichkeit der Metaphysik für die Sache der Theologie, in: ThQ 169 (1989) 257–271.

[80] S. 95 Vgl. J. Heinrichs, Art. Dialog, dialogisch, in: HWPh 2, 226–229; B. Langemeyer, Der dialogische Personalismus in der evangelischen und katholischen Theologie, Paderborn 1963; B. Casper, Das dialogische Denken, Freiburg i. Br. 1967; J. Heinrichs/G. Sauter, Art. Dialogik, in: TRE 8, 687–709; E. Lévinas, Dialog, in: Christl. Glaube in moderner Gesellschaft, Bd. 1, Freiburg i. Br. 1981, 61–85; J.-C. Basset, Le dialogue interreligieux, Paris 1996, 11–29.

[81] S. 96 Der Begriff Dialog kommt in den Dokumenten des Konzils in den unterschiedlichsten Zusammenhängen vor: Dialog Gottes mit den Menschen (DV 2; 8; 25), Dialog mit Gott (GS 19); Dialog mit der Welt (GS 3; 28; 40; 43; CD 13; OT 19; AG 11; AA 14; PO 19), interreligiöser Dialog (NAe 2; 4; GS 21; 28; 92; AG 11; 16; 38; 41; 92), ökumenischer Dialog (UR 4; 9; 11; 14; 18 f.; 21 ff.; GE 11), Dialog in der Kirche (GS 4; AG 20; AA 12), Dialog und Entfaltung des Menschen (GS 25; IM 1). Wichtig ist die eigens dem Dialog gewidmete Enzyklika Papst Pauls VI. Ecclesiam suam (1964).

[82] S. 96 Johannes Paul II., Enzyklika Ut unum sint, 28.

[83] S. 96 Aristoteles, politeia 1253a, 3 f.

[84] S. 96 Vgl. M. Pohlenz, Die Stoa. Geschichte einer geistigen Bewegung, 2 Bde., Göttingen ⁴1970.

[85] S. 96 Platon, theaitetos 155 d; Aristoteles, metaphysica 982 b.

[86] S. 97 J. Habermas, Zeitdiagnosen, Frankfurt a. M. 2003, 22–49. Dazu: W. Kasper, Die Zusage von Heil. Religion und die Zukunft des Menschen, in: L. Honnefelder/M. C. Schmidt (Hg.), Die Zukunft des Menschen. Perspektiven und Orientierungen, Paderborn 2007, 87–104.

[87] S. 98 I. Kant, Kritik der reinen Vernunft, B 834.

[88] S. 98 Zur Auseinandersetzung mit der Theorie des kommunikativen Handelns bei J. Habermas, K.-O. Apel u. a. vgl. H. Peukert, Wissenschaftstheorie – Handlungstheo-

rie – Fundamentale Theologie, Düsseldorf 1976; H. J. Höhn, Kirche und kommunikatives Handeln. Studien zur Theologie und Praxis der Kirche in der Auseinandersetzung mit den Sozialtheorien Niklas Luhmanns und Jürgen Habermas', Frankfurt a. M. 1985; M. Kehl, Die Kirche, Würzburg 1992, 132–147.

[89] S. 99 Dazu ausführlicher u. II.2.1. Ausführlich H. U. von Balthasar, Theologik, Bd. 1, Einsiedeln 1985, vor allem das letzte Kapitel: Wahrheit als Teilnahme, 257–312.

[90] S. 99 J. Habermas, Glauben und Wissen, Frankfurt a. M. 2001 und in anderen jüngeren Schriften. Vgl. W. Kasper, Glaube, der nach seinem Verstehen fragt. Ein Beitrag zur Diskussion um ein aktuelles Thema, in: StdZ 134 (2009) 507–519.

[91] S. 99 T. W. Adorno, Minima Moralia. Reflexionen aus dem beschädigten Leben, Frankfurt a. M. 1970, 333 (das volle Zitat o. I.8 Anm. 102).

[92] S. 100 Pascal, Über die Religion (wie Anm. 78), 120–126 (Fragment 233).

[93] S. 101 Diese antizipatorische Struktur des Glaubens hat vor allem W. Pannenberg aufgewiesen und systematisch fruchtbar gemacht, zusammenfassend in: Systematische Theologie, Bd. 1, Göttingen 1988, 249 ff.

[94] S. 101 Eindrucksvoll dargestellt in dem maßgebend von J. B. Metz konzipierten Dokument der Gemeinsamen Synode der Bistümer Deutschlands »Unsere Hoffnung«, in: Gemeinsame Synode der Bistümer der Bundesrepublik Deutschlands, Freiburg i. Br. 1976, 84–111. Ein ähnlicher Ansatz beim Reich-Gottes-Gedanken bei W. Pannenberg, Thesen zur Theologie der Kirche, München 1970; ders., Systematische Theologie, Bd. 3, Göttingen 1993.

## 2. *Universal- und heilsgeschichtlicher Horizont*

[1] S. 102 Die beste und ausführlichste Gesamtdarstellung der Geschichte der Ekklesiologie findet sich bei P. V. Dias/P.-T. Camelot/Y. Congar (Hg.), HDG III/3a-d (1970–1974); außerdem H. Fries, Wandel des Kirchenbilds und dogmengeschichtliche Entfaltung, in: MySal IV/1, Einsiedeln 1972, 223–285; B. Sesboüé, La théologie au XX^e^ siècle et l'avenir de la foi. Entretiens avec Marc Leboucher, Paris 2007; K. Berger/ G. May/J. Finkenzeller/U. Kühn, Art. Kirche, in: TRE 18, 198–252.262–277; W. Kasper/J. Drumm, Art. Kirche II, in: LThK$^3$ 5, 1458–1464 sowie die einschlägigen Artikel des RGG, EKL, NHThG u. a.

[2] S. 102 Gesamtdarstellungen: R. Schnackenburg, Die Kirche im Neuen Testament (QD 14), Freiburg i. Br. 1961; H. Schlier, Die Ekklesiologie des Neuen Testaments, in: MySal IV/1, Einsiedeln 1972, 101–221. Dazu die genannten Lexikonartikel sowie die Gesamtdarstellungen neutestamentlicher Theologie.

[3] S. 102 Das ganze reiche Material wurde von H. Rahner, Symbole der Kirche. Die Ekklesiologie der Väter, Salzburg 1964, gesammelt. Vgl. auch H.-J. Vogt, Bilder der frühen Kirche, München 1993.

[4] S. 102 Ambrosius, Kommentar zum Lukasevangelium II, 38.

[5] S. 104 Vgl. dazu u. II.3.2. [6] S. 104 Vgl. dazu u. II.5.3.

[7] S. 104 Zu Luther vgl. o. II.1.2 Anm. 28–31 und u. II.4.1 und 4; II.5.1 und 3.

[8] S. 104 Ähnlich im Heidelberger Katechismus (1563), in: Bekenntnisschriften und Kirchenordnungen der nach Gottes Wort reformierten Kirche (ed. W. Niesel), 142 f.

[9] S. 104 Zur Entwicklung des reformatorischen Kirchenverständnis von Luther zu Melanchthon und Calvin wie zur lutherischer Orthodoxie vgl. U. Kühn, Art. Kirche VI/1, in: TRE 18, 262–267.

[10] S. 105 W. Pannenberg, Einheit der Kirche als Glaubenswirklichkeit und als ökumenisches Ziel, in: Ethik und Ekklesiologie, Göttingen 1977, 205; ders., Reformation und Einheit der Kirche, in: ebd., 255 f.

[11] S. 105 Nicht wenige evangelische Ausleger sind freilich der Meinung, dass es mit dem ›satis est‹ eben nicht satis est, dass diese Formel vielmehr ergänzt werden müsse durch die Aussagen von Art. V, XIV und XXVIII, welche über das Amt in der Kirche sprechen. So E. Schlink, Theologie der lutherischen Bekenntnisschriften, München 1948, 275 f.; Pannenberg, Reformation und Einheit (wie Anm. 10), 266; G. Wenz, Theologie der Bekenntnisschriften der evangelisch-lutherischen Kirche, Bd. 2, Berlin 1998, 143; H. Meyer, Simul satis est et non satis est? Die »satis est«-Aussage von Confessio Augustana VII im ökumenischen Dialog, in: Versöhnte Verschiedenheit. Aufsätze zur ökumenischen Theologie, Bd. 3, Frankfurt a. M. – Paderborn 2009, 63–77.

[12] S. 105 Vgl. Augsburger Bekenntnis, Art. V; XIV; XXVIII.

[13] S. 105 Ebd., Art. V. [14] S. 105 Ebd., Art. XIV.

[15] S. 105 Ebd., Art. XXVIII. Vgl. zu diesen Fragen u. II.4.1 und 4; II.5.1 und 3.

[16] S. 105 Vgl. o. II.1.2. [17] S. 105 WA 18, 652.

[18] S. 105 R. Bellarmin, Controversiae IV, 2, 3.

[19] S. 105 Vgl. u. II.5.4. [20] S. 107 Vgl. o. I.3 und II.1 Anm. 21–26.

[21] S. 107 Dazu: J. R. Geiselmann, Die katholische Tübinger Schule. Ihre theologische Eigenart, Freiburg i. Br. 1964, 191–279; J. Rief, Reich Gottes und Gesellschaft nach J. S. Drey und J. B. Hirscher, Paderborn 1965; E. Klinger, Ekklesiologie der Neuzeit. Grundlegung bei Melchior Cano und Entwicklung bis zum Zweiten Vatikanischen Konzil, Freiburg i. Br. 1978, 118–202; W. Fürst, Wahrheit im Interesse der Freiheit, Mainz 1979; M. Seckler, Das Reich-Gottes-Motiv in den Anfängen der Tübinger Schule, in: ThQ 168 (1988) 257–288; L. Hell, Reich Gottes als Systemidee der Theologie, Mainz 1993.

[22] S. 107 Zusammenfassend: W. Pannenberg, Systematische Theologie, Bd. 3, Göttingen 1993.

[23] S. 107 Georgi Florowski, Sergej Bulgakov, Vladimir Lossky, Alexander Schmemann, John Meyendorff, Paul Evdokimov, John Zizioulas u. a.

[24] S. 108 Außerdem Emil Brunner, Eduard Thurneysen, Friedrich Gogarten, Rudolf Bultmann u. a.

[25] S. 108 Dietrich Bonhoeffer, Hans Asmussen, Werner Elert, Paul Althaus, Peter Brunner, Ernst Sommerlath, Ernst Kinder, Edmund Schlink, Ulrich Kühn u. a.

[26] S. 108 Vgl. o. I.4. [27] S. 108 Vgl. u. II.7.

[28] S. 109 Vgl. dazu o. II.1, Anm. 26.

[29] S. 110 Ungeklärt ist, ob die Ekklesiologie nach der Gnaden- bzw. Rechtfertigungslehre (das ist die traditionelle Lösung) oder vor ihr (so die neuere Systematik bei M. Schmaus, MySal u. a.) zu stehen hat. Am überzeugendsten scheint mir die von W. Pannenberg (Systematische Theologie, Bd. 3 [wie Anm. 22], 93) vorgeschlagene Lösung, die Erwählungs- und Gnadenlehre in die Ekklesiologie einzubeziehen, die ihrerseits im Horizont der eschatologischen Reich-Gottes-Botschaft steht.

[30] S. 110 Thomas von Aquin, Summa theologiae I q. 1. a. 3 ad 1.
[31] S. 110 Thomas von Aquin, Summa theologiae II/II q. 1 ad 1.
[32] S. 110 Ebd., a. 2 ad 2. [33] S. 110 Ebd., a. 6 s.c.
[34] S. 110 Bonaventura, I Sent. prooemium q. 1.
[35] S. 110 F. Holböck/T. Sartory (Hg.), Mysterium Kirche, 2 Bde., Salzburg 1962; G. Baraúna (Hg.), De Ecclesia. »Beiträge zur Konstitution über die Kirche« des Zweiten Vatikanischen Konzils, Bd. 1, Freiburg i. Br. – Frankfurt a. M. 1966; J. Ratzinger, Die Kirche als Heilssakrament, in: JRGS 8/1, 244–257; ders., Die Ekklesiologie des Zweiten Vatikanischen Konzils, in: ebd. 258–282.
[36] S. 110 LG 1.
[37] S. 111 Irenäus von Lyon, adversus haereses IV, 20, 7.
[38] S. 111 Vgl. H. Rahner, Symbole der Kirche. Die Ekklesiologie der Väter, Salzburg 1964, 91–139; ders., Christliche Mythen in christlicher Deutung, Basel 1966, 89–158.
[39] S. 112 Vgl. o. II.1.2.
[40] S. 113 K. Rahner, Über den Begriff des Geheimnisses in der katholischen Theologie, in: Schriften zur Theologie, Bd. 4, Einsiedeln 1960, 51–99; G. Ebeling, Profanität und Geheimnis, in: Wort und Glaube, Bd. 2, Tübingen 1969, 184–208; WKGS 4, 216–225; E. Jüngel, Gott als Geheimnis der Welt. Zur Begründung der Theologie des Gekreuzigten im Streit zwischen Theismus und Atheismus, Tübingen 1977, 307–408.
[41] S. 113 Dieser an sich positiv gemeinte Versuch bei H. Lübbe, Religion nach der Aufklärung, Graz 1986.
[42] S. 113 D. Bonhoeffer, Widerstand und Ergebung. Briefe und Aufzeichnungen aus der Haft, hg. von E. Bethge, Neuausgabe München 1977, 341 u. a.
[43] S. 114 Das aufzuzeigen gehört in die Fundamentaltheologie und Gotteslehre und kann daher hier nicht ausführlich behandelt werden; dazu: WKGS 4, 183–197.
[44] S. 114 Thomas von Aquin, Summa theologiae I q. 2 a. 3; Summa contra gentiles I 13; 15; 16; 44.
[45] S. 114 So H. U. von Balthasar, Theologik, Bd. 2, Einsiedeln 1985, 91–98; ebenso A. M. Haas, Wind des Absoluten. Mystische Weisheit der Postmoderne, Einsiedeln 2009. Dieses Buch ist eine Weiterführung von H. U. von Balthasar, Die Gottesfrage des heutigen Menschen (1956), erweiterte Neuausgabe Einsiedeln 2009.
[46] S. 114 J. Hochstaffl, Negative Theologie. Ein Versuch zur Vermittlung des patristischen Begriffs, München 1976; ders., Art. Negative Theologie, in: LThK[3] 7, 723–725; W. Oelmüller, Negative Theologie heute, Die Lage der Menschen vor Gott, München 1999.
[47] S. 114 WKGS 2, 181–198.216–219.
[48] S. 115 WKGS 4, 206–216; M. Seckler, Der Begriff der Offenbarung, in: HFTh 2, 62 f.
[49] S. 115 NAe 2. Vgl. dazu u. II.2.5 und II.5.3. [50] S. 116 DV 2.
[51] S. 116 Vgl. dazu Seckler, Der Begriff der Offenbarung (wie Anm. 48), 64–67. Überblick bei. A. Dulles, Models of Revelation, Garden City NY 1983.
[52] S. 116 Vgl. o. I.4; u. II.2.1; außerdem von Balthasar, Die Gottesfrage des heutigen Menschen (wie Anm. 48), 27–32.61–79.
[53] S. 116 Schelling hat dieses Scheitern und diese Kehre in seiner negativen und positiven Philosophie thematisiert, freilich die positive Philosophie selbst nochmals nach dem Modell der negativen zu denken versucht und ist damit gescheitert. Die Bibel ist

in dieser Hinsicht radikaler und auch konsequenter; sie versteht die Kehre radikal und unableitbar von Gott her. Vgl. dazu WKGS 2, 181–234.598–604. Auf das Problem der Kehre bei S. Kierkegaard und vor allem bei M. Heidegger und anderen kann hier nur hingewiesen, aber nicht eingegangen werden.

[54] S. 116 Zu dieser Determinationsdialektik J. E. Kuhn, Einleitung in die katholische Dogmatik, Tübingen ²1859, 240 f.

[55] S. 117 W. Löser, »Universale concretum« als Grundgesetz der oeconomia revelationis, in: HFTh 2, 108–121.

[56] S. 117 Ignatius von Antiochien, ad Polycarpum III, 2; Irenäus von Lyon, adversus haereses IV, 20, 4. Vgl. von Balthasar, Die Gottesfrage des heutigen Menschen (wie Anm. 45), 63 f.98–113.

[57] S. 118 G. Bornkamm, Art. μυστήριον, in: ThWNT 4, 820–831.

[58] S. 119 G. Bornkamm, ebd. 825. Zur Reich-Gottes-Botschaft Jesu vgl. u. II.2.2.

[59] S. 119 Zur Auslegung WKGS 4, 304–316.

[60] S. 120 Vgl. die Auslegung durch H. Schlier, Brief an die Epheser, Düsseldorf 1957, 74–99. Während H. Schlier noch vom hellenistischen Hintergrund ausgeht, hat F. Manns, Le Judéo-christianisme. Mémoire ou Prophétie?, Paris 2000, gezeigt, dass diese Vorstellungen auch auf dem Hintergrund des damaligen Judentum verstanden werden können.

[61] S. 120 LG 2–4.

[62] S. 120 Vgl. zu diesem Problem E. Jüngel, Gott als Geheimnis der Welt. Zur Begründung der Theologie des Gekreuzigten im Streit zwischen Theismus und Atheismus, Tübingen 1977, 55–138.

[63] S. 121 So im Anklang an Schelling, Philosophie der Kunst, in: WW V, 424 f.; Philosophie der Offenbarung, in: WW XIV, 174. Vgl. WKGS 2, 521–530. An dieser Stelle lassen sich Grundanliegen der Kreuzestheologie Luthers positiv aufgreifen. Vgl. W. Kasper, Das Kreuz als Offenbarung der Liebe Gottes, in: Cath(M) 61 (2007) 1–14.

[64] S. 122 LG 4. Vgl. Cyprian, de oratione Domini, 23. Ähnlich Augustinus, sermones 71, 20, 33; Johannes von Damaskus, liber adversus Iconoclastas 12. Die Kritik von B. Stubenrauch und M. Seewald an der trinitarischen Analogie der Kirche in deren sonst instruktiven Beitrag: Das Konzil und die Kirche, in: IKaZ 39 (2010) 607 f.612, ist angesichts solcher expliziter Aussage des Konzils und dessen Berufung auf Cyprian und andere bedeutende Kirchenväter unverständlich.

[65] S. 122 UR 2.

[66] S. 122 N. A. Nissiotis, Die Theologie der Ostkirche im ökumenischen Dialog. Kirche und Welt in orthodoxer Sicht, Stuttgart 1968, 52–57; J. Zizioulas, L'être ecclésiale, Genf 1981; B. Bobrinskoy, Le mystère de l'Église, Paris 2003, 130–134.

[67] S. 122 C. Journet, L'Église du Verbe incarné, Bd. 3, Paris 1969; B. Forte, La Chiesa icona della Trinità. Breve ecclesiologia, Brescia 1984; ders., La Chiesa della Trinità. Saggio sul mistero della Chiesa comunione e missione, Cinisello-Balsamo, 1995; J. M. Tillard, L'Église des églises. L'ecclésiologie de communion, Paris 1987; M. Kehl, Die Kirche. Eine katholische Ekklesiologie, Würzburg 1992, 63–103; Überblick: M. Naro, Art. Trinità e Chiesa, in: Dizionario di ecclesiologia, Roma 2010, 1465–1475. Verwiesen werden kann auch auf J. Moltmann, Kirche in der Kraft des Geistes. Ein Beitrag zur messianischen Ekklesiologie, München 1975.

[68] S. 122 Vgl. dazu WKGS 4, 31–33.383–385.463–477.

[69] S. 122 Zu dieser Determinationsdialektik J. E. Kuhn, Katholische Dogmatik, Bd. 2, Tübingen 1857, 498 ff.545 ff.; WKGS 4, 449 f.

[70] S. 123 Vgl. H. J. Klauck, Der erste Johannesbrief (EKK XXIII/1) Neukirchen 1991, 73 f.

[71] S. 123 Vgl. R. Schnackenburg, Die Johannesbriefe (HThK XIII/3), Freiburg i. Br. 1953, 57–62.

[72] S. 123 Vgl. K. H. Schelkle, Die Petrusbriefe. Der Judasbrief (HThK XII/2), Freiburg i. Br. 1961, 188 f.; A. Vögtle, Der Judasbrief. Der zweite Petrusbrief (EKK XXII), Neukirchen 1994, 140 f. Zu der enormen Wirkungsgeschichte dieser Aussage vgl. ebd. 145–148.

[73] S. 124 Vgl. o. I.4.

[74] S. 124 E. Peterson, Der Monotheismus als politisches Problem. Ein Beitrag zur Geschichte der politischen Theologie im Imperium Romanum (1935), in: Theologische Traktate, München 1951, 45–147.

[75] S. 125 Zur monastischen Tradition: S. Chialà (ed alii ed.), La Paternità spirituale nella tradizione ortodossa, Bose 2009; G. Bunge, Geistliche Vaterschaft (Eremos, 1), Münster 2010.

[76] S. 125 Benediktusregel cap. 2 f.; 64.

[77] S. 125 So die Kritik von I. Kant, Der Streit der Fakultäten, A 49 f.

[78] S. 126 Diese Übersetzung findet sich zuerst in den afrikanischen Bibelübersetzungen; sie wird durch Tertullian aufgegriffen und von ihm weiter vermittelt: ad martyres 3, 3,1; de spectaculis 24, 4; adversus Marcionem IV, 34, 5; V, 8, 3.

[79] S. 126 Cyprian von Karthago, de ecclesiae unitate 7; ep. 66, 8.

[80] S. 126 Vgl. dazu G. Philips, L'église et son mystère, vol. 1, Paris 1967, 72–74; Ratzinger, Die Kirche als Heilssakrament (wie Anm. 35), 244–247.

[81] S. 126 O. Semmelroth, Die Kirche als Ursakrament, Frankfurt a. M. 1953; K. Rahner, Kirche und Sakramente (QD 10), Freiburg i. Br. 1960; E. Schillebeeckx, Christus – Sakrament der Gottbegegnung, Mainz 1960; L. Boff, Die Kirche als Sakrament im Horizont der Welterfahrung, Paderborn 1972; Y. Congar, Un peuple messianique. L'Église sacrement du salut. Salut et libération, Paris 1975. W. Beinert, Die Sakramentalität der Kirche im theologischen Gespräch, in: J. Pfammater/F. Furger (Hg.), Theologische Berichte 9, Zürich 1980, 13–66; W. Kasper, Die Kirche als universales Sakrament des Heils (1984), in: WKGS 11, 306–327; J. Meyer zu Schlochtern, Sakrament Kirche. Wirken Gottes im Handeln der Menschen, Freiburg i. Br. 1992; Die sakramentale Struktur der Kirche in der ökumenischen Diskussion, hg. vom Johann-Adam-Möhler Institut, Paderborn 1983; P. Hünermann, Die Kirche: Sakrament des Heils, in: HThK.Vat II 2, 324–336.

[82] S. 126 LG 1. [83] S. 126 LG 9; 48; ebenso SC 5; 26; GS 42; 45; AG 1; 5 u. a.

[84] S. 126 Augustinus, ep. 69, 6.

[85] S. 126 SC 5; Augustinus, enarrationes in Psalmos 138, 2.

[86] S. 127 Luther hat bereits 1520 – im Grunde auf der Spur Augustins – gesagt, man solle den Begriff Sakrament für Jesus Christus reservieren und die sakramentalen Handlungen der Kirche als Sakramentalien bezeichnen (WA 6, 501, 37 f.). Ähnlich K. Barth, Kirchliche Dogmatik, Bd. IV/2, 1955, 59. G. Ebeling hat in dieser Frage eine Grunddifferenz zwischen katholischem und lutherischem Kirchenverständnis fest-

gestellt, vgl. Dogmatik des christlichen Glaubens, Tübingen 1979, 314f. Von Luther und Barth ausgehend hat auch E. Jüngel eine heftige Kritik formuliert, dann aber zum Schluss doch eine Verständnisbrücke zu einem sakramentalen Verständnis der Kirche gebaut: Die Kirche als Sakrament? (1983), in: Wertlose Wahrheit, München 1990, 311–334. Noch deutlicher suchen G. Wenz (Art. Sakramente, in: TRE 29, 663–695) und W. Pannenberg (Systematische Theologie, Bd. 3, 52–55) zu vermitteln. Inzwischen lässt sich in dieser Frage ein ekklesiologischer Basiskonsens feststellen. Die Vollversammlung des Ökumenischen Rates der Kirchen in Uppsala (1968), die Kommission für Glaube und Kirchenverfassung in Accra (1974), Bangalore (1978) und Löwen (1971) griffen den Begriff Sakrament auf. Ebenso fand er in den bilateralen Dialogen Verwendung, vgl. W. Kasper, Harvesting the Fruits. Aspects of Christian Faith in Ecumenical Dialogue, London – New York 2009, 68–71. Der Begriff Sakrament hat damit als Schlagwort für die Unterscheidung zwischen katholischer und evangelischer Ekklesiologie ausgedient.

87 S. 127 LG 8. Der Ausdruck ›zusammenwächst‹ wird gelegentlich kritisiert, weil er den Gedanken einer Natureinheit nahelegen kann. Das würde der christologischen Lehre widersprechen. Denn die Einheit in Christus ist keine Natureinheit, sondern eine hypostatischen Einheit. Die Einheit in der Kirche ist weder eine Natureinheit noch eine hypostatische Einheit. Sie ist nach den Kirchenvätern keine hypostatische Einheit (καθ' ὑπόστασιν), sondern eine Beziehungseinheit (κατὰ σχέσιν).

88 S. 127 Kritische Einwände von Seiten der evangelischen Theologie übertragen die Kritik an der Kooperation des Menschen im Heils*vorgang* oft auf die Kooperation der Kirche bei der Heils*vermittlung*. Das letztere ist jedoch biblisch begründet (vgl. *1 Kor 3,9; 2 Kor 6,1*). Luther selbst hat ein enthusiastisches, von Wort und Sakrament absehendes Verständnis der Heilsvermittlung verworfen und von cooperatores gesprochen (WA 18, 695). Vgl. dazu E. Herms, Kirche – Geschöpf und Werkzeug des Evangeliums, Tübingen 2010, XIVf.; 50. Vgl. u. II.3.3.

89 S. 127 Leo der Große, sermones 74, 2.

90 S. 127 Thomas von Aquin, Summa theologiae III q. 65 a. 1; vgl. q. 60 a. 6.

91 S. 127 Thomas von Aquin, Summa theologiae III q. 60 a. 2: signum rei sacrae inquantum est sanctificans homines. Suppl. q. 29 a. 2: significando causat.

92 S. 127 Zum Begriff des Realsymbols: Rahner, Zur Theologie des Symbols (wie Anm. 43), 275–311.

93 S. 128 LG 8; vgl. Augustinus, de civitate Dei XVIII, 51, 2.

94 S. 128 LG 48. 95 S. 128 Vgl. u. II.2.1. 96 S. 128 Vgl. u. II.4.1

97 S. 128 Thomas von Aquin, IV Sent. d. 4 q. 1 a. 1 q. l a 1 ad 4; Summa theologiae III q. 60 a. 3.

98 S. 128 LG 3.

99 S. 129 So etwa Thomas von Aquin, Summa theologiae II/II q. 183 a. 2 und 3; Suppl. q. 34 a. 1.

100 S. 130 Schelling, Philosophie der Kunst, in: WW V, 455f.

101 S. 130 Zu J. M. Sailer vgl. J. R. Geiselmann, Von lebendiger Religiosität zum Leben der Kirche, Stuttgart 1952, 191–198.

102 S. 130 J. S. Drey, bei Geiselmann, Geist des Christentums und des Katholizismus. Ausgewählte Schriften katholischer Theologie im Zeitalter des deutschen Idealismus

und der Romantik, Mainz 1940, 213–225, außerdem: J. S. Drey, Kurze Einleitung in das Studium der Theologie, Tübingen 1819, § 278.

103 S. 130 J. A. Möhler, Symbolik, § 37, 393–395.

104 S. 130 Einsiedeln 1961–1964. Wichtig für die Ekklesiologie ist besonders Bd. 1, 535–581. Hinweise u. a. auf Schiller, Fichte, Schelling und Hegel finden sich in Bd. 3/1, 848–921.

105 S. 131 Gotteslob 639.

106 S. 132 Origenes, in Ezechielem 9, 1; zit. nach H. de Lubac, Glauben aus der Liebe (Catholicisme), Einsiedeln 1970, 30.

107 S. 133 K. Kuhn, Art. βασιλεύς, βασιλεία, in: ThWNT I, 563–569; J. Jeremias, Das Königtum Gottes in den Psalmen. Israels Begegnung mit dem kanaanäischen Mythos in den Jahwe-König-Psalmen, Göttingen 1987.

108 S. 133 K. L. Schmidt, Art. βασιλεία, in: ThWNT I, 579–592; R. Schnackenburg, Gottes Herrschaft und Reich. Eine bibeltheologische Studie, Freiburg i. Br. 1959; H. Schürmann, Gottes Reich – Jesu Geschick, Freiburg i. Br. 1983; WKGS 3, 83–139; H. Merklein, Jesu Botschaft von der Gottesherrschaft, Stuttgart 1983; J. Gnilka, Jesus von Nazareth, Freiburg i. Br. 1990; U. Wilckens, Theologie des Neuen Testaments, Bd. I/1, Neukirchen-Vluyn 2002; F. Hahn, Theologie des Neuen Testaments, Bd. 1, Tübingen, 2002.

109 S. 134 J. Jeremias, Jesu Verheißung für die Völker, Göttingen 1959. G. Lohfink, Die Sammlung Israels, München 1975.

110 S. 134 Origenes, Commentariorum in Mt XIV, 7.

111 S. 136 Die nach wie vor klassische Darstellung, die zugleich eine Leichenrede ist, bei A. Schweitzer, Geschichte der Leben-Jesu-Forschung, Tübingen 1913.

112 S. 136 A. von Harnack, Das Wesen des Christentums (1900) Neudr. München – Hamburg 1964, 45.

113 S. 136 Ebd., 117–167; hier 156.

114 S. 136 A. von Harnack, Lehrbuch der Dogmengeschichte, Bd. 1, (1885) Neudr. Darmstadt 1964, 20; M. Werner (Die Entstehung des christlichen Dogmas, Bern – Tübingen 1941) führte die Hellenisierungsthese Harnacks weiter mit der These, dass die Enteschatologisierung die Voraussetzung war für die Hellenisierung des Christentums. Einen Überblick über die Hellenisierungsdebatte bei J. Drumm, Art. Hellenisierung, in: LThK³ 4, 1407–1409.

115 S. 136 A. Loisy, L'Évangile et l'Église (1902). Diese gegen A. Harnack gerichtete These war insofern apologetisch gemeint, als Loisy sie im Sinn einer Entwicklung verstand. Gegen diese historistische Betrachtungsweise schrieb M. Blondel 1904 seinen berühmten und noch immer lesenswerten Essay Geschichte und Dogma, Mainz 1963.

116 S. 136 E. Peterson, Die Kirche (1929), in: Theologische Traktate, München 1951, 411–429.

117 S. 137 R. Bultmann, Das Verhältnis der urchristlichen Christusbotschaft zum historischen Jesus, Heidelberg 1960; ders., Theologie des Neuen Testaments, Tübingen ⁹1984, §§ 1–4.

118 S. 137 WKGS 3, 156–162.

119 S. 137 Vor allem W. Trilling, »Implizite Ekklesiologie«, in: Die Botschaft Jesu, Freiburg i. Br. 1978, 57–72. Zusammenfassend: G. Lohfink, Wie hat Jesus Gemeinde ge-

wollt? Freiburg i. Br. 1982; ders., Jesus und die Kirche, in: HFTh 3, 27–64; ders., Braucht Gott die Kirche?, Freiburg i. Br. 1998. Sehr differenziert: K. Berger, Art. Kirche II, in: TRE 18, 201–218.

120 S. 137 Die Handbücher der Apologetik haben die Kirchengründung meist mit dem Wort an Petrus begründet: »Du bist Petrus, und auf diesen Felsen will ich meine Kirche bauen« *(Mt 16,18)*. Die Bedeutung dieses Wortes und die besondere Sendung des Petrus stehen für die katholische Ekklesiologie außer Frage. Doch in der vorliegenden Fassung geht das Wort an Petrus schwerlich auf Jesus selbst zurück (vgl. dazu u. II.5.4). Es muss außerdem im größeren ekklesiologischen Zusammenhang gesehen werden. Ein isolierter Ansatz bei diesem Wort führt zu einer einseitig institutionellen Sicht der Kirche. Die zweite Stelle, an der sich das Wort Kirche bei den Synoptikern findet, ist die Gemeinderegel in *Mt 18,17f.*, die ebenfalls als nachjesuanische Bildung angesehen werden muss.

121 S. 137 H. Schürmann hat auf die bei allem Bruch durch das Kreuz bekenntnismäßige und soziologische Kontinuität zwischen vor- und nachösterlichen Zeit hingewiesen: Die vorösterlichen Anfänge der Logientradition, in: H. Ristow/K. Matthiae (Hg.), Der historische Jesus und der kerygmatische Christus, Berlin 1960, 342–370.

122 S. 138 K. H. Rengstorf, Art. ἑπτά, in: ThWNT 2, 630 f.

123 S. 139 Zu der umfangreichen Diskussion bei H. Lietzmann, J. Jeremias, H. Schürmann, F. Hahn, H. J. Klauck, R. Pesch, H. Merklein u. a.: WKGS 3, 184.240–242.390; WKGS 10, 43–45. Zur Datumsfrage: Benedikt XVI., Jesus von Nazareth, Bd. 2, Freiburg i. Br. 2011, 126–134.

124 S. 140 WKGS 3, 219–221.

125 S. 140 P. Vielhauer/G. Strecker, Apokalyptik des Urchristentums, Einleitung in: W. Schneemelcher (Hg.), Neutestamentliche Apokryphen in deutscher Übersetzung, Bd. 2, Tübingen [5]1989, 491–547. F. Hahn, Frühjüdische und urchristliche Apokalyptik. Eine Einführung, Neukirchen-Vluyn 1998.

126 S. 140 E. Peterson, Die Kirche (1929), in: Theologische Traktate, München 1951, 411–429 vertrat die These, Kirche gebe es nur unter der Voraussetzung des Unglaubens der Juden und des dadurch bedingten Ausbleibens des Reiches Gottes. Heute wird die Trennung der Wege zwischen Kirche und Judentum jedoch wesentlich differenzierter als ein länger dauernder Prozess gesehen. Vgl. H. U. Weidemann in seinen Überlegungen im Anschluss an Erik Peterson, in: Erik Peterson, Ekklesia. Studien zum christlichen Kirchenbegriff, Würzburg 2010, 158–164. Ähnlich setzt auch H. Schlier den Ursprung der Kirche mit Pfingsten an: Ekklesiologie des Neuen Testaments, in: MySal IV/1, Einsiedeln 1972, 101–221.

127 S. 141 Vgl. Berger, Art. Kirche II (wie Anm. 119), 213.

128 S. 141 Vgl. ebd. 203 f. Ausführlich dazu u. II. 3.2.

129 S. 141 Vgl. LG 5; 9. 130 S. 141 LG 3. 131 S. 141 LG 48. 132 S. 141 AG 9.

133 S. 141 Zum ursprünglichen Wortsinn K. L. Schmidt, Art. ἐκκλησία, in: ThWNT 3, 516–520.530–535; Weiterführend: W. Schrage, »Ekklesia« und »Synagoge«. Zum Ursprung des christlichen Kirchenbegriffs, in: ZThK 60 (1963) 178–202; K. Berger, Volksversammlung und Gemeinde Gottes. Zu den Anfängen der christlichen Verwendung von »ekklesia«, in: ZThK 73 (1976) 167–207; ders., Art. Kirche II (wie Anm. 119), 201.214 f.

[134] S. 142 Darauf hatte schon E. Peterson hingewiesen: Synagoge und Ekklesia. Bedeutung und Verhältnis beider Begriffe, in: Ausgewählte Schriften. Sonderband, Würzburg 2010, 11–26. Peterson geht entsprechend der damaligen, heute überholten Forschungslage noch von der Unterscheidung zur jüdischen Synagoge aus. Aber es kommt ihm das Verdienst zu, als einer der ersten auf den hellenistischen Hintergrund von ekklesia hingewiesen zu haben.

[135] S. 142 Zu der umfangreichen Diskussion vgl. J. Ernst/J. Kremsmaier/D. Sattler, Art. Binden und Lösen, in: LThK[3] 2, 463–465. Vgl. u. II.5.4.

[136] S. 142 Die hellenistische Kultur Palästinas der damaligen Zeit hat M. Hengel, Judentum und Hellenismus, Tübingen 1969, ausführlich dargestellt. Zur Bedeutung der hellenistischen Christen in Jerusalem: U. Wilckens, Theologie des Neuen Testaments, Bd. 1/2, Neukirchen 2003, 230–239.

[137] S. 143 So auch K. Holl, Der Kirchenbegriff des Paulus in seinem Verhältnis zu dem der Urgemeinde, Berlin 1921; H. Campenhausen, Kirchliches Amt und geistliche Vollmacht in den ersten drei Jahrhunderten, Tübingen 1953.

[138] S. 143 Vgl. u. II.3.2. [139] S. 144 Vgl. dazu ausführlich u. II.5.5.

[140] S. 144 WA 50, 625. [141] S. 144 BSELK 656.

[142] S. 145 M. Luther, Schmalkaldische Artikel 459; vgl. 1060.

[143] S. 145 M. Luther, Kleiner Katechismus, 511 f.

[144] S. 145 G. Gloege, Art. Gemeinde I, in: RGG[3] 2, 1328 f.

[145] S. 145 Zu der von A. Harnack, R. Sohm und dann nochmals von E. Käsemann ausgelösten Debatte um den Frühkatholizismus vgl. u. II.4.3.

[146] S. 145 E. Brunner, Das Missverständnis der Kirche, Stuttgart 1951.

[147] S. 145 K. Barth, Kirchliche Dogmatik IV/1, § 67, 729 ff.; IV/2 § 67, bes. 765 ff.

[148] S. 145 Diese konkrete Gestalthaftigkeit hat E. Peterson in seinem Briefwechsel mit A. Harnack (Theologische Traktate, München 1955, 293–322) herausgestellt, angesichts neuer Problemstellungen H. Schlier (Das bleibend Katholische. Ein Versuch über ein Prinzip des Katholischen, Münster 1970), H. U. von Balthasar (Katholisch. Aspekte des Mysteriums, Einsiedeln 1975) und L. Scheffczyk (Katholische Glaubenswelt. Wahrheit und Gestalt, Aschaffenburg 1977).

[149] S. 145 Maßgebend für die Diskussion wurde J. H. Leuba, Institution und Ereignis, Göttingen 1957. Kritisch von katholischer Seite H. Fries, Kirche als Ereignis, Düsseldorf 1958; Y. Congar, Christus – Maria – Kirche, Mainz 1965, 13 f.; A. Dulles, Models of the Church, Garden City, NY 1987, 81–93; von orthodoxer Seite P. Evdokimov, L'ortodossia, Bologna 1981, 177–180; von protestantischer Seite Moltmann, Kirche in der Kraft des Geistes (wie Anm. 72), 359 f.; Pannenberg, Systematische Theologie (wie Anm. 22), 50.

[150] S. 146 Vgl. die entsprechenden Artikel in: Dictionary of the Ecumenical Movement, Geneva 2002; Anglican Communion (21–24); Lutheran World Federation (722–724); World Alliance of Reformed Churches (1217 f.); World Methodist Council (1244 f.); Word's Evangelical Alliance (1249 f.).

[151] S. 147 Die Konkordie reformatorischer Kirchen in Europa: Leuenberger Konkordie, 1973, in: H. Meyer u. a. (Hg.), Dokumente wachsender Übereinstimmung Bd. 3, Paderborn – Frankfurt a. M. 2003, 724–731; Die Kirche Jesu Christi. Der reformatorische Beitrag zum ökumenischen Dialog über die kirchliche Einheit (Leuenberger Hefte 1),

Frankfurt a. M. 1995. Zur Geschichte: E. Schieffer, Von Schauenburg nach Leuenberg. Entstehung und Bedeutung der Konkordie reformatorischer Kirchen in Europa, Paderborn 1983. Die ausführlichste theologische Begründung findet das Leuenberger Modell bei E. Herms, Kirche – Geschöpf und Werkzeug des Evangeliums, Tübingen 2010.

[152] S. 147 W.-D. Hauschild, Art. Evangelische Kirche Deutschland I, in: RGG$^4$ 2, 1713–1717.

[153] S. 147 Dazu ausführlich u. II.5.4.

[154] S. 148 Auch auf diesen Gesichtspunkt hat schon Peterson hingewiesen: Ekklesia und Himmelstadt, in: Synagoge und Ekklesia (wie Anm. 150), 26–52; ders., Von den Engeln, in: Theologische Traktate, München 1951, 323–407. Im Einzelnen sind aufgrund der neueren Forschung an dieser seiner Position Differenzierungen notwendig. Vor allem ist auf den nicht hellenistisch-platonischen, sondern rabbinischen Hintergrund der Vorstellung von der Himmelsstadt zu verweisen. Vgl. Weidemann, Überlegungen (wie Anm. 150), 164–171.

[155] S. 149 E. Käsemann, Das wandernde Gottesvolk. Eine Untersuchung zum Hebräerbrief, Göttingen $^2$1957.

[156] S. 149 Irenäus von Lyon, adversus haereses III, 16, 6; 22, 1–3.

[157] S. 149 Ebd., III, 17, 2.

[158] S. 149 Clemens von Alexandrien, protrepticus, 11; zit. Lubac, Glauben aus der Liebe (wie Anm. 130), 263.

[159] S. 150 Ambrosius, explanatio super Psalmos 118, 2, 33; 118, 22, 41.

[160] S. 150 Johannes Chrysostomos, in Johannem homeliae, 65, 1.

[161] S. 150 Hilarius, tractatus super Psalmos 121, 4.

[162] S. 150 Augustinus, enarrationes in Psalmos 147, 19.

[163] S. 150 Augustinus, de civitate Dei IX, 17; vgl. sermones 175; 266–269; in Johannis evangelium VI, 10.

[164] S. 150 O. Cullmann, Christus und die Zeit. Die urchristliche Zeit- und Geschichtsauffassung, Zürich 1948; H. Conzelmann, Die Mitte der Zeit. Studien zur Theologie des Lukas, Tübingen 51964.

[165] S. 151 Zum Dienst der Kirche am kommenden Reich Gottes vgl. u. II.6.1; II.6.2.3 und 4.

[166] S. 152 Dazu W. Nigg, Das ewige Reich, Zürich 1954; E. Gilson, Les métamorphoses de la cité de Dieu, Vrin 1952; A. Dempf, Sacrum Imperium, Darmstadt 1962.

[167] S. 152 R. Bultmann, Geschichte und Eschatologie, Tübingen 1958, 183 f.

[168] S. 152 Andere Formen vgl. u. II.3.1.

[169] S. 152 Vgl. u. II.5.8. [170] S. 152 Vgl. u. II.4.4.

[171] S. 153 Augustinus, de civitate Dei III, 30; XVIII 22; 46.

[172] S. 153 Ebd. XIV, 28.

[173] S. 153 Ebd. I, 36; de doctrina christiana III, 323, 45.

[174] S. 153 Das muss man beachten bei der Interpretation von Stellen, welche eine Identifizierung von Kirche und Reich Gottes nahe legen, wie de civitate Dei XX, 9, 1 f.

[175] S. 153 Ebd. XVIII, 51, 2. [176] S. 153 Ebd. XXII, 30.

[177] S. 153 Dazu ist auf den letzten Abschnitt bei Peterson, Der Monotheismus als politisches Problem (wie Anm. 86), 103 f. zu verweisen.

[178] S. 153 M. Seckler, Das Heil in der Geschichte. Geschichtstheologisches Denken bei Thomas von Aquin, München 1964.
[179] S. 154 Thomas von Aquin, IV Sent. q. 18, a. 1, ad 1 sol 1; Summa theologiae I q. 64 a. 2 ad 3; II/II q. 99 a. 1 ad 2 u. a.
[180] S. 154 Thomas von Aquin, Summa theologiae II/II q. 105 a. 1–2.
[181] S. 154 Thomas von Aquin, Summa theologiae II/I q. 106 a. 4 ad 4.
[182] S. 154 Wesentlich freundlicher stand Bonaventura der von Joachim von Fiore ausgelösten Bewegung gegenüber. Darauf kann in diesem Zusammenhang nicht eingegangen werden. Vgl. dazu J. Ratzinger, Die Geschichtstheologie des heiligen Bonaventura (1959), Neudr. St. Ottilien 1992; wesentlich erweitert: Das Offenbarungsverständnis und die Geschichtstheologie Bonaventuras (JRGS 2).
[183] S. 154 K. Löwith, Weltgeschichte als Heilsgeschehen, Stuttgart 1953.
[184] S. 154 J. B. Metz, Glaube in Geschichte und Gesellschaft, Mainz 1977; ders., Zum Begriff der neuen politischen Theologie. 1967–1997, Mainz 1997; H. Peukert (Hg.), Diskussion zur »politischen Theologie«, Mainz – München 1969; R. Strunk, Politische Ekklesiologie im Zeitalter der Revolution, Mainz 1971; J. Ratzinger, Kirche, Ökumene, Politik, Einsiedeln 1987. In diesen Zusammenhang gehört auch J. Moltmann, Kirche in der Kraft des Geistes. Ein Beitrag zur messianischen Ekklesiologie, München 1975. Im nordamerikanischen Raum ist vor allem R. Niebuhr, Christ and Culture, New York 1951 einflussreich geworden.
[185] S. 155 N. Lohfink, Die messianische Alternative, Freiburg i. Br. 1961; ders., Kirchenträume, Freiburg i. Br. 1982; G. Lohfink, Wie hat Jesus Gemeinde gewollt?, Freiburg i. Br. 1982; ders., Gottes Taten weiter geben, Freiburg i. Br. 1985. Vgl. u. II.6.2.4.
[186] S. 155 Vgl. u. II.2.4. [187] S. 155 LG 3. [188] S. 156 Vgl. u. II.6.4; II.7.
[189] S. 156 1 Clemens 14,1; 2 Clemens 14,1; Hirt des Hermas, visiones 2, 4, 1; Epiphanius, panarion I, 1, 5; Cyprian, de ecclesiae unitate, 7; Augustinus, retractationes 1, 12, 13.
[190] S. 157 G. von Rad, Weisheit in Israel, Neukirchen 1970; M. Hengel, Judentum und Hellenismus, Tübingen 1973, 291–318; H. Gese, Zur biblischen Theologie, München 1977, 152–201. Zum Verständnis der »vielfältigen Weisheit Gottes«: H. Schlier, Der Brief an die Epheser, Düsseldorf 1957, bes. 158–167. Statt des von Schlier herausgestellten hellenistischen Hintergrunds wird neuerdings der judenchristliche Hintergrund geltend gemacht. Vgl. Manns, Le Judéo-Christianisme (wie Anm. 65), 225–236; W. Kasper, Gottes Gegenwart in Jesus Christus. Vorüberlegungen zu einer weisheitlichen Christologie, in: W. Baier u. a. (Hg.), Weisheit Gottes – Weisheit der Welt (FS J. Ratzinger), Bd. 2, St. Ottilien 1987, 311–328; ders., Jesus Christus – das Licht der Welt. Die Weisheitschristologie als Auslegungsschlüssel der Weltweisheit, in: G. Augustin u. a. (Hg.), Christus Gottes schöpferisches Wort (FS C. Schönborn), Freiburg i. Br. 2010, 293–299.
[191] S. 158 Justin, apologia I, 46; apologia II, 7; 10; 13. [192] S. 158 Justin, apologia II, 10.
[193] S. 158 Justin, apologia I, 5. [194] S. 158 Justin, apologia I, 46.
[195] S. 158 Clemens von Alexandrien, stromata I, 15.
[196] S. 158 In ähnlicher Weise begegnet uns eine universalgeschichtliche Sicht bei den Tübingern J. S. Drey, J. A. Möhler, F. X. Staudenmaier. Außerdem wäre auf die bei uns viel zu wenig beachtete russische Sophiologie (V. Solowjew, S. Bulgakow u. a.) zu verweisen.

[197] S. 158 AG 9; 11; 15; 18; NAe 2; GS 92; OT 16. [198] S. 159 LG 13.

[199] S. 159 Vgl. J. Gnilka, Das Evangelium nach Markus (EKK II/2), Neukirchen 1979, 153 f. Dort auch zur Wirkungsgeschichte (154 f.).

[200] S. 160 Auf die Frage des Widerstandsrechts im Zusammenhang der Auslegung von *Röm 13,1–7* kann hier nicht eingegangen werden. Vgl. zur Wirkungsgeschichte U. Wilckens, Der Brief an die Römer (EKK VI/3), Neukirchen 1982, 43–66.

[201] S. 160 GS 36; 41; 56; 76. [202] S. 160 GS 76.

[203] S. 161 Vgl. Y. Congar, Das Mysterium des Tempels, Salzburg 1960; E. Peterson, Ekklesia und Himmelstadt, in: Ekklesia (wie Anm. 150), 26–52; G. Schrenk, Art. ἱερόν, in: ThWNT 3, 230–247; O. Michel, Art. ναός, in: ThWNT 4, 884–895; Art. οἶκος, in: ThWNT 5, 122–133. Zur Hausmetapher bei Augustinus: J. Ratzinger, Volk und Haus Gottes in Augustins Lehre von der Kirche (1954), St. Ottilien 1992.

[204] S. 163 Vgl. u. II.4.2.

[205] S. 164 Ignatius von Antiochien, ad Magnesios 7, 2.

[206] S. 164 Vgl. dazu: J. Werbick, Kirche, Freiburg i. Br. 1994, 217–222.

[207] S. 165 Thomas von Aquin, Summa theologiae II/II q. 99 a. 1 ad 2; III q. 64 a. 2 ad 3 u. a.

[208] S. 165 DV 26. Dieses Wort stammt aus alter Vätertradition, die bis Thomas von Kempen, De imitatione Christi IV, 11, 21 f. reicht. Vgl. J. Ratzinger, Kommentar, in: LThK.E 2, 572.

[209] S. 166 DV 2. Die Beiträge zur Theologie des Wortes sollen in WKGS 7 veröffentlicht werden. Zu Dank verpflichtet bin ich besonders meinem Lehrer in neutestamentlicher Exegese K. H. Schelkle, ebenso L. Scheffczyk, H. Volk, M. Seckler und dem jüngst erschienen Buch von P. W. Scheele, Wort des Lebens. Eine Theologie des Wortes, Würzburg 2007.

[210] S. 166 K. L. Schmidt, Art. ἐκκλησία, in: ThWNT 3, 505 f.530–532; U. Wilckens, Theologie des Neuen Testaments, Bd. 2/2, Neukirchen 2009, 86–91.

[211] S. 166 Das hat Luther mit Nachdruck zur Geltung gebracht (WA 2,430 u. a.), stellt aber nicht länger einen konfessionellen Gegensatz dar.

[212] S. 166 So bei Cyrill von Jerusalem, Mystagogische Katechesen XVIII, 24–26; Augustinus, de fide et symbolo 9, 21; ep. 93, 1, 3; 98, 5; in Johannis evangelium 26, 17. Für das Mittelalter wurde die Definition des Isidor von Sevilla wichtig: »ecclesia vocatur proprie, propter quod omnes ad se vocet et in unum congreget« (de origine officiorum ecclesiasticorum I, 1). Wichtig ist Thomas von Aquin, Summa theologiae III q. 8 a. 4 ad 2; Summa contra gentiles IV, 78 u. a. sowie der Catechismus Tridentinus 10, 2. Vgl. Lubac, Glauben aus der Liebe (wie Anm. 130), 57 f.

[213] S. 167 M. Luther, WA 50, 629.

[214] S. 167 DV 1. Vgl. den Kommentar von Ratzinger (wie Anm. 235), 504 f. Vgl. Benedikt XVI., Nachsynodales Apostolisches Schreiben über das Wort Gottes in Leben und Sendung der Kirche Verbum Domini (2010).

[215] S. 167 AG 2.

[216] S. 167 Papst Paul VI., Apostolisches Schreiben über die Evangelisierung in der Welt von heute. Evangelii nuntiandi (1975), 14.

[217] S. 168 Thomas von Aquin, Compendium theologiae 1.

[218] S. 168 Zu dieser Analogie vgl. o. II. 2.2.

[219] S. 168 Leo der Große, sermones 74, 2.

[220] S. 168 Zur Theologie der Sakramente und der Liturgie vgl. WKGS 10; vgl. o. I.2.2.

[221] S. 168 Cyrill von Jerusalem, mystagogiae VI, 3.

[222] S. 168 Cyrill von Alexandrien, commentarium in evangelium Joannis XI, 18, 11.

[223] S. 169 Das hat F. Kattenbusch, Der Quellort der Kirchenidee (FS A. Harnack), Tübingen, 1921, 143–172 herausgestellt; neuerdings Wilckens, Theologie des Neuen Testaments (wie Anm. 132), 91–95.

[224] S. 169 Zu Geschichte und zum Verständnis von communio sanctorum: J. N. D. Kelly, Altchristliche Glaubensbekenntnisse, Göttingen 1972, 381–390. Einen guten Überblick über die unterschiedlichen Deutungen: K. B. Osborne, Communion of Saints, in: J. Komanchak u. a. (Hg.), The New Dictionary of Theology, Dublin 1987, 213–216. Zur Bedeutung J. A. Möhlers für die Wiederentdeckung der ursprünglichen Bedeutung der communio sanctorum: J. R. Geiselmann, Die theologische Anthropologie Johann Adam Möhlers, Freiburg i. Br. 1955, 56–106.

[225] S. 169 N. Baumert, KOINONEIN und METECHEIN – synonym?, Stuttgart 2003.

[226] S. 169 Augustinus, in Johannis evangelium 26, 6, 13. Dazu weitere Aussagen Augustins u. II.3.2.

[227] S. 169 DH 802; 1635. [228] S. 169 SC 47.

[229] S. 169 Bonaventura, Sent. IV d. 8 p. 2 a. 2 q. 1.

[230] S. 169 Thomas von Aquin, Summa theologiae III q. 73 a. 6.

[231] S. 169 Benedikt XVI., Nachsynodales Apostolisches Schreiben über die Eucharistie – Quelle und Höhepunkt von Leben und Sendung der Kirche Sacramentum Caritatis (2007), Nr. 14.

[232] S. 170 Dazu: W. Kasper, Sakrament der Einheit. Eucharistie und Kirche, Freiburg i. Br. 2004, bes. 115–146; B. Forte, La Chiesa dell'Eucaristia per una ecclesiologia eucaristica, Napoli 1975.

[233] S. 170 M. Luther, WA 2,743. Vgl. W. Elert, Abendmahl und Kirchengemeinschaft in der Alten Kirche hauptsächlich des Ostens, Berlin 1954.

[234] S. 170 Vgl. W. Kasper, Harvesting the Fruits. Basic Aspects of Christian Faith in Ecumenical Dialogue, chapter four, London 2009.

[235] S. 170 Dieses Bild findet sich schon bei Tertullian, de oratione 2; de anima 43, 10; de baptismo 20, ebenso bei Ambrosius, expositio evangelii secundum Lucam III, 23; de virginibus V, 22; 31 u. a.

[236] S. 170 Cyprian, de ecclesiae unitate, 6; ep. 74, 7; vgl. ep. 15, 2.

[237] S. 170 Tertullian, de paenitentia VI, 16; Augustinus, ep. 98, 9.

[238] S. 171 Augustinus, In Johannis evangelium 80, 3. Der Zusammenhang von Wort Gottes in Hl. Schrift, in der Eucharistie und in der Kirche wird in eindrucksvoller Weise von Origenes herausgestellt. Vgl. H. de Lubac, Geist aus der Geschichte. Das Schriftverständnis des Origenes, Einsiedeln 1968, 393–436.

[239] S. 171 Thomas von Aquin, Summa theologiae III q. 60 a. 6–8.

[240] S. 171 M. Luther, Großer Katechismus, in: BSELK 693; 709.

[241] S. 171 SC 56. [242] S. 171 LG 11; vgl. 26; CD 30; PO 5.

[243] S. 171 DH 246.

[244] S. 172 Thomas von Aquin, Summa theologiae III q. 60, a. 3.

[245] S. 172 Vgl. o. II.2.2.

[246] S. 172 Zu Maximus Confessor vgl. H. U. von Balthasar, Kosmische Liturgie. Das Weltbild Maximus' des Bekenners, Einsiedeln 1961, 314–325.
[247] S. 172 Vgl. u. II.4.2.
[248] S. 173 Dass die Verurteilung dieser Lehre jene des Origenes nicht wirklich trifft, hat de Lubac, Geist aus der Geschichte (wie Anm. 238), 23–61 gezeigt.
[249] S. 174 Dazu: Y. Congar, Außerhalb der Kirche kein Heil, Essen 1961; F. Ricken, Ecclesia ... universale salutis sacramentum, in: Schol 40 (1965) 352–388; J. Ratzinger, Kein Heil außerhalb der Kirche?, in: Das neue Volk Gottes, Düsseldorf 1969, 399–361; W. Kern, Außerhalb der Kirche kein Heil?, Freiburg i. Br. 1979; ders., Art. Heilsnotwendigkeit, in: LThK[3] 4, 1346–1348; B. Sesboüé, Hors de l'Église pas de salut. Histoire d'une formule et problèmes d'interprétation, Paris 2004.
[250] S. 174 H. Rahner, Symbole der Kirche, Salzburg 1964, 504–547.
[251] S. 174 Origenes, in Jesu nave 3, 5; in Iosuam homeliae III, 5.
[252] S. 174 Cyprian von Karthago, ep. 73, 21; de ecclesiae unitate 6, 14, 17.
[253] S. 175 DH 802. [254] S. 175 DH 875. [255] S. 175 DH 1351.
[256] S. 175 DH 2005. [257] S. 176 DH 2429.
[258] S. 176 Thomas von Aquin, Summa theologiae III q. 68 a 2.
[259] S. 176 DH 1524.
[260] S. 176 R. Bellarmin, Disputationes de controversiis, IV, 3, 3.
[261] S. 176 DH 3821.
[262] S. 176 DH 3866–3873. K. Rahner, Die Gliedschaft in der Kirche nach der Lehre der Enzyklika Pius XII. Mystici corporis, in: Schriften zur Theologie, Bd. 2, Einsiedeln 1956, 7–94.
[263] S. 176 LG 16; vgl. GS 22. [264] S. 177 Vgl. o. II.2.3.
[265] S. 177 Athanasius, contra Arianos I, 42; II, 61; 74.
[266] S. 177 Augustinus, sermones 341, 9, 11; enarrationes in Psalmos 90, 1; de civitate Dei XVIII, 51.
[267] S. 177 Vgl. Y. Congar, Ecclesia ab Abel, in: M. Reding (Hg.), Abhandlungen über Theologie und Kirche (FS K. Adam), Düsseldorf 1952, 79–108. Wichtig ist auch die öfters sich findende Aussage Augustinus, dass viele, die drinnen sind, draußen sind und viele, die draußen sind, in Wirklichkeit drinnen sind. Zit. LG 14 Anm. 26.
[268] S. 177 Thomas von Aquin, Summa theologiae III q. 8, a. 3. Dazu M. Seckler, Das Haupt aller Menschen, in: Die schiefen Wände des Lehrhauses, Freiburg i. Br. 1988, 26–39. Weitere Belegstellen für die universale Schau der Kirche bei Thomas bei Seckler, Das Heil in der Geschichte (wie Anm. 203), 220 Anm. 17. Zur Grundlegung dieser Lehre bei den Kirchenvätern de Lubac, Geist aus der Geschichte (wie Anm. 265), 34–36.
[269] S. 177 Thomas von Aquin, Summa theologiae III q. 68 a. 2.
[270] S. 177 GS 10; 45.
[271] S. 177 AG 9; 11 15; NA 2 u. a. Vgl. o. II. 2. 3.
[272] S. 177 GS 22. [273] S. 177 GS 10.
[274] S. 177 Johannes Paul II., Enzyklika über die fortdauernde Gültigkeit des missionarischen Auftrags Redemptoris missio (1990), 28. Dazu u. II.6.1.
[275] S. 177 Die Theorie Karl Rahners von den anonymen Christen stellt im Grunde mit Hilfe des transzendental-existentialen Ansatzes Rahners eine spekulative Vertiefung

der Theorie vom subjektiven Votum dar. Sie kann im Rahmen der kirchlichen Lehre richtig verstanden werden. Sie hat jedoch in ihrer Rezeption Anlass zu manchen Missverständnissen gegeben. Sie scheint außerdem die Bedeutung der Mission mehr oder weniger auf das ›Ausdrücklichmachen‹ und die ›Aufklärung‹ der sogenannten anonymen Christen über das, was sie schon sind, zu beschränken. Sie trägt damit der Realität der anderen Religionen und den negativen, idolatrischen und teilweise inhumanen Aspekten, die sich bei ihnen finden, nicht hinreichend Rechnung. So steht sie in der Gefahr, die Bedeutung der Mission und des ausdrücklichen Christentums zu mindern. Vgl. K. Rahner, Schriften zur Theologie, Bd. 3, 419–439; Bd. 6, 545–554; Bd. 9, 498–515; Bd. 10, 531–546 (dort auch die Literatur zum Thema). In anderer Weise sprechen P. Tillich von einem latenten Christentum (Systematische Theologie, Bd. 3, Stuttgart 1966, 171–182) und T. Rendtorff von einem Christentum außerhalb der Kirche (Stundenbücher Bd. 89, Hamburg 1969).

[276] S. 178 Dazu die Erklärung der Glaubenskongregation Dominus Jesus, Über die Einzigkeit und die Heilsuniversalität Jesu Christi und der Kirche (2000).

[277] S. 179 LG 14; AG 1–9. Ausführlich zum Thema Mission u. II.6.1.

[278] S. 179 Ausführlich zum interreligiösen Dialog u. II.6.2.3.

## *3. Wesensbestimmung der Kirche*

[1] S. 180 LG 6.

[2] S. 181 Vor allem M. D. Koster, Volk Gottes im Werden (1940), Neuauflage Mainz 1971 hat auf die Bedeutung der Volk-Gottes-Ekklesiologie hingewiesen, zu ihrer Erneuerung beigetragen, sie aber auch gegen die Leib-Christi-Ekklesiologie gestellt.

[3] S. 181 H. U. von Balthasar, Vorwort zu der Neuübersetzung von H. de Lubac, Die Kirche, Einsiedeln 1968, 9; J. Ratzinger, Vom Ursprung und Wesen der Kirche, in: JRGS 8/1, 150 f.; ders., Die Ekklesiologie des Zweiten Vatikanischen Konzils, ebd. 269–282; Wichtig die Untersuchung: ders., Volk und Haus Gottes in Augustins Lehre von der Kirche (1954), Neudr. St. Ottilien 1992.

[4] S. 181 Das hat Y. Congar sehr materialreich herausgestellt: Kirche als Volk Gottes, in: Conc(D) 1 (1965) 5–16; »Ecclesia« et »populus (fidelis)« dans l'ecclésiologie de Saint Thomas, in: Église et Papauté, Paris 2002, 211–227.

[5] S. 181 Dazu: N. A. Dahl, Das Volk Gottes, Darmstadt 1963; F. Mussner, Volk Gottes im Neuen Testament, in: Praesentia salutis, Düsseldorf 1967, 244–254; G. Lohfink, Die Sammlung Israels, München 1975; N. Lohfink, Beobachtungen zur Geschichte des Ausdrucks ›am Jhwh‹, Studien zur biblischen Theologie, Stuttgart 1999, 98–132. Einflussreich war E. Käsemann, Das wandernde Gottesvolk, Göttingen 1939.

[6] S. 182 Der Name Jahwe bzw. das Tetragramm JHWH, das den Juden als heilig und unaussprechlich gilt, hat religionsgeschichtlich und bibeltheologisch schon viele Fragen aufgeworfen und unterschiedliche Deutungen erfahren. Es gilt als sicher, dass es nicht im Sinn der griechischen Metaphysik als »der Seiende« (ὁ ὤν oder τὸ ὄν), wie schon die LXX übersetzt und wie das Wort in der Überlieferung wirksam geworden ist, übersetzt werden kann. Es geht vielmehr semitisch um Sein als Ereignis, als aktuelles und dynamisches Dasein im Sinn von Zu-gegen-sein und Mitsein. Vgl.

A. Deissler, Die Grundbotschaft des Alten Testaments, Freiburg i.Br. 1972, 48–52; M. Rose, Art. Jahwe, in: TRE 16, 438–441. Zur Wirkungsgeschichte: WKGS 4, 248–255.

[7] S. 184 Vgl. Catechismus Romanus, Nr. 81.

[8] S. 184 M. Luther, BSELK 656; WA 5, 293; 50, 625.

[9] S. 185 Zum Zweiten Vatikanischen Konzil: O. Semmelroth, Die Kirche, das neue Gottesvolk, in: G. Baraúna (Hg.), De Ecclesia, Bd. 1, Freiburg i.Br. – Frankfurt a.M. 1966, 365–379; Ratzinger, Vom Ursprung und Wesen der Kirche (wie Anm. 3), 269–275.

[10] S. 185 LG 9.

[11] S. 185 Bes. LG 9–17; vgl. u. II.4.1.

[12] S. 186 Vgl. dazu u. II.5.2.

[13] S. 186 Barnabasbrief 5, 7; 7, 5; 13, 1. Vgl. dazu u. II.6.2.1.

[14] S. 186 Augustinus, sermones 341, 9, 11; enarrationes in Psalmos 90, 1; de civitate Dei XVIII, 51.

[15] S. 186 LG 2; Y. Congar, Ecclesia ab Abel, in: M. Reding (Hg.), Abhandlungen über Theologie und Kirche (FS K. Adam), Düsseldorf 1952, 79–108. Vgl. o. II.2.4.

[16] S. 186 LG 9.

[17] S. 187 H. Rahner, Symbole der Kirche. Die Ekklesiologie der Väter, Salzburg 1964, 272–303; H.-J. Vogt, Bilder der frühen Kirche, München 1993, 24–36; F. Manns, Le Judéo-christianisme. Mémoire ou prophétie?, Paris 2000, 236–238. Eindrucksvoll vergleicht Basilius den Zustand der Kirche mit einer Seeschlacht: Basilius von Caesarea, de spiritu sancto, 30, 64e–67e.

[18] S. 187 Augustinus, de civitate Dei XVIII, 51, 2.

[19] S. 187 Gegen diese Gleichsetzung zu Recht J. Ratzinger im Anschluss an E. von Ivanka, Rhomäerreich und Gottesvolk, Freiburg i.Br. – München 1968. Man kann diese Gleichsetzung aber nicht der orthodoxen Ekklesiologie allgemein zum Vorwurf machen. Das ökumenische Patriarchat von Konstantinopel bezeichnet sich nicht umsonst als ökumenisch, und berühmte und einflussreiche russisch-orthodoxe Exiltheologen, wie N. Afanasjew, G. Florowski, P. Evdokimov, J. Meyendorff u.a haben bewusst gegen den sogenannten Phyletismus (Gleichsetzung der Kirche mit einer phyle, d.h. einem Stamm und einer Kultur) Stellung genommen und dagegen die eucharistische Communio-Ekklesiologie grundgelegt. Sie ist etwa bei J. Zizioulas auch für die griechisch-orthodoxe Theologie wichtig geworden.

[20] S. 188 E. Schlink, Die Struktur der dogmatischen Aussage als dogmatisches Problem, in: KuD 3 (1957) 231–306; W. Pannenberg, Analogie und Doxologie, in: Grundfragen systematischer Theologie, Göttingen 1967, 181–201; G. Wainwright, Doxology, London 1980; A. Kallis, Theologie als Doxologie, in: K. Richter (Hg.), Liturgie – ein vergessenes Thema der Theologie, Freiburg i.Br. 1986, 45–53; J. Drumm, Doxologie und Dogma. Die Bedeutung der Doxologie für die Wiedergewinnung theologischer Rede in der evangelischen Theologie, Paderborn 1991; ders., Art. Doxologie II–III, in: LThK[3] 3, 355–357.

[21] S. 188 Gotteslob 474, 5. In diese Richtung auch K. Koch, Die Kirche Gottes. Gemeinschaft im Geheimnis des Glaubens, Augsburg 2007.

[22] S. 188 Thomas von Aquin, Summa theologiae II/II q. 1 a. 1.

[23] S. 188 Thomas von Aquin, Summa theologiae II/II q. 1 a. 2.

[24] S. 188 Thomas von Aquin, Summa theologiae II/II q. 1 a. 6.
[25] S. 189 Thomas von Aquin, Summa theologiae II/II q. 1 a. 6 und 8.
[26] S. 189 Bekannt ist die Formel von F. Schleiermacher, die er allerdings als vorläufig bezeichnet, wonach man den Gegensatz zwischen Protestantismus und Katholizismus so zu fassen hat, »dass ersterer das Verhältnis des Einzelnen zur Kirche abhängig macht von seinem Verhältnis zu Christo, der letztere aber umgekehrt das Verhältnis des Einzelnen zu Christo abhängig von seinem Verhältnis zur Kirche« (Der christliche Glaube, § 24).
[27] S. 189 J. H. Newman, Apologia pro vita sua, 229.
[28] S. 189 J. H. Newman, Ein Brief an seine Gnaden den Herzog von Norfolk, anlässlich der jüngst erschienenen Beschwerdeschrift Mr. Gladstones, in: Polemische Schriften (Ausg. Werke IV), Mainz 1959, 162.165.171.
[29] S. 190 E. Käsemann, Leib und Leib Christi, Tübingen 1933; A. Wikenhauser, Die Kirche als der mystische Leib Christi, Münster 1937; L. Cerfaux, La Théologie de l'Église suivant S. Paul, Paris 1948; E. Mersch, Le Corps Mystique du Christ, Paris – Bruxelles 1951; T. Robinson, The Body. A Theology, London 1952; H. Merklein, Entstehung und Gestalt des paulinischen Leib-Christi-Gedankens, 1985; T. Söding, Ihr aber seid Christi Leib, in: Das Wort vom Kreuz, Tübingen 1997, 272–299. Unter systematischem Gesichtspunkt ist vor allem auf C. Journet, L'Église du Verbe incarné, Bruges 1941, zu verweisen.
[30] S. 190 Platon, Protagoras 322d.
[31] S. 190 H. W. Robinson, Corporate Personality in Ancient Israel, Philadelphia 1964.
[32] S. 191 K.-H. Menke, Stellvertretung. Schlüsselbegriff christlichen Lebens und theologische Grundkategorie, Freiburg – Einsiedeln 1997.
[33] S. 191 Die früher verbreitete Deutung aus dem hellenistischen Umfeld im Sinn der gnostischen Urmenschmythologie muss inzwischen als überholt gelten zu Gunsten hebräisch-jüdischer Vorstellungen. Vgl. Manns, Le Judéo-christianisme (wie Anm. 17).
[34] S. 191 Dazu die noch vom hellenistischen Hintergrund bestimmte Auslegung von H. Schlier, Der Brief an die Epheser, Düsseldorf 1957, 84–99.
[35] S. 192 Zur patristischen Auslegung vgl. Rahner, Symbole der Kirche (wie Anm. 17), 177–235.
[36] S. 192 Origenes, hexaemeron 9 (zit. H. Rahner, Symbole der Kirche [wie Anm. 17], 155).
[37] S. 192 Augustinus, tractatus in evangelium Iohannis 15, 8; vgl. Tertullian, de anima 43; Ambrosius, expositio evangelii secundum Lucam II, 86; Thomas von Aquin, Summa theologiae I q. 92, a. 3.
[38] S. 192 Augustinus, enarrationes in Psalmos 90, 1.
[39] S. 192 F. Hofmann, Der Kirchenbegriff des hl. Augustinus, München 1933, 148.152–168.
[40] S. 192 Augustinus, sermones 341, 11.
[41] S. 192 Augustinus, sermones 137, 1.
[42] S. 192 Augustinus, de dono perseverantia 7, 14.
[43] S. 192 Augustinus, enarrationes in Psalmos 17, 4.
[44] S. 192 Augustinus, enarrationes in Psalmos 30, 2, 4; de doctrina christiana 3, 37, 55.

[45] S. 192 Augustinus, sermones 133, 8.
[46] S. 192 Augustinus, tractatus in evangelium Iohannis 111, 6.
[47] S. 193 Augustinus, sermones 137, 2; vgl. tractatus in evangelium Iohannis 21, 7.
[48] S. 193 Augustinus, tractatus in evangelium Iohannis 26, 13.
[49] S. 193 Augustinus, enarrationes in Psalmos 30, 1, 3.
[50] S. 193 Hofmann, Der Kirchenbegriff des hl. Augustinus (wie Anm. 39), 390–413.
[51] S. 193 Augustinus, tractatus in evangelium Iohannis 26, 13.
[52] S. 193 Augustinus, enarrationes in Psalmos 33, 1, 6.
[53] S. 193 Augustinus, sermones 227.
[54] S. 193 Augustinus, sermones 272.
[55] S. 193 Augustinus, tractatus in evangelium Iohannis 26, 17 u. a.
[56] S. 193 Dieser Umbruch wurde vor allem von H. de Lubac, Corpus Mysticum. L'Eucharistie et l'Église au Moyen Âge, Paris 1949 herausgestellt, ausführlich zusammenfassend bei J. Ratzinger, Art. Leib Christi II, in: $LThK^2$ 6, 910–912.
[57] S. 194 Augustinus, tractatus in evangelium Iohannis 26, 6, 13.
[58] S. 194 Thomas von Aquin, Summa theologiae III q. 73 a. 2 und 6.
[59] S. 194 Die Ekklesiologie Möhlers kann nicht einfach im Sinn der Romantik als organologisch verstanden werden; sie ist zutiefst pneumatologisch und christologisch gedacht. Vor allem muss die Aussage, die Kirche sei der fortlebende Christus (Symbolik § 36), aus dem Zusammenhang interpretiert werden. Dort geht Möhler deutlich von Jesus Christus als dem in der Kirche wirksamem Subjekt aus und kommt nur »unter diesem Gesichtspunkt« zu der Aussage, die als eine Identifizierung bzw. als Weiterführung der Inkarnation verstanden werden kann. An anderer Stelle ist ihm die Kirche gar realsymbolisch verstandenes Abbild des Urbild Jesus Christus (Symbolik § 34). Vgl. o. II.1.2 Anm. 23–26.
[60] S. 195 Außer dem bereits genannten Werk de Lubac, Corpus Mysticum (wie Anm. 56) sind seine Werke Catholicisme, Paris 1938 und Méditations sur l'Église, Paris 1952 wichtig geworden.
[61] S. 195 LG 7.
[62] S. 195 SC 59; LG 11.
[63] S. 196 Zu der Verhältnisbestimmung von Universal- und Einzelkirche vgl u. II.5.5.
[64] S. 196 LG 8. [65] S. 197 LG 6; 9; 39.
[66] S. 197 Dazu: D. Valentini, La donna e la Chiesa alla luce della simbolica dell'alleanza nuziale: Lo Spirito e la sposa, Città del Vaticano 2009, 113–145. Zum Thema Frau in der Kirche vgl. u. II.4.2.
[67] S. 197 Das Thema wurde aus dem Geist der Kirchenväter bereits von M. J. Scheeben, Mysterien des Christentums (1865), Freiburg i. Br. 1951, 445–452 tief schürfend behandelt. Neuere Abhandlungen: H. U. von Balthasar, Sponsa Verbi, Einsiedeln 1960; G. Mazzanti, Teologia sponsale e sacramento delle nozze, Bologna 2004; A. Scola, Das hochzeitliche Geheimnis, Einsiedeln 2006.; M. Ouellet, Mistero e sacramento dell'amore. Teologia del matrimonio e della famiglia per la nuova evangelizzazione, Siena, 2007, 163–168. F. Pilloni, Immagine viva di Cristo Sposo. Ministero e diakonia della Chiesa sposa, Cantalupa 2009. Zur eng damit zusammenhängenden marianischen Dimension der Kirche vgl. u. II.3.4.
[68] S. 197 Diesen Gesichtspunkt hat C. Journet, L'Église sainte mais non sans pécheurs,

Saint-Maur 1999 sehr schön herausgearbeitet. Er unterscheidet zwischen dem Hl. Geist als der ungeschaffenen und der Liebe als der geschaffenen Seele der Kirche.

[69] S. 197 J. Jeremias, Art. νύμφη, in: ThWNT 4, 1092–1099.

[70] S. 198 Vgl. E. Stauffer, Art. γάμος, in: ThWNT 1, 651–655. Der Artikel zeigt, dass die neutestamentlichen Vorstellungen alttestamentliche und rabbinische Wurzeln haben und nicht aus der in den Mysterienkulten verbreiteten Vorstellung von einem ἱερὸς γάμος ableitbar sind.

[71] S. 199 Ephräm der Syrer, Hymnen de Ecclesia (Lobgesang aus der Wüste, Sophia 7), Freiburg i. Br. 1967, 59–67; Ausgewählte Schriften der syrischen Dichter, in: Bibliothek der Kirchenväter, Bd. 6, München 1913, 329–332.347–350.

[72] S. 199 Y. Congar, Die Lehre von der Kirche von Augustinus bis zum abendländischen Schisma, in: HDG III/3c, 77 f.

[73] S. 199 P. Dinzelbacher/D. R. Bauer (Hg.), Frauenmystik des Mittelalters, Ostfildern 1985.

[74] S. 200 Dazu aus feministischer Sicht: E. Schüssler Fiorenza, In Memory of Her: A Feminist Theological Reconstruction of Christian Origins (1984). Vgl. auch die schöne Auslegung von Joh 8,1–11 bei K. Rahner, Kirche der Sünder, in: Schriften zur Theologie, Bd. 6, Einsiedeln 1965, 319 f.

[75] S. 200 Das ganze Material ist zusammengetragen bei H. U. von Balthasar, Casta meretrix, in: Sponsa Verbi, Einsiedeln 1960, 297–305. Vgl. dazu u. II.4.2.

[76] S. 200 M. Luther, WA VI, 487–573.

[77] S. 200 Hildegard von Bingen, Brief 52.

[78] S. 200 Thomas von Aquin, Summa theologiae III q. 8 a. 3 ad 2.

[79] S. 201 J. A. Möhler charakterisiert dieses deistische Verständnis spöttisch so: »Gott schuf (am Anfang) die Hierarchie und für die Kirche ist nun bis zum Weltende mehr als genug gesorgt« (ThQ 5 [1823] 497).

[80] S. 202 Vgl. die alten Credo-Formulierungen in DH 10 ff. und das Nizäno-konstantinopolitanische Bekenntnis DH 150.

[81] S. 202 Vgl. die umfassendste Darstellung: Y. Congar, Der Heilige Geist, Freiburg i. Br. 1982; H. U. von Balthasar, Spiritus creator, Einsiedeln 1967; H. Mühlen, Una mystica Persona, München 1968; J. Moltmann, Der Geist des Lebens, München 1991; M. Welker, Gottes Geist, Neukirchen 1992; B. J. Hilberath, Pneumatologie, Düsseldorf 1994. Dazu meine Beiträge: W. Kasper/G. Sauter, Kirche – Ort des Geistes, Freiburg i. Br. 1976; W. Kasper (Hg.), Gegenwart des Geistes, Aspekte der Pneumatologie (QD 85), Freiburg i. Br. 1979; Die Lehre vom Heiligen Geist und die Annäherung zwischen Ost und West, in: Wege der Einheit, Freiburg i. Br. 2004, 132–161. Insgesamt zu diesem Kapitel WKGS 4, 317–359.

[82] S. 203 Irenäus von Lyon, adversus haereses III, 24, 1.

[83] S. 203 Hyppolit von Rom, traditio apostolica 31; 35.

[84] S. 203 Chrysostomus, homilia de sancta pentecoste I, 4.

[85] S. 203 Augustinus, tractatus in evangelium Iohannis 32, 8.

[86] S. 203 Augustinus, sermones 267, 4.

[87] S. 203 Diese Stelle hat in der patristischen Exegese unterschiedliche Deutungen gefunden; vgl. Rahner, Symbole der Kirche (wie Anm. 35), 177–235; R. Schnackenburg, Das Johannesevangelium, Bd. 2, Freiburg i. Br. 1971, 210–217.

[88] S. 203 Irenäus von Lyon, epideixis 89; vgl. adversus haereses IV, 33, 13; V, 18, 2.

[89] S. 204 Erwähnt sei vor allem V. Lossky, außerdem S. Bulgakow; N. Afanasiew, P. Evdokimov, O. Clément, B. Brobinskoy, N. A. Nissiotis u.a. Diese Kritik wird mit der Kritik an dem lateinisch-westlichen Filioque-Zusatz zum Credo begründet, der besagt, der Geist gehe vom Vater und vom Sohn aus. Darin sehen viele orthodoxe Theologen eine einseitige Bindung des Hl. Geistes und seines Heilswerks an das des Sohnes. Darauf kann in diesem Zusammenhang nicht eingegangen werden. Vgl. WKGS 4, 264–273.

[90] S. 204 Y. Congar, Der Heilige Geist, Freiburg i. Br. 1982, 140–147.

[91] S. 204 J. A. Möhler, Symbolik, § 37.

[92] S. 204 LG 7.

[93] S. 204 LG 4; 7; 9; 21; 48; DV 8; 21; 23; AG 2; 4; 15 u. a.

[94] S. 205 Johannes Paul II., Tertio millennio adveniente (1994), 45–47.

[95] S. 205 Irenäus von Lyon, adversus haereses III, 24, 1.

[96] S. 205 Thomas von Aquin, Summa theologiae I/II q. 106 a. 1.

[97] S. 205 Thomas von Aquin, Summa theologiae I/II q. 108 a. 1.

[98] S. 205 SC 43; UR 1; 4; PO 22.

[99] S. 206 Besonders wichtig ist der in der Konzilsaula kontrovers diskutierte Text LG 12; daneben: LG 4; 7; 30; 50; AG 4; 23; 28; PO 4; 9.

[100] S. 206 So vor allem seit Gregor der Große, in Ezechielem homiliae 29, 4.

[101] S. 206 P. J. Cordes, Den Geist nicht auslöschen, Freiburg i. Br. 1990; ders., Nicht immer das alte Lied, Paderborn 1999; J. Ratzinger, Kirchliche Bewegungen und neue Gemeinschaften – Unterscheidungen und Kriterien, München 2007; H. Gasper, Art. Charismatische Bewegung, in: Lexikon der Ökumene und Konfessionskunde, Freiburg i. Br. 2007, 210–218; M. Tigges/J. Halkenhäuser, Art. Geistliche Gemeinschaften und Bewegungen, in: ebd., 451–457; F. P. Tebartz-van Elst, Art. Pfingstbewegung, in: ebd., 1045–1050; J. Ratzinger, Die kirchlichen Bewegungen und ihr theologischer Ort, in: JRGS 8/1, 363–390.

[102] S. 206 K. Rahner, Das Dynamische in der Kirche, Freiburg i. Br. 1958; H. Küng, Die Kirche, Freiburg i. Br. 1967, 181–244; G. Hasenhüttl, Charisma – Ordnungsprinzip der Kirche, Freiburg i. Br. 1969; L. Boff, Kirche – Charisma und Macht, Düsseldorf 1986; J. Ratzinger, Bemerkungen zur Frage der Charismen in der Kirche, in: JRGS 8/1, 345–362.

[103] S. 206 M. Weber, Wirtschaft und Gesellschaft, Tübingen 1922, 140.

[104] S. 206 Einflussreich war E. Käsemann, Amt und Charisma im NT, Göttingen 1964, 109–134; ausgewogener die vorzügliche Darstellung bei H. Schürmann, Die geistlichen Gnadengaben, in: Baraúna (Hg.), De Ecclesia (wie Anm. 9), 1, 494–519. Einen guten Überblick gibt H. Conzelmann, Art. χάρισμα, in: ThWNT 9, 393–397.

[105] S. 207 Der Begriff ›Analogie des Glaubens‹, der sich im Neuen Testament nur an dieser Stelle findet, hat eine große Wirkungsgeschichte entfaltet, die im Neuen Testament an dieser Stelle nur in dem Sinn grundgelegt ist, dass eine Einheit in der Vielfalt der unterschiedlichen Charismen gemeint ist. Vgl. zur Auslegungsgeschichte: K.-H. Menke, Art. Analogia fidei, in: LThK[3] 1, 574–577.

[106] S. 209 Thomas von Aquin, Summa theologiae I/II q. 106 a. 4.

[107] S. 209 E. Benz, Ecclesia spiritualis. Kirchenidee und Geschichtstheologie der fran-

ziskanischen Reform, Stuttgart 1934; K. Löwith, Weltgeschichte und Heilsgeschehen. Die theologischen Voraussetzungen der Geschichtsphilosophie, Stuttgart 1953; J. Ratzinger, Die Geschichtstheologie des heiligen Bonaventura (1959), Neudr. St. Ottilien 1992 (Wesentlich erweitert in: JRGS 2); H. de Lubac, La postérité spirituelle Joachim de Fiore, Paris – Namur 1979; Y. Congar, Je crois en l'Esprit saint, tome 1, Paris 1979, 175–189. Vgl. o. II. 2.2.

108 S. 209 R. A. Knox, Christliches Schwärmertum. Ein Beitrag zur Religionsgeschichte, Köln 1967.

109 S. 209 W. Hollenweger, Enthusiastisches Christentum, Zürich 1969; H. Cox, Fire from Heaven: The Rise of Pentecostal Spirituality and the Reshaping of Religion in the 21st Century, Cambridge (MA) 2001; P. Jenkins, The Next Christendom. The Coming of Global Christianity, Oxford – New York 2002; K. McDonell, The Holy Spirit and Power, New York 1975; Presence, Power, Praise, 3 vol., Collegeville MN 1980; M. Robeck, Azusa Street. Mission and Revival. The Birth of the Global Pentecostal Movement, Nashville 2006.

110 S. 209 Ignatius von Antiochien, ad Ephesios 2, 2; ad Magnesios 6, 2 u. a.

111 S. 209 Cyprian von Karthago, ep. 66, 8; vgl. 58, 4.

112 S. 209 Basilius von Caesarea, de spiritu sancto 9, 19d; 16, 31b.34a.

113 S. 209 So R. Sohm, Das altkatholische Kirchenrecht und das Dekret Gratians, München – Leipzig 1918. Vgl. o. II.2.2.

114 S. 209 So K. Barth, Kirchliche Dogmatik IV/1, 718 ff. mit massiver Kritik eines ekklesiologischen Doketismus (729 ff.); ebenso IV/2, 695 ff. mit einer Auseinandersetzung mit R. Sohm (769 ff.).

115 S. 210 M. Seckler ist zu demselben Ergebnis gekommen, ausgehend von der Lehre von den theologischen Loci des Melchior Cano: Die ekklesiologische Bedeutung des Systems der ›loci theogici‹. Erkenntnistheoretische Katholizität und strukturale Weisheit, in: Die schiefen Wände des Lehrhauses. Katholizität als Herausforderung, Freiburg i. Br. 1988, 79–104.

116 S. 211 J. A. Möhler, Symbolik, § 37. Vgl. auch die viel zitierte Passage aus der Einheit, zit. u. II.4.3.

117 S. 211 Johannes Paul II., Novo millennio ineunte (2001), 46.

118 S. 211 Augustinus, de trinitate 5, 11.14 f.; 6, 10 f.; 15, 17–21. Vgl. WKGS 4, 273–282.

119 S. 211 Vgl. o. I.6. 120 S. 212 AG 4.

121 S. 212 GS 22; vgl. NAe 2.

122 S. 212 Johannes Paul II., Redemptoris missio (1990), 28. 123 S. 213 Ebd., 26.

124 S. 213 Ebd., 29; vgl. 55–57. Zur Möglichkeit des Heils außerhalb der sichtbaren Kirche vgl. o. II.2.5; zum interreligiösen Dialog vgl. u. II.6.2.3.

125 S. 213 NAe 2.

126 S. 213 LG 8; 15; UR 2 f.

127 S. 213 Vgl. u. II.6.2.

128 S. 213 DThC 4, 1374–1415; Dictionnaire de Spiritualité 3, 1222–1291. H. Wulf, Art. Unterscheidung der Geister, in: LThK$^2$ 10, 533–535.

129 S. 213 GS 4; 11; AA 14. 130 S. 214 LG 12.

131 S. 214 M. Seckler, Art. Glaubenssinn, in: LThK$^2$ 4, 945–948.

132 S. 215 Eusebius von Caesarea, historia ecclesiastica V, 27.

133 S. 215 Origenes, homilia in canticum canticorum 1, 10.

134 S. 215 Ignatius von Loyola, Exerzitien 352–368; vgl. M. Kehl, Die Kirche, Würzburg 1992, 19–23; E.-M. Faber, Art. Sentire cum ecclesia, in: LThK³ 9, 471 f.

135 S. 215 J. A. Möhler, Symbolik § 38.

136 S. 215 Ignatius von Loyola, Exerzitien 315–321.

137 S. 216 Wichtige Anregungen verdanke ich O. Semmelroth, Urbild der Kirche, Würzburg 1954; K. Rahner, Maria Mutter des Herrn, Freiburg i. Br. 1956; Y. Congar, Christus – Maria – Kirche, Mainz 1959; L. Scheffczyk/J. Ratzinger, Die Tochter Zion, Einsiedeln 1977; W. Beinert, (Hg.) Maria heute ehren, Freiburg i. Br. 1977; W. Beinert/H. Petri (Hg.), Handbuch der Marienkunde, 2 Bde., Regensburg 1996–1997; Maria, Mutter und Gefährtin Christi, Augsburg 2003; G. Lohfink/L. Weimer, Maria – nicht ohne Israel, Freiburg i. Br. 2008. Mein eigener Beitrag: W. Kasper, Meditazione su Maria, Saronno (VA) 2001.

138 S. 216 LG 58.

139 S. 217 DH 252.

140 S. 218 H. Schürmann, Jesu letzte Weisung, in: Ursprung und Gestalt, Düsseldorf 1970, 13–28; vgl. auch U. Wilckens, Das Evangelium nach Johannes, Göttingen 171998, 296 f.

141 S. 218 Der Inhalt des Titels ›Mutter der Kirche‹ ist inhaltlich in LG 53 klar ausgedrückt; als Titel ›Mutter der Kirche‹ wurde er von Papst Paul VI. am 21. November 1964 feierlich proklamiert.

142 S. 218 Das Magnifikat. Verdeutscht und ausgelegt durch D. Martin Luther. Mit einer Einführung von Helmut Riedlinger, Freiburg i. Br. 1982. Luthers Magnifikatauslegung steht keineswegs isoliert da, sondern wird von vielen anderen Aussagen der Reformatoren bestätigt. Vgl. W. Tappolet/A. Ebneter, Das Marienlob der Reformatoren, Tübingen 1962.

143 S. 219 DH 2802.

144 S. 219 Auf die vielfältigen exegetischen und anderen Probleme, die im Zusammenhang der Jungfrauengeburt aufgeworfen werden, kann hier nicht eingegangen werden. Einiges dazu: WKGS 3, 326.374.

145 S. 219 K. Barth, Kirchliche Dogmatik Bd. IV/1, 227.

146 S. 219 LG 56. 147 S. 219 LG 60. 148 S. 219 LG 61 f.

149 S. 220 Johannes von Damaskus, de fide orthodoxa 26.

150 S. 220 LG 53.

151 S. 220 Ambrosius von Mailand, expositio evangelii secundum Lucam II, 7.

152 S. 220 LG 63.

153 S. 220 H. U. von Balthasar, Das marianische Prinzip, in: Klarstellungen. Zur Prüfung der Geister, Freiburg i. Br. 1971, 70.

154 S. 221 Justin, dialogus cum Tryphone Iudaeo C 1; Irenäus von Lyon, adversus haereses III, 22, 4; V, 19, 1 f.; ders., demonstratio praedicationis apostolicae 32 f.

155 S. 221 Thomas von Aquin, Summa theologiae III q. 30 a. 1.

156 S. 221 DH 3900–3994. 157 S. 221 LG 65.

## *4. Wesensmerkmale der Kirche Jesu Christi*

[1] S. 223 DH 150. Zur Problematik: G. Thils, Les notes de l'église dans l'apologétique catholique depuis la réforme, Gemboux 1937; Y. Congar, Die Wesenseigenschaften der katholischen Kirche, in: MySal IV/1, Einsiedeln 1972, 357–367; H. J. Pottmeyer, Die Frage nach der wahren Kirche, in: HFTh 3, 212–241.
[2] S. 223 Vgl. CA VII; BSELK 234; M. Luther, Von Konziliis und Kirchen (1539), in: WA 50, 628–644; ders., Wider Hans Worst (1541), in: WA 51, 480–485. Dazu W. Härle, Art. Kirche VII, in: TRE 8, 289–293.
[3] S. 223 J. Calvin, Insitutio religionis christianae IV, 1, 5.8 f.; 2, 1.
[4] S. 224 Y. Congar, Romanité et catholicité, in: Église et papauté, Paris 2002, 31–64.
[5] S. 224 DH 3014. [6] S. 225 Vgl. o. II.2.1. [7] S. 225 DH 5; 42; 44; 48; 54.
[8] S. 225 DH 150. Y. Congar, Die eine Kirche, in: MySal IV/1, 368–457.
[9] S. 225 Vgl. E. Stauffer, Art. εἷς, in: ThWNT 2, 432–440; H. Schlier, Über das Prinzip der kirchlichen Einheit im Neuen Testament, in: Der Hl. Geist und die Kirche, Freiburg i. Br. 1980, 179–200; F. Hahn/K. Kertelge/R. Schnackenburg, Einheit der Kirche (QD 84), Freiburg i. Br. 1979; K. Kertelge, Koinonia und Einheit nach dem NT, in: J. Schreiner u. a. (Hg.), Communio Sanctorum (FS P. W. Scheele), Würzburg 1988, 53–67; H. J. Klauck, Gespaltene Gemeinde, in: Gemeinde – Amt – Sakrament, Würzburg 1989, 59–68.
[10] S. 225 Der trinitarische Aspekt ist besonders für die orthodoxe Theologie von Bedeutung. Vgl. B. Brobinskoy, Le mystère de l'Église. Cours de théologie dogmatique, Paris 2003, 130 f. Vgl. o. II.2.2.
[11] S. 225 Cyprian von Karthago, de oratione Domini 23; ep. 75, 3.
[12] S. 226 Vgl. u. II.5.5.
[13] S. 226 Diese These bei E. Käsemann, Begründet der neutestamentliche Kanon die Einheit der Kirche?, in: Exegetische Besinnungen und Versuche, Göttingen 1960, 214–223; ders., Zum Thema der Nichtobektivierbarkeit, in: ebd. 224–236. Dazu: G. Ebeling, Das Neue Testament und die Vielzahl der Konfessionen, in: Wort Gottes und Tradition, Göttingen 1964, 144–154; Y. Congar, Diversités et unité selon le Nouveau Testament, in: Diversités et communion, Paris 1982, 19–32.
[14] S. 227 H. Schlier, Art. αἵρεσις, in: ThWNT 1, 181–183.
[15] S. 227 Das hat vor allem J. A. Möhler, Die Einheit in der Kirche (1825), Neudr. Darmstadt 1957, herausgestellt.
[16] S. 227 R. Bellarmin, Disputationes de controversiis IV, 3, 2.
[17] S. 227 LG 14; UR 3.
[18] S. 227 Aristoteles, metaphysica 14, 1: 1088 a. [19] S. 228 LG 4; UR 2.
[20] S. 228 Irenäus von Lyon bei Eusebius von Caesarea, historia ecclesiastica V, 24, 13.
[21] S. 228 Augustinus, in Ioannis evangelium tractatus VI, 10.
[22] S. 228 Einzelhinweise bei F. Hofmann, Der Kirchenbegriff des hl. Augustinus, München 1933, 168–170.
[23] S. 228 LG 23. [24] S. 228 LG 13. [25] S. 228 UR 14.
[26] S. 229 P. Hadot, Art. Eine (das), Einheit, in: HWPh 2, 361–367.
[27] S. 229 Nachweise bei Hofmann, Der Kirchenbegriff des hl. Augustinus (wie Anm. 22), 150 f.

[28] S. 229 Thomas von Aquin, de veritate q. 1 a. 1. Vgl. E. Heintel, Art. Eine (das), Einheit, in: HWPh 2, 373 f.

[29] S. 229 Vgl. o. II.2.2.

[30] S. 229 1 Clemens 46, 6 und Irenaeus von Lyon, adversus haereses IV, 6, 7 und 9, 3; V, 18, 2 f. Viele weitere Zeugnisse bei H. de Lubac, Glauben aus der Liebe (Catholicisme), Einsiedeln 1970, 23–43.

[31] S. 229 GS 23. [32] S. 229 GS 32. [33] S. 229 GS 29. [34] S. 230 GS 4.

[35] S. 230 LG 1 u. a. [36] S. 230 LG 9. [37] S. 230 GS 42.

[38] S. 230 E. Peterson, Der Monotheismus als politisches Problem, in: Theologische Traktate, München 1950 hat die gegenteilige These vom Ende der politischen Theologie mit dem Dogma von Nizäa aufgestellt.

[39] S. 230 Unter diesem Aspekt kam es in Löwen 1971 bei der Vollversammlung der Kommission für Glaube und Kirchenverfassung des Weltrats der Kirchen zu harten Auseinandersetzungen über das Thema Einheit der Kirche und Einheit der Menschheit. Vgl. W. Pannenberg, Einheit der Kirche und Einheit der Menschheit, in: Ethik und Ekklesiologie, Göttingen 1977, 518–533 und den Tagungsbericht von J. Ratzinger, in: JRGS 8/2, 695–703.

[40] S. 230 H. Schlier, Art. αἵρεσις, in: ThWNT 1, 181–183.

[41] S. 231 W. Grundmann, Art. δεῖ, in: ThWNT 2, 21–25.

[42] S. 231 Schlier, Art. αἵρεσις (wie Anm. 40), 182. J. Ratzinger hat im Anschluss an O. Cullmann auf die ökumenische Bedeutung dieser Aussage des Paulus hingewiesen: JRGS 8/2, 734.

[43] S. 231 Zur Begriffsgeschichte vgl. Y. Congar, Wesenseigenschaften der Kirche, in: MySal IV/1, 411–415.

[44] S. 231 Vgl. dazu u. II.6.2.2.

[45] S. 232 UR 1; 3. [46] S. 232 UR 1; 4. [47] S. 232 UR 7 f.

[48] S. 232 Dies war das geniale Konzept von J. A. Möhler, Die Einheit in der Kirche, § 46. Vgl. W. Kasper, Situation und Zukunft der Ökumene, in: ThQ 181 (2001) 175–190; ders., »Vom Geist und Wesen des Katholizismus«. Bedeutung, Wirkungsgeschichte und Aktualität von Johann Sebastian Dreys und Johann Adam Möhlers Wesensbestimmung des Katholizismus, in: ThQ 183 (2003) 196–212.

[49] S. 233 LG 8; 14.

[50] S. 233 M. Luther, Apol. VII; BSELK, 238.

[51] S. 233 M. Luther, WA 18, 652.

[52] S. 233 Zum Problem vgl. W. Härle, Art. Kirche VII, in: TRE 18, 286–289.

[53] S. 233 K. Barth, Kirchliche Dogmatik Bd. IV/1, 738.

[54] S. 233 D. Bonhoeffer, Sanctorum Communio (1930), Neudr. München 1954, 80.

[55] S. 234 CA Art. VII. Vgl. dazu o. II.2.2.

[56] S. 234 Vgl. dazu u. II.5.3 und 4.

[57] S. 234 Den grundlegenden Unterschied hat W. Härle (Art. Kirche [wie Anm. 52], 280 f.293) deutlich gemacht. Er schreibt die wesentliche Einheit der verborgenen Kirche zu, für die sichtbare Kirche ist sie kritische Zielgröße, sodass gemäß der Leuenberger Konkordie eine Vielzahl von selbstständigen kirchlichen Institutionen anzustreben ist, welche im Verständnis des Evangeliums übereinstimmen. Vgl. o. II.2.2.

[58] S. 234 LG 8; UR 4; DH 1.

[59] S. 234 G. Philips, L'Église et son mystère au deuxième Concile du Vatican. Histoire, texte et commentaire de la Constitution Lumen gentium, vol. 1, Paris 1967, 119.

[60] S. 234 Erklärung Dominus Jesus über die Einzigkeit und Heilsuniversalität Jesu Christi und der Kirche (2000); Antworten auf Fragen bezüglich einiger Aspekte der Lehre über die Kirche (2007).

[61] S. 234 Zum Verständnis von ›subsistit in‹: A. Grillmeier, Dogmatische Konstitution über die Kirche, in: LThK.E 1, 170–176.200–205; M. Kehl, Die eine Kirche und die vielen Kirchen, in: StdZ 219 (2001) 3–16; A. von Teuffenbach, Die Bedeutung des subsistit in (LG 8), München 2002; W. Kasper, Il Decreto sull'ecumenismo. Una nuova lettura dopo 40 anni, in: Osservatore Romano 12. November 2004, 8–9; K. J. Becker, Subsistit in, in: Osservatore Romano 5./6. Dezember 2005, 6–7; F. A. Sullivan, Quaestio diputata. A Response to Karl Becker on the Meaning of ›subsistit in‹, in: Theological Studies 67 (2006) 395–409; ders., Further Thoughts on the Meaning of subsistit in, in: ebd. 71 (2010) 133–147. E. Jüngel, »Kirche im eigentlichen Sinn«, in: NZZ vom 12. Oktober 2009; D. Valentini, Art. Subsistit in, in: Dizionario di ecclesiologia, Roma 2010, 1383–1408.

[62] S. 235 Der Sinn von ›subsistit in‹ kann nicht aus dem keineswegs einheitlichen scholastischen Sprachgebrauch von Subsistenz erhoben werden, da dieser zwar den Begriff ›subsistit‹, aber nicht den Begriff ›subsistit in‹ kennt. Es wurde bei den Debatten des Konzils vorausgesetzt, dass ›est‹ und ›subsistit in‹ sachlich dasselbe meinen. Der terminologische Wechsel bedeutet darum keinen Bruch, sondern eine Entwicklung, Klärung und Vertiefung der bisherigen Lehre.

[63] S. 235 Diese Intention geht klar hervor aus der Relatio der Commissio doctrinalis des Konzils. Vgl. G. Alberigo/F. Magistretti (Hg.), Synopsis historica, Bologna 1975, 440.

[64] S. 235 Johannes Paul II., Enzyklika Ut unum sint 13.

[65] S. 235 Man kann fragen, ob der Begriff ›Elemente‹ glücklich gewählt ist. Er kann den Eindruck des Quantifizierbaren erwecken, was, da es sich um geistliche Größen handelt, nicht gemeint sein kann. Der Ausdruck geht der Sache nach auf Calvins Redeweise von den vestigia Ecclesiae zurück, womit er aber traurige Überreste meint (Institutio IV, 2,11); eine positive Bedeutung haben die Elemente beim ersten Generalsekretär des Ökumenischen Rates der Kirche Visser t' Hooft und in der Toronto-Erklärung des Zentralausschusses des Ökumenischen Rates der Kirchen (1950) erhalten. Vgl. W. Thönissen, Vestigia aut elementa Ecclesiae? Zur ökumenischen Rezeption eines kontroverstheologisch umstrittenen ekklesiologischen Lehrstücks, in: H. A. Mooney u. a. (Hg.), Theologie aus dem Geist des Humanismus (FS P. Walter), Freiburg i. Br. 2010, 395–415.

[66] S. 235 UR 3; Ut unum sint 10. [67] S. 235 UR 3. [68] S. 235 Ut unum sint 11.

[69] S. 235 UR 4; Ut unum sint 11. [70] S. 236 Ut unum sint 28; 56.

[71] S. 236 Im Grunde wird damit erneut die besonders im anglikanischen Bereich oft vertretene Branchtheorie verworfen, nach der die katholische, die orthodoxe und die protestantische Kirche auf ihre jeweils spezifische Weise ein Zweig am einen Stamm der Kirche ist.

[72] S. 236 UR 15.

[73] S. 236 Zum Sinn des Ausdrucks defectus ordinis: P. Walter, »Sacramentum Ordinis

defectus« (UR 22,3). Die Aussage des II. Vaticanums im Licht des ökumenischen Dialogs, in: Das katholische Amt in apostolischer Nachfolge, Bd. 3 (Dialog der Kirchen 14), Freiburg i. Br. 2008, 86–101.

[74] S. 237 Vgl. o. II.2.2.

[75] S. 237 Rat der EKD: Kirchengemeinschaft nach evangelischem Verständnis. Ein Votum zum geordneten Miteinander bekenntnisverschiedener Kirchen (2001) (EKD Texte 69).

[76] S. 238 Y. Congar, Die Heilige Kirche, in: MySal IV/1, 458–477; C. Journet, L'Église sainte mais non sans pécheurs, Saint-Maur 1999; T. Hainthaler u. a. (Hg.), Heiligkeit und Apostolizität der Kirche (Pro Oriente 35), Innsbruck – Wien 2010.

[77] S. 238 Ignatius von Antiochien, ad Trallianos, prooemium.

[78] S. 238 DH 1–5; 10–36 u. a. [79] S. 238 DH 10. [80] S. 238 DH 150.

[81] S. 238 P. Nautin, Je crois à l'Esprit Saint dans la Sainte Église pour la Résurrection de la chair, Paris 1947.

[82] S. 238 Dieser Ausdruck geht auf die Beschreibung des Heiligen bei R. Otto zurück, der Erfahrung des Heiligen als Paradoxerfahrung des mysterium tremendum fascinosum, als Mysterium, das erschreckt und zugleich anzieht, spricht.

[83] S. 238 O. Proksch/K. G. Kuhn, Art. ἅγιος, in: ThWNT 1, 87–112.

[84] S. 238 F. Hauck, Art. ἁγνός, in: ThWNT 1, 123 f.

[85] S. 240 Vgl. o. II.2.3 und II.3.3.

[86] S. 241 Man muss diese Aussage zusammen sehen mit den Aussagen, in denen das vierte Evangelium und der 1. Johannesbrief vom ›bleiben‹ sprechen: *Joh 6,57; 14,16 f.; 15,4 ff. 10,16.*

[87] S. 241 DH 33; 46; 48. Spätere lehramtliche Aussagen im Trienter Konzil (DH 1678), bei Leo XII., Divinum ilud (1897, DH 3329 ff.) und Pius XII., Mystici corporis (1943, DH 3807 f.; 3814 f.).

[88] S. 242 J. A. Möhler, Die Einheit in der Kirche, Zusatz 1 und 2, 234–249. Dort auch die entsprechenden Väterzeugnisse.

[89] S. 242 H. Schauf, Die Einwohnung des Hl. Geistes. Die Lehre von der nichtappropriierten Einwohnung des Hl. Geistes als Beitrag zur Theologiegeschichte des 19. Jahrhunderts unter besonderer Berücksichtigung der beiden Theologen Carl Passaglia und Clemens Schrader, Freiburg i. Br. 1941.

[90] S. 243 Die Lehre von der Inerranz und Unfehlbarkeit der Kirche wird in der Fundamentaltheologie und in der dogmatischen Prinzipienlehre im Einzelnen behandelt. Vgl. dazu: W. Kasper, Freiheit des Evangeliums und dogmatische Bindung., in: Theologie und Kirche, Mainz 1987, 43–72; ders., Zum Verständnis unfehlbarer Excathedra-Entscheidungen, in: WKGS 12, 648–652. Vgl. auch u. II.5.4.

[91] S. 243 Diese Frage wird in der Sakramentenlehre unter den Stichwörtern ›opus operatum‹ und ›opus operantis‹ im Einzelnen behandelt. Darauf kann hier nicht eingegangen werden.

[92] S. 243 Zum kontroverstheologischen Problem der cooperatio vgl. o. II.2, Anm. 108.

[93] S. 244 LG 39–42.

[94] S. 244 Mt 5,3–12; Lk 6,20–26.

[95] S. 244 C. Journet, L'Église sainte mais non sans pécheurs, Saint-Maur 2001.

[96] S. 245 Die seit der Aufklärung oft vertretene Auslegung des ›Vaterunser‹ als un-

jüdisches Gebet, das die Neuheit des Evangeliums zum Ausdruck bringt, dürfte inzwischen überholt sein, ebenso eine rein eschatologische Auslegung als Bitte um die eschatologische Selbstoffenbarung Gottes. Man muss dieses Gebet vielmehr aus dem jüdischen Kontext, etwa dem aramäischen Quaddischgebet, verstehen. Man kann sich heute wieder der bei den Kirchenvätern und in der gesamten Tradition bis ins 19. Jahrhundert vertretenen Lehre anschließen, wonach das ›Vater unser‹ beides ist, Zusammenfassung der Botschaft Jesu und Anleitung zum christlichen Leben. Vgl. U. Luz, Das Evangelium nach Matthäus (EKK I/1), Neukirchen 1985, 332–329. Die jüdischen Parallelen bei H. Strack/P. Billerbeck, Kommentar zum Neuen Testament aus Talmud und Midrash, Bd. 1: Das Evangelium nach Matthäus, München 1961, 406–424.

97 S. 245 Die Entfaltung im Einzelnen gehört in die Gnadenlehre, wo dies traditionellerweise an Hand der drei göttlichen Tugenden Glaube, Hoffnung und Liebe geschieht. Leider hat sich in der akademischen Theologie die Disziplin der Aszetik und Mystik davon losgelöst, sodass diese beiden Disziplinen heute über Gebühr vernachlässigt werden.

98 S. 245 LG 43–47. Zu den Geistlichen Bewegungen vgl. u. II.5.8.

99 S. 246 Johannes Paul II., Nachsynodales Schreiben Christifideles laici (1988). Vgl. u. II.5.2.

100 S. 246 Diognetbrief, Kap. 3.

101 S. 248 Zur Auslegung vgl. o. II.2.2 und II.5.4.

102 S. 248 D. Bonhoeffer, Die teure Gnade, in: Nachfolge, München 1971, 13 f.; ders., Die Kirche Jesu Christi und die Nachfolge, in: ebd., 264–269.

103 S. 248 Auf die Geschichte, Theologie und Praxis des Bußsakraments kann in diesem Zusammenhang nicht eingegangen werden. Ich verweise auf die Forschungen von B. Poschmann, K. Rahner u. a. sowie auf eigene Beiträge, die gesammelt sind in WKGS 10, 337–422.

104 S. 249 LG 11. 105 S. 249 GS 43. 106 S. 249 UR 4; 6.

107 S. 249 GS 19.

108 S. 249 Augustinus, de civitate Dei I, 36; de doctrina christiana III, 323, 45.

109 S. 249 Reiches Material bei H. U. von Balthasar, Casta meretrix, in: Sponsa Verbi, Einsiedeln 1961, 203–305. Vorbehalte kann man freilich gegenüber dem Titel dieser verdienstvollen und überaus wertvollen Zusammenstellung anmelden. Die Formel ›casta meretrix‹ findet sich in der patristischen Literatur nur an einer einzigen Stelle bei Ambrosius von Mailand (expositio evangelii secundum Lucam VI, 23). Sie findet sich innerhalb einer komplizierten Textpassage, in der es um die typologische Deutung der alttestamentlichen Gestalt der Dirne Rahab *(Jos 2)* geht. D. Tettamanzi hat in einer eingehenden Analyse des Sprachgebrauchs von Ambrosius gezeigt, dass der Ausdruck ›casta meretrix‹ nicht bedeutet, die Kirche sei ›simul iusta et peccatrix‹, sondern die Kirche, welche einmal eine sündige Dirne war, sei nun geheiligt und deshalb heilig. Vgl. ders., La Chiesa risplende della luce di Cristo. Il Mistero della Chiesa e i sui Ministeri nel pensiero di sant'Ambrogio, Milano 2007, 38–40.

110 S. 249 Dazu die Studie der Internationalen Theologenkommission Memoria e riconciliazione: La Chiesa e le colpe del passato (2000); J. Ratzinger, Die Schuld der Kirche, in: JRGS 8/2, 495–502.

111 S. 250 Johannes Paul II., Apostolisches Schreiben Reconciliatio et Paenitentia (1984), 16; Ut unum sint 34.

112 S. 250 M. Luther, Predigt am Ostersonntag, 9. April 1531 (WA 34/1, 276,7f.). Vgl. dazu A. Birmelé, La peccabilité de l'Église comme enjeu œcuménique, in: RHPhR 67 (1987) 399–419; E. Jüngel, Die Kirche als Sakrament, in: Wertlose Wahrheit, München 1990, 328–333; H. Meyer, Sündige Kirche?. Zum ekklesiologischen Aspekt der Debatte um eine katholisch/evangelisch »Grunddifferenz«, in: Versöhnte Verschiedenheit, Bd. 2, Frankfurt a.M. – Paderborn 2000, 251–265.

113 S. 250 T. Schneider/G. Wenz (Hg.), Gerecht und Sünder zugleich? (Dialog der Kirchen 11), Freiburg i.Br. – Göttingen 2001.

114 S. 251 H. de Lubac, Die Kirche. Eine Betrachtung, Einsiedeln 1968, 89–104; ebenso Y. Congar, Wesenseigenschaften der Kirche, in: MySal IV/1, 463.

115 S. 251 K. Rahner, Kirche der Sünder, in: Schriften zur Theologie, Bd. 6, Einsiedeln 1965, 301–320; Sündige Kirche nach den Dekreten des Zweiten Vatikanischen Konzils, in: ebd., 321–347.

116 S. 252 Ambrosius von Mailand, expositio evangelii secundum Lucam VI, 21.

117 S. 252 J. A. Möhler, Symbolik, § 37.

118 S. 252 Thomas von Aquin, Summa theologiae III q. 8 a. 3 ad 2.

119 S. 253 Dazu: Y. Congar, Vraie et fausse réforme dans l'Église, Paris 1950. K. Rahner, Strukturwandel der Kirche als Aufgabe und Chance, Freiburg i.Br. 1972; Groupe de Dombes: Für die Umkehr der Kirchen. Identität und Wandel im Vollzug der Kirchengemeinschaft, Frankfurt a.M. 1994; J. Ratzinger, Was heißt Erneuerung der Kirche?, in: JRGS 8/2, 1186–1202; ders., Eine Gemeinschaft auf dem Weg. Von der Kirche und ihrer immerwährenden Erneuerung, in: ebd., 1216–1230.

120 S. 253 LG 8; vgl. UR 6–8. Diese Aussage darf nicht, wie es immer wieder geschieht, mit der (nicht lutherischen, sondern erst nachreformatorischen) Formel von der ecclesia semper reformanda verwechselt werden. Die letztere steht in der Gefahr, sich am Ende auch von den reformatorischen Grundlagen des eigenen Kircheseins ›wegzureformieren‹ und damit einer Selbstsäkularisierung zu verfallen. Vgl. T. Mahlmann, Reformation, in: HWPh 8, 420f.

121 S. 253 UR 7.

122 S. 254 W. Beinert, Um das dritte Kirchenattribut, 2 Bde., Essen 1964; ders., Art. Katholisch, Katholizität, in: HWPh 4, 787–789; Y. Congar, Die katholische Kirche, in: MySal, Bd. IV/1, Einsiedeln 1972, 478–502; H. U. von Balthasar, Katholisch. Aspekte des Mysteriums, Einsiedeln 1975; A. Dulles, The Catholicity of the Church, Oxford 1985; ders., The Reshaping of Catholicism, San Francisco 1988; M. Seckler, Katholisch als Konfessionsbezeichnung, in: Die schiefen Wände des Lehrhauses. Katholizität als Herausforderung, Freiburg i.Br. 1988, 178–197; P. Steinacker, Art. Katholizität, in: TRE 18, 72–80; S. Hell (Hg.), Katholizität. Konfessionalismus oder Weltweite?, Innsbruck 2007.

123 S. 254 DH 2–5. 124 S. 254 DH 127f. 125 S. 254 DH 150.

126 S. 254 Vgl. K. Wenzel, Art. Katholisch, in: $LThK^3$ 5, 1345f.

127 S. 255 Ignatius von Antiochien, ad Smyrnaeos 8, 2.

128 S. 255 Vgl. Ignatius von Antiochien, ad Ephesios 6, 2.

129 S. 255 Polykarp, ep. circularis, praescriptum.

[130] S. 255 Ebd. 8, 1. [131] S. 255 Ebd. 19, 2. [132] S. 255 Ebd. 16, 2.

[133] S. 255 Augustinus, ep. 93, 23.

[134] S. 255 Augustinus, contra litteras Petiliani II, 38, 91.

[135] S. 256 Cyrill von Jerusalem, mystagogiae 18, 23.

[136] S. 256 Commonitorium c.2. Diese Kriterien der universitas, antiquitas und consensus gelten nicht kumulativ, sondern konsekutiv, sodass bei mangelnder Universalität das höhere Alter entscheidet. In Kapitel 23 legt Vinzenz außerdem dar, dass das Prinzip der antiquitas eine organische dogmengeschichtliche Entwicklung »eodem sensu eademque sententia« nicht ausschließt. Dieses Prinzip ist wurde vom Vaticanum I aufgegriffen (DH 3020), kann aber, wie gleich zu zeigen sein wird, unterschiedlich ausgelegt und angewandt werden.

[137] S. 256 Thomas von Aquin, Sent. IV d. 13 q. 13 sol 1; Expositio super Symbolum apostolicum, a. 9. Vgl. M. Seckler, Geist der Katholizität. Thomas von Aquin und die Theologie, in: Im Spannungsfeld von Wissenschaft und Theologie, Freiburg i. Br. 1990, 163–177.

[138] S. 257 DH 870–872. Vgl. Seckler, Katholisch als Konfessionsbezeichnung (wie Anm. 122), 184–187.

[139] S. 257 J. Meyendorff, Orthodoxy and Catholicity, New York 1965; J. Zizioulas, L'Être ecclésiale, Genf 1981, 116 f.; Bobrinskoy, Le mystère de l'Église (wie Anm. 10), 151–158.

[140] S. 257 Luther hielt am Bekenntnis zur katholischen Kirche fest (WA 50, 624; 51, 479), warf aber dem Papst vor, das catholica zu Gunsten des romana preiszugeben und damit die Kirche zur Sekte zu machen (WA 7, 753; 50, 626). Während für Luther wahre und falsche Kirche in einem Kirchentum im Streit miteinander liegen, zeichnet sich bei Melanchthon die Tendenz zu einer eigenen sichtbaren Konfessionskirche ab. Vgl. W. Elert, Morphologie des Luthertums, Bd. 1, München 1931, 240–255; Steinacker, Art. Katholizität (wie Anm. 122), 76 f. Für Calvin ist ›katholisch‹ ein Attribut der unsichtbaren Kirche (Genfer Katechismus von 1542, Frage 93), ähnlich heute etwa bei dem Lutheraner W. Härle (Art. Kirche [wie Anm. 52], 293).

[141] S. 258 DH 1868.

[142] S. 258 J. S. Drey, Vom Geist und Wesen des Katholizismus, in: ThQ 1 (1819) 3–24.193–210.369–392.559–575; J. A. Möhler, Die Einheit in der Kirche oder das Prinzip des Katholizismus (1825), Neudr. Darmstadt 1957. Andere Theologen aus dem damaligen Umfeld bei J. R. Geiselmann (Hg.), Geist des Christentums und des Katholizismus, Mainz 1940.

[143] S. 258 K. Adam, Das Wesen des Katholizismus, Düsseldorf 1924; H. de Lubac, Catholicisme. Les aspects sociaux du dogme, Paris 1938 (dt. Einsiedeln 1970); Y. Congar, Katholizität, in: Heilige Kirche, Stuttgart 1966, 159–165; H. Schlier, Das bleibend Katholische. Ein Versuch über ein Prinzip des Katholischen, in: Das Ende der Zeit. Exegetische Aufsätze und Vorträge III, Freiburg i. Br. 1971, 297–320; H. U. von Balthasar, Katholisch: Aspekte des Mysteriums, Einsiedeln 1993.

[144] S. 258 So bei R. Guardini, Vom Wesen katholischer Weltanschauung. Nachwort von H. Fries, Basel 1953.

[145] S. 258 LG 13. [146] S. 258 LG 8; UR 3. [147] S. 258 COD 499. [148] S. 259 UR 17.

[149] S. 259 Vgl. o. Anm. 39.

[150] S. 259 Im Augustana-Jahr 1980 wurden Überlegungen angestellt, die Katholizität

der Confessio Augustana gegenseitig anzuerkennen. Vgl. u.a. H. Meyer u.a. (Hg.), Confessio Augustana. Bekenntnis des einen Glaubens, Paderborn – Frankfurt a.M. 1980; vgl. auch Um die eine Kirche. evangelische Katholizität (FS H.J. Mund), hg. von der Hochkirchlichen Vereinigung Augsburgischen Bekenntnisses, München – Gräfelfing 1984.

151 S. 259 Im Englischen, wo man den Text des Credo intakt ließ, pflegt man theologisch zu unterscheiden zwischen ›catholic Church‹ im Sinn einer Konfessionsbezeichnung und ›Church Catholic‹ (groß-geschrieben) im Sinn einer Wesensdimension der Kirche.

152 S. 260 W. Pannenberg, Die Bedeutung der Eschatologie für das Verständnis der Apostolizität und Katholizität, in: Ethik und Ekklesiologie, Göttingen 1977, 219–240; J. Moltmann, Kirche in der Kraft des Geistes, München 1975, 373–378.

153 S. 261 Vgl. o. II.2, Anm. 172.

154 S. 261 LG 8; vgl. o. II.2.1.

155 S. 262 H. Küng, Die Kirche, Freiburg i.Br. 1967, 370. In anderem Sinn sprach bereits E. Przywara von katholischer Ökumenizität, in: Ringen der Gegenwart. Gesammelte Aufsätze, Bd. 2, Augsburg 1929, 609–623.

156 S. 262 Zu nennen sind bereits Melanchthon und Erasmus, dann Johannes Piscator, Valentin Andreae, Molanus, vor allem Georg Calixt und Comenius von der mährischen Brüdergemeinde. Vgl. C. Böttigheimer, Zwischen Polemik und Irenik. Die Theologie der einen Kirche bei Georg Calixt, Münster 1996; M. Richter, Comenius als ökumenischer Denker, in: Comenius-Jahrbuch 16/17 (2008/09) 45–61.

157 S. 263 In der Sache findet sich dieses Programm auf der Grundlage des Book of Common Prayer (1662) im noch heute maßgebenden im Chicago-Lambeth-Quadrilateral (1886) der Anglikanischen Gemeinschaft, wo als Grundlage ihrer Einheit festgehalten wird: Die Heilige Schrift, die Glaubensbekenntnisse, die Sakramente (Taufe und Eucharistie) und der historische Episkopat. J. H. Newman hatte dieses Konzept in seiner anglikanischen Zeit in »On the Prophetical Office of the Church« (1837), wo ihm eine via media zwischen Protestantismus und Rom vorschwebte, ebenfalls vertreten; später hat er diesen Weg als unmöglich erkannt und ist den Weg zur katholischen Kirche gegangen. Vgl. Apologia pro vita sua (1864). Vgl. auch u. II.4.4.

158 S. 263 H. Meyer u.a. (Hg.), Dokumente wachsender Übereinstimmung, Bd. 3, Paderborn – Frankfurt a.M. 2003, 749–777.

159 S. 263 Ebd. 724–731. Vgl. ders., »Einheit in versöhnter Verschiedenheit«. Hintergrund, Entstehung und Bedeutung des Gedankens, in: Versöhnte Verschiedenheit, Bd. 1, Frankfurt a.M. – Paderborn 1998, 101–119. Vgl. dazu o. II.2.2. und u. II.6.2.2.

160 S. 263 Zu diesem klassizistischen Traditionsverständnis: J. R. Geiselmann, Die katholische Tübinger Schule. Ihre theologische Eigenart, Freiburg i.Br. 1964, 162–175.

161 S. 263 Vgl. u. II.5.4.

162 S. 263 UR 2–4.

163 S. 264 LG 8; 15; UR 3f.; Ut unum sint 10f.

164 S. 264 Vgl. o. II.4.1 und II.6.2.2.

165 S. 264 J. H. Newman, Über die Entwicklung der Glaubenslehre (Ausg. Werke VIII), Mainz 1969, 245–248.

166 S. 264 Ders., Apologia pro vita sua (Ausg. Werke I), Mainz o.J., 233, vgl. 238; ders., Über die Entwicklung der Glaubenslehre (wie Anm. 165), 162; ders., Entwurf einer Zustimmungslehre (Ausg. Werke VII), Mainz 1962, 345–350 u.a.

[167] S. 264 Vgl. ders., Briefe und Tagebuchaufzeichnungen aus der katholischen Zeit seines Lebens (Ausg. Werke II.III), Mainz 1957, 436 u. a.

[168] S. 265 UR 5–8; Ut unum sint 15 f.

[169] S. 265 Y. Congar, Apostolizität, in: Heilige Kirche, Stuttgart 1966, 186–190; ders., Apostolicité de ministère et apostolicité de doctrine, in: Ministères et communion ecclésiale, Paris 1971, 51–94; ders., Die Apostolizität der Kirche, in: MySal III/1, 534–598; T. Schneider/G. Wenz (Hg.), Das kirchliche Amt in apostolischer Nachfolge, Bd. 1, Freiburg i. Br. – Göttingen 2004; T. Hainthaler u. a. (Hg.), Heiligkeit und Apostolizität der Kirche (Pro Oriente 35), Innsbruck – Wien 2010. Ausführliche Bibliographie bei W. Beinert, Apostolisch. Anatomie eines Begriffs, in: D. Sattler/G. Wenz (Hg.), Das kirchliche Amt in apostolischer Nachfolge, Bd. 2, Freiburg i. Br. – Göttingen 2006, 301–303.

[170] S. 265 Ignatius von Antiochien, ad Trallianos, praescriptum. Diese Übersetzung ist umstritten; andere übersetzen den Ausdruck ἐν ἀποστολικῷ χαρακτῆρι mit »in apostolischer Weise«.

[171] S. 265 Polykarp, ep. circularis 16.

[172] S. 265 DH 3; 42; 44; 46 f.; 48; 50. [173] S. 265 DH 150.

[174] S. 265 Strack/Billerbeck, Kommentar zum Neuen Testament Bd. 1 (wie Anm. 96), 590.

[175] S. 267 K. H. Rengstorf, Art. ἀπόστολος, in: ThWNT 1, 406–446; R. Schnackenburg, Apostolizität. Stand der Forschung, in: Katholizität und Apostolizität in der Forschung, in: R. Groscourth (Hg.), Katholizität und Apostolizität, Göttingen 1971, 51–73; K. Kertelge, Das Apostel-Amt des Paulus, sein Ursprung und seine Bedeutung, in: BZ NF 14 (1970), 161–181; F. Hahn, Der Apostolat im Urchristentum, in: KuD 20 (1974) 54–77; J. Roloff, Apostel, Apostolat, Apostolizität I. Neues Testament, in: TRE 3, 430–445.

[176] S. 268 Auf diese eschatologische Dimension hat vor allem W. Pannenberg, Die Bedeutung der Eschatologie für das Verständnis der Apostolizität und der Katholizität der Kirche, in: Ethik und Ekklesiologie, Göttingen 1977, 219–240, hingewiesen. Nachdrücklich zur Geltung gebracht wird dieser Aspekt vor allem von orthodoxer Seite. Vgl. P. Evdokimov, L'Ortodossia, Bologna 1981, 231–235; J. Zizioulas, Being as Communion, New York 1985, 171–208.

[177] S. 268 So die prägnante Formulierung von Evdokimov, L'Ortodossia (wie Anm. 176), 231.

[178] S. 269 Vgl. o. II.2.1 und II.2.2.

[179] S. 269 Das hat Y. Congar immer wieder herausgestellt, vgl. Die Lehre von der Kirche von Augustinus bis zum abendländischen Schisma, in: HDG III 3 c, Freiburg i. Br. 1971, 96 f.106 f.

[180] S. 269 Brobinskoy, Le mystère de l'Église (wie Anm. 10), 164–166. Brobiskoy verweist als Beispiel für diese Form der Mission durch Präsenz auf das Zeugnis des Charles de Foucauld.

[181] S. 269 Irenäus von Lyon, adversus haereses III, 4, 2.

[182] S. 270 Y. Congar. La traditon et les traditions, 2 vol., Paris 1960.1963. Vgl. o. I, Anm. 22; II.1, Anm. 11.

[183] S. 270 Unter den letzteren findet sich ein Junias, der besondere Aufmerksamkeit

gefunden hat *(Röm 16,7)*. Nach manchen Lesarten war der ursprüngliche Name nicht Junias, sondern Junia. Daraus wird öfters gefolgert, dass in apostolischer Zeit eine Frau als Apostolin bezeichnet wird. Doch abgesehen vom hypothetischen Charakter dieser These (bemerkenswert ist, dass Nestle-Aland nach wie vor die Lesart Junias bevorzugen), ist damit nicht mehr gesagt, als dass eine Frau eine Abgesandte der Gemeinde, aber nicht ein Apostel im eigentlichen Sinn des Wortes war.

[184] S. 270 Eine ausführliche Zusammenstellung der verschiedenen Bedeutungen bei Beinert, Apostolisch (wie Anm. 169), 275f.

[185] S. 271 G. G. Blum, Art. Apostel, Apostolat, Apostolizität II, in: TRE 3, 445–466.

[186] S. 271 H. Schürmann, Das Testament des Paulus für die Kirche Apg 20,18–35, in: O. Schilling (Hg.), Unio Christianorum (FS L. Jaeger), Paderborn 1962, 108–146.

[187] S. 271 1 Clemens 42, 1–4; vgl. 44, 2.

[188] S. 271 Ignatius von Antiochien, ad Magnesios 6, 1; ad Trallianos 3, 1.

[189] S. 272 Irenäus von Lyon, adversus haereses III, Praescript.

[190] S. 272 Ebd. III, 1, 1. [191] S. 272 Ebd. III, 2, 2. [192] S. 272 Ebd. III, 3, 1.

[193] S. 272 Ebd. III, 4, 1. [194] S. 272 Ebd. III, 2, 2. [195] S. 272 Ebd. III, 3, 3.

[196] S. 272 Ebd. IV, 33, 8. [197] S. 272 Ebd. III, 1, 1. [198] S. 272 Ebd. IV, 26, 2.

[199] S. 272 Ebd. III, 26, 1. [200] S. 273 Ebd. III, 4, 2.

[201] S. 273 Tertullian, de praescriptione haereticorum 20; 21, 4; 32, 1.3.

[202] S. 273 Eusebius von Caesarea, historia ecclesiastica IV, 1, 4f.

[203] S. 273 Ebd. IV, 22, 3.

[204] S. 273 Hippolyt von Rom, traditio apostolica, 2f.; 7f. [205] S. 273 Ebd. IV, 26, 2.

[206] S. 273 Ähnlich Basilius, de Spiritu Sancto 9, 20d.

[207] S. 273 Diese ganzheitliche Sicht ist besonders der orthodoxen Theologie wichtig. Vgl. J. Zizioulas, Being as Communion, New York 1985, 171–208; Brobinskoy, Le mystère de l'Église (wie Anm. 10), 161–164.

[208] S. 273 J. Ratzinger, Primat, Episkopat und Successio apostolica, in: K. Rahner/J. Ratzinger, Episkopat und Primat (QD 11), Freiburg i. Br. 1961, 37–59.141–152.

[209] S. 273 Vgl. K. Lehmann, Das theologische Verständnis der Ordination nach dem liturgischen Zeugnis der Priesterweihe, in: R. Mumm (Hg.), Ordination und kirchliches Amt, Paderborn – Bielefeld 1976, 19–52.

[210] S. 274 Vgl. W. Kasper, Die apostolische Sukzession als ökumenisches Problem, in: W. Pannenberg (Hg.), Lehrverurteilungen – kirchentrennend? Bd. 3, Freiburg – Göttingen 1990, 329–349; M. Kehl, Die Kirche. Eine katholische Ekklesiologie, Würzburg 1994, 343–346; W. Beinert, Apostolisch. Anatomie eines Begriffs, in: Sattler/Wenz, Das kirchliche Amt (wie Anm. 169), 298f.

[211] S. 275 R. Sohm, Wesen und Ursprung des Katholizismus, Leipzig 1909; ders., Das altkatholische Kirchenrecht und das Dekret Gratians (1918), Neudr. Darmstadt 1967.

[212] S. 275 A. von Harnack, Entstehung und Entwicklung der Kirchenverfassung und des Kirchrechts in den ersten zwei Jahrhunderten, Leipzig 1910, 121–186.

[213] S. 275 E. Peterson, Heiliges Recht und Kirchenrecht, in: Ekklesia, Würzburg 2010, 52–83. Vgl. dazu o. II.2.2.

[214] S. 275 E. Käsemann, Begründet der neutestamentliche Kanon die Einheit der Kirche? in: Exegetische Versuche und Besinnungen, Bd. 1, Göttingen 1960, 214–23; Paulus und der Frühkatholizismus, in: ebd., Bd. 2, Göttingen 1964, 239–252; ders., Einheit

und Vielfalt in der neutestamentlichen Lehre von der Kirche, in: ebd. 262–267. Zusammenfassung der Diskussion bei K. Kertelge/K. H. Neufeld, Art. Frühkatholizismus, in: LThK³ 4, 201–204. Vgl. o. II.2.1; II.4.1.

215 S. 275 B. S. Childs, Die Theologie der einen Bibel, 2 Bde., Freiburg i. Br. 1994.1996.

216 S. 276 So schon K. Holl, Der Kirchenbegriff des Paulus in seinem Verhältnis zu dem der Urgemeinde, Berlin 1921; H. Campenhausen, Kirchliches Amt und geistliche Vollmacht in den ersten drei Jahrhunderten, Tübingen 1953. Vgl. u. II.5.3.

217 S. 276 Origenes, commentaria in evamgelium secundum Matthaeum XV, 24.

218 S. 276 K. S. Frank, Vita apostolica und dominus apostolicus. Zur altkirchlichen Apostelnachfolge, in: G. Schwaiger (Hg.), Konzil und Papst. Historische Beiträge zur Frage der höchsten Gewalt in der Kirche (FS H. Tüchle), München 1975, 19–41; P. Segl, Art. Armutsbewegung, in: LThK³ 1, 1012–1014.

219 S. 277 M. Luther, Tischreden (Oktober 1533), Luthers Werke in Auswahl (O. Clemen), Bd. 8, 79 (624).

220 S. 277 Dazu E. Iserloh, Reformation, Katholische Reform und Gegenreformation, in: HKG 4, Freiburg i. Br. 1967, 56–60; V. Leppin, Martin Luther, Darmstadt 2006, 138–141.

221 S. 277 Vgl. dazu o. II.1.2.

222 S. 277 Iserloh, Reformation (wie Anm. 220), 65; O. H. Pesch, Hinführung zu Luther, Mainz 1982, 103–115; Leppin, Martin Luther (wie Anm. 220), 144–151.

223 S. 277 M. Luther, Von dem Papsttum zu Rom wider den hochberühmten Romanisten zu Leipzig (WA 5, 296 f.).

224 S. 277 M. Luther, Von Konziliis und Kirchen (1539) (WA 50, 628–644) und Wider Hans Worst (1541) (WA 51, 479–487).

225 S. 278 Vgl. u. II.5.2.

226 S. 278 G. Kretschmar, Die Wiederentdeckung des Konzepts der »Apostolischen Sukzession« im Umkreis der Reformation, in: B. Hägglund (Hg.), Kirche in der Schule Luthers (FS J. Heubach), Erlangen 1995, 231–279.

227 S. 278 Zur Kritik an einer einseitig am Lehramt orientierten Theologie vgl. o. II.1.2.

228 S. 279 Vgl. Eusebius, historia ecclesiastica V, 28, 6. Vgl. den Kommentar von A. Grillmeier, in: LThK.E 1, 189–191 und F. Klostermann in: ebd., 273–276. Wichtig in diesem Zusammenhang J. H. Newman, Über das Zeugnis der Laien in Fragen der Glaubenslehre, in: Ausgew. Werke, Bd. 4, Mainz 1959, 255–292.

229 S. 279 LG 12; vgl. 35.

230 S. 279 Vgl. o. II.1.2.

231 S. 279 Nach wie vor wichtig der Kommentar von J. Ratzinger, in LThK.E 2, 498–528; H. de Lubac, Die göttliche Offenbarung. Kommentar zum Vorwort und zum ersten Kapitel der Dogmatischen Konstitution »Dei Verbum« des Zweiten Vatikanischen Konzils, Einsiedeln 2001; kritisch: O. H. Pesch, Das Zweite Vatikanische Konzil. Vorgeschichte – Verlauf – Nachgeschichte, Würzburg 1993, 271–290; demgegenüber viele positive Stimmen bei H. Hoping, in: HThK.Vat II 3, 697–831. Leider ist die Konstitution lange Zeit nicht hinreichend rezipiert worden; man kann hoffen, dass das postsynodale Dokument Verbum Domini (2010) eine Wende herbeiführen kann.

232 S. 279 DV 1.

233 S. 279 So Ratzinger, Kommentar (wie Anm. 231), 504 f.

234 S. 279 DV 7. Vgl. Irenäus von Lyon, adversus haereses III, 3, 1.

235 S. 280 DV 8.

[236] S. 280 Zur Unterscheidung von traditio und traditiones vgl. o. I.4, Anm. 27.
[237] S. 280 DV 8. [238] S. 280 DV 9. [239] S. 281 DV 10.
[240] S. 281 Vgl. dazu o. II.1.2, Anm. 67. [241] S. 281 LG 8; vgl. GS 1; 21.
[242] S. 282 Es können hier nur die wichtigsten Dokumente und Veröffentlichungen genannt werden: Studiendokument über Katholizität und Apostolizität (im Auftrag der Gemeinsamen Arbeitsgruppe zwischen der Römisch-katholischen Kirche und dem Ökumenischen Rat der Kirchen, 1970), in: H. Meyer u.a. (Hg.), Dokumente wachsender Übereinstimmung (wie Anm. 158), Bd. 1, 635–626; Taufe, Eucharistie und Amt. Konvergenzerklärungen der Kommission für Glauben und Kirchenverfassung des Ökumenischen Rates der Kirchen, Frankfurt a.M. – Paderborn 1982, 3. Teil, Nr. 35–38 (43 f.). Gemeinsam den einen Glauben bekennen. Eine ökumenische Auslegung des apostolischen Glaubens wie er im Glaubensbekenntnis von Nizäa- Konstantinopel (381) bekannt wird, Frankfurt a.M. – Paderborn 1991, 9–11; Das apostolische Amt in apostolischer Nachfolge, 3 Bde. (Dialog der Kirchen 12–14), Freiburg i.Br. – Göttingen 2004–2008; Die Apostolizität der Kirche. Studiendokument der Lutherisch/Römisch-katholischen Kommission für die Einheit, Paderborn – Frankfurt a.M. 2009; W. Kasper, Harvesting the Fruits, London 2009, 83–86.107f.151f. Überblick über die Diskussion: H. Meyer, Apostolische Kontinuität – Kirchliches Amt – Apostolische Sukzession, in: Versöhnte Verschiedenheit. Aufsätze zur ökumenischen Theologie, Bd. 2, Frankfurt a.M. – Paderborn 2000, 298–316; P. Staples, Art. Apostolicity, in: Dictionary of the Ecumenical Movement, Genf 2002, 49–53; W. Beinert, Art. Apostolizität der Kirche, in: Lexikon der Ökumene und Konfessionskunde, Freiburg i.Br. 2007, 93–95. Zum Dialog mit den orthodoxen Kirchen: J. Oeldemann, Die Apostolizität der Kirche im ökumenischen Gespräch mit der Orthodoxie, Paderborn 2000.
[243] S. 283 Vgl. dazu u. II.5.3.
[244] S. 283 So W. Härle, Art. Kirche, in: TRE 8, 292.
[245] S. 283 Zu diesem Grundproblem vgl. o. II.2.2. [246] S. 283 Vgl. o. Anm. 157.
[247] S. 283 Vgl. Mayer, Dokumente wachsender Übereinstimmung (wie Anm. 158), 3, 749–777.
[248] S. 283 UR 13. [249] S. 283 DH 3315–3319.
[250] S. 283 Vgl. dazu u. II.5.3. [251] S. 283 Vgl. dazu u. II.5.1 und 3.

## 5. *Die konkrete Communio-Gestalt der Kirche*

[1] S. 286 Aristoteles, metaphysica V, 2, 1013a; Thomas von Aquin, Summa contra gentiles 1, 1; Summa theologiae I q. 5 a. 2 und an vielen anderen Stellen.
[2] S. 287 Zur Auslegung: K. H. Schelkle, Die Petrusbriefe (HThK.NT XIII/2), Freiburg i.Br. 1961, 57–72; N. Brox, Der erste Petrusbrief (EKK XXI), Zürich – Neukirchen 1979, 94–110.
[3] S. 288 Origenes, contra Celsum VIII, 73–75.
[4] S. 288 Origenes, homilia in Leviticum IX, 1, 2, 8.
[5] S. 288 Augustinus, de civitate Dei X, 3.
[6] S. 288 Leo der Große, sermones IV, 1.

[7] S. 288 Bonaventura, Sermo de sancte Laurentio, 1.
[8] S. 288 Augustinus, de civitate Dei XX, 10; vgl. Ambrosius, de sacramentis IV, 3.
[9] S. 288 Leo der Große, sermones III, 1.
[10] S. 289 Vgl. Brox, Der erste Petrusbrief (wie Anm. 2), 108 f., wo sich in Anm. 362 weitere Literaturangaben finden. Weitere reiche Literatur ist zusammengetragen bei H. de Lubac, Die Kirche, Einsiedeln 1968, 118–127; R. Hanson, Art. Amt/Ämter/Ämterverständnis, in: TRE 2, 543–549.
[11] S. 289 Thomas von Aquin, Summa theologiae Suppl. q. 22 a. 6 ad 19.
[12] S. 289 Ebd., III q. 63 a. 2–6.
[13] S. 289 Ebd., III q. 80 a. 12 ad 3; q. 82 a. 2 ad 2; a. 8; Suppl. q. 34 a. 2 ad 1–3.
[14] S. 289 Ebd., Suppl q. 31 a. 1 ad 1; Summa contra gentiles IV, 73.
[15] S. 290 WA 6, 408. [16] S. 290 WA 6, 564. [17] S. 290 WA 7, 27.
[18] S. 290 WA 11, 408–416. [19] S. 290 WA 50, 632 f. [20] S. 290 CA Art. 5; vgl. 14; 28.
[21] S. 291 Vgl. den Überblick bei W. Pannenberg, Das kirchliche Amt in der Sicht der lutherischen Lehre, in: Lehrverurteilungen – kirchentrennend? (Dialog der Kirchen 6), Freiburg i. Br. – Göttingen 1990, 286–305; ders., Systematische Theologie, Bd. 3, Göttingen 1993, 410 f.417–419; dort auch zur unterschiedlichen Auslegung von CA 5.
[22] S. 291 Vgl. Gemeinsame römisch-katholische/evangelisch-lutherische Kommission, Das Geistliche Amt in der Kirche (1981) und K. Lehmann/W. Pannenberg, Lehrverurteilungen – kirchentrennend?, Bd. 1–3, Freiburg i. Br. – Göttingen 1986–1990.
[23] S. 291 Vgl. das VELKD-Dokument Allgemeines Priestertum. Ordination und Beauftragung nach evangelischem Verständnis (2004) und Ordnungsgemäß berufen: Eine Empfehlung der Bischofskonferenz der VELKD zur Berufung zu Wortverkündigung und Sakramentsverwaltung nach evangelischem Verständnis (2006). Dazu kritisch W. Dietz, Systematisch-theologische Aspekte von Ordination und Ordinationsvollmacht im Licht evangelischer Theologie, in: D. Sattler/G. Wenz (Hg.), Das kirchliche Amt in apostolischer Nachfolge, Bd. 2, Freiburg i. Br. – Göttingen, 2006, 97–144; U. Wilckens, Kirchliches Amt und gemeinsames Priestertum aller Getauften im Blick auf die Kirchenverfassungen der Lutherischen Kirchen, in: ebd., 341–273.
[24] S. 291 Vgl. W. Elert, Morphologie des Luthertums, Bd. 1, München 1931, 327–331.
[25] S. 291 Vgl. P. Brunner, Vom Amt des Bischofs, Berlin 1955, 46.
[26] S. 291 Wie wenig Luther mit der neuzeitlichen Freiheitsidee im Sinn hatte, zeigt auch seine Auseinandersetzung mit Erasmus von Rotterdam in seiner Schrift Vom unfreien Willen (1523), ebenso seine Stellungnahmen im Bauernkrieg.
[27] S. 292 W. Maurer, Das synodale Bischofsamt seit 1918, Berlin 1955; C. Dinkel, Art. Synode III, in: TRE 22, 571–575; F. Nüssel, Zum Verständnis des evangelischen Bischofsamtes in der Neuzeit, in: Sattler/Wenz (Hg.), Das kirchliche Amt in apostolischer Nachfolge (wie Anm. 23), 145–189.
[28] S. 292 So bereits in der Genfer Confession de foy. Discipline ecclésiastique von 1559. Vgl. J. Mehlhausen, Art. Presbyteral-synodale Kirchenverfassung, in: TRE 27, 331–340.
[29] S. 292 LG 9–13; 32–37. Vgl. die Kommentare von A. Grillmeier, in: LThK.E 1, 176–209 und F. Klostermann, in: ebd., 260–283; sowie P. Hünermann, in: HThK.Vat II 2, 371–393.466–482.

30 S. 292 SC 14. 31 S. 292 LG 19; 34; AA 3; PO 2. 32 S. 294 Vgl. u. II.5.3.

33 S. 294 Grundlegend für eine erneuerte Theologie der Laien: Y. Congar, Der Laie, Stuttgart 1956. Die nachkonziliare Literatur über die Theologie, die Dienste, die Spiritualität, das Apostolat, die Vereinigungen und Räte der Laien ist uferlos. K. Rahner, Schriften, Bd. 2, Einsiedeln 1956, 339–373; H. U. von Balthasar, Der Laie und die Kirche, in: Sponsa Verbi, Einsiedeln 1969, 332–348; E. Schillebeeckx, Gesammelte Schriften, Bd. 2, Mainz 1970, 140–172; M. Keller, Theologie des Laientums, in: MySal IV/2, 393–421; W. Kasper, Berufung und Sendung des Laien in Kirche und Welt, in: StdZ 205 (1987) 579–593; B. Forte, Laie sein, München 1987; P. Neuner, Der Laie und das Gottesvolk, Frankfurt a. M. 1988; M. Kehl, Die Kirche. Eine katholische Ekklesiologie, Würzburg 1992, 117–125; J. Werbick, Art. Laie, in: LThK³ 6, 589–594; B. Kranemann/M. Wijlens (Hg.), Gesendet in den Weinberg des Herrn. Laien in der katholischen Kirche heute und morgen, Würzburg 2010.

34 S. 295 Y. Congar, Der Laie, Stuttgart 1957, 21 f.; J. B. Bauer, Die Wortgeschichte von ›laicus‹, in: ZkTh 81 (1959) 224–228; I. de la Potterie, L'origine et le sens primitif du mot ›laic‹, in: ders./S. Lyonnet, La vie selon l'esprit, Paris 1965, 13–29.

35 S. 295 1 Clemens 40, 5.

36 S. 295 J. Ratzinger, Christliche Brüderlichkeit (1958), in: JRGS 8/1, 65 f.

37 S. 295 Ausführliche Darlegung des Materials bei Congar, Der Laie (wie Anm. 34), 387–431.

38 S. 296 Decretum Gratiani, C. VII, C. XII q. 1.

39 S. 296 Vgl. Congar, Der Laie (wie Anm. 34), 34–43. 40 S. 297 Vgl. o. II.5.1.

41 S. 297 DH 1763–1778; vgl. u. II.5.3. 42 S. 297 Vgl. u. II.5.8. 43 S. 298 SC 11;14.

44 S. 298 H. Godin/Y. Daniel, La France, Pays de mission?, Paris 1943. Dazu der prophetische Hirtenbrief von Kardinal Emmanuel Suhard von Paris, Essor ou déclin de l'Église (1947). Der Ruf wurde in Deutschland schon früh von A. Delp aufgegriffen, vgl. R. Bleistein, Alfred Delp. Geschichte eines Zeugen, Frankfurt a. M. 1989, 432.

45 S. 299 LG 30–38; AA 1–8. Vgl. die Kommentare von F. Klostermann, in: LThK.E 1, 260–283; 2, 602–633; P. Hünermann, in: HThK.Vat II 2, 460–482; G. Bausenhart, in: ebd. 4, 38–68.

46 S. 299 LG 31. 47 S. 299 AA 3. 48 S. 300 LG 31.

49 S. 300 Klostermann, Kommentar (wie Anm. 45), 264 ff.

50 S. 300 AA 2. 51 S. 301 GS 36; 41; 56; 76; AA 7. 52 S. 301 LG 31; 33 f.; 37; AA 1; 17.

53 S. 301 Vgl. u. II.5.3. 54 S. 302 LG 37.

55 S. 302 LG 12; 35. Über den Begriff des sensus fidei gibt es mancherlei Missverständnisse. Gemeint ist ein durch das gnadenhafte lumen fidei gegebenes Gespür für den Glauben, das nicht Resultat begrifflicher theologischer Reflexion, sondern gelebter Glaubenserfahrung ist. Der sensus fidei ist darum von dem daraus erwachsenden consensus fidelium als einer auch empirisch feststellbaren Größe zu unterscheiden. Aber auch der consensus fidelium ist nicht einfach demoskopisch abfragbar; er setzt einen informierten und vor allem einen formierten Glauben voraus, mithin ein Leben aus dem Glauben und im Glauben. Vgl. M. Seckler, Art. Glaubenssinn, in: LThK² 4, 945–948.

56 S. 302 LG 39–42.

57 S. 303 Christifideles laici, 10. 58 S. 303 Christifideles laici, 15.

59 S. 303 Zur Diskussion: J. Ratzinger/H. Maier, Demokratie in der Kirche, Limburg 1970. Vgl. o. II.3.1.

60 S. 303 F. Hafner, Kirche im Kontext der Grund- und Menschenrechte, Fribourg 1992; W. Kasper, Wahrheit und Freiheit. Die Erklärung des II. Vatikanischen Konzils über die Religionsfreiheit, Heidelberg 1988.

61 S. 303 Vgl. CIC can. 208–223; 224–230.

62 S. 303 Viel diskutiert wird vor allem die Frage des Rechts auf Eucharistie. Selbstverständlich ist die Eucharistie wie alle Sakramente von Gott her Gnade und kein einzuforderndes Recht. Die Eucharistie ist aber der Kirche mit dem Auftrag übertragen, sie den Gläubigen, die dafür disponiert sind, zukommen zu lassen. So ist das kirchliche Amt verpflichtet, besonders an Sonn- und Festtagen die Eucharistie, soweit es physisch möglich ist, in einer angemessenen Weise den Gläubigen zugänglich zu machen. Daraus folgt freilich nicht das Recht, die Eucharistie an einem bestimmten Ort, etwa in einer bestimmten Pfarrei, oder zu einer bestimmten Zeit zu empfangen. Außerdem hat die Kirche das Recht, in Fällen, in denen die rechte Disposition nach den Normen des Rechts nicht gegeben ist, von der Eucharistie auszuschließen. Zu der in diesem Zusammenhang oft aufgeworfenen Zölibatsfrage vgl. u. II.5.3.

63 S. 304 AA 26. Vgl. W. Kasper, Kollegiale Strukturen in der Kirche – der theologische Ort der Räte des gemeinsamen Apostolats (1969), in: WKGS 12, 19–37. Vgl. u. II.5.5.

64 S. 304 Cyprian, ep. 14, 1, 4; vgl. 19, 2. 65 S. 304 Benediktregel 3.

66 S. 304 J. H. Newman, Über das Zeugnis der Laien in Fragen der Glaubenslehre, in: Polemische Schriften (Ausgewählte Werke 4), Mainz 1959, 255–292.

67 S. 305 Dazu aus soziologischer Sicht M. Ebertz, Laisierung der Kirche? Aspekte ihrer funktionalen Demokratisierung in der modernen Gesellschaft, in: Kranemann/Wijlens, Gesendet in den Weinberg des Herrn (wie Anm. 33), 53–76.

68 S. 305 Vgl, dazu W. Kasper, Die pastoralen Dienste in der Gemeinde (1976), in: WKGS 12, 69–95; G. Greshake, Art. Amt IX, in: LThK³ 1, 554 f.; ders., Priester sein in dieser Zeit, Freiburg i. Br. 2000, 147–154; P. Neuner, Laien im Spannungsfeld von dogmatischen Vorgaben und kirchlichen Aufgaben, in: Kranemann/Wijlens, Gesendet in den Weinberg des Herrn (wie Anm. 33), 26–29.

69 S. 305 M. Wijlens, Die Kooperation von Laien mit kirchlichem Seelsorgeauftrag und Klerikern, in: Kranemann/Wijlens, Gesendet in den Weinberg des Herrn (wie Anm. 33), 31–47, hier: 32.

70 S. 305 LG 23; AA 17; CIC can. 517 § 2. Die Synode über den Dienst der Laien (1988) hat vor allem dem Lektorat und dem Akolythat besondere Aufmerksamkeit gewidmet und dabei gewünscht, dass das Motu Proprio Pauls VI., Ministeria quaedam (1972), auf dem Hintergrund der Praxis, die sich in den Teilkirchen entwickelt hat, und vor allem im Hinblick auf die Bestimmung von Kriterien, nach denen die Adressaten eines jeden Dienstes ausgewählt werden sollen, überprüft werden soll. Vgl. Christifideles laici, 23.

71 S. 306 Vgl. u. II.5.3.

72 S. 306 So empfahl es nach reiflicher Überlegung auch die Würzburger Synode, Die pastoralen Dienst in der Gemeinde, in: Gemeinsame Synode der Bistümer in der Bundesrepublik Deutschland. Offizielle Gesamtausgabe I, Freiburg i. Br. 1976, 612 f.

73 S. 307 LG 11; vgl. AA 1; Johannes Paul II., Christifideles laici, 40; Apostolisches Schreiben Familiaris consortio, Über die Aufgabe der christlichen Familie in der Welt von heute (1981), 15; 21; 42–48; 49 f.; 51–64; 73–76. Vgl. W. Kasper, Zur Theologie der christlichen Ehe, Mainz 1977. Auf die vielfältigen heutigen materiellen, wirtschaftlich-sozialen und vor allem auf die moraltheologischen Probleme, die sich im Zusammenhang von Ehe und Familie stellen, kann in diesem Zusammenhang nicht eingegangen werden.

74 S. 307 Zur moraltheologischen Beurteilung vgl. Katechismus der katholischen Kirche, München 1993, Nr. 2357–2359.

75 S. 308 Zusammenstellung der Literatur bei D. Sattler, in: T. Schneider, Mann und Frau – Grundproblem theologischer Anthropologie (QD 121), Freiburg i. Br. 1989, 201–213. G. Dautzenberg u. a. (Hg.), Die Frau im Urchristentum (QD 95), Freiburg i. Br. 1983. H. U. von Balthasar u. a. (Hg.), The Church and Women, San Francisco 1988; G. L. Müller, Frauen in der Kirche. Eigensein und Mitverantwortung, Würzburg 1999. Aus der Sicht der feministischen Theologie u. a. A. Jensen, Gottes selbstbewusste Töchter. Frauenemanzipation im frühen Christentum, Freiburg i. Br. 1992; E. Schüssler Fiorenza, Zu ihrem Gedächtnis … eine feministisch-theologische Rekonstruktion der christlichen Ursprünge, Gütersloh [2]1993.

76 S. 308 Johannes XXIII., Enzyklika Pacem in terris, Über den Frieden unter allen Völkern (1963), 22.

77 S. 308 GS 9; 29; 52; 59 f. 78 S. 308 AA 9.

79 S. 308 Johannes Paul II., Mulieris dignitatem, Über die Würde und Berufung der Frau (1988). Vgl. dazu D. Valentini, La donna e la Chiesa alla luce della simbolica dell'alleanza nuziale: Lo Spirito e la sposa, Città del Vaticano 2009, 113–145; dort in Anm. 1 viele Literaturangaben zum Thema.

80 S. 308 Johannes Paul II., Christifideles laici (1988), 49–51. Vgl. außerdem: Schreiben der Glaubenskongregation Über die Zusammenarbeit von Mann und Frau in der Kirche und in der Welt (2004).

81 S. 309 Vgl. o. II.3.4.

82 S. 310 Zum Problem der Junia/Junias in *Röm 16,7* vgl. o. II.4.4.

83 S. 310 Das Wort, dass Frauen in der Gemeindeversammlung schweigen sollen *(1 Kor 14,33)*, ist eines der umstrittensten Worte im 1. Korintherbrief. Viele halten es für eine Interpolation aus *1 Tim 2,11f*. Jedenfalls steht es in Spannung zu anderen Aussagen des Apostels in *1 Kor 11,11* und *Gal 3,28*. Man darf diese Stelle deshalb nicht isoliert betrachten und daraus eine ganze Theologie der Frau ableiten wollen. Man muss sie im Zusammenhang des gesamten theologischen Denkens des Paulus interpretieren. Es scheint, dass Paulus in *1 Kor 14,33* an einen Brauch in den Gemeinden erinnert, der keine Allgemeingültigkeit für alle Zeiten beanspruchen will. Denn Paulus kennt prophetisch begabte Frauen *(1 Kor 11,5)*, so auch im Haus des Philippus, eines der Sieben, dessen vier Töchter prophetisch begabte Jungfrauen waren *(Apg 21,9)*. In der späteren Kirchengeschichte gab es viele heilige Frauen, die in der Kirche den Mund aufgemacht haben, etwa Katharina von Siena, Lioba und Thekla, Hildegard von Bingen u. a. Zum exegetischen Problem von *1 Kor 14,33* vgl. W. Schrage, Der erste Brief an die Korinther (EKK VII/3) Zürich – Neukirchen 1999, 477–502.

84 S. 312 W. Kasper, Die Stellung der Frau als Problem der theologischen Anthropo-

logie, in: LebZeug 35 (1980) 5–16; ders., Die Frau als Person – von der Kirche ernst genommen? Systematisch-theologische Überlegungen, in: Zur Zeit 50 (1981) 2–31; T. Schneider (Hg.), Mann und Frau – Grundproblem theologischer Anthropologie (QD 121), Freiburg i. Br. 1989.

85 S. 313 L. Bouyer, Frau und Kirche, Einsiedeln 1977; H. U. von Balthasar, Theodramatik, Bd. II/2, Einsiedeln 1978, 260–330. Vgl. o. II.3.2 (Kirche als Braut).

86 S. 314 Zur Frage der Frauenordination vgl. u. II.5.3.

87 S. 314 I. Wetter, Mary Ward, Aschaffenburg 1985; W. Nigg, Mary Ward – Eine Frau gibt nicht auf, Zürich 2009.

88 S. 315 Der Begriff Amt (λειτουϱγία) findet sich erstmals bei Clemens von Rom (1 Clemens 40, 2.5; 41, 1; 44, 2.3.6; vgl. Didache 15, 1); dort findet sich auch erstmals die Unterscheidung zwischen Amtsträgern und Laien (40, 5).

89 S. 315 H. W. Beyer, Art. διακονεῖν, διακονία, in: ThWNT 2, 81–88.

90 S. 316 Vgl. K.-H. Rengstorf, Art. μαθητής, in: ThWNT 4, 447–460; K.-H. Schelkle, Jüngerschaft und Apostelamt. Eine biblische Auslegung des priesterlichen Dienstes, Freiburg i. Br. 1957; M. Hengel, Nachfolge und Charisma, Berlin 1968; U. Wilckens, Theologie des Neuen Testaments, Bd. I/1, Neukirchen 2002, 304–314.

91 S. 316 Vgl. dazu o. II.2.2. 92 S. 317 Vgl. dazu o. II.2.2; II.4.4.

93 S. 318 E. Schweizer, Gemeinde und Gemeindeordnung im Neuen Testament, Basel – Zürich 1962; H. von Campenhausen, Kirchliches Amt und geistliche Vollmacht in den ersten drei Jahrhunderten, Tübingen 1963; H. Schlier, Die neutestamentlichen Grundlagen des Priesteramtes, in: Der priesterliche Dienst, Bd. 1 (QD 46), Freiburg i. Br. 1970, 81–114; J. Martin, Die Genese des Amtspriestertums in der frühen Kirche, in: Der priesterliche Dienst, Bd. 3 (QD 48), Freiburg i. Br. 1972; H. Merklein, Das kirchliche Amt im Epheserbrief, München 1973; K. Kertelge, Gemeinde und Amt im Neuen Testament, München 1972; ders. (Hg.), Das kirchliche Amt im Neuen Testament, Darmstadt 1977; F. Hahn, Neutestamentliche Grundlagen für eine Lehre vom kirchlichen Amt, in: Dienst und Amt, Regensburg 1973, 7–40; J. Roloff, Art. Amt/Ämter/Ämterverständnis IV, in: TRE 2, 509–533; ders., Der erste Brief an Timotheus, Zürich – Neukirchen 1988, Exkurs 169–189; A. Vögtle, Die Dynamik des Anfangs, Leben und Fragen der jungen Kirche, Freiburg i. Br. 1988; H. J. Klauck, Gemeinde – Amt – Sakrament, Würzburg 1989; F. Hahn, Theologie des Neuen Testaments, Bd. 2, Tübingen 2002, 606–624.

94 S. 318 Vgl. dazu u. II.5.4.

95 S. 320 C. Maurer, Art. ἐπίθεσις, in: ThWNT 8, 160–162.

96 S. 321 1 Clemens, Hirt des Hermas.

97 S. 322 Vgl. dazu Hahn, Theologie des Neuen Testaments (wie Anm. 93), 618–624. Vgl. o. II.2.2 und II.3.3.

98 S. 322 Vgl. II.4.1 und 4.4.

99 S. 322 Zu Geschichte und Theologie des Bischofsamtes: K. Rahner/J. Ratzinger, Episkopat und Primat (QD 11), Freiburg i. Br. 1961; J. Colson, L'Épiscopat catholique, Paris 1963; G. Baraúna (Hg.), De Ecclesia, Bd. 2 (3. Kapitel), Freiburg i. Br. – Frankfurt a. M. 1966; L. Ott, Das Weihesakrament (HDG IV/5), Freiburg i. Br. 1969; Y. Congar, Ministères et communion ecclésiale, Paris 1971; R. Hanson, Art. Amt/Ämter/Ämterverständnis V, in: TRE 1, 533–552; G. Martelet, Théologie du sacerdoce, 3 Bde., Paris

1984–1990; H. J. Pottmeyer, Art. Bischof II.III, in: LThK³ 2, 484–488; E. Dassmann, Ämter und Dienste in den frühchristlichen Gemeinden, Bonn 1994; T. Schumacher, Bischof – Presbyter – Diakon. Geschichte und Theologie des Amtes im Überblick, München 2010.

100 S. 323 Ignatius von Antiochien, ad Magnesios 6, 1.

101 S. 323 Igantius von Antiochien, ad Ephesios 2, 2; vgl. 20, 2.

102 S. 323 Ebd. 4, 1 f. 103 S. 323 Vgl. dazu o. II.4.4.

104 S. 324 B. Botte (Hg.), La Tradition apostolique de Saint Hippolyte (LQF 39), Münster 1963, 6–10.

105 S. 324 Vgl. dazu P. Walter, Das Verhältnis von Episkopat und Presbyterat von der Alten Kirche bis zum Reformationsjahrhundert, in: Sattler/Wenz (Hg.), Das kirchliche Amt in apostolischer Nachfolge (wie Anm. 23), 45 f.

106 S. 324 Cyprian von Karthago, ep. 45, 2; 63.

107 S. 324 Cyprian von Karthago, de unitate ecclesiae 5; vgl. ep. 55, 1, 1; 21, 1.

108 S. 324 Cyprian von Karthago, ep. 66, 8, 3.

109 S. 324 La Tradition apostolique (wie Anm. 104), 4–7.

110 S. 324 Canon 4, in: COD 6 f.

111 S. 324 P. T. Camelot, Die Lehre von der Kirche (HDG III/3b), Freiburg i. Br. 1970, 5 f.9.39–41.

112 S. 324 Vgl. dazu E. Dassmann, Entstehung und theologische Begründung der kirchlichen Ämter in der Alten Kirche, in: IKaZ 22 (1993) 350–362.

113 S. 325 DH 1776. 114 S. 325 LG 28.

115 S. 325 A. M. Landgraf, Die Lehre vom Episkopat als ordo, in: Dogmengeschichte der Frühscholastik, Bd. 3/2, Regensburg 1955, 277–302; Ott, Das Weihesakrament (wie Anm. 99), 40–51; Walter, Das Verhältnis von Episkopat und Presbyterat (wie Anm. 105), 39–96.

116 S. 326 Hieronymus, in epistulam ad Titum 146.

117 S. 326 Vgl. dazu W. Aymans, Art. Kirchengewalt II, in: LThK³ 6, 10 f.; vgl. o. Anm. 115.

118 S. 326 Petrus Lombardus, Sent. IV d. 24 c.15.

119 S. 326 Vgl. J. Lécuyer, Les étapes de l'enseignement thomiste sur l'épiscopat, in: Revue Thomiste 57 (1957) 29–52; W. Kasper, Steuermann mitten im Sturm. Das Bischofsamt nach Thomas von Aquin (1999), in: WKGS 12, 451–481.

120 S. 326 Thomas von Aquin, Summa theologiae III q. 73 a. 2 und 6. Vgl. o. II.3.2.

121 S. 327 Vgl. DH 1145; 1290; 1435. Vgl. dazu F. Gillmann, Zur Lehre der Scholastik vom Spender der Firmung und des Weihesakraments, Paderborn 1920; Ott, Das Weihesakrament (wie Anm. 99), 105 f.

122 S. 327 Vgl. Schmalkaldische Artikel II (BSELK 416); ähnlich der Heidelberger Katechismus, 80. Frage, in: W. Niesel (Hg.), Bekenntnisschriften und Kirchenordnungen der nach Gottes Wort reformierten Kirche, Zürich ³o. J., 169.

123 S. 327 WA 6, 560–567. Einzelnachweise zur Position des späteren Luther und der Bekenntnisschriften o. II.5.1.

124 S. 328 Vgl. CA V; Genfer Kirchenordnung (1561), 4 (Bekenntnisschriften 43); Confessio Belgica (1561), 30 (Bekenntnisschriften 131 f.).

125 S. 328 Calvin legte im Unterschied zu Luther Wert auf die Strukturierung des Am-

tes in Hirten, Lehrer, Älteste und Diakone (Institutio christianae religionis IV, 3, 1 und 8f.). Vgl. A. Ganoczy, Ecclesia ministrans. Dienende Kirche und kirchlicher Dienst bei Calvin, Freiburg i. Br. 1968.

126 S. 328 P. Melanchthon, Apologia 13 (BSELK 293f.).

127 S. 328 J. Calvin, Institutio christianae religionis IV, 3, 16.

128 S. 328 Schmalkaldische Artikel X (BSELK 457f.).

129 S. 328 WA 12, 191–194.

130 S. 329 Tractatus de poetstate papae 66–72 (BSELK 491ff.); vgl. FC Solida declaratio X, 19 (BSELK 1060).

131 S. 329 DH 1764; 1771. Zu Geschichte und Interpretation des Trienter Dekrets: H. Jedin, Geschichte des Konzils von Trient, Bd. IV/1 und IV/2, Freiburg i. Br. 1975; Ott, Das Weihesakrament (wie Anm. 99), 119–127; K. L. Becker, Der Unterschied von Bischof und Priester im Weihedekret des Konzils von Trient und nach der Kirchenkonstitution des II. Vatikanischen Konzils, in: K. Rahner (Hg.), Zum Problem der Unfehlbarkeit (QD 54), Freiburg i. Br. 1971, 289–308; H. Müller, Zum Verhältnis von Episkopat und Presbyterat im 2. Vatikanischen Konzil, Wien 1971; J. Freitag, Sacramentum ordinis auf dem Konzil von Trient, Innsbruck – Wien 1990.

132 S. 329 DH 1766; 1773. 133 S. 329 DH 1767; 1774. 134 S. 329 Ebd.

135 S. 329 DH 1768; 1777.

136 S. 329 J. Freitag (Sacramentum ordinis auf dem Konzil von Trient [wie Anm. 131], 312–315) möchte gegen K. L. Becker zeigen, dass sich das Konzil in can 6. von der rein sacerdotalen Perspektive gelöst hat und nicht mehr den Priester, sondern den Bischof zum Angelpunkt des ordo gemacht hat.

137 S. 329 Vgl. Walter, Das Verhältnis von Episkopat und Presbyterat (wie Anm. 105), 77–84.

138 S. 329 Vgl. dazu u. II.5.4. 139 S. 329 DH 1769; 1777. 140 S. 329 DH 1769; 1777f.

141 S. 329 Vgl. Decreta super reformatione in: COD 720–729. Dazu H. Jedin, Das Bischofsideal der Katholischen Reformation. Eine Studie über die Bischofsspiegel vornehmlich des 16. Jahrhunderts, in: Kirche des Glaubens – Kirche der Geschichte, Freiburg i. Br. 1966, 75–117. Vgl. dazu u. II.5.4.

142 S. 330 Die Entwicklung zeichnete sich schon im Vorfeld des Konzils ab: Y. Congar (Hg.), L'Épiscopat et l'Église universelle, Paris 1962. Zum Konzil die Kommentare zu Lumen gentium von K. Rahner in: LThK.E 1, 210–247 und J. Ratzinger, in: ebd., 348–359; P. Hünermann, in: HThK.Vat II 2, 263–582. W. Breuning, Das Verständnis des katholischen Bischofsamtes nach dem Zweiten Vatikanischen Konzil, in: W. Sanders (Hg.), Bischofsamt – Amt der Einheit, München 1983, 9–30; L. Hell, »Fülle des Priestertums«. Probleme und Chancen der Wesensbestimmung des Bischofsamtes durch das Zweite Vatikanische Konzil, in: TThZ 12 (2003) 90–101; W. Thönissen, Dienst am Wort Gottes. Das Amt der Bischöfe nach dem Zweiten Vatikanischen Konzil, in: Sattler/Wenz, Das kirchliche Amt in apostolischer Nachfolge (wie Anm. 23), 190–215.

143 S. 330 LG 20.

144 S. 330 LG 21; 26. Eine für das Verständnis des Priesteramt nicht unbedeutende Unklarheit bleibt: Ist die Bischofsweihe die Spitze (apex) einer hierarchischen Ordnung und eine Weihestufe über die Priesterweihe hinaus, was im Prinzip auf der Linie der mittelalterlichen Theorien liegen würde, oder ist die Priesterweihe eine abgestufte

Teilnahme an der Fülle (plenitudo) der Bischofsweihe, was mit der Verabschiedung einer ein Jahrtausend alten Theorie die Frage nach dem Proprium des Priesters dringend macht? In den Konzilstexten findet sich sowohl der Ausdruck apex wie der Ausdruck plenitudo.

[145] S. 330 Mit der Theorie von der Determination kommt die Frage der Jurisdiktion durch die Hintertür erneut ins Spiel. Zur Problematik der Notae previae vgl. den Artikel von J. Ratzinger in: LThK.E 1, 357 f.

[146] S. 331 LG 22 f. Dazu: Y. Congar, La collégialité épiscopale, Paris 1963; J. Ratzinger, Die bischöfliche Kollegialität nach der Lehre des Zweiten Vatikanischen Konzils, in: Das neue Volk Gottes, Düsseldorf 1969, 171–200; ders., Die pastoralen Implikationen der Lehre von der Kollegialität der Bischöfe, in: ebd. 201–224.

[147] S. 331 LG 21; vgl. CD 2.

[148] S. 331 Die Art, wie die communio hierarchica unvermittelt neben die durch die Weihe begründete sakramentale communio gestellt wird, erweckt freilich wieder den Eindruck, dass die patristische sakramentale und die mittelalterliche juridische Ekklesiologie noch nicht voll zum Ausgleich gebracht werden konnten und der Neuansatz noch nicht konsequent zu Ende gedacht wurde. Vgl. A. Acerbi, Due ecclesiologie. Ecclesiologia giuridica ed ecclesiologia di comunione nella Lumen gentium, Bologna 1975. Vgl. u. II.4 und 5.4.

[149] S. 331 Zur Bedeutung der Orts- beziehungsweise Einzelkirchen vgl. u. II.5.6.

[150] S. 331 CD 11–18. [151] S. 331 CD 20; vgl. GS 76.

[152] S. 332 Die Lehre des Konzils über das Priesteramt findet sich vor allem in LG 28 und PO 2–6. Vgl. außerdem SC 7; 33; LG 10; 17; 20 f.; 28; CD 15; 28 f.; DV 25; PO, OT und AG passim.

[153] S. 333 SC 7; PO 1 f. [154] S. 333 SC 7; LG 10; 28; PO 2; 13.

[155] S. 333 Vgl. zu diesem Dekret den Kommentar in LThK.E 3, 170–198; P. J. Cordes, Sendung und Dienst. Exegetisch-historische und systematische Studien zum Konzilsdekret »Vom Dienst und Leben der Priester«, Frankfurt a. M. 1972; P. Hünermann/O. Fuchs, in: HThK.Vat II 4, 339–580.

[156] S. 334 J. Ratzinger, Die Frage nach dem Sinn des priesterlichen Dienstes, in: GuL 41 (1968) 347–376 sowie JRGS 12, 350–419, die neu veröffentlichten Beiträge; K. Lehmann, Das dogmatische Problem des theologischen Ansatzes zum Verständnis des Amtspriesters, in: F. Henrich, Existenzprobleme des Priesters, München 1969, 135–150; H. Schlier, Grundelemente des priesterlichen Amtes im NT, in: ThPh 44 (1969) 161–180 sowie QD 46–51; E. Schillebeeckx, Christliche Identität und kirchliches Amt, Düsseldorf 1985; J. Freitag, Sakramentale Sendung, Freiburg i. Br. 1990; Greshake, Priester sein in dieser Zeit (wie Anm. 68); Kehl, Die Kirche (wie Anm. 33), 430–459; meine Beiträge sind neu veröffentlicht in WKGS 12, 153–423.

[157] S. 335 Aus der sehr reichen Literatur nur wenige Titel: J. Ratzinger, Diener eurer Freude (1988), in: JRGS 12, 463–532; W. Kasper, Diener der Freude (2007), in: WKGS 12, 325–423; G. Augustin, Zur Freude berufen. Ermutigung zum Priestersein, Freiburg i. Br. 2010.

[158] S. 336 Die Literatur dazu ist immens. Ich lasse die große Masse der zölibatskritischen Literatur (etwa G. Denzler, Die Geschichte des Zölibats, Freiburg i. Br. 2002) beiseite und beschränke mich auf wenige Titel, die sich um eine positive Begründung be-

mühen. Nach wie vor lesenswert: J. A. Möhler, Vom Geist des Zölibats (1828), Neudr. Paderborn 1992. J. Bours/F. Kamphaus, Leidenschaft für Gott. Ehelosigkeit, Armut, Gehorsam, Freiburg i. Br. 1991; A. M. Stickler, Der Klerikerzölibat, Abensberg 1994; S. Heid, Zölibat in der frühen Kirche, Paderborn [3]2003; K. Berger, Zölibat. Eine theologische Begründung, Leipzig 2009.

[159] S. 336 Vgl. o. II.3.2.

[160] S. 337 Neuerdings vor allem I. de la Potterie. So schon Tertullian, de monogamia 12. Zum Gesamtproblem B. Kötting, Art. Digamus, in: RAC 3,1017–24. Zu den unterschiedlichen, hauptsächlich evangelischen Auslegungen R. Roloff, Der erste Brief an Timotheus, Zürich – Neukirchen 1988, 155 f.

[161] S. 337 DH 118 f.; vgl. 185. [162] S. 337 Kanon 3, in: COD 6.

[163] S. 337 Kanon 6 und 7, in: COD 174. [164] S. 337 DH 1809. [165] S. 337 PO 16.

[166] S. 337 Paul VI., Enzyklika Sacerdotalis coelibatus (1967); Johannes Paul II., Nachsynodales Apostolisches Schreiben Pastores dabo vobis (1992), 29; Benedikt XVI., Nachsynodales Apostolisches Schreiben Sacramentum caritatis (2007), 24. Vgl. Katechismus der katholischen Kirche, München 1993, 1579 f.

[167] S. 338 LG 29.

[168] S. 339 J. Daniélou, Le ministère des femmes dans l'église, in: Maison-Dieu 61 (1960) 70–96; H. van der Meer, Priestertum der Frau? (QD 42), Freiburg i. Br. 1969; G. Dautzenberg (Hg.), Die Frau im Urchristentum (QD 95), Freiburg i. Br. 1983; E. Dassmann, Kirchliche Ämter für Frauen in frühchristlicher Zeit, in: Pastoralblatt 41 (1989) 257–265; I. Riedel-Spangenberger/A. Schavan, Amt XII, in: LThK[3] 1, 557–561; M. Hauke, Die Problematik um das Frauenpriestertum vor dem Hintergrund der Schöpfungs- und Erlösungsordnung, Paderborn [4]1995; W. Gross (Hg.), Frauenordination, München 1996; S. Demel, Frauen und kirchliches Amt. Vom Ende eines Tabus in der katholischen Kirche, Freiburg i. Br. 2004; G. L. Müller, Der Empfänger des Weihesakraments. Quellen zur Lehre und Praxis der Kirche, nur Männern das Weiheamt zu spenden, Würzburg 1999; ders., Priestertum und Diakonat. Der Empfänger des Weihesakraments in schöpfungstheologischer und christologischer Perspektive, Einsiedeln 2000. Die ältere theologische Literatur ist zusammengestellt bei D. Sattler, in: Schneider (Hg.), Mann und Frau (wie Anm. 84), 209 f.; eine gute Zusammenfassung der Diskussion bei Greshake, Priester sein in dieser Zeit (wie Anm. 68), 154–167. Vgl. o. II.5.2.

[169] S. 339 Vgl. o. II.5.1.

[170] S. 339 So die Erklärung der Glaubenskongregation Inter insigniores vom 15. 10. 1976; Johannes Paul II., Apostolisches Schreiben Ordinatio sacerdotalis vom 22. 5. 1994 und das Responsum der Glaubenskongregation vom 28. 10. 1995. Zur Frage des Diakonats von Frauen vgl. u. II.5.3. Zur orthodoxen Position vgl. B. Bobrinskoy, Le mystère de l'Église, Paris 2003, 256–308; hier 238–248.

[171] S. 340 Vgl. o. II.4.2. [172] S. 340 Vgl. dazu o. II.5.2.

[173] S. 340 Zu Geschichte und Theologie des Diakonats: K. Rahner/H. Vorgrimler, Diaconia in Christo (QD 15/16), Freiburg i. Br. 1962; Y. Congar (ed.), Le diacre dans l'Église et le monde d'aujourd'hui, Paris 1966; J. G. Plöger/H. J. Weber (Hg.), Der Diakon. Wiederentdeckung und Erneuerung seines Dienstes, Freiburg i. Br. 1980; G. L. Müller, Theologische Überlegungen zur Weiterentwicklung des Diakonats, in: MThZ 40

(1989) 129–143; A. Weiß, Der ständige Diakon, Würzburg 1991; S. Zardoni, I diaconi nella Chiesa, Bologna 1991; M. Hauke, Das spezifische Profil des Diakonates, in: Forum kath. Theol. 17 (2001) 81–127; W. Kasper, Der Diakon in ekklesiologischer Sicht (1997), in: WKGS 12, 127–149; ders., Art. Diaconato, in: G. Calabrese (Hg.), Dizionario di ecclesiologia, Roma 2010, 409–421.

[174] S. 341 Sessio XXIII, Decr. de reformatione, can 17, in: COD 726.

[175] S. 341 Vgl. LG 20; SC 86: DV 25; OE 17; CD 15; AG 15 f. Nachkonziliare Dokumente: Paul VI., Sacrum diaconatus (1967); Ad pascendum (1972); CIC 1992 und 1997; Kongregation für die Erziehung, Ratio fundamentalis (2003); Internationale Theologenkommission, Das Diakonat (2002).

[176] S. 341 LG 29.

[177] S. 341 Zu den offenen Fragen: G. Greshake, Art. Diakon V, in: LThK$^3$ 3, 183 f.

[178] S. 342 Didaskalia 9; 11; Hippolyt, traditio apostolica (wie Anm. 99) 4, 8.21.24; Thomas von Aquin, Summa theologiae III q. 82 a. 3 ad 1.

[179] S. 342 Ein positives Votum: P. Hünermann u. a. (Hg.), Diakonat. Ein Amt für Frauen in der Kirche – ein frauengerechtes Amt?, Ostfildern 1997.

[180] S. 342 Vgl. A. G. Martimort, Les diaconesses, Rom 1982; L. Scheffczyk (Hg.), Diakonat und Diakonissen, St. Ottilien 2002.

[181] S. 342 Synode von Nîmes (396) und Synode von Orange (441).

[182] S. 343 Vgl. dazu o. II.5.2. [183] S. 343 Vgl. A. Grillmeier, in: LThK.E 1, 176–178.

[184] S. 343 LG 10.

[185] S. 344 Vgl. F. Klostermann, in: LThK.E 1, 181–183.

[186] S. 344 So auch der Katechismus der kath. Kirche, München 1993, Nr. 1547.

[187] S. 344 Vgl. W. Kasper, Amt und Gemeinde (1970), in: WKGS 12, 38–68.

[188] S. 345 LG 37. [189] S. 345 SC 7; 33; LG 10; 21; 28; PO 2.

[190] S. 345 Vgl. SC 33 und LG 10. Auch Thomas von Aquin kennt diese doppelte Repräsentation des Amtes. Vgl. Summa theologiae Suppl. q. 31 a.1 ad 1; Summa contra gentiles IV, 73. Vgl. dazu ausführlich Greshake, Priester sein in dieser Zeit (wie Anm. 68), 126–129.

[191] S. 346 Auf der multilateralen Ebene ist vor allem der dritte Teil der Limadokumente (1982) zu nennen. Weit fortgeschritten sind die Gespräche mit der anglikanischen Gemeinschaft und mit dem lutherischen Weltbund. Alle Dokumente bei H. Meyer u. a., Dokumente wachsender Übereinstimmung, 3 Bde., Paderborn – Frankfurt a. M. 1983–2003. Wichtig sind die Gespräche des Ökumenischen Arbeitskreises evangelischer und katholischer Theologen: K. Lehmann/W. Pannenberg (Hg.), Lehrverurteilungen – kirchentrennend?, Bd. 1, Freiburg i. Br. – Göttingen 1986; T. Schneider (Hg.), Das kirchliche Amt in apostolischer Nachfolge, 3 Bde., Freiburg i. Br. – Göttingen 2004–2008; H. Meyer, Das kirchliche Amt im Horizont des evangelisch-lutherischen Verständnisses der Kirche, in: Versöhnte Verschiedenheit. Aufsätze zur ökumenischen Theologie, Bd. 3, Frankfurt a. M. – Paderborn 2009, 79–93; ders., Differenzierte Partizipation. Möglichkeiten einer evangelischen Teilhabe am historischen Bischofsamt, in: ebd. 94–108. Gesamtüberblick über die bilateralen Dialoge bei W. Kasper, Harvesting the Fruits, London 2009, 108–111.117–119.151–153.

[192] S. 347 Vgl. ebd. 170 f.178 ff.

[193] S. 347 International: Episkopé and Episcopate in Ecumenical Perspective, Geneva

1980; Episkopé and Episcopacy and the Quest of Visible Unity (1999); Gemeinschaft evangelischer Kirchen in Europa (GEKE): Neudettelsauer Thesen (1982–86), Tampere-These (1986), Die Kirche Jesu Christi (1994), Konsultation Amt Ordination und Episkopé; Lutherischer Weltbund: Das bischöfliche Amt innerhalb der Apostolizität der Kirche (2002). Theologische Stellungnahmen: D. Wendebourg (Hg.), Das bischöfliche Amt. Kirchengeschichtliche und ökumenische Studien zur Frage des kirchlichen Amtes, Göttingen 1999; ders., Das Amt und die Ämter, in: ZEvKR 45 (2000) 5–37; F. Nüssel, Zum Verständnis des evangelischen Bischofsamtes in der Neuzeit, in: Sattler/Wenz, Das kirchliche Amt in apostolischer Nachfolge (wie Anm. 23), 145–189; Aktuelle Diskussion: Das bischöfliche Amt im Rahmen der Apostolizität der Kirche. Eine lutherische Erklärung, Genf 2002; Bericht von G. Wenz, in: Sattler/Wenz, Das kirchliche Amt in apostolischer Nachfolge (wie Anm. 23), 384 Anm. 5. Vgl. Kasper, Harvesting the Fruits (wie Anm. 191), 199 ff.

194 S. 347 Vgl. o. II.4.4.

195 S. 348 Leo XIII., Epistula Apostolicae curae et caritatis (1896, DH 3315–3319).

196 S. 348 UR 22. Vgl. dazu P. Walter, »Sacramentum Ordinis defectus« (UR 22,3). Die Aussage des II. Vaticanums im Licht des ökumenischen Dialogs, in: T. Schneider (Hg.), Das katholische Amt in apostolischer Nachfolge, Bd. 3 (Dialog der Kirchen 14), Freiburg i. Br. 2008, 86–101.

197 S. 348 In einer frühen Phase etwa das Ämtermemorandum der ökumenischen Universitätsinstitute, Mainz 1972; H. Fries/K. Rahner, Einigung der Kirchen – reale Möglichkeit (QD 100), Freiburg i. Br. 1985, These V, VII, VIII; O. H. Pesch, Auf dem Weg zu einer »Gemeinsamen Erklärung zum kirchlichen Amt in apostolischer Nachfolge«, in: Sattler/Wenz, Das kirchliche Amt in apostolischer Nachfolge (wie Anm. 23), 155–166; das Lutherisch/römisch-katholische Studiendokument Die Apostolizität der Kirche (2006) Kap. 3.6. Vgl. Kasper, Harvesting the Fruits (wie Anm. 191), 80 ff.

198 S. 348 So W. Beinert, Apostolisch. Anatomie eines Begriffs, in: Sattler/Wenz, Das kirchliche Amt in apostolischer Nachfolge (wie Anm. 23), 274–303 und O. H. Pesch, Hermeneutik des Ämterwandels?, sowie Thesen zu einem ökumenischen Verständnis vom kirchlichen Amt, in: ebd. 304–327 und 328–355.

199 S. 349 Deshalb führt auch der Hinweis auf eine presbyterale Sukzession nicht wirklich weiter. Was man als presbyterale Sukzession bezeichnen kann, war im späten Mittelalter nur im Konsens innerhalb der ecclesia catholica möglich, was damals in einer aus heutiger Sicht problematischen Weise durch Dispens durch den Papst zum Ausdruck kam.

200 S. 349 Vgl. o. II.5.1.

201 S. 349 Zum Synodical Goverment und dem nicht sehr klaren Prinzip: »led by bishops and governed by synods« vgl. G. Gassmann, Art. Synode III/3, in: TRE 32, 582.

202 S. 349 Vgl. o. II.5.2. Zum unterschiedlichen Verständnis von Synoden vgl. u. II.5.5.

203 S. 350 DH 1611. 204 S. 350 DH 3318.

205 S. 351 Papst Johannes Paul II. in der Enzyklika Ut unum sint (1995) 88; Papst Benedikt XVI. bei seinem Besuch im Phanar am 30. November 2006.

206 S. 351 Petrusamt ist eine neuere Bezeichnung an Stelle von Primat des Bischofs von Rom; beide Begriffe sind zu unterscheiden von dem Begriff Papsttum als einer bestimmten geschichtlichen Ausgestaltung.

207 S. 351 Die exegetische Literatur ist uferlos. Ich nenne lediglich: O Cullmann, Petrus. Jünger – Apostel – Märtyrer, Zürich 1952; ders., Art. Πέτρος, Κηφᾶς, in: ThWNT 4, 99–112; A. Vögtle, Messiasbekenntnis und Petrusverheißung, in: Das Evangelium und die Evangelien; Düsseldorf 1971, 137–170; R. Brown/K. P. Donfried/J. Reumann, Peter in the New Testament, Minneapolis, Augsburg 1973; J. Gnilka, Matthäusevangelium II (HThK.NT 2), Freiburg i. Br. 1988, 46–80; U. Luz, Das Evangelium nach Matthäus (EKK I/2), Zürich – Neukirchen 1990, 450–483; J. Roloff, Die Kirche im Neuen Testament (NTD Erg.-Bd. 10), Göttingen 1993, 162–165; O. Böcher, Art. Petrus I, in: TRE 26, 263–273; L. Wehr, Art. Petrus, in: LThK[3] 8, 90–95; R. Pesch, Die biblischen Grundlagen des Primats (QD 187), Freiburg i. Br. 2001; M. Hengel, Der unterschätzte Petrus, Tübingen 2006. Biblisch wie historisch: G. L. Müller (Hg.), Der Primat des Nachfolgers Petri im Geheimnis der Kirche. Studien der Kongregation für die Glaubenslehre, Würzburg 2010.

208 S. 353 Die Meinungen gehen auseinander zwischen den meisten östlichen, von Origenes abhängigen Kirchenvätern, aber unter anderem auch Augustinus, welche die Kirche auf den Glauben des Petrus gegründet sehen und westlichen Kirchenvätern (Hieronymus, Hilarius, Leo der Große), aber auch östliche Väter wie Maximus Confessor, die seit der Mitte des 3. Jahrhunderts *Mt 16,18f.* auch auf die Nachfolger des Petrus anwenden. Zur dritten Gruppe gehören u. a. Johannes Chrysostomus, Theodoret und Theodor von Mopsuestia und Johannes von Damaskus. Augustinus, der mit den meisten östlichen Kirchenvätern den Glauben des Petrus als Typus der Kirche bezeichnete, ließ die Frage in seinen Retractationes am Ende offen (I, 21, 1). Vgl. J. Ludwig, Die Primatworte Mt 16,18–19 in der altkirchlichen Exegese, Münster 1952; J.-M. R. Tillard, L'évêque de Rome, Paris 1982, 142–146.

209 S. 353 Strack-Billerbeck, Kommentar zum Neuen Testament aus Talmud und Midrasch, Bd. 1, München 1961, 737–747; J. Ernst, Art. Binden und Lösen, in: LThK[3] 2, 463 f.

210 S. 354 Die Literatur zur Papstgeschichte ist uferlos. Außer den bekannten Papstgeschichten von Pastor, Caspar, Haller, Seppelt u. a. vgl. Y. Congar, Die Lehre von der Kirche, in: HDG III/3 c und d, Freiburg i. Br. 1971; G. Schwaiger, Päpstlicher Primat und Autorität der allgemeinen Konzilien im Spiegel der Geschichte, Paderborn 1977; K. Schatz, Der päpstliche Primat. Seine Geschichte von den Ursprüngen bis zur Gegenwart, Würzburg 1990; ders., Allgemeine Konzilien – Brennpunkt der Kirchengeschichte, Paderborn 2008; M. Maccarone, Sedes Apostolica – Vicarius Petri. La perpetuità del primato di Pietro nella sede e nel vescovo di Roma, in: Il primato del vescovo di Roma nel primo millennio, Vatikanstadt 1991; W. Kasper, Petrusdienst und Petrusamt, in: WKGS 12, 580–635.

211 S. 354 So J. H. Newman, Über die Entwicklung der Glaubenslehre (Ausgw. Werke 7), Mainz 1969.

212 S. 355 K. Froehlich, Art. Petrus II, in: TRE 26, 273–278; A. Angenendt, Art. Petrus III, in: LThK[3] 8, 95 f.

213 S. 355 Ignatius von Antiochien, ad Romanos, praescriptum.

214 S. 355 Irenäus von Lyon, adversus haereses III, 3, 2.

215 S. 355 Tertullian, de praescriptione haereticorum 21; vgl. 36.

216 S. 355 DH 133–135. Vgl. H. J. Sieben, Sanctissimi Petri apostoli memoriam honore-

mus. Die Sardicinischen Appelationskanones im Wandel der Geschichte, in: ThPh 58 (1983) 501–534.
[217] S. 355 Kanon VI, in: COD 8. [218] S. 355 Kanon III, in: COD 28.
[219] S. 356 Hieronymus, ep. 15, 2. [220] S. 356 DH 181 f. [221] S. 356 DH 217 f.
[222] S. 356 Vgl. Y. Congar, in: HDG III/3 c, 11 f.
[223] S. 356 Leo der Große, sermones 4, 3 f.; 5; vgl. ep. 9; sermones 96, 3.
[224] S. 356 Leo der Große, ep. 14, 1. [225] S. 356 Kanon XXVIII, in: COD 75 f.
[226] S. 356 DH 350 f. Gelasius ist wie zuvor schon Ambrosius vor allem für die Verteidigung der Eigenständigkeit der Kirche gegenüber dem Kaiser von Bedeutung (DH 347).
[227] S. 356 Cyprian von Karthago, de unitate ecclesiae 5.
[228] S. 357 Cyprian von Karthago, ebd. 4. [229] S. 357 Cyprian von Karthago, ep. 48, 3.
[230] S. 357 Cyprian von Karthago, ep. 59, 14.
[231] S. 357 Augustinus, sermones 131, 10.
[232] S. 357 Augustinus, sermones 270, 2; in Ioannis evangelium 50, 12; 124, 5.
[233] S. 357 Augustinus, de baptismo 2, 1, 2; 3, 17, 22; sermones 71, 2, 7; 1, 31, 10; 295, 4, 4; ep. 43, 3, 7.
[234] S. 357 Thomas von Aquin, Super evangelium Matthaei, 16, lc 2; Vgl. F. Gillmann, Zur scholastischen Auslegung von Mt 16,18, in: AKathKR 104 (1924) 89–122; K. Froelich, Formen der Auslegung von Matthäus 19,23–18 im lateinischen Mittelalter, Tübingen 1963.
[235] S. 357 P. T. Camelot, Ephesus und Chalkedon, Mainz 1963, 141–143.146–152.155–169.192–196; S. Horn, Petrou Cathedra. Der Bischof von Rom und die Synoden von Ephesus und Chalkedon, Paderborn 1982, 248–250.
[236] S. 357 Vgl. Y. Congar, HDG III/3 c, 13 f. [237] S. 357 Gregor der Große, ep. 5, 20.
[238] S. 357 Gregor der Große, ep. 2, 31. [239] S. 357 Gregor der Große, ep. 18; 43 u. a.
[240] S. 358 V. Peri, La Pentarchia. Istituzione ecclesiale e teoria canonico-teologica, Spoleto 1988; F. R. Gahbauer, Die Patriarchietheorie, Frankfurt a. M. 1993; E. Morini, Roma nella Pentarchia, Spoleto 2001.
[241] S. 358 DH 363–365.
[242] S. 358 DH 542–548. Auf diesem Konzil wurde der schwache Papst Honorius (625–638) verurteilt (DH 552; vgl. 562).
[243] S. 359 J.-C. Larchet, Maxime le Confesseur, médiateur entre l'Orient e l'Occident, Paris 1998.
[244] S. 359 DH 638–642. [245] S. 359 DH 661–664.
[246] S. 359 Seit dem Decretum Gratiani von 1140 wurde im Westen nur das Konzil von 869/870 als 8. ökumenisches Konzil anerkannt, nicht aber die Synode von 879/880. Auch katholische Forscher haben vorgeschlagen, entweder die erstere Entscheidung zu revidieren oder beide Synoden als Einheit zu betrachten. Eine Anerkennung dieser Synode wäre auch unter ökumenischem Gesichtspunkt hilfreich. Vgl. LThK[3] 6, 316.
[247] S. 359 Dazu: Y. Congar, Zerrissene Christenheit. Wo trennten sich Ost und West?, Wien – München 1959; H. Chadwick, East and West: The Making of a Rift in the Church. From Apostolic Times until the Council of Florence, Oxford 2003.
[248] S. 360 Y. Congar, Der Platz des Papsttums in der Kirchenfrömmigkeit der Reformer

des 11. Jahrhunderts, in: J. Daniélou u.a. (Hg.), Sentire ecclesiam (FS H. Rahner), Freiburg 1961, 196–217.

249 S. 360 DH 774 f. Zur Geschichte des Titels vicarius Christi Y. Congar, in: HDG III/3c, 119 f.; ders., Titel, welche für den Papst verwendet werden, in: Conc(D) 11 (1975) 538–544.

250 S. 360 DH 811.

251 S. 360 Papst Paul VI. sprach anlässlich der 700-Jahrfeier des Zweiten Konzils von Lyon (1274) von einem Generalkonzil und deutete damit den Unterschied zu den von Ost und West gemeinsam anerkannten Konzilien der alten Kirche an.

252 S. 360 DH 871. 253 S. 360 DH 875.

254 S. 361 Y. Congar, L'ecclésiologie de Saint Bernhard, in: Ecclésiologie et Papauté, Paris 1994, 115–185.

255 S. 361 Y. Congar, in: HDG III/3c, 82–89.127–138.

256 S. 361 B. Tierney, Foundations of the Conciliar Theory, Cambridge 1968.

257 S. 361 COD 385 f.; J. Gill, Konstanz und Florenz, Mainz 1967.

258 S. 361 So schon der ansonsten ganz papalistisch eingestellte Johannes de Torquemada; in der jüngeren Theologie J. Ratzinger, Primat und Episkopat, in: Das neue Volk Gottes, Düsseldorf 1969, 139.

259 S. 362 DH 1307 f.

260 S. 362 G. Seebass, Art. Antichrist III, in: TRE 3, 24–43; K. H. Müller/M. Häusler/B. Claret, Art. Antichrist, in: $LThK^3$ 1, 744–747.

261 S. 362 Der Vorwurf, den Luther anfangs nur zögerlich äußerte, ist auch in die reformatorischen Bekenntnisschriften eingegangen, vgl. vor allem Schmalkaldische Artikel IV (BSELK 430 f.); Konkordienformel (BSELK 1060 f.). Zur heutigen Problematik vgl. u. den Exkurs zur gegenwärtigen ökumenischen Diskussion.

262 S. 362 COD 659; 720–722. Vgl. H. Jedin, Geschichte des Konzils von Trient, Bd. IV/1, Freiburg i. Br. 1975, 116–137.237–263; Bd. IV/2, 50–79; K. Ganzer, Gallikanische und römische Primatsauffassung im Widerstreit. Zu den ekklesiologischen Auseinandersetzungen auf dem Konzil von Trient: HJ 109 (1989) 109–163.

263 S. 363 R. Aubert, Vaticanum I, Mainz 1965; H. J. Pottmeyer, Unfehlbarkeit und Souveränität, Mainz 1975, 427–429; J. Zizioulas: Recent discussion on Primacy in Relation to Vatican I, in: W. Kasper (Hg.), The Petrine Ministry. Catholics and Orthodox in Dialogue, New York 2006, 210–229; M. O'Gara, Triumph and Defeat. Infallibility, Vatican I and the French Minority Bishops, Washington D.C. 1988; vor allem das Standardwerk von K. Schatz, Vatikanum I. 1869–1870, 3 Bde., Paderborn 1992–1996.

264 S. 363 DH 3057; 3060. 265 S. 363 DH 3056 f.; 3059; 3070 f.

266 S. 364 DH 3050–3052. 267 S. 364 DH 3055. 268 S. 364 DH 3058.

269 S. 364 DH 3959–3964. 270 S. 364 DH 3065–3075. 271 S. 364 DH 3059.

272 S. 364 DH 3060–3064. 273 S. 364 DH 3061. 274 S. 365 DH 3112–3117.

275 S. 365 Zur Entstehung des Begriffs ›unfehlbar‹ im Mendikantenstreit im 13. und 14. Jahrhundert: B. Tierney, Origins of Papal Infallibility 1150–1350, Leiden 1974; Y. Congar, in: HDG III/3c, 159–161. H. Küng, Unfehlbar?. Eine Anfrage, Zürich 1970 hat die Fragestellung insofern verschoben, als er sich auf die Möglichkeit bzw. Unmöglichkeit unfehlbarer Sätze konzentriert hat; das Konzil dagegen spricht von unfehlbaren lehramtlichen Akten, welche unter genau definierten Bedingungen irre-

formable Sätze zur Folge haben. Dass der christliche Glaube in verbindlichen Sätzen ausgedrückt wird, entspricht der schon im Neuen Testament grundgelegten und die gesamte Tradition durchziehende Bekenntnisbildung. Auch Luther hat ausdrücklich am assertorischen Charakter des Glaubens festgehalten: »Tolle assertiones et christianismum tulisti« (WA 18, 603). Ohne verbindliche Bekenntnisaussagen wäre ein gemeinsames Bekenntnis und damit Glaubensgemeinschaft gar nicht möglich. Die Irreformabiltät solcher Bekenntnissätze schließt jedoch vertiefende und ergänzende Dogmenentwicklung nicht aus (vgl. DH 3020; DV 8); sie schließt auch nicht aus, dass solche Sätze interpretationsbedürftig sind und dass es dafür anerkannte Kriterien gibt; sie sind als irreformable Sätze bleibend denkwürdige Sätze (H. Schlier). Zur Diskussion um die Position von H. Küng vgl. o. I.5, Anm. 44–48.

[276] S. 365 DH 3065. [277] S. 365 DH 3070.

[278] S. 365 Der Ausdruck ›tenendum‹ an Stelle von ›credendum‹ soll es ermöglichen, dass auch abgeleitete Wahrheiten, die nicht direkt in der Offenbarung enthalten sind, aber damit historisch oder logisch zwingend so zusammenhängen, dass der Glaube ohne sie nicht richtig bewahrt und dargestellt werden kann, die darum nicht zu glauben, sondern festzuhalten sind, unfehlbar vorgelegt werden können.

[279] S. 366 DH 3075. [280] S. 366 DH 3069.

[281] S. 368 Dazu außer den Kommentaren in LThK.E 1 und HThK.Vat II 2; J. Ratzinger (Hg.), Dienst an der Einheit und Freiheit der Kirche, in: Dienst an der Einheit, Düsseldorf 1978, 81–104; ders., Das Petrusamt als Dienst an der Einheit. Die Lehre des I. und II. Vatikanischen Konzils und die gegenwärtige Diskussion, in: V. von Aristi u. a. (Hg.), Das Petrusamt. Dienst oder Hindernis für die Ökumene, Regensburg 1985, 113–138; H. J. Pottmeyer, Die Rolle des Papsttums im dritten Jahrtausend (QD 179), Freiburg i. Br. 1999; J.-G. Boeglin, Pierre dans la communion des Églises. Le ministère pétrinien dans la perspective de l'Église-Communion et de la communion des Églises, Paris 2004; J. Zizioulas, Recent Discussions on Primacy in Relation to Vatican I, in: Kasper (Hg.), The Petrine Ministry (wie Anm. 263), 210–230; D. Valentini, Identità e storicità nella Chiesa, Rom 2007, 139–256.

[282] S. 368 LG 18; 22; 25. [283] S. 368 LG 20. [284] S. 368 LG 22 f.

[285] S. 369 Vgl. dazu und zum Folgenden o. II.5.3.

[286] S. 369 LG 22 f.; Nota praevia 2. [287] S. 369 LG 22; 25.

[288] S. 369 Missverständlich ist freilich der Titel ›Bischof der katholischen Kirche‹, mit dem Paul VI. die Konzilsdokumente unterzeichnet hat. Vgl. H. Marot, Note sur l'expression Episcopus catholicae Ecclesiae, in: Irén 37 (1964) 221–226.

[289] S. 369 Konzil von Nizäa can. 4, in: COD 6 f.

[290] S. 370 Cyprian, de unitate ecclesiae 5.

[291] S. 370 Mansi 52, 1109 f.1201 f. Dazu: W. Kasper, Primat und Episkopat nach dem Vatikanum I (1962), in: WKGS 12, 499–531.

[292] S. 370 LG 22.

[293] S. 370 Diese Aussage wird durch die Nota praevia 4 interpretiert und durch die unglückliche Formulierung verschärft, der Papst könne seine Vollmacht jederzeit nach Gutdünken (ad placitum) ausüben. Der Konzilstext selbst drückt das sachlich Gemeinte weniger provozierend aus; er spricht von einer freien Ausübung (libere) (LG 22), mit welcher der Papst nach eigenem Urteil (secundum propriam discretio-

nem) entscheidet, was angesichts der wechselnden Erfordernisse dem Wohl der Kirche am besten entspricht. In diese Richtung weist auch die Theologische Kommission des Konzils, welche die von Papst Paul VI. vorgeschlagene Formulierung zurückwies, der Papst sei »uni Domino devinctus«. Die Kommission hielt dies für eine Vereinfachung, weil der Papst auch durch die Offenbarung, die grundlegende Struktur der Kirche, die Sakramente und die Entscheidungen der vorhergehenden Konzilien u. a. gebunden ist. Vgl. LThK.E 1, 227. Zur Interpretation: J. Ratzinger, ebd., 190–197.

294 S. 370 Vgl. dazu u. II.5.5.

295 S. 370 Vgl. W. Kasper, Petrine Ministry and Synodality, in: The Jurist 66 (2006), 298–300; ders., Canon law and ecumenism, in: The Jurist 69 (2009) 171–189. Dazu andere Beiträge in: The Jurist 1999, 2004, 2008 f. Besonders kritisch hinsichtlich der Konzilsrezeption durch den CIC 1989: G. Bier, Die Rechtsstellung des Diözesanbischofs nach dem Codex Iuris Canonici von 1983, Würzburg 2001.

296 S. 371 Il primato del successore di Pietro nel ministero della Chiesa. Considerazioni della Congregazione per la Dottrina della Fede, Città del Vaticano 2002, 12 (deutsch: G. L. Müller [Hg.], Der Primat des Nachfolgers Petri, Würzburg 2010, 24).

297 S. 372 DH 1307 f.

298 S. 372 Vgl. K. Ganzer, Art. Bischofswahl, Bischofsernennung, in: LThK[3] 2, 504–506.

299 S. 372 Ignatius von Antiochien, ad Romanos, prooemium (zit. auch in LG 1 und AG 22).

300 S. 373 Vgl. den Briefwechsel zwischen Metropolit Damaskinos und Kardinal J. Ratzinger, in: JRGS 8/2, 784–786.

301 S. 373 Zu der von H. Küng ausgelösten Unfehlbarkeitsdebatte vgl. o. I.5, Anm. 48–51; W. Kasper, Freiheit des Evangeliums und dogmatische Bindung in der katholischen Theologie. Grundlagenüberlegungen zur Unfehlbarkeitsdebatte, in: Theologie und Kirche, Mainz 1987, 43–71.

302 S. 374 Vgl. dazu o. Abschnitt 1.

303 S. 374 Vgl. B. Tierney, Origins of Papal Infallibility 1150–1350, Leiden 1974. Eine knappe Zusammenfassung der Geschichte wie eine systematisch-theologische Darlegung bei W. Beinert, Art. Unfehlbarkeit, in: LThK[3] 10, 389–91. Vgl. o. Anm. 275.

304 S. 374 Zum biblischen Wahrheitsverständnis: W. Kasper, Dogma unter dem Wort Gottes, Mainz 1965.

305 S. 374 DH 3008.

306 S. 374 Vgl. die Erklärung der Glaubenskongregation Mysterium Ecclesiae (1973) Nr. 5. Bei M. Luther heißt es: »Christus cum Ecclesia sua manet usque ad consummationem mundi. Et Ecclesia Dei est firmamentum et columna veritatis. Haec inquam novimus, nam sic habet symbolum omnium nostrum: Credo Ecclesiam sanctam catholicam, ut impossibile sit, illam errare etiam in minimo articulo« (De servo arbitrio [1525], in: WA 18, 649 f.). Die Confessio Augustana hält fest: »una sancta ecclesia perpetuo mansura« (Art. 7).

307 S. 374 LG 12; 35. 308 S. 374 Vgl. o. Anm. 231–233.

309 S. 375 LG 25. Durch die Formulierung »es erfordert« soll die Möglichkeit unfehlbarer Vorlage von Wahrheiten offen gehalten werden, die nicht direkt in der Offenbarung enthalten sind, die aber die historisch oder logisch zwingend mit Glaubenswahrheiten zusammenhängen (vgl. o. Anm. 278). Vgl. Mysterium Ecclesiae 3;

Professio fidei et iusiurandum fidelitatis (1989); Motuproprio Ad tuendam fidem (1998).

[310] S. 375 J. A. Möhler, Symbolik (1832), Darmstadt 1958, 454.

[311] S. 375 DH 3074. [312] S. 376 Vgl. o. I.4, Anm. 19.

[313] S. 376 Dazu die Erklärung der Glaubenskongregation Mysterium Ecclesiae (1973) Kap. 5.

[314] S. 376 DH 3020. [315] S. 376 DV 8.

[316] S. 376 Vgl. den erhellenden Beitrag von H. Schlier, Das bleibend Katholische. Ein Versuch über ein Prinzip des Katholischen, in: Das Ende der Zeit. Exegetische Aufsätze und Vorträge III, Freiburg i. Br. 1971, 297–320. Man kann in diesem Zusammenhang auch an das Wort M. Luthers erinnern: »Tolle assertiones et Christianismum tulisti« (WA 18, 603).

[317] S. 376 DH 3016. [318] S. 376 DV 11. [319] S. 376 LG 12; 35.

[320] S. 376 DH 246. Zur Interpretation vgl. DH 3792; 3828. Dazu: A. Schilson, Gedachte Liturgie als Mystagogie, in: E. Schockenhoff/P. Walter (Hg.), Dogma und Glaube (FS W. Kasper), Mainz 1993, 213–234.

[321] S. 377 Dazu: J. Drumm, Doxologie und Dogma. Die Bedeutung der Doxologie für die Wiedergewinnung theologischer Rede in der evangelischen Theologie, Paderborn 1991.

[322] S. 377 Thomas von Aquin, Summa theologiae II/II q. 1 a 1: Gott ist als die prima veritas das Formalobjekt des Glaubens. In diesem Sinn: »Actus autem credentis non terminatur ad enuntiabile sed ad rem« (ebd., q. 1 a. 2).

[323] S. 377 DH 3016.

[324] S. 377 Dazu: G. Greshake, Die Geburt der Dogmatik aus der Spiritualität, in: Schockenhoff/Walter (Hg.), Dogma und Glaube (wie Anm. 320), 237–252.

[325] S. 377 DH 3015. [326] S. 377 DH 3016.

[327] S. 377 Vgl. dazu o. II.1.2.

[328] S. 378 Überblick bei H. Leipold, Art. Papsttum II, in: TRE 25, 676–695; A. Acerbi (Hg.), Il ministero del Papa in prospettiva ecumenica, Milano 1999; W. Kasper, Petrusamt in ökumenischer Perspektive, in: S. Hell/L. Lies, Papstamt. Hoffnung, Chance, Ärgernis, Innsbruck – Wien 2000, 211–223; J.-M. R. Tillard, Art. Primacy, in: Dictionary of the Ecumenical Movement, Genf 2002, 931–934; N. Bux, Die Lehre vom Primat des Petrus im Kontext des Ökumenismus, in: G. L. Müller (Hg.), Der Primat des Nachfolgers Petri im Geheimnis der Kirche. Studien der Kongregation für die Glaubenslehre, Würzburg 2010, 167–205 (unter fast gänzlicher Außerachtlassung der Dialogdokumente).

[329] S. 378 Enzyklika Ut unum sint, 95. Zusammenfassung und Analyse der Reaktionen durch den Päpstlichen Einheitsrat, in: Information Service 109 (2002/I-II) 33–47.

[330] S. 378 Zur Position des ökumenischen Gesprächs grundlegend vor allem das Ravenna-Dokument der gemeinsamen orthodox-römisch-katholischen Kommission Ecclesiological and Canonical Consequences of the Sacramental Nature of the Church. Ecclesial Communion, Conciliarity and Authority (2007); außerdem die nordamerikanisch-orthodox-katholische Konsultation Steps toward a reunited Church. A Sketch of an Orthodox-Catholic Vision for the Future (2010).

[331] S. 378 Dafür bezieht man sich oft auf die These von J. Ratzinger aus dem Jahr 1976:

»Rom muss vom Osten nicht mehr Primatslehre fordern, als auch im ersten Jahrtausend formuliert und gefordert wurde.« Theologische Prinzipienlehre (1982), in: JRGS 8/2, 724. Ratzinger hat diese These später zu Recht relativiert: Kirche, Ökumene und Politik (1987), in: ebd., 996 f.1000 ff.

332 S. 378 OE 25; UR 14–18.

333 S. 378 Zum heutigen orthodoxer Verständnis: J. Meyendorff u. a., The Primacy of Peter in the Orthodox Church, London 1963; J. Meyendorff, Orthodoxy and Catholicity, New York 1965; O. Clément, Rome autrement. Un orthodoxe face à la papauté, Paris 1997; B. Brobinskoy, Le mystère de l'Église, Paris 2003, 256–308; Zizioulas, Recent Discussions on Primacy in Orthodox Theology (wie Anm. 281), 231–248.

334 S. 379 DH 1307 f.

335 S. 379 So auch J. Ratzinger, Art. Primat, in: LThK² 6, 761–763.

336 S. 379 DH 3061; vgl. 3112–3117.

337 S. 380 Das Kirchenrecht für die orientalischen Kirchen in voller Gemeinschaft mit Rom hat in diese Richtung dadurch bereits einen Anfang gemacht, dass die Bischöfe dieser Kirchen nicht vom Papst ernannt, sondern von den jeweiligen Synoden gewählt werden, worauf der Papst dem Gewählten die communio gewährt. Die Apostolische Konstitution Sacri canones (1990), welche das orientalische Kirchenrecht in Kraft setzte, sieht zudem vor, dass diese Regelungen des gegenwärtigen orientalischen Kirchenrechts nur vorläufig sind und dass sie noch nicht zu regeln beanspruchen, wie eine endgültige Regelung im Fall der vollen communio mit den getrennten orientalischen Kirchen aussieht.

338 S. 381 Überblick bei H. Meyer, Der päpstliche Primat im katholisch/lutherischen Dialog, in: Versöhnte Verschiedenheit, Bd. 2, Frankfurt a. M. – Paderborn, 2000, 339 Anm. 3.

339 S. 381 Wohlwollend: W. Pannenberg, Evangelische Überlegungen zum Petrusdienst des römischen Bischofs (1998), in: Kirche und Ökumene, Göttingen 2000, 366–377; ders., Die lutherische Tradition und die Frage eines Petrusdienstes an der Einheit der Christen (1996), in: ebd., 386–388; H. Meyer, Der päpstliche Primat im katholisch/lutherischen Dialog, in: Versöhnte Verschiedenheit, Bd. 2, Frankfurt a. M. – Paderborn 2000, 339–366; G. Wenz, Das Petrusamt aus lutherischer Sicht, in: Hell/Lies, Papstamt (wie Anm. 328), 67–95; U. Wilckens, Standpunkte. Grundlegende Themen biblischer Theologie, Neukirchen-Vluyn, 2010, 110 f.199 f.; sowie die Mitarbeiter bei dem von J. Puglisi und in Anm. 346 genannten Band. Kritische Stimmen: J. Moltmann, Hat das Papsttum eine ökumenische Zukunft? in: Conc(D) 31 (1995) 472–473; L. Vischer, Das Amt der Einheit und das gemeinsame Zeugnis der Kirchen heute, in: ÖR 47 (1998) 188–201; U. H. J. Körtner, Braucht die Kirche ein Amt der Einheit? Das Papsttum aus reformierter Sicht, in: Hell/Lies, Papstamt (wie Anm. 328), 97–114.

340 S. 381 WA 38, 181; vgl. 357. Dazu H. Meyer, Das Papsttum bei Luther und in den Bekenntnisschriften, in: Versöhnte Verschiedenheit (wie Anm. 338), 317–338. Vgl. W. Klausnitzer, Das Papsttum im Disput zwischen Lutheranern und Katholiken, Innsbruck 1987.

341 S. 381 BSELK 463 f.

342 S. 381 Schlussbericht (1981) (Dokumente wachsender Übereinstimmung (= DwÜ)

I, 137 f.; Autorität in der Kirche I (1976) 159 f. 164–170; Autorität in der Kirche II (1981) (DwÜ I, 177–189); Die Gabe der Autorität in der Kirche III (1998) (DwÜ III, 262–288).

343 S. 382 Das geistliche Amt in der Kirche, Paderborn – Frankfurt a. M. 1981, 50. Vorangegangen war der katholisch/lutherische Dialog in den USA Papal Primacy and the Universal Church (Minneapolis [Minn.] 1974). Darauf baute mit ähnlichen Formulierungen schon der der Maltabericht Evangelium – Welt – Kirche (1972) auf (DwÜ I, 266). Es folgten Einheit vor uns (1984) (DwÜ II, 488–490) und Kirche und Rechtfertigung (1995) (DwÜ III, 353).

344 S. 382 Groupe de Dombes, The ministry of communion in the universal Church, 1985.

345 S. 382 Communio Sanctorum. Die Kirche als Gemeinschaft der Heiligen, Paderborn – Frankfurt a. M. 2000, 77–99.

346 S. 382 Gruppe von Farfa Sabina, Gemeinschaft der Kirchen und Petrusamt. Lutherisch-katholische Annäherungen, Frankfurt a. M. 2010. Das Dokument bringt dankenswerter Weise viele positive Anregungen, leidet aber darunter, dass es die grundsätzlichen Probleme des Kirchen- und Amtsverständnisses und die unterschiedlichen ökumenischen Zielvorstellungen nicht diskutiert. Die dem Schlussbericht vorausgegangenen Referate finden sich bei J. Puglisi (Hg.), How Can the Petrine Ministry Be a Service to the Unity of the Universal Church?, Grand Rapids (Mich.) – Cambridge (Engl.) 2010.

347 S. 383 Eusebius, Kirchengeschichte V, 16, 10; VII, 7, 5. H. J. Sieben, Die Konzilsidee der Alten Kirche, Paderborn 1979; ders., Die Konzilsidee des lateinischen Mittelalters, Paderborn 1984; ders., Die katholische Konzilsidee von der Reformation bis zur Aufklärung, Paderborn 1988; ders., Die katholische Konzilsidee im 19. und 20. Jahrhundert, Paderborn 1993; ders., Art. Konzil I, in: LThK³ 6, 345–348. Überblick bei F. R. Gahbauer, Art. Synode I und II, in: TRE 32, 559–571.

348 S. 383 Zum entsprechenden Kanon des Vinzenz von Lérins vgl. o. II.4.3.

349 S. 383 Augustinus, de baptismo, II, 4, 5; II, 7, 12; V, 17, 23.

350 S. 383 Vgl. H. J. Sieben, Definitionen und Kriterien ökumenischer Konzilien vor der morgenländischen Kirchenspaltung (1054), in: Studien zum Ökumenischen Konzil, Paderborn 2010, 69–106. Vgl. o. II.5.4.

351 S. 384 So verwarf Papst Julius I. (337–352) die arianischen Beschlüsse der Synode von Tyrus (335) und deren Verurteilung des Athanasius. Die Synode von Sardika (342/343) stellte dann grundsätzlich die Möglichkeit der Appellation nach Rom fest. Vgl. dazu o. II.5.4.

352 S. 384 Eine ökumenische Verständnisbrücke eröffnet sich neuerdings durch den berühmten, aus dem 3./4. Jahrhundert stammenden can. 34 der Apostolischen Canones (Les constitutions apostoliques, vol. III, livre 8 [SC 336], Paris 1987, 285). Danach bedarf es auf allen Ebenen unter den Bischöfen eines Ersten (πρώτος; Primas), ohne den die anderen in wichtigen Fragen nichts entscheiden können, der aber umgekehrt seinerseits nichts ohne Zustimmung der anderen tun kann. J. Zizioulas u. a. sind bereit, dieses Prinzip in analoger Weise auf die universale Ebene zu übertragen; sie sehen darin den goldenen Weg, um zu einer ökumenischen Übereinkunft über den Primat des Bischofs von Rom zu gelangen. Dies ist zweifellos ein fruchtbarer Ansatz,

wie weit er trägt, bedarf freilich noch eingehender Diskussion und hängt von dessen konkreter Interpretation in Bezug auf die universale Ebene ab.

353 S. 384 Vgl. o. II.5.1.

354 S. 384 Vgl. C. Dinkel/R. Preul/H. Gassmann, Art. Synode III, in: TRE 32, 571–584.

355 S. 385 H. J. Pottmeyer, Theologie der synodalen Strukturen, in: A. Exeler (Hg.), Fragen der Kirche heute, Würzburg 1971, 164–172; E. Corecco, Art. Sinodalità, in: Nuovo Dizionario di Teologia 1982, 1466–1495; Kehl, Die Kirche (wie Anm. 33), 103–117; D. Valentini, Per una sinodalità della Chiesa e nella Chiesa, in: M. Sodi (Hg.), »Ubi Petrus ibi Ecclesia« (Misc. Benedetto XVI), Rom 2007, 157–178; G. Alberigo, Sinodo come liturgia, in: Il Regno 13 (2007) 443–456.

356 S. 385 Zum rechten Verständnis vgl. o. II.5.4. 357 S. 385 LG 22 f.

358 S. 385 CD 36; CIC can. 439–346; 460–468. 359 S. 385 CD 27; PO 7; AA 26.

360 S. 385 CD 37 f. 361 S. 386 CD 5.

362 S. 386 R. M. Schmitz, Art. Kardinal, in: LThK$^3$ 5, 1230–1231; J. Ritter, Art. Kongregationen, römische, in: LThK$^3$ 6, 249–252; H. Kalb, Konsistorium I, in: LThK$^3$ 6, 293.

363 S. 387 Johannes Paul II., Enzyklika Ut unum sint (1995) 95.

364 S. 387 H. Maier, Braucht Rom eine Regierung?, in: StdZ 126 (2001) 147–160 hat gezeigt, dass auch innerhalb der Kurie ein Mehr an Synodalität bzw. Zusammenarbeit wünschenswert, ja unerlässlich ist.

365 S. 387 *Mt 16,18; 1 Kor 10,32; 12,2; Eph 1,22; 5,23; Kol 1,18* u. a.

366 S. 388 *Apg 16,5; Röm 16,4.16; 1 Kor 11,16. 15,9; 2 Kor 8,1.18.23 f.; 11,8.28; Gal 1,2.22.*

367 S. 388 Viele Zeugnisse bei H. de Lubac, Quellen kirchlicher Einheit, Einsiedeln 1974, 49. Das Problem wurde schon früh aus nichtkatholischer Sicht ausführlich behandelt von F. Heiler, Altkirchliche Autonomie und päpstlicher Zentralismus, München 1941.

368 S. 388 LG 26.

369 S. 388 Tertullian, de praescriptione haereticoum 20, 7 f. Das altkirchliche Verständnis hat L. Hertling, Communio und Primat, Rom 1943 gut herausgearbeitet.

370 S. 388 Cyprian, de ecclesiae unitate, 4; ep. 25, 24; 66, 8.

371 S. 388 Basilius, ep. 26 f.; 34; 36; 76; 80 u. a.

372 S. 388 DH 3112–3117. 373 S. 389 LG 13. 374 S. 389 LG 23.

375 S. 389 LG 26. 376 S. 389 LG 26; 23. 377 S. 389 Communionis notio 9.

378 S. 389 W. Kasper, Zu Theologie und Praxis des bischöflichen Amtes (2000), in: WKGS 12, 482–496; Das Verhältnis von Universalkirche und Ortskirche (2000), in: WKGS 11, 509–522. Dazu: J. Ratzinger, Die Ekklesiologie der Konstitution Lumen gentium (2000), in: JRGS 8/1, 573–596; Ortskirche und Universalkirche. Antwort an Walter Kasper (2001), in: ebd., 597–604. Replik in: America 185 (2001), 28 f. Ausführliche Darstellung der Kontroverse bei M. Kehl, Zum jüngsten Disput um das Verhältnis von Universalkirche und Ortskirche, in: Kirche in ökumenischer Perspektive (FS W. Kasper), Freiburg i. Br. 2003, 81–101; systematisch: D. Valentini, Identità e storicità nella Chiesa, Rom 2007, 93–136; viele weiterführende Gesichtspunkte bei A. Buckenmaier, Universale Kirche vor Ort. Zum Verhältnis von Universalkirche und Ortskirche, Regensburg 2009.

379 S. 390 H. de Lubac, Einzelkirche und Ortskirche, in: Quellen kirchlicher Einheit, Einsiedeln 1974, 52 f.

380 S. 390 Paul VI., Apostolisches Schreiben Evangelii nuntiandi (1975), 61 f.

[381] S. 390 LG 2; 23; 25.

[382] S. 391 P. McPartlan, Local Church and the Universal Church, in: International Journal for Study of the Christian Church 4 (2004) 21–33.

[383] S. 391 Aristoteles, metaphysica 1088 a 6.

[384] S. 391 Thomas von Aquin, Quodlibet X q. 1 a. 1. Zu dem philosophisch und theologisch grundlegenden Thema von Einheit und Vielheit: P. Hadot/K. Flasch/E. Heintel, Art. Das Eine, Einheit, in: HWPh 2, 361–384.

[385] S. 392 LG 8. [386] S. 392 UR 18.

[387] S. 392 Vgl. F. König (Hg.), Zentralismus statt Kollegialität? Kirche im Spannungsfeld, Düsseldorf 1990; R. Quinn, The Reform of the Papacy. The Costly Call to Christian Unity, New York 1999.

[388] S. 392 J. A. Möhler, Die Einheit in der Kirche (1825), § 70.

[389] S. 393 Überblick über die Geschichte: H. Paarhammer, Art. Pfarrei I, in: TRE 26, 337–347; P. Krämer, Art. Pfarrei I, in: LThK³ 8, 162–164.

[390] S. 393 E. Gatz (Hg.), Pfarr- und Gemeindeorganisation. Studien zu ihrer historischen Entwicklung in Deutschland, Österreich und der Schweiz seit dem Ende des 18. Jahrhunderts, Paderborn 1987; ders., Geschichte des kirchlichen Lebens in den deutschsprachigen Ländern seit dem Ende des 18. Jahrhunderts, Freiburg i. Br. 1991.

[391] S. 393 H. Rahner (Hg.), Die Pfarre. Von der Theologie zur Praxis, Freiburg i. Br. 1956; P. Wess, Gemeindekirche – Zukunft der Volkskirche, Wien 1976; H. Wieh, Konzil und Gemeinde, Freiburg i. Br. 1978; H. Fischer/N. Greinacher/F. Klostermann, Die Gemeinde, Mainz 1970; F. Klostermann, Gemeinde – Kirche der Zukunft, Freiburg i. Br. 1974; W. Kasper, Zur Theologie der Gemeinde (1871), in: WKGS 11, 477–488; K. Lehmann, Gemeinde (CGG 29), Freiburg i. Br. 1982, 5–6.

[392] S. 394 LG 29; vgl. SC 42.

[393] S. 394 Johannes Paul II., Christifideles laici (1988) 26.

[394] S. 394 CIC can 515 § 1.

[395] S. 394 Dazu: F. X. Arnold/K. Rahner (Hg.), Handbuch der Pastoraltheologie, 5 Bde., Freiburg i. Br. 1964–1972; K. Rahner, Strukturwandel der Kirche als Aufgabe und Chance, Freiburg i. Br. 1972; Aus pastoralsoziologischer Sicht: K. Gabriel, Christentum zwischen Tradition und Postmoderne, Freiburg i. Br. 1995; M. Ebertz, Erosion der Gnadenanstalt? Zum Wandel der Sozialgestalt von Kirche, Frankfurt a. M. 1998; W. Huber, Kirche in der Zeitenwende. Gesellschaftlicher Wandel und Erneuerung der Kirche, Göttingen 1998; P. M. Zulehner, Kirche umbauen – nicht totsparen, Ostfildern 2009, u. a.

[396] S. 395 Den Analysen und den daraus gezogenen Folgerungen von M. Kehl und G. Greshake (Priester sein in dieser Zeit [wie Anm. 68], 216–234) kann ich nur zustimmen.

[397] S. 395 Vgl. dazu: Kehl, Die Kirche (wie Anm. 33), 173–210; ders., Wohin geht die Kirche? Freiburg 1996; J. Werbick, Kirche, Freiburg i. Br. 1994, 127–134; J. Ratzinger in: M. Pera/J. Ratzinger, Ohne Wurzeln. Der Relativismus und die Krise der europäischen Kultur, Augsburg 2005, 129–135. Vgl. o. I.8.

[398] S. 396 GS 1.

[399] S. 397 Dazu: W. Kasper, Diener der Freude, in: WKGS 12, 325–423, hier 413–418.

[400] S. 397 *Apg 2, 46; 10, 2; 21, 8; Röm 16, 5.10 f.; 1 Kor 16, 19; Kol 4, 15; Phlm 2.* Zu den schon

im Judentum bekannten, neutestamentlich bezeugten urchristlichen Hauskirchen: J. Klauk, Hausgemeinde und Hauskirche im frühen Christentum, Stuttgart 1981; E. Dassmann, Art. Haus, in: RAC 13, 849–890.

401 S. 398 Der Begriff ›Basisgemeinde‹ ist vielen verdächtig. Papst Paul VI., Evangelii nuntiandi (1975, Nr. 58) und Papst Johannes Paul II., Redemptoris missio (1990, Nr. 51) haben gezeigt, dass dieser Begriff und die damit gemeinte Sache, recht verstanden, ihre Berechtigung haben und eine Hoffnung für die universale Kirche sind.

402 S. 399 Philipp Neri († 1585), der zweite Apostel Roms, hat in der gesamteuropäischen Umbruchszeit des 16. Jahrhunderts mit der Gründung von Oratorien begonnen. Dieselbe Idee wurde später wieder von John Henry Newman († 1890) mit seinem Oratorium in Birmingham aufgegriffen.

403 S. 399 LG 44.

404 S. 399 Grundlegend das den Ordensleuten gewidmete Kapitel der Kirchenkonstitution LG 43–47, das Konzilsdekret über die zeitgemäße Erneuerung des Ordenslebens Perfectae caritatis sowie die aus der Bischofssynode über die Orden hervorgegangene nachsynodale Schreiben von Papst Johannes Paul II., Vita consecrata, Über das geweihte Leben und seine Sendung in Kirche und Welt (1996). Einen vorzüglichen ersten Überblick über die Geschichte und die Theologie der Orden gibt, zumal für jemanden, der damit nicht unmittelbar vertraut ist, K. S. Frank, Art. Orden, Ordensstand I-III, in: LThK[3] 1998, 1090–1096; L. Holtz, Geschichte des christlichen Ordenslebens, Einsiedeln, [2]1991.

405 S. 400 LG 43. 406 S. 400 LG 44; PC 5.

407 S. 401 PC 1; vgl. LG 44.

408 S. 401 Postsynodales Schreiben Vita consecrata 3.

409 S. 402 So schon u. a. das 4. Laterankonzil (1215) can. 12 f. (COD 216–218); can. 52 (COD 238); can. 57 (COD 237); das 2. Konzil von Lyon (1274) can. 23 (COD 302 f.), das Konzil von Trient (1545–1563) (COD 752–760) und neuerdings das II. Vatikanische Konzil (1962–1965) (o. Anm. 404).

410 S. 402 J. B. Metz, Zeit der Orden? Zu Mystik und Politik der Nachfolge, Freiburg i. Br. 1977.

411 S. 402 Überblick über die Forschung bei K. S. Frank, Geschichte des christlichen Mönchtums, Darmstadt 1988; F. von Lilienfeld, Art. Mönchtum II, in: TRE 33, 150–193. Noch immer interessant die Arbeit von M. Viller/K. Rahner, Aszese und Mystik in der Väterzeit (1939), Freiburg i. Br. 1989; neu: B. McGinn u. a. (Hg.), Geschichte der christlichen Spiritualität, 3 Bde., Würzburg 1993–1997. Neben den vielen historischen Untersuchungen nach wie vor lesenswert: W. Dirks, Die Antwort der Mönche, Frankfurt a. M. 1982; W. Nigg, Vom Geheimnis der Mönche, Zürich 1990.

412 S. 403 Athanasius, Vita Antonii, in: Bibliothek der Kirchenväter 31, Kempten – München 1917.

413 S. 403 H. U. von Balthasar, Die großen Ordensregeln, Einsiedeln 1974. Die Augustinusregel wurde im Mittelalter maßgebend vor allem für die Augustiner-Chorherren, besonders für die auf Norbert von Xanten († 1134) zurückgehenden Prämonstratenser.

414 S. 403 Leben des heiligen Bekennerbischofs Martinus, in: Bibliothek der Kirchenväter 20, München 1914.

[415] S. 405 Die Schriften des hl. Franziskus von Assisi, hg. von K. Eßer und L. Hardick, Werl 1972.
[416] S. 406 Der Bericht des Pilgers, übers. von B. Schneider, Freiburg i. Br. 1977; Geistliche Übungen, übers. von A. Haas, Neuausg. Freiburg i. Br. 1999.
[417] S. 407 PC 2.
[418] S. 407 Ein gewisser Vorläufer sind die von Pius XII. in der Apostolischen Konstitution Provida mater ecclesia (1947) kanonisch geordneten Säkularinstitute. Neuere geistliche Bewegungen und Gemeinschaften sind u. a.: Cursillos, Werk Mariens (Focolare), Charismatische Erneuerung, Comunione e Liberazione, Gemeinschaft Sant'Egidio, Apostolische Bewegung von Schönstatt, Gemeinschaft Emmanuel, Gemeinschaft der Seligpreisungen, Chemin Neuf, Schalom u. a. Ähnliche Bewegungen und Gemeinschaften finden sich auch in anderen Kirchen.
[419] S. 407 Dazu Johannes Paul II., Nachsynodales Schreiben Christifideles laici (1988) 29; Enzyklika Redemptoris missio 72; Botschaft beim Treffen aller Bewegungen auf dem Petersplatz am 28. Juni 1998; Benedikt XVI. bei einem neuerlichen Treffen am 30. Mai 2006. J. Ratzinger, Die kirchlichen Bewegungen und ihr theologischer Ort, in: JRGS 8/1, 363–390; Bewegungen, die Kirche, die Welt, in: ebd., 391–422.
[420] S. 407 Gefördert bereits durch Pius X. und durch Pius XI., Antrittsenzyklika Ubi arcano (1922).

## *6. Missionarische und dialogische Kirche*

[1] S. 409 LG 3. [2] S. 409 LG 9.
[3] S. 409 Neuere Veröffentlichungen: J. Schütte (Hg.), Mission nach dem Konzil, Mainz 1967; L. Rütti, Zur Theologie der Mission. Kritische Analysen und neue Orientierung, Mainz – München 1972; H. W. Gensichen, Glaube für die Welt. Theologische Aspekte der Mission, Gütersloh 1971; W. Kasper, Überlegungen zur Theologie der Mission (1976) in: WKGS 11, 370–393; H. Bürkle, Missionstheologie, Stuttgart 1979; ders., Die Mission der Kirche, Paderborn 2002; ders., Erkennen und Bekennen. Schriften zum missionarischen Dialog, St. Ottilien 2010; G. Collet, Das Missionsverständnis der Kirche in der gegenwärtigen Diskussion, Mainz 1984; P. Beyerhaus, Er sandte sein Wort. Theologie der Mission, Wuppertal 1996; M. Sievernich, Die christliche Mission. Geschichte und Gegenwart, Darmstadt 2009; G. Colzani, Art. Missione, in: Dizionario di ecclesiologia, Rom 2010, 866–888; G. Augustin/K. Krämer (Hg.), Mission als Herausforderung. Impulse zur Neuevangelisierung (ThiD 6), Freiburg i. Br. 2011.
[4] S. 410 AG 2.
[5] S. 410 F. Hahn, Das Verständnis der Mission im NT, Neukirchen 1963; K. Kertelge (Hg.), Mission im NT (QD 93), Freiburg i. Br. 1982.
[6] S. 411 S. Neill, A History of Christian Missions. London $^{2}$1990.
[7] S. 411 Zusammengefasst bei G. Collet, Art. Missionskritik, in: LThK$^{3}$ 7, 316 f.
[8] S. 412 So die Weltmissionskonferenz des Ökumenischen Rates der Kirchen in Bangkok 1973.
[9] S. 412 Vgl. o. II.2.5. [10] S. 412 Vgl. u. II.6.2.3.
[11] S. 412 Diese These wurde m. W. zuerst von H. Halbfas aufgestellt: Fundamentalka-

techetik. Sprache und Erfahrung im Religionsunterricht, Düsseldorf 1968. Zum rechten Verständnis des Heilsmöglichkeit außerhalb der Kirche vgl. o. II.2.5.

[12] S. 412 So Rütti, Zur Theologie der Mission (wie Anm. 3).

[13] S. 412 LG 2–4; AG 2–4. [14] S. 412 AG 2. [15] S. 412 AG 2–4. [16] S. 412 AG 5.

[17] S. 412 LG 1. [18] S. 413 AG 9. [19] S. 413 AG 2.

[20] S. 413 Johannes Paul II., Enzyklika Redemptoris missio über die fortdauernde Gültigkeit des missionarischen Auftrags (1990).

[21] S. 413 Dieser Gedanke ist ausgehend von K. Barth vor allem in der evangelischen Theologie entwickelt worden. Vgl. G. F. Vicedom, Missio Dei. Einführung in eine Theologie der Mission, München 1958; ders., Actio Dei. Mission und Reich Gottes, München 1975. Die katholische Theologie kann diesen Gedanken aufgreifen, wird ihn aber ergänzen müssen durch die Betonung des sakramentalen Charakters der Kirche als Zeichen und Werkzeug der Mission. Wichtig aus evangelischer Sicht ebenfalls: H. W. Gensichen, Glaube für die Welt, Gütersloh 1971.

[22] S. 413 LG 9.

[23] S. 413 J. Moltmann, Kirche in der Kraft des Geistes. Ein Beitrag zur messianischen Ekklesiologie, München 1975, 23.

[24] S. 413 Vgl. o. II.2.2.

[25] S. 414 Tertullian, apologeticum 50, 13.

[26] S. 415 W. Kasper, Neue Evangelisierung als theologische, pastorale und geistliche Herausforderung, in: WKGS 5, 245–317.

[27] S. 415 Missionskonferenz Mexiko City 1963.

[28] S. 415 AG 6; 19–22. [29] S. 415 AG 11. [30] S. 416 AG 16; vgl. u. II.6.2.3.

[31] S. 416 Vgl. u. II.6.2.4. [32] S. 416 AG 15; vgl. u. II.6.2.2.

[33] S. 416 Dazu Johannes Paul II., Enzyklika Redemptoris missio (1990), 55–57; Päpstlicher Rat für den interreligiösen Dialog, Dialog und Verkündigung (1991); Lehrmäßige Note der Glaubenskongregation zu einigen Aspekten der Evangelisierung (2007).

[34] S. 417 Vgl. o. II.1.3. [35] S. 417 DV 2 f. [36] S. 418 GS 1.

[37] S. 418 Johannes Paul II., Enzyklika Ut unum sint (1995) 28; vgl. 57.

[38] S. 418 Wesentliche Anregungen verdanke ich u. a. A. Bea, J. Österreicher, H. U. von Balthasar, J. Ratzinger, J. M. Lustiger, C. Thoma, F. Mussner, von evangelischer Seite D. Bonhoeffer und K. Barth, von jüdischer Seite M. Buber, F. Rosenzweig, E. L. Ehrlich und vielen jüdischen Freunden, denen ich in den letzten Jahren freundschaftlich begegnen durfte. Dazu W. Kasper, Die Reichspogromnacht und die Gleichgültigkeit, in: Freiburger Rundbrief NF 1 (1993/94) 95–100; ders. Juden und Christen – Schulter an Schulter, in: ebd. 9 (2002) 250–256; ders., Non ho perduto nessuno. Comunione, dialogo ecumenico, evangelizzazione, Bologna 2005, 75–119; ders., Juden und Christen – das eine Volk Gottes, in: IKaZ 39 (2010) 418–427 (sowie das ganze diesen Dialog weiterführende Heft) sowie das ausführliche Vorwort zu P. A. Cunningham/J. Sievers/M. Boys (Hg.), Christ Jesus and the Jewish People Today. New Explorations of Theological Interrelationships, Grand Rapids (Mich.) – Rom 2011.

[39] S. 419 Dazu das Dokument der Päpstlichen Bibelkommission Das jüdische Volk und seine heilige Schrift in der christlichen Bibel (2001).

[40] S. 420 Erstmals im Barnabasbrief 5, 7; 7, 5; 13, 1.

[41] S. 421 Die vielen Erklärungen und Dokumente in: H. H. Henrix u. a. (Hg.), Die Kirche und das Judentum, 2 Bde., Paderborn – München – Gütersloh 1988.2001.

[42] S. 421 Zur Geschichte und Interpretation: J. Österreicher, in: LThK.E 2, 406–478.490–494; R. Siebenrock, in: HThK.Vat II 3, 618–626.661–664.

[43] S. 421 LG 16; vgl. DV 14 f.

[44] S. 421 Gegen diese auf *Röm 9–11* sich gründende These wird öfters *Hebr 8,13* angeführt, der den ersten Bund für veraltet und überlebt bezeichnet. Im Hebräerbrief geht es aber nicht um den Abrahambund als solchen, sondern um die Abschaffung des levitischen Tempelkultes und der der kultischen Opfer durch das eine Opfer Jesu Christi.

[45] S. 422 Vgl. o. Anm. 41.

[46] S. 422 Die neuere jüdische Jesusforschung wurde grundgelegt von J. Klausner; zu nennen sind vor allem D. Flusser, Schalom ben Chorin u. a.; grundlegend: J. Neusner, Ein Rabbi spricht mit Jesus, Freiburg i. Br. 2007.

[47] S. 422 Wegweisend, wenngleich in vielem überholt: J. Daniélou, Théologie du Judéo-Christianisme, Paris 1958; ders., Das Judenchristentum und die Anfänge der Kirche, Köln 1964. Die neuere Diskussion bei G. Strecker, Art. Judenchristentum, in: TRE 17, 310–325; F. Manns, Le Judéo-Christianisme. Mémoire ou prophétie?, Paris 2000.

[48] S. 423 H. Frankemölle/J. Wohlmuth (Hg.), Das Heil der Anderen. Problemfeld »Judenmission« (QD 238), Freiburg i. Br. 2010.

[49] S. 423 Zur Diskussion über einen und zwei parallele Bünde: J. T. Pawlikowski, Judentum und Christentum, in: TRE 18, 386–403; wesentlich weitergeführt in: ders., Reflections on Covenant and Mission, in: E. Kessler/M. J. Wright (Hg.), Themes in Jewish-Christian Relations, Cambridge (Engl.) 2005, 273–299.

[50] S. 423 Zu dieser Frage W. Kasper/H. Heinz, Theologische Schwerpunkte im christlich-jüdischen Dialog, in: Freiburger Rundbrief NF 14 (2007) 18–25.

[51] S. 424 Zum Verhältnis der aufeinander folgenden Bundesschlüsse: G. von Rad, Theologie des Alten Testaments, Bd. 2, München 61975, 339–447.

[52] S. 424 Dazu W. Kasper, La preghiera del Venerdì Santo per gli ebrei, in: Osservatore Romano, 10. April 2008, 4; Kurzfassung: Das Wann und Wie entscheidet Gott, in: FAZ, 20. März 2008, 39. Dazu teilweise kritisch Frankemölle/Wohlmuth (Hg.), Das Heil der Anderen (wie Anm. 48).

[53] S. 426 Vgl. o. II.4.1.

[54] S. 426 Zur Geschichte der ökumenischen Bewegung: R. Rouse/S. C. Neill, Geschichte der ökumenischen Bewegung 1517–1948, 2 Bde., Göttingen 1957–1958, weitergeführt von H. E. Frey Göttingen 1974; G. Thils, Histoire doctrinale du mouvement œcuménique, Paris 1962; G. Tavard, Geschichte der ökumenischen Bewegung, Mainz 1964; H. J. Urban/H. Wagner (Hg.), Handbuch der Ökumenik, Bd. 1–2, Paderborn 1985–1986; R. Frieling, Der Weg der ökumenischen Gedankens, Göttingen 1992.

[55] S. 426 Dazu J. R. Geiselmann, Einführung zur Symbolik von J. A. Möhler, Darmstadt 1958, [15]-[148].

[56] S. 427 Papst Leo XIII. empfahl das Gebet für die Einheit 1895, Pius X. billigte die Gebetswoche für die Einheit 1908, Benedikt XV. führte sie 1916 endgültig ein, Johannes Paul II. stellte ihre Bedeutung erneut nachdrücklich heraus (Ut unum sint, 24).

57 S. 427 Einen ersten Anstoß gaben die beiden Enzykliken des ökumenischen Patriarchen Joachim III. von 1902 und 1920, später der ökumenische Patriarch Athenagoras mit dem Briefwechsel mit Papst Paul VI. (Tomos agapis, 1971), der russisch-orthodoxe Metropolit Nikodim und der griechisch-orthodoxe Metropolit Alivisatos. Einflussreich waren die Theologen von Saint Serge in Paris und Saint Vladimir's Seminary in New York (G. Florovsky, S. Bulgakov, V. Lossky, P. Evdokimov, J. Meyendorff, A. Schmemann, O. Clément, V. Borovoj) sowie N. Nissiotis, D. Staniloae u. a. Wichtig das orthodoxe ökumenische Zentrum Chambésy in Genf mit Metropolit Damaskinos.

58 S. 427 Grundlegend war die Oxfordbewegung des 19. Jahrhunderts; im 20. Jahrhundert: Erzbischöfe, Bischöfe und Theologen wie W. Temple, C. H. Brent, A. M. Ramsey, E. W. Scott, S. Neill, L. Newbigin u. a. Wichtig das Anglican Centre in Rom.

59 S. 427 N. Söderblom, F. Heiler, J. Mott, W. A. Visser 't Hooft, R. Niebuhr, D. Bonhoeffer, W. Stählin, H. Asmussen, E. Schlink u. a. Wichtig die ökumenischen Institute Bossey bei Genf und das Ökumenische Institut des Lutherischen Weltbunds in Straßburg. Ökumenisch wichtige evangelische Geistliche Gemeinschaften und Bruderschaften: Vor allem Taizé und dessen Gründer R. Schutz, Grandchamps, Communität Casteller Ring, Evangelische Marienschwestern, Christusbruderschaft Selbitz, Michaelsbruderschaft, Bund für evangelisch-katholische Einheit, Jakobusbruderschaft u. a. Vgl. dazu J. Halkenhäuser, Kirche und Kommunität. Ein Beitrag zur Geschichte und zum Auftrag der kommunitären Bewegung in den Kirchen der Reformation, Paderborn[2] 1985.

60 S. 428 Vor allem der Altmeister der ökumenischen Theologie Y. Congar, Chrétiens désunis. Principes d'un »œcuménisme« catholique, Paris 1937; ders., Vraie et fausse réforme dans l'Église, Paris 1950. Zu nennen sind aus dem deutschen Sprachraum R. Grosche, K. Adam, O. Karrer, P. Simon, J. Höfer, T. Sartory, H. U. von Balthasar, K. Rahner, H. Fries u. a. Wichtig waren die späteren Kardinäle A. Bea, L. Jaeger, J. Willebrands. Ökumenisch bedeutsame Klöster: Chevetogne in Belgien, Niederaltaich in Deutschland, St. Johns Collegeville, Bose. Neuere geistliche Bewegungen und Gemeinschaften: die von Chiara Lubich ins Leben gerufene Focolar-Bewegung, die Gemeinschaft Sant'Egidio, die Kommunität Chemin Neuf, die von Jean Vannier gegründete Arche u. a. Ökumenische Institute: Johann-Adam-Möhler-Institut in Paderborn, Pro Oriente in Wien.

61 S. 428 Vgl. W. Thönissen, Päpstlicher Rat zur Förderung der Einheit der Christen, in: Lexikon der Ökumene und Konfessionskunde, Freiburg i. Br. 2007, 1031 f.

62 S. 428 UR 1; vgl. schon das erste konziliare Dokument SC 1.

63 S. 428 UR 1; 4. 64 S. 428 UR 2–4.

65 S. 429 Die Auflistung all der vielen Dokumente würde den Rahmen der Darstellung sprengen. Dafür ist für die internationalen Dialoge auf H. Meyer u. a. (Hg.), Dokumente wachsender Übereinstimmung, 3 Bde., Paderborn – Frankfurt a. M. 1983–2003, zu verweisen, für die Dialoge mit den orthodoxen und orientalisch-orthodoxen Kirchen auf T. Bremer u.a. (Hg.), Orthodoxie im Dialog, Trier 1999 sowie auf J. Borelli/J. E. Erickson, The Quest for Unity. Orthodox and Catholics in Dialogue, New York – Washington DC 1996. Reiche Informationen bieten die einschlägigen Artikel in: N. Lossky u. a. (Hg.). Dictionary of the Ecumenical Movement, Genf [2]2002; W. Thö-

nissen u. a. (Hg.), Lexikon der Ökumene und Konfessionskunde, Freiburg i. Br. 2007; außerdem W. Kasper, Harvesting the Fruits, London 2009.

[66] S. 429 Ut unum sint 3. [67] S. 429 Ut unum sint 20; 25. [68] S. 429 Ut unum sint 9.

[69] S. 429 Ansprache an die Kardinäle zum Abschluss des Konklaves am 20. April 2005.

[70] S. 429 Predigt beim Abschluss der Gebetswoche für die Einheit der Christen 2010.

[71] S. 429 UR 2–4 [72] S. 431 UR 3; vgl. LG 14 f.

[73] S. 431 UR 3; Vgl. LG 15; Ut unum sint 11 f.

[74] S. 431 LG 8; vgl. UR 3; 11; vgl. o. II.4.1. [75] S. 431 Ut unum sint 13.

[76] S. 432 UR 22. Zum genaueren Verständnis dieser für evangelische Christen schwierigen Aussage vgl. o. II.4.1 und II.5.3.

[77] S. 432 UR 3; Ut unum sint 2; 14.

[78] S. 432 UR 4.

[79] S. 432 Beiträge zur ökumenischen Theologie: Y. Congar, Diversité et communion, Paris 1982; P. Neuner, Ökumenische Theologie, Darmstadt 1997; Lossky, Art. Theology, ecumenical, in: Dictionary of the Ecumenical movement (wie Anm. 65), 1109–1111; F. Nüssel/D. Sattler, Einführung in die ökumenische Theologie, Darmstadt 2008. Eigene Beiträge: W. Kasper, Situation und Zukunft der Ökumene, in: ThQ 181 (2001) 175–190; ders., Wege der Einheit. Perspektiven für die Ökumene, Freiburg 2005; ders., Was heißt Theologie zu treiben? Dankrede nach der Verleihung des Theologischen Preises der Salzburger Hochschulwochen, in: Gott im Kommen. Salzburger Hochschulwochen 2006, Innsbruck – Wien 2006, 250–258.

[80] S. 433 UR 11.

[81] S. 433 P. D. Murray (Ed.), Receptive Ecumenism and the Call to Catholic Learning. Exploring a Way for Contemporary Ecumenism, Oxford 2008.

[82] S. 433 Wichtig waren die »Weltkonferenz für Kirche und Gesellschaft« (1966) und die Vollversammlung des Ökumenischen Rates der Kirchen in Uppsala (1968). Die Frage wurde kontrovers diskutiert in der Kommission für Glaube und Kirchenverfassung in Löwen 1971. Präzise formuliert wurde das Programm von K. Raiser, Ökumene im Übergang, München 1989; J. B. Metz, Reform und Gegenreformation heute, Mainz 1969. Dazu J. Ratzinger, Zur Lage der Ökumene, in: JRGS 8/2, 744–747.

[83] S. 433 Bei H. Fries/K. Rahner, Einigung der Kirchen – reale Möglichkeit (QD 100), Freiburg i. Br. 1983, erweiterte Sonderausgabe 1985, tritt die Wahrheitsfrage besonders in der grundlegenden zweiten These allzu sehr hinter einer pragmatischen Argumentation in den Hintergrund. Darum hat sich der dort ausgesprochene ökumenische Optimismus, die Einheit sei leicht und schnell zu erreichen, nicht bewährt.

[84] S. 433 Vgl. J. Ratzinger, Zum Fortgang der Ökumene (1986) in: JRGS 8/2, 731–738.

[85] S. 434 Vgl. Anm. 65 und o. I.7. Zu den bilateralen katholisch-evangelischen Dialogen Kasper, Harvesting the Fruits (wie Anm. 65).

[86] S. 434 Viele weiterführende Beiträge in: P. Walter/K. Krämer/G. Augustin (Hg.), Kirche in ökumenischer Perspektive (FS W. Kasper), Freiburg i. Br. 2003.

[87] S. 434 H. Meyer, Ökumenische Zielvorstellungen, Göttingen 1996; Neuner, Ökumenische Theologie (wie Anm. 80), 281–296; Best, Unity, models, in: Dictionary of the Ecumenical Movement (wie Anm. 65), 1173–1175.

[88] S. 434 Zur Auslegung vgl. o. II.2.2 und II.4.2.1.

[89] S. 434 H. Meyer u. a. (Hg.), Dokumente wachsender Übereinstimmung, Bd. 3 (wie

Anm. 65), 724–731. Dort finden sich auch eine Reihe anderer ähnlicher Erklärungen zur Aufnahme von Kirchengemeinschaft.

[90] S. 434 Ebd., 749–777. Nicht ganz konsequent die Meissner Gemeinsame Feststellung (1988), ebd. 732–748.

[91] S. 435 Vgl. dazu o. II.4.2.3. [92] S. 435 Vgl. o. II.2.2. [93] S. 435 Vgl. o. II.5.4.

[94] S. 435 Johannes Paul II., Enzyklika Slavorum Apostoli (1985), 27.

[95] S. 436 Ut unum sint 28; 57.

[96] S. 436 O. Cullmann, Einheit durch Vielfalt. Grundlegung und Beitrag zur Diskussion über die Möglichkeiten ihrer Verwirklichung, Tübingen 1986.

[97] S. 436 J. Ratzinger, Die Kirche und die Kirchen, in: Reformatio 13 (1964) 85–108, hier 105.

[98] S. 436 J. A. Möhler, Die Einheit in der Kirche § 46, 153. Zum geistes- und theologiegeschichtlichen Hintergrund Möhlers J. R. Geiselmann in seiner Einführung zur Neuausgabe der Einheit, [63]-[85]; W. Kasper, »Vom Geist und Wesen des Katholizismus«: Bedeutung, Wirkungsgeschichte und Aktualität von Johann Sebastian Dreys und Johann Adam Möhlers Wesensbestimmung des Katholizismus, in: ThQ 183 (2003) 196–212. Eine ähnliche Formulierung wie bei Möhler findet sich bei K. Koch, Gelähmte Ökumene, Freiburg i. Br. 1991, 37.

[99] S. 437 Zum Gesamtanliegen: W. Kasper, Ökumene des Lebens und Eucharistiegemeinschaft: Perspektiven für die Zukunft (2004), in: WKGS 10, 251–266; ders., Wegweiser Ökumene und Spiritualität, Freiburg i. Br. 2007; Augustin, Ökumene als geistlicher Prozess (wie Anm. 81), 522–550.

[100] S. 437 UR 8; Ut unum sint 15 f.; 21 f.; 33–35. Wichtig das Dokument der Gruppe von Dombes: Für die Umkehr der Kirchen. Identität und Wandel im Vollzug der Kirchengemeinschaft, Frankfurt a. M. 1994.

[101] S. 437 Ut unum sint 27.

[102] S. 438 Ut unum sint 57; Apostolisches Schreiben Orientale lumen (1995), 20–27.

[103] S. 440 NAe 1. [104] S. 440 NAe 4; vgl. o. II.6.2.1. [105] S. 440 NAe 3.

[106] S. 440 Die wichtigsten Dokumente von katholischer Seite: Paul VI., Apostolisches Schreiben Evangelii nuntiandi über die Evangelisierung in der Welt von heute (1975); Päpstlicher Rat für den interreligiösen Dialog: L'atteggiamento della Chiesa di fronte ai seguaci di altre religioni. Riflessioni e orientamenti di Dialogo e Missione (1984); Johannes Paul II., Enzyklika Redemptoris missio über die fortdauernde Gültigkeit des missionarischen Auftrags (1990); Internationale Theologenkommission: Das Christentum und die Religionen (1996); Glaubenskongregation: Erklärung Dominus Jesus (2000); Lehrmäßige Note zu einigen Aspekten der Evangelisierung (2007). Sammlung aller Dokumente: Pontifical Council for Interreligious Dialogue: Interreligious Dialogue, ed. F. Gioia, Boston 2006; E. Fürlinger (Hg.), Der Dialog muss weitergehen. Ausgewählte Dokumente zum interreligiösen Dialog, Freiburg i. Br. 2009.

[107] S. 441 Ich muss mich auf wichtige deutschsprachige katholische Literatur beschränken: K. Rahner, Das Christentum und die nichtchristlichen Religionen, in: Schriften zur Theologie, Einsiedeln 1962, 136–258; W. Kasper (Hg.), Absolutheit des Christentums (QD 79), Freiburg i. Br. 1977; H. Waldenfels, Begegnung der Religionen, Bonn 1990; M. von Brück/J. Werbick (Hg.), Der einzige Weg zum Heil? (QD 143), Freiburg

i. Br. 1993; G. Augustin, Gott eint – trennt Christus?, Paderborn 1993; B. Stubenrauch, Dialogisches Dogma. Der christliche Auftrag zur interreligiösen Begegnung (QD 158), Freiburg i. Br. 1995; H. Bürkle, Der Mensch auf der Suche nach Gott. Die Frage der Religionen, Paderborn 1996; R. Schwager (Hg.), Relativierung der Wahrheit? Die Herausforderung des christlichen Absolutheitsanspruchs durch pluralistische Religionstheologien (QD 170), Freiburg i. Br. 1998; H. Küng, Spurensuche. Die Weltreligionen auf dem Weg, München 1999; G. L. Müller/M. Serretti (Hg.), Einzigkeit und Universalität Jesu Christi, Einsiedeln 2001; J. Ratzinger, Glaube – Wahrheit – Toleranz. Das Christentum und die Weltreligionen, Freiburg i. Br. 2003; K. Lehmann (Hg.), Weltreligionen. Verstehen – Verständigung – Verantwortung, Frankfurt a. M. – Leipzig 2009; J. Depuis, Unterwegs zu einer christlichen Theologie des religiösen Pluralismus, Innsbruck 2010.

108 S. 441 S. P. Huntington, Die Neugestaltung der Weltpolitik im 21. Jahrhundert, München 1998. Das Thema Religion und Gewalt ist im internationalen Dialog zentral geworden: J. Assmann, Moses der Ägypter, München 1998; Mosaische Unterscheidung oder der Preis des Monotheismus, München 2003; Monotheismus und die Sprache der Gewalt, Wien 2006; U. Beck, Der eigene Gott. Von der Friedfertigkeit und dem Gewaltpotential der Religionen, Frankfurt a. M. 2008.

109 S. 441 In diesen Zusammenhang gehört das Projekt Weltethos: H. Küng, Projekt Weltethos, München 1990; ders., Weltethos für Weltpolitik und Weltwirtschaft, München 1997; ders., Dokumentation zum Weltethos, München 2002; ders., Weltethos christlich verstanden. Positionen – Erfahrungen – Impulse, Freiburg i. Br. 2005; ders., Wozu Weltethos? Religion und Ethik in Zeiten der Globalisierung. Im Gespräch mit Jürgen Hoeren, Freiburg i. Br. $^{2}$2006. Vgl. dazu u. Anm. 113.

110 S. 442 Vgl. C. H. Ratschow, Art. Religion I und II, in: HWPh 8, 632–637.

111 S. 442 Vgl. W. Foerster, Art. εὐσέβεια, in: ThWNT 7, 175–178.

112 S. 442 Zum Religionsbegriff: Lehmann (Hg.), Weltreligionen (wie Anm. 107).

113 S. 442 In dieser Abstraktion scheinen mir die Grenzen des Projekts eines Weltethos (vgl. o. Anm. 109) zu liegen. Dazu die grundsätzliche Kritik von R. Spaemann, Weltethos als ›Projekt‹, in: Merkur 50 (1996) 891–904.

114 S. 443 J. H. Leuba, A Psychological Study of Religion, London 1912, Appendix.

115 S. 443 Ältere Kennzeichnungen bei: WKGS 4, 27 Anm. 31.

116 S. 443 Dazu ebd., 78–108.

117 S. 444 R. Otto, Das Heilige. Über das Irrationale in der Idee des Göttlichen und sein Verhältnis zum Rationalen (1936), München 1963.

118 S. 444 Dazu die Erklärung des Zweiten Vatikanischen Konzils über die Religionsfreiheit Dignitatis humanae.

119 S. 446 Vgl. Vgl. Justin, apologia I, 46; apologia II, 7; 10; 13 u. a. Vgl. o. II.2.3.

120 S. 446 Vgl. M. Seckler, Das Heil in der Geschichte. Geschichtstheologisches Denken bei Thomas von Aquin, München 1964, 220 f.

121 S. 446 LG 16; GS 22; AA 7; vgl. DV 3; GS 57. Vgl. o. II.4.

122 S. 447 AG 7.

123 S. 447 Johannes Paul II., Redemptoris missio (1990), 28 f.; 55–57.

124 S. 447 Vgl. J. Ratzinger, Der Dialog der Religionen und das jüdisch-christliche Verhältnis, in: JRGS 8/1, 1128 f. Grundsätzliche Auseinandersetzung mit der religionsplu-

ralistischen Theorie aus christologischer Sicht bei K.-H. Menke, Jesus ist Gott der Sohn. Denkformen und Brennpunkte der Christologie, Regensburg ²2011.

125 S. 448 Dazu W. Kasper, Absolutheitsanspruch des Christentums, in: SM 1 (1967) 39–44; K. Lehmann, Absolutheit des Christentums als philosophisches und theologisches Problem, in: W. Kasper, Absolutheit des Christentums (QD 79), Freiburg i. Br. 1977, 13–38; H. Waldenfels, Art. Absolutheit des Christentums, in: LThK³ 1, 80–82.

126 S. 448 E. Troeltsch, Die Absolutheit des Christentums und die Religionsgeschichte, Tübingen 1929.

127 S. 449 Zum rechten Verständnis der Irrtumslosigkeit und Unfehlbarkeit der Kirche vgl. o. II.5.4.

128 S. 450 Das 1893 in Chicago gegründete erste Weltparlament der Religionen begründete sein Einigungsprogramm mit der Goldenen Regel. Das zweite Parlament der Weltreligionen nahm die Regel 1993 in seine Erklärung zum Weltethos auf. Vgl. Art. Goldene Regel, in: TRE 13, 570–583. Vgl. jedoch o. Anm. 113.

129 S. 450 Vgl. G. Stählin, Art. ξένος, in: ThWNT 5, 1–36; O. Hiltbrunner u. a., Art. Gastfreundschaft, in: RAC 8, 1061–1123.

130 S. 451 J. Ratzinger hat mehrfach das Konzept der Stellvertretung für den Dialog mit den Religionen herausgestellt. Vgl. Kirche – Zeichen unter den Völkern, in: JRGS 8/1, 1032–1034; Kein Heil außerhalb der Kirche?, in: ebd., 1073–1077 u. a.

131 S. 452 Vgl. den Kommentar von C. Moeller, in: LThK.E 3, 280–282 und von J. Ratzinger, in: ebd., 313–354; H. J. Sander, Theologischer Kommentar zur Pastoralkonstitution über die Kirche in der Welt von heute Gaudium et spes, in: HThK.Vat II 4 (nicht nur die Entstehungs-, sondern auch die Rezeptionsgeschichte wird hier ausführlich dokumentiert). Zum Verständnis von ›pastoral‹ vgl. o. I.4; I.5.

132 S. 453 GS 1.

133 S. 454 Die Rede von den »Zeichen der Zeit« knüpft an *Mt 16,3* und *Lk 12,56* an. Doch dort geht es um den Anbruch des Reiches Gottes, während sich in GS die ›Zeichen der Zeit‹ auf innergeschichtliche Phänomene beziehen, die es im Licht des Evangeliums zu deuten gilt (GS 4; 10 f.; 22; 40; 42 f. u. a.) und von denen umgekehrt Licht auf das Evangelium fällt (GS 42; 44; 62). Ungeklärt bleibt dabei, wie die ›Zeichen der Zeit‹ methodologisch und theologisch zu bestimmen und einzuordnen sind. Vgl. K. Rahner, Zur theologischen Problematik einer Pastoralkonstitution, in: Schriften zur Theologie, Bd. 8, Zürich 1967, 613–636.

134 S. 454 GS 10; 22; 45; 93.

135 S. 454 Auf der einen Seite standen hauptsächlich die französischen Theologen, allen voran M. D. Chenu, die die theologische Bedeutung der ›Zeichen der Zeit‹ positiv hervorheben wollten. Vgl. M. D. Chenu, Les signes des temps, in: Y. Congar/ M. Peuchmaurd (Hg.), L'Église dans le monde de ce temps. Constitution Pastorale ›Gaudium et Spes‹, Bd. 2, Paris 1967, 205–225. Auf der anderen Seite standen die deutschen Theologen, besonders K. Rahner und J. Ratzinger, die den christologischen Ausgangspunkt favorisierten und sich vor allem den vorbereitenden Entwürfen von GS gegenüber eher distanziert verhielten. Johannes Paul II. griff dann später vor allem den christozentrischen Ansatz von GS 22 auf. Vgl. dazu Sander, Theologischer Kommentar (wie Anm. 131), 835–864. Sanders eigener bipolarer topologischer Ansatz scheint mir freilich problematisch; er birgt die Gefahr, dass die Theologie in

die Fänge säkularisierter Zeit- und Gesellschaftsdiagnosen gerät, wie es in manchen Formen der Theologie der Befreiung dann tatsächlich der Fall war.

136 S. 454 Vgl. dazu o. II.2.4 und II.3.3. 137 S. 454 Vgl. o. II.3.3.

138 S. 455 GS 2. 139 S. 455 GS 3.

140 S. 455 Das spezielle Kapitel über die Förderung des kulturellen Fortschritts (GS 53–62) wurde während des Konzils erst relativ spät in Angriff genommen. Vgl. Einleitung und Kommentar von R. Tucci in: LThK.E 3, 447–484; Sander, Theologischer Kommentar (wie Anm. 131), 780–788. Auch wenn dieses Kapitel seine Schwächen hat, ist seine Thematik doch über die dort behandelten Fragen hinaus von grundsätzlicher Bedeutung.

141 S. 455 Vgl. den Überblick in Art. Kultur, Kulturphilosophie, in: HWPh 4, 1309–1324; Art. Kultur, in: TRE 20, 176–209 sowie in: LThK[3] 6, 514–516. Ich ziehe den Begriff Kultur im Sinn der Lebenskultur dem in diesem Zusammenhang heute meist gebrauchten Begriff Gesellschaft vor. Denn Gesellschaft hebt vor allem auf das Zusammenleben und die Kommunikation von Menschen ab; Kultur dagegen nimmt den Weltbezug auf; sie meint die gesellschaftliche Konstruktion der Wirklichkeit (P. L. Berger/T. Luckmann).

142 S. 455 Vgl. P. Koslowski/R. Spaemann/R. Löw, Moderne oder Postmoderne?, Weinheim 1986. Vgl. o. I.3.

143 S. 455 Dazu: H. Wolf (Hg.), Antimodernismus und Modernismus in der katholischen Kirche. Beiträge zum theologiegeschichtlichen Vorfeld des II. Vatikanums, Paderborn 1998. Der Antimodernismus findet sich vor allem in der Enzyklika *Mirari vos* Gregor XVI. (1832, DH 2730–2732), im *Syllabus* Pius IX. (1864, DH 2901–2980) und im *Syllabus* Pius X. (1907, DH 3401–3466) sowie in dessen Enzyklika *Pascendi dominici gregis* (1907, DH 3475–3500). GS ist kein Antisyllabus. Denn die im Syllabus verurteilte, liberal verstandene Gewissens- und Religionsfreiheit ist nicht dasselbe wie die positive, an der Wahrheit orientierte Gewissens- und Religionsfreiheit, die in einer völlig anderen Situation das Vaticanum II lehrte. Es liegt zwischen dem Syllabus und GS ein Erkenntnisfortschritt, aber kein Widerspruch vor.

144 S. 456 DH 1. 145 S. 456 GS 26 f.; 29; 41; 59; 66; 73; 76; DH 6.

146 S. 456 GS 9; 29; 60. 147 S. 456 GS 36; 41; 56; AA 7. 148 S. 456 GS 76.

149 S. 456 Vgl. etwa GS 9; 37; 43; 54; 56 f. u. a.

150 S. 456 GS 4–8. 151 S. 456 GS 19. 152 S. 456 GS 7; 56.

153 S. 456 Johannes Paul II., Enzyklika Evangelium vitae (1995), 12; 17; 21; 24; 28; 95.

154 S. 456 Zu nennen sind u. a. J. J. Rousseau, S. Kierkegaard, K. Marx, F. Nietzsche, L. N. Tolstoj, S. Freud, M. Weber, O. Spengler, M. Heidegger, K. Jaspers, E. Jünger, R. Guardini, R. Spaemann.

155 S. 456 M. Horkheimer/T. W. Adorno, Dialektik der Aufklärung, Frankfurt a. M. 1969.

156 S. 456 J. Habermas/J. Ratzinger, Dialektik der Säkularisierung. Über Vernunft und Religion, Freiburg i. Br. 2005.

157 S. 456 J. Habermas, Glauben und Wissen, Frankfurt a. M. 2001; ders., Zwischen Naturalismus und Religion, Frankfurt a. M. 2005.

158 S. 457 Zur Säkularisierungsthese vgl. o. I.7.

159 S. 457 Paul VI., Enzyklika Evangelii nuntiandi, 20.

160 S. 457 Johannes Paul II., Enzyklika Redemptoris missio, 37.
161 S. 457 Benedikt XVI., Glaube und Vernunft. Die Regensburger Vorlesung. Kommentiert von G. Schwan, A. T. Khoury, Kardinal K. Lehmann, Freiburg i. Br. 2007.
162 S. 457 Zum grundsätzlichen Problem: W. Kasper, Natur – Gnade – Kultur: Zur Bedeutung der modernen Säkularisierung, in: ThQ 170 (1990) 81–97; ders., Kirche und Kultur, in: Begegnung. Hefte der Künstlerseelsorge der Erzdiözese München und Freising für den Dialog zwischen Kirche und Kunst 3/1991, 4–11; ders., Kirche und Kultur: Evangelisierung und Inkulturation, in: B. Fraling/H. Hoping u. a. (Hg.), Kirche und Theologie im kulturellen Dialog (FS P. Hünermann), Freiburg i. Br. 1994, 157–162.
163 S. 457 H. U. von Balthasar, Die Gottesfrage des heutigen Menschen (1956), erweiterte Neuausgabe Einsiedeln 2009; J. B. Metz, Gotteskrise. Versuch zur »geistigen Situation der Zeit«, in: Diagnosen zur Zeit, Düsseldorf 1994, 86–92; W. Kasper, Der Gott Jesu Christi, Mainz (1982): WKGS 4; ders., Es ist Zeit, von Gott zu reden, in: G. Augustin (Hg.), Die Gottesfrage heute (ThiD 1), Freiburg i. Br. 2009, 13–31; ders., Die Gottesfrage als Zukunftsfrage, in: Die Politische Meinung 470/2009, 42–48; K. Lehmann, Es ist Zeit, an Gott zu denken. Ein Gespräch mit Jürgen Hoeren, Freiburg i. Br. 2000; J. Ratzinger, Der Gott Jesu Christi. Betrachtungen über den Dreieinigen Gott, München 2006; A. Franz/C. Maaß, Diesseits des Schweigens. Heute von Gott sprechen (QD 240), Freiburg i. Br. 2011. Weiterführende Beiträge in: G. Augustin/K. Krämer (Hg.), Gott denken und bezeugen (FS W. Kasper), Freiburg i. Br. 2008.
164 S. 458 Vgl. W. Kasper, Autonomie und Theonomie, in: Theologie und Kirche, Mainz 1987, 140–175.
165 S. 458 Ich verdanke diese Formulierung einer Diskussionsbemerkung von R. Spaemann, vgl. P. Koslowski u. a. (Hg.), Moderne oder Postmoderne, Weinheim 1986, 60.
166 S. 459 Vgl. Art. Inkulturation, in: LThK[3] 5, 504–510.
167 S. 459 SC 38; 40; 119; GS 40–45; AG 10–12; 19–22; Johannes Paul II., Evangelii nuntiandi, 18–20; 31–35; Catechesi tradendae (1979), 53; Familiaris consortio (1981), 10; Slavorum Apostolorum (1985), 21 f.; Redemptoris missio (1990), 52–54 u. a.
168 S. 459 Vgl. o. II.2.2 und II.2.3. Auf das grundsätzliche Problem der Geschichtlichkeit und Übergeschichtlichkeit der Glaubensaussagen, das in GS 62 kurz, aber hermeneutisch unzureichend angesprochen wird, kann in diesem Zusammenhang nicht eingegangen werden. Dazu o. II.5.4.
169 S. 460 W. Kasper, Neue Evangelisierung als theologische, pastorale und geistliche Herausforderung, in: WKGS 5, 235–317. Vgl. o. II.7.
170 S. 460 So der Hochland-Kreis um K. Muth. Wichtige Vertreter: F. X. Kraus, A. Ehrhard, P. Funk, K. Bernhart, J. Wittig, H. Schell, E. Przywara, T. Haecker u. a. Dazu: G. Schwaiger, Aufbruch ins 20. Jahrhundert. Zum Streit um Reformkatholizismus und Modernismus, Göttingen 1976. Ähnliche Bewegungen gab es in Frankreich (Le Sillon) und Italien (Bischof G. Bonomelli, Zeitschrift Il Rinnovamento u. a.).
171 S. 460 Vgl. o. I.2. 172 S. 461 Vgl. o. I.7 und II.5.7.
173 S. 462 Papst Johannes Paul II., Apostolisches Schreiben Tertio millennio adveniente (1994) 37; Predigt bei der Gedächtnisfeier für die Zeugen des Glaubens im 20. Jahrhundert am 7. Mai 2000 am Kolosseum; K.-J. Hummel/C. Strohm (Hg.), Zeugen einer besseren Welt. Christliche Märtyrer des 20. Jahrhunderts, Leipzig 2000; A. Riccardi,

Salz der Erde, Licht der Welt. Glaubenszeugnis und Christenverfolgung im 20. Jahrhundert, Freiburg i. Br. 2002; H. Moll (Hg.), Zeugen für Christus. Das deutsche Martyrologium des 20. Jahrhunderts, 2 Bde., Paderborn [5]2010.

[174] S. 462 Tertullian, apologeticum 50, 30.

## 7. *Wohin führt der Weg der Kirche?*

[1] S. 463 An Literatur über die Zukunft der Kirche ist kein Mangel; nur wenige Titel seien genannt: J. Ratzinger, Wie wird die Kirche im Jahr 2000 aussehen?, in: Glaube und Zukunft der Kirche, München 1970, 107–125.130–131; Kirche an der Schwelle des 3. Jahrtausends, in: Weggemeinschaft des Glaubens, Augsburg 2002, 248–260 (beides Neudruck: JRGS 8/2); W. Kasper, Zukunft aus dem Glauben, Mainz 1978; Kirche – wohin gehst du? (1987), in: WKGS 11, 212–237; K. Rahner, Die Zukunft der Kirche und die Kirche der Zukunft, in: Schriften zur Theologie, Bd. 14, Einsiedeln 1980, 319–332 (sowie viele andere Beiträge in Bd. 16); K. Lehmann, Neuer Mut zum Kirchesein, Freiburg i. Br. 1982; K. Koch, Kirche ohne Zukunft? Plädoyer für neue Wege der Glaubensvermittlung, Freiburg i. Br. 1993; M. Kehl, Wohin geht die Kirche?, Freiburg i. Br. 1996; C. M. Martini (ed.), Un tempo di grazia. Quale futuro per la Chiesa? Milano 2000; H. Küng, Ist die Kirche noch zu retten? München 2011. Aus sozialwissenschaftlicher Sicht: F. X. Kaufmann, Kirchenkrise. Wie überlebt das Christentum?, Freiburg i. Br. 2011.

[2] S. 463 Vgl. o. I.8. [3] S. 464 Vgl. o. II.5.7.

[4] S. 464 F. Nietzsche, Die fröhliche Wissenschaft, in: WW (ed. Schlechta) Bd. 2, München 1955, 126–128.205 f.; M. Heidegger, Erläuterungen zu Hölderlins Dichtung, Frankfurt a. M. 1951, 27; M. Buber, Gottesfinsternis. Betrachtungen über die Beziehungen zwischen Religion und Philosophie (WW 1), München 1962, 503–603. Vgl. o. II.6.2.4, Anm. 163.

[5] S. 464 Dazu ausführlich W. Kasper, Der Gott Jesu Christi (1982): WKGS 4.

[6] S. 465 Zu dem ambivalenten Thema der Wiederkehr der Religion vgl. ebd. 19–22.

[7] S. 465 LG 8; vgl. o. I.8; II.4.2.2. [8] S. 467 GS 76. [9] S. 467 LG 8, 3.

[10] S. 469 Vgl. o. II.6.2.4. [11] S. 470 Vgl. o. I.8.

[12] S. 472 F. Nietzsche, Also sprach Zarathustra, in: WW (ed. Schlechta), Bd. 2, München 1955, 284 f.

[13] S. 472 GS 76. [14] S. 473 Vgl. o. Anm. 4 und II.6.2.4, Anm. 163.

[15] S. 474 Papst Johannes Paul II., Apostolisches Schreiben Novo millennio ineunte (2001), 29. Benedikt XVI. hat diesen Impuls aufgegriffen mit seinen beiden bereits erschienen Bänden über Jesus Christus: Jesus von Nazareth, 2 Bde., Freiburg i. Br. 2007/2011. Zur Christologie: W. Kasper, Jesus der Christus (1974): WKGS 3.

[16] S. 475 W. Kasper (Hg.), Gegenwart des Geistes. Aspekte der Pneumatologie, Freiburg i. Br. 1980; ders., Kirche – Werk des Heiligen Geistes, in: M. Lutz-Bachmann/B. Schlegelberger (Hg.), Krise und Erneuerung der Kirche: Theologische Ortsbestimmungen, Berlin – Hildesheim 1989, 26–43.

[17] S. 476 W. Kasper, Neue Evangelisierung als theologische, pastorale und geistliche Herausforderung, in: WKGS 5, 235–317.

[18] S. 477 DH; GS 36; 41; 56; 76. Vgl. o. II.6.2.4. Dazu: W. Kasper, Autonomie und Theonomie. Zur Ortsbestimmung des Christentums in der modernen Welt, in: Theologie und Kirche, Mainz 1987, 140–175.
[19] S. 478 Zum Thema der Gottesgeburt: H. Rahner, Symbole der Kirche. Die Ekklesiologie der Väter, Salzburg 1964, 13–87.
[20] S. 479 Vgl. o. I.3, Anm. 7.
[21] S. 480 Darauf hat J. Ratzinger schon früh hingewiesen: Die Krise der Katechese und ihre Überwindung. Rede in Frankreich. Mit Reden von D. J. Ryan; G. Danneels; F. Macharski, Einsiedeln 1983; W. Kasper (Hg.), Einführung in den Katholischen Erwachsenenkatechismus, Düsseldorf 1985; ders., Das Glaubensbekenntnis der Kirche: Zum Entwurf eines neuen katholischen Erwachsenenkatechismus, in: IKaZ 3 (1984) 255–271; ders., Der neue Katholische Erwachsenenkatechismus, in: KatBl 110 (1985) 363–370.
[22] S. 481 J. Ratzinger, Vom Geist der Liturgie. Eine Einführung, in: JRGS 11; W. Kasper, Aspekte einer Theologie der Liturgie. Liturgie angesichts der Krise der Moderne – Für eine neue liturgische Kultur, in: WKGS 10, 15–83.
[23] S. 481 SC 10; LG 11.
[24] S. 481 Benediktregel 43, 3.
[25] S. 482 Augustinus, confessiones IX, 7, 15.
[26] S. 482 D. Bonhoeffer, Widerstand und Ergebung. Neuausgabe, München 1970, 413–416; A. Delp, Mit gefesselten Händen. Aufzeichnungen aus dem Gefängnis, Freiburg i. Br. 2007, 127–138.
[27] S. 483 Katechismus der Katholischen Kirche Nr. 2447.
[28] S. 484 Vgl. o. II.5.5. [29] S. 485 Vgl. o. II.5.7.
[30] S. 486 Dazu: H. U. von Balthasar, Der antirömische Affekt. Wie lässt sich das Papsttum in die Gesamtkirche integrieren?, Einsiedeln [2]1989.

# Abkürzungen

Die verwendeten Abkürzungen sind dem Abkürzungsverzeichnis in LThK[3] 11, 692*–746* entnommen.

Darüber hinaus:

| | |
|---|---|
| HThK.Vat II | Herders theologischer Kommentar zum Zweiten Vatikanischen Konzil, 5 Bde., hg. von P. Hünermann und B. J. Hilberath, Freiburg i. Br. 2004–2006. |
| JRGS | Joseph Ratzinger Gesammelte Schriften, hg. von G. L. Müller, Freiburg i. Br. 2008 ff. |
| ThiD | Theologie im Dialog, hg. von G. Augustin, K. Krämer und M. Schulze, Freiburg i. Br. 2009 ff. |
| WKGS | Walter Kasper Gesammelte Schriften, hg. von G. Augustin und K. Krämer, Freiburg i. Br. 2007 ff.: |
| WKGS 2 | W. Kasper, Das Absolute in der Geschichte (2010). |
| WKGS 3 | W. Kasper, Jesus der Christus (2007). |
| WKGS 4 | W. Kasper, Der Gott Jesu Christi (2008). |
| WKGS 5 | W. Kasper, Das Evangelium Jesu Christi (2009). |
| WKGS 10 | W. Kasper, Die Liturgie der Kirche (2010). |
| WKGS 11 | W. Kasper, Die Kirche Jesu Christi (2008). |
| WKGS 12 | W. Kasper, Die Kirche und ihre Ämter (2009). |

# Namenregister

# Kardinal Walter Kasper Institut

THEOLOGIE · ÖKUMENE · SPIRITUALITÄT

Kardinal Walter Kasper ist einer der bekanntesten Theologen der Gegenwart und hat das kirchliche Leben und die Theologie maßgeblich mitgeprägt. Seine Theologie, die aus der Mitte des christlichen Glaubens kommt und zugleich dorthin führt, ist ein dialogisches Programm. Ihm ist es gelungen, die Fragen der zeitgenössischen Menschen theologisch aufzugreifen und einen Dialog mit der Moderne zu führen. So entsteht eine Theologie, die zugleich existentiell, spirituell und pastoral ist.

Als ehemaliger Präsident des päpstlichen Rates für die Einheit der Christen (2001–2010) bringt er seine theologische Erfahrung ein, um einen Dialog des Lebens und der Wahrheit mit den christlichen Kirchen und dem Judentum zu führen. Sein Engagement in der Weltkirche zielt auf die Verständigung der Völker und Kulturen und leistet so auch einen großen Beitrag für das Zusammenwachsen Europas.

Um seine Theologie und sein Engagement langfristig zu sichern, sie für das Leben der Kirche und der Theologie fruchtbar zu machen und lebendig zu halten, hat ein Kreis von Freunden, Weggefährten und Schülern unter der Leitung von Prof. P. Dr. George Augustin SAC im Jahr 2005 das Kardinal Walter Kasper Institut an der Philosophisch-Theologischen Hochschule Vallendar gegründet. Das Institut hat es sich zum Ziel gesetzt, das theologische Programm und das kirchliche Anliegen des Namensgebers weiter zu tragen. Zu diesem Zweck publiziert das Institut das 17-bändige Sammelwerk *Walter Kasper Gesammelten Schriften* (WKGS, Freiburg i. Br. 2007ff.), die wissenschaftliche Reihe *Theologie im Dialog* (ThiD, Freiburg i. Br. 2009ff.), die spirituelle Reihe *Spiritualität aus dem Glauben* (Freiburg i. Br. 2009ff.) sowie diverse Einzelveröffentlichungen und Festschriften. Darüber hinaus lädt das Institut regelmäßig zu theologischen Symposien anlässlich aktueller Fragestellungen aus Theologie und Gesellschaft ein. Eine weitere Aufgabe sieht das Institut in der langfristigen Förderung wissenschaftlichen Nachwuchses, der seinen theologischen, kirchlichen und pastoralen Anliegen entspricht.

Um die Finanzierung des Institutes zu sichern, wurde gleichzeitig die Kardinal Walter Kasper Stiftung in Stuttgart ins Leben gerufen. Sie ist eine kirchliche Stiftung öffentlichen Rechts. Organe der Stiftung sind der Vorstand und der Stiftungsrat. Der Vorstand besteht aus Prof. Dr. George Augustin SAC, Stuttgart, und Dr. Waldemar Teufel, Rottenburg. Der Vorsitzende des Stiftungsrates ist Weihbischof Dr. Johannes Kreidler, Rottenburg, stellvertretender Vorsitzender ist Prof. Dr. Markus Rückert, Augustinum gGmbH, München. Die Kardinal Walter Kasper Stiftung kann ihre Ziele nur durch die großzügige Unterstützung ihrer Sponsoren erreichen. Da die Stiftung noch in der Aufbauphase ist, ist sie weiterhin auf neue Freunde und Sponsoren angewiesen.

**Kardinal Walter Kasper Institut**
Pallottistr. 3 Tel: +49 (0)261 6402–605
56179 Vallendar E-mail: kasper-institut@pthv.de
www.kardinal-kasper-stiftung.de
www.pthv.de